임재희
응급처치학개론 FM

적중 예상문제집

Intro 들어가며

수험생 여러분 안녕하세요.
구급 경채를 준비하는 수험생들의 고민을 잠재워줄 단 한 명의 해결사,
메가소방 응급처치학개론 임재희입니다.

소방공무원의 전문성을 높이고, 실제 현장에서 바로 적용할 수 있는 지식을 갖춘 전문 인력을 채용하기 위하여 응급처치학개론 과목이 새롭게 시험과목으로 들어오게 되었습니다.

구급 대원을 꿈꾸는 여러분들께서는 저와 함께 기본서 최소 3회독 이후, 『응급처치학개론 필드매뉴얼 적중 예상문제집』을 통해 지금까지 정리하고 암기해온 방대한 이론을 문제로 적용하는 과정을 갖게 될 것입니다.
또한 『적중 예상문제집』을 통해 문제풀이 감각을 익히며, 혹시나 부족한 개념을 다시 정리하며 빠르게 누적학습을 행할 수 있습니다.

응급처치학개론은 과목 특성상 이해의 깊이가 깊어야 하며, 많은 분량을 이해해야 하기에 공부하는 데 있어 두려움을 표하는 분들이 많습니다. 기본서의 내용 이해나 암기가 부족하다고 느낀다면 지금부터 『적중 예상문제집』을 통해서 출제 핵심포인트를 파악하고, 중요도에 맞춰 하나하나 학습해 나가면 됩니다.

양이 매우 방대하고 어려운 응급처치학개론의 과목을 문제와 함께 더욱 깊이 있게 공부할 수 있도록 도와드리겠습니다.
개념을 확실히 알고 가는 것은 매우 중요한 과정이기 때문에 효과적인 학습을 위해 기본서를 바탕으로 모든 문제를 개발하여 단원별로 정리하였습니다. 『적중 예상문제집』을 통해 스스로 부족한 단원, 부족한 이론을 빠르게 파악할 수 있도록 하였습니다.

부족한 부분이 있다면 보완해 나가며 현장에서 빛이 나는 구급 대원을 꿈꾸는 많은 수험생 여러분들을 위한 수험서를 집필할 수 있도록 노력하겠습니다.

임재희와 함께, 메가소방과 함께
응급처치학개론 필드매뉴얼(Field Manual)과 함께 하면
합격은 당신의 것이 될 것입니다!

Q 적중 예상문제집, 어떻게 공부하면 되나요?

▶ **1회독 때에는 절대 교재에 문제를 풀지 말 것!**

책에 바로 풀게 되면 문제와 정답만 보기 급급하여 맞힌 문제라 하더라도 이론을 정확히 알고 맞혔는지, 우연히 정답을 체크한 건지 파악할 수 없습니다.
『적중 예상문제집』을 처음 회독할 때 본인이 부족한 이론이 어느 부분인지 명확히 알고 넘어가지 않는다면, 틀린 문제를 다시 틀리거나 맞았던 문제도 다시 틀리게 되어 회독의 횟수가 많아지더라도 속도가 붙지 않을 것입니다.

Q 적중 예상문제집, 몇 번 정도 회독해야 하나요?

▶ **자주 반복하는 것! 많이 회독하는 것! 최소 3회독 이상은 풀어야 한다**

최소 3회 이상, 개인적으로는 5회독 이상 학습하는 것이 가장 좋다고 생각합니다. 5회독 정도 진행하게 된다면 첫 문장을 읽기도 전에 정답이 보이고, 이론이 머릿속에 그려질 겁니다. 그렇게 되는 것이 제가 생각하고 있는 최고의 학습법입니다. 다회독을 진행하였다면, 이러한 유형의 문제가 출제되었을 경우 정답의 포인트가 되는 부분을 찾는 감각이 확실하게 좋아졌다는 것을 느끼게 될 것입니다. 새로운 문제를 접하더라도 바로 오답이 될 수 있는 포인트를 찾을 수 있어 문제 푸는 시간을 단축할 수 있습니다.

Q 회독 속도를 높이려면 어떻게 해야 하나요?

▶ **3회독 연속 정답을 맞췄다면 과감히 패스하세요!**

3회독 이상 진행 시 확실히 알았던 문제는 과감히 패스하여 회독 속도를 높이도록 합니다. 마스킹 테이프를 이용하거나 엑스자 모양으로 표시를 해도 좋습니다. 확실히 아는 문제는 과감히 지나가야 회독 속도도 빨라지고, 잘 모르는 부분의 이론도 여유 있게 정리할 수 있습니다.

마지막으로 본 서가 출간될 수 있도록 많은 도움을 주신 특수전학교 교수부, 대구보건대학교 응급구조학과 서혜진 교수님, 내년에 당근복을 입고 현장을 날아다닐 김경인, 김미나, 소현영, 안연주, 엄수현, 이상호 선생님, 사랑하는 가족들, 응원을 아껴주지 않으신 모든 분들에게 감사드리며, 여러분의 꿈의 길에 함께 동행할 수 있는 기회를 주어 무한한 영광으로 생각합니다.
여러분의 열정을 응원합니다.

여러분을 합격의 길로 안내할
단 하나의 진짜 전문가

저자 임재희 드림

Contents 차례

PART I 전문응급처치학 총론
CHAPTER 1 응급의료체계의 개요 / 대량재난 / 환자 이송 및 구급차 운용 ········ 008

PART II 전문응급처치학 각론
CHAPTER 1 전문심장소생술 / 전문소아소생술 ·· 112
CHAPTER 2 전문외상처치술 ·· 202
CHAPTER 3 내과 응급 ·· 302
CHAPTER 4 특수 응급 ·· 398

PART III 법령
CHAPTER 1 119구조·구급에 관한 법률 ·· 446
CHAPTER 2 응급의료에 관한 법률 ··· 466

부록
계산 문제 ··· 500

 ## 구성과 특징

1 단원별 출제 예상 문제 연습

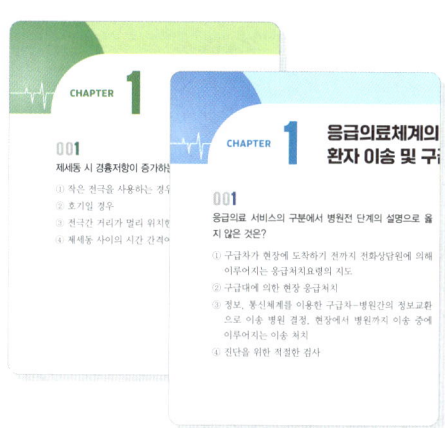

- 총론, 각론, 법령으로 나누어 구성하였습니다.
- 실전에 대비할 수 있도록 총론 203제, 각론 660제, 법령 100제, 계산 문제 37제로 충분한 문제를 수록하였습니다.

2 자세한 해설과 핵심 개념 리마인드

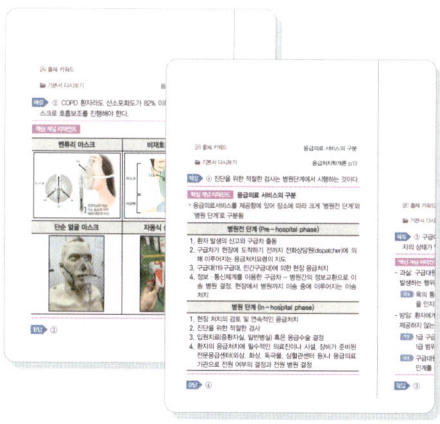

- 모든 문제에는 자세한 개념을 수록하여 이해를 돕고, 기본서, 핵심요약집, 법령집과 연계하여 학습할 수 있도록 안내하였습니다.
- 문제의 핵심을 짚어주는 출제포인트를 제시하였습니다.
- 깊이 있는 학습이 필요한 경우는 [핵심 개념 리마인드]로 한번 더 짚어 주었습니다.
- 이해를 돕기 위해 이미지를 제시하였으며, 표로 정리하여 한눈에 보기 쉽도록 하였습니다.

PART I

Field Manual
임재희 응급처치학개론

전문응급처치학
총론

CHAPTER 1 응급의료체계의 개요 / 대량재난 /
환자 이송 및 구급차 운용

CHAPTER 1 응급의료체계의 개요 / 대량재난 / 환자 이송 및 구급차 운용

001
응급의료 서비스의 구분에서 병원전 단계의 설명으로 옳지 않은 것은?

① 구급차가 현장에 도착하기 전까지 전화상담원에 의해 이루어지는 응급처치요령의 지도
② 구급대에 의한 현장 응급처치
③ 정보, 통신체계를 이용한 구급차-병원간의 정보교환으로 이송 병원 결정, 현장에서 병원까지 이송 중에 이루어지는 이송 처치
④ 진단을 위한 적절한 검사

🔲 출제 키워드　　　　　　　　　응급의료 서비스의 구분

📖 기본서 다시보기　　　　　　　응급처치학개론 p.13

해설 ④ 진단을 위한 적절한 검사는 병원단계에서 시행하는 것이다.

핵심 개념 리마인드　응급의료 서비스의 구분
▸ 응급의료서비스를 제공함에 있어 장소에 따라 크게 '병원전 단계'와 '병원 단계'로 구분됨

병원전 단계 (Pre-hospital phase)
1. 환자 발생의 신고와 구급차 출동
2. 구급차가 현장에 도착하기 전까지 전화상담원(dispatcher)에 의해 이루어지는 응급처치요령의 지도
3. 구급대(119구급대, 민간구급대)에 의한 현장 응급처치
4. 정보·통신체계를 이용한 구급차 - 병원간의 정보교환으로 이송 병원 결정, 현장에서 병원까지 이송 중에 이루어지는 이송 처치

병원 단계 (In-hospital phase)
1. 현장 처치의 검토 및 연속적인 응급처치
2. 진단을 위한 적절한 검사
3. 입원치료(중환자실, 일반병실) 혹은 응급수술 결정
4. 환자의 응급처치에 필수적인 의료진이나 시설, 장비가 준비된 전문응급센터(외상, 화상, 독극물, 심혈관센터 등)나 응급의료기관으로 전원 여부의 결정과 전원 병원 결정

 정답 ④

002
구급대원이 지속적으로 피를 흘리며 혈압이 낮은 환자에게 수액치료를 행하지 않고 구급차량의 정리에만 신경을 써 환자의 상태가 악화하는 상황이 발생하였다. 이에 해당하는 과실주의의 원칙 중 해당하는 것으로 옳은 것은?

① 과실　　　　② 태만
③ 방임　　　　④ 학대

🔲 출제 키워드　　　　　　　　　과실주의의 원칙

📖 기본서 다시보기　　　　　　　응급처치학개론 p.25

해설 ③ 구급대원이 환자에게 적절한 치료를 계속 제공하지 않아 환자의 상태가 악화하는 상황이 발생하는 것을 방임이라 한다.

핵심 개념 리마인드　과실 VS 방임
- 과실: 구급대원이 환자에게 응급처치의 기준을 따르지 않아 상해가 발생하는 행위
  - ex 목의 통증을 호소하는 환자에게 사이즈가 작은 경추보호대임을 인지하였으나 그대로 착용시켜 마비가 온 경우
- 방임: 환자에게 지속적으로 요구되고 필요로 하는 처치를 적절하게 제공하지 않는 행위
  - ex 1급 구급대원이 자신보다 훈련 수준이 낮은 2급 구급대원에게 1급 범위의 환자 처치를 지시하는 경우
  - ex 구급대원이 의사나 간호사에게 환자 처치에 대해 제대로 인수인계를 하지 않고 환자 곁을 떠나는 경우

 정답 ③

003

구급대원의 감염예방법으로 옳은 것은?

① 바늘 끝이 환자의 몸 쪽으로 향하지 않도록 한다.
② 피부염이나 피부에 상처가 있는 처치자는 환자를 직접 만지거나 환자의 검체를 맨손으로 접촉하지 않도록 해야 한다.
③ 바늘 뚜껑을 씌워야 할 경우는 두 손으로 조작하여 바늘 뚜껑을 주사바늘에 씌운 후 닫도록 해야한다.
④ 현장활동 시 장갑, 마스크, 보호안경, 가운을 착용하고 양방향 휴대용 마스크를 소지해야 한다.

🗐 **출제 키워드**   구급대원의 감염

📁 **기본서 다시보기**   응급처치학개론 p.74

해설 ② 구급대원은 현장에서 환자처치를 시행할 때 감염에 노출되지 않기 위하여 기본 예방법을 잘 숙지하여야 구급대원 자신과 동료의 안전을 보호할 수 있음

핵심 개념 리마인드
① 날카로운 기구를 사용할 경우에는 손상을 당하지 않도록 주의
② 바늘 끝이 사용자의 몸 바깥쪽 향하도록 함
③ 사용한 바늘은 다시 뚜껑을 씌우거나, 구부리거나, 자르지 말고 그대로 바늘통에 즉시 버려야 함
④ 바늘 뚜껑을 씌워야 할 경우는 한 손으로 조작하여 바늘 뚜껑을 주사바늘에 씌운 후 닫도록 함
⑤ 주사바늘, 칼날 등 날카로운 기구는 구멍이 뚫리지 않는 통에 모아야 함(적출물통)
⑥ 심폐소생술 시행 시 반드시 일방향 휴대용 마스크를 이용하며 직접 접촉을 피해야 함
⑦ 피부염이나 피부에 상처가 있는 처치자는 환자를 직접 만지거나 환자의 검체를 맨손으로 접촉하지 않도록 해야 함
⑧ 장갑은 한 환자에게 사용하더라도 오염된 신체 부위에서 깨끗한 부위로 이동할 경우 교환해야 함

정답 ②

004

구급현장에서의 환자 이동장비 사용법으로 옳지 않은 것은?

① 좁은 승강기나 통로에서 환자 이동 시에는 계단형 들것이 좋다.
② 주 들것을 이용해 환자 이동 시에는 환자의 다리가 진행 방향으로 와야 한다.
③ 분리형 들것은 환자를 앙와위로 눕혀 이동할 수 있으나, 척추손상환자에게 적합하지 않다.
④ 가변형 들것은 보관이 쉬우며 좁은 곳을 통과할 때 유용하다.

🗐 **출제 키워드**   들것

📁 **기본서 다시보기**   응급처치학개론 p.121

해설 ② 주 들것은 머리가 진행방향으로 가야한다.

핵심 개념 리마인드

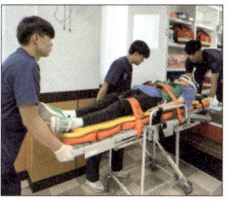

구급차량 내에 비치되어 있는 들것으로 환자 이동 시 주로 사용
▸ 바퀴가 달려있는 것으로 높이를 조절 가능
▸ 상체를 올려 앉은 자세 가능
▸ 환자의 팔, 다리 등이 밖으로 나오지 않도록 안전하게 고정

정답 ②

005

만성 기관지염 환자가 심각한 호흡곤란을 하는 현장에 출동하였다. 환자의 산소포화도가 82%일 때 환자에게 유용한 산소 공급 기구로 옳은 것은?

① 벤튜리 마스크
② 비재호흡 마스크
③ 단순 얼굴 마스크
④ 자동식 산소소생기

출제 키워드: 호흡유지장비
기본서 다시보기: 응급처치학개론 p.105

해설 ② COPD 환자라도 산소포화도가 82% 이하라면 비재호흡 마스크로 호흡보조를 진행해야 한다.

핵심 개념 리마인드

벤튜리 마스크	비재호흡 마스크
단순 얼굴 마스크	자동식 산소소생기

정답 ②

006

최상의 응급의료 서비스 및 치료를 제공하고자 시행하는 질관리에 대하여 필요한 사항이 아닌 것은?

① 리더쉽
② 정보 및 분석
③ 인력 채용 및 관리
④ 응급의료 서비스 과정 관리

출제 키워드: 질개선을 위한 지침
기본서 다시보기: 응급처치학개론 p.14

해설 ③ 질 개선을 위해 인력을 개발하고 관리하여야 한다.

핵심 개념 리마인드 질개선을 위한 지침

① 목적: 응급의료제공자는 최상의 의료서비스 및 치료를 제공하고자 함
② 질 보장 한계: 응급의료체계에서 개인의 행동을 다루고 정해진 성과의 측정 기준을 확인
③ 질관리에 대한 필요사항
  ▸ 리더십 ▸ 정보 및 분석 ▸ 전략적 질관리 계획
  ▸ 인력 개발 및 관리 ▸ 응급의료서비스 과정 관리
  ▸ 응급의료체계 결과 ▸ 환자 및 이해관계자의 만족도

정답 ③

007

20세 남성이 입안 출혈로 인하여 충전식 흡인기(Suction)를 사용하고자 할 때 유의해야 하는 사항으로 옳지 않은 것은?

① 흡인을 하기 전 수지교차법으로 환자의 입을 벌린 후 흡인튜브를 넣는다.
② 흡인시간은 15초 이상 충분히 하여 입안 이물질을 완전히 제거한다.
③ 흡인압력은 300mmHg 이상 진공압력이 잘 시행되는지 확인해야 한다.
④ 흡인을 하기 전 환자에게 충분한 산소를 공급한 후 사용한다.

💬 **출제 키워드**　　　　　　　　　　　　　호흡유지장비
📁 **기본서 다시보기**　　　　　　　　응급처치학개론 p.103

해설 ② 흡인시간은 15초를 초과하지 않아야 한다.

핵심 개념 리마인드　**흡인방법**
▸ 기계 전원을 켜고 흡인 튜브를 흡인관에 끼움
▸ 튜브를 막아 압력이 300mmHg 이상 올라가는지 확인
▸ 환자의 입 가장자리에서 귓불까지의 길이를 측정하여 흡인 튜브의 적절한 깊이 결정
▸ 흡인 전에 환자에게 충분한 산소를 공급
▸ 수지교차법으로 입을 벌린 후 흡인튜브를 넣음
▸ 흡인관을 꺾어서 막고 흡인기를 측정한 깊이까지 입안으로 넣음
▸ 흡인관을 펴서 사용압력 80~200mmHg(영아에서는 100mmHg이하)으로 흡인하되, 흡인시간은 15초(영아에서는 10초)를 초과하지 않도록 함
▸ 흡인 후에는 흡인튜브에 생리식염수를 통과시켜 세척하고 산소를 공급

정답 ②

008

무선통신의 일반적인 원칙에 관한 설명으로 옳지 않은 것은?

① 무전기는 입에서 약 5~7cm 정도 간격을 두고, 입에서 45°방향에 위치시킨다.
② 환자의 평가결과는 주관적 사항이므로 진단명을 간결하게 송신한다.
③ 송신기의 버튼을 누른 후 1초 정도 기다렸다가 말을 한다.
④ 상호 약속된 무전약어를 사용한다.

💬 **출제 키워드**　　　　　　　　　　　　　　무선통신
📁 **기본서 다시보기**　　　　　　　　응급처치학개론 p.39

해설 ② 환자에 대해 평가결과를 말하되 진단을 내려서는 안 됨
ex 적절한 표현: 환자 가슴 통증 호소
　　부적절한 표현: 환자 심장 이상 증상 보임, 환자 심장마비 증상 보임 등

핵심 개념 리마인드
▸ 무전기가 켜져 있는지 확인하고 소리도 적당하게 조정
▸ 가능하다면 창문을 닫아 외부 소음을 줄여야 함
▸ 처음 무전을 시작할 때 잘 들리는지 확인
▸ 송신기 버튼을 누른 후 약 1초간 기다리고 말을 해야 함
　: 이는 첫 내용이 끊기는 것을 예방해 줌
▸ 무전기는 입에서부터 약 5 ~ 7cm 정도 간격을 두고 입에서 45° 방향에 위치시킴
▸ 다른 기관이나 사람과의 무전을 원할 때에는 "(다른 기관이나 사람), 여기 (본인이나 소속기관)"라고 시작함
　: 예를 들면 "상황실, 여기 구조하나 (구조대장)"라고 하면 됨
▸ 말은 천천히, 간결하게 그리고 분명하게 끊어서 해야 함
▸ 항상 간결하게 말해야 하며 30초 이상 말을 해야 한다면 중간에 잠깐 무전을 끊어 다른 무전기 사용자가 응급 상황을 말할 수 있게 해줘야 함
▸ 서로 약속된 무전약어를 사용해야 함
▸ 불필요한 말은 생략
▸ 무전내용은 모든 기관원들이 듣는다는 것을 명심하여 욕설이나 개인에 관련된 내용을 말해서는 안 됨
▸ 환자에 대해 평가결과를 말하되 진단을 내려서는 안 됨
▸ 의료지도를 받은 후, 반드시 의료지도 내용을 확인해야 함

정답 ②

009

차량 충돌 사고 현장에 출동하였다. 다음 환자평가의 기록은 어떠한 사항에 대한 기록을 나타낸 것인가?

> – 환자1 운전석에 앉아 있는 상태로 이마 3cm 열상, 얼굴 반상출혈, 치아 흔들림 관찰
> – 환자2 오른쪽 측면 충돌로 인하여 오른쪽 다리 열상 및 끼임에 의한 다리 변형 관찰

① 주호소 정보
② 외상환자평가 정보
③ 주관적 정보
④ 객관적 정보

출제 키워드 기록
기본서 다시보기 응급처치학개론 p.33

해설 ④ 기록은 환자 치료의 연속선상에서 현장과 병원 사이의 연계성 있는 치료 자료가 되므로 전문적이고 분명하게 적어야 하며, 객관적으로 현장 상황을 판단하여 작성하여야 한다.

핵심 개념 리마인드
① 구성 요소 및 작성법
기록은 외상, 내과, 소아청소년과 환자 등 질환에 따라 기록 내용이 조금씩 달라질 수 있음.
: 생명이 위급한 경우 응급처치를 먼저 시행한 후 기록을 진행
㉮ 일반적인 사항
  ㉠ 환자정보
   환자의 성명, 나이, 성별, 처음 발견 시의 환자 위치, 최초 반응자의 처치 내용, 손상의 종류와 원인, 일·이차 평가 내용 등을 발견 및 처치 시각과 함께 기록
  ㉡ 출동사항
   신고 일시, 출동 시각, 현장 도착 및 출발 시각, 병원 도착 시각, 귀소 시각, 신고자의 이름 및 전화번호, 처치자의 이름 등을 기록
  ㉢ 활력징후 (Vital Signs, V/S)
   생명유지에 필수적인 체온(body Temperature, BT), 맥박(Pulse rate, PR), 호흡(Respiratory rate, RR), 혈압(Blood Pressure, BP), 산소포화도(Saturation)의 기록으로 환자 상태를 바로 알 수 있기에 기록지의 앞부분에 위치하며 측정 시각과 함께 기록
  ㉣ 주증상 (Chief Complaint, C.C)
   구급대원의 질문에 환자가 처음 반응하는 내용 혹은 환자가 가장 고통스러워하는 증상으로, 모든 증상을 환자가 표현한 그대로 구술적으로 기록

정답 ④

010

심폐소생술 중 기관내삽관을 시행하여 호기말이산화탄소 분압이 다음과 같다. 적절한 중재는?

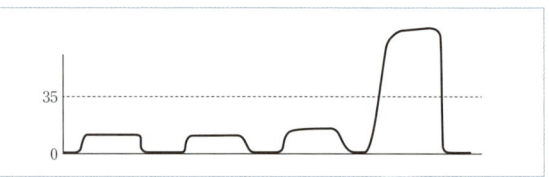

① 수액량을 증가시킨다.
② 중탄산나트륨을 투여한다.
③ 맥박을 확인한다.
④ 기관내삽관의 위치를 재확인한다.

출제 키워드 호기말 이산화탄소 분압
기본서 다시보기 응급처치학개론 p.111

해설 ③ 파형이 급격히 올라간 것은 자발순환이 돌아왔다는 신호로 확인할 수 있다. 단 호기말이산화탄소분압은 단독지표로 사용하지 않기 때문에 맥박이 돌아왔는지 함께 확인해야 한다.

핵심 개념 리마인드

• 식도내 삽관 • 이산화탄소 분석기계의 결함 • 기관지 튜브 폐쇄	• 심정지 • 중증 저혈압 • 폐색전(혈액응고, 공기색전, 지방색전 등)
0까지 급격히 하강	**파형의 급격한 감소**
CPR (10mmHg 유지)	
가슴압박 질 확인	**효과적인 가슴압박**
ROSC	**저환기**
과환기	**기관지경련, 천식, COPD**

정답 ③

011

환자의 자세와 적용에 대한 설명 중 옳은 것은?

① 측와위(lateral recumbent): 옆으로 누운 자세로, 주로 척추손상환자 및 임부에게 적용한다.
② 앉은 자세(Fowler's position): 윗몸을 45°~60° 세운 자세로, 보통 호흡이 곤란한 환자에게 적용한다.
③ 트렌델렌버그 자세(Trendelenburg position): 등을 바닥에 대고 바로 누워 침상의 다리 쪽을 45° 높여서 머리는 높게, 다리는 낮게 한다.
④ 두부거상: 두부 측을 높임으로써 상반신의 울혈과 출혈을 예방할 수 있다.

출제 키워드: 환자 자세의 종류와 적용
기본서 다시보기: 응급처치학개론 p.92

해설 ① 측와위(lateral recumbent): 척추손상환자에게 사용 금지
② 앉은 자세(Fowler's position): 윗몸을 30°~90°세운 자세
③ 트렌델렌버그 자세(Trendelenburg position): 머리는 낮게, 다리는 높게 한다.

핵심 개념 리마인드 환자 자세의 종류과 적용

종류	적용	효과
앙와위(Supine) : 반듯이 누운 자세	• 의식장애가 있을 때 • 몸에 상처가 많을 때 • 손과 발에 상처가 있을 때	• 인체의 생리학상 신체의 골격과 근육에 무리한 긴장을 주지 않음
측와위(Lateral) : 옆으로 누운 자세	• 의식장애가 있을 때 • 구토할 때 • 외상성 공기가슴증, 늑골 골절, 폐손상 등 흉부 손상 • 편마비 환자	• 의식이 없는 경우와 구토 시 혀의 이완방지 및 분비물의 배출이 용이하고 질식 방지에 효과적
복와위(Prone) : 엎드린 자세	• 의식장애, 구토, 등 부위 손상	• 의식이 없거나 구토환자의 경우 측와위처럼 질식 방지에 효과적
두부거상	• 뇌혈관 장애, 두부외상 등	• 두부 측을 높임으로써 상반신의 울혈과 출혈을 예방할 수 있음
하지거상 : 트렌델렌버그 자세 (Trendelenburg's position)	• 빈혈, 실신, 쇼크 등 • 하지 손상	• 뇌와 심장 등의 중요한 장기로 혈액을 순환시켜 증상 악화 방지 및 하지 출혈 감소
반좌위 (Folwler's position, Semi-sitting position)	• 심장질환, 천식 등에 의한 호흡 곤란	• 흉곽을 넓혀 편안한 호흡 가능 • 폐의 울혈 완화 및 가스교환이 용이하여 호흡상태 악화 방지
반복위 (sim's position) : 회복 자세 (Recovery position)	• 의식이 없거나 구강에 분비물 배액 촉진, 관장, 항문검사 등	• 의식이 없거나 구토환자의 경우 질식 방지에 효과적

정답 ④

012

위험한 상황에서 환자를 긴급 이동시키는 방법으로 옳지 않은 것은?

① 옷 끌기
② 어깨 끌기
③ 담요 끌기
④ 무릎–겨드랑이 들기

출제 키워드: 긴급이동–응급이동 방법
기본서 다시보기: 응급처치학개론 p.87

해설 ④ 위급한 상황에서는 고정장치를 이용할 시간이 없어 빠르게 환자를 이동하기에 집중해야 하므로 끌기법을 활용하는 것이 좋다.

핵심 개념 리마인드 긴급이동
① 환자나 대원에게 즉각적인 피해를 줄 수 있는 위험한 환경일 때 척추고정 없이 이동하는 것 화재 혹은 화재 위험 위험물질이나 폭발물 고속도로 환자의 자세나 위치가 손상을 증가시킬 때 그밖에 다른 위급한 환자에게 접근할 때 사용
② 고정 장치를 이용할 시간이 없을 때 사용되므로 척추손상을 초래할 수 있어 위급한 경우에만 사용
: 이동 방법으로는 1인 환자 끌기, 담요 끌기 등
▶ 만약 시간이 허용된다면 척추 고정을 실시한 후에 이동

정답 ④

013

환자의 안전한 이동을 위한 신체역학에 관한 설명으로 옳지 않은 것은?

① 바닥면이 넓어질수록 최소의 노력으로 균형이 유지될 수 있다.
② 환자를 들어 올릴 때 구조자는 등을 일직선으로 유지하고 다리, 엉덩이의 근육을 이용한다.
③ 환자를 잡아당기는 것보다 가급적이면 미는 동작을 사용한다.
④ 구조자가 들것을 잡을 경우에는 양 손을 최소 50cm 이상 떨어지게 하여 손잡이 부분을 충분히 감싼다.

출제 키워드 : 신체역학
기본서 다시보기 : 응급처치학개론 p.83

해설 ④ 구조자가 들것을 잡을 경우 가급적 양손을 몸쪽으로(약 25cm 내외) 붙여야 안전하게 이동이 가능하다.

핵심 개념 리마인드

1) 신체역학의 기본원리
① 큰 근육을 사용하는 것이 작은 근육을 사용하는 것보다 덜 피로해짐
② 중력선이 바닥면을 지나면 균형이 유지되고 근육의 과도한 긴장을 줄일 수 있음
③ 바닥면이 넓을수록 무게중심이 낮을수록 물체의 안정성은 커짐
④ 신체의 무게중심 가까이 있는 물체는 적은 노력으로도 움직일 수 있음
⑤ 바닥면이 넓어질수록 최소의 노력으로 균형이 유지됨
⑥ 활동을 하거나 자세를 변경하는 것은 근육의 긴장도를 유지하고 피로를 예방
⑦ 물체를 밀거나 잡아당기는 것이 물체를 드는 것보다 힘이 덜 듦
⑧ 환자 이동 시 구조자의 체중이 환자의 체중과 상호작용을 하면 에너지가 적게 소비됨
⑨ 큰 근육군을 동시에 사용하면 근력을 증가시키고 근육의 피로와 손상도 방지할 수 있음

2) 환자 이동에서의 신체역학
① 들어올릴 때 허리와 등을 일직선으로 유지하고 다리, 엉덩이의 근육을 이용한다.
  ▸ 허리 근육은 다리 근육보다 약하기 때문에 큰 근육인 다리와 엉덩이 근육을 사용
  ▸ 들어올릴 때 몸을 틀거나 비틀지 말아야 하며, 다른 동작을 하게 되면 부상의 원인이 될 수 있다.
② 다리를 약간 벌리고 발끝을 밖으로 향하게 한다.
③ 환자 이동 시 환자를 가능한 한 몸 가까이 붙이고, 몸에서 멀어질수록 부상의 가능성은 높아진다는 것을 기억한다.
  ▸ 들어 올리는 동안 허리보다는 다리를 사용할 수 있게 됨
  ▸ 갑작스런 움직임은 피해야 함
④ 한 손으로 들어올릴 때는 한쪽으로 몸을 굽히는 것을 피해야 한다. 허리는 항상 일직선을 유지하도록 한다.

정답 ④

014

다음 장비에 관한 설명으로 옳은 것은?

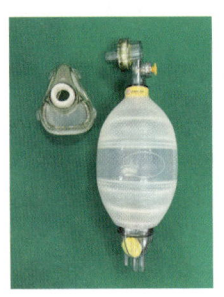

① 산소를 추가 투여하지 않은 상태로 40~60% 정도의 산소를 공급할 수 있다.
② 성인용과 소아용 두 가지로 구분된다.
③ 산소저장주머니 연결 후 분당 10L의 산소를 공급할 경우 거의 55%의 산소를 공급할 수 있다.
④ 보유 산소장비 없이 즉각적인 초기 환기를 제공할 수 있다.

출제 키워드 : 백-밸브 소생기
기본서 다시보기 : 응급처치학개론 p.107

해설 ④ 병원 전 환기장치로서 가장 보편적으로 사용하는 것으로 안면마스크, 인공호흡용 백, 밸브, 산소 저장백으로 구성

핵심 개념 리마인드

▸ 영아, 소아, 성인용으로 구분
▸ 보유 산소 장비 없이 사용할 수 있어 산소를 추가 투여하지 않은 상태로 21% 정도의 산소 공급이 가능
▸ 산소저장주머니 없이 40~60% 산소 공급이 가능
▸ 산소저장주머니 연결 후 분당 10~15L의 산소를 공급할 경우 거의 100%의 산소 공급

정답 ④

015

현장 또는 구급차 안에서 소생술을 중단할 수 있는 상황으로 옳지 않은 것은?

① 환자의 자발호흡순환이 회복된 경우
② 구급대원이 소생술을 지속하기 어려운 환경에 노출되는 경우
③ 직접의료지도를 요청하여 '소생술 중단'의 의료지도를 받은 경우
④ 소생술 실시 후 40분이 경과한 경우

🗨 출제 키워드 소생술 중단

📖 기본서 다시보기 응급처치학개론 p.32

해설 ④ 소생술 실시 시간은 중단 사유에 해당하지 않는다.

핵심 개념 리마인드 현장에서 소생술을 중단할 수 있는 상황
▶ 자발순환이 회복된 경우
▶ 구급대원이 지쳐서 더 이상 소생술을 지속할 수 없는 경우
▶ 구급대원이 소생술을 지속하기 어려운 환경에 노출되는 경우
▶ 소생술을 시작하였지만, 시행 중 '소생술 유보'의 조건이 확인된 경우
▶ 직접의료지도를 요청하여 '소생술 중단'의 의료지도를 받은 경우

현장 소생술 중단 시 주의사항
▶ 저체온증, 익수, 임산부, 18세 이하 환자에 대해서는 심폐소생술 중단을 지양하고 엄격하게 판단해야 함
▶ 현장에서 소생술을 중단하는 경우 이송/미이송의 판단은 지도의사가 결정하도록 함(미이송으로 결정된 경우 현장보존 및 경찰 등에 인계)
▶ 이송 중에 소생술을 중단하는 경우 지도의사의 지도를 받아 환자를 병원으로 이송

정답 ④

016

구급대원의 현장 도착 후 감염방지 및 개인보호 장비에 관한 설명으로 옳지 않은 것은?

① 피부염이 있거나, 상처가 있는 처치자는 환자를 직접 만지지 않도록 한다.
② 포켓마스크를 사용하여 인공호흡을 할 때에는 일 방향(one-way valve) 벨브를 사용한다.
③ 사용한 주사바늘은 즉시 구부린 후 그대로 주사바늘통에 버린다.
④ 장갑은 한 환자에게 사용하더라도 오염된 신체부위에서 깨끗한 부위로 이동할 경우 교환해야 한다.

🗨 출제 키워드 구급대원의 감염

📖 기본서 다시보기 응급처치학개론 p.74

해설 ③ 구급대원은 현장에서 환자처치를 시행할 때 감염에 노출되지 않기 위하여 기본 예방법을 잘 숙지하여야 구급대원 자신과 동료의 안전을 보호할 수 있음

핵심 개념 리마인드
① 날카로운 기구를 사용할 경우에는 손상을 당하지 않도록 주의
② 바늘 끝이 사용자의 몸 바깥쪽 향하도록 함
③ 사용한 바늘은 다시 뚜껑을 씌우거나, 구부리거나, 자르지 말고 그대로 바늘통에 즉시 버려야 함
④ 바늘 뚜껑을 씌워야 할 경우는 한 손으로 조작하여 바늘 뚜껑을 주사바늘에 씌운 후 닫도록 함
⑤ 주사바늘, 칼날 등 날카로운 기구는 구멍이 뚫리지 않는 통에 모아야 함(적출물통)
⑥ 심폐소생술 시행 시 반드시 일방향 휴대용 마스크를 이용하며 직접 접촉을 피해야 함
⑦ 피부염이나 피부에 상처가 있는 처치자는 환자를 직접 만지거나 환자의 검체를 맨손으로 접촉하지 않도록 해야 함
⑧ 장갑은 한 환자에게 사용하더라도 오염된 신체 부위에서 깨끗한 부위로 이동할 경우 교환해야 함

정답 ③

017

유해물질 사고 대응 절차 중 경계구역 설정에 관한 설명으로 옳지 않은 것은?

① 유해물질의 구역표시는 오염, 오염통제구역, 안전지역으로 한다.
② 오염구역은 구조와 오염제거활동에 직접 관계되는 인원 이외에는 출입을 엄격히 금지하고 구조대원들도 위험지역에 머무는 시간을 최소화 하여야 한다.
③ 오염통제구역에는 제독·제염을 설치하고 모든 인원은 이곳을 통과하여 이동하도록 해야 한다.
④ 안전구역에는 구조해온 요구조자에게 안전조치를 취하는 등 구급활동에 필요한 각종 장비를 설치하고 필요한 지원을 수행한다.

출제 키워드 위험물질 현장출동 주의점

기본서 다시보기 응급처치학개론 p.69

해설 ② 오염 통제구역에 관한 설명이다.
오염 통제 구역은 오염 구역과 안전 구역 사이에 위치
▸ 제독 텐트 및 필요 시 펌프차량 등이 위치해 오염을 통제하는 구역
▸ 오염 가능성이 있는 곳, 적정 장비 및 훈련을 받은 최소인원으로 구성되어 제독활동 진행

핵심 개념 리마인드
② 오염 구역 활동이 끝난 후에는 대원들 자신도 제독활동을 해야 함
→ 환자들은 오염 구역에서 제독텐트에 들어가기 전에 전신의 옷과 악세사리를 벗어 비닐백에 담아 밀봉 후 다시 드럼통에 담아 이중으로 밀봉한 뒤 유성펜을 이용해 비닐백 위에 이름을 적어야 함
③ 제독텐트는 좌·우로 남녀를 구분하여 처치하며 보통 가운데 통로는 대원들이 사용함
→ 텐트 내부는 호스를 이용해 물이나 공기 또는 약품으로 제독활동을 하며 텐트 출구 쪽에는 1회용 옷과 슬리퍼 또는 시트를 준비해 두어야 함
④ 오염 통제 구역 내 구급처치는 기본인명소생술로 기도, 호흡, 순환(지혈), 경추 고정, CPR, 전신 중독 평가 및 처치가 포함
  ex) 정맥로 확보 등과 같은 침습성 처치는 가급적 제독 후 안전구역에서 실시
  오염 통제 구역에서 사용한 구급장비는 안전 구역에서 사용해서는 안 됨

정답 ②

018

등산객이 산에서 추락하여 척추손상을 입은 현장에 출동하였다. 긴 척추고정판과 함께 환자를 이송하기에 적합한 장비로 옳은 것은?

①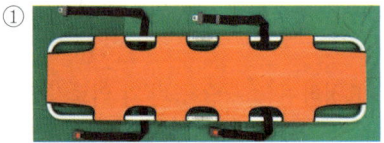

②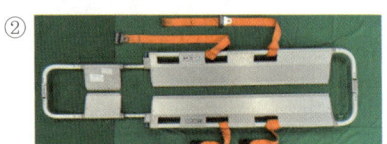

③

④

출제 키워드 들것

기본서 다시보기 응급처치학개론 p.125

해설 ④ 바구니형 들것은 주로 고지대·저지대 구출용과 산악용으로 사용하며, 긴 척추 고정판으로 환자 고정 후 바스켓형에 환자를 결착하여 활용할 수 있음

핵심 개념 리마인드
① 접이식 들것: 좁은 곳을 통과할 때 유용, 천이나 유연물질로 만들어짐, 척추손상 의심 환자를 1인이 운반할 때에는 적절하지 않음
② 분리형 들것: 긴척추고정판으로 환자를 구출할 수 없을 때 사용, 앙와위 자세로 환자를 움직이지 않고 들것에 고정 이동 가능
→ 등 부분을 지지해 주지 못하기 때문에 척추손상 환자는 가급적 사용 금기
③ 보조 들것: 주 들것을 사용할 수 없는 장소에서 환자를 이동시킬 때 사용, 접이식이라 휴대가 용이하며 구급차량에 쉽게 적재할 수 있으며 세척할 수 있는 장점이 있으나, 대부분 바퀴가 없기 때문에 환자 무게에 맞는 충분한 이동대원이 있어야 함

정답 ④

019

다음 중 구급차가 운행할 수 있는 지역에 있는 환자의 헬기이송기준에 대한 설명 중 옳지 않은 것은?

① 지혈되지 않는 외부 출혈이 있는 경우
② 임신한 사람이 외상을 입은 경우
③ 감전된 경우
④ 총상 및 관통상을 입은 경우

🔖 출제 키워드 　　　　　　　　환자상태에 따른 헬기이송기준

📖 기본서 다시보기 　　　　　　　응급처치학개론 p.129

해설 ① 지혈되지 않는 외부 출혈이 있는 경우는 구급차가 운행할 수 없는 지역에 있는 환자의 헬기이송 기준이다.

핵심 개념 리마인드

분류	기준
중증외상의 의증	가. 사고 유형 　1) 차량 (경운기와 트랙터를 포함한다) 사고 　　(가) 환자와 동승한 사람이 사망했거나, 환자가 차량으로부터 방출된 경우 　　(나) 차량 외부가 50cm 이상, 차량 내부가 30cm 이상 함몰된 경우 　　(다) 차량이 전복된 경우 　2) 자전거, 오토바이 사고로서 35km이상의 속도로 충돌·추돌하여 환자가 자전거, 오토바이에서 이탈한 경우 　3) 열차, 선박, 항공기 사고로서 「응급의료에 관한 법률」제2조제4호에 따른 응급의료종사자가 요청하는 경우 　4) 추락 등 　　(가) 만 15세 이상인 사람이 6m, 만 15세 미만인 사람이 3m 이상에서 추락한 경우 　　(나) 총상 및 관통상을 입은 경우 나. 환자의 외관 　1) 두통, 구토 또는 변형을 동반한 두부 외상이 있는 경우 　2) 두 팔과 두 다리 중 두 개 이상에 변형 및 절단이 있는 경우 　3) 체강(體腔)이 개방된 손상 또는 개방성 골절이 있는 경우 다. 환자의 체온, 호흡, 맥박 및 혈압 등 　1) 의식이 저하된 경우 　2) 맥박 또는 호흡이 없거나 약한 경우 　3) 저혈압, 과다호흡, 빈맥(頻脈) 등 쇼크의 징후가 있는 경우 　4) 두 팔과 두 다리 중 한 개 이상에 마비가 있는 경우 　5) 대퇴골, 골반, 척추에 골절이 의심되거나 다발성 늑골골절이 의심되는 경우 라. 임신한 사람이 외상을 입은 경우 마. 벼락을 맞은 경우, 감전된 경우, 중증화상을 입은 경우 및 화염과 연기에 노출된 경우

정답 ①

020

유해화학물질 누출 시 물리적 처리 방법에 해당하지 않는 것은?

① 소독 : 생물체가 아닌 환경으로부터 세균의 아포를 제외한 미생물을 제거하는 과정
② 멸균 : 물리적, 화학적 과정을 통하여 모든 미생물을 완전하게 제거하고 파괴
③ 살균 : 오염물질의 농도를 낮추어 위험성을 줄이는 방법
④ 세척 : 소독과 멸균의 가장 기초 단계로 일반적으로 물과 기계적인 마찰, 세제를 사용하여 대상물로부터 모든 이물질(토양, 유기물 등)을 제거하는 과정

🔖 출제 키워드 　　　　　　　　　　　소독과 멸균

📖 기본서 다시보기 　　　　　　　응급처치학개론 p.78

해설 ③ 살균은 미생물 중 병원성 미생물을 사멸 시키는 것을 말함

핵심 개념 리마인드

세척	대상물로부터 모든 이물질(토양, 유기물 등)을 제거하는 과정 → 소독과 멸균의 가장 기초 단계로 일반적으로 물과 기계적인 마찰, 세제를 사용
소독	생물체가 아닌 환경으로부터 세균의 아포를 제외한 미생물을 제거하는 과정 → 일반적으로 액체 화학제, 습식 저온 살균제에 의해 이루어짐
높은	노출 시간이 충분하면 일부 세균의 아포까지 죽일 수 있고 모든 미생물을 파괴할 수 있음 → 기관지내시경, 마찰겸자, 기도확보에 사용되는 기구 등 점막에 접촉한 모든 기구에 사용
중간	결핵균, 진균을 불활성화, 세균 아포는 박멸하지 못함 → 청진기, 부목, 혈압계와 같이 피부와 접촉하는 장비를 소독
낮은	세균, 일부 바이러스, 진균을 박멸하지만, 결핵 균이나 세균 아포 등과 같이 내성이 있는 미생물은 죽이지 못함
멸균	물리적, 화학적 과정을 통하여 모든 미생물을 완전하게 제거하고 파괴 ▶ 환자의 점막에 접촉한 장비(후두경) 침습적 기구는 세척 이후 화학 멸균제에 노출 혹은 고압증기멸균을 실시
살균제	미생물 중 병원성 미생물을 사멸시키기 위한 물질 → 피부소독제: 피부나 조직에 사용하는 살균제
화학제	진균과 박테리아의 아포를 포함한 모든 형태의 미생물을 파괴하는 것, 화학멸균제라고도 함 → 단기간 접촉되는 경우 높은 수준의 소독제로 작용할 수 있음

정답 ③

021

다음은 구급대원의 법적 책임을 나타내는 사항이다. ( )에 들어갈 내용으로 옳은 것은?

분류	내용
치료기준	사회의 관행으로 정해진 기준
	법률에 의한 기준
	(Ⓐ)
과실주의	과실, 방임, 폭행, 구타, 불법 감금
동의의 법칙	묵시적 동의
	미성년자 치료에 있어서의 동의
	(Ⓑ)
	치료거부권
면책의 양식	(Ⓒ)
	의료행위의 면책
	면허 또는 증명의 효과
책임	호출에 응답할 의무
의무기록과 보고	(Ⓓ)
	범죄에 관한보고
	사망자에 대한 사항

가. 전문적 또는 제도화된 기준
나. 특수상황에서의 보고
다. 정신질환의 동의
라. 구급대원의 법규

① Ⓐ:가 Ⓑ:나 Ⓒ:다 Ⓓ:라
② Ⓐ:다 Ⓑ:나 Ⓒ:라 Ⓓ:가
③ Ⓐ:라 Ⓑ:가 Ⓒ:다 Ⓓ:나
④ Ⓐ:가 Ⓑ:다 Ⓒ:라 Ⓓ:나

022

다음 구급대원의 법적 책임을 나타내는 내용에 대한 설명 중 옳은 것은?

- 면허 또는 증명의 효과
- 구급대원의 법규

① 치료기준
② 면책의 양식
③ 의무기록과 보고
④ 과실주의

출제 키워드: 구급대원의 법적 책임을 나타내는 사항
기본서 다시보기: 응급처치학개론 p.24

해설 구급대원은 현장처치를 진행할 때 그 행위나 활동이 타인에게 해를 줄 가능성이 있다면 타인의 안전에 관해 우선적으로 관심을 가져야 함
▶ 이에 구급대원은 응급환자에게 적절한 치료를 행하기 위하여 행동해야 하는 방식인 치료 기준을 잘 정립할 필요가 있음

핵심 개념 리마인드

분류	내용	분류	내용
치료 기준	사회의 관행으로 정해진 기준	면책의 양식	구급대원의 법규
	법률에 의한 기준		의료행위의 면책
	전문적 또는 제도화된 기준		면허 또는 증명의 효과
과실주의	과실, 방임, 폭행, 구타, 불법 감금	책임	호출에 응답할 의무
동의의 법칙	묵시적 동의	의무기록과 보고	특수상황에서의 보고
	명시적 동의		
	미성년자 치료에 있어서의 동의		범죄에 관한 보고
	정신질환자의 동의		사망자에 대한 사항 보고
	치료 거부권		

정답 021 ④ / 022 ②

023

주 들것을 사용할 수 없는 장소에서 환자를 이동시킬 때 유용하며 대량환자 발생 시 편리하게 사용할 수 있는 장비로 유연한 재질로 만들어져 보관할 때 쉽게 접히거나 말리는 들것은?

① 주 들것 ② 의자형 들것
③ 분리형 들것 ④ 보조(가변형) 들것

📝 출제 키워드 　　　　　　　　　　　　　들것

📖 기본서 다시보기 　　　　　　　응급처치학개론 p.121

해설 ④ 보조 들것은 주 들것을 사용할 수 없는 장소에서 환자를 이동시킬 때 사용하며, 다수의 환자가 발생했을 때 유용하게 사용 가능하다. 알루미늄형, 텐트형, 중량의 플라스틱형, 코트형, 천형 등의 재질로 되어있다.

핵심 개념 리마인드

주 들것	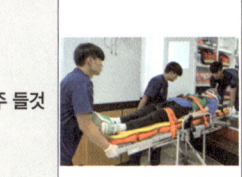	구급차량 내에 비치되어 있는 들것으로 환자 이동 시 주로 사용 ▶ 바퀴가 달려있는 것으로 높이를 조절 가능 ▶ 상체를 올려 앉은 자세 가능 ▶ 환자의 팔, 다리 등이 밖으로 나오지 않도록 안전하게 고정
의자형 (계단용) 들것	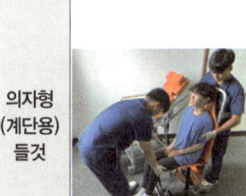	계단용으로, 환자를 앉은 자세로 좁은 복도나 작은 승강기, 좁은 공간에 이동시킬 때 유용 ▶ 척추손상이나 하체손상 환자, 기도유지가 안되는 의식장애 환자에게 사용 금지 ▶ 계단을 내려올 때 환자의 다리가 진행 방향으로 와야 함 ▶ 다리 측 대원의 가슴과 환자의 다리가 수평을 이루어야 함 ▶ 벨트 조임 확인 → 환자의 팔이 밖으로 나오거나 무언가를 잡지 못하도록 고정
분리형 들것		주로 운동 중 사고나 골반측 손상에 사용 ▶ 알루미늄이나 경량의 철로 구성 ▶ 앙와위 환자를 움직이지 않고 들것에 고정 이동 가능 　→ 등 부분을 지지해 주지 못하기 때문에 척추손상 환자는 가급적 사용 금지

정답 ④

024

응급환자 이송용 헬리콥터 착륙 시 조종사 기준 좌측방향으로 유도하고 싶다면 다음 중 어떠한 수신호를 취해야 하는가?

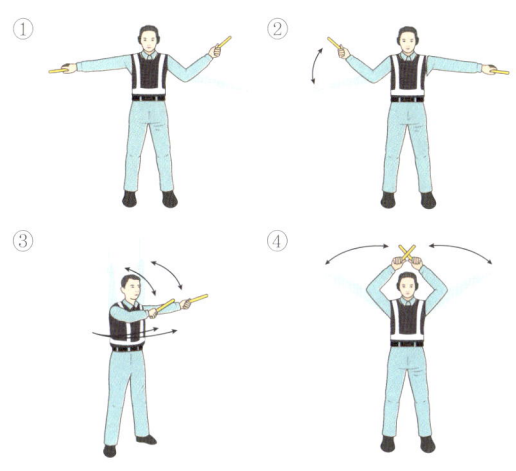

📝 출제 키워드 　　　　　　　　　　　　　항공 이송

📖 기본서 다시보기 　　　　　　　응급처치학 개론 부록

해설 ② 우회전(조종사 기준)
③ 다음 유도원에게 이동 또는 관제기관으로부터 지시받은 지역으로의 이동
④ 비상정지

정답 ①

025

3등급의 재해에 대한 설명으로 옳지 않은 것은?

① 국가 전체의 적극적인 지원이 필요한 규모의 재해
② 재해의 대책 수립 시 최소 48시간 정도 자체적으로 재해에 대처할 수 있도록 계획 수립 및 비상물자 비축 필요
③ 재해 발생 후 외부자원 수습까지 수 시간에서 1일 정도의 시간적 공백 발생
④ 전쟁, 국가 규모의 대형재해

📧 출제 키워드 　　　　　　　　　　　재해의 등급
📁 기본서 다시보기 　　　　　　　응급처치학개론 p.51

해설 ③ 국가 전체의 적극적인 지원이 필요한 규모의 재해는 3등급의 재해이다. 재해 발생 후 외부자원 수습까지 수 시간에서 1일 정도의 시간적 공백 발생하는 것은 2등급 재해의 특징이다.

핵심 개념 리마인드

재해 1등급
- 재해가 발생한 자체 계획에 의해 수습이 가능한 재해
- 재해 발생 수 시간 내 자체 수습 가능

재해 2등급
- 재해가 발생한 지역 자체적으로 수습할 수 없는 도 단위나 광역시 단위에서 해결할 수 있는 규모의 재해
- 인근 지역의 인적 또는 물적 자원 지원이 필요한 규모의 재해
- 재해 발생 후 외부자원 수습까지 수 시간에서 1일 정도의 시간적 공백 발생

재해 3등급
- 국가 전체의 적극적인 지원이 필요한 규모의 재해
- 전쟁, 국가 규모의 대형재해
- 정부지원의 도달까지 1~2일 정도의 시간적 공백 발생
- 재해의 대책 수립 시 최소 48시간 정도 자체적으로 재해에 대처할 수 있도록 계획 수립 및 비상물자 비축 필요

정답 ③

026

구급대원에게 나타날 수 있는 스트레스에 관한 사항 중 옳지 않은 것은?

① 유아나 아동, 동료 및 자신의 사고 및 죽음
② 대형사고 발생 시 이루어지는 장시간의 작업
③ 환자 처치 시 실수 또는 환자 평가 시 오류에 대한 두려움
④ 업무의 특성상 사고 현장에 빠르게 출동하기 위해 상시 대기해야 하는 상황

📧 출제 키워드 　　　　　　　　구급대원의 스트레스 관리
📁 기본서 다시보기 　　　　　　응급처치학개론 p.20

해설 ① 자신의 사고 및 죽음에 관한 사항은 포함되지 않는다.

핵심 개념 리마인드
① 유아나 아동의 사고 현장
　자신이 아무것도 할 수 없는 좌절감이나 분노의 감정으로 무력감을 느낌
② 동료의 사고와 죽음
　슬픈 감정과 더불어 자신에게도 이러한 사고가 언제든지 발생할 수 있다는 점에 두려움을 느끼기도 함
③ 대형사고 발생 시 이루어지는 장시간의 작업
④ 환자 처치 시 실수 또는 환자 평가 시 오류에 대한 두려움
⑤ 업무의 특성상 사고 현장에 빠르게 출동하기 위해 상시 대기해야 하는 상황 등
⑥ 유가족에게 사망 소식을 전할 때

정답 ①

027

개인보호장비에 대한 설명으로 옳지 않은 것은?

① Level A는 완전 밀폐형으로 가장 높은 수준의 보호작용을 하며 화재현장에 사용이 가능하다.
② Level B는 높은 수준의 호흡기 보호를 위해 송기마스크가 필요하며 1시간의 방호시간을 가지며, 열방호작용이 없다.
③ Level C는 오염통제구역 내 제염 및 세척 시 사용 할 수 있으며 방호시간은 10분 내외이다.
④ Level D는 최소수준의 피부보호 작용을 하며, 호흡기 보호를 위해 방독면을 착용할 수 있다.

출제 키워드　　　　　　　　　　　　　　개인보호장비
기본서 다시보기　　　　　　　　　응급처치학개론 p.75

해설 ④ Level D는 호흡기 보호를 위해 KF94 혹은 KF95 마스크를 활용해야 한다.
호흡기 보호를 위하여 방독면을 착용하는 것은 Level C이다.

핵심 개념 리마인드

등급	Level A	Level B	Level C	Level D
보호복				
사용 구역	오염구역 (Hot zone)	오염통제 구역 (Warm zone)	오염통제 구역 내 제염 및 세척 시 사용 (Warm zone)	안전구역 (Cold zone)
방호 수준	가장 높은 수준의 호흡기, 피부, 눈 보호	높은 수준의 호흡기 보호, 피부와 눈은 A등급 보다는 낮음	피부, 호흡기 보호	피부, 호흡기 보호
특징	• 완전 밀폐형 내화학 안전화, 내화학 장갑 일체형 • 독립적 호흡장치(자급식 공기호흡기) 필요	• 내화학 장갑, 내화학 안전화 따로 착용 • 독립적 호흡장치(자급식 공기호흡기) 송기마스크 필요	• 내화학 보호복, 내화학 장갑, 내화학 안전화 따로 착용 • 호흡기보호구 방독면 착용 • 높은 방수 성능	• 전신보호복 (일반적 감염 보호복) • N95(KF 94) 등급마스크 • 장갑, 보안경, 안면보호구, 신발덮개
노출	노출 없음	가스 및 증기가 목, 손목을 통해 노출 가능		
열방호성	열방호성 있음 • 화재현장 o	열방호작용 없음 • 화재현장 ×		
방호시간	1시간 이상	10분 이상		없음

정답 ④

028

재난 발생 시 구급 대응체계에 대한 설명 중 선착 구급대의 역할이 아닌 것은?

① 현장 상황에 따라 MASS 또는 START 분류로 환자분류
② 재난 상황 지속적 모니터링
③ 예상 사상자 수 파악
④ 임시의료소 설치 · 운영

출제 키워드　　　　　　　재난상황에서의 구급의 기능
기본서 다시보기　　　　　　　　응급처치학개론 p.59

해설 ② 재난 상황 지속적 모니터링은 119종합상황실, 119구급상황관리센터의 업무이다.

핵심 개념 리마인드

단계	주요 내용	활동 주체
사고 발생	▸ 다수사상자 재난 등 발생	징후 활동 감시
재난 접수	▸ 재난 접수 및 구급대 출동 ▸ 재난 규모에 따라 의료지원팀 요청 (신속대응반, DMAT 등) ▸ 재난 상황 지속적 모니터링	119종합 상황실 119구급상황 관리센터
현장 도착	▸ 예상 사상자 수 파악 ▸ 1단계 중증도 분류(MASS) 　- 현장 상황에 따라 MASS 또는 START 분류 ▸ 임시의료소 설치 · 운영 　- 분류반: 2단계 중증도 분류(START) 중증도 분류를 담당하며 최소 1인 이상 자격자 배치 　- 처치반: 환자 응급처치 응급처치를 담당하며 최소 1인 이상 자격자 배치 　현장에 초기인원이 부족할 경우 분류반과 응급처치반을 통합하여 2인 이상으로 구성 운영 　- 이송반: 환자 이송 중증도 분류에 따라 최소 2인 이상 배치	선착구급 대원 응급의료소
병원 이송	▸ 이송병원 선정 　- 사상자 등록 　- 병원 이송 ▸ 환자 기록 내용 확인	현장응급 의료소 긴급구조 통제단 설치
재난 종료	▸ 사상자 현황 최종 확인 ▸ 재난 종료	긴급구조 통제단 현장응급 의료소장

정답 ②

029

다음 상황의 경우 구급대원에게 적용되는 법적 책임으로 옳은 것은?

> 길에 비틀거리고 있는 행인이 있다는 현장에 출동하였다. 구급대원을 보자 환자가 흥분하여 "나 아프지 않은데 누가 신고했어! 나 집에 혼자 갈 수 있어!"라고 수차례 말했고 말할 때마다 약간의 술냄새가 나는 듯 했다. 이에 구급대는 환자가 의식과 판단능력이 있다고 결정하고 관계기관에 통보 없이 귀소하였는데 한 시간 뒤 환자가 귀가 중 뇌졸중으로 사망하였다는 연락을 받았다.

① 방임
② 태만
③ 면책
④ 아무런 법적 책임이 없다.

출제 키워드: 과실주의
기본서 다시보기: 응급처치학개론 p.25

해설 ① 보행장애가 있는 환자에게 필요한 처치 및 검사를 시행하지 않았으므로, 이는 방임에 해당한다.

핵심 개념 리마인드

과실	구급대원이 환자에게 응급처치의 기준을 따르지 않아 상해가 발생하는 행위
	ex 목의 통증을 호소하는 환자에게 사이즈가 작은 경추보호대임을 인지하였으나 그대로 착용시켜 마비가 온 경우
방임 (= 유기)	환자에게 지속적으로 요구되고 필요로 하는 처치를 적절하게 제공하지 않는 행위
	ex 1급 구급대원이 자신보다 훈련 수준이 낮은 2급 구급대원에게 1급 범위의 환자 처치를 지시하는 경우
	ex 구급대원이 의사나 간호사에게 환자 처치에 대해 제대로 인수인계를 하지 않고 환자 곁을 떠나는 경우
폭행	당사자의 동의 없이 신체적 위해의 불안을 느끼게 하는 불법적 행위
	ex 환자가 주사 공포증으로 정맥주사를 거부하는데 카테터를 보이면서 팔로 가져가 정맥주사를 시도하는 행위
구타	당사자의 동의 없이 다른 사람이 불법적으로 접촉하는 행위
	ex 환자의 거부에도 불구하고 정맥주사를 시작하는 행위
불법감금 (= 강제구금)	동의 없이 이송된 환자나 정당한 근거 또는 권한 없이 환자를 제압하는 행위
	ex 구급대원은 환자를 강제로 제압할 수 없음

정답 ①

030

항공구급활동에 대한 설명으로 옳은 것은?

① 환자의 체온유지를 위하여 얼음팩을 상시 대기하고 있어야 한다.
② 중증의 환자 또는 호흡곤란 환자 등은 상태가 쉽게 악화 될 수 있음으로 SpO_2를 주기적으로 체크하며 환자 상태를 확인해야 한다.
③ 공기부목을 착용한 환자의 경우 고도가 높은 곳에서 공기부목 내 공기가 팽창하여 필요 이상의 압력을 받게 되므로 압력을 최대치로 유지해야 한다.
④ 흉부통증과 공기 가슴증환자는 신속한 후송을 위해 가능한 헬기를 이용한 공중이송이 바람직하다.

출제 키워드: 항공이송시 고려사항
기본서 다시보기: 응급처치학개론 p.127

해설 ② 항공이송 시 산소압이 떨어지고, 온도가 낮아지고, 공기압력이 저하되어 공기의 팽창이 일어남을 인지하고 이송하여야 한다.

핵심 개념 리마인드

산소 저하	고도가 상승할수록 산소압이 떨어지므로 중증의 환자 또는 호흡곤란 환자 등은 상태가 쉽게 악화 될 수 있음 → SpO_2를 주기적으로 체크하며 환자 상태를 확인
온도 저하	고도가 상승할수록 온도가 떨어지므로 환자이송 시 보온에 유의해야 함 → 환자의 체온 유지를 위해 담요나 시트 등을 충분히 준비
기압 변화	기압이 상승할수록 공기압력이 저하되어 일정 용적안의 공기가 팽창함 → 공기팽창으로 인하여 기관지 압박 가능성이 있어 압력의 변화에 유의해야 함 → 가급적 압력을 사용하는 장비는 사용하지 않도록 함 → 부득이하게 사용할 경우 압력을 지속적으로 평가해야 함 ex 기관내 삽관을 시행할 경우 압력을 적게 넣거나 물을 채워 넣음

정답 ②

031

구급대원의 감염예방과 환자 간의 감염전파를 차단하기 위해서는 구급장비 및 물품의 적절한 소독과 멸균이 필요하다. 용어의 정의와 설명으로 옳은 것은?

① 멸균: 물리적·화학적 과정을 통하여 일부 미생물을 완전하게 제거하고 파괴시키는 것을 말한다.
② 소독: 일반적으로 액체 화학제, 습식 고온 살균제에 의해 이루어진다.
③ 살균제: 미생물 중 병원성 미생물을 사멸시키기 위한 물질을 말한다.
④ 화학제: 진균과 박테리아의 아포를 제외한 모든 형태의 미생물을 파괴하는 것으로, 화학멸균제라고도 한다.

출제 키워드 　　　　　　　　　　　소독과 멸균

기본서 다시보기 　　　　　　　　응급처치학개론 p.78

해설 ① 일부 미생물 → 모든 미생물
② 습식 고온 살균제 → 습식 저온 살균제
④ 화학제: 진균과 박테리아의 아포를 제외한 → 진균과 박테리아의 아포를 포함한

핵심 개념 리마인드

세척	대상물로부터 모든 이물질(토양, 유기물 등)을 제거하는 과정 → 소독과 멸균의 가장 기초 단계로 일반적으로 물과 기계적인 마찰, 세제를 사용
소독	생물체가 아닌 환경으로부터 세균의 아포를 제외한 미생물을 제거하는 과정 → 일반적으로 액체 화학제, 습식 저온 살균제에 의해 이루어짐
높은	노출 시간이 충분하면 일부 세균의 아포까지 죽일 수 있고 모든 미생물을 파괴할 수 있음 → 기관지내시경, 마질겸자, 기도확보에 사용되는 기구 등 점막에 접촉한 모든 기구에 사용
중간	결핵균, 진균을 불활성화, 세균 아포는 박멸하지 못함 → 청진기, 부목, 혈압계와 같이 피부와 접촉하는 장비를 소독
낮은	세균, 일부 바이러스, 진균을 박멸하지만, 결핵 균이나 세균 아포 등과 같이 내성이 있는 미생물은 죽이지 못함
멸균	물리적, 화학적 과정을 통하여 모든 미생물을 완전하게 제거하고 파괴 ▶ 환자의 점막에 접촉한 장비(후두경) 침습적 기구는 세척 이후 화학 멸균제에 노출 혹은 고압증기멸균을 실시
살균제	미생물 중 병원성 미생물을 사멸시키기 위한 물질 → 피부소독제: 피부나 조직에 사용하는 살균제
화학제	진균과 박테리아의 아포를 포함한 모든 형태의 미생물을 파괴하는 것, 화학멸균제 라고도 함 → 단기간 접촉되는 경우 높은 수준의 소독제로 작용할 수 있음

정답 ③

032

신체역학에 따른 들어올리기에 대한 설명으로 옳지 않은 것은?

① 물체를 밀거나 잡아당기는 것이 물체를 드는 것보다 힘이 덜 든다.
② 다리를 약간 벌리고 발끝을 밖으로 향하게 한다.
③ 등을 일직선으로 유지하고 허리 근육을 이용한다.
④ 들것의 경우 양손 간격을 20~30cm 떨어지게 잡는다.

출제 키워드 　　　　　　　　　　　　신체역학

기본서 다시보기 　　　　　　　　응급처치학개론 p.83

해설 ③ 구조자가 들것을 들 때 엉덩이와 허벅지의 큰 근육을 사용해야 한다.

핵심 개념 리마인드 　신체역학의 기본원리
① 큰 근육을 사용하는 것이 작은 근육을 사용하는 것보다 덜 피로해짐
② 중력선이 바닥면을 지나면 균형이 유지되고 근육의 과도한 긴장을 줄일 수 있음
③ 바닥면이 넓을수록 무게중심이 낮을수록 물체의 안정성은 커짐
④ 신체의 무게중심 가까이 있는 물체는 적은 노력으로도 움직일 수 있음
⑤ 바닥면이 넓어질수록 최소의 노력으로 균형이 유지됨
⑥ 활동을 하거나 자세를 변경하는 것은 근육의 긴장도를 유지하고 피로를 예방
⑦ 물체를 밀거나 잡아당기는 것이 물체를 드는 것보다 힘이 덜 듦
⑧ 환자 이동 시 구조자의 체중이 환자의 체중과 상호작용을 하면 에너지가 적게 소비됨
⑨ 큰 근육군을 동시에 사용하면 근력을 증가시키고 근육의 피로와 손상도 방지할 수 있음

정답 ③

033

출혈성 쇼크 환자에서 혈압 유지를 목적으로 사용되며 골반골절이나 다리골절 시 고정효과가 있는 장비로 옳은 것은?

①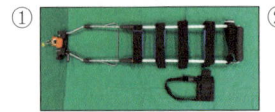
②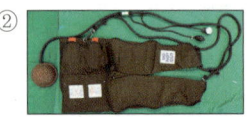
③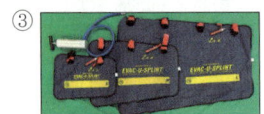
④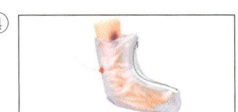

📋 출제 키워드   항쇼크바지

📖 기본서 다시보기   응급처치학개론 p.120

해설 ① 견인부목
② 저체액성 쇼크 환자에서 혈압을 유지시키는 목적으로 사용되는 장비로 골반골절이나 다리골절 시 고정효과가 있다.
   구급차 내 갖추어야 하는 필수 장비로 지정되어 있다.
③ 진공부목
④ 공기부목

핵심 개념 리마인드

견인부목	관절 및 다리 하부 손상이 동반되지 않은 넙다리 몸통부 손상 시 사용 ▶ 외적인 지지와 고정뿐만 아니라 넙다리 손상 시 발생되는 근육경련으로 인해 뼈끝이 서로 겹쳐 발생되는 통증과 추가적인 연부조직 손상을 줄여, 내부 출혈을 감소시킬 수 있는 장비

진공부목	공기를 제거하여 고정하는 장비
	→ 사용하기 전 알갱이를 고루 펴서 적용
	▶ 개방성 골절 사용 금지
	  → 외형이 찢기거나 뚫리면 부목의 기능을 하지 못하므로 주의
	▶ 진공 시 형태가 고정되므로 'C'나 'U'자 모양으로 적용 가능
	  → 변형된 관절 및 골절에 유용
	▶ 진공으로 인해 부피가 감소하면 느슨해진 고정끈 재결착 필요
	▶ 전신진공부목은 척추고정이 안 됨

공기부목	부목에 공기를 불어넣어 골절 부위를 고정하는 장비 ▶ 골절 부위의 관찰이 가능 ▶ 출혈이 있는 경우 지혈 효과가 있음 ▶ 개방성 골절 환자에게 적용 금지 ▶ 온도와 압력의 변화에 예민하여 부목 압력을 수시로 확인 필요 → 압력은 부목 가장자리를 눌러 양쪽 벽이 닿을 정도로 고정

정답 ②

034

말벌에 쏘여 호흡곤란을 호소하는 환자에게 사용 가능한 기도확보 장비로 옳은 것은?

①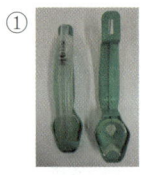
②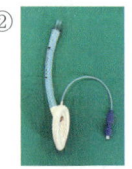
③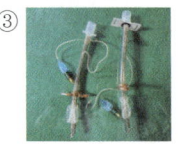
④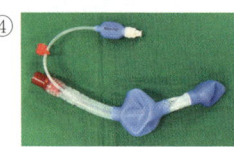

📋 출제 키워드   기도유지기구

📖 기본서 다시보기   응급처치학개론 p.97

해설 ③ 기도부종으로 인한 기도폐쇄 상황에서는 성문 내 기도기를 사용하여 기도를 확보하여야 한다.
Crico: 기관 내 삽관을 수행할 수 없을 때 응급 기도 접근을 확립하기 위한 기구
위치: 갑상샘과 윤상연골 사이

핵심 개념 리마인드

후두마스크 (성문 위 기구, 현장 사용) / LMA	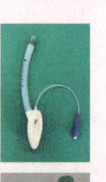  ▶ 후두경을 사용하지 않고 기도 확보 가능 → 성문 내 삽관(기관내 삽관)보다 삽입법이 용이 : 입·코인두 기도기보다 기도 확보가 효과적 ▶ 외상·비외상 환자 모두 사용 가능 ▶ 일회용이 아닌 약 40회 정도 멸균 재사용이 가능 ▶ 성문 내 튜브와 달리 기관과 식도가 완벽하게 분리되지 않아 폐로 위 내용물 흡인이 발생할 수 있음
후두튜브 (성문 뒤 기구, 현장 사용)	 ▶ 환자에게 적용 시간이 짧고 기도 확보가 어려운 장소에서도 빠르게 기도 확보가 가능 → 식도/기관 콤비 튜브와 유사하게 생겼지만 좀 더 작고 간단함 ▶ 성문 내 튜브와 달리 기관과 식도가 완벽하게 분리되지 않아 폐로 위 내용물 흡인이 발생할 수 있음

정답 ③

035

다음은 중증도별 환자 이송법에 관한 설명이다. 옳은 것은?

① 긴급 환자는 수 분 안에 사망할 가능성이 매우 높기 때문에 가장 가까운 1차 개인의원이라도 즉시 이송해야 한다.
② 긴급 환자를 헬리콥터로 이송하면 더욱 악화될 수 있기 때문에 헬리콥터로 이송하면 안 된다.
③ 응급 환자는 1~2시간 안에는 사망하지 않는 환자이므로 가까운 개인의원으로 이송한다.
④ 대량환자 발생시 환자 이송 순서는 긴급 – 응급 – 비응급 – 지연 순이다.

출제 키워드 : 대량재난
기본서 다시보기 : 응급처치학개론 p.63

해설 응급 환자는 몇 시간 이내의 응급처치를 요하는 중증환자로 헬기나 응급차량으로 인근 3차병원에 이송하여야 한다. 비응급 환자는 비교적 원거리의 1, 2차 병원으로 이송한다.
①, ②, ③ 긴급이나 응급 환자는 헬기나 응급차량을 이용하여 인근 3차 병원으로 이송한다.
④ 대량재난 시에는 국제 공용으로 사용되는 응급 환자 분류표에 따라 환자를 분류하며, 긴급(적색) > 응급(황색) > 비응급(녹색) > 지연(검정색) 순으로 이송을 진행한다.

정답 ④

036

구급대원의 팀워크 기술 향상을 위한 설명 중 옳지 않은 것은?

① 개인적 이해관계 보다 팀의 성공을 우선 함(팀원존중)
② 근무 중일 때 항상 팀원들에게 도움을 제공(비번일 경우 제외)
③ 팀원들의 건의사항에 대한 수용, 환자의 이익을 위해 기꺼이 변화하도록 노력
④ 무엇보다 환자, 다른 의료서비스 제공자, 자신이 근무하고 있는 지역사회를 존중

출제 키워드 : 구급대원의 전문성 향상
기본서 다시보기 : 응급처치학개론 p.17

해설 ② 팀원들에게 도움을 주는 상황은 비번일 때도 포함된다.

핵심 개념 리마인드

리더쉽	지도자적 자질을 가지고 직무 완성 → 덕목: 자신감, 신뢰감 형성, 강한 정신력, 상황 통제, 의사소통, 결단성, 팀별 행동의 결과에 대한 책임을 기꺼이 수용하려는 마음
진정성	환자로부터 지도자로 신뢰를 받을 수 있어야 함 → 의료지침을 준수하여 환자에 대한 처치과정을 정확하게 기록하여 신뢰를 구축
공감대 형성	타인이 처해있는 상황, 느낌, 타인의 의도를 당사자의 입장에서 이해하는 것 ▶ 타인을 격려하고 용기를 복돋움 ▶ 환자 및 가족의 감정을 이해하고 있다는 것을 보여줌 ▶ 타인을 존중하는 태도 ▶ 침착하고 동정심을 발휘하며 도움을 주고자 함
자발적 동기유발	더 나은 성과를 내기 위한 내적 동기 → 스스로에게 동기를 부여하고 바람직한 직업윤리의 기준을 지키는 능력 ▶ 요청 및 지시가 없어도 주어진 임무 수행 ▶ 관리감독 없이 모든 의무 및 주어진 업무 완수 ▶ 모든 문서 작업을 적시에 정확하게 완료 ▶ 질개선을 위한 노력 ▶ 바람직한 방식으로 건설적인 피드백 수용 ▶ 학습 기회를 활용
전문가적 외양 및 개인위생	
자신감	스스로의 강점과 한계에 대해 정확하게 판단을 내리고 약점을 개선할 수 있는 방법을 모색
의사소통 능력	환자에 관한 모든 정보를 분명하고 간결한 방식으로 제시 → 환자정보 명확하게 말하기, 적극적으로 경청하기, 알아보기 쉽게 기록하기
시간관리 능력	
팀워크 기술	▶ 개인적 이해관계 보다 팀의 성공을 우선 함(팀원존중) ▶ 근무 중일 때나 비번일 때나 항상 팀원들에게 도움을 제공 ▶ 팀원들의 건의사항에 대한 수용, 환자의 이익을 위해 기꺼이 변화하도록 노력 ▶ 모든 사람들과 열린 마음과 자세로 의사소통 ▶ 무엇보다 환자, 다른 의료서비스 제공자, 자신이 근무하고 있는 지역사회를 존중
존중심	환자 및 환자 가족의 감정을 헤아리고, 정중하게 행동 다루기 힘든 환자에 대해서도 스스로의 품격을 떨어뜨리는 말을 사용해서는 안됨
환자의 권익옹호	환자를 위험으로부터 보호하며 환자의 권익을 옹호해야 함
신중한 의료서비스 수행	자세한 부분까지 면밀한 주의를 기울이면서 환자에게 양질의 의료서비스를 제공 ▶ 의료기술의 숙달 및 재교육 ▶ 완벽한 장비점검 수행 ▶ 신중하고 안전한 구급차 운행 ▶ 정책, 절차, 지침 준수

정답 ②

037

다음 중 기록의 목적에 대하여 설명한 내용 중 옳지 않은 것은?

① 의료적: 현장에 도착한 시점에서부터 관찰된 환자의 정신 상태의 시간대 별로 기록이 요구될 수 있음
② 행정적: 질개선 및 체계관리를 위한 정보를 수집 필요
③ 연구적: 출동시간, 요청장소, 경광등과 사이렌의 사용, 날짜와 시간에 대한 정보는 응급의료 시스템이 생명을 위협하는 응급상황에 반응하도록 잘 준비되어 있는지 연구하는데 매우 중요
④ 법률적: 환자의 의료기록에 영구적으로 포함되며, 병원 전 처치기록은 핵심적인 증거자료로써 활용할 수 있음

출제 키워드	기록의 목적
기본서 다시보기	응급처치학개론 p.28

해설 ③ 출동시간, 요청장소, 경광등과 사이렌의 사용, 날짜와 시간에 대한 정보는 응급의료 시스템이 생명을 위협하는 응급상황에 반응하도록 잘 준비되어 있는지는 행정적 목적에 포함된다.

핵심 개념 리마인드 **기록의 목적**
▶ 의료적: 현장에 도착한 시점에서부터 관찰된 환자의 정신 상태의 시간대 별로 기록이 요구될 수 있음
병원전처치기록은 병원에 도착하기 전 환자상태에 대한 정보를 응급실 인력에게 제공
▶ 행정적: 질개선 및 체계관리를 위한 정보를 수집 필요
→ 출동시간, 요청장소, 경광등과 사이렌의 사용, 날짜와 시간에 대한 정보
→ 시스템이 생명을 위협하는 응급상황에 반응하도록 잘 준비되어 있는지 평가하는데 매우 중요
▶ 연구적: 기록지에 기록된 정보를 분석하여 의료 장비 혹은 약물 및 침습적 처치의 효율성을 평가
→ 비용 절감, 인력의 대체와 대응시간을 줄이는데 활용, 일부 응급의료체계에서는 전자식 병원전처치기록을 쓰기도 하고 전산화된 데이터베이스를 통해 데이터 분석에 활용
▶ 법률적: 환자의 의료기록에 영구적으로 포함
→ 병원전처치기록은 핵심적인 증거자료로써 활용

 ③

038

구급대원이 환자에게 행한 조치를 모든 유사 상황에 적용할지 여부를 판단하는 것으로 판단의 편협성을 최소화할 수 있는 이론에 대한 설명은 무엇인가?

① 공평성 테스트
② 일반화 테스트
③ 보편화가능성 테스트
④ 상호타당성 테스트

출제 키워드	간편 윤리성 테스트
기본서 다시보기	응급처치학개론 p.35

해설 ③ 보편화가능성 테스트(universalizability test): 보편화가능성 테스트는 구급대원이 해당 조치를 모든 유사 상황에 적용할지 여부를 판단하는 것으로 판단의 편협성을 최소화할 수 있음

핵심 개념 리마인드
▶ 공평성테스트(impartiality test): 구급대원이 환자와 같은 입장에 처하더라도 같은 의료 조치 및 절차를 원할 것인지를 판단한다. 공평성테스트는 "남에게 대접받기 원하는 대로 대접하라"라는 황금법칙을 잘 보여주는 것으로 편향의 가능성을 감소시킴
▶ 상호타당성 테스트(interpersonal justifiability test): 상호 타당성 테스트를 통해 구급대원의 행동이 타인의 앞에서 변론 혹은 정당화할 수 있는지를 판단할 수 있다. 이는 자신의 행동에 대해 타인도 합당하다고 생각할 것이라는 구급대원의 판단을 통해 행동의 타당성을 보장함

 ③

039

다음 사고현장에서 환자를 구조할 때 순서에 대한 내용으로 옳은 것은?

① 구조 준비: 보호 장비 및 구출장비
② 상황 평가: 현장 위험평가
③ 위험 인식 및 관리(안전관리) – 감염의 방지
④ (A)
⑤ (B)
⑥ 초기 환자 평가 및 빠른 외상평가
⑦ (C)
⑧ (D)
⑨ 정밀 신체검진, 중간평가, 처치, 적절한 병원 이송
⑩ 구조 종결

① 차량고정 → 환자접근 → 노출(장애물 제거) → 환자 고정 및 구출
② 환자접근 → 차량고정 → 노출(장애물 제거) → 환자 고정 및 구출
③ 차량고정 → 환자접근 → 환자 고정 및 구출 → 노출(장애물 제거)
④ 노출(장애물 제거) → 차량고정 → 환자접근 → 환자 고정 및 구출

🔖 출제 키워드   차량 구조의 10단계
📖 기본서 다시보기   응급처치학개론 p.62

해설 ① 차량 구조의 10단계는 다음과 같다.
① 구조 준비: 보호 장비 및 구출장비
② 상황 평가: 현장 위험평가
③ 위험 인식 및 관리(안전관리) – 감염의 방지
④ 차량 고정
⑤ 환자 접근
⑥ 초기 환자 평가 및 빠른 외상평가
⑦ 노출(장애물 제거)
⑧ 환자 고정 및 구출
⑨ 정밀 신체검진, 중간평가, 처치, 적절한 병원 이송
⑩ 구조 종결

정답 ①

040

다음 동의에 법칙 중 치료거부권에 해당하지 않는 환자는?

① 보호자와 치료에 대한 의견이 다른 환자
② 커터칼을 손목을 향해 들고있는 환자
③ 타인에게 폭행을 행사하고 있는 환자
④ 상당량의 코피를 흘리는 환자

🔖 출제 키워드   치료거부권
📖 기본서 다시보기   응급처치학개론 p.28

해설 ① 보호자와 치료의 의견이 갈릴 경우 환자의 병력, 증상 및 주변상황을 종합적으로 파악하여 응급환자라고 인정할 만한 상당한 이유가 있는 경우 환자의 이송을 최대한 노력해야 한다.

핵심 개념 리마인드
▸ 환자가 미성년자이거나 적절한 판단력을 행사할 수 없는 경우에는 법적대리인(부모 또는 가족)이 판단을 대신할 수 있음: 법적대리인이 없거나 법적대리인의 동의를 구할 수 없는 경우에는 지도의사의 지도를 받아 환자를 처치 및 이송할 수 있음
▸ 개인의 자율적 권리보다 공공의 이익이 우선하는 경우
: 자해 또는 자살의 위험이 있는 환자
: 감염성 질병이 있거나, 타인에게 해를 가할 위험이 있는 환자
▸ 구급대원은 환자 또는 그 보호자(법적 대리인)가 응급처치 및 이송을 거부하는 경우에 이송하지 않을 수 있음
▸ 환자의 병력, 증상 및 주변상황을 종합적으로 평가하여 응급환자라고 인정할 만한 상당한 이유가 있는 경우에는 환자의 이송을 위하여 최대한 노력해야 함
▸ 환자 또는 보호자의 의견이 불일치하고 환자가 적절한 판단력이 있는 경우 환자의 의견을 우선시 함

정답 ①

041

소생술 유보 및 절차 방법에 대한 설명 중 옳지 않은 것은?

① 무반응 · 무맥 · 무호흡을 확인한뒤 패치 또는 3유도 심전도를 통해 측정한다.
② 심폐소생술 유보가 필요한 경우 구급대원 현장 표준지침을 근거로 결정해야 한다.
③ 소생술 유보 시간, 장소, 환자평가 및 의료지도 내용 등을 정확히 기록한다.
④ 환자의 사망에 대한 객관적 증빙자료를 항시 첨부해야 한다.

> 📝 출제 키워드 　　　　　　　　　　　소생술의 유보
> 📁 기본서 다시보기 　　　　　　　응급처치학개론 p.31

해설 ② 심폐소생술 유보가 필요한 경우 직접 의료지도를 활용해야 한다.

핵심 개념 리마인드

소생술 유보 절차 및 방법
① 무반응 · 무맥 · 무호흡을 확인
② 심전도를 측정(패치 또는 3유도 심전도를 통해 측정)
  ▶ 단, 다수사상자 발생 시 지연환자는 제외
  ▶ 패치를 부착할 수 없는 경우(손상이 심한 경우 등)에는 객관적 증빙자료(사진 등) 및 상황을 기록지에 등록
③ 소생술 유보가 필요한 경우 직접 의료지도를 요청
④ 소생술 유보 시간, 장소, 환자평가 및 의료지도 내용 등을 객관적이고 꼼꼼하게 기록해야 함

소생술 유보 시 주의 사항
① 구급대원은 환자의 사망(소생술 유보, 소생술 중단 등)과 관련된 판단이 필요할 경우 반드시 직접 의료지도를 요청
② 노환, 만성질환(암, 심부전, 신부전 등) 등으로 환자가 집이나 요양원 등에서 임종을 맞이한 후 법적대리인 등이 소생술 등 응급처치 등을 거부하고 단순히 병원 및 장례식장 등으로 이송을 원하는 경우도 반드시 의료지도를 요청
③ 임종기 환자에 대해 형식적인 심폐소생술이나 지연된 심폐소생술을 시행하지 않도록 주의
  → 심폐소생술을 시행하지 않은 경우 현장보존 및 경찰 등에 인계하고 일지에 상세히 기록, 필요한 경우 보호자 및 인계자에게 확인 서명을 요청할 수 있음
④ 환자를 사망에 이르게 한 정황(기저질환, 사망 전 환자 상태)이 명확하지 않은 경우 법적 대리인이 소생술 유보를 원하더라도 의료지도를 요청하며, 이송/미이송 여부는 지도의사가 판단하도록 해야 함
⑤ 사망은 범죄 · 상속 등 다양한 법적 문제와 연결된다는 것을 유념하고 직접 · 물리적 확인 조치 없이 외견상 확인만 해서는 안되며, "소생술 유보 절차 및 방법"의 절차를 모두 이행하도록 해야 함

정답 ②

042

구급대원의 더 나은 성과를 내기 위한 내적 동기, 스스로에게 동기를 부여하고 바람직한 직업윤리의 기준을 지키는 능력에 대한 설명 중 옳지 않은 것은?

① 관리감독 없이 모든 의무 및 주어진 업무 완수
② 의사소통, 결단성, 팀별 행동의 결과에 대한 책임을 기꺼이 수용하려는 마음
③ 요청 및 지시가 없이도 주어진 임무 수행
④ 바람직한 방식으로 건설적인 피드백 수용

> 📝 출제 키워드 　　　　　　　구급대원의 전문성 향상
> 📁 기본서 다시보기 　　　　　　　응급처치학개론 p.17

해설 ② 지도자적 자질을 가지고 직무 완성에 대한 설명이다.
덕목은 자신감, 신뢰감 형성, 강한 정신력, 상황 통제, 의사소통, 결단성, 팀별 행동의 결과에 대한 책임을 기꺼이 수용하려는 마음이 있다.

핵심 개념 리마인드

더 나은 성과를 내기 위한 내적 동기 → 스스로에게 동기를 부여하고 바람직한 직업윤리의 기준을 지키는 능력
▶ 요청 및 지시가 없이도 주어진 임무 수행
▶ 관리감독 없이 모든 의무 및 주어진 업무 완수
▶ 모든 문서 작업을 적시에 정확하게 완료
▶ 질개선을 위한 노력
▶ 바람직한 방식으로 건설적인 피드백 수용
▶ 학습 기회를 활용

정답 ②

043

다음 중 환자에게 실시한 SAMPLE력 평가 내용에 포함되지 않은 것은?

> "환자분 지금 제일 불편한 증상을 말씀해 보세요. 과거에도 이런 문제가 나타난 적이 있나요? 지금 복용중인 약이 있나요? 현재 증상이 나타나기 전에 무엇을 하고 있었습니까?"

① S ② M
③ E ④ L

📝 출제 키워드   기록작성-과거병력
📚 기본서 다시보기   응급처치학개론 p.34

해설 ① 환자분 지금 제일 불편한 증상을 말씀해 보세요: S(증상과 징후)
② 지금 복용중인 약이 있나요?: M(투약)
③ 현재 증상이 나타나기 전에 무엇을 하고 있었습니까?: E(질병 발생의 원인이 되는 사건)
과거에도 이런 문제가 나타난 적이 있나요? : P(관련병력)
④ L(마지막 섭취)에 관한 질문이다.

핵심 개념 리마인드

질문	내용
S (Signs & symptoms: 증상과 징후)	어떤 다른 증상을 가졌는가?
A (Allergies: 알레르기)	약품 음식 환경에 대한 알레르기가 있는가?
M (Medications: 투약)	복용하고 있는 약 이름은?
P (Pertinent past history: 관련 병력)	이런 문제가 과거에도 있었는가?
L (Last oral intake: 마지막 섭취물)	마지막으로 무엇을 언제 먹었나?
E (Events Leading to the illness : 질병 발생의 원인이 되는 사건)	질병에 직접적 원인이 되는 특별한 사건이 있었는가? ex 직전에 섭취한 음식은 무엇인가?

정답 ④

044

재난 의료대응 단계에 대한 설명 중 오렌지 상황발령에 대한 사항으로 옳은 것은?

① 다수사상자 발생으로의 전개가 예측되는 사고/현상 : 다중이용시설로 해당 시간의 예측 수용인구수가 20명 이상인 경우의 화재, 붕괴, 침수 등
② 다수사상자 발생 위험이 큰 사건 또는 행사/현상 : 군중 운집(mass gathering) 행사 등의 개최
③ 다중교통사고(10대 이상 차량) 확인
④ 태풍, 홍수, 해일, 지진 등 자연재해에서 사상자 발생

📝 출제 키워드   재난의료대응단계
📚 기본서 다시보기   응급처치학개론 p.54

해설 ① 해당시간의 예측 수용 인구 수가 20명 이상인 다중이용시설의 화재, 붕괴, 침수 등 : 주의 (능동감시 경고전파)
② 군중 운집(mass gathering) 행사 등의 개최 : 관심 (징후활동 감시)
④ 태풍, 홍수, 해일, 지진 등 자연재해에서 사상자 발생 : 주의 (능동감시 경고전파)

핵심 개념 리마인드

구분	판단 기준
관심 (징후활동 감시)	▶ 다수사상자 발생 위험이 큰 사건 또는 행사/현상 등 : 태풍, 홍수, 지진, 해일 등 자연재해의 진행 : 군중 운집(mass gathering) 행사 등의 개최 ▶ 사상자가 발생할 수 있는 사고 메세지/첩보 수신
주의 (능동감시 경고전파)	▶ 다수사상자 발생으로의 전개가 예측되는 사고/현상 : 다중이용시설로 해당 시간의 예측 수용인구수가 20명 이상인 경우의 화재, 붕괴, 침수 등 : 다중교통사고, 군중운집행사에서 사상자 발생 사고 : 태풍, 홍수, 해일, 지진 등 자연재해에서 사상자 발생 : 화학물질의 누출, 방사선 시설에서의 사고 : [사상자 있음] 메시지 ▶ 국지전/테러 발생의 위협
경계 (의료대응 개시)	▶ 다수사상자가 발생하고 추가 사상자 발생 위험이 현저하게 높아 대응 개시가 필요한 상황 : 10명 이상의 사상자가 이미 발생하고 추가 사상자 발생이 의심되는 상황/사건 : 운항/운행 중인 여객선박, 여객항공기, 여객열차 및 대형승합차의 추락, 침몰, 탈선 및 전복 등의 확인 : 10대 이상 차량의 다중 교통사고 확인 : 화학, 방사선 물질의 인구집단 노출 확인 ▶ 다수사상자 사고, 군중운집 등으로 재난관리주관기관 및 재난관리책임기관의 의료대응 요청
심각 (의료대응 확대)	▶ 일상적인 응급의료서비스로는 대응할 수 없는 명백한 재난 등

정답 ③

045

임시의료소 설치 상황에 대한 내용 중 옳지 않은 것은?

① 화재, 화학사고, 방사선사고 등의 경우 화학물질 안전원, 특수구조대, 한국원자력안전기술원(KINS)이 지정하는 오염원이 제거되거나 없는 것으로 판단되는 곳에 설치하여야 함
② 전기, 수도가 가까워야 하며, 가능한 그늘이 있는 곳을 선택함
③ 사망자 구역은 임시의료소의 원활한 활동을 위해 별도로 구분할 수 있도록 함
④ 빠른 구출을 위해 사고 발생 장소의 1차 통제선 안 중에서 구급대원 및 요구조자의 안전이 확보된 곳에 설치해야 함

출제 키워드: 임시의료소
기본서 다시보기: 응급처치학개론 p.58

해설 ④ 사고 발생 장소의 1차 통제선 밖에 설치하며 구급대원 및 요구조자의 안전이 확보된 곳에 설치해야 한다.

핵심 개념 리마인드 임시의료소
① 정의: 현장응급의료소장, 보건소 신속대응반, 재난의료지원팀(DMAT)이 재난현장에 도착하여 현장응급의료소를 운영하기 전까지 선착구급대 등 소방공무원에 의해 운영되는 임시의료소
② 설치 목적: 재난 또는 다수사상자 발생 시 현장응급의료소가 설치되기 전까지 119구급대 등 응급의료 관련 자원을 총괄·지휘·조정·통제하고, 사상자 분류, 처치, 이송을 위해 설치
③ 설치 장소
  ㉮ 사고 발생 장소의 1차 통제선 밖에 설치하며 구급대원 및 요구조자의 안전이 확보된 곳
  ㉯ 현장과 외부로의 출입이 용이하며 사고현장이 한눈에 보이는 곳이어야 함
  ㉰ 구급차 동선이 복잡하지 않도록 구조되어 나오는 환자와 구급차 진·출입로가 겹치지(교차 하지) 않는 곳을 선정하여야 함
  ㉱ 사망자 구역은 임시의료소의 원활한 활동을 위해 별도로 구분할 수 있도록 함
  ㉲ 전기, 수도가 가까워야 하며, 가능한 그늘이 있는 곳을 선택함
  ㉳ 화재, 화학사고, 방사선사고 등의 경우 화학물질 안전원, 특수구조대, 한국원자력안전기술원(KINS)이 지정하는 오염원이 제거되거나 없는 것으로 판단되는 곳에 설치하여야 함
  ㉴ 폭염, 혹한기, 태풍 등 날씨를 고려하여 원활히 활동할 수 있는 적정한 장소를 선정
  ㉵ 외부인의 영향을 받지 않도록 소방 활동에 지장이 없는 장소를 선정
  ㉶ 기타 주변 관공서·빌딩·안전한 구조물 등을 활용할 수 있음

정답 ④

046

재난 상황에서 구급의 기능에 대한 설명 중 옳지 않은 것은?

① 3인 탑승 시 팀원 1은 사상자 현황파악 중환자 응급처치를 시행한다.
② 팀리더는 현장지휘 및 정보파악, 중증도 분류를 시행한다.
③ 3인 탑승 시 팀원 2는 비응급환자 관리 및 사상자 현황파악을 시행한다.
④ 현장의 안전을 확인하고 진입하여야 한다.

출제 키워드: 구급의 기능
기본서 다시보기: 응급처치학개론 p.61

해설 ① 사상자 현황파악 중환자 응급처치를 시행하는 것은 2인탑승 시 팀원의 역할이다.

핵심 개념 리마인드
① 현장 확인 – 안전거리를 유지하고 현장 안전 확인
② 인원/장비 배치 – 환자 수 및 상황에 따른 적절한 인원 및 구급차 배치

3인 탑승		2인 탑승	
구분	역할	구분	역할
팀리더	현장지휘 및 정보파악, 중증도 분류	팀리더	현장지휘 및 정보파악, 중증도 분류
팀원 1	중증도 분류에 따른 응급처치	팀원	사상자 현황파악 중환자 응급처치
팀원 2	비응급환자 관리 및 사상자 현황파악		

③ 구조대 투입 – 요구조자 구출을 위한 구조대 투입
④ 환자 분류 – 즉각적인 이송 및 처치에 따른 환자 분류
⑤ 응급처치 – 환자 상태에 따른 응급 처치 제공
⑥ 이송 – 현장 진·출입 통제관의 도움으로 거리, 경로, 우선순위 결정
⑦ 회복/대기소 – 구조·구급대원의 휴식, 음식물 제공

정답 ①

047

구급대원이 갖추어야 하는 전문가적 특성에 대한 설명으로 옳은 것은?

- 타인을 격려하고 용기를 북돋움
- 침착하게 동정심을 발휘하며 도움을 줌
- 환자 및 환자 가족의 감정을 이해하고 있다는 것을 보여줌

① 리더쉽
② 진정성
③ 공감대 형성
④ 자발적 동기유발

📋 출제 키워드   전문성향상

📁 기본서 다시보기   응급처치학개론 p.17

해설 ③ 공감대 형성은 타인이 처해있는 상황, 느낌, 타인의 의도를 당사자의 입장에서 이해하는 것을 말한다.

핵심 개념 리마인드

리더쉽	지도자적 자질을 가지고 직무 완성 → 덕목: 자신감, 신뢰감 형성, 강한 정신력, 상황 통제, 의사소통, 결단성, 팀별 행동의 결과에 대한 책임을 기꺼이 수용하려는 마음
진정성	환자로부터 지도자로 신뢰를 받을 수 있어야 함 → 의료지침을 준수하여 환자에 대한 처치과정을 정확하게 기록하여 신뢰를 구축
자발적 동기유발	더 나은 성과를 내기 위한 내적 동기 → 스스로에게 동기를 부여하고 바람직한 직업윤리의 기준을 지키는 능력 ▸ 요청 및 지시가 없이도 주어진 임무 수행 ▸ 관리감독 없이 모든 의무 및 주어진 업무 완수 ▸ 모든 문서 작업을 적시에 정확하게 완료 ▸ 질개선을 위한 노력 ▸ 바람직한 방식으로 건설적인 피드백 수용 ▸ 학습 기회를 활용

정답 ③

048

MASS 분류법에 따라 환자를 평가할 때 옳지 않은 것은?

① 이송은 우선순위에 따라 긴급→응급→비응급 순으로 이송 실시
② 걸을 수는 없으나 반응이 있는 환자는 응급으로 그룹화 함
③ 거동이 불가능한 환자는 긴급으로 그룹화 함
④ BLACK(지연) 환자는 맥박유무로 감별함

📋 출제 키워드   MASS 분류법

📁 기본서 다시보기   응급처치학개론 p.66

해설 ④ BLACK(지연) 환자는 호흡유무로 감별한다.

핵심 개념 리마인드   MASS 환자 분류법

움직일 수 있는 사람은 비응급으로 이동(Move), 남아 있는 사람을 평가(Assess), 분류하고(Sort), 긴급한 환자를 보낸다(Send)는 의미로 평가

보행 가능 여부(Move)	걸을 수 있는 사람은 비응급으로 그룹화
평가(Assess)	걸을 수는 없으나 반응이 있는 환자는 응급으로 그룹화
분류(Sort)	거동이 불가능한 환자는 긴급으로 그룹화, 여기에는 BLACK(지연) 환자가 포함되어 있으며, 이는 호흡유무로 감별 가능
이송(Send)	이송 우선순위에 따라 이송 실시

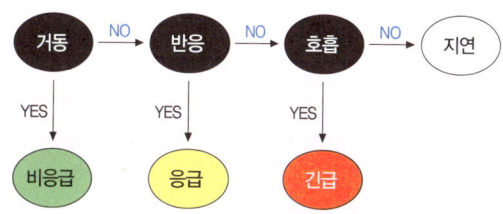

정답 ④

049

지속적 양압환기의 금기증으로 옳지 않은 것은?

① 호흡정지 또는 무호흡 환자
② 공기가슴증 또는 가슴외상을 입은 것으로 의심되는 환자
③ 수축기 혈압이 90mmHg 이상인 심인성 쇼크 상태인 환자
④ 조절되지 않는 구토증상이 있거나 상위관에 출혈이 있는 환자

출제 키워드 : CPAP금기증

기본서 다시보기 : 응급처치학개론 p.101

해설 ③ 수축기 혈압이 90mmHg 미만인 심인성 쇼크 상태인 환자는 CPAP금기중에 해당한다.

핵심 개념 리마인드 금기증
▶ 호흡정지 또는 무호흡 환자
▶ 공기가슴증 또는 가슴외상을 입은 것으로 의심되는 환자
▶ 기관절개(tracheostomy)를 가지고 있거나 기관삽관이 필요한 환자
▶ 조절되지 않는 구토증상이 있거나 상위관에 출혈이 있는 환자
▶ 수축기 혈압이 90mmHg 미만인 심인성 쇼크 상태인 환자
▶ 안면부의 심한 외상

정답 ③

050

기도확보와 호흡기계 치료기구 소독관리 방법으로 가장 옳지 않은 것은?

① 가스멸균법
② 액체화학멸균법
③ 고온멸균법
④ 단순 세척 및 알코올 소독

출제 키워드 : 소독과 멸균

기본서 다시보기 : 응급처치학개론 p.79

해설 ④ 준위험물품(침습적)은 고온멸균이 가장 광범위하고 안전하며 고위험물품(침습적)은 고온멸균법, 가스멸균법, 액체 화학멸균법 등으로 소독하는 것이 가장 안전하다.

핵심 개념 리마인드 사용 물품에 따른 소독 관리 방법

	고위험물품(침습적)	준위험물품(침습적)	비위험물품(비침습적)
특성	• 박테리아의 아포를 포함하여 어떠한 미생물에라도 오염되었다면 감염의 위험이 매우 높은 것	• 점막이나 손상이 있는 피부에 접촉하는 품목들 • 다량의 박테리아 아포를 제외한 모든 미생물이 존재하지 않아야 함	• 손상이 없는 피부와 접촉하는 물품으로 점막에는 사용하지 않는 물품 • 멸균이 필요하지 않음
종류	• 각종 수술기구 • 요로 카테터 이식물 • 주사바늘 등	• 기도확보와 호흡기계 치료기구 마취기구 • 내시경 등	• 곡반, 혈압기커프, 목발, 침대 난간, 린넨, 환자가구
처리방법	• 고온멸균법, 가스멸균법, 액체 화학멸균법 등 • 멸균된 상태의 상품으로 구입 • 고압증기멸균을 이용하거나 열에 불안정한 물품은 EO 가스소독 • 다른 저온멸균법을 이용 • 화학적 멸균제는 멸균 전에 적절한 세척과정이 선행 • 유기물의 양 • 접촉시간 온도 • 산도(PH)를 준수	• 고온멸균이 가장 광범위하고 안전 • 열에 안전한 의료기구 고온멸균 시행 • 화학소독제를 사용한 경우 잔류 소독제가 없도록 멸균증류수로 깨끗하게 헹굼 • 불가능한 상황 수돗물 → 알코올로 헹구고 공기압력을 이용한 건조 시행	• 대부분 소독을 위한 특별한 장비 없이 사용한 장소에서 소독하여 재사용 가능

정답 ④

051

KTAS 분류에 따른 우선순위로 옳은 것은?

> ㄱ. 만성 구토/구역/설사
> ㄴ. 운동 중 발생한 실신
> ㄷ. 코피가 발생하였으나 현재는 두드러진 출혈이 없는 상태
> ㄹ. 무호흡 또는 기도장애

① ㄹ → ㄴ → ㄷ → ㄱ
② ㄹ → ㄴ → ㄱ → ㄷ
③ ㄹ → ㄷ → ㄴ → ㄱ
④ ㄹ → ㄱ → ㄷ → ㄴ

📝 출제 키워드   Pre-KTAS 분류

📖 기본서 다시보기   응급처치학개론 p.67

해설 ① ㄱ. KTAS 5, ㄴ. KTAS 2, ㄷ. KTAS 4, ㄹ. KTAS 1

핵심 개념 리마인드   Pre-KTAS 단계의 정의

분류	처치 단계	대표 증상	순위
소생	• 즉각적인 처치가 필요하며 생명이나 사지를 위협하는(또는 악화 가능성이 높은) 상태 • ABC의 문제가 있어 기도 관리 및 환기 또는 순환 보조가 필요	• 심정지, 자발순환 회복 • 무호흡 혹은 기도장애 • 중증외상 환자(쇼크) • 의식장애(무의식 상태, GCS 3~8)	KTAS 1
긴급	• 생명 혹은 사지, 신체 기능에 잠재적인 위험이 있으며 이에 대한 빠른 치료가 필요한 경우 • 악화 가능성이 있는 추가 증상을 완화하고 급성기 상태를 치료	• 심인성 흉통 • 지속되는 상당량의 토혈이나 흑색변 • 뇌졸중 의심 증상 발병 <6시간 • 운동 중 발생한 실신	KTAS 2
응급	• 치료가 필요한 상태로 진행할 수도 있는 잠재적 가능성을 고려해야 하는 경우 • 대개 정상적인 활력징후를 보이지만 정상의 상한치나 하한치를 보이며 악화될 가능성	• 발작 후 의식 회복한 상태 • 지속적인 구토 • 다른 증상이 없는 천명음 • 명백한 변형이 있는 상하지 손상	KTAS 3
준응급	• 환자의 나이, 통증이나 악화/합병증에 대한 가능성을 고려할 때 1~2시간 안에 처치나 재평가를 시행하면 되는 상태 • 안정적인 활력징후와 낮은 통증 척도를 가짐 • 심각한 질병의 악화 없이 만성 질환을 앓고 있는 환자들이 많음	• 지혈되었거나 조절된 출혈, 혹은 봉합이 필요한 열상 • 코피가 발생하였으나 현재는 두드러진 출혈이 없는 상태 • 생리통 • 배뇨곤란	KTAS 4
비응급	• 급성발병이긴 하지만 응급은 아닌 상태 • 만성적인 문제로 인한 것이거나, 악화의 가능성이 낮은 상태	• 코막힘 동반한 알레르기성 비염 • 만성 구토/구역/설사 • 관절 부종 • 봉합이 불필요한 열상	KTAS 5

정답 ①

052

환자 2차 평가 시 사용되는 SAMPLE력에 대한 설명으로 옳지 않은 것은?

① S는 환자의 징후를 문진하여 증상과 징후를 파악하는 것이다.
② M은 현재 복용 중인 약물에 대한 알러지등이 있는지 파악하는 것이다.
③ P는 과거에 어떤 질환, 질병 등이 있었는지 파악하는 것이다.
④ L은 마지막으로 마시거나 먹은 음식물, 시간 등을 파악하는 것이다.

📝 출제 키워드   기록작성-과거병력

📖 기본서 다시보기   응급처치학개론 p.34

해설 ② M은 복용하고 있는 약물에 대한 투약내용을 파악하는 것이고, A는 알러지등(약물, 식품, 환경 등)을 파악하는 것이다.

핵심 개념 리마인드

현재까지의 건강 문제나 건강 관리에 대한 정보로, 현장처치에서 보다는 병원 치료에 더 많은 영향을 줌

질문	내용
S (Signs & symptoms: 증상과 징후)	어떤 다른 증상을 가졌는가?
A (Allergies: 알레르기)	약품 음식 환경에 대한 알레르기가 있는가?
M (Medications: 투약)	복용하고 있는 약 이름은?
P (Pertinent past history: 관련 병력)	이런 문제가 과거에도 있었는가?
L (Last oral intake: 마지막 섭취물)	마지막으로 무엇을 언제 먹었나?
E (Events Leading to the illness : 질병 발생의 원인이 되는 사건)	질병에 직접적 원인이 되는 특별한 사건이 있었는가? **ex** 직전에 섭취한 음식은 무엇인가?

정답 ②

053

다음 중 심폐소생술 유보 상황이 아닌 것은?

① 외상에 의한 뇌실질 탈출
② 외상에 의한 복부내 장기 탈출
③ 연명의료중단 결정이 내려진 환자
④ 위험물이 폭발할 가능성이 있는 상황

📧 출제 키워드	소생술의 유보
📖 기본서 다시보기	응급처치학개론 p.31

핵심 개념 리마인드
① 심폐소생술을 시행하는 구급대원에게 심각한 위험이 초래될 수 있는 상황
② 사망의 명백한 임상적 징후가 있는 경우
  ▸ 사후경직(2개 이상 관절 확인) ▸ 시반 ▸ 참수(목의 절단)
  ▸ 체간절단(몸통의 절단) ▸ 외상에 의한 뇌실질 탈출
  ▸ 부패(시취, 변색, 변형)
③ 다수사상자 발생 시 무맥, 무호흡(한정된 자원에서 생존자의 처치 및 이송이 우선시 되어야 하는 경우)
④ 심폐소생술을 원하지 않는다는 의학적 지시 또는 소생술 시도 금지(DNAR) 표식이 있는 경우
⑤ 연명의료결정법에 따라 연명의료중단 결정이 내려진 환자

정답 ②

054

구급대원의 전문성 향상 중 환자가 처해있는 상황, 느낌, 환자의 의도를 당사자의 입장에서 이해하고자 하는 것을 무엇이라 하는가?

① 진정성　　　　② 존중심
③ 공감대 형성　　④ 환자의 권익옹호

📧 출제 키워드	구급대원의 전문성 향상
📖 기본서 다시보기	응급처치학개론 p.17

해설 ③ 공감대에 대한 설명이다.

공감대 형성	타인이 처해있는 상황, 느낌, 타인의 의도를 당사자의 입장에서 이해하는 것 ▸ 타인을 격려하고 용기를 복돋움 ▸ 환자 및 가족의 감정을 이해하고 있다는 것을 보여줌 ▸ 타인을 존중하는 태도 ▸ 침착하고 동정심을 발휘하며 도움을 주고자 함

핵심 개념 리마인드

진정성	환자로부터 지도자로 신뢰를 받을 수 있어야 함 → 의료지침을 준수하여 환자에 대한 처치과정을 정확하게 기록하여 신뢰를 구축
존중심	환자 및 환자 가족의 감정을 헤아리고, 정중하게 행동 다루기 힘든 환자에 대해서도 스스로의 품격을 떨어뜨리는 말을 사용해서는 안됨
환자의 권익옹호	환자를 위험으로부터 보호하며 환자의 권익을 옹호해야 함

정답 ③

055
사고현장 안전계획에 포함되지 않아도 되는 사항은?

① 환자 및 장비 제독에 필요한 물품 정의
② 사고지역 및 주변지형
③ 현장 대응조직 구성
④ 사고구역 외 대기 중인 각각의 팀의 역할 분담

056
안전브리핑에 대해 옳지 않은 것은?

① 안전브리핑은 사고현장 진입 후 수행되어야 함
② 예상되는 위험물질과 노출 시 증상 및 징후를 다루어야 함
③ 응급상황의 징후 및 대피로를 다루어야 함
④ 제독 계획을 다루어야 함

출제 키워드 사고현장 대응계획

기본서 다시보기 응급처치학개론 p.68

해설 ④ 사고구역 외 활동 중인 각각의 팀의 역할 분담은 사고현장 안전계획에 포함되지 않는다.

핵심 개념 리마인드 사고유형별 안전계획에 포함되어야 하는 사항
- **사고지역 및 주변지형**(고지대, 저지대, 수로, 강 등), **위험물질 노출 가능 지역**
- 사고현장 내 물리적·화학적 위험물질 파악
- 기상 상황(현재부터 작업완료 날까지) 및 초기 현장상황
- **현장 대응조직 구성**(사고관리 체계)
- 현장 통제범위 설정 및 **개인안전 보호장비 등급 결정**
- **환자 및 장비 제독에 필요한 물품 정의**
- 사고 구역 내 활동 중인 각각의 팀의 역할 분담
- 공기오염 측정 장비, 대피안내 과정 및 대피 경로

정답 ④

출제 키워드 안전 브리핑

기본서 다시보기 응급처치학개론 p.69

해설 ① 안전브리핑은 사고현장 진입 전 수행되어야 한다.

핵심 개념 리마인드 안전 브리핑에서 다루어야 하는 사항
안전 브리핑은 사고현장 진입 전에 수행되어야 하며 진입대원뿐 아니라 추후 투입되어야 하는 팀도 받아야 한다.
- 예상되는 위험물질과 노출 시 증상 및 징후
- 현장에서의 작업 계획, 커뮤니케이션 시스템
- 응급상황의 징후 및 대피로
- 제독 계획

정답 ①

057

응급의료헬기로 환자 이송 시 고려사항으로 옳지 않은 것은?

① 고도가 상승할수록 온도가 떨어지므로 환자이송 시 보온에 유의해야 함
② 공기팽창으로 인하여 기관지 압박 가능성이 있어 압력의 변화에 유의해야 함
③ 주 회전날개가 지면으로부터 1~2m 정도로 낮게 회전할 수 있으므로 항상 낮게 숙인 자세로 헬리콥터 앞쪽으로 접근하여야 함
④ 고도가 상승할수록 산소압이 떨어지므로 중증의 환자 또는 호흡곤란 환자 등은 상태가 쉽게 악화될 수 있음

출제 키워드 항공이송
기본서 다시보기 응급처치학개론 p.127, 131

해설 ③ 주 회전날개가 지면으로부터 1.2m 정도로 낮게 회전할 수 있으므로 항상 낮게 숙인 자세로 헬리콥터 앞쪽으로 접근하여야 함

핵심 개념 리마인드 항공기 접근 방법
① 구조자는 헬리콥터 앞쪽으로 접근하여야 함
  ▸ 꼬리날개는 너무 빨리 돌아서 보이지 않을 수 있음
  ▸ 조종사는 헬리콥터 뒤쪽이나 뒤쪽 측면에 서 있는 사람을 볼 수 없음
② 주 회전날개가 지면으로부터 1.2m 정도로 낮게 회전할 수 있으므로 항상 낮게 숙인 자세로 헬리콥터 앞쪽으로 접근하여야 함
③ 경사진 곳에 있는 헬리콥터에 접근할 때는 언덕 아래에서 상체를 숙이고 접근해야 함
  : 주 회전날개가 언덕 쪽에서는 지면에 가까울 것이므로 언덕 아래에서 접근하여야 함

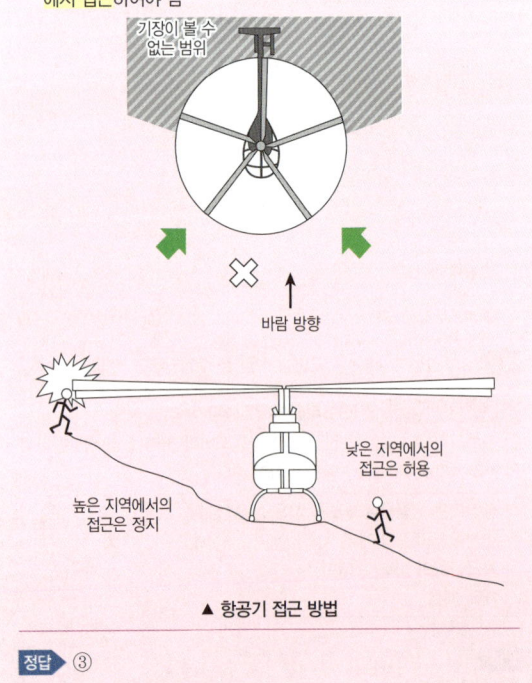

▲ 항공기 접근 방법

정답 ③

058

심폐소생술 중 기관내삽관을 시행하여 호기말이산화탄소 분압이 다음과 같다. 적절한 중재는?

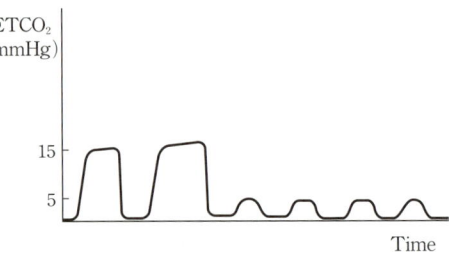

① 기관내삽관의 위치를 재확인한다.
② 에피네프린을 투여한다.
③ 중탄산나트륨을 투여한다.
④ 폐환기량을 감소시킨다.

출제 키워드 심폐소생술 중 호기말 이산화탄소분압 농도
기본서 다시보기 응급처치학개론 p.110

해설 ① 호기말 이산화탄소 분압을 측정하여 기관내삽관 후 분압이 10mmHg 이상이면 기관내에 튜브가 위치해 있음을 알 수 있다. 표에는 기관내삽관을 한 후 호기말이산화탄소의 분압이 낮아진 것을 알 수 있으며 이는 기관에 튜브가 위치해 있는 것이 아니므로 기관내삽관의 위치를 재확인할 필요가 있다.

핵심 개념 리마인드

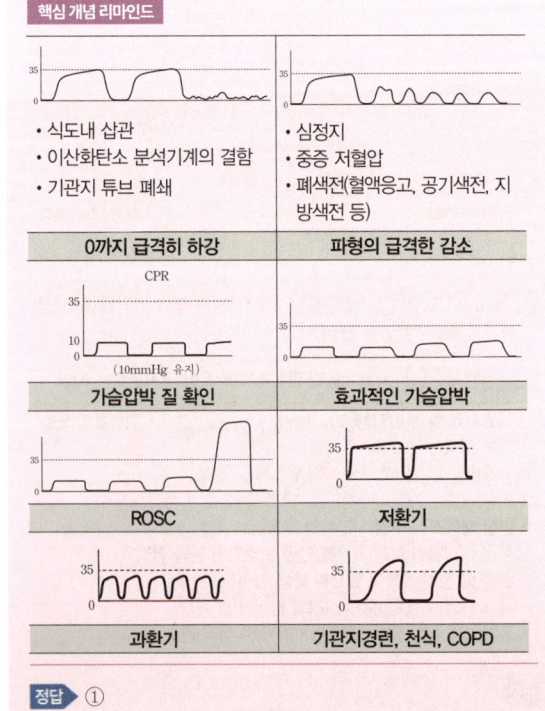

정답 ①

059

약자인 "HOTSAW"의 위험요소에 대한 설명으로 옳지 않은 것은?

① 위험물질(Hazards)
② 지형 상태(Terrain)
③ 장애물(Obstructions)
④ 철사(Wire)

📋 출제 키워드   항공이송
📖 기본서 다시보기   응급처치학개론 p.133

해설 ④ • 위험물질(Hazards)   • 장애물(Obstructions)
  • 지형 상태(Terrain)   • 지면 상태(Surface)
  • 동물(Animals)   • 바람 및 기상 조건(Wind/Weather)

핵심 개념 리마인드 착륙장 접근과 착륙은 장애물과 지형을 고려해야 함("HOTSAW")
① 위험물질(Hazards)
② 장애물(Obstructions)
③ 지형상태(Terrain)
④ 지면상태(Surface)
⑤ 동물(Animals)
⑥ 바람 및 기상조건(Wind/Weather)

정답 ④

060

다음 치료기준에 대한 설명으로 옳은 것은?

> 훈련과 경험을 가진 분별력 있는 사람은 유사한 상황에서 어떠한 장비를 이용하여 동일한 장소에서 어떻게 행동했을까 하는 것을 판단하는 기준

① 의료인과 의료종사자의 기준
② 사회의 관행으로 정해진 기준
③ 법률에 의해 정해진 기준
④ 전문적 또는 제도화된 기준

📋 출제 키워드   치료의 기준
📖 기본서 다시보기   응급처치학개론 p.24

해설 ② 일반적으로 사회에서 이루어지는 관행은 응급처치의 기준을 결정하는데 중요한 요소가 될 수 있음을 기억해야 한다.

핵심 개념 리마인드
법률에 의해 정해진 기준: 관행 이외에도 응급의료의 기준은 법규, 법령, 조례 또는 판례에 의하여 정해짐
전문적 또는 제도화된 기준
전문적 기준: 응급의료에 관련된 조직과 사회에서 널리 인정된 학술적인 사항에 의한 기준
제도화된 기준: 특수한 법률과 구급대원이 속해 있는 단체에서의 권장사항에 의한 기준

정답 ②

061

다음 설명으로 옳은 것을 고르시오.

- 소방서, 병원 및 응급출동지령센터와 같은 고정된 장소에 있는 쌍방향 무전기
- 원거리 송수신 장치 관리 기능

① 기지국
② 차량용 무전기
③ 휴대용 무전기
④ 원격기지국

출제 키워드 통신체계
기본서 다시보기 응급처치학개론 p.38

핵심 개념 리마인드 기지국
▶ 소방서, 병원 및 응급출동지령센터와 같은 고정된 장소에 있는 쌍방향 무전기
▶ 20watts로 20km 거리까지 전파 가능
 : 응급의료체계에서 가장 강력한 무전기
▶ 원거리 송수신 장치 관리 가능

정답 ①

062

오염 현장에서 구급대원의 귀소 후 활동으로 알맞지 않은 것은?

① 차량은 물과 비누를 이용해 세차 후 제독이 되었는지 확인 또는 의뢰
② 병원 이송 후 바로 귀소, 샤워 및 모든 의류는 단독 세탁 후 제독 여부 확인
③ 1회용 장비가 아니더라도 오염 현장에서 사용한 장비는 즉시 폐기
④ 위험물질 접촉보고서 작성 및 보고 후 보충이 필요한 물품 파악 및 구비

출제 키워드 귀소 후 활동
기본서 다시보기 응급처치학개론 p.71

해설 ③ 1회용 장비가 아닌 경우 제독 및 잔류오염 측정 후 장비 재사용을 고찰해야 한다.

핵심 개념 리마인드 귀소 후 활동
현장 활동 후에는 차량, 장비, 구급대원의 2차 감염을 방지하기 위해 신속하게 다음의 후속조치가 취해져야 한다.
① 차량은 물과 비누를 이용해 세차 후 제독이 되었는지 확인 또는 의뢰
② 병원 이송 후 바로 귀소, 샤워 및 모든 의류는 단독 세탁 후 제독 여부 확인
③ 1회용 장비가 아닌 경우 제독 및 잔류오염 측정 후 장비 재사용 고찰
④ 「위험물질 접촉보고서」 작성·보고 후 보충이 필요한 물품 파악 및 구비

정답 ③

063

개인 보호 장비에 관한 설명으로 옳지 않은 것은?

① 보호 안경은 환자의 혈액과 체액이 눈으로 튀는 것을 보호하기 위해 착용
② 글러브는 같은 환자에게서는 재사용 가능
③ 가운은 혈액 및 체액이 튀는 것을 방지하기 위해 착용
④ 마스크는 공개매개 감염증이 있는 환자의 경우 공기매개를 예방할 수 있는 특수 마스크 착용

📩 출제 키워드   개인보호장비

📖 기본서 다시보기   응급처치학개론 p.73

해설 ② 같은 환자에게 사용하더라도 상처가 다르다면 글러브는 변경해야 한다.

핵심 개념 리마인드
① 보호안경(Eye Protection)
  환자의 혈액과 체액이 눈으로 튀는 것으로부터 보호하기 위해 착용
  : 단순 보호안경과 마스크와 같이 있는 안면마스크형 보호안경형이 있음

 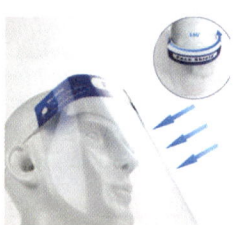

▲ 단순보호안경   ▲ 안면마스크형 보호안경

② 장갑(Gloves)
  환자 처치 전 항시 착용해야 하며 절대 재사용 금지
  : 만약 처치 중 찢어지거나 구멍이 나면 조심스럽게 벗은 후 손을 씻고 새 장갑 착용
  : 같은 환자의 다른 상처 처치 시 반드시 새 장갑 착용
③ 가운(Gowns)
  혈액 및 체액이 튀는 것을 방지하기 위해 착용하며 일반적으로 출산이나 외상환자 처치 시 주로 착용
  : 가능하다면 1회용을 사용해야 하며 오염되었을 때에는 버리고 새로운 가운을 입어야 함
④ 마스크(Masks)
  일반적으로는 1회용 수술용 마스크를 착용
  : 단, 결핵과 같이 공기매개 감염증이 있는 환자의 경우는 공기매개 전파를 예방할 수 있는 특수 마스크(N95 또는 KF94) 사용

정답 ②

064

다음 중 환자에게 실시한 OPQRST 통증검사의 평가 내용에 포함되지 않은 것은?

> "통증이 언제부터 나타나셨나요? 과거의 통증과 비교했을 때 지금의 통증은 0~10중 어느 정도 인가요? 다른 곳으로 번지는 통증이 있나요? 어떠한 행동이나 자세를 취할 때 통증이 심해지거나 완화되나요?"

① O   ② T
③ R   ④ P

📩 출제 키워드   기록작성-통증검사

📖 기본서 다시보기   응급처치학개론 p.34

해설 ② T(타임) : 통증이 지속적인가 아니면 간헐적인가?
통증이 언제부터 나타나셨나요?: O(발병상황)
과거의 통증과 비교했을 때 지금의 통증은 0~10중 어느 정도 인가요?: S(심각성)
다른 곳으로 번지는 통증이 있나요?: R(방사통)
어떠한 행동이나 자세를 취할 때 통증이 심해지거나 완화되나요?: P(유발요인)

핵심 개념 리마인드
▶ 발생 상황, 발생 시기, 통증 성질(quality), 증상, 통증 위치, 지속 기간 등을 기록

질문	내용
O (Onset: 발병 상황)	식사 후 일어나는 데 어지럽기 시작했다.
P (Provocation/Palliation: 유발원인/완화요인)	움직일 때 아프고 쉬고 있을 때 통증이 경감된다.
Q (Quality: 통증의 질)	통증이 찌르듯이 아프다.
R (Radiation: 방사)	가슴 통증이 턱까지 느껴진다.
S (Severity: 심각성)	통증 정도가 0~10까지라면 동통의 정도는?
T (Time: 시간)	통증이 지속적인가 아니면 간헐적인가?

정답 ②

065

다음 중 직접의료지도에 해당하는 것은?

① 구급대원의 질관리
② 현장대원과의 영상통화
③ 구급대원 교육 및 훈련
④ 구급대원 현장운용지침 개발

🗨 출제 키워드 　　　　　　　　　　　　　　　직접의료지도
📖 기본서 다시보기 　　　　　　　　　응급처치학개론 p.28

해설 ② 직접의료지도(on-line medical direction)는 지도의사로 지정된 의사가 병원전 의료인에게 통신이나 전화를 통해 의료지도를 내리는 것
→ 동료평가(peer review)나 다른 지속적 질개선 활동에 사용

핵심 개념 리마인드
간접의료지도(off-line medical oversight)는 응급 전화가 발생하기 전에 이미 체계의 지도의사에 의해 규정 되어있는 의료 정책, 절차, 실무 등을 의미
→ 인력 및 장비의 선정, 교육 및 훈련, 지침 개발 등에 대한 지침과 같은 전향적 의료감독(prospective medical oversight)을 포함
→ 감시, 동료평가, 분쟁 해결, 질관리과정과 같은 후향적 의료감독(retrospective medical oversight)을 포함

정답 ②

066

구급대원은 응급환자에게 적절한 치료를 행하기 위하여 치료의 기준을 적립할 때, 「2020년 한국 심폐소생술 가이드라인」은 어느 기준에 해당하는가?

① 전문적 기준
② 법률에 의해 정해진 기준
③ 사회관행으로 정해진 기준
④ 제도화된 기준

🗨 출제 키워드 　　　　　　　　　　　　　　　치료의 기준
📖 기본서 다시보기 　　　　　　　　　응급처치학개론 p.24

해설 ① 한국 심폐소생술 가이드라인은 전문가 집단에서 근거자료를 바탕으로 작성된 전문적 기준으로 볼 수 있다.

핵심 개념 리마인드

분류	내용	분류	내용
치료 기준	사회의 관행으로 정해진 기준	면책의 양식	구급대원의 법규
	법률에 의한 기준		의료행위의 면책
	전문적 또는 제도화된 기준		면허 또는 증명의 효과
과실주의	과실, 방임, 폭행, 구타, 불법 감금	책임	호출에 응답할 의무
동의의 법칙	묵시적 동의	의무기록과 보고	특수상황에서의 보고
	명시적 동의		
	미성년자 치료에 있어서의 동의		범죄에 관한 보고
	정신질환자의 동의		사망자에 대한 사항 보고
	치료 거부권		

정답 ①

067

폭행 현장에서 가해자가 흥분한 상태로 주변 사람들을 위협하고 있다는 신고를 받고 출동하였다. 이때 구급대원이 현장에서 취해야 할 행동으로 옳은 것은?

① 생명이 위독한 환자가 있는지 확인한다.
② 가해자를 안심시키기 위해 가까이 접근하여 대화를 시도한다.
③ 환자의 처치를 위해 빠르게 가해자를 제압한다.
④ 경찰 출동을 요청하고 현장에 대기한다.

🗨 출제 키워드   의사소통
📁 기본서 다시보기   응급처치학개론 p.41

해설 ④ 다른 기관에서의 협조자(경찰)가 현장에서 도착하기 전에는 환자를 처치하거나 진입해서는 안된다.
폭력으로 인해 대화가 불가능할 수 있으며 눈을 맞추거나 신체접촉과 같은 행동은 오히려 환자를 흥분시킬 수 있음
→ 이러한 현장에서는 처치자 안전을 우선적으로 확보해야 하며 환자에게서 떨어져 있어야 함
→ 통로(문)와 가까이 있어야 하고 통로를 환자가 막아서지 않도록 주의해야 함

정답 ④

068

구급대원이 특별히 보고가 요구되는 사항에 해당하는 환자는?

① 고열로 인하여 경련이 지속되는 5세 여아
② 뇌졸중이 의심되는 40세 남성
③ 자전거 사고로 골반이 골절된 20대 남성
④ 우울증 약을 한번에 100알 복용한 10대 청소년

🗨 출제 키워드   특별히 보고가 요구되는 사항
📁 기본서 다시보기   응급처치학개론 p.36

해설 ④ 어떤 경우라도 약물(마약, 향정신성 약물 등)에 관련된 손상은 반드시 보고해야 함

핵심 개념 리마인드
① 아동학대
 ▶ 우리나라에서도 어린이를 보호하도록 법령으로 규정해 놓고 있음
  → 의사, 일반인 모두 보고의 의무를 부여하고 있음
 ▶ 그러나 이러한 보고가 가해자에 대한 비방 및 명예훼손이 될 수 있음
  : 이로 인하여 고소를 당할 수 있으므로 보고서를 정확하고 명확히 객관적으로 작성하여야 함
② 중대한 범죄행위에 의한 손상
 상해, 총상, 자상 또는 독약과 같은 중대한 범죄행위에 의하여 손상이 발생한 경우
③ 약물에 관련된 손상
 어떤 경우에 있어서도 약물(마약, 향정신성 약물 등)에 관련된 손상은 반드시 보고해야 함
 : 따라서 구급대원은 어떠한 약물이 사용된 경우에 보고하여야 하는지 법의 규정에 대해서 잘 알고 있어야 함
④ 그 외에 보고해야 할 것들
 자살기도, 교사상(목맴), 전염병, 성폭행 등에 대해서도 보고 필요

정답 ④

069

복통을 호소하는 18세 여성의 구급활동 일지 작성 내용이다. 다음 작성된 자료의 내용으로 옳은 것은?

> 욕지기(+), 구토(+), 소화불량(-), 대변의 색(약간의 혈액이 섞인 변), 배변상태 변화(+, 설사)

① 주증상 ② 현병력
③ 과거병력 ④ 일반적인 사항

출제 키워드 : 기록작성 방법

기본서 다시보기 : 응급처치학개론 p.33

해설 ① 주증상 (Chief Complaint, C.C) 구급대원의 질문에 환자가 처음 반응하는 내용 혹은 환자가 가장 고통스러워하는 증상으로, 모든 증상을 환자가 표현한 그대로 구술적으로 기록

핵심 개념 리마인드

현 병력 (Present illness)
▸ 현재 주증상(C.C)에 대한 조사로 시간에 따라 기록
▸ 발생 상황, 발생 시기, 통증 성질(quality), 증상, 통증 위치, 지속 기간 등을 기록

과거 병력 (Past medical history, Past Hx)
▸ 현재까지의 건강 문제나 건강 관리에 대한 정보로, 현장처치에서보다는 병원 치료에 더 많은 영향을 줌

일반적인 사항
㉠ 환자정보 환자의 성명, 나이, 성별, 처음 발견 시의 환자 위치, 최초 반응자의 처치 내용, 손상의 종류와 원인, 일·이차 평가 내용 등을 발견 및 처치 시각과 함께 기록
㉡ 출동사항 신고 일시, 출동 시각, 현장 도착 및 출발 시각, 병원 도착 시각, 귀소 시각, 신고자의 이름 및 전화번호, 처치자의 이름 등을 기록

정답 ①

070

구급대원이 스스로의 강점과 한계에 대해 정확하게 판단을 내리고 약점을 개선할 수 있는 방법을 모색하는 전문가적 태도는?

① 자발적 동기유발
② 의사소통능력
③ 존중심
④ 자신감

출제 키워드 : 구급대원의 전문성 향상

기본서 다시보기 : 응급처치학개론 p.17

해설 ④ 자신감에 대한 설명이다.

핵심 개념 리마인드

자발적 동기유발	더 나은 성과를 내기 위한 내적 동기 → 스스로에게 동기를 부여하고 바람직한 직업윤리의 기준을 지키는 능력 ▸ 요청 및 지시가 없이도 주어진 임무 수행 ▸ 관리감독 없이 모든 의무 및 주어진 업무 완수 ▸ 모든 문서 작업을 적시에 정확하게 완료 ▸ 질개선을 위한 노력 ▸ 바람직한 방식으로 건설적인 피드백 수용 ▸ 학습 기회를 활용
의사소통 능력	환자에 관한 모든 정보를 분명하고 간결한 방식으로 제시 → 환자정보 명확하게 말하기, 적극적으로 경청하기, 알아보기 쉽게 기록하기
존중심	환자 및 환자 가족의 감정을 헤아리고, 정중하게 행동 다루기 힘든 환자에 대해서도 스스로의 품격을 떨어뜨리는 말을 사용해서는 안됨

정답 ④

071
구급대원이 감염에 노출된 후 해야 할 행동으로 옳은 것은?

① 혈액감염성 질환에 노출된 경우만 진료를 받는다.
② 감염을 줄이기 위해 취한 행동은 기록하여야 한다.
③ 감염에 노출된 후에는 예방접종은 고려하지 않는다.
④ 감염이 확진될 때까지 관리책임자에게 보고하지 않는다.

💬 출제 키워드   감염 노출 후 처치
📖 기본서 다시보기   응급처치학개론 p.81

핵심 개념 리마인드

감염병 노출 의심	감염노출 후 처치자가 실시할 사항
• 주사바늘에 찔린 경우 • 잠재적인 전염성 물체에 의해 베인 경우 • 혈액 또는 기타 잠재적인 감염성 물체가 눈, 점막 또는 상처에 튄 경우 • 포켓마스크나 one-way valve가 없이 입 대 입 인공 호흡을 실시한 경우 • 처치자가 느끼기에 심각하다고 판단되는 기타 노출	• 피부에 상처가 난 경우는 즉시 찔리거나 베인 부위에서 피를 짜내고 소독제를 바름 • 점막이나 눈에 환자의 혈액이나 체액이 노출된 경우는 노출 부위를 흐르는 물이나 식염수로 세척 • 기관의 감염노출 관리 과정에 따라 보고하고 적절한 조치를 받아야 함 • 필요한 처치 및 검사를 48시간 이내에 받아야 함

정답 ② ②

072
구급대원이 구급출동일지 작성에 관한 설명으로 옳은 것은?

① 학대가 의심되는 노인를 이송한 경우 특수 보고서를 작성한다.
② 현장에서 알게 된 환자의 개인정보는 비밀유지가 기본으로 개인정보인 환자의 이름과 성별은 기록하지 않는다.
③ 정확하지 않은 정보를 기록한 경우라도 수정할 수 없다.
④ 환자가 이송을 거부하는 경우 기록지를 작성하지 않는다.

💬 출제 키워드   구급일지 작성시 유의점
📖 기본서 다시보기   응급처치학개론 p.45

해설 ① ▶ 구급활동일지는 여러 가지로 활용되기 때문에 작성 시 유의사항을 명확히 알고 작성해야 함
▶ 기록지를 절대 위조·변조는 해서는 안 되며 만약 기록이 잘못 되었다면 소속기관 및 이송할 기관에 이 사실을 반드시 알려야 함

핵심 개념 리마인드
① 비밀성 의료법 상 현장에서 알게 된 환자의 개인정보는 비밀유지가 기본으로 알 권한이 없는 사람에게 전달하거나 이야기해서는 절대 안 됨
 ▶ 단, 환자가 자살을 시도했거나 전염성 질환이 있다면 배우자나 그 외 가족 등에게 사실을 알려야 함: 보험회사, 경찰 등 의료진이 아닌 사람에게는 적절한 법적 절차를 거쳐 제공
② 이송·처치거부 환자
 ㉮ 성인은 현장에서 출동한 구급대원의 치료를 거부할 권리가 있음
 ㉯ 구급대원은 이송 및 처치를 거부하는 환자를 만나게 된다면 아래의 사항을 정확히 점검한 후 "구급거절·거부확인서"를 작성해야 함: 이송 및 처치가 필요한 상황임을 판단할 때, 주의를 요해야 하며 판단이 어려운 경우 지도 의사와 상의해야 함
  ▶ 치료를 거부할 수 있는 나이가 되었는지?
  ▶ 알코올이나 약물중독 상태는 아닌지?
  ▶ 정확한 판단을 할 수 있는 의식상태인지?
 ㉰ 환자가 이송해야 할 상태이면 왜 처치·이송이 필요한지 설명하고 설득해 보고 그래도 이송을 거부한다면 상황실에 그 사실을 알려야 함
③ 특수 상황 직업 상 전염성 질환에 노출된 경우, 현장 활동 중 손상, 아동 또는 노인 학대, 법적 보호가 필요한 환자 등 특수한 상황에 출동한 경우 각 상황에 맞는 적절한 기록 및 보고를 해야 함

정답 ①

073

눈이 내리는 날 낙상으로 인하여 골절이 발생한 환자에게 야외에서 공기부목을 적용한 후 따뜻한 구급차로 이송하였다. 이때 부목 관리에 대한 설명으로 옳은 것은?

① 공기부목에 공기를 더 주입한다.
② 부목의 공기량이 잘 유지되도록 탄력붕대로 탄탄하게 감는다.
③ 공기부목을 제거하고 다른 부목으로 대체한다.
④ 적정압력을 확인하며 적절히 공기를 배출시킨다.

074

구급대원은 응급처치를 시행할 때 윤리적 측면을 고려해야 한다. 환자에게 다음과 같이 말했을 때 이 구급대원이 준수한 원칙은?

> "저는 구급대원 김메가입니다. 현재 이마부위 열상으로 출혈이 심합니다. 현장에서 지혈의 응급처치를 시행하고 병원에서 추가적인 치료가 필요할 것 같습니다. 지금부터 응급처치를 시작해도 되겠습니까?"

① 개인정보 보호
② 동의의 법칙
③ 비밀 유지 준수
④ 과실주의

출제 키워드 공기부목

기본서 다시보기 응급처치학개론 p.118

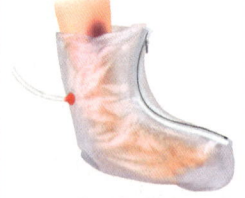

해설 ④ ▶ 재질적 특성 상 개방성 골절이 있는 환자에게 적용 금지
▶ 비닐 재질로 되어 있어 골절 부위의 관찰이 가능하며 출혈이 있는 경우 지혈 효과가 있음
▶ 온도와 압력의 변화에 예민하여 부목 압력을 수시로 확인 필요: 압력은 부목 가장자리를 눌러 양쪽 벽이 닿을 정도로 고정

정답 ④

출제 키워드 동의의 법칙

기본서 다시보기 응급처치학개론 p.26

해설 ② 치료절차와 범위에 대해 합리적인 결정을 할 수 있도록 설명한 후 환자에게 얻는 동의로 이를 명시적 동의라 한다.

핵심 개념 리마인드
① 치료절차와 범위에 대해 합리적인 결정을 할 수 있도록 설명한 후 환자에게 얻는 동의 → 환자에게 발생하거나 발생 가능한 증상의 진단명 → 응급검사 및 응급처치의 내용 → 응급의료를 받지 않을 경우의 예상 결과 또는 예후 → 기타 응급환자가 설명을 요구하는 사항 등
② 현장에서 문서화된 동의를 얻는 것이 현실적으로 어렵다면 구두 동의라도 얻어야 함 → 구두 동의는 증명되기는 어렵지만, 법적으로 유효하며 구속력을 갖음

정답 ②

075

수보단계에서 구급대원이 현장에 도착시 크로샷(Cross shot)을 통해 중앙응급의료상황실로 연락하고 모바일 상황실을 활성화하여 재난의료지원팀(DMAT) 및 현장응급의료소의 운영을 촉진시키는 병원전 단계의 재난체계 분류 단계는?

① 대비 단계
② 예방 단계
③ 대응 단계
④ 회복 단계

출제 키워드: 병원전 단계의 재난체계 분류
기본서 다시보기: 응급처치학개론 p.53

해설 ③ 재난의료지원팀(DMAT) 및 현장응급의료소의 운영을 촉진시키는 병원전 단계의 재난체계 분류는 대응단계이다.

핵심 개념 리마인드

단계	내용
대비 단계 (예방 포함)	▶ 소방은 119 종합 상황실을 통한 통합 감시체계 운영 　├ 24시간 재난상황을 감시 　├ 재난 핫라인 운영 　└ 중앙응급의료상황실에 상황 전파 → DMAT 요청체계 유지 ▶ 재난 대비 긴급구조대응 계획 수립 및 시행 ▶ 긴급구조통제단 운영 ▶ 재난상황에 대한 재난 대비 ▶ 긴급 종합구조훈련 시행 ▶ 유관기관 합동 재난훈련 시행 ▶ 재난 대응자원(인력 시설, 장비 등) 관리 및 운영
대응 단계	▶ 신속한 상황 및 보고 전파: 초기 사건 수보 단계에서의 구급대원의 현장 도착 시 크로샷을 통한 중앙응급의료상황실로의 연락과 모바일 상황실의 활성화를 통해 재난의료지원팀 및 현장응급의료소의 운영을 촉진 → 최종병원까지의 시간 단축: 초기 사건 수보 단계에서의 재난응급의료체계 기준에 맞지 않지만 현장 구급대원 도착 후 확인, 추가로 다수사상자의 가능성이 있는 경우 → 종합상황실에 보고하여 재난응급의료체계 재빠르게 활성화해야 함 ▶ 초기 대응 및 긴급구조통제단 운영 ▶ 현장지휘소 및 임시의료소 설치 운영 ▶ 신속대응반 ▶ DMAT 도착 시 현장응급의료소 합류 및 운영 ▶ 재난대응 자원(인력, 장비, 시설) 동원 ▶ 특수재난의 경우 재난대응자원 지원 ▶ 필요 시 유관기관 및 항공구조구급대 지원 요청 ▶ 현장 긴급구조 활동 시행 ▶ 재난 시 병원전 단계 과정: 활성화 → 통제 → 구조 → 분류 → 처치 → 이송
회복 단계	▶ 복구 시 역할을 의미함 ▶ 재난 피해지역이 효과적으로 회복될 수 있도록 필요 시 자원(인력, 장비 시설) 동원 ▶ 소방의 역할: 재난 피해상황 파악 및 보고, 긴급복구반 운영, 필요 시 재원집결지, 자원대기소 설치 및 운영 ▶ 소방 자체의 복구가 어려울 경우, 유관기관 지원 요청으로 현장 긴급복구 활동을 시행

정답 ③

076

임시의료소를 설치해야 하는 상황으로 옳지 않은 것은?

① 재난현장에 다수사상자 발생으로 요구조자의 구조가 수 시간 이상 지속될 것이 예상되는 경우
② 출동한 소방력을 초과한 사상자가 발생한 경우나 유관기관의 의료지원 등이 필요한 경우
③ 보건소장 등 유관기관 의료지원단장이 재난현장에 임시의료소 설치ㆍ운영이 필요하다고 판단하는 경우
④ 재난 규모가 통제 및 사상자의 분류, 응급처치 또는 이송이 필요한 경우

출제 키워드: 임시의료소
기본서 다시보기: 응급처치학개론 p.59

해설 ③ 현장지휘관이 재난현장에 임시의료소 설치ㆍ운영이 필요하다고 판단하는 경우를 말하며, 다수사상자로 인해 환자의 분류 및 구역 배정이 필요한 경우에도 임시의료소를 설치할 수 있다.

핵심 개념 리마인드

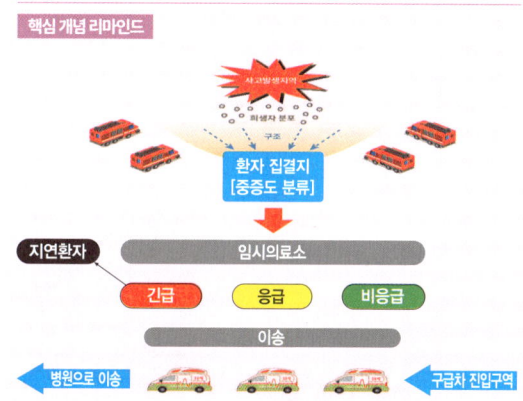

설치가 필요한 상황
① 재난현장에 다수사상자 발생으로 요구조자의 구조가 수 시간 이상 지속될 것이 예상되는 경우
② 다수사상자로 인해 환자의 분류 및 구역 배정이 필요한 경우
③ 출동한 소방력을 초과한 사상자가 발생한 경우나 유관기관의 의료지원 등이 필요한 경우
④ 재난 규모가 통제 및 사상자의 분류, 응급처치 또는 이송이 필요한 경우
⑤ 현장지휘관이 재난현장에 임시의료소 설치ㆍ운영이 필요하다고 판단하는 경우

정답 ③

077

구급대원이 환자처치를 하던 중 미처 챙겨오지 못한 장비가 있다며 일반인 신고자에게 환자를 부탁하고 환자의 곁을 떠난 후 환자의 상태가 악화되었다면, 구급대원에게 발생 할 수 있는 법적인 문제는?

① 폭행
② 과실
③ 업무상 알게된 비밀유지 위반
④ 방임

출제 키워드   과실주의
기본서 다시보기   응급처치학개론 p.25

해설 ④ 환자에게 지속적으로 요구되고 필요로 하는 처치를 적절하게 제공하지 않는 행위는 방임에 속한다.

핵심 개념 리마인드

과실	구급대원이 환자에게 응급처치의 기준을 따르지 않아 상해가 발생하는 행위 ex 목의 통증을 호소하는 환자에게 사이즈가 작은 경추보호대임을 인지하였으나 그대로 착용시켜 마비가 온 경우
방임 (= 유기)	환자에게 지속적으로 요구되고 필요로 하는 처치를 적절하게 제공하지 않는 행위 ex 1급 구급대원이 자신보다 훈련 수준이 낮은 2급 구급대원에게 1급 범위의 환자 처치를 지시하는 경우 ex 구급대원이 의사나 간호사에게 환자 처치에 대해 제대로 인수인계를 하지 않고 환자 곁을 떠나는 경우
폭행	당사자의 동의 없이 신체적 위해의 불안을 느끼게 하는 불법적 행위 ex 환자가 주사 공포증으로 정맥주사를 거부하는데 카테터를 보이면서 팔로 가져가 정맥주사를 시도하는 행위
구타	당사자의 동의 없이 다른 사람이 불법적으로 접촉하는 행위 ex 환자의 거부에도 불구하고 정맥주사를 시작하는 행위
불법감금 (= 강제구금)	동의 없이 이송된 환자나 정당한 근거 또는 권한 없이 환자를 제압하는 행위 ex 구급대원은 환자를 강제로 제압할 수 없음

정답 ④

078

JUMP START에 대한 설명으로 옳지 않은 것은?

① 호흡은 없으나 맥박이 촉지되면 구조호흡 5회 실시해야 한다.
② 걸을 수 있는 비응급 분류자 중 불편함을 호소하는 경우 재평가를 실시한다.
③ 호흡수는 15회/분 이하 또는 45회/분 이상인 경우 긴급이다.
④ 소아의 경우 노동맥에서 맥박을 확인하고 맥박이 없으면 긴급이다.

출제 키워드   JUMP START 분류법
기본서 다시보기   응급처치학개론 p.65

해설 ④ 소아의 경우 가장 쉽고 편하게 확인할 수 있는 원위부 지점에서 맥박을 확인한다.

핵심 개념 리마인드

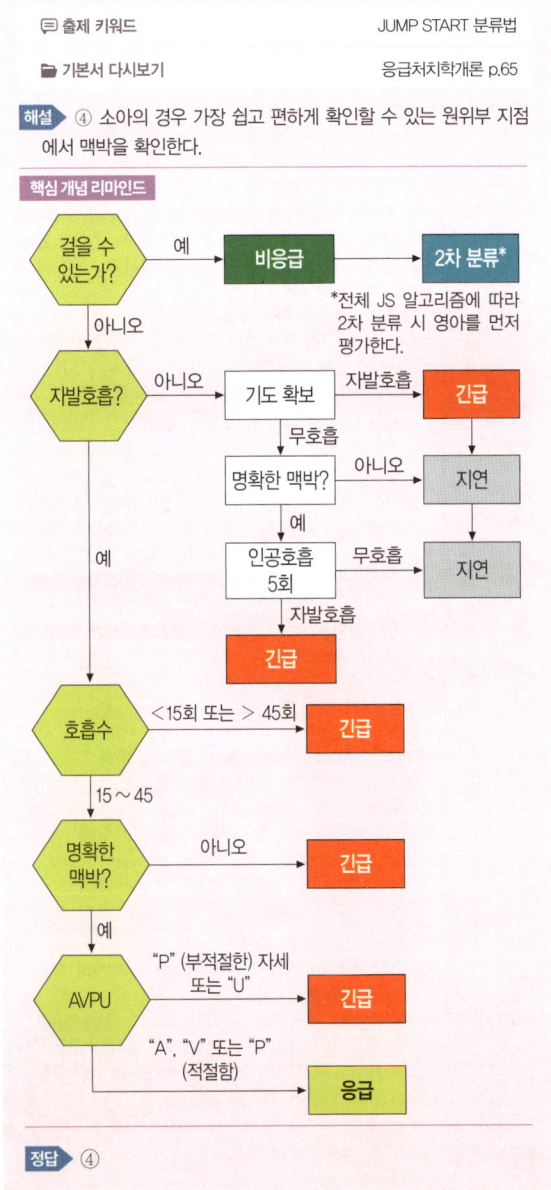

정답 ④

079

다음은 환자의 호기말이산화탄소 분압 측정도이다. 측정도를 보고 예상 가능한 환자가 아닌 것을 고르시오.

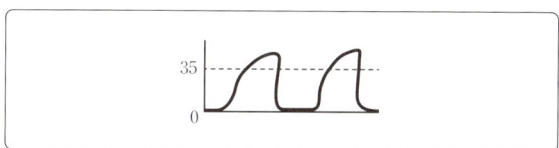

① 폐기종
② 만성기관지염
③ 천식
④ 크룹

📋 출제 키워드 　　　　　　　　　　　ETCO₂ 파형

📖 기본서 다시보기 　　　　　　　응급처치학개론 p.111

해설 ④ 천식 COPD, 기관지경련 환자는 허파꽈리를 비우는 속도가 느려져 호기말이산화탄소 분압 모양이 상어지느러미 모양으로 나타난다.

핵심 개념 리마인드

- A-B: 사강에서의 환기
- B-C: 호기 상태
- C-D: 폐포의 호기
- D: 호기말 이산화탄소 압력
- D-E: 흡기 상태

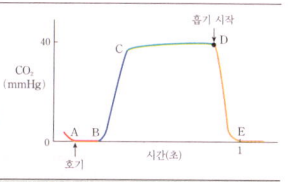

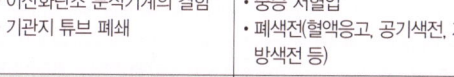

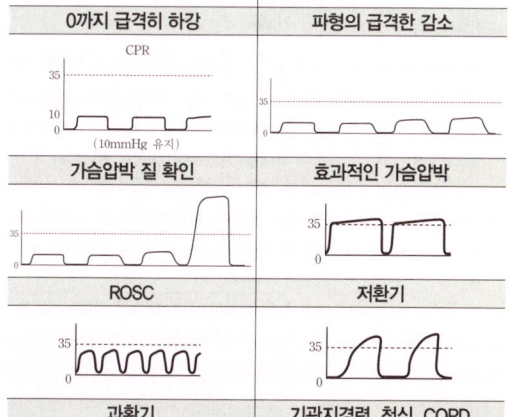

정답 ④

080

다음 설명으로 옳은 것을 고르시오.

> RD(Ring Dial)선으로 연결되어 있어 전파장애가 있는 음영지역 내 원활한 무선통신을 도와주는 장치

① 차량용 무전기(이동국)
② 휴대용 무전기(휴대국)
③ 원격기지국
④ 기지국

📋 출제 키워드 　　　　　　　　　　　통신체계

📖 기본서 다시보기 　　　　　　　응급처치학개론 p.38

해설 ③ 원격기지국은 보통 산이나 아파트 옥상에 설치하며 기지국에서 원격 기지국까지는 RD(Ring Dial)선으로 연결되어 있어 전파장애가 있는 음영지역 내 원활한 무선통신을 도와줌

핵심 개념 리마인드

① 기지국
- 소방서, 병원 및 응급출동지령센터와 같은 고정된 장소에 있는 쌍방향 무전기
- 20watts로 20km 거리까지 전파 가능 : 응급의료체계에서 가장 강력한 무전기
- 원거리 송수신 장치 관리 가능

② 차량용 무전기 (이동국)
- 차량 내 장착한 쌍방향 무전기
- 기지국과 같은 20watts : 기지국보다 낮은 위치에 있어서 출력이 낮음

③ 휴대용 무전기 (휴대국)
- 휴대가 가능한 소형 쌍방향 무전기
- 4watts로 4km 거리까지 전파
- 현장에서 가장 효율적으로 사용됨

정답 ③

chapter 01. 응급의료체계의 개요 / 대량재난 / 환자 이송 및 구급차 운용

081

재난 주기의 순서로 알맞은 것은?

① 무활동기-전구기-충격기-구조기-회복기
② 전구기-충격기-구조기-회복기-무활동기
③ 무활동기-전구기-구조기-충격기-회복기
④ 무활동기-구조기-전구기-충격기-회복기

📝 **출제 키워드**   재난주기

📖 **기본서 다시보기**   응급처치학개론 p.52

핵심 개념 리마인드   재난주기

① 무활동기
- 재난과 재난 사이 재난발생의 잠재적 위험성이 있는 기간
- 재해유발 위험 형태 예측
  : 재해위험 평가, 예방활동에 중점 → 제도정비, 안전점검, 시설확충 등

② 전구기(경고 단계)
- 사고발생까지의 시간 → 사고효과 감소 조치가 필요함
- 재난의 종류, 재난 예측 능력에 따라 단계가 유연하게 변동될 수 있음
  : 태풍이 오고 있는 조짐이 보일 때 태풍의 이동 속도에 따라 전구기 기간이 달라질 수 있음
- 대중경고 및 방어활동 → 피난처 제공, 분산대피 등 주민 안내

③ 충격기(사고 발생 단계)
- 사고발생이 시작되는 기간
- 적절한 계획에 따라 선제적 대응이 가능할 수 있게 사전교육 및 경고 프로그램 마련
  : 재난의 충격 및 피해가 감소할 수 있음

④ 구조기(고립 단계)
- 사고가 발생된 직후 상황
- 구조 활동 시행
  : 진압, 탐색, 구조, 기본 및 전문 인명구조술 제공

⑤ 회복기(재건 – 복구 단계)
- 응급의료서비스, 공중보건, 토목공사 등 사회적 지원 가능
- 수 개월~수 년 지속 가능하며 복구가 완성된 이후 무활동기로 이어짐

정답 ▶ ①

082

다음 물품 중 특수구급차에 포함되는 응급처치용 의료장비에 속하는 것을 모두 고르시오.

> ㄱ. 성인용 · 소아용 산소 마스크 (안면용 · 재호흡 · 백밸브)
> ㄴ. 정맥주사세트
> ㄷ. 환자감시장치
> ㄹ. 외상처치에 필요한 장비
> ㅁ. 휴대용 산소포화도 측정기

① ㄱ, ㄴ, ㄷ   ② ㄴ, ㄹ
③ ㄴ, ㄹ, ㅁ   ④ ㄱ, ㄴ, ㄹ, ㅁ

📝 **출제 키워드**   구급차 장비기준

📖 **기본서 다시보기**   응급처치학개론 p.94

해설 ② ㉠ 성인용 · 소아용 산소 마스크 (안면용 · 재호흡 · 백밸브) → 비재호흡마스크
㉢, ㉤ 환자평가용 의료장비

핵심 개념 리마인드

구분	장비 분류	장비
가. 환자 평가용 의료장비	신체 검진	가. 환자감시장치(환자의 심전도, 혈중산소포화도, 혈압, 맥박, 호흡 등의 측정이 가능하고 모니터로 그 상태를 볼 수 있는 장치) 나. 혈당측정기 다. 체온계(쉽게 깨질 수 있는 유리 등의 재질로 되지 않은 것) 라. 청진기 마. 휴대용 혈압계 바. 휴대용 산소포화농도 측정기
나. 응급 처치용 의료 장비	1) 기도 확보 유지	가. 후두경 등 기도삽관장치(기도삽관튜브 등 포함) 나. 기도확보장치(구인두기도기, 비인두기도기 등)
	2) 호흡 유지	가. 의료용 분무기(기관제 확장제 투여용) 나. 휴대용 간이인공호흡기(자동식) 다. 성인용 · 소아용 산소 마스크(안면용 · 비재호흡 · 백밸브) 라. 의료용 산소발생기 및 산소공급장치 마. 전동식 의료용 흡인기(흡인튜브 등 포함)
	3) 심장 박동 회복	자동심장충격기 (Automated External Defibrillator)
	4) 순환 유지	정맥주사세트
	5) 외상 처치	가. 부목(철부목, 공기 또는 진공부목 등) 및 기타 고정장치(경추 · 척추보호대 등) 나. 외상처치에 필요한 기본 장비(압박붕대, 일반거즈, 반창고, 지혈대, 라텍스장갑, 비닐장갑, 가위 등)

정답 ▶ ②

083

지속적양압환기(CPAP : Continuous positive airway pressure)의 금기증으로 옳지 않은 것은?

① 호흡정지 또는 무호흡 환자
② 공기가슴증 또는 가슴외상을 입은 것으로 의심되는 환자
③ 수축기 혈압이 100mmHg 이상인 심인성 쇼크 상태인 환자
④ 조절되지 않는 구토증상이 있거나 상위관에 출혈이 있는 환자

📧 출제 키워드   지속적양압환기 금기증
📖 기본서 다시보기   응급처치학개론 p.102

해설 ③ 수축기 혈압이 90mmHg 미만인 심인성 쇼크 상태인 환자

핵심 개념 리마인드   금기증
▶ 호흡정지 또는 무호흡 환자
▶ 공기가슴증 또는 가슴외상을 입은 것으로 의심되는 환자
▶ 기관절개(tracheostomy)를 가지고 있거나 기관삽관이 필요한 환자
▶ 조절되지 않는 구토증상이 있거나 상위관에 출혈이 있는 환자
▶ 수축기 혈압이 90mmHg 미만인 심인성 쇼크 상태인 환자
▶ 안면부의 심한 외상

정답 ③

084

구조, 구급활동 시 요구조자 또는 환자의 동의를 구해야 하는 경우는?

① 정신을 잃어 의사표시를 할 수 없는 경우
② 의식을 잃은 행려환자에 대한 구조활동의 경우
③ 만성위염을 앓고 있는 65세 환자
④ 응급상황의 정신질환자

📧 출제 키워드   의료/법적 책임
📖 기본서 다시보기   응급처치학개론 p.26

해설 ③ 환자가 의식이 있을 경우 치료상황에 대해 적극적으로 설명하고 동의를 구해야 한다. 하지만 긴급한 응급상황이라면 묵시적 동의가 적용되어야 한다.

핵심 개념 리마인드   동의의 종류
(1) **명시적 동의**: 환자가 합리적인 결정을 하도록 필요한 모든 사실을 설명한 후에 환자로부터 얻는 동의이다. 환자가 동의하기 이전에 절차와 범위를 충분이 이해해야 하며, 환자는 그러한 판단을 내릴 만큼 충분한 정신적, 육체적 능력을 가지고 있어야 한다.
(2) **묵시적 동의**: 무의식환자, 쇼크, 뇌 손상, 알코올이나 약물중독 환자 등 긴급한 상황에 환자가 의식불명 또는 망상에 빠져 있거나, 신체적으로 동의할 수 없는 경우에 적용된다. 동의를 구할 수 없으나 책임을 질만한 보호자나 친척이 있는 경우에는 그들에게 허락을 얻어내는 것이 바람직하다.
(3) **미성년자 치료에 있어서의 동의**: 민법은 행위무능력자 범주에 무능력자를 포함하고 있으며, 미성년자에 대한 동의권은 부모나 후견인에게 주어진다. 긴급한 응급상황이 존재한다면 미성년자를 치료하는 것에 대한 동의는 묵시적일 수 있으나, 가능하면 친권자나 후견인의 동의를 구해야 한다.
(4) **정신질환자의 동의**: 정신적으로 무능한 사람은 치료를 받는 데 있어서 응급처치의 필요성에 대한 어떠한 정보가 제공되었다 하더라도 동의할 수 없다. 금치산자로 결정이 내려진 경우에는 친권자나 후견인 같은 사람이 환자를 대신하여 동의권을 갖은 경우가 있다.

정답 ③

085

다음 중 무전통신의 일반원칙에 관한 설명으로 틀린 것은?

① 보이는 그대로의 사실을 보고한다.
② 개인의 신상에 관한 내용은 신중을 기한다.
③ 모든 보고 내용이 끝날 때까지 끊지 않고 말한다.
④ 보고는 간결하고 명료하게 한다.

출제 키워드: 응급의료 통신기록
기본서 다시보기: 응급처치학개론 p.39

해설 ① 무전통신 시 환자에 대해 평가결과를 말하되 진단을 내려서는 안 된다.
ex) 적절한 표현 : 환자 가슴 통증 호소
부적절한 표현 : 환자 심장 이상 증상 보임, 환자 심장마비 증상 보임 등
② 무전내용은 모든 기관원들이 듣는다는 것을 명심하여 욕설이나 개인에 관련된 내용을 말해서는 안 된다.
③ 서로 약속된 무전 약어를 사용하여 간결하게 말해야 하며, 30초 이상 말을 해야 한다면 중간에 잠깐 무전을 끊어 다른 무전기 사용자가 응급 상황을 말할 수 있게 해줘야 한다.
④ 서로 약속된 무전 약어를 사용하여 간결하게 말해야 한다.

정답 ③

086

대량환자 발생 시에 중증도 분류표를 부착하게 된다. 이송순위에 맞게 배열한 것은?

① 적색 > 황색 > 녹색 > 검정색
② 적색 > 녹색 > 황색 > 검정색
③ 황색 > 적색 > 녹색 > 검정색
④ 황색 > 녹색 > 적색 > 검정색

출제 키워드: 대량재난
기본서 다시보기: 응급처치학개론 p. 63

해설 ① 대량환자의 이동순서는 적색 > 황색 > 녹색 > 검정색으로 한다.

핵심 개념 리마인드 | 대량재난 시 환자의 이송 순서
다수의 환자가 발생하면 더 많은 환자가 보다 효율적으로 필요한 처치를 받을 수 있도록 치료의 우선순위를 결정해야 한다. 이를 위해서는 신속한 환자평가를 통해 응급처치 및 이송순위를 결정해야 한다. 대량재난 시에는 국제 공용으로 사용되는 응급환자 분류표에 따라 환자를 분류하며, 긴급(적색) > 응급(황색) > 비응급(녹색) > 지연(검정색) 순으로 이송을 진행한다.

사망(흑색)	사망 생존불능
긴급(적색)	기도, 호흡, 심장 이상 조절 안 되는 출혈, 개방성 흉부 복부손상 심각한 두부 손상, 쇼크, 기도 화상 내과적 이상
응급(황색)	척수 손상, 다발성 주요 골절 중증의 화상, 단순 두부 손상
비응급(녹색)	경상의 합병증 없는 골절, 손상, 화상 정신과적인 문제

정답 ①

087

백-밸브 마스크에 대한 설명 중 옳은 것은?

① 성인에게서만 사용할 수 있다.
② 산소 저장주머니 없이 사용할 수 있으며 80% 이상의 산소를 공급할 수 있다.
③ 산소 저장주머니 연결 시 100% 산소를 공급할 수 있다.
④ 마스크의 첨부가 턱을 향하게 하여 비강과 구강을 완전히 덮는다.

출제 키워드 호흡유지 장비
기본서 다시보기 응급처치학개론 p.107

해설 ① 병원 전 환기장치로써 가장 보편적으로 사용하는 것으로 보유 산소 장비 없이 사용할 수 있다. 영아, 소아, 성인용으로 구분한다.
②, ③ 산소 저장주머니 연결 후 분당 10~15L의 산소를 공급할 경우 거의 100%의 산소를 공급할 수 있으나, 산소 저장주머니 없이 40~60% 산소 공급이 가능하다. 하지만 산소를 추가 투여하지 않은 상태에서는 21% 산소 공급이 가능하다.
④ 마스크와 백-밸브를 연결한 뒤 마스크의 첨부가 콧등을 향하게 하여 비강과 구강을 완전히 덮는다.

정답 ③

088

대량재해 발생 시 환자평가 결과 긴급이송에 해당된다고 보기 어려운 것은?

① 중증 두부손상환자
② 기도화상
③ 출혈성 쇼크
④ 척추손상

출제 키워드 대량재난
기본서 다시보기 응급처치학개론 p.63

해설 ④ 대량재해 발생 시 척추손상 환자는 긴급이송에 속하지 않는다. 하지만 경추를 포함한 척추손상 시에는 긴급이송에 해당한다.

핵심 개념 리마인드 환자 분류
(1) **긴급 환자**: 몇 분~몇 시간 이내의 응급처치를 요하는 중증환자
(2) **응급 환자**: 몇 시간 이내의 응급처치를 요하는 중증환자
(3) **비응급 환자**: 몇 시간~며칠 후에 치료해도 생명에 지장이 없는 환자
(4) **지연 환자**: 사망, 생존불능(20분 이상 호흡, 맥박이 없는 환자, 두부나 몸체의 절단, 심폐소생술에도 소생가능성이 없다고 판단되는 환자)

사망(흑색)	사망 생존불능
긴급(적색)	기도, 호흡, 심장 이상 조절 안 되는 출혈, 개방성 흉부 복부손상 심각한 두부 손상, 쇼크, 기도 화상 내과적 이상
응급(황색)	척수 손상, 다발성 주요 골절 중증의 화상, 단순 두부 손상
비응급(녹색)	경상의 합병증 없는 골절, 손상, 화상 정신과적인 문제

정답 ④

089

다음 중 자동심장충격기(AED) 사용에 대한 설명으로 옳지 않은 것은?

① 자동심장충격기는 응급의료종사자가 아니어도 누구나 사용할 수 있는 장비이다.
② 왼쪽 쇄골뼈 아래, 오른쪽 젖꼭지에서 우측 겨드랑이 방향에 패드를 부착한다.
③ 제세동이 필요한 심정지 리듬은 심실세동과 무맥성 심실빈맥이다.
④ 제세동 후 리듬을 분석하지 않고 즉시 가슴 압박을 실시한다.

| 출제 키워드 | 순환 유지 장비 |
| 기본서 다시보기 | 응급처치학개론 p.114 |

해설 ② 자동제세동기의 패드는 오른쪽 쇄골뼈 아래, 왼쪽 젖꼭지에서 좌측 겨드랑이 방향으로 패드를 붙여준다.

핵심 개념 리마인드 자동제세동기 사용법

자동제세동기는 심전도를 모르는 현장 응급처치자나 구급대원이 제세동을 시행할 수 있도록 제세동기 내에 심전도를 인식할 수 있는 프로그램이 내장되어 심실세동 및 무맥성 심실빈맥 외에는 제세동하지 않도록 도안된 장비이다.

[사용법]
▶ 기본소생술 술기에 맞추어 의식 확인 후 도움을 요청한다.
　: 환자의 무의식, 무호흡 및 무맥박을 확인한다.
▶ 전원버튼을 눌러 자동제세동기를 켠다.
　: 덮개를 열면 전원이 들어오는 제품도 있다.
▶ 패드를 환자에게 붙이고, 커넥터를 자동제세동기에 연결한다.
　: 오른쪽 쇄골뼈 아래, 왼쪽 젖꼭지에서 우측 겨드랑이 방향에 부착한다.
　: 커넥터가 미리 연결되어 있는 제품도 있다.
▶ 모든 동작을 중단하고 분석단추를 누른다.
▶ 제세동 시행하라는 말과 글이 나오면 환자와의 접촉금지를 확인한 후 제세동 버튼을 누른다.
▶ 제세동을 시행한 후 즉시 2분간 심폐소생술을 시행한다.
▶ 2분마다 심장의 상태를 재분석한다.

 정답 ②

090

구급차의 용도로 옳지 않은 것은?

① 응급환자의 이송
② 응급의료를 위한 혈액, 진단용 검사 대상물 등 운반
③ 사고로 인해 현장 사망한 환자를 의료기관에 이송
④ 병원에서 병원으로의 교통편의를 위한 환자이송

| 출제 키워드 | 구급차 운용 |
| 기본서 다시보기 | 응급처치학개론 p.96~97 |

해설 ④ 의료기관의 환자 소개, 유인, 알선 등을 위해 교통편의 제공 목적으로 사용불가함

핵심 개념 리마인드 구급차의 용도

• 응급환자 이송
• 응급의료를 위한 혈액, 진단용 검사 대상물 및 진료용 장비 등의 운반
• 응급의료를 위한 응급의료 종사자의 운송
• 사고 등으로 현장에서 사망하거나 진료를 받다가 사망한 사람을 의료기관 등에 이송
　: 이식수술 등을 위한 장기 이송 및 관련 의료진의 이송
• 지역보건법에 의한 보건소 등 지역보건 의료기관에서 행하는 보건사업의 수행에 필요한 업무
• 구급차 등의 이용이 불가피한 척추장애 환자 또는 거동이 불편한 환자의 이송
　: 의료기관의 환자 소개, 유인, 알선 등을 위해 교통편의 제공 목적으로 사용불가함
• 다수인이 모이는 행사 등에서 발생되는 응급환자 이송을 위한 대기

 정답 ④

091

다음 의료지도에 관한 설명으로 옳지 않은 것은?

① 직접의료지도는 지도의사로 지정된 의사가 병원전 의료인에게 통신이나 전화를 통해 의료지도를 내리는 것을 말한다.
② 간접의료지도는 응급 전화가 발생하기 전에 이미 체계의 지도의사에 의해 규정되어있는 의료 정책, 절차, 실무 등을 의미한다.
③ 직접 의료지도는 감시, 동료평가, 분쟁 해결, 질관리과정과 같은 후향적 의료감독(retrospective medical oversight)을 포함한다.
④ 직접 의료지도는 동료평가(peer review)나 다른 지속적 질개선 활동에 사용한다.

📧 출제 키워드   직접의료지도

📁 기본서 다시보기   응급처치학개론 p.28

해설 ③ 감시, 동료평가, 분쟁 해결, 질관리과정과 같은 후향적 의료감독(retrospective medical oversight)은 간접의료지도에 속한다.

핵심 개념 리마인드
- 직접의료지도(on-line medical direction)는 지도의사로 지정된 의사가 병원전 의료인에게 통신이나 전화를 통해 의료지도를 내리는 것
  → 동료평가(peer review)나 다른 지속적 질개선 활동에 사용
- 간접의료지도(off-line medical oversight)는 응급 전화가 발생하기 전에 이미 체계의 지도의사에 의해 규정되어있는 의료 정책, 절차, 실무 등을 의미
  → 인력 및 장비의 선정, 교육 및 훈련, 지침 개발 등에 대한 지침과 같은 전향적 의료감독(prospective medical oversight)을 포함
  → 감시, 동료평가, 분쟁 해결, 질관리과정과 같은 후향적 의료감독(retrospective medical oversight)을 포함

정답 ③

092

환자 이송 시 특수한 증상을 가진 환자는 체위를 고려해야 하는데 다음 중 틀린 것은?

① 혈압이 저하된 환자 – 두부거상 자세
② 의식장애 환자 – 측와위
③ 심근경색환자 – 반좌위
④ 두부외상 환자 – 두부거상 자세

📧 출제 키워드   환자 구조 이송

📁 기본서 다시보기   응급처치학개론 p.92

해설 ① 빈혈, 실신, 쇼크, 하지손상 환자에게서는 뇌와 심장 등 중요한 장기로 혈액을 순환시켜 증상 악화를 방지하고 하지 출혈을 감소시키기 위해 하지거상을 시켜준다.
② 의식장애가 있거나 구토를 하거나 외상성 공기 가슴증, 늑골 골절, 폐 손상 등 흉부 손상이 있는 환자는 측와위(옆으로 누운 자세)를 취해 혀 이완, 질식 방지, 분비물 배출을 용이하게 해준다.
③ 심장질환, 천식 등에 의한 호흡곤란 환자는 흉곽을 넓혀 호흡을 편안하게 하고, 폐울혈 완화 및 가스교환을 용이하게 하기 위하여 반좌위를 취해준다.
④ 뇌혈관 장애, 두부외상 환자 등은 상반신 울혈과 출혈 예방을 위해 두부거상을 시켜준다.

핵심 개념 리마인드 환자 분류

종류	적용	효과
앙와위(Supine) : 반듯이 누운 자세	• 의식장애가 있을 때 • 몸에 상처가 많을 때 • 손과 발에 상처가 있을 때	• 인체의 생리학상 신체의 골격과 근육에 무리한 긴장을 주지 않는다.
측와위(Lateral) : 옆으로 누운 자세	• 의식장애가 있을 때 • 구토할 때 • 외상성 공기 가슴증, 늑골 골절, 폐손상 등 흉부 손상	• 의식이 없는 경우와 구토 시 혀의 이완방지 및 분비물의 배출이 용이하고 질식 방지에 효과적이다.
복와위(Prone) : 엎드린 자세	• 의식장애, 구토, 등 부위 손상	• 의식이 없거나 구토환자의 경우 측와위처럼 질식 방지에 효과적이다.
두부거상	• 뇌혈관 장애, 두부외상 등	• 두부 측을 높임으로써 상반신의 울혈과 출혈을 예방할 수 있다.
하지거상 : 트렌델렌버그 자세 (Trendelenburg's position)	• 빈혈, 실신, 쇼크 등 • 하지 손상	• 뇌와 심장 등의 중요한 장기로 혈액을 순환시켜 증상 악화 방지 및 하지 출혈을 감소시킨다.
반좌위 (Folwler's position, Semi-sitting position)	• 심장질환, 천식 등에 의한 호흡 곤란	• 흉곽을 넓혀 호흡을 편안하게 할 수 있다. • 폐의 울혈 완화 및 가스 교환이 용이하여 호흡상태 악화를 방지한다.
반복위 (sim's position) : 회복 자세 (Recovery position)	• 의식이 없거나 구강에 분비물 배액 촉진, 관장, 항문검사 등	• 의식이 없거나 구토환자의 경우 질식 방지에 효과적이다.

정답 ①

093

응급 의료 서비스 체계의 구성요소가 아닌 것은?

① 통신장비 ② 응급환자
③ 응급처치 ④ 보호자

출제 키워드	응급 의료 체계
기본서 다시보기	응급처치학개론 p.10~12

해설 ④ 응급 의료 체계의 구성요소는 다음과 같다.
- 응급환자 (②)
- 응급의료
- 응급처치 (③)
- 구급대원
- 구급상황요원
- 지도의사
- 응급의료장비
- 통신장비 (①)

핵심 개념 리마인드 응급 의료 체계의 구성요소

⑴ **응급환자**: 질병, 분만, 각종 사고 및 재해로 인한 부상이나 그 밖의 위급한 상태로 인하여 즉시 필요한 응급처치를 받지 아니하면 생명을 보존할 수 없거나 심신상의 중대한 위해가 발생할 가능성이 있는 환자 또는 이에 준하는 사람
⑵ **응급의료**: 응급환자가 발생한 때부터 생명의 위험에서 회복되거나 심신상의 중대한 위해가 제거되기까지의 과정에서 응급환자를 위하여 하는 상담·구조·이송·응급처치 및 진료 등의 조치
⑶ **응급처치**: 응급의료행위의 하나로서 응급환자의 기도를 확보하고 심장박동의 회복, 그 밖에 생명의 위험이나 증상의 현저한 악화를 방지하기 위하여 긴급히 필요로 하는 처치
⑷ **구급대원**: 국내에서는 구급대원를 1급과 2급으로 구분하고 있으며, 2급 구급대원은 기본 심폐소생술, 응급환자의 척추나 팔다리의 고정, 환자 이동과 이송 등에 필요한 기본적인 의료행위만을 수행하게 된다. 1급 구급대원은 대학이나 대학교의 응급구조학과를 졸업하거나 보건복지가족부장관이 인정하는 외국의 구급대원 자격인정을 받은 경우, 그리고 2급 구급대원로서 3년 이상의 실무경험이 있어야만 응시자격을 갖는다. 1급 구급대원은 이송과정에서 기도삽관, 인공호흡기 사용, 수액처치 등과 같은 제반 응급처치를 할 수 있다.
⑸ **구급상황요원**: 119 구급상황관리센터에서 구급대 출동지시, 응급처치 안내 및 의료상담을 수행하는 요원
⑹ **지도의사**: 구급차 등의 운용자는 관할 시·도에 소재하는 응급의료기관에 근무하는 전문의 중에서 1인 이상을 지도의사로 선임 또는 위촉하여야 함
⑺ **응급의료장비**: 응급처치에 필수적인 의료장비를 비롯하여 환자를 이송하는 중에도 사용할 수 있는 각종 중환자 처치장비를 포함한다. 구급대원의 처치능력에 따라서 준비할 장비도 달라진다.
⑻ **통신장비**: 통신장비는 전화, 무선 단파 방송, 인터폰, 무선전화 등을 이용하게 되는데, 환자나 보호자, 응급의료지원센터, 병원, 구급차, 각종 사회 안전조직과 긴밀하게 연락할 수 있어야 하며, 특히 신속한 연락을 위하여 통신장비는 필수적이다. 과거에는 무선통신을 주로 이용하다가 최근에는 전 세계적으로 휴대용 전화기를 주로 이용하고 있으므로 재난 등의 비상사태에 대비하여 두 가지 모두 갖추는 것이 바람직하다.

정답 ④

094

처치 장비에 대한 설명으로 옳지 않은 것은?

① 목뼈 보호대는 경추 손상이 의심되는 환자에게 적용한다.
② 패드(성형)부목은 사지골절에 사용하기 적합하다.
③ 공기부목은 'C'나 'U' 모양으로 적용이 가능한 것이 장점이다.
④ 긴 척추고정판은 척추 손상이 의심되는 환자를 전신 고정하는 장비이다.

출제 키워드	외상처치 장비
기본서 다시보기	응급처치학개론 p.114~120

해설 ③ 진공부목은 공기를 제거하여 고정하는 장비로 'C'나 'U' 모양으로 적용이 가능한 것이 장점이다.

핵심 개념 리마인드 연성부목

공기부목	부목에 공기를 불어넣어 골절 부위를 고정하는 장비 ▶ 골절 부위의 관찰이 가능 ▶ 출혈이 있는 경우 지혈 효과가 있음 ▶ 개방성 골절 환자에게 적용 금지 ▶ 온도와 압력의 변화에 예민하여 부목 압력을 수시로 확인 필요 → 압력은 부목 가장자리를 눌러 양쪽 벽이 닿을 정도로 고정
진공부목	공기를 제거하여 고정하는 장비 → 사용하기 전 알갱이를 고루 펴서 적용 ▶ 개방성 골절 사용 금지 → 외형이 찢기거나 뚫리면 부목의 기능을 하지 못하므로 주의 ▶ 진공 시 형태가 고정되므로 'C'나 'U'자 모양으로 적용 가능 → 변형된 관절 및 골절에 유용 ▶ 진공으로 인해 부피가 감소하면 느슨해진 고정끈 재결착 필요 ▶ 전신진공부목은 척추고정이 안 됨

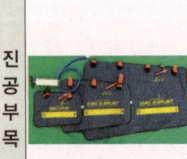

정답 ③

095

긴 척추고정판과 구출고정대(KED)를 이용하여 앉아 있는 상태의 환자를 구출하는 과정에서 고정의 마지막 단계는?

① 환자의 머리를 고정하고, 환자의 A, B, C 상태를 확인한다.
② 구출고정대의 뒤통수에 빈 공간을 채울 정도만 패드를 넣고 고정한다.
③ 긴 척추고정판에 환자를 고정하고, 팔, 다리 순환, 운동, 감각기능을 확인한다.
④ 적절한 크기의 목보호대를 선택하여 착용시킨다.

🔎 출제 키워드   구급차 운용 장비, 척추손상
📖 기본서 다시보기   응급처치학개론 p.123~124

해설 ① → ④ → ② → ③

핵심 개념 리마인드   척추고정 기구 착용 순서

척추고정 기구로는 짧은 척추고정판과 구출고정대(KED) 장비가 있다. 이 장비들은 차량 충돌사고로 차에 앉아 있는 환자가 척추손상이 의심될 때 고정을 위해 사용되며 머리, 목, 몸통을 고정시켜 준다. 환자를 짧은 장비로 고정시킨 후에 긴 척추고정판에 바로 누운 자세로 눕힌 후 다시 고정시켜야 한다.

착용법 순서는 다음과 같다.

▸ 손으로 환자의 머리를 고정하고, 환자의 A, B, C 상태를 확인한다.
   (이때 환자의 A, B, C에 심각한 문제가 있는 경우 목보호대 및 긴 척추고정판을 이용하여 빠른 환자구출법을 시행한다.)
▸ 적절한 크기의 목보호대를 선택하여 착용시킨다.
▸ 빠른 외상환자 일차 평가를 시행한다.
▸ 구출고정대(KED)를 환자의 등 뒤에 조심스럽게 위치시키며, 구출고정대(KED)를 몸통의 중앙으로 정렬하고 날개부분을 겨드랑이에 밀착시킨다.
▸ 구출고정대(KED)의 몸통 고정끈을 중간, 하단, 상단의 순으로 연결하고 조인다.
▸ 양쪽 넙다리 부분에 패드를 적용하고 다리 고정끈을 연결한다.
▸ 구출고정대(KED)의 뒤통수에 빈 공간을 채울 정도만 패드를 넣고 고정한다.
▸ 환자를 90°로 회전시키고 긴 척추고정판에 눕힌 후 긴 척추고정판을 들어 바닥에 내려놓는다.
▸ 환자가 긴 척추고정판의 중립위치에 있는지 확인하고 다리, 가슴 끈을 느슨하게 해준다.
▸ 긴 척추고정판에 환자를 고정하고, 팔다리의 순환, 운동, 감각 기능을 확인한다.
▸ 고농도 산소를 공급하고, 필요 시 양압 환기를 제공하며 신속하게 이송한다.

정답 ③

096

다음 중 가장 고농도의 산소가 공급되는 경우는?

① 코 삽입관으로 6L/분을 공급
② 단순 얼굴 마스크로 8 L/분을 공급
③ 비재호흡 마스크로 10 L/분을 공급
④ 벤튜리 마스크로 8 L/분을 공급

🔎 출제 키워드   구급차 내 장비
📖 기본서 다시보기   응급처치학개론 p.103~106

해설
① 코 삽입관: 분당 1~6L 유량으로 산소농도 22~44%로 유지
② 단순 얼굴 마스크: 분당 6~10L 유량으로 산소농도 35~60%까지 증가
③ 비재호흡 마스크: 분당 10~15L 유량으로 85~100% 산소공급
④ 벤튜리 마스크: 분당 2~8L 유량으로 흡입산소 농도 조절 가능
  : 24%, 28%, 31%, 35%, 40%, 53%

핵심 개념 리마인드   기타 호흡유지 장비

▸ 부분 재호흡 마스크: 산소저장기가 달려 있는 부분 재호흡 마스크는 10 L/분 속도로 60%의 산소를 공급할 때 사용
▸ BVM: 산소를 추가 투여하지 않은 상태로 21% 정도의 산소를 공급할 수 있고, 산소저장주머니 없이 40~60% 산소 공급이 가능하며, 산소저장주머니 연결 후 분당 10~15L의 산소를 공급할 경우 거의 100%의 산소 공급이 가능

정답 ③

097

산악, 공사현장 등 위험한 환경에서의 구조 작업이나 헬기 이송 시 안전한 환자의 구조, 이송용 장비로 사용되는 것은?

① 분리형 들것
② 척추 고정판
③ 바구니형 들것
④ 가변형 들것

📝 출제 키워드　　　　　　　　　　　환자 이동 장비
📚 기본서 다시보기　　　　　　응급처치학개론 p.121~126

해설 ③ 산악 구조, 헬기 이송 등 수직 구조 현장에서 주로 사용되는 들것이다.

핵심 개념 리마인드　**환자 이송 장비**
(1) **척추 고정판**: 구급차에 항시 비치되어 있어야 하는 장비로 목뼈나 척추손상 의심 환자를 고정할 때 사용된다. 누워있거나 서 있는 환자에게 사용된다.
(2) **바구니형 들것**: 주로 고지대·저지대 구출용과 산악용으로 사용되며 긴 척추 고정판으로 환자를 고정한 후에 바스켓형에 환자를 결착시킨다.
(3) **가변형 들것**: 좁은 곳을 통과할 때 유용하며 천이나 유연물질로 만들어져 있다. 손잡이는 세 군데 혹은 네 군데에 있으며 보관할 때 쉽게 접히거나 말린다.

정답 ③

098

대화 중에 갑자기 의식을 잃은 환자로서 뇌혈관 장애가 의심되는 경우 어떠한 자세로 이송하는 것이 가장 바람직한가?

① 반듯이 누운 자세
② 두부거상 자세
③ 반좌위
④ 하지거상 자세

📝 출제 키워드　　　　　　　　　　　환자 이송 자세
📚 기본서 다시보기　　　　　응급처치학개론 p.92 [표41]

해설 ② 뇌혈관 장애가 의심되는 환자에게는 두부 측을 높여 상반신의 울혈과 출혈을 예방할 수 있는 두부거상 자세를 취해준다.

종류	적용	효과
앙와위(Supine) : 반듯이 누운 자세	• 의식장애가 있을 때 • 몸에 상처가 많을 때 • 손과 발에 상처가 있을 때	• 인체의 생리학상 신체의 골격과 근육에 무리한 긴장을 주지 않는다.
측와위(Lateral) : 옆으로 누운 자세	• 의식장애가 있을 때 • 구토할 때 • 외상성 공기 가슴증, 늑골 골절, 폐손상 등 흉부 손상	• 의식이 없는 경우와 구토 시 혀의 이완방지 및 분비물의 배출이 용이하고 질식 방지에 효과적이다.
복와위(Prone) : 엎드린 자세	• 의식장애, 구토, 등 부위 손상	• 의식이 없거나 구토환자의 경우 측와위처럼 질식 방지에 효과적이다.
두부거상	• 뇌혈관 장애, 두부외상 등	• 두부 측을 높임으로써 상반신의 울혈과 출혈을 예방할 수 있다.
하지거상 : 트렌델렌버그 자세 (Trendelenburg's position)	• 빈혈, 실신, 쇼크 등 • 하지 손상	• 뇌와 심장 등의 중요한 장기로 혈액을 순환시켜 증상 악화 방지 및 하지 출혈을 감소시킨다.
반좌위 (Folwler's position, Semi-sitting position)	• 심장질환, 천식 등에 의한 호흡 곤란	• 흉곽을 넓혀 호흡을 편안하게 할 수 있다. • 폐의 울혈 완화 및 가스 교환이 용이하여 호흡상태 악화를 방지한다.
반복위 (sim's position) : 회복 자세 (Recovery position)	• 의식이 없거나 구강에 분비물 배액 촉진, 관장, 항문검사 등	• 의식이 없거나 구토환자의 경우 질식 방지에 효과적이다.

정답 ②

099

입인두기도기(OPA) 사용이 가능한 환자는?

① 무의식 환자
② 의식이 부분적으로 있는 환자
③ 구토 반사가 있는 환자
④ 의식이 있는 환자

출제 키워드   구급차 내 장비
기본서 다시보기   응급처치학개론 p.97

해설 ① 무의식 환자에게 기도를 유지하기 위해서 입인두기도기(OPA)를 사용할 수 있다.
②, ③, ④ 입인두기도기(OPA) 적용 시 구토 유발로 폐로 흡인이 발생하거나, 환자가 입인두기도기를 제거하려고 하는 반응이 나타나 제대로 기도 유지가 되지 않을 수 있기 때문에 입인두기도기 대신 코인두기도기(NPA)를 사용할 수 있다.

핵심 개념 리마인드
(1) 입인두기도기
- 의식이 있거나, 반혼수 상태 환자에게는 구토유발 및 제거행동이 있을 수 있어 부적합하다.
- 크기가 크거나 작으면 후두개 압박이나 성대경련이 발생할 수 있어 오히려 기도 유지가 안되거나 기도 폐쇄를 유지할 수 있다.
- 구토에 의해 위 내용물에 의한 흡인을 방지할 수 없기 때문에 구토 반사가 있으면 제거해야 한다.

(2) 코인두기도기
의식이 있는 환자에게 일시적으로 기도를 확보해 주기 위한 기구로 입인두기도기를 사용할 수 없을 때 사용한다. 입인두기도기와 마찬가지로 PVC 재질로 4, 5, 5.5, 6, 6.5, 7.5mm로 구성되어 있다.
환자의 코 끝에서 귓불 끝까지의 길이를 잰 뒤 콧구멍보다 약간 작은 것을 선택하도록 한다.

(3) 후두마스크 기도기
입·코인두기도기보다 기도 확보가 효과적이며, 후두경을 사용하지 않고 기도를 확보할 수 있어 성문 내 삽관(기관 내 삽관)보다 삽입법이 용이하다. 기관 내 삽관보다 환자에게 비침습적이고 적용이 쉬우므로 병원 전 심정지 환자나 외상 환자(경추손상 등) 기도 확보 시 매우 유용하며 일회용이 아닌 약 40회 정도 멸균 재사용이 가능하여 가장 많이 사용된다.

(4) 후두튜브(LT)
후두튜브는 식도 – 기관 콤비 튜브와 유사하게 생겼지만 좀 더 작고 간단하다. 성문 내 삽관(기관 삽관)보다 삽입 방법이 용이하고 기도 확보가 쉬워 병원 전 심정지 환자나 외상환자(경추 손상 등) 기도 확보 시 유용하다. 환자에게 적용 시간이 짧고 어려운 기도 확보 장소에서도 빠르게 기도 확보가 가능하여 많이 사용되어지고 있다. 후두튜브도 후두마스크와 동일하게 멸균 재사용이 가능하다.

정답 ①

100

환자를 들어 올리는 자세로 올바른 방법은 무엇인가?

① 환자를 구조자의 무게 중심에서 멀리 위치시킨다.
② 환자를 들어 올릴 때 무릎을 굽히지 않는다.
③ 환자를 들어 올릴 때 다리를 약간 벌리고 발끝을 밖으로 향하게 서고 바닥에 단단하게 지지한다.
④ 허리 근육을 사용하여 환자를 들어 올린다.

출제 키워드   환자 구조 이송
기본서 다시보기   응급처치학개론 p.84

해설 ① 환자를 몸 가까이 붙이고 중력의 중심이 한쪽으로 치우치지 않도록 한다.
② 환자를 들어 올릴 때는 무릎을 구부리고, 허리는 곧게 편 자세를 유지한다.
④ 환자를 들어 올릴 때에는 허리의 힘이 아닌 다리의 힘을 사용한다.

핵심 개념 리마인드
① '환자의 무게가 얼마나 되는지?', '들어올리는데 도움이 필요한지?'
② '구조자의 신체적 특성은 무엇인지?' : 키가 비슷한 구조자들이 환자를 옮기기 쉬움
③ 계획을 세우고 나서, 들어올리고 운반할 계획을 동료와 서로 의논해야 함
  ▶ 환자 이송 전 고정 및 이송에 관한 계획을 세워야 함
  ▶ 필요한 인원을 호출
  ▶ 환자 고정 전에 1차 평가를 실시하고 적절한 처치를 제공해야 함
④ 환자를 편안하게 하기 위해, 그리고 구조자의 안전을 위해 운반 과정 동안 지속적으로 의견을 구하고 대화하도록 해야 함
⑤ 들어올릴 때 허리와 등을 일직선으로 유지하고 다리, 엉덩이의 근육을 이용함
  ▶ 허리 근육은 다리 근육보다 약하기 때문에 큰 근육인 다리와 엉덩이 근육을 사용
  ▶ 들어올릴 때 몸을 틀거나 비틀지 말아야 하며 다른 동작을 하게 되면, 부상의 원인이 될 수 있음
⑥ 다리를 약간 벌리고 발끝을 밖으로 향하게 해야 함
⑦ 환자를 이동 시 환자를 가능한 한 몸 가까이 붙이고, 몸에서 멀어질수록 부상의 가능성은 높아짐
⑧ 한 손으로 들어올릴 때는 한쪽으로 몸을 굽히는 것을 피하고, 허리는 항상 일직선을 유지하도록 함

정답 ③

101

환자가 누울 수 없거나 엘리베이터 등 좁은 공간 이동 시 가장 유용하게 사용되어지는 이송장비는?

① 주 들것
② 분리형 들것
③ 의자형(계단용) 들것
④ 보조 들것

📋 출제 키워드 　　　　　　　　　환자 이동 장비

📁 기본서 다시보기 　　　　응급처치학개론 p.121~126

해설 ③ 환자를 앉은 자세로 이동시킬 때 용이한 들것으로 협소한 공간에 유용하며, 호흡곤란 환자를 이동시키기에 좋다. 다만, 척추 손상이 의심되는 환자에서는 사용하면 안 된다.

핵심 개념 리마인드 　**이동 장비의 사용 및 들것의 종류**

(1) 이동 장비의 사용

이동 장비를 사용하기 전에 유의해야 할 사항은 다음과 같다.

▸ 가급적이면 가벼운 이동장비를 사용한다.
: 구급차 내에 주 들것보다는 이동용 접이식 들것이 훨씬 가볍다. 소방대원은 대량 환자발생에 따른 이송 및 기타 작업으로 인한 손상을 예방하기 위해서라도 힘의 소실이 적은 가벼운 장비를 사용해야 한다.

▸ 가능하다면 환자를 직접 이동하는 것보다 장비를 이용해 이동해야 한다.

▸ 들것을 들어올릴 때에는 최소한 2인 이상이 필요하다.
: 가능하다면 많은 인원이 동시에 들어올리는 것이 좋다. 2인이 들어올릴 때에는 서로 키와 체격이 비슷해야 힘을 고르게 분산시켜 손쉽게 이동할 수 있다.

▸ 가능하다면 환자의 머리가 진행 방향으로 가도록 이동한다.
: 환자가 이동 상황을 눈으로 확인할 수 있어 환자의 불안감을 낮춰줄 수 있다.

(2) 들것의 종류

▸ **주 들것**: 구급차량 내에 비치되어 있는 들것으로, 환자 이동 시 가장 많이 사용하게 될 장비이다. 바퀴가 달려 있는 것으로 높이를 조절할 수 있고 상체를 올려 앉은 자세를 취해줄 수 있다.

▸ **분리형 들것**: 주로 운동 중 사고나 골반측 손상에 사용되며 알루미늄이나 경량의 철로 만들어졌다.

▸ **의자형(계단용) 들것**: 계단용으로, 환자를 앉은 자세로 이동시킬 때 사용된다. 좁은 복도나 작은 승강기, 그리고 좁은 공간에 유용하며 호흡곤란 환자를 이동시키기에 좋다.

▸ **보조 들것**: 보조 들것은 주 들것을 사용할 수 없는 장소에서 환자를 이동시킬 때, 그리고 다수의 환자가 발생했을 때 사용된다.

정답 ③

102

응급처치를 실시하기 전에 환자를 긴급이동하는 경우가 아닌 것은?

① 화재가 폭발의 위험성이 있는 경우
② 현장에 도착했을 때 환자가 숨을 쉬고 있지 않은 경우
③ 사고 상황이 악화되는 것을 막을 수 없는 경우
④ 폭발물이나 위험한 물질에 노출된 경우

📋 출제 키워드 　　　　　　　　　상황별 환자이동

📁 기본서 다시보기 　　　　응급처치학개론 p.87

해설 긴급이동은 환자나 대원에게 즉각적인 피해를 줄 수 있는 위험한 환경일 때 이동하는 것으로 화재, 화재 위험, 위험 물질이나 폭발물질, 고속도로, 환자의 자세나 위치가 손상을 증가시킬 때, 다른 위급한 환자에게 접근할 때 사용된다. 고정 장치를 이용할 시간이 없을 때 사용되므로 척추손상을 초래할 수 있어 위급한 경우에만 사용해야 한다. 만약 시간이 허용된다면 척추 고정을 실시한 후에 이동해야 한다.

①, ③, ④ 환자나 대원에게 즉각적인 피해를 줄 수 있는 환경에서는 긴급이동을 요구한다.

② 숨을 쉬고 있지 않은 환자에 대해서는 즉각적인 이송이 요구되는 응급이동이 필요하다.

핵심 개념 리마인드 　**응급이동**

환자의 상태가 즉각적인 이송이나 응급처치를 요하는 경우에 사용하는 이동방법을 응급이동이라고 한다. 쇼크로 인한 호흡곤란 환자에게 적용한다. 긴급이동과의 차이점은 척추손상에 대한 예방조치를 할 수 있다는 것이다.

정답 ②

103
척추손상 환자를 이송할 때 사용할 수 있는 장비로 옳은 것은?

① 분리형 들것
② 의자형(계단용) 들것
③ 바구니형 들것
④ 가변형 들것

📰 출제 키워드　　　　　　　　　　환자 이동 장비

📖 기본서 다시보기　　　　　　응급처치학개론 p.121~126

해설 ③ 긴 척추고정판에 환자를 고정한 뒤 이송하므로 척추손상 환자 이송에 유용하다.

핵심 개념 리마인드 환자 유형에 따른 이동 장비의 사용
(1) **분리형 들것**: 등 부분을 지지해 주지 못하기 때문에 척추손상 환자의 경우는 사용해서는 안 된다.
(2) **의자형(계단용) 들것**: 척추손상이나 하체손상 환자 그리고 기도유지를 못하는 의식장애 환자에게 사용해서는 안 된다.
(3) **바구니형 들것**: 긴 척추고정판으로 환자를 고정한 후에 바스켓형에 환자를 결착시켜 이송한다.
(4) **가변형 들것**: 보관할 때 쉽게 접히거나 말린다. 척추손상 의심 환자를 1인이 운반할 때에는 적절하지 않다.

정답 ③

104
흡인기 사용에 관한 내용이다. 옳지 않은 것은?

① 흡인관을 꺾어서 막고 흡인기를 측정한 깊이까지 입 안으로 넣는다.
② 흡입 전 환자에게 충분한 산소 공급을 한다.
③ 흡입 시에는 한번에 15초 이상 흡입하면 안 된다.
④ 흡입기의 삽입 길이는 환자 입에서부터 위까지 거리이다.

📰 출제 키워드　　　　　　　　　　호흡유지 장비

📖 기본서 다시보기　　　　　　응급처치학개론 p.103

해설 ④ 흡입기의 삽입 길이는 환자의 입 가장자리에서부터 귓불까지의 길이를 측정하여 결정한다.

핵심 개념 리마인드 흡입기 사용법
▸ 기계 전원을 켜고 흡인 튜브를 흡인관에 끼운다.
▸ 튜브를 막아 압력이 300mmHg 이상 올라가는지 확인한다.
▸ 환자의 입 가장자리에서 귓불까지의 길이를 측정하여 흡인 튜브의 적절한 깊이를 결정한다.
▸ 흡인 전에 환자에게 충분한 산소를 공급한다.
▸ 수지교차법으로 입을 벌린 후 흡인튜브를 넣는다.
▸ 흡인관을 꺾어서 막고 흡인기를 측정한 깊이까지 입 안으로 넣는다.
▸ 흡인관을 펴서 흡인하되, 흡인시간은 15초를 초과하지 않도록 한다.
▸ 흡인 후에는 흡인튜브에 생리식염수를 통과시켜 세척하고 산소를 공급한다.

정답 ④

105

다음 중 기관 내 삽관에 대한 설명으로 옳은 것은?

① 기관 내 삽관은 다른 호흡유지 장비에 비해 전문적인 기술이 필요하지 않다.
② 위치를 결정한 후 코 끝에 맞춰 튜브 깊이를 표시한다.
③ 기관 내 삽관의 적절성은 이산화탄소분압 측정기와 식도감지기구(EDD)를 통하여 평가할 수 있다.
④ 기관 내 삽관 후 가슴압박 시, 가슴압박을 중단하고 환기한다.

출제 키워드	호흡유지 장비
기본서 다시보기	응급처치학개론 p.100~102

해설 ① 기관 내 삽관을 하려면 상당한 기술과 경험이 필요하다.
② 올바른 튜브의 위치를 결정한 다음에는 위 앞니에 해당하는 튜브 깊이 표시의 수치를 기록하고 튜브를 고정한다.
③ 기관 내 삽관의 적절성은 이산화탄소분압 측정기와 식도감지기구(EDD)를 통하여 평가할 수 있다.
④ 기관 내 삽관을 하면 가슴압박을 중단하지 않고 6초마다 1회씩 효과적인 환기를 할 수 있다.

정답 ③

106

다음 중 오염구역(hot zone)에서 착용하며 가장 높은 수준으로 호흡기, 피부, 눈을 보호하는 보호복은 무엇인가?

① Level A
② Level B
③ Levle C
④ Levle D

출제 키워드	대량재난
기본서 다시보기	응급처치학개론 p.75 [표34]

해설 ① Level A에 대한 설명이다.

핵심 개념 리마인드

등급	Level A	Level B	Level C	Level D
사용구역	오염구역 (Hot zone)	오염통제구역 (Warm zone)	오염통제구역 내 제염 및 세척 시 사용 (Warm zone)	안전구역 (Cold zone)
방호수준	가장 높은 수준의 호흡기, 피부, 눈 보호	높은 수준의 호흡기 보호, 피부와 눈은 A등급 보다는 낮음	피부, 호흡기 보호	피부, 호흡기 보호
특징	• 완전 밀폐형 내화학 안전화, 내화학 장갑 일체형 • 독립적 호흡장치(자급식 공기호흡기) 필요	• 내화학 장갑, 내화학 안전화 따로 착용 • 독립적 호흡장치(자급식 공기호흡기) 송기마스크 필요	• 내화학 보호복, 내화학 장갑, 내화학 안전화 따로 착용 • 호흡기보호구 방독면 착용 • 높은 방수 성능	• 전신보호복 (일반적 감염 보호복) • N95(KF 94) 등급마스크 • 장갑, 보안경, 안면보호구, 신발덮개
노출	노출 없음	가스 및 증기가 목, 손목을 통해 노출 가능		
열방호성	열방호성 있음 • 화재현장 o	열방호작용 없음 • 화재현장 ×		
방호시간	1시간 이상	10분 이상		없음

정답 ①

107

포켓마스크에 대한 설명으로 옳지 않은 것은?

① 입 대 입 인공호흡 시 사용하는 환기 기구로 환자와 직접적인 신체접촉을 피할 수 있다.
② 성인에게만 사용해야 하는 것이 단점이다.
③ 뾰족한 쪽이 코로 가도록 하여 환자 얼굴에 밀착한다.
④ 구조자의 날숨은 포켓마스크를 통해 들어가고 환자의 날숨은 포켓마스크 밖으로 나오지 못하는 구조로 되어 있다.

출제 키워드 — 호흡유지 장비
기본서 다시보기 — 응급처치학개론 p.106~107

해설 ② 포켓마스크는 성인, 소아, 유아용 3가지로 구분된다.

핵심 개념 리마인드 포켓마스크 사용법

입 대 입 인공호흡 시 사용하는 환기 기구로 환자와 직접적인 신체접촉을 피할 수 있으며, 산소튜브를 연결할 수 있어 충분한 산소를 보충하면서 인공호흡을 할 수 있다.
성인, 소아, 유아용 3가지로 구분되며 소아나 영아에게 성인용 포켓마스크 사용할 때는 마스크를 거꾸로 밀착시켜 뾰족한 끝이 턱으로, 기저부가 코 위에 놓이도록 하여 사용한다.

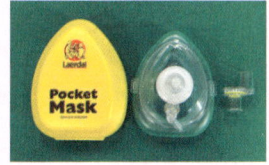

[사용법]
▶ 포켓마스크에 일방형 밸브를 연결한다.
▶ 포켓마스크를 환자 얼굴에 밀착시켜 뾰족한 쪽이 코로 가도록 한다.
▶ 입을 대고 날숨으로 1초간 불어넣는다.

[주의 사항]
▶ 일방형 밸브를 통해 환기가 잘 되는지 확인한다.
 : 구조자의 날숨은 들어가고 환자의 날숨은 나오지 못하는 구조로 되어 있다.

정답 ②

108

백-밸브 마스크에 대한 설명으로 옳은 것은?

① 보유산소가 있어야 장비사용이 가능하다.
② 1회에 200~300mL로 짜서 환기한다.
③ 마스크 첨부가 콧등을 향하게 하여 비강만 덮어 사용한다.
④ 산소 저장주머니 연결 시 100% 산소공급이 가능하다.

출제 키워드 — 호흡유지 장비
기본서 다시보기 — 응급처치학개론 p.107

해설 ① 병원 전 환기장치로써 가장 보편적으로 사용하는 것으로 보유산소 장비없이 사용할 수 있다.
② 1회에 400~600mL로 짜서 환기시킨다.
③ 마스크 첨부가 콧등을 향하게 하여 비강뿐만 아니라 구강을 완전히 덮는다.
④ 산소 저장주머니 연결 시 100% 산소공급이 가능하다.

핵심 개념 리마인드 백-밸브 마스크

산소를 추가 투여하지 않은 상태로 21% 정도의 산소를 공급할 수 있다. 산소 저장주머니 연결 후 분당 10~15L의 산소를 공급할 경우 거의 100%의 산소를 공급할 수 있으나, 산소 저장주머니 없이 40~60%의 산소 공급이 가능하다.

정답 ④

109

자동식 산소소생기에 대한 설명으로 옳지 않은 것은?

① 환자에게 고농도(100%)의 산소공급이 가능한 장치이다.
② 자동 또는 수동으로 공급할 수 있다.
③ 압력 방식과 부피/시간 방식 2가지 방식으로 공급할 수 있다.
④ 부피/시간 방식은 호흡수 조절이 불가하다.

출제 키워드 : 호흡유지 장비
기본서 다시보기 : 응급처치학개론 p.108

해설 ④ 부피/시간 방식은 분당 호흡수 조절이 가능하다.

핵심 개념 리마인드 자동식 산소소생기

환자에게 고농도(100%)의 산소공급이 가능한 장치로, 산소공급 가능 무호흡/호흡곤란 환자에게 자동 또는 수동으로 산소를 공급할 수 있고 압력방식과 부피/시간 방식 2종류로 되어 있다.
▶ 종류(압력과 부피)별 차이점이 있고 압력 방식은 유량설정이 높으면 산소가 과다공급될 수 있다.
  : 과압방지 장치가 있다. (50~60 cm H₂O)
▶ 부피/시간 방식은 분당 호흡수 조절이 가능하다.
▶ 완전밀착이 안 될 경우 지속적 공급 또는 불충분한 산소 공급이 이루어질 수 있다.

정답 ④

110

대한의사협회 중 주관 서울지역에 야간 응급환자 신고센터를 정하여 운영한 시기는?

① 1968년 ② 1979년
③ 1982년 ④ 1990년

출제 키워드 : 우리나라 응급의료체계
기본서 다시보기 : 응급처치학개론 p.15

해설 ② 1979년에는 대한의사협회의 주관으로 서울지역 야간 응급환자의 신고센터를 정하여 운영한 시기이다.

핵심 개념 리마인드 우리나라 응급의료체계의 발전

○ 1978
의료보험제도 실시
○ 1979
대한의사협회 주관 야간구급환자 신고센터 운영
○ 1982
119 구급대 창립, 공공서비스로 구급출동이 시작됨
○ 1989
대한응급의학회 창립, 응급의학회 개설 및 전공의 수련 시작
전국민의료보험 실시
○ 1991
07. 응급의료관리운영규칙(보사부령) 공포
정보-통신망 구축 : 전국 11개
응급환자정보센터(129)를 설치 운영하고 60개의 응급의료센터를 지정하여 무선 통신망 구축
응급의료지정병원 선정, 구급대원 양성 및 구급차량의 기준 마련
○ 1993
06. 응급의료에 관한 법률(법률 제 4730호) 공포
○ 1994
12. 31. 응급의료에 관한 법률 및 시행령 시행, 응급의학 전문과목으로 인정
01. 07. 응급의료에 관한 법률(대통령령 제14496호) 제정
○ 1995
11. 제1회 구급대원 자격시험 시행, 1급 347명, 2급 363명 배출
01. 01. 전문대학에 1급 구급대원 양성을 위한 응급구조과 개설
○ 1996
02. 제1회 응급의학전문의 자격시험 시행, 51명의 전문의 배출
○ 1997
01. 응급환자정보센터 접수 전용번호 변경(129 → 1339)
○ 2000
08. 응급의료정보시스템을 전국으로 확대 구축
07. 환자이송업무 소방에서 전담, 응급환자정보센터를 응급의료정보센터로 개칭하고 대한적십자사에서 권역응급의료센터로 이관, 국립의료원이 중앙응급의료센터로 지정
○ 2002
응급의료에 관한 법률 개정
○ 2003
응급의료기금 조성

정답 ②

111

교통사고로 다수의 피해자가 발생하였다. 한 피해자가 두부에 심각한 손상을 입어 분당 35회/분으로 호흡을 한다. 또한 의식장애로 거동이 불가하며, 노동맥에서 맥박이 촉지되지 않으며 심한 통증에 반응한다. 'START' 분류법으로 중증도 분류를 시행했을 경우 분류는?

① 긴급 환자
② 지연 환자
③ 응급 환자
④ 비응급 환자

출제 키워드 : 대량재난
기본서 다시보기 : 응급처치학개론 p.64

해설 ① 지문의 환자는 의식장애로 거동이 불가하며 호흡수가 30회/분 이상이며 노동맥에서 맥박 촉지 불가하므로 긴급 환자에 해당한다.

핵심 개념 리마인드 START 분류법

보행 가능	걸을 수 있는 환자는 지정된 장소로 이동	비응급
보행 불가	의식 장애, 호흡수 30회/분 이상, 노동맥 촉지 불가능	긴급
	의식 명료, 호흡수 30회/분 미만, 노동맥 촉지 가능	응급
	기도 개방 후에도 무호흡, 무맥	지연

정답 ①

112

중증도 분류에서 황색으로 표시할 수 있는 환자는?

① 몇 분 이내에 응급처치가 필요한 환자
② 몇 시간 내에 응급처치가 필요한 환자
③ 생존 가능성이 없는 환자
④ 몇 시간 혹은 며칠 후에 치료하여도 생명에 지장이 없는 환자

출제 키워드 : 대량재난
기본서 다시보기 : 응급처치학개론 p.63

해설 ② 몇 시간 내에 응급처치가 필요한 환자는 응급환자에 해당하며, 중증도 분류에서 황색으로 표시한다.

핵심 개념 리마인드 응급환자 분류
(1) **긴급 환자(적색)**: 몇 분~몇 시간 이내의 응급처치를 요하는 중증환자
(2) **응급 환자(황색)**: 몇 시간 이내의 응급처치를 요하는 중증환자
(3) **비응급 환자(녹색)**: 몇 시간~ 며칠 후에 치료해도 생명에 지장이 없는 환자
(4) **지연 환자(흑색)**: 사망했거나 생존 가능성이 없는 환자

정답 ②

113

다중추돌 교통사고로 다수의 환자가 발생하였다. 구급대가 현장에 도착했을 때 환자들의 부상 정도가 다음과 같다. 비응급 환자에 해당하는 환자는?

① 개방성 복부손상
② 두부 절단
③ 안면부 열상
④ 기도 화상, 우측대퇴부 열상

> 📋 출제 키워드   대량재난
> 📁 기본서 다시보기   응급처치학개론 p.63
>
> **해설** ① 긴급 환자 ② 지연 환자 ③ 비응급 환자 ④ 긴급 환자
>
> **핵심 개념 리마인드** 응급환자별 증상
>
> | 구분 | 증상 |
> |---|---|
> | 사망(흑색) | 사망
생존불능 |
> | 긴급(적색) | 기도, 호흡, 심장 이상
조절 안 되는 출혈, 개방성 흉부 복부손상
심각한 두부 손상, 쇼크, 기도 화상
내과적 이상 |
> | 응급(황색) | 척수 손상, 다발성 주요 골절
중증의 화상, 단순 두부 손상 |
> | 비응급(녹색) | 경상의 합병증 없는 골절, 손상, 화상
정신과적인 문제 |
>
> **정답** ③

114

현장 응급처치에 대한 설명으로 옳은 것은?

① 환자의 생존율은 높일 수 있으나 추후 부작용 및 장애는 막을 수 없다.
② 의료비 등 경제적으로 기대되는 효과는 없다.
③ 환자의 치료, 입원 재활 기간을 단축시켜 준다.
④ 질병 및 손상의 진행을 증가시킨다.

> 📋 출제 키워드   응급의료체계
> 📁 기본서 다시보기   응급처치학개론 p.12~13
>
> **해설** ① 환자의 생존율을 높이고 추후 발생 가능한 장애를 최소화한다.
> ② 의료비 등의 지출을 절감하여 경제적 효과를 창출한다.
> ③ 환자의 치료, 입원기간 및 재활 기간을 단축시켜 일상회복을 촉진한다.
> ④ 질병 및 손상의 진행을 감소시켜 환자의 고통을 줄여준다.
>
> **정답** ③

115

구급대원의 역할과 책임으로 옳은 것은?

① 출동 중 구급차 소독 및 구급차 내 부족한 장비를 보충한다.
② 출동 시 가장 우선이 되는 것은 구조자 자신의 안전이다.
③ 술 냄새가 나는 환자를 접촉할 시 만취 상태라고 기록한다.
④ 오염된 장비는 모두 폐기한다.

출제 키워드: 구급대원의 역할과 책임
기본서 다시보기: 응급처치학개론 p.16~18

해설 ① 출동 전 구급차 소독 및 구급차 내 부족한 장비를 보충하고, 출동 후 사용한 물품 및 필요 물품을 보충한다.
③ 환자 상태에 대한 기록은 객관적이고 사실적으로 작성되어야 한다. 술 취한 환자를 접촉할 때에는 '환자가 호흡을 할 때 술 냄새가 난다.' 등 객관적으로 기록하는 것이 적절하다.
④ 오염된 장비 중 일회용품은 폐기하고 아닌 것은 세척한다.

정답 ②

116

죽음에 대한 5단계 반응 순서로 옳은 것은?

① 부정–협상–분노–우울–수용
② 분노–협상–우울–부정–수용
③ 수용–부정–분노–협상–우울
④ 부정–분노–협상–우울–수용

출제 키워드: 구급대원의 안녕
기본서 다시보기: 응급처치학개론 p.19 [표7]

해설 ④ 죽음에 대한 5단계 정서 반응은 부정 → 분노 → 협상 → 우울 → 수용 순으로 구성되어 있다.

핵심 개념 리마인드 죽음에 대한 5단계 정서 반응

단계	정서 반응
부정	▸ 죽어가고 있는 환자의 첫 번째 정서 반응 ▸ 진단이 의사의 실수라 믿으며 기적이 일어나길 기다림
분노	▸ 말이나 행동을 통해 공격적 성향을 격하게 표출 ▸ 왜 하필 나인가에 대한 분노의 감정을 표현함
협상	▸ "나에게 이런 일이 발생할 수도 있죠……. 하지만……"과 같은 태도를 나타냄 ▸ 매우 고통스럽고 죽을 수도 있다는 현실은 인정하게 됨 ▸ 삶의 연장을 위해 다양한 방법을 모색하고자 함
우울	▸ 환자는 절망감을 느끼고 우울증에 빠지게 됨 ▸ 죽음을 앞에 둔 현실에 대한 가장 명백하고 일반적인 반응
수용	▸ 환자가 나타내는 가장 마지막 반응 ▸ 본인이 처한 상황을 현실로 받아들이고 할 수 있는 최선을 다하려고 노력함 ▸ 이 기간 동안 가족이나 친구의 적극적이고 많은 도움이 필요

정답 ④

117

죽음이 임박한 환자의 일반적인 응급처치로 옳지 않은 것은?

① 경청과 대화를 통해 공감대를 형성한다.
② 무뚝뚝하거나 냉철함 없이 솔직하게 환자를 대해야 한다.
③ 환자를 안심시키기 위해 약간의 거짓말을 해야 하는 경우도 있다.
④ 적절한 신체적인 접촉은 환자를 안심시킬 수 있다.

출제 키워드	구급대원의 안녕
기본서 다시보기	응급처치학개론 p.20 [표8]

해설 ③ 환자를 안심시키기 위한 거짓말은 하지 않는다.

핵심 개념 리마인드 죽음이 임박한 환자의 일반적 응급처치
- 환자와 가족의 죽음에 대한 다양한 반응(분노, 절망 등)을 미리 예상해야 한다.
- 경청과 대화를 통해 공감대를 형성한다.
- 거짓으로 환자를 안심시키려는 행동을 하지 않는다.
- 무뚝뚝하거나 냉철함 없이 솔직하게 환자를 대해야 한다.
- 처치자의 전문적인 지식이나 기술 이상의 의학적인 견해를 말해서는 안 된다.
- 부드럽고 조용한 목소리로 눈을 맞춘 상태에서 말해야 한다.
- 적절한 신체적인 접촉은 환자를 안심시킬 수 있다.

정답 ③

118

구급대원의 스트레스 단계로 옳은 것은?

① 1단계는 소진 단계이다.
② 저항 단계는 스트레스에 대한 대응을 시작하는 단계를 말한다.
③ 소진 단계에서는 신체의 이상반응이 나타난다.
④ 스트레스는 저항, 경고, 소진 순서대로 단계를 거쳐 휴식 및 회복기가 다가온다.

출제 키워드	구급대원의 안녕
기본서 다시보기	응급처치학개론 p.21 [표10]

해설 ①, ④ 1단계는 경고, 2단계는 저항, 3단계는 소진 단계이다.
② 저항 단계는 스트레스에 대한 대응을 시작하는 단계를 말한다.
③ 경고 단계에서 신체는 스트레스 반응이 제거되기 전까지 이상반응을 보인다.

핵심 개념 리마인드 스트레스의 단계

1단계 경고	▶ 신체가 감지된 위협에 대해 신속히 방어하기 위해 투쟁 – 도피단계를 거침 ▶ 신체는 스트레스 반응이 제거되기 전까지 이상반응을 보임 : 심박수 증가, 동공 확대, 혈당 증가, 소화 둔화, 기관지 이완 등
2단계 저항	▶ 스트레스에 대한 대응을 시작하는 단계 ▶ 시간이 지남에 따라 스트레스에 적응하게 되어 신체적 반응이 정상으로 돌아옴
3단계 소진	▶ 오랫동안 스트레스에 노출된 경우 ▶ 스트레스에 적응하는 개인의 능력 소진 및 스트레스원에 대한 저항력 감소 ▶ 신체 및 정신적 질병에 대한 감수성이 증가됨 ▶ 회복을 위한 휴식 및 회복기를 갖는 것이 필요함

정답 ②

119

응급의료에 관련된 조직과 사회에서 널리 인정된 학술적인 사항에 의한 기준을 말하는 것은?

① 사회의 관행으로 정해진 기준
② 법률에 의해 정해진 기준
③ 전문적 기준
④ 제도화된 기준

출제 키워드 | 의료/법적 책임
기본서 다시보기 | 응급처치학개론 p.24~25

해설 ③ 전문적 기준은 응급의료에 관련된 조직과 사회에 널리 인정된 학술적인 사항에 의한 기준을 말한다.

핵심 개념 리마인드 응급의료에 관한 기준
(1) **사회의 관행으로 정해진 기준**: 훈련과 경험을 가진 분별력 있는 사람이 유사한 상황에서 장비를 이용하여 동일한 장소에서 어떻게 행동했을까? 하는 것을 판단하는 기준을 말한다.
(2) **법률에 의해 정해진 기준**: 법규, 법령, 조례, 판례에 의하여 응급의료의 기준을 정하는 것을 말한다.
(3) **전문적 기준**: 응급의료에 관련된 조직과 사회에 널리 인정된 학술적인 사항에 의한 기준을 말한다.
(4) **제도화된 기준**: 특수한 법률과 구급대원이 속해 있는 단체에서의 권장 사항에 의한 기준을 말한다.

정답 ③

120

특별히 보고서를 써야할 경우로 옳은 것은?

① 외국인을 치료한 경우
② 이송 중 환자 상태 변화가 매우 심한 경우
③ 성폭행 당한 환자를 처치하고 이송하였을 경우
④ 지도의사 지시에 의해 응급처치를 시행한 경우

출제 키워드 | 의료/법적 책임
기본서 다시보기 | 응급처치학 p.36

해설 ③ 성폭행은 특별 보고서를 작성해야 하는 사례이다.

핵심 개념 리마인드 특별히 보고가 요구되는 사항
(1) **아동학대**
우리나라에서도 어린이를 보호하도록 법령으로 규정해 놓고 있으며, 의사로부터 일반인에 이르기까지 보고의 의무를 부여하고 있다. 그러나 이러한 보고가 가해자에 대한 비방, 중상 및 명예훼손이 될 수 있으며, 이로 인하여 고소를 당할 수 있으므로 보고서를 정확하고 명확히 객관적으로 작성하여야 한다.
(2) **중대한 범죄행위에 의한 손상**
상해, 총상, 자상 또는 독약과 같은 중대한 범죄행위에 의하여 손상이 발생한 경우에는 보고하여야 한다.
(3) **약물에 관련된 손상**
어떤 경우에 있어서도 약물(마약, 항정신성 약물 등)에 관련된 손상은 반드시 보고해야 한다. 따라서 구급대원은 어떠한 약물이 사용된 경우에 보고하여야 하는지 법의 규정에 대해서 잘 알고 있어야 한다.
(4) **그 외에 보고해야 할 것들**
자살기도, 교사상, 전염병, 성폭행 등에 대해서도 보고해야 한다.

정답 ③

121

응급의료체계를 구성하는 중요한 요소인 통신체계를 구성하는 것으로 옳지 않은 것은?

① 기지국
② 차량용 무전기
③ 휴대폰
④ 구급상황요원

122

구급대원이 상황실과 무전을 취할 때, 그 목적으로 옳지 않은 것은?

① 도로상황이나 지름길을 안내받기 위해서
② 본서나 파출소에 도착한 시각을 알리기 위해서
③ 환자처치에 대한 조언을 얻기 위해서
④ 환자 수, 이송 병원을 알리기 위해서

출제 키워드 : 응급의료 통신기록
기본서 다시보기 : 응급의료체계 p.38

해설 ④ 구급상황요원은 통신체계 구성요소에 해당하지 않는다.

핵심 개념 리마인드 — 통신체계 구성요소
- 기지국
- 차량용 무전기(이동국)
- 휴대용 무전기(휴대국)
- 원격기지국
- 휴대폰
- 통신체계 유지

정답 ④

출제 키워드 : 응급의료 통신기록
기본서 다시보기 : 응급처치학개론 p.39~40 [표17]

해설 ③ 환자처치에 대한 조언은 구급상황실이 아닌 지도의사에게 얻는다.

핵심 개념 리마인드 — 통신의 목적
- 출동안내를 받기 위해서
- 현장 도착시간을 줄이기 위해 도로상황이나 지름길을 안내받기 위해서
- 현장 도착을 알리고 필요 시 추가 지원을 요청하기 위해서
- 현장에서의 이동을 알리고 환자 수, 이송 병원을 알리기 위해서
- 병원 도착 시각을 알리고 이송 후 출동 대기 가능성을 알리기 위해서
- 본서나 파출소에 도착한 시각을 알리기 위해서

정답 ③

123

응급의료 처치 시 의사소통에 대한 사항으로 옳은 것은?

① 환자의 의식이 명료한 경우에도 주변인에게 먼저 대화를 시도한다.
② 전문가적인 행동을 보여주기 위해 분명한 어조로 대하고 전문용어를 사용한다.
③ 폭력적인 환자를 접촉할 때에는 유대감 형성을 위해 신체접촉을 시도한다.
④ 시력장애 환자와 대화할 때에는 목소리를 높이지 않아도 된다.

출제 키워드   응급의료 통신기록
기본서 다시보기   응급처치학개론 p.42~44

해설 ① 환자의 의식이 명료하며 대화에 기꺼이 응한다면 친구나 환자 주변인이 아닌 환자와 직접 대화를 진행해야 많은 정보를 얻을 수 있다.
② 가능하다면 간결하고 분명한 어조로 대화를 해야 하며 전문용어는 피하도록 한다.
③ 폭력적인 환자는 눈을 맞추거나 신체접촉과 같은 행동은 오히려 환자를 흥분시킬 수 있다.
④ 시력장애 환자는 청력에 문제가 없으므로 목소리를 높여서는 안 된다는 점을 기억한다.

정답 ④

124

기록지 작성에 대한 설명으로 옳지 않은 것은?

① 병원 의료진에게 환자 상태에 대한 정보를 인계하기 위함이다.
② 환자 처치 및 이송에 대한 피드백 자료로 사용할 수 있다.
③ 응급의료체계 발전을 위한 연구 및 통계자료로 활용할 수 있다.
④ 응급차량 출동 경로를 확인하기 위함이다.

출제 키워드   기록지 작성
기본서 다시보기   응급처치학개론 p.44~46

해설 ④ 응급차량 출동 경로를 확인하기 위해서 기록지를 작성하는 것은 아니다.

핵심 개념 리마인드 **기록지 작성**
(1) **기록지 작성의 이유**
- 신고에 따른 진행과정에 대해 법적인 문서로 사용
- 환자 처치 및 이송에 대해 피드백 자료로 사용
- 응급의료체계 발전을 위한 연구 및 통계에 자료로 활용

(2) **기록지 작성의 순기능**
- 신고에 따른 진행과정에 대해 법적인 문서로 사용
- 환자 처치 및 이송에 대해 피드백 자료로 사용
- 응급의료체계 발전을 위한 연구 및 통계에 자료로 활용

정답 ④

125
법적 소송이 제기되었을 경우 법적 문서 및 증거자료로 사용될 수 있는 것으로 알맞은 것은?

① 통신　　② 이송
③ 기록　　④ 보고

출제 키워드: 기록지 작성
기본서 다시보기: 응급의료체계 p.45

해설 ③ 법적 소송이 제기되었을 때 구급기록지는 중요한 증거자료가 될 수 있다.

핵심 개념 리마인드 구급기록지
(1) 환자가 범죄현장과 관련이 있는 경우나 법적 소송이 제기되었을 경우 구급기록지가 법적 문서로 쓰이는 경우가 있다. 이러한 법적 과정은 몇 달 또는 몇 년에 걸쳐 진행될 수 있고, 상당한 시일이 지난 후 구급기록지가 증거 자료로 사용되는 경우가 있으니, 이를 대비하여 현장에 출동하였을 때에 명확히 작성해 두어야 한다.
(2) 구급기록지는 판결에 영향을 미치는 중요한 증거 자료가 될 수 있으므로 신고를 받은 순간부터 이송을 마칠 때까지 정확하고 간결하게 기록해야 한다.

정답 ③

126
이송 거절/거부 확인서 및 구급 거절 확인서 작성 시 확인 사항으로 옳지 않은 것은?

① 대화가 불가능한 외국인인지?
② 치료를 거부할 나이가 되었는지?
③ 알코올이나 약물중독 상태는 아닌지?
④ 정확한 판단을 할 수 있는 의식상태인지?

출제 키워드: 기록지 작성
기본서 다시보기: 응급처치학개론 p.45

해설 ① 이송 거절/거부 확인서 및 구급 거절 확인서 작성 시 고려 사항이 아니며, 대화가 통하지 않는 외국인의 경우에는 통역을 할 수 있는 관계자나 통역이 가능한 기관을 통해 방법을 찾는다.

핵심 개념 리마인드 이송 거부 시 주의 사항
성인은 현장에서 출동한 구급대원의 치료를 거부할 권리가 있지만 이송을 하지 않음을 판단할 때 주의해야 할 사항이 있다.
▶ 치료를 거부할 수 있는 나이가 되었는지?
▶ 알코올이나 약물중독 상태는 아닌지?
▶ 정확한 판단을 할 수 있는 의식상태인지?
환자가 이송해야 할 상태이면 왜 처치·이송이 필요한지 설명하고 설득해 보고 그래도 이송을 거부한다면 상황실에 그 사실을 알려야 한다. 한국말을 못하거나 이해하지 못하는 환자를 대할 때에는 통역을 해 줄 수 있는 주위 친구나 관계자가 있는지 알아본다. 만약 통역자가 있다면 반드시 통역 내용이 다 맞는다고 판단해서는 안 되고, 통역자가 없다면 의료센터나 통역이 가능한 기관과 연결하는 방법도 있다.

정답 ①

127

화학 물품을 처리하는 공장에서 화학 물질이 유출되는 사고로 다수의 환자가 발생하였다. 현장에 도착한 구급대원이 해야 할 일로 알맞지 않은 것은?

① 연기 및 증기, 고여 있는 액체가 있는지 확인한다.
② 환자 수와 증상을 확인한다.
③ 위험물질의 냄새가 나지 않거나 눈에 보이지 않는다고 판단되면 현장에 진입한다.
④ 위험물 성분 및 물질 형태를 확인한다.

📋 출제 키워드　　　　　　　　　　　특수재난

📁 기본서 다시보기　　　　응급처치학개론 p.69 [표32]

해설 ③ 많은 위험물질들은 대부분 무색, 무취, 무미한 성질을 가지고 있으므로 냄새가 안 나고 눈에 안 보인다고 해서 현장에 진입하는 것은 매우 위험하다.

핵심 개념 리마인드 현장 도착 직후 해야 할 일

현장 평가 요소	정보 수집 사항
• 연기 및 증기, 고여 있는 액체가 있는지 • 눈·코·피부 자극 증상 • 차량 및 저장물 표시 및 방사선 표시	• 사고유형 및 신고자 번호 • 위험물 성분 및 물질 형태, 노출 경로 • 환자 수와 증상

정답 ③

128

특수재난 현장 활동에 대한 설명으로 옳은 것은?

① 현장은 크게 오염 구역, 제한 구역 두 부분으로 분류된다.
② 척추손상보다 위험 물질에 노출되었을 때가 더 위험하기 때문에 빠르게 환자를 이송한다.
③ 위험물질이나 대응 교육 및 훈련을 받지 않은 구급대원은 안전 구역에서 제독을 끝마친 환자가 나올 때까지 대기한다.
④ 오염 통제 구역에서 사용한 구급 장비는 안전 구역에서도 사용할 수 있다.

📋 출제 키워드　　　　　　　　　　　특수재난

📁 기본서 다시보기　　　　응급처치학개론 p.67~71

해설 ① 현장은 크게 오염 구역, 오염 통제 구역, 안전 구역 3부분으로 나뉜다.
② 척추손상 환자는 빠른 척추 고정을 적용하고 빠른 환자 이동을 한다.
④ 오염 통제 구역에서 사용한 구급장비는 안전 구역에서 사용해서는 안 된다.

핵심 개념 리마인드

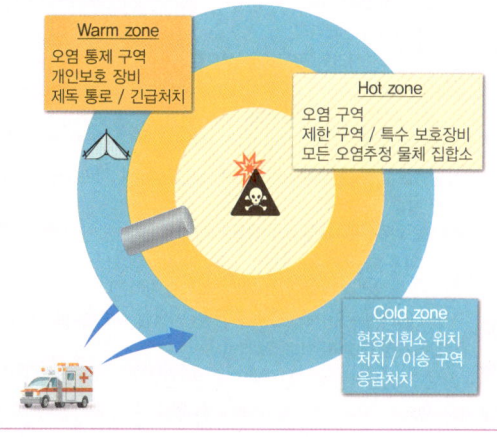

정답 ③

129

신체역학을 이용한 환자 구조 및 이송에 대한 설명으로 옳은 것은?

① 신체역학을 통해 보다 안전하고 효율적으로 환자를 이동할 수 있다.
② 큰 근육의 사용은 작은 근육의 사용보다 피로하다.
③ 환자를 들어올릴 때 몸을 비틀어야 부상을 줄일 수 있다.
④ 바닥면이 좁을수록 최소의 노력으로 균형이 유지 된다.

출제 키워드 환자 구조 및 이송
기본서 다시보기 응급처치학개론 p.83~84

해설
② 큰 근육을 사용하는 것이 작은 근육을 사용하는 것보다 덜 피로해진다.
③ 환자를 들어올릴 때 몸을 틀거나 비틀지 말아야 하며, 다른 동작을 하게 되면 부상의 원인이 될 수 있다.
④ 바닥면이 넓어질수록 최소의 노력으로 균형이 유지된다.

핵심 개념 리마인드

(1) 신체역학의 기본 원리
① 큰 근육을 사용하는 것이 작은 근육을 사용하는 것보다 덜 피로해진다.
② 중력선이 바닥면을 지나면 균형이 유지되고, 근육의 과도한 긴장을 줄일 수 있다.
③ 바닥면이 넓을수록, 무게중심이 낮을수록 물체의 안정성은 커진다.
④ 근육은 평상시에도 약간 수축된 상태를 유지하고 있다.
⑤ 신체의 무게중심 가까이 있는 물체는 적은 노력으로도 움직일 수 있다.
⑥ 바닥면이 넓어질수록 최소의 노력으로 균형이 유지된다.
⑦ 활동을 하거나 자세를 변경하는 것은 근육의 긴장도를 유지하고 피로를 예방한다.
⑧ 물체를 밀거나 잡아당기는 것이 물체를 드는 것보다 힘이 덜 든다.
⑨ 환자를 움직일 때 옮기려는 사람의 체중이 환자의 체중과 상호작용을 하면 에너지가 적게 소비된다.
⑩ 큰 근육군을 동시에 사용하면 근력을 증가시키고 근육의 피로와 손상도 방지할 수 있다.

(2) 환자 이동에서의 신체역학
① 들어올릴 때 허리와 등을 일직선으로 유지하고 다리, 엉덩이의 근육을 이용한다.
  ▸ 허리 근육은 다리 근육보다 약하기 때문에 큰 근육인 다리와 엉덩이 근육을 사용
  ▸ 들어올릴 때 몸을 틀거나 비틀지 말아야 하며, 다른 동작을 하게 되면 부상의 원인이 될 수 있다.
② 다리를 약간 벌리고 발끝을 밖으로 향하게 한다.
③ 환자 이동 시 환자를 가능한 몸 가까이 붙이고, 몸에서 멀어질수록 부상의 가능성은 높아진다는 것을 기억한다.
  ▸ 들어올리는 동안 허리보다는 다리를 사용할 수 있게 됨
  ▸ 갑작스런 움직임은 피해야 함
④ 한 손으로 들어올릴 때는 한쪽으로 몸을 굽히는 것을 피해야 한다. 허리는 항상 일직선을 유지하도록 한다.

정답 ①

130

척추손상 가능성이 있는 환자에게 적용하는 통나무 굴리기 방법에서 마지막 순서는?

① 환자의 어깨, 허리, 엉덩이, 다리부분을 잡고 돌린다.
② 고정판 위에 올려놓는다.
③ 머리와 몸 전체를 안전하게 고정한다.
④ 손으로 머리를 고정한다.

출제 키워드 환자 구조 및 이송
기본서 다시보기 응급처치학개론 p.86

해설 ④ → ① → ② → ③의 순서로 마지막 순서는
③ 머리와 몸 전체를 안전하게 고정한다.

핵심 개념 리마인드 통나무 굴리기 방법 순서
손으로 머리를 계속 고정
→ 긴 척추고정판 준비
→ 환자의 어깨, 허리, 엉덩이, 다리부분을 잡고 돌릴 준비
→ 동시에 돌려 일직선 유지
→ 다리 부분의 보조자가 고정판을 준비
→ 고정판 위에 동시에 내려놓기
→ 머리와 몸 전체를 안전하게 고정

정답 ③

131

다음 중 중증도 분류법에 따른 환자 분류 등급이 다른 환자는?

① 두부손상이 있으나 의식 있는 환자
② 말초부위에 맥박이 만져지지 않는 골절
③ 안정화된 약물과용(Drug overdose)
④ 경추 외의 척추손상

132

외상처치 장비 사용에 대한 설명으로 옳은 것은?

① 경추보호대 및 척추보호대는 경추와 척추의 고정을 잘 시행하여 척추손상이 악화되거나 발생되는 것을 방지할 수 있다.
② 패드 성형 부목은 손상 부위에 따라 철사를 구부려 사용할 수 있는 장점이 있다.
③ 철사 부목은 부목을 고정한 채로 X-ray 촬영이 가능하다.
④ 긴 척추고정판은 들것으로 척추손상이 의심되는 환자에게는 사용할 수 없다.

출제 키워드: 대량재난

기본서 다시보기: 응급처치학개론 p.63

해설 ② 말초부위에 맥박이 만져지지 않는 골절은 긴급 환자이다. 의식이 있는 두부손상환자, 다발성골절, 또한 척추손상, 안정화된 약물 과용복용자는 응급에 속한다.

핵심 개념 리마인드

사망(흑색)	사망 생존불능
긴급(적색)	기도, 호흡, 심장 이상 조절 안 되는 출혈, 개방성 흉부 복부손상 심각한 두부 손상, 쇼크, 기도 화상 내과적 이상
응급(황색)	척수 손상, 다발성 주요 골절 중증의 화상, 단순 두부 손상
비응급(녹색)	경상의 합병증 없는 골절, 손상, 화상 정신과적인 문제

정답 ②

출제 키워드: 외상처치 장비

기본서 다시보기: 응급처치학개론 p.114~120

해설 ① 목뼈 보호대는 경추손상이 의심되는 환자를 구출하거나 이송하기 전에 목을 고정하는 장비로, 일체형, 조립형, 조절형으로 되어 있고 방사선 촬영을 대비하여 방사선 투과 가능한 특수 재질로 되어 있다.
② 철사 부목은 손상 부위에 따라 철사를 구부려 사용할 수 있다.
③ 패드 성형 부목은 고정한 채로 X-ray 촬영이 가능하다.
④ 긴 척추고정판은 들것으로 많이 사용되어지다 보니 들것으로 오인하는 경우가 많지만 척추손상이 의심되는 환자를 고정하는 전신용 부목이다.

정답

133
척추 손상 환자에 대한 응급처치요령 중 옳지 않은 것은?

① 긴급이동의 경우를 제외하고는 환자를 움직이기 전에 완전하게 고정한다.
② 분리형 들것은 환자를 움직이지 않고 고정시킬 수 있어 척추손상 환자에게 주로 사용된다.
③ 누워 있는 환자는 통나무 굴리기법을 사용하여 고정 장비에 눕힌다.
④ 자동차 내부에 있는 환자의 고정은 구출고정대를 이용한다.

134
후두튜브 기도기의 삽입 순서로 옳은 것은?

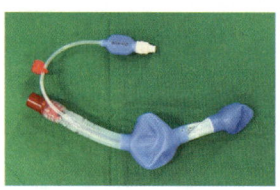

가. 비외상 환자에 한해 기도 유지 자세를 취해 준다.
나. 입 천장을 따라 그대로 삽입해 준다.
다. 후두튜브 커프에 공기를 주입한다.
라. 고정기로 고정한다.
마. 백-밸브 마스크로 양압환기시킨다.

① 가 → 나 → 다 → 마 → 라
② 다 → 나 → 가 → 마 → 라
③ 가 → 다 → 라 → 나 → 마
④ 나 → 가 → 다 → 라 → 마

📧 출제 키워드　　　　　　　　　　　　환자 이동
📁 기본서 다시보기　　　　응급처치학개론 p.86~87, p.121~124

해설 ① 환자나 대원에게 즉각적인 피해를 줄 수 있는 위험한 환경일때 이동하는 것으로 화재, 화재 위험, 위험물질이나 폭발물질, 고속도로, 환자의 자세나 위치가 손상을 증가시킬 때, 다른 위급한 환자에게 접근할 때 사용된다. 고정 장치를 이용할 시간이 없을 때 사용되므로 척추손상을 초래할 수 있어 위급한 경우에만 사용해야 한다.
② 분리형 들것은 들것을 2부분이나 4부분으로 나누어 앙와위 환자를 움직이지 않고 들것에 고정시켜 이동시킬 수 있다. 등 부분을 지지해 주지 못하기 때문에 척추손상 환자의 경우는 사용해서는 안 된다.
③ 통나무 굴리기법은 누운 상태에서 척추손상 가능성이 있는 환자를 이동해야 할 때 사용하는 것으로 고정장비에 환자를 올릴 때나 엎드린 환자를 눕힐 때도 사용된다. 장비가 없을 때 통나무 굴리기 방법은 척추손상을 최소화하면서 환자의 자세를 변경할 수 있는 방법이다.
④ 주로 긴 척추고정판, 진공식 전신고정판, 분리형 들것 등으로 고정한다. 환자가 자동차의 내부에 위치하고 있는 경우에는 짧은 척추고정판이나 구출고정대(extrication device; Kendrick extricationdevice, KED)를 이용한다.

정답 ②

📧 출제 키워드　　　　　　　　　　　　호흡유지 장비
📁 기본서 다시보기　　　　　　　응급처치학개론 p.99

해설 ① 후두튜브는 입, 코인두기도기보다 기도 확보가 효과적이며, 후두경을 사용하지 않고 기도를 확보할 수 있어 성문 내 삽관보다 삽입법이 용이하다.

핵심 개념 리마인드　**후두튜브 기도기 삽입 순서**
가. 외상 환자는 그대로, 비외상 환자는 적정한 기도 유지 자세를 취한다.
나. 튜브에서 공기를 뺀 후 마스크를 입 천정에 밀착시킨다.
다. 입천장을 따라 저항이 느껴질 때까지(상부 식도괄약근위) 삽입한다.
라. 후두튜브 커프에 맞는 공기를 주입한다.
마. BVM으로 양압환기시킨다.
바. 시진/청진으로 올바른 환기가 되는지 확인한 뒤 고정기로 고정한다.

정답 ①

135

공사 현장에서 공사 중인 건물붕괴로 다수의 사상자가 발생하였다. 환자는 다리를 다쳐 걸을 수 없었으나 의식이 명료하고 호흡수가 23회/분이었고, 노동맥에서 맥박 촉지가 가능하였다. START 중증도 분류법을 이용한 다음 환자의 중증도로 옳은 것은?

① 비응급 환자 ② 긴급 환자
③ 응급 환자 ④ 지연 환자

📖 출제 키워드 　　　　　　　　　　　　　대량재난

📚 기본서 다시보기 　　　　　응급처치학개론 p.63-64 [표26]

해설 ③ 환자는 걸을 수는 없으나 의식이 명료하고 호흡수도 30회/분 미만인 23회/분으로 노동맥에서 맥박도 촉지 가능한 상태로 응급 환자에 해당한다.

핵심 개념 리마인드 START 분류법

보행 가능	걸을 수 있는 환자는 지정된 장소로 이동	비응급
보행 불가	의식 장애, 호흡수 30회/분 이상, 노동맥 촉지 불가능	긴급
	의식 명료, 호흡수 30회/분 미만, 노동맥 촉지 가능	응급
	기도 개방 후에도 무호흡, 무맥	지연

정답 ③

136

다음 환자에게 START 중증도 분류법을 적용한다면 아래의 경우 중증도로 옳은 것은?

> 호흡은 분당 24회였고, 노동맥 맥박은 분당 90회이며, 정상적인 피부색과 모세혈관 재충혈 시간이 2초 이내였으나, 질문에 적절한 반응을 하지 못했다.

① 비응급 환자
② 긴급 환자
③ 응급 환자
④ 지연 환자

📖 출제 키워드 　　　　　　　　　　　　　대량재난

📚 기본서 다시보기 　　　　　응급처치학개론 p.63-64 [그림4]

해설 ② START 분류법에 따르면 지문의 환자는 호흡수가 분당 24회로 호흡에는 이상이 없다. 그 후 순환을 확인해 모세혈관 재충혈 시간과 노동맥 촉지 여부를 확인한다. 환자는 노동맥이 촉지되고 모세혈관 재충혈 시간도 2초 이내로 의식 수준을 확인한다. 환자는 질문에 적절한 반응을 하지 못하므로 긴급 환자로 분류된다.

핵심 개념 리마인드 START 분류법

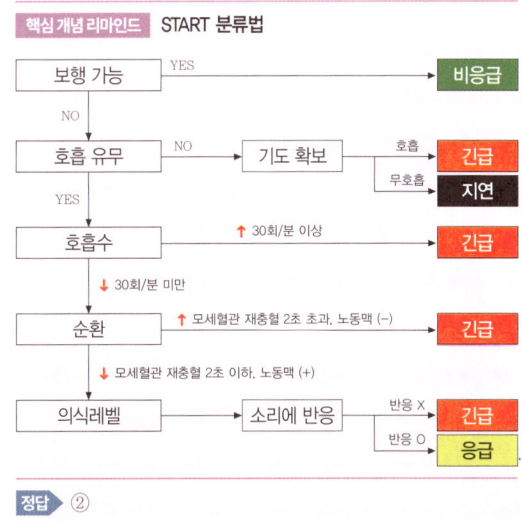

정답 ②

137

다음에서 설명하는 호흡유지 장비로 옳은 것은?

- 성인용, 소아용으로 구분한다.
- 이산화탄소 잔류로 인해 산소 공급량은 높을수록 효과적이다.
- 6~10ℓ 유량으로 흡입 산소 농도를 35~60%까지 증가시킬 수 있다.

①  ②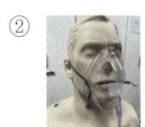

③ 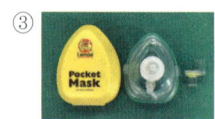 ④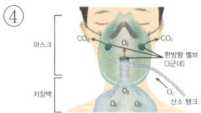

📧 출제 키워드   산소주입기구

📁 기본서 다시보기   응급처치학개론 p.104

해설 ② 단순얼굴 마스크는 입과 코를 동시에 덮어주는 산소공급기구임
분당 6~10L의 유량으로 흡입 산소 농도를 35~60%로 유지
이산화탄소 배출 구멍이 있으나 매우 작음
→ 이산화탄소 잔류로 인해 산소공급량은 높을수록 효과적

핵심 개념 리마인드

코삽입관		▸ 코에 삽입하는 2개의 돌출관을 통해 환자에게 산소 공급 　→ 분당 유량 1~6L로 조절 시 산소 농도를 24~44%로 유지 ▸ 유량속도가 높아지면 두통 야기 ▸ 비강내 손상이 있는 환자에게는 사용 금지
포켓 마스크		▸ 환자와 직접적인 신체접촉을 피할 수 있음 ▸ 산소튜브 연결 시 충분한 산소를 보충하면서 인공호흡을 할 수 있음 ▸ 일방형 밸브를 통해 환기가 잘 되는지 확인: 구조자의 날숨은 들어가고 환자의 날숨은 나오지 못하는 구조로 되어 있음
비재호흡 마스크		▸ 환자의 날숨을 완전히 배출할 수 있는 두 개의 일방향 밸브가 달려있어 공기가 서로 섞이지 않게 구성되어진 산소공급기구 ▸ 심한 저산소증 환자에게 고농도의 산소를 제공하기에 적합 ▸ 분당 10~15L 유량의 산소 투여 시 85~100% 산소 공급 　→ 얼굴 밀착의 정도에 따라 제공되는 산소농도가 달라짐

정답 ②

138

신체역학에 따른 들어올리기에 대한 설명으로 옳지 않은 것은?

① 물체를 가능한 한 몸 가까이 붙여야 한다.
② 다리를 약간 벌리고 발끝을 밖으로 향하게 한다.
③ 등을 일직선으로 유지하고 허리 근육을 이용한다.
④ 들어올릴 때 몸을 틀거나 비틀지 않는다.

📧 출제 키워드   환자 이송

📁 기본서 다시보기   응급처치학개론 p.84

해설 ③ 들어올릴 때는 등을 일직선을 유지하고 허리 근육이 아닌 다리, 엉덩이와 같은 큰 근육을 이용해 들어올린다.

핵심 개념 리마인드 환자 이송 – 들어올리기

(1) 들어올릴 때 허리와 등을 일직선으로 유지하고 다리, 엉덩이의 근육을 이용한다.
　▸ 허리 근육은 다리 근육보다 약하기 때문에 큰 근육인 다리와 엉덩이 근육을 사용
　▸ 들어올릴 때 몸을 틀거나 비틀지 말아야 하며, 다른 동작을 하게 되면 부상의 원인이 될 수 있다.
(2) 다리를 약간 벌리고 발끝을 밖으로 향하게 한다.
(3) 환자 이동 시 환자를 가능한 한 몸 가까이 붙이고, 몸에서 멀어질수록 부상의 가능성은 높아진다는 것을 기억한다.
　▸ 들어올리는 동안 허리보다는 다리를 사용할 수 있게 됨
　▸ 갑작스런 움직임은 피해야 함
(4) 한 손으로 들어올릴 때는 한쪽으로 몸을 굽히는 것을 피해야 한다. 허리는 항상 일직선을 유지하도록 한다.

정답 ③

139

환자의 자세와 적용에 대한 설명 중 옳지 않은 것은?

① 반복위(회복자세): 의식이 없거나 구토환자의 경우 질식방지에 효과적이다.
② 반좌위: 흉곽을 넓혀 호흡을 편안하게 할 수 있는 자세로 보통 심장질환자나 호흡이 곤란한 환자에게 적용한다.
③ 트렌델렌버그 자세: 두부 측을 높임으로써 상반신의 울혈과 출혈을 예방한다.
④ 앙와위: 반듯이 누운 자세로 인체의 생리학상 신체의 골격과 근육에 무리한 긴장을 주지 않는다.

📋 출제 키워드　　　　　　　　　　　환자 이송 자세
📖 기본서 다시보기　　　　응급처치학개론 p.92 [표41]

해설 ③ 트렌델렌버그 자세는 하지를 높여 뇌와 심장 등의 중요한 장기로 혈액을 순환시켜 증상 악화 방지 및 하지 출혈을 감소시켜 준다.

핵심 개념 리마인드 환자 자세의 종류와 적용

종류	적용	효과
앙와위(Supine) : 반듯이 누운 자세	• 의식장애가 있을 때 • 몸에 상처가 많을 때 • 손과 발에 상처가 있을 때	• 인체의 생리학상 신체의 골격과 근육에 무리한 긴장을 주지 않는다.
측와위(Lateral) : 옆으로 누운 자세	• 의식장애가 있을 때 • 구토할 때 • 외상성 공기 가슴증, 늑골 골절, 폐손상 등 흉부 손상	• 의식이 없는 경우와 구토 시 혀의 이완방지 및 분비물의 배출이 용이하고 질식 방지에 효과적이다.
복와위(Prone) : 엎드린 자세	• 의식장애, 구토, 등부위 손상	• 의식이 없거나 구토환자의 경우 측와위처럼 질식 방지에 효과적이다.
두부거상	• 뇌혈관 장애, 두부외상 등	• 두부 측을 높임으로써 상반신의 울혈과 출혈을 예방할 수 있다.
하지거상 : 트렌델렌버그 자세 (Trendelenburg's position)	• 빈혈, 실신, 쇼크 등 • 하지 손상	• 뇌와 심장 등의 중요한 장기로 혈액을 순환시켜 증상 악화 방지 및 하지 출혈을 감소시킨다.
반좌위 (Fowler's position, Semi-sitting position)	• 심장질환, 천식 등에 의한 호흡 곤란	• 흉곽을 넓혀 호흡을 편안하게 할 수 있다. • 폐의 울혈 완화 및 가스 교환이 용이하여 호흡상태 악화를 방지한다.
반복위 (sim's position) : 회복 자세 (Recovery position)	• 의식이 없거나 구강에 분비물 배액 촉진, 관장, 항문검사 등	• 의식이 없거나 구토환자의 경우 질식방지에 효과적이다.

정답 ③

140

다중 추돌 사고에서 구조된 30대 남성에게 호흡부전에 따른 저산소증이 있고 왼쪽 가슴에 개방성 손상이 관찰되었을 때, 응급환자분류표상 분류로 옳은 것은?

① 긴급(적색)　　　② 응급(황색)
③ 비응급(녹색)　　④ 사망(흑색)

📋 출제 키워드　　　　　　　　　　　대량재난
📖 기본서 다시보기　　　　　응급처치학개론 p.63

해설 ① 환자는 왼쪽 가슴에 개방성 손상이 있는 환자로 긴급 환자에 해당한다.

핵심 개념 리마인드 응급환자 분류

사망(흑색)	사망 생존불능
긴급(적색)	기도, 호흡, 심장 이상 조절 안 되는 출혈, 개방성 흉부 복부손상 심각한 두부 손상, 쇼크, 기도 화상 내과적 이상
응급(황색)	척수 손상, 다발성 주요 골절 중증의 화상, 단순 두부 손상
비응급(녹색)	경상의 합병증 없는 골절, 손상, 화상 정신과적인 문제

정답 ①

141

호흡 유지 장비 중 백-밸브 마스크에 관한 설명으로 옳은 것은?

① 백-밸브 마스크에 산소를 추가 투여하지 않은 상태로 16% 정도의 산소를 공급할 수 있다.
② 보유 산소 장비 없이 즉각적인 초기 환기를 제공할 수 있다.
③ 산소 저장주머니 연결 후 분당 15L의 산소를 공급할 경우 거의 55%의 산소를 공급할 수 있다.
④ 백-밸브 마스크는 성인용과 소아용 두 가지로 구분된다.

출제 키워드 호흡 유지 장비

기본서 다시보기 응급처치학개론 p.107

해설 ① 백-밸브 마스크는 산소를 추가 투여하지 않은 상태로 21% 정도의 산소를 공급할 수있다.
③ 산소 저장주머니 연결 후 분당 10~15L의 산소를 공급할 경우 거의 100% 산소를 공급할 수 있다.
④ 백-밸브 마스크는 영아, 소아, 성인용으로 구분한다.
[참고] 법령에서는 구급차등이 갖추어야 할 의료장비 중 호흡유지 장비는 성인과 소아로만 구분되어 있음

핵심 개념 리마인드 백밸브 마스크

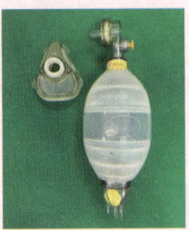

병원 전 환기장치로서 가장 보편적으로 사용하는 것으로 안면마스크, 인공호흡용 백, 밸브, 산소 저장백으로 구성
▶ 영아, 소아, 성인용으로 구분
▶ 보유 산소 장비 없이 사용할 수 있어 산소를 추가 투여하지 않은 상태로 21% 정도의 산소 공급이 가능
▶ 산소저장주머니 없이 산소 연결 후 40~60% 산소 공급이 가능
▶ 산소와 산소저장주머니 연결 후 분당 10~15L의 산소를 공급할 경우 거의 100%의 산소 공급

정답 ②

142

중증도 분류에 관한 설명이다. 옳은 것은?

① 비응급 환자는 황색으로 표시한다.
② 기도폐쇄 환자는 응급 환자로 분류된다.
③ 비가역성 손상으로 사망이 예견되는 자는 긴급 환자로 분류한다.
④ 조절이 안되는 출혈환자는 긴급 환자로 분류된다.

출제 키워드 대량재난

기본서 다시보기 응급처치학개론 p.63

해설 ① 비응급 환자는 녹색으로 표시한다.
②, ④ 기도폐쇄, 조절이 안되는 출혈환자, 심장마비의 순간이 인지된 심정지 환자는 긴급 환자로 분류한다.
③ 비가역성 손상으로 사망이 예견되는 자는 지연 환자로 분류한다.

핵심 개념 리마인드

사망(흑색)	사망 생존불능
긴급(적색)	기도, 호흡, 심장 이상 조절 안 되는 출혈, 개방성 흉부 복부손상 심각한 두부 손상, 쇼크, 기도 화상 내과적 이상
응급(황색)	척수 손상, 다발성 주요 골절 중증의 화상, 단순 두부 손상
비응급(녹색)	경상의 합병증 없는 골절, 손상, 화상 정신과적인 문제

정답 ④

143
중증도 분류표에 기록할 사항이 아닌 것은?

① 환자의 이름, 나이, 성별
② 환자 발견 장소
③ 환자의 생체징후 및 신경학적 소견
④ 보호자 연락처

💬 출제 키워드　　　　　　　　　　대량재난

📖 기본서 다시보기　　　　　응급처치학개론 p.553

해설　④ 응급환자분류표에는 보호자 연락처를 기재하지 않는다.

핵심 개념 리마인드

[별표 1]
응급환자분류표(제22조제3항관련)

정답 ④

144
다음 중 후두마스크 기도기에 대한 설명으로 옳지 않은 것은?

① 후두경을 사용하지 않고 삽입 가능하다.
② 외상 환자에서 기도 유지 자세를 취할 수 없어 사용 불가하다.
③ 기관과 식도가 완벽하게 분리되지 않아 위내용물 흡인이 발생한다.
④ 삽입 후 백-밸브 마스크로 양압환기를 한다.

💬 출제 키워드　　　　　　　　　기도 유지 장비

📖 기본서 다시보기　　　　응급처치학개론 p.98~99

해설　② 병원 전 심정지 환자나 외상 환자(경추 손상 등) 기도 확보 시 매우 유용하며 외상 환자는 그대로, 비외상 환자는 적정한 기도 유지 자세를 취한다.

핵심 개념 리마인드　후두마스크 기도기

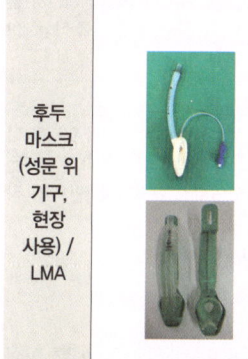

| 후두 마스크 (성문 위 기구, 현장 사용) / LMA | 후두경을 사용하지 않고 기도 확보 가능 → 성문 내 삽관(기관내 삽관)보다 삽입법이 용이
: 입·코인두 기도기보다 기도 확보가 효과적
▶ 외상·비외상 환자 모두 사용 가능
▶ 일회용이 아닌 약 40회 정도 멸균 재사용이 가능
▶ 성문 내 튜브와 달리 기관과 식도가 완벽하게 분리되지 않아 폐로 위 내용물 흡인이 발생할 수 있음 |

정답 ②

145
이송 거부 시 작성해야 하는 것은 무엇인가?

① 구급 활동일지
② 유해물질 접촉보고서
③ 이송 거절 · 거부 확인서
④ 심폐정지환자 응급처치 세부상황표

출제 키워드: 환자 이송 기록
기본서 다시보기: 응급처치학개론 p.45

해설 ③ 환자는 구급대원의 치료를 거부할 권리는 있지만 구급대원은 환자가 치료를 거부할 수 있는 나이가 되었는지? 알코올이나 약물중독 상태는 아닌지? 정확한 판단을 할 수 있는 의식 상태인지?를 확인한 뒤 "이송 거절 · 거부 확인서 및 구급거절확인서"를 작성해야 한다.

핵심 개념 리마인드 환자 이송 시 주의 사항
성인은 현장에서 출동한 구급대원의 치료를 거부할 권리가 있지만 이송을 하지 않음을 판단할 때 주의해야 할 사항이 있다. 아래의 사항을 정확히 점검한 후 "이송 거절 · 거부 확인서 및 구급거절확인서"를 작성해야 한다.
▸ 치료를 거부할 수 있는 나이가 되었는지?
▸ 알코올이나 약물 중독 상태는 아닌지?
▸ 정확한 판단을 할 수 있는 의식 상태인지?
환자가 이송해야 할 상태이면 왜 처치 · 이송이 필요한지 설명하고 설득해 보고 그래도 이송을 거부한다면 상황실에 그 사실을 알려야 한다.

정답 ③

146
만성 폐쇄성 폐질환(COPD) 환자에게 유용한 산소 공급 기구로 옳은 것은?

① 벤튜리 마스크
② 비재호흡 마스크
③ 단순 얼굴 마스크
④ 자동식 산소소생기

출제 키워드: 호흡유지장비
기본서 다시보기: 응급처치학개론 p.104

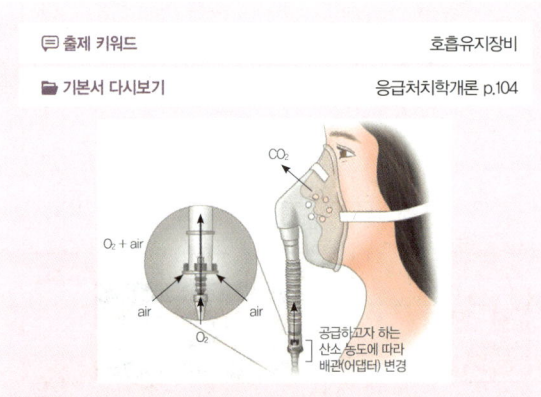

해설 ① – 만성폐쇄성폐질환(COPD) 환자같이 특수한 용도로 산소를 제공할 경우에 사용
– 분당 산소 유입량은 2~8L로 흡입산소 농도는 24 %, 28 %, 31 %, 35 %, 40 %, 53 %임

핵심 개념 리마인드

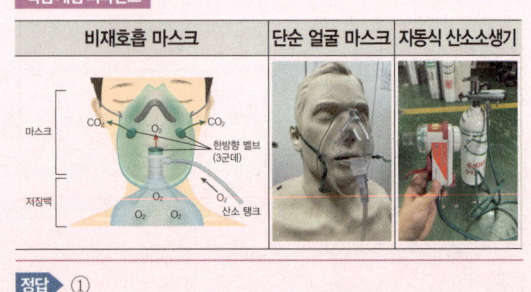

정답 ①

147

심정지 환자에게 해당되는 동의를 무엇이라고 하는가?

① 비자발적 동의
② 고지된 동의
③ 묵시적 동의
④ 명시적 동의

📋 출제 키워드　　　　　　　　　　동의의 법칙

📖 기본서 다시보기　　　　　　응급처치학개론 p.26~27

해설 ③ 즉각적으로 응급처치가 필요한 사람에게 응급처치에 동의했을 것으로 간주하여 긴급한 응급처치를 하는 것을 묵시적 동의라고 한다. 지문의 환자는 심정지 환자로 생명의 위협이 있기 때문의 묵시적 동의의 형태로 응급처치를 할 수 있게 된다.

핵심 개념 리마인드　동의의 법칙

(1) **명시적 동의**: 구급대원이 제공하는 환자치료에 대해 그 내용을 알고 이해하며, 동의한다는 환자의 표현을 말한다.
즉, 명시적 동의는 그 환자가 합리적인 결정을 하도록 필요한 모든 사실을 설명한 후에 환자로부터 얻는 동의이다. 환자가 동의하기 이전에 절차와 범위를 충분히 이해해야 한다. 또한 환자는 그러한 판단을 내릴 만금 충분한 정신적 혹은 육체적 능력을 갖고 있어야 한다.

(2) **묵시적 동의**: 즉시 응급처치가 절실하게 필요한 사람이라면, 응급처치에 동의했을 것이라고 추정한다. 법률적으로 사망이나 영구적인 불구를 방지하기 위하여 긴급한 응급처치를 필요로 하는 환자는 그에 대한 치료와 이송에 동의해야 한다는 입장이다.

정답 ③

148

START 체계에서 기도 확보 후 호흡이 분당 22회, 모세혈관 재충혈 4초인 환자는?

① 긴급 환자
② 응급 환자
③ 비응급 환자
④ 지연 환자

📋 출제 키워드　　　　　　　　　　대량재난

📖 기본서 다시보기　　　　응급처치학개론 p.64 [그림4]

해설 ① 호흡은 분당 22회이며, 모세혈관 재충혈 시간이 2초를 초과하는 4초인 것으로 보아 환자는 긴급 환자에 해당한다.

핵심 개념 리마인드　START 분류법

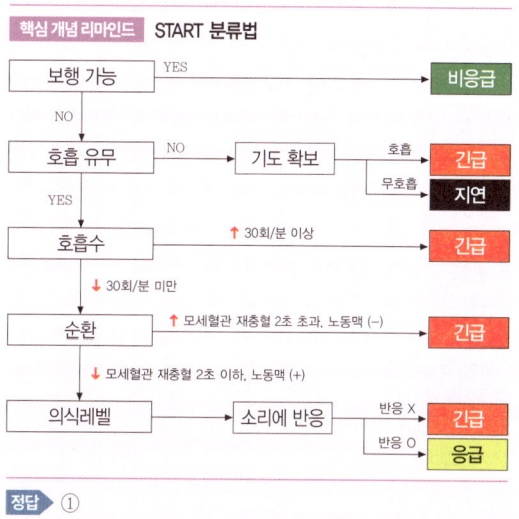

정답 ①

149

사회적 관행으로 정해진 기준을 설명한 것으로 옳은 것은?

① 법규, 법령, 조례 또는 판례법에 의해서 정해진다.
② 응급의료에 관련된 조직과 사회에서 널리 인정된 사항을 말한다.
③ '유사한 훈련과 경험을 가진 분별력 있는 사람이 유사한 상황에서 유사한 장비를 이용하여 동일한 장소에서 어떻게 행동했을까?' 하는 것을 말한다.
④ 법률로 정해진 기준 외에 사회적으로 용인되는 일반적 혹은 전문적 기준 모두를 말한다.

출제 키워드 의료/법적 책임
기본서 다시보기 응급처치학개론 p.24~25

해설 ③ 사회적 관행은 "훈련과 경험을 가진 분별력 있는 사람이 유사한 상황에서 장비를 이용하여 동일한 장소에서 어떻게 행동했을까?" 하는 것을 판단하는 기준을 말한다.

핵심 개념 리마인드 치료 기준
(1) 사회적 관행으로 정해진 기준
사회의 관행에 의해서 정해진 치료 기준이란, "훈련과 경험을 가진 분별력 있는 사람이 유사한 상황에서 장비를 이용하여 동일한 장소에서 어떻게 행동했을까?" 하는 것을 판단하는 기준을 말한다.
(2) 법률에 의해 정해진 기준
관행 이외에도 응급의료의 기준은 법규, 법령, 조례 또는 판례에 의하여 정해진다. 이러한 기준을 위반하는 것은 사법적으로는 추정된 과실을 범하는 것이다. 따라서 구급대원은 법률이 정하는 응급처치 범위의 기준을 잘 알고 해당 범위 내에서 응급의료행위를 하여야 한다.
(3) 전문적 또는 제도화된 기준
전문적 기준은 응급의료에 관련된 조직과 사회에서 널리 인정된 학술적인 사항에 의한 기준을 말한다.
제도화된 기준은 특수한 법률과 구급대원이 속해 있는 단체에서의 권장 사항에 의한 기준을 말한다.

정답 ③

150

하지에 약간의 상처를 입었지만 걸을 수 있는 성인 환자를 운반하기에 가장 좋은 방법은?

① 통나무 굴리기(Log roll)
② 부축법
③ 업기법
④ 시트 끌기법

출제 키워드 환자 이송
기본서 다시보기 응급처치학개론 p.87~91

해설 ② 지문의 환자는 하지에 약간의 상처는 있지만 충분히 걸을 수 있는 능력이 된다. 이러한 환자를 운반할 때는 구조자의 한 팔로는 구조자의 목 주위에 환자의 팔을 두르고, 다른 팔은 환자의 허리에 두르고 걸음을 보조해 줄 수 있는 부축법이 유용하다.

핵심 개념 리마인드 환자 이송의 다양한 방법
(1) 통나무 굴리기법: 통나무 굴리기법은 누운 상태에서 척추 손상 가능성이 있는 환자를 이동해야 할 때 사용하는 것으로 고정 장비에 환자를 올릴 때나 엎드린 환자를 눕힐 때도 사용된다. 장비가 없을 때 통나무 굴리기 방법은 척추 손상을 최소화하면서 환자의 자세를 변경할 수 있는 방법이다.
(2) 부축법: 환자의 손을 잡고 환자의 팔을 구조자의 목 주위에 두른다. 다른 팔은 환자의 허리에 두르고 환자가 안전하게 걸을 수 있게 돕는다. 이때 환자에게 말을 걸어서 편평하지 않은 땅이나 장애물 등에 대해 알려주도록 한다.
(3) 업기법: 환자가 일어서도록 한 후 환자의 손을 구조자의 어깨에 걸쳐놓고 가슴에서 손을 교차시킨다. 몸을 굽혀 환자를 업는다. 환자가 자신의 팔을 잡고 있는 동안 다리를 잡고서 등 위로 환자를 들어올린다. 팔을 환자의 무릎 아래에 넣어서 손목을 잡는다.
(4) 시트 끌기법: 침대 높이에서 환자를 이동할 때 주로 사용되며 시트의 모서리를 각각 잡고 4명의 대원이 각각 2명씩 한쪽 편에 서서 구령에 맞춰 이동시켜야 한다. 이때 멀리 잡거나 허리에 힘을 주는 행동은 피해야 한다. 무거운 환자인 경우에는 침대와 주 들것을 고정시킨 후 이동시켜야 한다.

정답 ②

151

낙상으로 인하여 척추손상 및 다발성 골절 환자가 발생한 현장에 출동하였다. 이 환자가 속한 중증도 분류로 옳은 것은?

① 긴급 환자
② 응급 환자
③ 비응급 환자
④ 지연 환자

출제 키워드 : 대량 재난

기본서 다시보기 : 응급처치학개론 p.63 [표25]

해설 ② 응급 환자는 몇 시간 이내의 응급처치가 필요한 환자로 척추 손상, 다발성 주요 골절, 중증의 화상, 단순 두부 손상 등이 해당한다.

핵심 개념 리마인드 중증도 분류

사망(흑색)	사망 생존불능
긴급(적색)	기도, 호흡, 심장 이상 조절 안 되는 출혈, 개방성 흉부 복부손상 심각한 두부 손상, 쇼크, 기도 화상 내과적 이상
응급(황색)	척수 손상, 다발성 주요 골절 중증의 화상, 단순 두부 손상
비응급(녹색)	경상의 합병증 없는 골절, 손상, 화상 정신과적인 문제

정답 ②

152

다음 중 척추 고정을 목적으로 사용하는 장비로 가장 알맞지 않은 장비는?

① 긴 척추고정판
② 바구니형 들것
③ 구출고정대(KED)
④ 분리형 들것

출제 키워드 : 환자 이동 장비

기본서 다시보기 : 응급처치학개론 p.123~126

해설 ④ 분리형 들것은 등 부분을 지지해주지 못하기 때문에 척추 손상 환자에게 사용하기 부적합하다.

핵심 개념 리마인드 분리형 들것

주로 운동 중 사고나 골반측 손상에 사용
- 알루미늄이나 경량의 철로 구성
- 앙와위 환자를 움직이지 않고 들것에 고정 이동 가능
  → 등 부분을 지지해 주지 못하기 때문에 척추손상 환자는 가급적 사용 금기

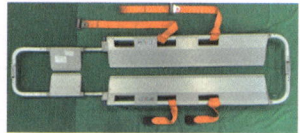

정답 ④

153

항공 이송 시 고도상승에 따른 변화에 대해 알맞은 내용은?

① 온도가 상승하므로 열 손상에 주의한다.
② 공기가 팽창하므로 기관지 압박 가능성이 있음을 주의한다.
③ 산소분압이 높아지므로 호흡곤란 환자에게 도움이 된다.
④ 대기압이 저하되므로 기관내 삽관 튜브에 공기를 3cc 더 넣어준다.

📝 출제 키워드 　　　　　　　　　　　항공 이송
📁 기본서 다시보기 　　　　응급처치학개론 p.127

해설 ② 고도가 상승함에 따라 공기가 팽창하고 산소가 저하된다. 또한 온도는 떨어진다.

핵심 개념 리마인드
- **산소저하**: 고도가 상승할수록 공기 산소분압, 폐포 산소분압, 혈중 산소분압이 저하된다. 따라서 중증환자나 호흡곤란 환자의 경우 상태 악화 가능성이 있으므로 주의해야 한다.
- **공기팽창**: 고도가 상승할수록 일정 용적 안의 공기가 팽창하므로 기관내 삽관 튜브 내의 공기팽창으로 기관지가 압박될 수 있다는 것을 주의한다.
- **온도저하**: 고도가 상승할수록 온도가 저하되므로 보온에 주의한다.

정답 ②

154

구급차가 운행할 수 있는 지역에 있는 환자로서 항공기로 환자를 이송할 수 있는 의학적 기준으로 옳은 것은?

① 임신한 사람이 분만의 징후가 있는 경우
② 의식이 저하된 경우
③ 심정지가 있는 경우
④ 소화관에 출혈이 있는 경우

📝 출제 키워드 　　　　　　　　　　헬기이송기준
📁 기본서 다시보기 　　　　응급처치학개론 p.129

해설 ①, ③, ④ 구급차가 운행할 수 없는 지역에 있는 환자중 헬기 이송이 가능한 환자의 기준이다.

핵심 개념 리마인드 　구급차가 운행할 수 있는 지역에 있는 환자

분류	기준
중증외상의 의증	가. 사고 유형 　1) 차량 (경운기와 트랙터를 포함한다) 사고 　　(가) 환자와 동승한 사람이 사망했거나, 환자가 차량으로부터 방출된 경우 　　(나) 차량 외부가 50cm 이상, 차량 내부가 30cm 이상 함몰된 경우 　　(다) 차량이 전복된 경우 　2) 자전거, 오토바이 사고로서 35km/h이상의 속도로 충돌·추돌하여 환자가 자전거, 오토바이에서 이탈한 경우 　3) 열차, 선박, 항공기 사고로서「응급의료에 관한 법률」제2조제4호에 따른 응급의료종사자가 요청하는 경우 　4) 추락 등 　　(가) 만 15세 이상인 사람이 6m, 만 15세 미만인 사람이 3m 이상에서 추락한 경우 　　(나) 총상 및 관통상을 입은 경우 나. 환자의 외관 　1) 두통, 구토 또는 변형을 동반한 두부 외상이 있는 경우 　2) 두 팔과 두 다리 중 두 개 이상에 변형 및 절단이 있는 경우 　3) 체강(體腔)이 개방된 손상 또는 개방성 골절이 있는 경우 다. 환자의 체온, 호흡, 맥박 및 혈압 등 　1) 의식이 저하된 경우 　2) 맥박 또는 호흡이 없거나 약한 경우 　3) 저혈압, 과호흡, 빈맥(頻脈) 등 쇼크의 징후가 있는 경우 　4) 두 팔과 두 다리 중 한 개 이상에 마비가 있는 경우 　5) 대퇴골, 골반, 척추에 골절이 의심되거나 다발성 늑골골절이 의심되는 경우 라. 임신한 사람이 외상을 입은 경우 마. 벼락을 맞은 경우, 감전된 경우, 중증화상을 입은 경우 및 화염과 연기에 노출된 경우
심근경색의 의증	가. 흉통 또는 심계항진(心悸亢進, 불규칙하거나 빠른 심장 박동)이 갑자기 발생한 경우 나. 고혈압 또는 당뇨병의 과거력이 있는 환자로서 흉통 또는 심계항진이 발생한 경우 다. 저혈압 또는 호흡곤란이 있는 경우
뇌졸중의 의증	가. 두 팔과 두 다리 중 한 개 이상에 갑자기 마비 또는 감각마비가 발생한 경우 나. 외안근(바깥눈근육), 안면근(얼굴근육) 및 설근(혀뿌리)에 갑자기 마비가 발생한 경우 다. 의식이 갑자기 저하된 경우 라. 심한 두통이 갑자기 발생한 경우
기타	생명의 위협 또는 두 팔과 두 다리가 손실될 위험이 있어 항공 이송이 필수적인 경우

정답 ②

155

재난 발생 시 재난현장과 가까운 의료기관에 환자가 몰려 사상자 이송체계가 왜곡되는 효과는 무엇인가?

① 이중파동 현상
② 지리적 효과
③ 바벨 효과
④ 연합 효과

출제 키워드: 대량재난

기본서 다시보기: 응급처치학개론 p.56

해설 ② 지리적 효과는 인근 병원으로 환자가 집중되어 사상자 이송체계가 왜곡되는 현상을 말한다. 경상자는 대중교통을 이용하게 하고, 원거리 병원 이송으로 해야 한다.

핵심 개념 리마인드
(1) **이중파동 현상**: 재해 발생 후 15~30분 이내를 말하며, 경환자들이 인근 병원 응급실로 집중되는 1차파동 이후 30~60분 후 긴급 또는 응급상황 환자들이 응급실로 집중되는 2차파동이 발생하여 긴급환자 내원 전에 경증환자들로 응급실이 채워지는 상황이 초래된다. 중증도 분류원칙을 적용하여 이중파동 현상을 최소화해야 한다.
(2) **바벨효과**: 통신량의 포화상태로 통신 불능상태가 초래되고, 장비의 유지 및 보수가 시언된다.
(3) **연합효과**: 재난 발생 지역 주민, 자발적 의료지원인력, 병원 의료인력 등에 의해 구조 및 이송, 중증도 분류 활동에 방해가 되는 것이다. 재난대비훈련을 받지 않은 의료인이 현장 파견을 자제시켜야 한다.

정답 ②

156

재해가 발생한 지역에서 수 시간 이내에 해당 지역 자체의 계획에 의해 수습이 가능한 재난 등급은?

① 재해 1등급
② 재해 2등급
③ 재해 3등급
④ 재해 4등급

출제 키워드: 대량재난

기본서 다시보기: 응급처치학개론 p.51

해설 ① 재해 1등급에 대한 설명이다.

핵심 개념 리마인드
(1) **재해 2등급**
재해가 발생한 지역 자체적으로 수습할 수 없어 인근지역(지방자치단체: 시도)으로부터 인적 또는 물적 자원이 필요한 정도로 큰 재해 규모
▶ 수 시간에서 1일 정도의 시간
(2) **재해 3등급**
재해의 규모가 커서 국가 전체가 적극적인 지원이 필요한 재해
▶ 전쟁, 대형재해 1~2일 정도의 시간이 필요한 규모
▶ 모든 재해의 대책을 수립하면서 자체적으로 재해에 대처할 수 있는 계획을 수립하고 비상물자를 비축(최소 48시간)해야 한다.

정답 ①

157

재난현장에서 발견된 4세 환아가 걸을 수 없고 호흡수가 분당 8회라면 다음 중 Jump START에서 해당하는 중증도 분류는 무엇인가?

① 응급
② 긴급
③ 비응급
④ 지연

📝 출제 키워드	대량재난
📖 기본서 다시보기	응급처치학개론 p.65

해설 ② Jump START 중증도 분류 체계는 8세 이하나 100파운드(약 45 kg) 미만의 소아에게 사용하기 위해 START 중증도 분류체계를 변형한 것이다. Jump START는 호흡을 기준 지표로 삼는다.

- 비응급: 도보 가능한 환자
- 응급: 자발적으로 호흡하고, 말초의 맥박이 만져지며 통증 자극에 적절한 반응을 보이는 환자
- 긴급: 자세를 변화시켜도 호흡을 하지 않거나 구조 호흡이 필요한 소아(분당 호흡수 15회 미만이거나 45회 초과일 경우), 호흡 부전과 호흡은 하고 있으나 말초 맥박이 만져지지 않는 경우, 부적절한 통증 반응을 보이는 소아
- 지연: 맥박과 호흡이 동시에 없거나 구조호흡에 반응이 없으며 호흡이 정지된 소아

핵심 개념 리마인드

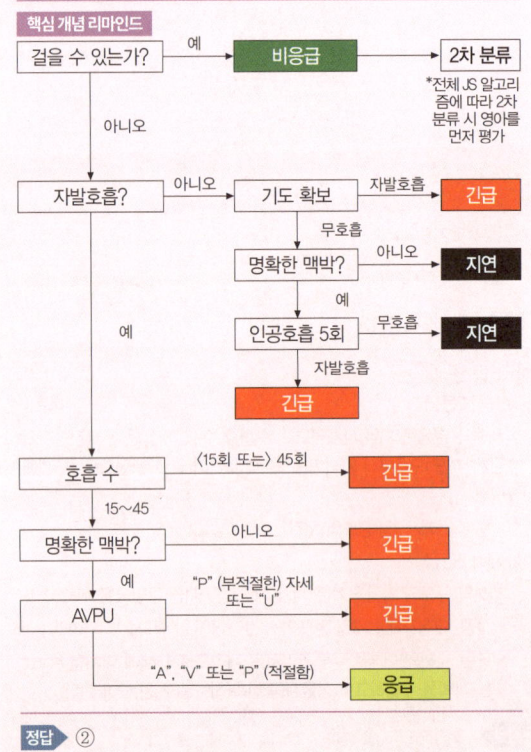

정답 ②

158

다음 중 다수사상자 사고 발생대비 119 종합상황실의 역할에 대한 설명으로 알맞지 않은 것은?

① 24시간 재난 상황 감시
② 재난 핫라인 운영, 상황 전파(중앙센터종합상황실)
③ 임시의료소 및 현장응급의료소 설치·운영 훈련
④ 재난의료지원팀(Disaster Medical Assistance Team, DMAT) 요청 체계 유지

📝 출제 키워드	대량재난
📖 기본서 다시보기	응급처치학개론 p.57

해설 ③ 임시의료소 및 현장응급의료소 설치·운영 훈련은 교육·훈련 시행에 관한 내용이다.

핵심 개념 리마인드 다수사상자 사고 발생 대비

① 119 종합상황실을 통한 통합감시체계 운영
  ㉮ 24시간 재난 상황 감시
  ㉯ 재난 핫라인 운영, 상황 전파(중앙센터종합상황실)
  ㉰ 재난의료지원팀(Disaster Medical Assistance Team, DMAT) 요청 체계 유지
② 재난 대비 긴급구조대응 계획 수립 및 시행
③ 긴급구조통제단 운영
④ 교육·훈련 시행
  ㉮ 재난 대비 긴급종합구조훈련 시행
  ㉯ 관계기관 합동 재난훈련
  ㉰ 임시의료소 및 현장응급의료소 설치·운영 훈련
⑤ 재난대응자원(인력, 시설, 장비 등) 관리, 운영

정답 ③

159

후두마스크 기도기(LMA)에 대한 설명으로 옳은 것은?

① 후두경을 사용하여 삽입하는 장비이다.
② 적용이 쉬워 병원 전 심정지 환자 또는 외상 환자 기도확보 시 유용하다.
③ 기관과 식도가 완벽하게 분리되는 장비이다.
④ 과환기 시에도 위장으로 공기가 유입되지 않는 것이 장점이다.

📋 출제 키워드   호흡유지 장비

📖 기본서 다시보기   응급처치학개론 p.98~99

해설 ① 입·코인두기도기보다 기도확보가 효과적이며, 후두경을 사용하지 않고 기도를 확보할 수 있어 성문 내 삽관(기관 내 삽관)보다 삽입법이 용이하다.
② 적용이 쉬워 병원 전 심정지 환자 또는 외상 환자 기도확보 시 유용하다.
③ 성문 내 튜브와 달리 기관과 식도가 완벽하게 분리되지 않아 폐로 위 내용물 흡인이 발생할 수 있다.
④ 마스크에서 공기 누출이 큰 경우 양압 환기가 불충분해진다. 높은 압력(20cm H₂O 이상)으로 양압 환기를 하면 위장으로 공기가 들어갈 수 있다.

핵심 개념 리마인드

후두 마스크 (성문 위 기구, 현장 사용) / LMA	후두경을 사용하지 않고 기도 확보 가능 → 성문 내 삽관(기관내 삽관)보다 삽입법이 용이 : 입·코인두 기도기보다 기도 확보가 효과적 ▶ 외상·비외상 환자 모두 사용 가능 ▶ 일회용이 아닌 약 40회 정도 멸균 재사용이 가능 ▶ 성문 내 튜브와 달리 기관과 식도가 완벽하게 분리되지 않아 폐로 위 내용물 흡인이 발생할 수 있음
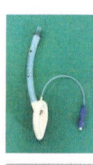 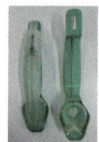	

정답 ②

160

스트레스 반응 단계 중 1단계인 경고 단계에서 나타나는 신체 반응으로 옳지 않은 것은?

① 심박수 증가
② 동공 축소
③ 혈당 증가
④ 기관지 이완

📋 출제 키워드   응급의료인력의 안녕

📖 기본서 다시보기   응급처치학개론 p.21 [표10]

해설 ② 스트레스는 경고, 저항, 소진의 3단계를 거쳐 휴식 및 회복기가 다가오므로 각 상황에 맞는 단계를 스스로 판단하고, 최고 단계로 넘어가기 전 회복기를 거치는 것이 가장 이상적인 방법이라 할 수 있다.
1단계인 경고기는 신체가 감지된 위협에 대해 신속히 방어하기 위해 '투쟁 도피(fight-or-flight)' 반응이 발생하고 심장박동수와 혈압 상승, 혈당 상승, 동공 확대, 체온 저하, 소화 부전, 기관지 이완 등 교감신경계 반응이 나타나며, 위험하지 않다고 인지되면 증상은 사라진다.

핵심 개념 리마인드

1단계 경고	• 신체가 감지된 위협에 대해 신속히 방어하기 위해 투쟁 – 도피단계를 거침 • 신체는 스트레스 반응이 제거되기 전까지 이상반응을 보임 : 심박수 증가, 동공 확대, 혈당 증가, 소화 둔화, 기관지 이완 등
2단계 저항	• 스트레스에 대한 대응을 시작하는 단계 • 시간이 지남에 따라 스트레스에 적응하게 되어 신체적 반응이 정상으로 돌아옴
3단계 소진	• 오랫동안 스트레스에 노출된 경우 • 스트레스에 적응하는 개인의 능력 소진 및 스트레스원에 대한 저항력 감소 • 신체 및 정신적 질병에 대한 감수성이 증가됨 • 회복을 위한 휴식 및 회복기를 갖는 것이 필요함

정답 ②

161

감염 노출 후 처치자가 해야 할 사항에 관한 내용으로 옳은 것은?

① 피부에 상처가 난 경우 즉시 손상 부위의 피를 짜내고 소독제를 바른다.
② 점막이나 눈에 환자의 혈액이나 체액이 노출된 경우 현장에서 할 수 있는 조치는 없으므로 조심해야 한다.
③ 감염 노출 시 보고는 따로 필요하지 않다.
④ 72시간 내에 필요한 처치 및 검사를 받는다.

출제 키워드: 응급의료인력의 안녕
기본서 다시보기: 응급처치학개론 p.81

해설
① 피부에 상처가 난 경우는 즉시 찔리거나 베인 부위에서 피를 짜내고 소독제를 바른다.
② 점막이나 눈에 환자의 혈액이나 체액이 노출된 경우는 노출 부위를 흐르는 물이나 식염수로 세척하도록 한다.
③ 기관의 감염 노출 관리 과정에 따라 보고하고 적절한 조치를 받도록 한다.
④ 필요한 처치 및 검사를 48시간 이내에 받을 수 있도록 한다.

핵심 개념 리마인드

감염병 노출 의심	감염노출 후 처치자가 실시할 사항
• 주사바늘에 찔린 경우 • 잠재적인 전염성 물체에 의해 베인 경우 • 혈액 또는 기타 잠재적인 감염성 물체가 눈, 점막 또는 상처에 튄 경우 • 포켓마스크나 one-way valve가 없이 입 대 입 인공 호흡을 실시한 경우 • 처치자가 느끼기에 심각하다고 판단되는 기타 노출	• 피부에 상처가 난 경우는 즉시 찔리거나 베인 부위에서 피를 짜내고 소독제를 바름 • 점막이나 눈에 환자의 혈액이나 체액이 노출된 경우는 노출 부위를 흐르는 물이나 식염수로 세척 • 기관의 감염노출 관리 과정에 따라 보고하고 적절한 조치를 받아야 함 • 필요한 처치 및 검사를 48시간 이내에 받아야 함

정답 ①

162

행인에 의하여 신고된 정신질환자가 진료를 거부하였으나 치료를 위해 병원으로 이송하였다면 동의 유형은 무엇인가?

① 명시적 동의
② 고지된 동의
③ 비자의적 동의
④ 묵시적 동의

출제 키워드: 의료/법적 책임
기본서 다시보기: 응급처치학개론 p.26-27

해설
③ 환자의 거부 의사에 상관없이 법원 등의 명령에 따라 치료를 시행하는 것을 비자의적 동의라고 한다. 비자의적 동의는 전염성 질병, 정신질환자 등의 치료가 해당하며, 경찰이 동행하는 경우가 많다. 긴급한 상황일 경우 묵시적 동의로 간주할 수 있다.

핵심 개념 리마인드
- **명시적 동의**: 환자가 합리적인 결정을 하도록 필요한 모든 사실을 설명한 후에 환자로부터 얻는 동의이다. 환자가 동의하기 이전에 절차와 범위를 충분히 이해해야 하며 그러한 판단을 내릴 만큼 충분한 정신적, 육체적 능력을 갖고 있어야 한다.
- **묵시적 동의**: 법률적으로 사망이나 영구적 불구를 방지하기 위하여 긴급한 응급처치를 필요로 하는 환자는 그에 대한 치료와 이송에 동의해야 한다는 내용이다.
- **비자의적 동의**: 정신건강상태가 의심스러운 환자나 법 집행 인력이 체포하고 있는 환자인 경우 환자의 거부 의사에 상관없이 법원이 치료를 명령하는 동의이다.

정답 ③

163

코인두기도기(NPA)의 사용 설명으로 옳은 것은?

① 코인두기도기는 의식이 없는 환자에게만 적용한다.
② 삽입 전 윤활제를 발라야 한다.
③ 구토반사가 있는 환자에게 사용해서는 안 된다.
④ 두개 기저부 골절환자에게 사용 가능하다.

🗨 출제 키워드　　　　　　　　　　　　구급차 내 장비

📂 기본서 다시보기　　　　　　　　응급처치학개론 p.98

해설 ① 코인두기도기는 의식이 있는 환자에게 일시적으로 기도를 확보해 주기 위한 기구로 입인두기도기를 사용할 수 없을 때 사용한다.
② 삽입 전 윤활제를 발라야 한다.
③ 환자가 구역반사를 보일 경우에는 입인두기도기를 제거하고 코인두기도기를 삽입하여 기도를 유지한다.
④ 두개 기저부 골절이 의심되는 상황인 경우 코인두기도기를 삽입하지 않고 도수조작만 시행한다.

핵심 개념 리마인드　코인두기도기 사용법
▸ 크기 측정을 통한 환자에게 적정한 기도기를 선택한다.
▸ 비출혈 방지를 위해 기도기에 반드시 윤활제를 충분히 묻힌다.
▸ 삽입 전에 무엇을 하는지를 환자에게 설명해 준다.
▸ 기도기 끝의 단면이 비중격으로 가도록 하여 코로 집어넣는다.
▸ 플랜지가 피부에 오도록 하여 부드럽게 밀어 넣는다.
▸ 기도기를 집어넣는 동안 막히는 느낌이 들면 더 이상 집어넣으려 하지 말고 빼낸 뒤 반대쪽 비공으로 집어넣는다.

정답 ②

164

특수재난 상황에서 대응지역에 관한 설명으로 옳은 것은?

① 오염통제구역(warm zone)에 현장지휘소를 설치한다.
② 안전구역(cold zone)에서 응급처치를 시행한다.
③ 오염구역(hot zone)에서 활동 시 Level D 보호복을 착용한다.
④ 오염구역(hot zone)에 제독통로를 설치한다.

🗨 출제 키워드　　　　　　　　　　　　　　특수재난

📂 기본서 다시보기　　　　　　　응급처치학개론 p.70~71

해설 ① 현장지휘소는 안전구역(cold zone)에 설치한다.
② 안전구역(cold zone)에서 응급처치를 시행한다.
③ 오염구역(hot zone)에서 활동 시에는 Level A를 착용한다.
④ 제독통로는 오염통제구역(warm zone)에 설치한다.

핵심 개념 리마인드

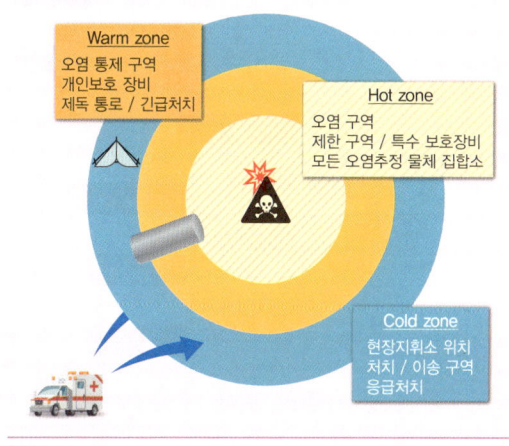

정답 ②

165

다수사상자 사고에서 7세 환아가 걸을 수 없고 호흡이 없어 기도 재개방 후 자발호흡이 관찰되었다. 다음 중 Jump START에 따른 중증도 분류는?

① 지연
② 긴급
③ 응급
④ 비응급

📋 출제 키워드   의료/법적 책임
📖 기본서 다시보기   응급처치학개론 p.65

해설 ② Jump START 중증도 분류 체계는 8세 이하나 100파운드(약 45 kg) 미만의 소아에게 사용하기 위해 START 중증도 분류체계를 변형한 것이다. Jump START는 호흡을 기준 지표로 삼는다.

- 비응급: 도보 가능한 환자
- 응급: 자발적으로 호흡하고, 말초의 맥박이 만져지며 통증 자극에 적절한 반응을 보이는 환자
- 긴급: 자세를 변화시켜도 호흡을 하지 않거나 구조 호흡이 필요한 소아, 호흡 부전과 호흡은 하고 있으나 말초 맥박이 만져지지 않는 경우, 부적절한 통증 반응을 보이는 소아
- 지연: 맥박과 호흡이 동시에 없거나 구조 호흡에 반응이 없으며 호흡이 정지된 소아

핵심 개념 리마인드

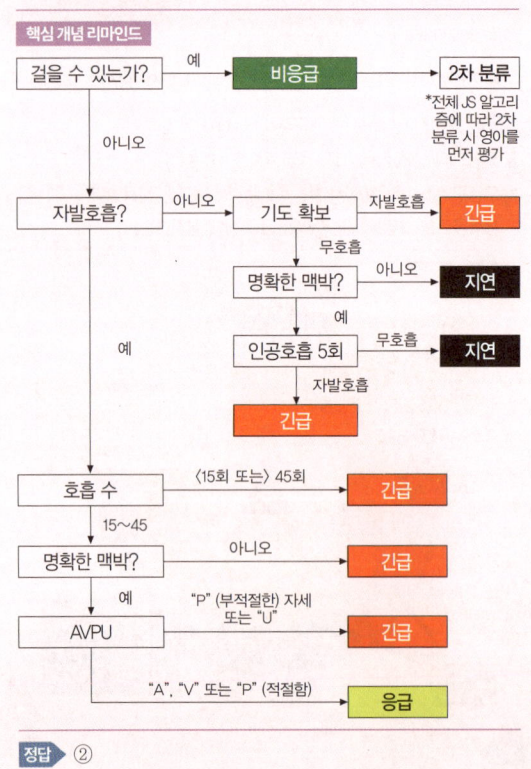

정답 ②

166

무선통신의 일반원칙에 대한 설명으로 옳은 것은?

① 환자에 대한 진단 대신 평가결과를 말한다.
② 정확한 정보공유를 위해 환자 이름을 말한다.
③ 송신기 버튼을 누르고 바로 말한다.
④ 큰 목소리로 빠르게 말한다.

📋 출제 키워드   무선통신
📖 기본서 다시보기   응급처치학개론 p.39

해설 ① 환자에 대해 평가결과를 말하되 진단을 내려서는 안 된다.
     ex 환자 가슴 통증 호소(적절), 환자 심장 마비 증상 보임(부적절)
② 무전 내용은 모든 기관원들이 듣는다는 것을 명심하여 욕설이나 개인에 관련된 내용에 대하여 말해서는 안 된다.
③ 송신기 버튼을 누른 후 약 1초간 기다리고 말한다. 이는 첫 내용이 끊기는 것을 예방해 준다.
④ 말은 천천히, 간결하게 그리고 분명하게 끊어서 해야 한다.

핵심 개념 리마인드

▶ 무전기가 켜져 있는지 확인하고 소리도 적당하게 조정
▶ 가능하다면 창문을 닫아 외부 소음을 줄여야 함
▶ 처음 무전을 시작할 때 잘 들리는지 확인
▶ 송신기 버튼을 누른 후 약 1초간 기다리고 말을 해야 함
    : 이는 첫 내용이 끊기는 것을 예방해 줌
▶ 무전기는 입에서부터 약 5 ~ 7cm 정도 간격을 두고 입에서 45° 방향에 위치시킴
▶ 다른 기관이나 사람과의 무전을 원할 때에는 "(다른 기관이나 사람), 여기 (본인이나 소속기관)"라고 시작함
    : 예를 들면 "상황실, 여기 구조하나 (구조대장)"라고 하면 됨
▶ 말은 천천히, 간결하게 그리고 분명하게 끊어서 해야 함
▶ 항상 간결하게 말해야 하며 30초 이상 말을 해야 한다면 중간에 잠깐 무전을 끊어 다른 무전기 사용자가 응급 상황을 말할 수 있게 해줘야 함
▶ 서로 약속된 무전약어를 사용해야 함
▶ 불필요한 말은 생략
▶ 무전내용은 모든 기관원들이 듣는다는 것을 명심하여 욕설이나 개인에 관련된 내용을 말해서는 안 됨
▶ 환자에 대해 평가결과를 말하되 진단을 내려서는 안 됨
▶ 의료지도를 받은 후, 반드시 의료지도 내용을 확인해야 함

정답 ①

167

다수사상자가 발생한 재난 현장에서 움직일 수 없고 호흡수는 분당 40회/분으로 확인되는 환자를 발견하였다. START 분류법에 따라 분류한 것으로 알맞은 것은?

① 흑색 – 지연 – 처치1순위
② 적색 – 긴급 – 처치1순위
③ 녹색 – 비응급 – 처치3순위
④ 황색 – 응급 – 처치2순위

📧 출제 키워드   대량재난

📂 기본서 다시보기   응급처치학개론 p.63~64

해설 ② START 분류 상 문제의 환자는 도보 이동이 불가능하며 호흡수가 30회/분 이상으로 긴급에 해당한다. 긴급은 적색으로 표시하며, 처치의 1순위이다.

핵심 개념 리마인드   START 분류법

보행 가능		걸을 수 있는 환자는 지정된 장소로 이동	비응급
보행 불가		의식 장애, 호흡수 30회/분 이상, 노동맥 촉지 불가능	긴급
		의식 명료, 호흡수 30회/분 미만, 노동맥 촉지 가능	응급
		기도 개방 후에도 무호흡, 무맥	지연

정답 ②

168

기좌호흡(orthopnea)을 하고 있는 환자를 이동할 때 가장 알맞은 들것은?

① 접이식 들것
② 분리형 들것
③ 계단형 들것
④ 바구니형 들것

📧 출제 키워드   환자 구조 이송

📂 기본서 다시보기   응급처치학개론 p.121~126

해설 ③ 앉은 자세로 환자를 이동시킬 때 사용되는 계단형 들것은 좁은 복도나 작은 승강기, 그리고 좁은 공간에 유용하며 호흡곤란 환자를 이동시키기에 좋다. 단, 척추손상이나 하체손상 환자, 기도 유지를 못하는 의식장애 환자에게 사용해서는 안 된다.

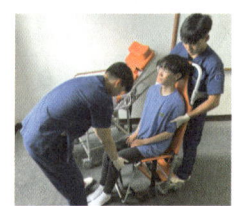

핵심 개념 리마인드

접이식 들것		좁은 곳을 통과할 때 유용 ▶ 천이나 유연물질로 만들어짐 ▶ 척추손상 의심 환자를 1인이 운반할 때에는 적절하지 않음
분리형 들것		주로 운동 중 사고나 골반측 손상에 사용 ▶ 알루미늄이나 경량의 철로 구성 ▶ 앙와위 환자를 움직이지 않고 들것에 고정 이동 가능 → 등 부분을 지지해 주지 못하기 때문에 척추손상 환자는 가급적 사용 금기
바구니형 들것		주로 고지대·저지대 구출용과 산악용으로 사용 ▶ 긴 척추 고정판으로 환자 고정 후 바스켓형에 환자를 결착 ▶ 플라스틱 재질은 자외선에 노출되면 변형될 수 있기 때문에 직사광선을 피해 보관

정답 ③

169

호흡기를 높은 수준으로 보호하나 피부와 눈은 level A보다 낮은 방호복으로 내화학 장갑, 내화학 안전화를 따로 착용하며 독립적인 호흡장치가 필요한 것이 특징인 방호복으로 옳은 것은?

① Level B
② Levle C
③ Levle E
④ Levle D

출제 키워드: 대량재난
기본서 다시보기: 응급처치학개론 p.75 [표34]

해설
① Level A: SCBA + 전신화학물질 – 저항 피부복
  → 최고 수준 호흡기, 눈, 점막, 피부 보호
Level B: 양압호흡기(SCBA or SAR) + 화학물질 – 저항 보호복, 장갑, 장화
  → 최고 수준 호흡기 보호, 낮은 수준 피부 보호
Level C: 공기정화기 + 화학물질 – 저항 보호복, 장갑, 장화
  → 낮은 수준의 호흡기 및 피부 보호
Level D: 호흡보조기 없음 + 수술 가운, 마스크, 라텍스 장갑
  → 호흡 보조기 없음, 최소 수준 피부 보호

핵심 개념 리마인드

등급	Level A	Level B	Level C	Level D
보호복				
사용구역	오염구역 (Hot zone)	오염통제구역 (Warm zone)	오염통제구역 내 제염 및 세척 시 사용 (Warm zone)	안전구역 (Cold zone)
방호수준	가장 높은 수준의 호흡기, 피부, 눈 보호	높은 수준의 호흡기 보호, 피부와 눈은 A등급보다는 낮음	피부, 호흡기 보호	피부, 호흡기 보호
특징	• 완전 밀폐형 내화학 안전화, 내화학 장갑 일체형 • 독립적 호흡장치(자급식 공기호흡기) 필요	• 내화학 장갑, 내화학 안전화 따로 착용 • 독립적 호흡장치(자급식 공기호흡기) 송기마스크 필요	• 내화학 보호복, 내화학 장갑, 내화학 안전화 따로 착용 • 호흡기보호구 방독면 착용 • 높은 방수성능	• 전신보호복 (일반적 감염 보호복) • N95(KF 94) 등급 마스크 • 장갑, 보안경, 안면보호구, 신발 덮개
노출	노출 없음	가스 및 증기가 목, 손목을 통해 노출 가능		
열방호성	열방호성 있음 • 화재현장 o	열방호작용 없음 • 화재현장 ×		
방호시간	1시간 이상	10분 이상		없음

정답 ①

170

다수사상자 사고 발생 시 환자이송에 관한 내용으로 옳은 것은?

① 응급환자와 긴급환자는 구급차 한 대에 2명씩 이송 가능하다.
② 비응급 환자는 신속한 재난 상황 해소를 위하여 가까운 병원으로 이송한다.
③ 지연 환자는 모두 구급차를 이용하여 즉시 영안실로 이송한다.
④ 다수의 비응급 환자이송을 위하여 버스를 사용할 수 있다.

출제 키워드: 대량재난
기본서 다시보기: 응급처치학개론 p.63

해설
① 긴급(적색) 환자, 응급(황색) 환자 순으로 구급차로 이송한다.
② 비응급(녹색) 환자는 빠른 재난상황 해소를 위해 원거리의 1, 2차 병원이나 임시 경증환자 치료소로 이송한다.
③ 지연 환자(흑색)는 구급차를 이용해 즉시 영안실로 이송할 필요는 없다.
④ 다수의 비응급(녹색) 환자들을 이송하기 위해 버스 사용을 고려할 수 있다.

정답 ④

171

1급 응급구조사인 구급대원이 심정지 상황에서 전문기도 유지술이 필요한 환자의 처치를 2급 구급대원에게 단독으로 시행시키고 현장을 떠난 경우 발생할 수 있는 법적 문제는?

① 과실
② 폭행
③ 직무태만
④ 방임

172

구급대원의 역할과 책임으로 옳은 것은?

① 환자를 이송기관에 인계할 때까지의 응급처치 내용을 모두 기록한다.
② 구조, 구급현장에서 자신의 안전보다 환자의 안전을 최우선으로 한다.
③ 환자평가 전에 응급 처치를 먼저 실시한다.
④ 환자의 상태와 상관없이 가장 가까운 의료기관으로 이송을 목표로 한다.

출제 키워드: 의료/법적 책임
기본서 다시보기: 응급처치학개론 p.25

해설 ④ 구급대원이 환자에게 적절한 치료를 계속 제공하지 않아 환자의 상태가 악화하는 상황이 발생하는 것을 방임이라 한다.

핵심 개념 리마인드 과실 VS 방임
- 과실: 구급대원이 환자에게 응급처치의 기준을 따르지 않아 상해가 발생하는 행위
  - ex 목의 통증을 호소하는 환자에게 사이즈가 작은 경추보호대임을 인지하였으나 그대로 착용시켜 마비가 온 경우
- 방임: 환자에게 지속적으로 요구되고 필요로 하는 처치를 적절하게 제공하지 않는 행위
  - ex 1급 구급대원이 자신보다 훈련 수준이 낮은 2급 구급대원에게 1급 범위의 환자 처치를 지시하는 경우
  - ex 구급대원이 의사나 간호사에게 환자 처치에 대해 제대로 인수인계를 하지 않고 환자 곁을 떠나는 경우

정답 ④

출제 키워드: 응급의료 인력의 역할과 책임
기본서 다시보기: 응급처치학개론 p.16~18

해설 ① 환자를 이송기관에 인계할 때까지의 응급처치 내용을 모두 기록한다.
② 응급현장에서 무엇보다 우선시 되는 것은 자신의 안전이다.
③ 응급처치 실시 전에 우선 환자평가를 실시해야 한다.
④ 구급대원은 환자의 중증도에 따라서 치료가 가능한 병원으로 이송해야 한다.

정답 ①

173

재난현장에서 대량 환자 발생 시 중증도 분류 기준에 따라 응급환자에 해당하는 환자는?

① 50대 남성 경추손상 의심
② 20대 남성 개방성 복부 손상
③ 30대 여성 중증 화상
④ 40대 여성 기도폐쇄 및 심한 호흡곤란

📝 출제 키워드　　　　　　　　　　　　대량재난
📖 기본서 다시보기　　　　　응급처치학개론 p.63 [표25]

해설 ③ 응급환자는 몇 시간 이내의 응급처치를 요하는 환자로 중증 화상, 중증출혈, 척추손상, 다발성 골절이 해당한다.

핵심 개념 리마인드

사망(흑색)	사망 생존불능
긴급(적색)	기도, 호흡, 심장 이상 조절 안 되는 출혈, 개방성 흉부 복부손상 심각한 두부 손상, 쇼크, 기도 화상 내과적 이상
응급(황색)	척수 손상, 다발성 주요 골절 중증의 화상, 단순 두부 손상
비응급(녹색)	경상의 합병증 없는 골절, 손상, 화상 정신과적인 문제

정답 ③

174

구급대원이 특수 상황 보고서를 작성해야 하는 환자는?

① 차량 충돌로 골반이 골절된 20대 여자
② 전염성 질환에 노출된 40대 남자
③ 뇌졸중이 의심되는 80대 여자
④ 발작이 지속되는 3세 남아

📝 출제 키워드　　　　　　　　　　　의료/법적 책임
📖 기본서 다시보기　　　　　　　응급처치학개론 p.45

해설 ② 아동학대, 중대 범죄에 의한 손상, 약물에 관련된 손상, 그 외에 자살, 물린 상처, 전염병, 성폭행 등에 관련된 환자에 대해서 특수 상황 보고서를 작성해야 한다.

핵심 개념 리마인드
① 아동학대
　▶ 우리나라에서도 어린이를 보호하도록 법령으로 규정해 놓고 있음
　▶ 이러한 보고가 가해자에 대한 비방 및 명예훼손이 될 수 있음
　　: 이로 인하여 고소를 당할 수 있으므로 보고서를 정확하고 명확히 객관적으로 작성하여야 함
② 중대한 범죄행위에 의한 손상 상해, 총상, 자상 또는 독약과 같은 중대한 범죄행위에 의하여 손상이 발생한 경우
③ 약물에 관련된 손상 어떤 경우에 있어서도 약물(마약, 향정신성 약물 등)에 관련된 손상은 반드시 보고해야 함
　: 따라서 구급대원은 어떠한 약물이 사용된 경우에 보고하여야 하는지 법의 규정에 대해서 잘 알고 있어야 함
④ 그 외에 보고해야 할 것들 자살기도, 교사상(목맴), 전염병, 성폭행 등에 대해서도 보고 필요

정답 ②

175

응급의료 전용 헬기에 포함된 의약품으로 알맞지 않은 것은?

① 혈압상승제
② 주사용 마약성 진통제
③ 부신피질호르몬제제
④ 근육이완제

📝 출제 키워드　　　　　　　　　　　　항공 이송

📁 기본서 다시보기　　　　　　　응급처치학개론 p.95

해설 ② 주사용 비마약성 진통제를 포함하고 있다.
선박 및 항공기에 갖추어야 하는 의료장비·구급의약품 및 통신장비의 기준은 보건복지부장관이 따로 정하여 고시한다.

핵심 개념 리마인드 응급의료 전용 헬기의 의약품

다. 구급의약품	1) 의약품	가. 비닐 팩에 포장된 수액제제(생리식염수, 5% 포도당용액, 하트만용액 등) 나. 에피네프린(심폐소생술 사용용도로 한정한다) 다. 아미오다론(심폐소생술 사용용도로 한정한다) 라. 주사용 비마약성진통제 마. 주사용 항히스타민제 바. 니트로글리세린(설하용) 사. 흡입용 기관지 확장제
	2) 소독제	가. 생리식염수(상처세척용) 나. 알콜(에탄올) 또는 과산화수소수 다. 포비돈액

정답 ②

176

다음 항공수신호의 뜻으로 알맞은 것은?

① 출입문 확인
② 정지
③ 브레이크 정렬
④ 직진

📝 출제 키워드　　　　　　　　　　　　항공 이송

📁 기본서 다시보기　　　　　　　응급처치학 개론 부록

핵심 개념 리마인드 항공수신호

출입문 확인　　　정지

브레이크 정렬

정답 ④

177

항공기 이송 시 고도 상승에 따른 변화요소를 알맞게 정렬한 것은?

① 온도 저하, 산소 저하, 공기 수축
② 온도 상승, 산소 증가, 공기 팽창
③ 온도 저하, 산소 저하, 공기 팽창
④ 온도 상승, 산소 증가, 공기 수축

출제 키워드 항공 이송
기본서 다시보기 응급처치학개론 p.127

해설 ③ 고도가 상승함에 따라 공기가 팽창되고 산소가 저하된다. 또한 온도는 떨어진다.

핵심 개념 리마인드
- **산소저하**: 고도가 상승할수록 공기 산소분압, 폐포 산소분압, 혈중 산소분압이 저하된다. 따라서 중증 환자나 호흡곤란 환자의 경우 상태 악화 가능성이 있으므로 주의해야 한다.
- **공기팽창**: 고도가 상승할수록 일정 용적 안의 공기가 팽창되므로 기관내 삽관 튜브내의 공기팽창으로 기관지가 압박될 수 있다는 것을 주의한다.
- **온도저하**: 고도가 상승할수록 온도가 저하되므로 보온에 주의한다.

정답 ③

178

다음 재난의 종류 중 사회적 재난에 해당하는 재난은?

① 소행성 추락
② 미세먼지
③ 화산활동
④ 낙뢰

출제 키워드 재난
기본서 다시보기 응급처치학개론 p.50

해설 ② 소행성 추락, 화산활동, 낙뢰는 자연재난이다.

핵심 개념 리마인드 **재난의 종류**
(1) **자연재난**
태풍, 홍수, 호우(豪雨), 강풍, 풍랑, 해일(海溢), 대설, 한파, 낙뢰, 가뭄, 폭염, 지진, 황사(黃砂), 조류(藻類) 대발생, 조수(潮水), 화산활동, 소행성·유성체 등 자연우주물체의 추락·충돌, 그밖에 이에 준하는 자연현상으로 인하여 발생하는 재해

(2) **사회재난**
화재·붕괴·폭발·교통사고(항공사고 및 해상사고를 포함한다)·화생방사고·환경오염사고 등으로 인하여 발생하는 대통령령으로 정하는 규모 이상의 피해와 국가핵심기반의 마비, 「감염병의 예방 및 관리에 관한 법률」에 따른 감염병 또는 「가축전염병예방법」에 따른 가축전염병의 확산, 「미세먼지 저감 및 관리에 관한 특별법」에 따른 미세먼지 등으로 인한 피해, 「우주개발 진흥법」에 따른 인공우주물체의 추락·충돌 등으로 인한 피해

정답 ②

179

재난 발생에 의한 대량 환자를 나누는 중증도 분류 중 처치의 우선순위가 높은 색상을 바르게 나열한 것은?

① 검정색 – 녹색 – 황색 – 적색
② 적색 – 황색 – 녹색 – 검정색
③ 적색 – 녹색 – 황색 – 검정색
④ 적색 – 황색 – 검정색 – 녹색

💬 출제 키워드 　　　　　　　　　　　　대량재난

📁 기본서 다시보기 　　　　　　　　　응급처치학개론 p.63

해설 ② 대량재난 시에는 국제공용으로 사용되는 응급환자 분류표에 의해 환자를 분류하면 긴급(적색) > 응급(황색) > 비응급(녹색) > 지연(검정색) 순으로 이송을 진행한다. 긴급이나 응급환자는 헬기나 응급차량으로 인근 3차 병원으로 이송하고 비응급환자는 비교적 원거리의 1·2차 병원으로 이송한다.

핵심 개념 리마인드

사망(흑색)	사망 생존불능
긴급(적색)	기도, 호흡, 심장 이상 조절 안 되는 출혈, 개방성 흉부 복부손상 심각한 두부 손상, 쇼크, 기도 화상 내과적 이상
응급(황색)	척수 손상, 다발성 주요 골절 중증의 화상, 단순 두부 손상
비응급(녹색)	경상의 합병증 없는 골절, 손상, 화상 정신과적인 문제

정답 ②

180

생물체가 아닌 환경으로부터 세균의 아포를 제외한 미생물을 제거하는 과정으로 옳은 것은?

① 멸균(Sterilization)
② 제독(Decontamination)
③ 살균(Sterilization)
④ 소독(Disinfecting)

💬 출제 키워드 　　　　　　　　　　　　소독과 멸균

📁 기본서 다시보기 　　　　　　　　　응급처치학개론 p.78

해설 ④ 생물체가 아닌 환경으로부터 세균의 아포를 제외한 미생물을 제거하는 과정은 소독에 관한 설명이다.

핵심 개념 리마인드

세척	대상물로부터 모든 이물질(토양, 유기물 등)을 제거하는 과정 → 소독과 멸균의 가장 기초 단계로 일반적으로 물과 기계적인 마찰, 세제를 사용
소독	생물체가 아닌 환경으로부터 세균의 아포를 제외한 미생물을 제거하는 과정 → 일반적으로 액체 화학제, 습식 저온 살균제에 의해 이루어짐
높은	노출 시간이 충분하면 일부 세균의 아포까지 죽일 수 있고 모든 미생물을 파괴할 수 있음 → 기관지내시경, 마질겸자, 기도확보에 사용되는 기구 등 점막에 접촉한 모든 기구에 사용
중간	결핵균, 진균을 불활성화, 세균 아포는 박멸하지 못함 → 청진기, 부목, 혈압계와 같이 피부와 접촉하는 장비를 소독
낮은	세균, 일부 바이러스, 진균을 박멸하지만, 결핵 균이나 세균 아포 등과 같이 내성이 있는 미생물은 죽이지 못함
멸균	물리적, 화학적 과정을 통하여 모든 미생물을 완전하게 제거하고 파괴 ▶ 환자의 점막에 접촉한 장비(후두경) 침습적 기구는 세척 이후 화학 멸균제에 노출 혹은 고압증기멸균을 실시
살균제	미생물 중 병원성 미생물을 사멸시키기 위한 물질 → 피부소독제: 피부나 조직에 사용하는 살균제
화학제	진균과 박테리아의 아포를 포함한 모든 형태의 미생물을 파괴하는 것, 화학멸균제라고도 함 → 단기간 접촉되는 경우 높은 수준의 소독제로 작용할 수 있음

정답 ④

181

재난체계의 분류 중 대비 단계 해당하는 설명은?

① 종합상황실에 보고하여 재난응급의료체계를 재빠르게 활성화하는 단계이다.
② 재난 피해 상황을 파악 및 보고하고, 긴급 복구 운영하는 단계이다.
③ 필요 시 재원 집결지, 자원대기소를 설치 및 운영하는 단계이다.
④ 소방은 119 종합 상황실을 통한 통합 감시체계를 운영하는 단계이다.

📝 출제 키워드 대량재난
📂 기본서 다시보기 응급처치학개론 p.53~54

해설 ① 대응단계 설명
② 회복단계 설명
③ 회복단계 설명
④ 재난은 예방, 대비, 대응, 복구 단계로 구분된다. 대비단계는 예방단계를 포함한다.

핵심 개념 리마인드
대비 단계(예방을 포함)
▸ 소방은 119 종합 상황실을 통한 통합 감시체계를 운영 : 24시간 재난 상황을 감시, 재난 핫라인을 운영, 중앙응급의료상황실에 상황을 전파하며 DMAT 요청체계를 유지
▸ 재난 대비 긴급구조대응 계획 수립 및 시행
▸ 긴급구조통제단 운영
▸ 재난상황에 대한 재난 대비
▸ 긴급 종합구조훈련 시행
▸ 유관기관 합동 재난훈련 시행
▸ 재난 대응자원(인력 시설, 장비 등) 관리 및 운영

정답 ④

182

재난주기에 대한 설명으로 알맞게 짝지어진 것은?

① 무활동주기: 재난과 재난 사이의 기간
② 전구기(경고기): 사고 발생과 동시에 시작되는 기간
③ 충격기: 사고의 명확한 징후를 확인하는 기간
④ 구조기: 피해자, 기타 지역 사회 구성원들의 저항적인 생활을 위한 전반적인 서비스를 제공하는 기간

📝 출제 키워드 대량재난
📂 기본서 다시보기 응급처치학개론 p.52~53

해설 ① 무활동기는 재난과 재난 사이의 기간으로 잠재적 위험성이 있다. 제도 정비, 안전점검, 시설 확충 등 예방 활동에 중점을 둔다.
② 전구기(경고기): 사고의 명확한 징후를 확인하는 기간
③ 충격기: 사고 발생과 동시에 시작되는 기간
④ 구조기: 사고 직후 주변인을 통해 인명을 구할 수 있는 기간

핵심 개념 리마인드

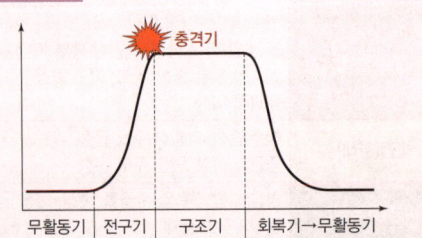

정답 ①

183

임시의료소를 설치해야 하는 상황으로 알맞지 않은 것은?

① 재난 규모가 통제 및 사상자의 분류, 응급처치 또는 이송이 필요한 경우
② 출동한 소방력을 초과한 사상자가 발생한 경우나 유관 기관의 의료지원이 필요한 경우
③ 경찰 인력이 재난현장에 임시의료소 설치 및 운영이 필요하다고 판단하는 경우
④ 다수사상자로 환자의 분류 및 구역 배정이 필요한 경우

🔹 출제 키워드   대량재난

📖 기본서 다시보기   응급처치학개론 p.59

해설 ③ 현장지휘관이 재난현장에 임시의료소 설치 및 운영이 필요하다고 판단하는 경우 임시의료소를 설치해야 한다.

핵심 개념 리마인드 임시의료소를 설치해야 하는 상황
① 재난현장에 다수사상자 발생으로 요구조자의 구조가 수 시간 이상 지속될 것이 예상되는 경우
② 다수사상자로 인해 환자의 분류 및 구역 배정이 필요한 경우
③ 출동한 소방력을 초과한 사상자가 발생한 경우나 유관기관의 의료 지원 등이 필요한 경우
④ 재난 규모가 통제 및 사상자의 분류, 응급처치 또는 이송이 필요한 경우
⑤ 현장지휘관이 재난현장에 임시의료소 설치·운영이 필요하다고 판단하는 경우

정답 ③

184

특수 구급차에 갖춰져 있는 환자 평가용 의료장비로 옳지 않은 것은?

① 휴대용 혈압계
② 휴대용 산소포화농도 측정기
③ 청진기
④ 휴대용 간이인공호흡기

🔹 출제 키워드   구급차 장비기준

📖 기본서 다시보기   응급처치학개론 p.94

해설 ④ 휴대용 간이 인공호흡기는 응급처치용 의료장비 중 호흡유지기구에 속한다.

핵심 개념 리마인드

구분	장비 분류	장비
가. 환자 평가용 의료장비	신체 검진	가. 환자감시장치(환자의 심전도, 혈중산소포화도, 혈압, 맥박, 호흡 등의 측정이 가능하고 모니터로 그 상태를 볼 수 있는 장치) 나. 혈당측정기 다. 체온계(쉽게 깨질 수 있는 유리 등의 재질로 되지 않은 것) 라. 청진기 마. 휴대용 혈압계 바. 휴대용 산소포화농도 측정기
나. 응급 처치용 의료 장비	1) 기도 확보 유지	가. 후두경 등 기도삽관장치(기도삽관튜브 등 포함) 나. 기도확보장치(구인두기도기, 비인두기도기 등)
	2) 호흡 유지	가. 의료용 분무기(기관제 확장제 투여용) 나. 휴대용 간이인공호흡기(자동식) 다. 성인용·소아용 산소 마스크(안면용·비재호흡·백밸브) 라. 의료용 산소발생기 및 산소공급장치 마. 전동식 의료용 흡인기(흡인튜브 등 포함)
	3) 심장 박동 회복	자동심장충격기(Automated External Defibrillator)
	4) 순환 유지	정맥주사세트
	5) 외상 처치	가. 부목(철부목, 공기 또는 진공부목 등) 및 기타 고정장치(경추·척추보호대 등) 나. 외상처치에 필요한 기본 장비(압박붕대, 일반거즈, 반창고, 지혈대, 라텍스장갑, 비닐장갑, 가위 등)

정답 ④

185

대형버스 3중 추돌 사고로 대량환자가 발생하였다. 기도를 유지했어도 호흡이 정지한 환자를 발견했을 때 옳은 중증도 분류는?

① 비응급 환자
② 응급 환자
③ 긴급 환자
④ 지연 환자

📩 출제 키워드   대량재난

📖 기본서 다시보기   응급처치학개론 p.63~64 [표26]

해설 ④ 대량 환자가 발생한 상황에서 중증도 분류를 위해 호흡이 없는 사람에게 기도 유지를 해 보아도 호흡이 없을 경우에는 지연 환자로 분류된다.

핵심 개념 리마인드

보행 가능		걸을 수 있는 환자는 지정된 장소로 이동	비응급
보행 불가		의식 장애, 호흡수 30회/분 이상, 노동맥 촉지 불가능	긴급
		의식 명료, 호흡수 30회/분 미만, 노동맥 촉지 가능	응급
		기도 개방 후에도 무호흡, 무맥	지연

정답 ④

186

[2024년 소방공무원 경력경쟁 채용시험 3번]

환자의 가족에게 사망 소식을 전할 때 구급대원의 행동으로 옳지 않은 것은?

① 유가족 대표에게 사망 사실을 전한다.
② 간접적이고 완곡한 표현으로 사망 사실을 전한다.
③ 자신을 소개하고 주관적인 내용을 덧붙이지 않는다.
④ 적절한 표정과 몸짓 등의 비언어적 의사소통을 사용한다.

📩 출제 키워드   구급대원의 스트레스관리

📖 기본서 다시보기   응급처치학개론 p.20

해설 ② 말을 할 때 신중한 단어 선정에 유의하는 것은 큰 도움이 된다. 다소 직설적이게 들릴 수 있지만, 완곡한 표현으로 인한 오해를 피하기 위해 "사망하셨다", "목숨을 잃었다"라는 식의 직접적인 말을 사용해야 한다. 최대한 부드럽게 눈을 바라보면서 적절하다면 조심스럽게 팔을 잡거나 손을 잡아주면서 위로의 마음을 건넨다.

핵심 개념 리마인드

㉮ 유가족 대표에게 사망 사실을 전함
㉯ 자신을 소개하고 주관적인 내용을 덧붙이지 않아야 함
→ 다소 직설적으로 들릴 수 있지만, 완곡한 표현으로 인한 오해를 피하기 위해 "사망하셨다", "목숨을 잃었다"라는 식의 직접적인 말을 사용

ex ▸ 가족 분이 목숨을 잃었습니다.
    ▸ 그 누구도 더 이상 손을 쓸 수가 없는 상황이었습니다.
    ▸ 필요하다면 생존자를 도울 응급구조사와 응급의료서비스가 마련되어 있습니다.
        – 죽음과 같이 스트레스가 높은 소식을 접한 생존자에게 의학적으로 응급상황 종종 발생
    ▸ 의학적 평가나 검시관의 현장 검사와 같은 병원전 사망 사고에 대한 현지의 대응 절차에 대한 정보 제공

㉰ 적절한 표정과 몸짓 등의 비언어적 의사소통을 사용
→ 최대한 부드럽게 눈을 바라보면서 적절하다면 조심스럽게 팔을 잡거나 손을 잡아주면서 위로의 마음을 건네야 함

㉱ 금기사항
→ 사망 소식을 전할 때 신의 뜻이라거나 고통의 위로와 같은 주관적인 언급은 삼가해야 함
   사망한 사람과의 관계나 종교적 성향을 모르는 상태에서는 언행에 조심을 기해야 함

정답 ②

187 [2023년 소방공무원 경력경쟁 채용시험 2번]

한스 셀리(Hans Selye)의 스트레스 단계로 옳은 것은?

> 자신을 괴롭히는 스트레스에 대응하면서 시작된다. 시간이 지나면서 스트레스 원인에 무뎌지고 적응하게 된다. 맥박이나 혈압과 같은 생리적 지표가 정상으로 돌아올 수 있다.

① 경고 단계 ② 저항 단계
③ 소진 단계 ④ 심각 단계

출제 키워드 구급대원의 스트레스관리
기본서 다시보기 응급처치학개론 p.21

해설 ① 경고 단계 : 신체가 감지된 위협에 대해 신속히 방어하기 위해 투쟁
③ 소진 단계 : 스트레스에 적응하는 개인의 능력 소진 및 스트레스 원에 대한 저항력 감소

핵심 개념 리마인드

1단계 경고	• 신체가 감지된 위협에 대해 신속히 방어하기 위해 투쟁 – 도피단계를 거침 • 신체는 스트레스 반응이 제거되기 전까지 이상반응을 보임 : 심박수 증가, 동공 확대, 혈당 증가, 소화 둔화, 기관지 이완 등
2단계 저항	• 스트레스에 대한 대응을 시작하는 단계 • 시간이 지남에 따라 스트레스에 적응하게 되어 신체적 반응이 정상으로 돌아옴
3단계 소진	• 오랫동안 스트레스에 노출된 경우 • 스트레스에 적응하는 개인의 능력 소진 및 스트레스 원에 대한 저항력 감소 • 신체 및 정신적 질병에 대한 감수성이 증가됨 • 회복을 위한 휴식 및 회복기를 갖는 것이 필요함

정답 ②

188 [2024년 소방공무원 경력경쟁 채용시험 2번]

다음 설명에 해당하는 스트레스로 옳은 것은?

> • 외상후스트레스장애(PTSD)라고도 한다.
> • 특정 사건에 의해 발생하며 증상과 징후는 사건을 경험한 이후 수일, 수개월 후에 발생하기도 한다.

① 급성 ② 지연
③ 축적 ④ 소진

출제 키워드 스트레스 반응의 종류
기본서 다시보기 응급처치학개론 p.22

해설 ① 급성: 특정한 사건을 겪은 직후 발생, 신체적, 정신적기능 장애 유발
② 지연: PTSD, 급격한 스트레스를 겪은 이후 발생, 수개월 이후 발현도 가능
③ 축적: 반복되는 스트레스에 노출에 의하여 발생

핵심 개념 리마인드 임시의료소를 설치해야 하는 상황

㉮ 급성반응: 위기적 사건과 동시에 혹은 직후에 나타나며 대부분 의학적 중재가 불필요한 상태
  ▶ 급성 의학적 문제(흉통, 호흡곤란, 심계항진) 혹은 급성 심리적 문제(주체할 수 없는 통곡, 부적절한 행동, 비합리적 사고, 공황반응)는 신속한 중재가 필요함.
㉯ 지연반응(외상후 스트레스 장애): 사건 후 수일에서 수개월 후 언제라도 발생하며 정신보건 전문가의 중재가 반드시 필요
㉰ 축적반응(소진): 개인의 업무나 생활 속에서 지속적으로 반복되는 스트레스

정답 ②

189

[2024년 소방공무원 경력경쟁 채용시험 8번]

이서슨(K. V. Iserson)의 간편 윤리성 테스트 중 환자가 해당 응급처치를 원할 것인지를 응급구조사가 환자의 입장에서 판단하는 테스트로 옳은 것은?

① 공평성 ② 일반화
③ 상호타당성 ④ 보편가능성

📝 출제 키워드   간편윤리성테스트
📖 기본서 다시보기   응급처치학개론 p.35

해설 ① 환자가 해당 응급처치를 원할 것인지를 응급구조사가 환자의 입장에서 판단하는 테스트는 공평성 테스트이다.

핵심 개념 리마인드
- 보편화가능성 테스트(universalizability test): 보편화가능성 테스트는 응급구조사가 해당 조치를 모든 유사 상황에 적용할지 여부를 판단하는 것으로 판단의 편협성을 최소화할 수 있음
- 상호타당성 테스트(interpersonal justifiability test): 상호 타당성 테스트를 통해 응급구조사의 행동이 타인의 앞에서 변론 혹은 정당화할 수 있는지를 판단할 수 있다. 이는 자신의 행동에 대해 타인도 합당하다고 생각할 것이라는 응급구조사의 판단을 통해 행동의 타당성을 보장함

정답 ①

190

[2024년 소방공무원 경력경쟁 채용시험 13번]

재난 상황에서 통신량의 폭증으로 발생하는 통신 부재상황을 일컫는 요소로 옳은 것은?

① 연합효과 ② 바벨효과
③ 지리적효과 ④ 이중파동현상

📝 출제 키워드   재난 발생시 영향
📖 기본서 다시보기   응급처치학개론 p.56

해설 ② 재난 상황에서 통신량의 폭증으로 발생하는 통신 부재상황을 일컫는 요소를 바벨효과라 한다.

핵심 개념 리마인드

이중파동 현상	▸ 1차 파동: 재해 발생 후 15~30분 이내에 자력 대피한 경증환자들이 인근 병원 응급실로 집중 ▸ 2차 파동: 재해 발생 후 30~60분 이내 구조된 긴급 또는 응급 환자들이 인근 병원 응급실로 집중 : 긴급환자 내원 전에 경증환자들로 응급실이 채워지는 상황 초래 ▸ 대책: 환자 중증도 분류 원칙 적용
지리효과	▸ 인근 병원으로 환자가 집중되어 사상자 이송체계가 왜곡되는 현상 ▸ 대책: 경상자는 원거리 병원 이송
바벨효과 (단절효과)	▸ 통신량의 포화상태로 통신불능상태 초래, 장비유지 및 보수 지연 : 여러 사람이 한꺼번에 전화통화 시도 ▸ 무전기 사용 등을 고려하여 비상채널 마련해야 함 ▸ 새로운 기술의 접목, 재난체계 정비 및 행동양식의 변화 필요
연합효과	▸ 초기 긍정적 효과: 재난발생 지역의 주민, 자발적 의료지원인력, 병원인력 등 ▸ 부정적 효과: 통제되지 않는 자원봉사자 및 일반구조인력, 재난훈련되지 않은 의료인력 파견 자제 → 비전문가에 의한 중증도 분류 활동 방해 **ex** 척추손상 환자를 고정 없이 끌어내는 등 환자들이 체계적으로 구조되지 않아 중증도 분류 시간 지연 및 집계 불가

정답 ②

191 [2023년 소방공무원 경력경쟁 채용시험 7번]

사고 현장에서 구급차의 안전한 정차 및 주차 위치에 관한 내용으로 옳은 것은?

① 자동차 화재가 있는 경우에는 현장에서 최소 15m 떨어진 곳에 주차한다.
② 언덕이나 커브가 있는 도로에 주차할 때에는 반드시 바퀴에 고임목을 괸다.
③ 사고 현장에서 유독 가스가 유출되는 경우 바람이 구급대원에게 불어오는 방향으로 주차한다.
④ 차량의 후방에 위치할 경우에는 다른 차량 운전자의 눈부심을 방지하기 위해 비상등을 끄둔다.

192 [2024년 소방공무원 경력경쟁 채용시험 7번]

구조 8단계 중 기본원칙의 순서로 옳은 것은?

① 현장안전→응급처치→장애물제거 및 구출→이송준비
② 응급처치→현장안전→장애물제거 및 구출→이송준비
③ 현장안전→장애물제거 및 구출→응급처치→이송준비
④ 장애물제거 및 구출→응급처치→현장안전→이송준비

출제 키워드   최초도착 차량배치요령

기본서 다시보기   응급처치학개론 p.60

해설 ① 최소 30m 밖에 위치에 주차한다.
③ 바람을 등진 방향으로 주차한다.
④ 경광등과 전조등을 끄고 비상등만 작동시킨다.

핵심 개념 리마인드
- 도로 외측에 정차시켜 교통장애를 최소화
- 도로에 주차: 차량주위에 안전표지판을 설치 혹은 비상등 작동
  → 비탈진길에 주차할 경우 안전을 위해 고임목으로 고정해야 함
- 구급차 전면이 주행 차량 전면을 향한 경우: 경광등과 전조등을 끄고 비상등만 작동
- 전기줄이 지면에 노출된 경우에는 전봇대와 전봇대를 반경으로 한원의 외곽에 주차
- 차량화재가 있는 경우 화재차량으로부터 30m 밖에 위치
- 폭발물이나 유류를 적재한 차량으로부터는 600~800m 밖에 위치
- 화학물질이나 유류가 누출되는 경우 물질이 유출되어 흘러내리는 방향의 반대편에 위치
- 유독가스가 누출되는 경우에는 바람을 등진 방향에 위치

정답 ②

출제 키워드   구조8단계

기본서 다시보기   응급처치학개론 p.62

해설 ① 차량 구조과정 10단계
1. 구조 준비: 보호 장비 및 구출장비
2. 상황 평가: 현장 위험평가
3. 위험 인식 및 관리(안전관리) – 감염의 방지
4. 차량 고정
5. 환자 접근
6. 초기 환자 평가 및 빠른 외상평가
7. 노출(장애물 제거)
8. 환자 고정 및 구출
9. 정밀 신체검진, 중간평가, 처치, 적절한 병원 이송
10. 구조 종결

정답 ①

193 [2023년 소방공무원 경력경쟁 채용시험 9번]

다수사상자가 발생한 교통사고 현장에서 40대 남자에 대한 평가가 다음과 같을 때, 이 환자의 중증도 분류로 옳은 것은?

- 호흡 32회/분
- 맥박 98회/분
- 의식 명료
- 개방성 가슴 열상

① 긴급환자
② 응급환자
③ 비응급환자
④ 지연환자

출제 키워드: 응급환자분류표
기본서 다시보기: 응급처치학개론 p.63

해설 ① 개방성 흉부 복부 손상은 긴급환자이다.

핵심 개념 리마인드

사망(흑색)	사망 생존불능
긴급(적색)	기도, 호흡, 심장 이상 조절 안 되는 출혈, 개방성 흉부 복부손상 심각한 두부 손상, 쇼크, 기도 화상 내과적 이상
응급(황색)	척수 손상, 다발성 주요 골절 중증의 화상, 단순 두부 손상
비응급(녹색)	경상의 합병증 없는 골절, 손상, 화상 정신과적인 문제

정답 ①

194 [2024년 소방공무원 경력경쟁 채용시험 12번]

START 분류법에 따른 중증도 분류 시 혼자 걷거나 움직이는 것이 불가능하지만 호흡, 맥박, 의식에는 문제가 없는 환자의 중증도 분류색으로 옳은 것은?

① 흑색
② 녹색
③ 황색
④ 적색

출제 키워드: START분류법
기본서 다시보기: 응급처치학개론 p.64

해설 ③ 혼자 걷거나 움직이는 것이 불가능하지만 호흡, 맥박, 의식에는 문제가 없는 환자의 중증도 분류색은 황색이다.

핵심 개념 리마인드 START 분류법

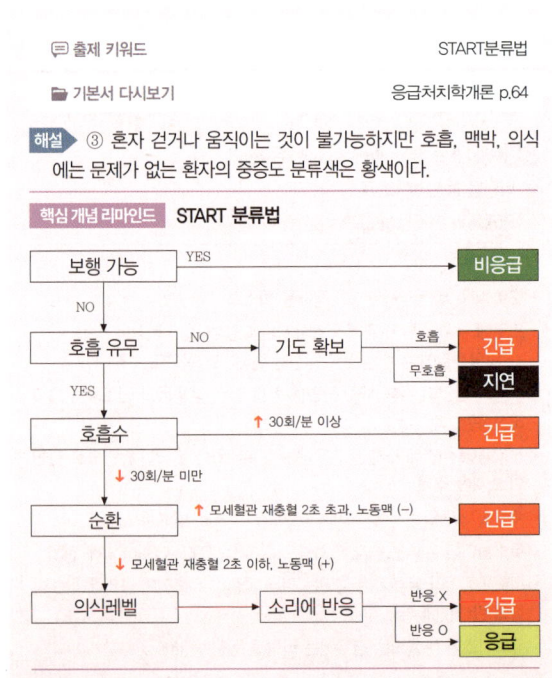

정답 ③

195 [2023년 소방공무원 경력경쟁 채용시험 10번]

유해화학물질 사고로 오염된 인근 구역을 나타낸 것이다. 제독(제염)을 실행하고 적절한 보호구를 착용해야 하는 구역으로 옳은 것은?

① 위험구역　② 통제구역
③ 안전구역　④ 적색구역

📋 출제 키워드　　　　　　　　　　　　　위험물질 사고현장

📖 기본서 다시보기　　　　　　　　　응급처치학개론 p.70

해설 ② 제독(제염)을 실행하고 적절한 보호구를 착용해야 하는 구역은 통제구역이다.

핵심 개념 리마인드

오염 구역에서의 구급활동
오염 구역에서는 환자의 빠른 이송에 집중 → 환자 이동으로 인한 오염 구역이 확장되는 것을 주의해야 함
① 빠른 환자 이동(단, 척추손상 환자 시 빠른 척추고정 적용)
② 오염된 의복과 액세서리를 현장에서 가위를 이용해 제거 후 사용한 의료기구 및 의복은 현장에 남겨두고 환자만 이동(의복 및 의료기구는 오염되었다는 가정)
③ 들것에 시트 2장 또는 이불을 가져다 옷을 제거한 환자의 신체를 덮어주어야 함
④ 환자의 추가 호흡기계 오염을 방지하기 위해서 독립적 호흡장치(SCBA) 사용
⑤ 양압환기가 필요한 환자의 경우 산소저장낭이 달린 BVM 사용

오염 통제 구역에서의 구급활동
① 오염 통제 구역은 오염 구역과 안전 구역 사이에 위치
　▶ 제독 텐트 및 필요 시 펌프차량 등이 위치해 오염을 통제하는 구역
　▶ 오염 가능성이 있는 곳으로 적정 장비 및 훈련을 받은 최소인원으로 구성되어 제독활동을 진행해야 함
② 오염 구역 활동이 끝난 후에는 대원들은 자신도 제독활동을 해야 함
③ 제독텐트는 좌·우로 남녀를 구분하여 처치하며 보통 가운데 통로는 대원들이 사용함
④ 오염 통제 구역 내 구급처치는 기본인명소생술로 기도, 호흡, 순환(지혈), 경추 고정, CPR, 전신 중독 평가 및 처치가 포함
　ex 정맥로 확보 등과 같은 침습성 처치는 가급적 제독 후 안전 구역에서 실시해야 하며 오염 통제 구역에서 사용한 구급장비는 안전 구역에서 사용해서는 안 됨

안전 구역에서의 구급활동
현장지휘소 및 인력·자원 대기소 등 현장활동 지원을 하는 구역
　▶ 대량환자의 경우 명확한 환자 분류(Triage)를 통해 환자를 분류한 후 우선순위에 따라 병원으로 이송

정답 ②

196 [2023년 소방공무원 경력경쟁 채용시험 8번]

「응급의료에 관한 법률 시행규칙」상 구급차의 관리방법으로 옳은 것은?

① 감염예방을 위하여 구급차는 월 1회 이상 소독하여야 한다.
② 사고를 대비한 책임보험 및 종합보험에 가입되어 있어야 한다.
③ 구급차의 연료는 최대주입량의 5분의 1 이상인 상태로 유지해야 한다.
④ 구급차의 감염관리를 위한 세부사항은 소방본부장이 정하는 방법에 따른다.

📋 출제 키워드　　　　　　　　　　　　　구급차관리

📖 기본서 다시보기　　　　　　　　　응급처치학개론 p.77

해설 ① 감염예방을 위하여 구급차등은 주 1회 이상 소독해야 한다.
③ 구급차의 연료는 최대주입량의 4분의 1 이상인 상태로 유지해야 한다.
④ 감염관리를 위한 소독약제, 감염관리방법 등 기타 세부 사항은 보건복지부장관이 정하는 방법에 따른다.

핵심 개념 리마인드

③ 구급차등의 의료장비, 구급의약품, 통신장비, 구급차 운행기록장치 및 영상기록장치, 구급차 요금미터장치 및 영상정보처리기기가 항상 사용 가능한 상태로 유지되어야 한다.
④ 구급차등의 의료장비 및 구급의약품은 적정한 온도와 습도 등을 유지하여 보건위생상 위해가 없고 효능이 떨어지지 않도록 관리되어야 한다.
⑥ 사고를 대비한 책임보험 및 종합보험에 가입되어 있어야 하고, 비상등, 신호탄, 소화기 및 보온 포가 준비되어야 한다.
⑦ 구급차등의 통신장비는 응급의료지원센터 및 응급의료기관과 항상 교신이 이루어 질 수 있도록 관리되어야 한다.
⑧ 구급차는 「구급차의 기준 및 응급환자이송업의 시설 등 기준에 관한 규칙」에서 정하는 사항에 따라 관리·운영되어야 한다.
⑨ 구급차등의 내부에 환자 또는 그 보호자가 잘 볼 수 있도록 해당 구급차등의 이송처치료의 금액을 나타내는 표를 부착하여야 하고, 환자를 이송하는 경우에는 환자 또는 그 보호자에게 구급차의 이송요금에 관한 사항을 알려야 한다.
⑩ 구급차 요금미터장치가 장착된 구급차의 내부에는 신용카드 결제기를 설치하여야 하고, 환자를 이송하는 경우에는 요금미터장치를 사용하여 운행하여야 하며, 환자 또는 그 보호자가 신용카드 결제를 요구하면 응하여야 한다.
⑪ 구급차등의 운행기록을 기재하는 구급차등 운행기록 대장을 비치·작성하고 구급차등 운용자는 이를 3년간 보관하여야 한다.

정답 ②

197 [2024년 소방공무원 경력경쟁 채용시험 13번]

「119구조·구급에 관한 법률 시행령」상 감염관리대책에 관한 설명이다. ( ) 안에 들어갈 내용으로 옳은 것은?

> 구급대원은 근무 중 위험물·유독물 및 방사성물질에 노출되거나 감염성 질병에 걸린 응급환자와 접촉한 경우에는 그 사실을 안 때부터 ( ) 이내에 소방청장 등에게 보고하여야 한다.

① 12시간 ② 24시간
③ 48시간 ④ 72시간

출제 키워드 감염 노출 후 처치
기본서 다시보기 응급처치학개론 p.81

해설 ③ 구급대원은 근무 중 위험물·유독물 및 방사성물질에 노출되거나 감염성 질병에 걸린 응급환자와 접촉한 경우에는 그 사실을 안 때부터 48시간 이내에 소방청장등에게 보고하여야 한다.

핵심 개념 리마인드

감염병 노출 의심	감염노출 후 처치자가 실시할 사항
• 주사바늘에 찔린 경우 • 잠재적인 전염성 물체에 의해 베인 경우 • 혈액 또는 기타 잠재적인 감염성 물체가 눈, 점막 또는 상처에 튄 경우 • 포켓마스크나 one-way valve가 없이 입 대 입 인공 호흡을 실시한 경우 • 처치자가 느끼기에 심각하다고 판단되는 기타 노출	• 피부에 상처가 난 경우는 즉시 찔리거나 베인 부위에서 피를 짜내고 소독제를 바름 • 점막이나 눈에 환자의 혈액이나 체액이 노출된 경우는 노출 부위를 흐르는 물이나 식염수로 세척 • 기관의 감염노출 관리 과정에 따라 보고하고 적절한 조치를 받아야 함 • 필요한 처치 및 검사를 48시간 이내에 받아야 함

정답 ③

198 [2024년 소방공무원 경력경쟁 채용시험 1번]

환자를 올바르게 들어 올리는 방법으로 옳지 않은 것은?

① 허리 근육을 이용해 들어 올린다.
② 무릎을 굽히고 궁둥 부위를 내린 자세에서 들어 올린다.
③ 들어 올릴 자신이 없는 경우 도움을 받아서 들어 올린다.
④ 환자를 자신의 신체나 무게 중심에 가까이 두고 들어 올린다.

출제 키워드 환자의 신체역학
기본서 다시보기 응급처치학개론 p.84

해설 ① 환자를 들어 올릴때에는 신체역학을 고려하여 큰근육(허벅지와 엉덩이)을 사용해야 한다.

핵심 개념 리마인드
1) 신체역학의 기본원리
① 큰 근육을 사용하는 것이 작은 근육을 사용하는 것보다 덜 피로해짐
② 중력선이 바닥면을 지나면 균형이 유지되고 근육의 과도한 긴장을 줄일 수 있음
③ 바닥면이 넓을수록 무게중심이 낮을수록 물체의 안정성은 커짐
④ 신체의 무게중심 가까이 있는 물체는 적은 노력으로도 움직일 수 있음
⑤ 바닥면이 넓어질수록 최소의 노력으로 균형이 유지됨
⑥ 활동을 하거나 자세를 변경하는 것은 근육의 긴장도를 유지하고 피로를 예방
⑦ 물체를 밀거나 잡아당기는 것이 물체를 드는 것보다 힘이 덜 듦
⑧ 환자 이동 시 구조자의 체중이 환자의 체중과 상호작용을 하면 에너지가 적게 소비됨
⑨ 큰 근육군을 동시에 사용하면 근력을 증가시키고 근육의 피로와 손상도 방지할 수 있음

2) 환자 이동에서의 신체역학
① 들어올릴 때 허리와 등을 일직선으로 유지하고 다리, 엉덩이의 근육을 이용한다.
  ▶ 허리 근육은 다리 근육보다 약하기 때문에 큰 근육인 다리와 엉덩이 근육을 사용
  ▶ 들어올릴 때 몸을 틀거나 비틀지 말아야 하며, 다른 동작을 하게 되면 부상의 원인이 될 수 있다.
② 다리를 약간 벌리고 발끝을 밖으로 향하게 한다.
③ 환자 이동 시 환자를 가능한 한 몸 가까이 붙이고, 몸에서 멀어질수록 부상의 가능성은 높아진다는 것을 기억한다.
  ▶ 들어 올리는 동안 허리보다는 다리를 사용할 수 있게 됨
  ▶ 갑작스런 움직임은 피해야 함
④ 한 손으로 들어올릴 때는 한쪽으로 몸을 굽히는 것을 피해야 한다. 허리는 항상 일직선을 유지하도록 한다.

정답 ①

199 [2024년 소방공무원 경력경쟁 채용시험 10번]

흡인장비에 관한 설명으로 옳지 않은 것은?

① 흡인기는 고정용과 휴대용이 있다.
② 성인, 소아, 영아에 따라 흡인압력을 재조정한다.
③ 하부기도의 이물을 흡인하기 위해 톤실팁(tonsil tip)을 사용한다.
④ 흡인기 사용 전 흡인튜브를 막아 압력계 음압이 300mmHg 이상인지 확인한다.

출제 키워드 흡인장비

기본서 다시보기 응급처치학개론 p.103

해설 ③ 흡인장비는 상부기도의 이물을 제거할 때 사용한다.

핵심 개념 리마인드

흡인유지 장비	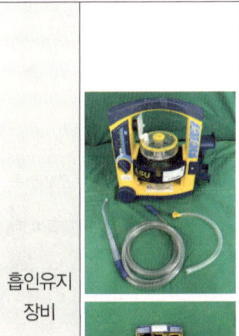	▶ 기계 전원을 켜고 흡인 튜브를 흡인관에 끼움 ▶ 튜브를 막아 압력이 300mmHg 이상 올라가는지 확인 ▶ 환자의 입 가장자리에서 귓불까지의 길이를 측정하여 흡인 튜브의 적절한 깊이 결정 ▶ 흡인 전에 환자에게 충분한 산소를 공급 ▶ 수지교차법으로 입을 벌린 후 흡인튜브를 넣음 ▶ 흡인관을 꺾어서 막고 흡인기를 측정한 깊이까지 입안으로 넣음 ▶ 흡인관을 펴서 사용압력 80~200mmHg(영아에서는 100mmHg 이하)으로 흡인하되, 흡인시간은 15초(영아에서는 10초)를 초과하지 않도록 함 ▶ 흡인 후에는 흡인튜브에 생리식염수를 통과시켜 세척하고 산소를 공급

정답 ③

200 [2024년 소방공무원 경력경쟁 채용시험 11번]

구급차에서 환자에게 산소를 분당 5L로 제공할 때 다음 조건에서 산소통 사용시간의 계산 결과로 옳은 것은?

- M형 산소통(상수 1.56)
- 압력 1,000 psi
- 안전잔류량 200 psi

① 약 1시간 10분   ② 약 2시간 10분
③ 약 3시간 10분   ④ 약 4시간 10분

출제 키워드 산소탱크 잔량확인

기본서 다시보기 응급처치학개론 p.108

해설 ④ 약 4시간 10분 사용 가능하다.

$$\text{남아 있는 시간(분)} = \frac{(\text{산소 탱크 내에 남아 있는 압력(psi)} - 200) \times \text{산소통상수}}{\text{분당 투여하는 산소유량(L)}}$$

ex ㉠ 1,600psi 압력의 E형 산소통(산소통상수＝0.28)으로 산소를 분당 15L 사용한다면
⇨ (1,600−200) × 0.28 / 15 ＝ 26(분) 사용 가능
㉡ 1,800psi 압력의 E형 산소통(산소통상수＝0.26)으로 산소를 분당 12L 사용한다면 사용할 수 있는 시간은
⇨ (1,800−200) × 0.26 / 12 ＝ 약 34(분)

정답 ④

201 [2023년 소방공무원 경력경쟁 채용시험 12번]

심폐소생술 중 호기말이산화탄소분압(ETCO₂)이 증가하는 경우로 옳은 것은?

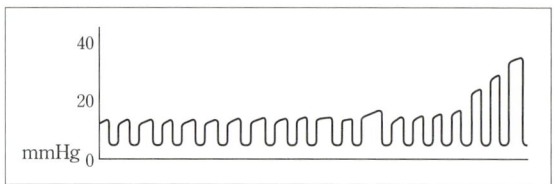

① 폐환기량 감소
② 에피네프린 투여
③ 중탄산나트륨 투여
④ 부적절한 가슴압박

출제 키워드: ETCO₂
기본서 다시보기: 응급처치학개론 p.111

해설 ③ 중탄산나트륨을 투여하면 CO₂ 생성량이 증가하여 ETCO₂가 1분내 빠르게 증가하여 2분 정도 지속된다.

핵심 개념 리마인드

정상 범위	35 ~ 45mmHg
증가	체내 CO₂ 증가, 체온 증가, 대사 증가, 패혈증, **중탄산나트륨 투여**
감소	저체온증, 쇽, 과환기, 기관지경련, 대사 감소, low cardiac output, **에피네프린 투여**

정답 ③

202 [2024년 소방공무원 경력경쟁 채용시험 9번]

견인부목을 적용할 수 있는 손상 유형으로 옳은 것은?

① 발목골절
② 무릎골절
③ 골반골절
④ 넙다리뼈몸통골절

출제 키워드: 견인부목
기본서 다시보기: 응급처치학개론 p.119

해설 ④ 견인부목은 넙다리뼈 몸통 골절에 유용하게 사용되는 장비이다.

핵심 개념 리마인드 견인부목

관절 및 다리 하부 손상이 동반되지 않은 넙다리 몸통부 손상 시 사용	▶ 외적인 지지와 고정뿐만 아니라 넙다리 손상 시 발생되는 근육경련으로 인해 뼈끝이 서로 겹쳐 발생되는 통증과 추가적인 연부조직 손상을 줄여, 내부출혈을 감소시킬 수 있는 장비

정답 ④

203 [2023년 소방공무원 경력경쟁 채용시험 6번]

응급의료헬기로 환자를 이송하기 위해 고려할 사항으로 옳은 것은?

① 야간에는 착륙장에 청색 응급조명을 항상 켜둔다.
② 착륙지점은 야간기준으로 대략 15m×15m 넓이가 필요하다.
③ 꼬리 회전날개가 작동하는 경우에는 응급의료헬기의 뒤쪽으로 접근한다.
④ 고도가 올라갈수록 산소압이 저하되므로 환자에게 산소공급과 환기를 시행할 때 주의가 필요하다.

출제 키워드: 헬기이송

기본서 다시보기: 응급처치학개론 p.127

해설
① 야간에는 착륙장에 청색 응급조명을 항상 켜둔다.
→ 항공기가 다가오는 방향으로 조명을 비추지 않아야 하며, 필요 시 야간에는 적색/백색 섬광등을 비치하여야 함
② 착륙지점은 야간기준으로 대략 15m×15m 넓이가 필요하다.
→ 최소한 30m×30m(야간기준)의 면적이 필요
③ 꼬리 회전날개가 작동하는 경우에는 응급의료헬기의 뒤쪽으로 접근한다.
→ 반드시 항공기 전면을 끼고 이동

핵심 개념 리마인드
① 산소 저하 고도가 상승할수록 산소압이 떨어지므로 중증의 환자 또는 호흡곤란 환자 등은 상태가 쉽게 악화 될 수 있음
→ SpO_2를 주기적으로 체크하며 환자 상태를 확인
② 온도 저하 고도가 상승할수록 온도가 떨어지므로 환자이송 시 보온에 유의해야 함
→ 환자의 체온 유지를 위해 담요나 시트 등을 충분히 준비
③ 기압 변화 기압이 상승할수록 공기압력이 저하되어 일정 용적안의 공기가 팽창하는데, 공기팽창으로 인하여 기관지 압박 가능성이 있어 압력의 변화에 유의해야 함 → 가급적 압력을 사용하는 장비는 사용하지 않도록 함
→ 부득이하게 사용할 경우 압력을 지속적으로 평가해야 함
ex 기관내 삽관을 시행할 경우 압력을 적게 넣거나 물을 채워 넣음

  ④

PART II

Field Manual
임재희 응급처치학개론

전문응급처치학
각론

CHAPTER 1 전문심장소생술 / 전문소아소생술
CHAPTER 2 전문외상처치술
CHAPTER 3 내과 응급
CHAPTER 4 특수 응급

CHAPTER 1 전문심장소생술 / 전문소아소생술

001
제세동 시 경흉저항이 증가하는 경우가 아닌 것은?

① 작은 전극을 사용하는 경우
② 호기일 경우
③ 전극간 거리가 멀리 위치한 경우
④ 제세동 사이의 시간 간격이 긴 경우

📋 출제 키워드   경흉저항의 증가

📖 기본서 다시보기   응급처치학개론 p.147

해설 ② 제세동을 진행할 때 흉곽에 적당한 압력을 가하여 제세동을 시행하여야 경흉저항을 줄일 수 있다. 호기일 경우 흉곽내 압력이 감소하므로 경흉저항이 감소할 수 있다.

핵심 개념 리마인드 경흉저항 증가와 감소 요인

영향 요소	증가	감소
전극의 크기	작은 전극을 사용 높은 전류밀도 → 심근손상 발생	큰 전극을 사용 낮은 전류 밀도 → 효과적으로 제세동할 수 없음
전극과 피부의 접촉면	공기	생리식염수 또는 전도물질
호흡의 주기	흡기	호기
전극 간 거리	멀리 위치한 경우	가까이 위치한 경우
전극에 가해지는 압력	전극에 압력을 가하지 않은 경우	전극에 압력을 가한 경우
제세동사이의 시간 간격	시간 간격이 긴 경우	시간 간격이 짧은 경우

정답 ②

002
영아 심폐소생술에 관한 내용으로 옳지 않은 것은? (2020년 가이드라인을 준용한다)

① 전문기도 확보 이후에는 분당 10회 인공호흡을 시행한다.
② 가슴압박 깊이는 가슴 깊이의 1/3로 시행한다.
③ 가슴압박 속도는 분당 100~120회로 시행한다.
④ 가슴압박 대 인공호흡은 3:1로 시행한다.

📋 출제 키워드   영아심폐소생술

📖 기본서 다시보기   응급처치학개론 p.221

해설 ④ 신생아에서는 3 : 1 (분당 90회의 가슴압박과 분당 30회의 인공호흡)을 유지 해야 함
- 영아에서는 두 손가락으로 젖꼭지 연결선 바로 아래의 흉골
- 가슴압박의 깊이는 복장뼈의 앞뒤 직경의 1/3 정도(약 4cm) 압박
- 구조자가 두 명이고 환자의 체구가 작으면 두 손으로 아이의 가슴을 둘러싼 후, 양 쪽 엄지손가락을 사용하여 복장뼈를 압박해 주는 방법(two thumb-encircling hands technique)을 사용

핵심 개념 리마인드 가슴압박 위치의 선정
- 소아: 복장뼈 중앙 하부 1/2 지점
- 영아: 젖꼭지 연결선 바로 아래의 흉골

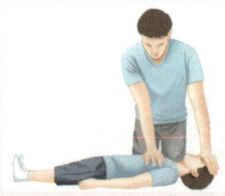
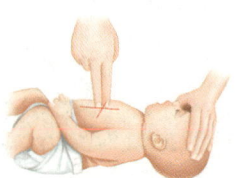

정답 ④

003

심정지 환자에게 심폐소생술을 시행중이다. 30회의 가슴압박 실시 후 첫 번째 인공호흡을 시행하는데, 가슴이 부풀어 오르는 것을 확인할 수 없었다. 이러한 경우 행할 수 있는 술기로 옳은 것은?

① 기도를 다시 개방한다.
② 하임리히법을 시행한다.
③ 즉시 가슴압박을 실시한다.
④ 손가락으로 입속의 이물을 제거한다.

📋 출제 키워드 　　　　　　　　　　이물에 의한 기도폐쇄

📖 기본서 다시보기 　　　　　　　　응급처치학개론 p.148

해설 ① 기도를 다시 개방하여 호흡이 들어가는지 다시 한번 확인한다.
입속 이물의 제거 (finger sweep)
- 환자의 입속으로 처치자의 손가락을 넣어서 이물을 직접 제거하는 방법
- 의식이 없는 환자에서 기도폐쇄가 의심될 때에 최초로 시행되어야 함
- 손가락을 삽입하는 과정에서 오히려 이물이 밀려들어가 기도를 완전히 폐쇄시킬 수 있으므로 입속의 이물질을 완벽히 꺼낼 수 있을 때가 아니라면 시도하지 않음

정답 ①

004

심장정지 환자에서 중탄산나트륨 투여의 적응증으로 옳지 않은 것은?

① 대사성 산증에 의한 심정지
② 고나트륨혈증에 의한 심정지
③ 고칼륨혈증에 의한 심정지
④ 항우울제 또는 바비튜르산염 중독에 의한 심정지

📋 출제 키워드 　　　　　　　　　　중탄산나트륨

📖 기본서 다시보기 　　　　　　　　응급처치학개론 p.156

해설 ② 심정지 초기에 발생하는 혈액의 산성화는 제세동 역치, 순환 회복률, 초기 생존율, 약제에 대한 반응에 영향을 미치지 않는 것으로 알려져 있다. 따라서 혈액의 산성화를 막기 위하여 약제를 투여하는 것은 생존율을 높이는데 도움이 되지 않는다. 중탄산나트륨은 산증이 심정지의 원인이 되었거나 산증을 교정하여야 자발순환이 회복될 수 있는 환자에게만 투여한다.

핵심 개념 리마인드 심장정지 환자에서 투여되는 약물

약제명	적응증	투여 용량
에피네프린	모든 심장정지	3~5분 간격으로 1mg
아미오다론	제세동에 반응하지 않는 심실세동 및 무맥성 심실빈맥	300mg (첫 용량) bolus 150mg (두 번째 용량) bolus
바소프레신	모든 심장정지 환자에서 첫 번째 또는 두 번째 에피네프린의 대체 약물로 사용	40IU bolus
리도카인	제세동에 반응하지 않는 심실세동 및 무맥성 심실빈맥	1~1.5mg/kg (첫 용량) 0.5~0.75mg/kg (두 번째 용량)
아트로핀	서맥	3~5분 간격으로 0.5~1.0mg
중탄산나트륨	대사성 산증에 의한 심장정지 고칼륨혈증	1m Eq/kg
마그네슘	저마그네슘혈증을 동반한 심장정지	1~2g
염화칼슘	고칼륨혈증, 저칼슘혈증 및 칼슘 통로차단제 중독에 의한 심장 정지	8~16mg/kg

정답 ②

[005~006]

길에 비틀거리고 있는 행인이 있다는 신고를 받고 현장에 출동하였다. 구급대원을 보자 환자가 흥분하여 "나 아프지 않은데 누가 신고했어! 나 집에 혼자 갈 수 있어!"라고 수차례 말하였는데, 말할 때 마다 어눌한 느낌이 들었다.

005

이 환자에게 시행해야 하는 검사 방법 중 위험인자로 고려하지 않아도 되는 것은?

① 연령[고령]
② 음주
③ 일과성 허혈발작
④ 당뇨병

006

이 환자에게 혈전용해제 치료를 시행하고자 할 때 투여할 수 없는 절대금기증이 아닌 경우는?

① 저혈당이 있는 환자
② 동정맥기형이 있는 환자
③ 1개월 전에 척추수술을 받은 환자
④ 2개월 전에 심근경색이 발생한 환자

📎 출제 키워드   뇌졸중 고위험 인자

📁 기본서 다시보기   응급처치학개론 p.205

해설 ② 뇌졸중의 위험인자는 나이, 경련이나 뇌졸중 과거력, 혈당, 임상증상 지속시간, 발병전 환자의 상태, 진찰소견등으로 구성되며, 음주는 뇌졸중의 위험인자는 아니다.

핵심 개념 리마인드   **로스앤젤레스 병원전 뇌졸중 평가 척도 (Los Angeles Prehospital Stroke Screen (LAPSS))**

▶ 환자의 나이, 경련이나 뇌졸중 과거력, 혈당, 임상증상 지속시간, 발병전 환자의 상태, 진찰 소견 등으로 구성

조사 항목	yes	unknown	no
1. 나이가 45세 이상이다.	( )	( )	( )
2. 임상 증상의 지속 시간이 24시간 이내이다.	( )	( )	( )
3. 간질 또는 경련 발작의 과거력이 없다.	( )	( )	( )
4. 발병 전 일상 생활이 가능하였다.	( )	( )	( )
5. 혈당이 60mg 이상이며 400mg 이하이다.	( )	( )	( )
6. 다음 세 가지 검사에서 한 가지라도 분명한 이상(비대칭)이 있다.	( )	( )	( )
(1) 안면근육	( )	( )	( )
(2) 손의 잡는 힘	( )	( )	( )
(3) 팔의 힘	( )	( )	( )

 ②

📎 출제 키워드   뇌경색환자의 혈전용해제 금기증

📁 기본서 다시보기   응급처치학개론 p.206

해설 ④ 최근 3개월 이내에 급성 심근경색이 있었던 경우는 상대금기증에 해당한다.

핵심 개념 리마인드

① 절대 금기증
▶ 뇌 전산화 단층촬영에서 뇌출혈이 의심되는 환자
▶ 정상 뇌 전산화 단층촬영 소견이 관찰되지만, 지주막하 출혈이 의심되는 환자
▶ 뇌 전산화 단층촬영상 뇌 반구의 1/3 이상을 차지하는 다엽성(multilobar) 뇌경색
▶ 뇌출혈의 병력이 있는 경우
▶ 조절되지 않는 고혈압(tPA를 투여하려 할 때의 수축기 혈압이 185mmHg 이상이거나, 이완기 혈압이 110mmHg 이상인 경우)
▶ 두개 내 종양, 동정맥기형, 동맥류가 있는 경우
▶ 내부 출혈이 있는 경우, 골절 등의 외상이 있는 경우
▶ 3개월 이내에 두개 내 또는 척추 수술을 받은 경우, 두부 외상이 있었던 경우, 뇌졸중이 있었던 경우
▶ 출혈 경향이 있는 경우(항응고제 사용으로 INR>1.7인 경우, 48시간 이내에 헤파린 투여로 aPTT가 정상 이상으로 연장된 경우, 혈소판수가 10만 미만인 경우)
▶ 최근 7일 이내에 압박할 수 없는 부위의 동맥을 천자한 경우
▶ 저혈당(<50mg)이 확인된 경우

② 상대 금기증
▶ 임상증상이 가볍거나 회복되는 뇌졸중
▶ 14일 이내에 수술 또는 중증 외상이 있었던 경우
▶ 최근 3주 이내에 소화기 또는 요로계 출혈이 있었던 경우
▶ 최근 3개월 이내에 급성 심근경색이 있었던 경우
▶ 전간 발작과 함께 발작 후 신경학적 장애가 있는 경우

 ④

007

응급실에 내원한 44세 남자가 심한 흉통과 호흡곤란을 호소 하며, 식은땀을 흘리고 있다. 혈압 120/70mmHg, 맥박 98회/분, 호흡 32회/분이다. 환자 호흡곤란을 호소하고 있어 코삽입관으로 산소를 4l/분으로 투여하며, 니트로글리세린을 설하투여했으나 계속 심한 흉통을 호소하고 있으며 심전도는 다음과 같다. 환자에게 할 수 있는 처치는 무엇인가?

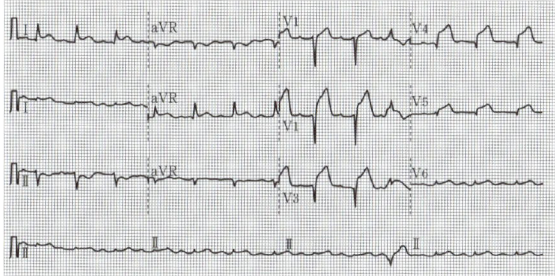

① 라식스 투여 ② 모르핀
③ 아트로핀 ④ 수액투여

📋 출제 키워드 — 심근경색의 치료

📁 기본서 다시보기 — 응급처치학개론 p.196

해설 ② 심근경색의 초기치료(MONA): 심근허혈을 치료하거나 통증을 완화시키는 약물사용으로 모르핀, 산소, 니트로글리세린, 아스피린이며, 추가적으로 펜타닐, 아산화질소 등이 있음

핵심 개념 리마인드
㉠ 흉통 경감으로 환자를 안정시켜 체내 카테콜아민 분비를 감소시킴
  → 통증을 완화시키기 위해 중추신경계에 작용하고, 교감신경계 흥분을 감소시켜 심근의 산소 요구를 더욱 감소시킴
  → 정맥을 확장해 심장으로 혈액 환류를 감소시켜 심장의 전부하 감소
  → 동맥을 확장해 말초혈관 저항을 감소시킴으로써 심근의 산소 요구량을 감소
㉡ 부작용
  ▶ 미주신경 작용 항진, 교감신경 작용 차단 → 서맥을 동반한 저혈압 발생 : 다량의 수액 투여 혹은 아트로핀 투여
  ▶ 욕지기, 구토, 복부경련, 호흡억제, 의식상태 변화 등
㉢ 독성 작용: 무호흡과 심각한 저혈압
㉣ 용량
  ▶ 용량은 통증을 완화시키기 위해 정맥으로 2~5mg을 1~5분에 걸쳐 투여 : 투여 전 혈압을 감시하여야 함
  ▶ 5~15분 간격으로 반복 투여 가능

정답 ②

008

외상환자에서 즉각적인 기관내삽관이 필요한 경우로 옳지 않은 것은?

① 무호흡 또는 호흡 정지
② 중증의 머리 손상(GCS 11점 미만)
③ 산소 공급에도 불구하고 호흡부전이 계속되는 경우
④ 동요 가슴(flail chest)

📋 출제 키워드 — 외상환자의 즉각적인 기관내 삽관

📁 기본서 다시보기 — 응급처치학개론 p.251, p.205

해설 ② 외상환자에서 즉각적인 기관내삽관이 필요한 중증의 머리 손상(GCS 8점 미만)이다.

핵심 개념 리마인드 외상환자에서 즉각적인 기관내삽관이 필요한 경우
1. 무호흡 또는 호흡 정지
2. 산소 공급에도 불구하고 호흡부전이 계속되는 경우
3. 중증의 머리 손상(GCS 8점 미만)
4. 구토 반사의 소실 또는 의식장애로 인하여 기도를 보호할 수 없는 경우
5. 동요 가슴(flail chest), 폐 좌상, 흉곽의 관통손상 등의 중증 흉곽 손상이 있는 경우
6. 안면의 분쇄손상, 경부 손상으로 기도폐쇄의 가능성이 있는 손상이 있는 경우

정답 ②

009

50세 여성이 목감기에 걸린 것 같다며 주호소로 열이 동반된 기침과 함께 끈적한 노란 가래가 나온다는 신고를 받고 출동하여 활력징후를 측정해 보니 다음과 같았다. 환자가 발생한 빈맥의 원인으로 의심되는 것은?

혈압은 135/76mmHg, 맥박 132회/분, 호흡 23회/분, 산소포화도 96%, 체온 39.2℃

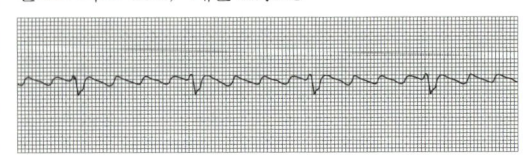

① 발열
② 저산소증
③ 심근허혈
④ 회귀로 형성

010

불안정형 협심증 또는 ST분절 비상승 심근경색에서 고위험군의 분류에 대한 설명으로 옳은 것은?

① 나이가 75세 이상인 경우
② 최근 7일간 아스피린을 복용한 경우
③ 이전의 검사에서 30% 이상의 관상동맥 협착이 있었던 경우
④ 0.5mm 이상의 ST분절 하강 또는 상승(30분 이내)

📩 출제 키워드   심방조동

📖 기본서 다시보기   응급처치학개론 p.169

해설 ④ 해당리듬은 심방조동 리듬으로 심방에 비정상적인 회귀 회로가 생겨 전기 신호가 지속적으로 빙빙 돌게 되어 심방이 분당 250~400회 정도로 빠르게 뛰는 상태를 나타내는 것

핵심 개념 리마인드   **심방조동**
▶ 파가 규칙적이지만 매우 빠름(220 ~ 350회/분)
▶ QRS파는 규칙적이며 P파가 2 : 1 또는 4 : 1로 전도
   ex) P파와 QRS가 P파가 분당 300회일 때 ⇨ 2 : 1의 비율로 전도되면 QRS는 150회, 4 : 1의 비율로 전도되면 QRS는 75회
▶ 톱니 모양의 파형이 가장 중요한 특징
▶ 승모판 질환, 관상동맥질환, 폐심장증, 삼첨판 질환 등 심장질환이 있는 경우 주로 발생
▶ 치료 심실박동수가 150회 이상이면서 저혈압, 쇼크, 협심증, 폐부종이 발생 → 즉시 전기심장율동전환 시도
▶ 중증 임상증상이 없으면 심실박동수를 감소시키는 약물 투여 → 디지탈리스, 베라파밀, 딜티아젬 등의 칼슘 통로 차단제, 베타교감신경 차단제

정답 ④

📩 출제 키워드   불안정형 협심증 또는 ST분절 비상승 심근경색에서 고위험군의 분류

📖 기본서 다시보기   응급처치학개론 p.184

해설 ① 나이가 65세 이상인 경우
③ 이전의 검사에서 50% 이상의 관상동맥 협착이 있었던 경우
④ 0.5mm 이상의 ST분절 하강 또는 상승(20분 이내)

핵심 개념 리마인드   **불안정형 협심증 또는 ST분절 비상승 심근경색환자에서 TIMI score에 의한 위험도 평가**

인자	점수
나이가 65세 이상인 경우	1
관상동맥질환의 위험인자(가족력, 고혈압, 고콜레스테롤혈증, 당뇨, 흡연)가 3개 이상인 경우	1
최근 7일간 아스피린을 복용한 경우	1
최근 24시간 이내에 2회 이상의 흉통이 발생한 경우	1
트로포닌 또는 CK-MB가 상승한 경우	1
0.5mm 이상의 ST분절 하강 또는 상승(20분 이내)	1
이전의 검사에서 50% 이상의 관상동맥 협착이 있었던 경우	1

정답 ②

011

가슴 두근거림을 주호소로 40대 남자가 내원하였다. 심전도는 심실상빈맥이 관찰되었고 초기 혈압은 115/76이었다. 아데노신을 3회 투여하고 호전되지 않아 베라파밀을 2회 투여하였고 투여 후 빈맥은 호전이 되었으나 환자의 혈압은 80/50mmHg으로 저하되었다. 수액을 투여하였으나 호전되지 않을 시 옳은 처치는?

① 염화칼슘 투여
② 도파민 투여
③ 염화칼륨 투여
④ 아미오다론 투여

📋 **출제 키워드**   칼슘통로차단제의 부작용
📁 **기본서 다시보기**   응급처치학개론 p.168~169

해설 ① 심전도는 심실상성 빈맥이다. 심실상성 빈맥 환자에서 3회의 아데노신을 투여 후에도 빈맥이 소실되지 않으면 칼슘통로차단제와 같은 베라파밀을 사용할 수 있다. 베라파밀을 투여하면 저혈압이 발생할 수도 있지만 대개 수액을 투여하면 호전된다. 그럼에도 저혈압이 지속되면 염화칼슘을 투여한다.

핵심 개념 리마인드
① 부작용
베라파밀은 저혈압을 유발하므로 주의 : Shock position+수액주입
→ 저혈압이 지속된다면, 염화칼슘 0.5~1.0g을 투여

② 주의 사항
베타차단제와 동시 투여 시 무수축/방실차단을 초래(30분 간격)
→ 15~30분 간격 반복 투여 가능, 총 투여량은 20mg을 넘지 않도록 함

③ 금기증
QRS파가 확장되어 있는 환자에게는 베라파밀 투여 금지
→ 심각한 저혈압, 심실세동 유발

정답 ①

012

울혈심장기능상실증(울혈성심부전증, congestive heart failure) 병력이 있으며 폐부종증상 및 징후를 보이고 있는 환자 이송 시 취해 주어야 할 자세는?

〈환자 활력징후〉
나이: 40세 남성
혈압: 130/70mmHg
맥박: 98회/분, 호흡: 24회/분, 체온: 36.8℃

① 등을 바닥면으로 하고 바로 누운 자세
② 바로 앉아 두 다리를 떨어뜨리는 자세
③ 엎드린 자세에서 머리를 옆으로 돌린 자세
④ 바로 누운 상태에서 다리를 45도 높이고 머리를 낮춘 자세

📋 **출제 키워드**   울혈성심부전과 폐부종
📁 **기본서 다시보기**   응급처치학개론 p.187, p.92

해설 ① 등을 바닥면으로 하고 바로 누운 자세 → 일반적 환자 이송 자세
② 환자는 폐부종으로 호흡곤란이 있는 환자이므로 폐가 확장될 수 있는 앉은 자세로 이동하여야 한다.
③ 엎드린 자세에서 머리를 옆으로 돌린 자세 → 의식이 없는 환자의 자세
④ 바로 누운 상태에서 다리를 45도 높이고 머리를 낮춘 자세 → 쇼크 자세(변형된 트렌델렌버그 자세)

핵심 개념 리마인드   울혈성심부전
① 발생기전
- 심장기능상실은 심근경색으로 심근의 상당부분이 손상을 입었을 때 심장의 수축기능에 장애가 발생하여, 몸에서 필요로 하는 적절한 양의 혈액을 공급해 주지 못하는 경우에 일어남
- 울혈성심부전(congestive heart failure)은 심근경색 후 언제라도 발생할 수 있으나, 주로 경색이 발생한 후 처음 수 시간에서 수 일 사이에 발생

② 합병증
- 울혈성 심부전이 발생한 환자에서는 심장이 혈액을 효과적으로 내보내지 못하므로, 폐정맥의 압력이 증가하여 폐포 내 수액이 증가하는 현상인 폐부종이 발생
  : 심장 기능상실에 의한 **폐부종이** 발생하면 **핑크빛의 거품이 섞인 가래가** 배출되며, 폐의 산소 교환 장애로 **호흡곤란이** 발생

정답 ②

013

소생 후 뇌 손상을 줄이기 위한 치료로 옳지 않은 것은?

① 평균 동맥압＞65mmHg로 유지한다.
② 혈당을 144~180mg/dl로 유지한다.
③ 동맥혈 이산화탄소 분압을 35~45mmHg로 유지한다.
④ 동맥혈 산소포화도를 90~94%로 유지한다.

출제 키워드: 소생 후 치료
기본서 다시보기: 응급처치학개론 p.213

해설 ④ 소생 후 뇌 손상을 줄이기 위한 치료로 평균 동맥압＞65mmHg, 동맥혈 이산화탄소 분압 35~45mmHg, 동맥혈 산소 포화도 94~98%, 동맥혈 pH 7.3~7.5, 혈당 144~180mg/dl를 유지한다. 목표체온유지치료를 시행할 수 있고, 발작이 발생하면 항경련제를 투여하고 고열이 발생하면 즉시 해열제를 투여한다.

핵심 개념 리마인드 소생 후 통합치료의 내용

소생 후 성인의 동맥혈 산소포화도 혹은 동맥혈 산소분압을 정확하게 측정할 수 있을 때까지 100% 산소를 투여하고, 고산소혈증을 피하기 위해 동맥혈 산소포화도를 94~98%로 유지할 수 있도록 흡입산소농도를 조절

▶ 동맥혈 이산화탄소 분압을 정상 범위인 35~45mmHg로 유지할 수 있도록 해야 함
▶ 소생 후 구두지시에 반응이 없는 성인의 경우 초기 심전도 리듬과 무관하게 목표체온유지치료를 시행
  : 중심체온 32~36℃ 사이의 목표 온도를 권장하며 최소 24시간 일정하게 온도를 유지
▶ 병원 밖에서 심정지 상황에서 심정지 동안이나 자발순환회복 직후에 많은 양의 차가운 수액을 정맥 내로 급속 주입하여 저체온을 유도하지 않도록 해야 함
▶ 심정지의 예후를 판단하는 것은 정상 체온회복 후 최소 72시간(자발순환 회복 5일 후)에 판단
▶ 자발순환이 회복된 환자에게 경련에 관하여 조기 진단 및 치료의 필요는 있으나 예방적 항경련제 치료는 하지 않도록 함

정답 ④

014

21세 남자가(186cm, 58kg) 농구를 하던 중 갑자기 가슴통증과 호흡곤란을 호소하며 기침을 할 때 더 아프다고 한다. 의심되는 소견은?

① 폐색전증
② 혈액가슴증
③ 공기가슴증
④ 심장눌림증

출제 키워드: 공기가슴증
기본서 다시보기: 응급처치학개론 p.276

해설 ③ 키가 크고 마른 체형과 흡연력이 있는 20~40세의 남성에서 둔상이나 관통외상 없이 자연적으로 공기가슴증이 잘 발생하는 경향이 있다. 환자는 예리한 가슴막통증이나 어깨통증을 호소하고 이러한 통증은 기침이나 물건을 들어 올릴 때 심해지며 보통 호흡곤란을 호소한다.

핵심 개념 리마인드 공기가슴증의 종류

구분	내용
자발공기가슴증 (spontaneous pneumothorax)	• 선천적으로 폐조직에 큰 공기집이 있거나 폐 표면에 약한 부분이 특별한 손상 없이 자연적으로 터져서 가슴막 안으로 공기가 유출 → 키가 크고 마른 남성에게 주로 발생
긴장공기가슴증 (tension pneumothorax)	• 가슴 안에 축적되는 공기가 계속 증가하면서 주위의 장기(폐, 가로막, 가슴세로칸, 심장)를 압박 : 폐는 완전히 허탈(collapse)되고, 가로막이 아래로 밀리면서, 때로는 종격동이 밀리거나 심장이 반대편으로 전이되는 경우도 있음 : 급격히 악화되는 호흡곤란, 목정맥팽대, 청색증

정답 ③

015

다음 중 혈역학적으로 불안정한 빈맥환자의 심전도 리듬이다. 리듬별 요구되는 치료에 대한 설명 중 옳은 것은 무엇인가?

①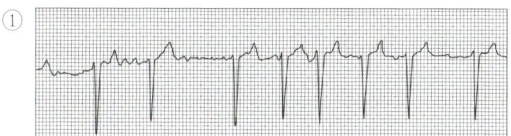
비동시성 심율동전환 120J

②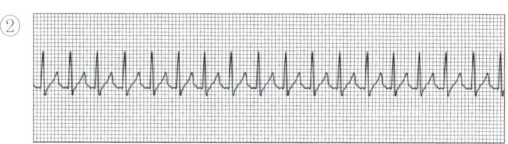
동시성 심율동전환 120J

③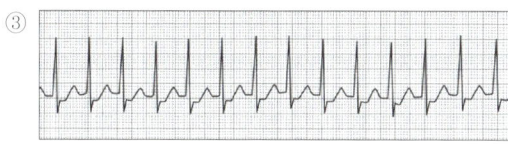
동시성 심율동전환 50J

④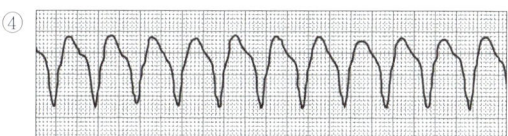
비동시성 심율동전환 100J

📝 출제 키워드   빈맥의 치료

📁 기본서 다시보기   응급처치학개론 p.166

해설 ① 심방세동 동시성 심율동전환 120~200J
② ③ 심실상성빈맥 동시성 심율동전환 50J~100J
④ 단형심실빈맥 동시성 심율동전환 100J

핵심 개념 리마인드   리듬별 최초 요구되는 에너지양

리듬	에너지양
QRS가 좁고 규칙적 리듬 (심실상성 빈맥, 심방 조동)	50~100J
QRS가 좁고 불규칙적 리듬(심방세동)	biphasic 120~200J monophasic 200J
QRS가 넓고 규칙적 리듬(단형심실빈맥)	100J
QRS가 넓고 불규칙적 리듬(심실세동)	defibrillation dose (NOT synchronized)

정답 ③

016

급사 또는 급성 심근경색 발생의 고위험 인자로 옳지 않은 것은?

① 폐부종이 동반된 경우
② 승모판 역류에 의한 심잡음이 발생하거나 커진 경우
③ 65세 이상인 경우
④ 제 3 심음 또는 수포음이 청진되는 경우

📝 출제 키워드   급성 심근경색발생의 고위험군

📁 기본서 다시보기   응급처치학개론 p.183

핵심 개념 리마인드   **고위험군**
▸ 폐부종이 동반된 경우
▸ 승모판 역류에 의한 심잡음이 발생하거나 커진 경우
▸ 저혈압, 서맥, 또는 빈맥의 발생
▸ 제3 심음 또는 수포음이 청진되는 경우
▸ 75세 이상인 경우

정답 ③

017

심정지 환자에게 전문심장소생술을 시행 중이다. 제세동을 3회 이상 실시하였음에도 심실세동이 지속될 경우 투여할 수 있는 약물의 금기증이 아닌 것은?

① 심장성쇼크
② 서맥(동성서맥, sinus bradycardia)
③ 천식
④ 고도의 심장차단(2도와 3도)

출제 키워드: 아미오다론 금기증
기본서 다시보기: 응급처치학개론 p.156

해설 ③ 천식은 아데노신의 금기증이다.

핵심 개념 리마인드

약제명	적응증	정맥투여 용량	주요 부작용
아미오다론	심실세동 심실빈맥 심실상 빈맥	심실세동 시 300 mg 기타 150 mg 유지 용량: 1 mg/min (첫 6시간) 0.5 mg/min (이후 18시간)	저혈압 서맥
리도카인	심실세동 심실빈맥 심실 기외수축	부하 용량: 0.5~0.75 mg/kg (심실빈맥, 기외수축) 1.0~1.5 mg/kg (심실세동) (최대 3 mg/kg) 유지 용량: 1~4 mg/min (30~50 ug/kg/min.)	과량 투여 시 신경 장애 심근 수축력 감소 저혈압, 의식 장애, 경련
프로케이나 마이드	심실세동 심실빈맥 심실 기외수축 조기흥분 증후군과 연관된 심실상 빈맥	부하 용량: 20~30 mg/min (최대 17 mg/kg) 유지 용량: 1~4 mg/min	저혈압, 서맥 전도 장애 비틀림 심실빈맥
베라파밀	발작성 심실상 빈맥 심방세동 심방조동 다발성 심방빈맥	최초 2.5~5.0 mg 반복 투여 시 5~10 mg (총투여량 < 30 mg)	심부전, 저혈압 방실결절 전도 장애 서맥
딜티아젬	심방세동 심방조동 발작성 심실상 빈맥	부하 용량: 0.25 mg/kg 유지 용량: 5~15 mg/hour	심부전, 저혈압 방실결절 전도 장애 서맥
아데노신	발작성 심실상 빈맥	최초 6 mg 반복 투여 시 12 mg	안면홍조 호흡곤란, 흉통 서맥, 무수축 일시적인 저혈압

정답 ③

018

니트로글리세린에 의해 협심증이 호전될 수 있는 기전은?

① 혈관을 이완시켜 심장의 전부하 증가
② 혈관을 수축시켜 심장의 후부하 증가
③ 혈관을 수축시켜 심장의 후부하 감소
④ 혈관을 이완시켜 심장의 전부하 감소

출제 키워드: 니트로글리세린
기본서 다시보기: 응급처치학개론 p.185

해설 ④ 니트로글리세린은 혈관의 민무늬근을 이완시켜 심근의 산소요구량을 감소 → 관상동맥 확장 → 심근의 산소공급 증가

핵심 개념 리마인드
- 적응증
  ▶ 심부전이 발생한 경우
  ▶ 고혈압이 있는 경우
  ▶ 전벽 심근경색이 발생한 경우
  ▶ 반복적으로 흉통이 발생할 때에 사용
- 부작용
  ▶ 뇌의 혈관도 확장시키므로 심한 두통을 유발
  ▶ 위장관에서의 민무늬근도 이완시킬 수 있어 저혈압을 유발
- 용량: 구급지도의 지시하에 환자가 혈역학적으로 안정된 상태(수축기혈압 >90mmHg)이거나 심박수가 분당 50~100회 경우에 니트로글리세린을 3~5분 간격으로 3알까지 투여 가능

정답 ④

019

마트에서 근무하던 60대 남자가 갑자기 쓰러져 현장에서 시행한 심전도이다. 의심할 수 있는 소견으로 옳은 것은?

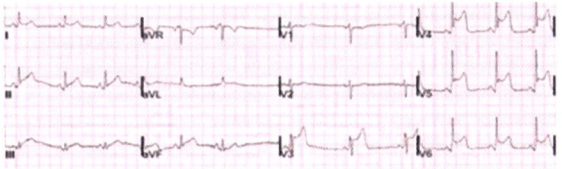

① 뒤벽심근경색
② 측벽심근경색
③ 사이벽심근경색
④ 아래벽심근경색

출제 키워드   측벽심근경색

기본서 다시보기   응급처치학개론 p.193

해설 ② I, V3, V4, V5, V6 측벽에 심근경색이 발생하였을 것으로 보인다.

핵심 개념 리마인드

측벽심근경색(lateral MI)
- 앞가쪽(Anterolateral), 유도 I, aVL, V5, V6은 심근 앞면과 가쪽면
- 가쪽(Lateral), 유도 V5, V6은 심장의 가쪽면
- 위가쪽(High lateral), 유도 I과 aVL 혹은 V5, V6

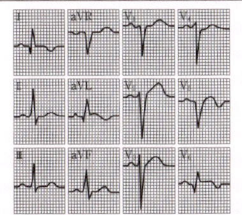
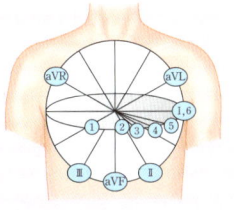

정답 ②

020

최근 매일 소주 3병씩 마신 환자에게 나타난 심전도이다. 치료를 위해서 투여할 약물의 용량으로 옳은 것은?

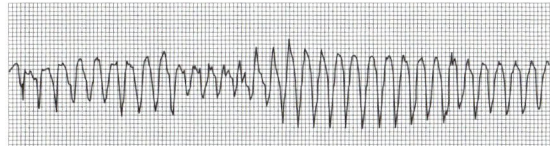

① 1~2g
② 1~2mg
③ 3~5g
④ 1mg

출제 키워드   심정지 투여약물

기본서 다시보기   응급처치학개론 p.173

해설 ① 본 환자의 심전도는 비틀림심실빈맥으로 마그네슘을 1~2g을 1~2분에 걸쳐 투여한다.

핵심 개념 리마인드 심장정지 환자에서 투여되는 약물

약제명	적응증	투여 용량
에피네프린	모든 심장정지	3~5분 간격으로 1mg
아미오다론	제세동에 반응하지 않는 심실세동 및 무맥성 심실빈맥	300mg (첫 용량) bolus 150mg (두 번째 용량) bolus
바소프레신	모든 심장정지 환자에서 첫 번째 또는 두 번째 에피네프린의 대체 약물로 사용	40IU bolus
리도카인	제세동에 반응하지 않는 심실세동 및 무맥성 심실빈맥	1~1.5mg/kg (첫 용량) 0.5~0.75mg/kg (두 번째 용량)
아트로핀	서맥	3~5분 간격으로 0.5~1.0mg
중탄산나트륨	대사성 산증에 의한 심장정지 고칼륨혈증	1m Eq/kg
마그네슘	저마그네슘혈증을 동반한 심장정지	1~2g
염화칼슘	고칼륨혈증, 저칼슘혈증 및 칼슘 통로차단제 중독에 의한 심장 정지	8~16mg/kg

정답 ①

021

안구가 돌출되는 특징을 가지고 있는 환자가 가슴이 두근거림을 주 호소로 신고하였다. 이 환자에게 나타날 수 있는 심전도 리듬으로 옳은 것은?

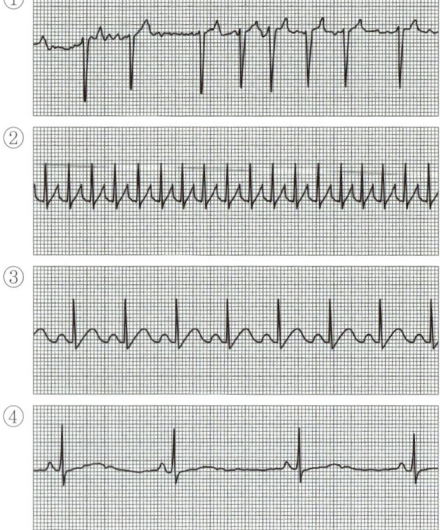

📝 출제 키워드   심방세동

📖 기본서 다시보기   응급처치학개론 p.169

해설 ① 갑상선기능 항진의 경우 대사항진으로 인하여 빈맥이 나타날 수 있으며 그중 빈도가 가장 높은 부정맥이 심방세동이다.

핵심 개념 리마인드   심방세동(Atrial fibrillation)
- P파가 매우 빠르면서 불규칙
- P파를 구분할 수 없는 경우가 대부분
- 심실 박동수는 매우 느리거나 정상이거나 빠를 수 있음
- QRS파 간격이 모두 다름

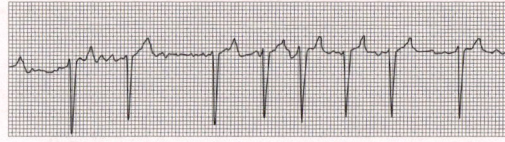

▲ 심방세동(Atrial fibrillation)

- 승모판 질환 등 심방의 크기가 증가하는 심장질환, 고혈압, 저산소증, 심장내막염, 갑상샘항진증에 의해 유발
- 처치: 심박동수가 느려지도록 디지털리스, 베타교감신경 차단제, 베라파밀, 딜티아젬 등 방실결절에서의 전도를 지연시키는 약물 투여
  : 약물에 반응하지 않거나 쇼크의 임상증상이 발생하면 전기심장율동전환 시도
  → 심방 내에 형성되어 있는 혈전으로 전신색전 발생 가능성이 있으므로 응급상황이 아니면 시도하지 않음
  → 심장율동전환 시도 전에 항응고제 투여

정답 ①

022

다음 빈칸에 들어갈 말로 알맞은 것은?

> 목표체온유지치료는 소생 후 구두지시에 반응이 없는 환자에게 _____ 사이의 특정 온도를 설정한 후 최소 _____ 시간 이상 유지하는 치료를 말한다.

① 30~32℃, 48시간
② 32~36℃, 72시간
③ 30~32℃, 72시간
④ 32~36℃, 24시간

📝 출제 키워드   소생후 치료

📖 기본서 다시보기   응급처치학개론 p.214

해설 ④ 목표체온유지치료는 소생 후 구두지시에 반응이 없는 환자에게 32~36℃ 사이의 특정 온도를 설정한 후 최소 24시간 이상 체온을 유지하는 치료를 말한다.

핵심 개념 리마인드

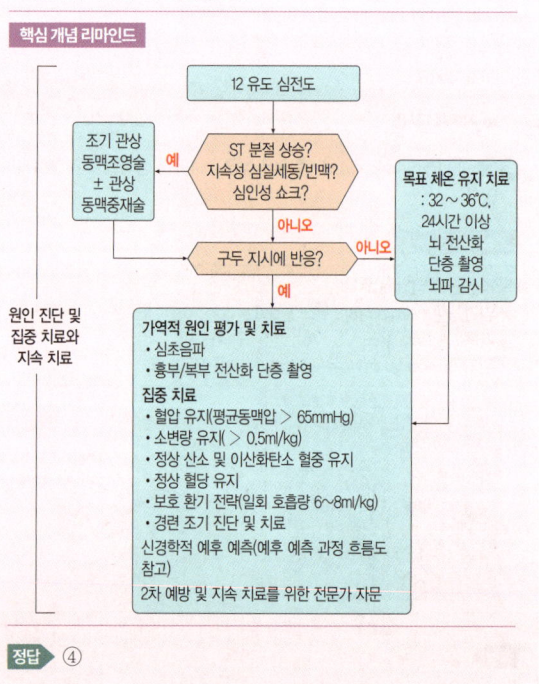

정답 ④

023

심정지 후 소생술을 하여 순환이 회복된 환자이다. 의식은 없고 혈압 90/50mmHg, 맥박 60회, 호흡수 18회이다. 심전도와 혈액검사 소견은 다음과 같다. 옳은 처치는?

BST 150mg/dL, pH 7.35, PaO₂ 95mmHg, PaCO₂ 35mmHg

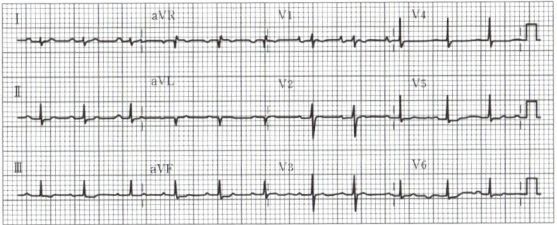

① 인슐린 투여
② 50% 포도당 투여
③ 수액 투여
④ 중탄산염나트륨 투여

📋 출제 키워드 　　　　　　　소생 후 치료
📖 기본서 다시보기 　　　　응급처치학개론 p.214

해설 ③ 소생 후 뇌 손상을 줄이기 위한 치료로 평균 동맥압 65~100mmhg, 동맥혈 이산화탄소 분압 35~45mmhg, 동맥혈 산소 포화도 94~98%, 동맥혈 pH 7.3~7.5, 혈당 144~180mg/dl를 유지한다. 평균 동맥압이 65mmhg 이하, 수축기 혈압이 100mmhg 이하이면 즉시 교정해야 하는데 이 환자는 수축기 혈압 90mmhg이므로 수액을 투여하거나 혈관수축제를 투여하여 혈압을 안정화하여야 한다.

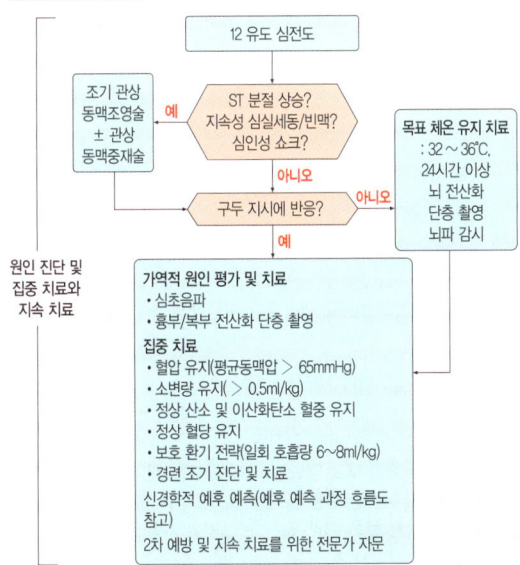

정답 ③

024

다음과 같은 심전도가 나타난 환자이다. 환자의 수축기 혈압이 97/65mmHg이고, 흉통을 호소하는 것 이외에 청진상 특별한 청진음이 관찰되지 않았다. 투여해야 할 약물로 옳은 것은?

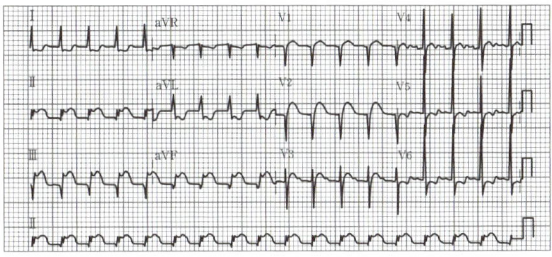

① 니트로프루시드
② 노르에피네프린
③ 도파민
④ 도부타민

📋 출제 키워드 　　　　　　쇼크/폐부종 치료 과정
📖 기본서 다시보기 　　　응급처치학개론 p.188

해설 ④ 심장성 쇼크 환자에게서 수축기 혈압이 90~110mmHg일 때 폐부종이 발생하지 않았다면 수액투여 혹은 도부타민의를 시도해 볼 수 있다.

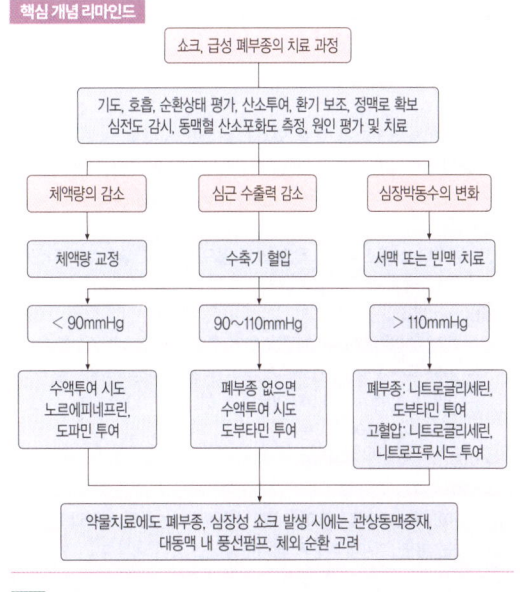

정답 ④

025

운동 후 가슴두근거림을 주 호소하는 30대 남성이 있는 현장에 출동하였다. 환자의 혈압을 측정하니 130/80mmHg이고 심전도는 아래와 같았다. 다음 환자에게 투여해야 하는 약물의 용량을 각각 고르시오.

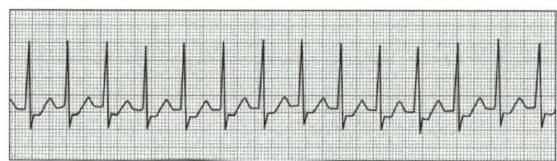

ㄱ. 아데노신	ㄹ. 0.5mg
ㄴ. 에피네프린	ㅁ. 6mg
ㄷ. 아트로핀	ㅂ. 1mg

① ㄱ, ㅁ　　　② ㄴ, ㅂ
③ ㄷ, ㄹ　　　④ ㄴ, ㄹ

출제 키워드 　빈맥처치
기본서 다시보기 　응급처치학개론 p.168

해설 ① 환자는 운동 후 가슴 두근거림을 호소하는 혈압이 안정적인 환자로 아데노신 6mg을 투여하여야 한다.

핵심 개념 리마인드 **아데노신(Adenosine)**
① 적용
　방실결절을 통과하는 회귀로 발생한 심실상 빈맥의 치료에 사용
② 작용기전
　동방결절의 자율성 억제, 방실결절의 전도속도 저하
③ 부작용
　― 안면홍조, 호흡곤란, 흉통, 일시적 저혈압 등 발생
　― 심실상 빈맥이 중지되는 순간 심실조기수축이나 동서맥 발생 가능
　― 방실전도장애나 동방결절 기능장애환자: 심각한 서맥 발생
④ 금기증
　천식환자나 심박조율기를 갖고 있지 않으면서 2도 혹은 3도 차단이나 굴기능부전증후군(동방결절부전, sick sinus syndrome)의 경우
⑤ 용량
　▶ 첫 번째 투여 용량 6mg 빠르게 투여 후 20ml의 생리식염수를 투여
　　두 번째 투여 용량 12mg 빠르게 투여 후 20ml의 생리식염수를 투여
　　→ 만약 부정맥이 사라지지 않는다면, 최대용량 30mg까지 2~3번에 걸쳐 재투여가 가능
　▶ 이후 약물이 잘 전달되도록 약물주입 후 가능한 빨리 생리식염수를 투여
　　: 아데노신은 반감기가 매우 짧기 때문에 가능하면 심장과 가까이 있는 혈관 부위에 빠르게 정맥주사하는 것이 효과적

정답 ①

026

기도폐쇄된 영아의 등 두드리기를 시행할 때 적절한 영아의 자세는?

① 머리와 가슴을 같은 높이로 한다.
② 머리를 가슴보다 높인다.
③ 머리를 가슴보다 낮춘다.
④ 영아의 발목을 잡고 거꾸로 든다.

출제 키워드 　영아 기도폐쇄
기본서 다시보기 　응급처치학개론 p.229

해설 ③ 이물질이 아래로 내려가지 않게 항상 가슴보다 영아의 머리를 낮춘다.

핵심 개념 리마인드 **영아 기도폐쇄 처치**
영아의 기도폐쇄는 등 두드리기와 가슴 압박을 번갈아 가면서 반복적으로 시행한다. 영아의 얼굴을 아래로 향하게 하여 구조자의 팔뚝에 가슴과 배를 대고 엎드린 자세를 취한 뒤 손바닥 손꿈치로 어깨뼈 사이를 5회 강하게 두드린 후 샌드위치법으로 영아의 얼굴을 위로 향하게 반대 팔로 옮긴다. 그리고 가슴 압박 부위를 5회 강하고 빠르게 압박한다.

정답 ③

027

흉통을 호소하는 환자의 심전도이다. 의심할 수 있는 소견으로 옳은 것은?

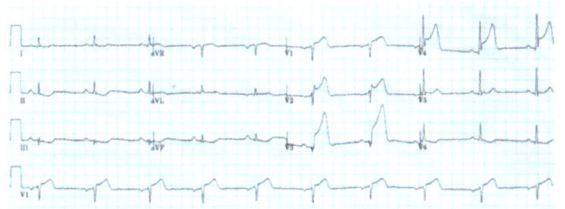

① 후벽 심근경색 ② 앞쪽벽 심근경색
③ 사이벽 심근경색 ④ 아래벽 심근경색

📋 출제 키워드   심근경색

📖 기본서 다시보기   응급처치학개론 p.192

해설 ② V1, V2, V3, V4 ST분절 상승으로 보아 앞쪽 심근경색을 의심할 수 있다.

핵심 개념 리마인드   심근경색 발생 위치

I	aVR	V1	V4
가쪽(Lateral) 왼쪽 휘돌이동맥 (Left circumflex artery)	보통 무시됨 (Generally ignored) 왼쪽 관상동맥 (Left coronary artery)	사막(Septal)* 왼앞내림 관상동맥 (Left anterior descending coronary artery)	앞쪽(Anterior) 왼앞내림 관상동맥 (Left anterior descending coronary artery)
II	aVL	V2	V5
아래쪽(inferior) 오른쪽 관상동맥 (Right coronary artery)	가쪽(Lateral) 왼쪽 휘돌이동맥 (Left circumflex artery)	사이막(Septal)* 왼앞내림 관상동맥 (Left anterior descending coronary artery)	가쪽(Lateral) 왼쪽 휘돌이동맥 (Left circumflex artery)
III	aVF	V3	V6
아래쪽(inferior) 오른쪽 관상동맥 (Right coronary artery)	아래쪽(inferior) 오른쪽 관상동맥 (Right coronary artery)	앞쪽(Anterior) 왼앞내림 관상동맥 (Left anterior descending coronary artery)	가쪽(Lateral) 왼쪽 휘돌이동맥 (Left circumflex artery)

정답 ②

028

ST분절 상승 심근경색에서 고위험군의 분류에 대한 설명으로 옳은 것은?

① 체중 < 76 kg
② 치료까지 소요시간 > 3시간
③ 나이 < 60세
④ 심전도 전흉부 유도 ST분절 상승 또는 좌각차단

📋 출제 키워드   ST분절 상승 심근경색에서 고위험군의 분류

📖 기본서 다시보기   응급처치학개론 p.184

해설 ① 체중 < 67 kg
② 치료까지 소요시간 > 4시간
③ 나이 < 65세

핵심 개념 리마인드   ST분절 상승 심근경색에서 고위험군의 분류

인자			점수
병력	나이	< 65세	0
		65~74	2
		≥ 75	3
	당뇨병 또는 고혈압 또는 협심증		1
수축기 혈압	< 100mmHg		3
심박수	> 100/분		2
Killip class	II~IV		2
체중	< 67kg		1
심전도	전흉부 유도 ST분절 상승 또는 좌각차단		1
치료까지 소요시간	> 4시간		1

▲ ST분절 상승 심근경색환자에서 TIMI score에 의한 위험도 평가

정답 ④

029

혈역학적으로 불안정한 서맥환자에게 경피 인공심장박동조율을 시도하면서 포획박동을 찾으려 한다. 환자의 심전도가 70mA에서 (가)로 나타나고 80mA에서는 (나)로 변화하였다. 다시 75mA로 조정하니 (가)가 나타났다. 몇 mA로 설정하여야 하는가?

(가)
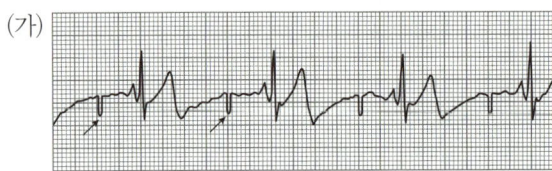

(나)
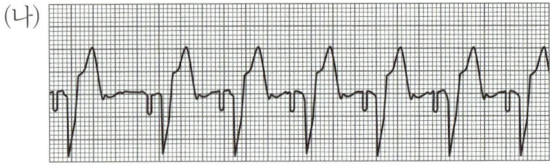

① 70mA ② 80mA
③ 90mA ④ 110mA

📝 출제 키워드   경피적 인공심장박동조율
📖 기본서 다시보기   응급처치학개론 p.176

해설 (가)에서는 인공심장박동조율로 인한 포획박동이 보이지 않는다. 그러나 (나)에서는 직선의 P파로 포획박동이 보이는 것을 확인할 수 있다. 경피 인공심장박동조율은 최소 출력에서 서서히 전류를 증가시키면서 포획박동이 발생하는지를 관찰하여 역치를 측정한다. 역치가 결정되면 역치보다 10% 정도 높은 출력으로 심장박동조율 유지한다.
③ 포획박동이 보이는 80mA에서 10% 정도 높은 90mA로 설정한다.

핵심 개념 리마인드

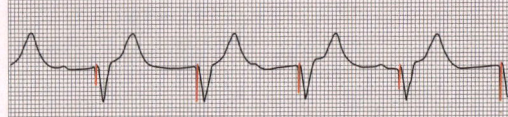

▲ 심박동조율기에 의한 심전도 소견

수행 단계
경피적 심박조율은 고도의 방실차단의 환자에게 사용되며 혈역학적 증상이 있는 서맥환자에게 사용, 모니터로 심전도를 확인하며 시행
▶ 피부와 접촉이 잘 이루어지도록 앙와위로 환자를 눕힌 뒤 제조사에서 권장하는 조율 전극을 확인하고 전극을 연결
▶ 심방조율기에서 계획된 심박동수를 설정(대략 분당 60~80회로 설정, Rate)
  → 출력을 0으로 맞추고 심장의 포획박동이 관찰될 때까지 출력량을 서서히 증가
  → 스캔이 된 출력량보다 10% 정도 더 높은 출력량으로 고정
▶ 맥박과 혈압을 확인하고 치료에 대한 환자의 반응을 감시

정답 ③

030

폐모세혈관쐐기압이 18mmHg 이하이면서 심박출계수가 2.2L/min/m² 이하인 경우 해야 할 처치로 옳은 것은?

① 수액
② 도파민
③ 대동맥 풍선 펌프
④ 이뇨제

📝 출제 키워드   killip 분류
📖 기본서 다시보기   응급처치학개론 p.195

해설 ① 폐모세혈관쐐기압이 18mmHg 이하이면서 심박출계수가 2.2L/min/m² 이하인 경우 저혈량(저관류)상태로 N/S 또는 R/L 투여가 필요하다.

핵심 개념 리마인드

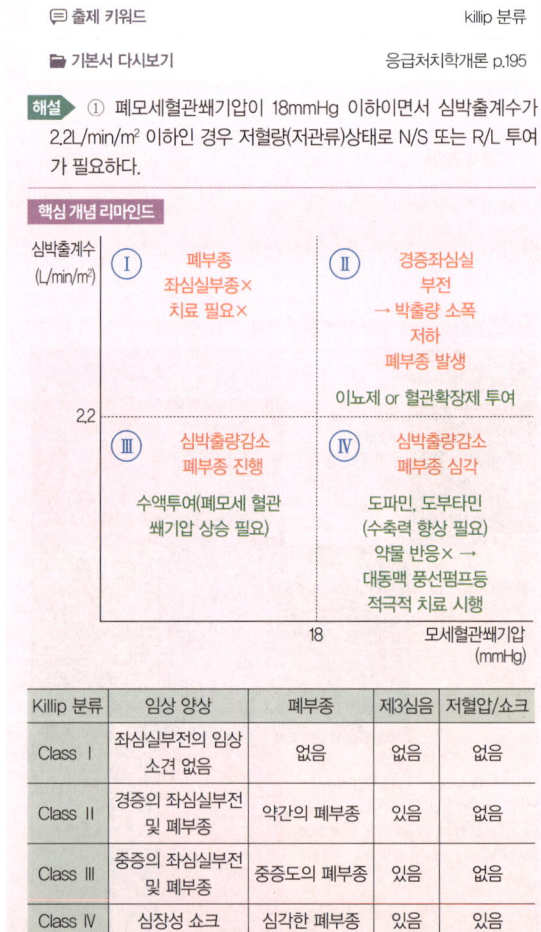

정답 ①

031

소아의 가슴 압박 위치로 옳은 것은?

① 복장뼈(흉골) 아래 1/2 부분
② 쇄골 가상선 바로 아래 부분
③ 왼쪽 유두 두 손가락 아래 부위
④ 유두 사이 가상선 두 손가락 아래 복장뼈(흉골)

📋 출제 키워드   소아 및 영아 소생술

📁 기본서 다시보기   응급처치학개론 p.220

해설 ① 소아의 가슴 압박 위치는 성인과 같이 복장뼈 아래 1/2 지점이다.

핵심 개념 리마인드   **소아의 가슴 압박 위치**

소아에서는 연령에 따라 가슴우리 크기가 다르기 때문에 복장뼈를 반으로 나눈 뒤, 복장뼈의 아랫부분을 다시 반으로 나누어 중간 부위를 압박한다.

정답 ①

032

가슴두근거림과 어지럼증을 호소하는 56세 남자 환자가 있다. 환자는 의식이 명료하며 호흡과 혈압은 정상이고 산소포화도는 95%, 심전도는 다음과 같다. 아데노신을 초기 투여하였으나 반응이 없었다. 옳은 처치는?

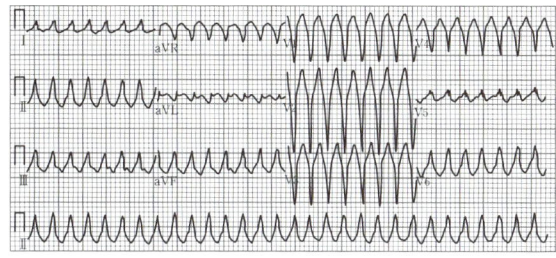

① 아데노신 투여
② 마그네슘 투여
③ 아미오다론 투여
④ 100J 동시성 전기적심장율동전환

📋 출제 키워드   혈역학적으로 안정적인 빈맥 환자 처치

📁 기본서 다시보기   응급처치학개론 p.171

해설 ③ 심전도의 리듬은 단형 심실빈맥으로 혈역학적으로 불안정한 환자에서는 즉시 전기 심장율동전환을 시도해야 하지만, 혈역학적으로 안정적이면서 넓은 QRS를 가진 빈맥환자에게는 항부정맥제를 투여함으로써 심박수를 조절하는 치료를 시도할 수 있다. 이때 사용되는 약물이 아미오다론으로 심정지 때와는 달리 150mg을 10분에 걸쳐 정맥 투여한다.

핵심 개념 리마인드   **단형성심실빈맥**

▶ 심박수 100~220회/분이며 규칙적
▶ 넓고 이상한 QRS파형이 관찰
▶ P파는 관찰되나 QRS파와 연관성이 없음

① 전기적 치료 – 동시성 심장율동전환
  ㉠ 혈역학적으로 안정적
     아미오다론 혹은 프로케이나마이드 투여
  ㉡ 혈역학적으로 불안정
     동시성 심장율동전환 시행 후 아미오다론 투여

② 약물 치료
   규칙적이며 넓은 QRS를 가진 빈맥환자에게 항부정맥제 투여 가능
  ㉠ 좌심실 기능 저하
    ⓐ 아미오다론 투여 용량
      ▶ 첫 투여: 150mg을 10분에 걸쳐서 정맥 주입
         : 심실빈맥이 지속되면 10~15분 간격으로 150mg을 반복 투여
      ▶ 첫 6시간 동안 1mg/분당 속도로 유지하면서 지속 주입
         : 0.5mg 속도로 정맥 투여
      ▶ 최대 투여량: 2g

정답 ③

033

생물학적 사망에 대한 내용으로 옳지 않은 것은?

① 개체 내 대부분의 세포가 비가역적 손상을 받아서 다시는 소생될 수 없는 상태
② 각 조직의 가역적 손상은 개체의 생물학적 사망을 초래
③ 뇌는 다른 조직보다 쉽게 손상되어 심폐소생술을 효과적으로 시행하여 다른 장기의 기능은 회복하였다 하더라도 뇌기능은 회복되지 않는 경우가 발생
④ 대뇌가 비가역적으로 손상된 상태를 뇌사라고 함

출제 키워드 : 생물학적 사망
기본서 다시보기 : 응급처치학개론 p.138

해설 ② 각 조직의 비가역적 손상이 개체의 생물학적 사망을 초래하는 것이다.

핵심 개념 리마인드 생물학적 사망(biological death)
▶ 생물학적 사망은 개체 내 대부분의 세포가 비가역적 손상을 받아서 다시는 소생될 수 없는 상태
  : 각 조직의 비가역적 손상은 개체의 생물학적 사망을 초래
  : 뇌는 다른 조직보다 쉽게 손상되므로 심폐소생술을 효과적으로 시행하여 다른 장기의 기능은 회복하였다 하더라도 뇌기능은 회복되지 않는 경우 발생
▶ 뇌사(brain death) → 대뇌가 비가역적으로 손상된 상태

정답 ②

034

60세 여자 환자가 호흡곤란, 전신쇠약, 의식저하로 내원하였다. 혈압 170/100mmHg, 호흡 28회/분이며, 수포음이 들리고, 중심부의 청색증과 호흡곤란이 심하여 앉아서도 힘들어하고 있다. 심전도는 다음과 같다. 옳지 않은 처치는?

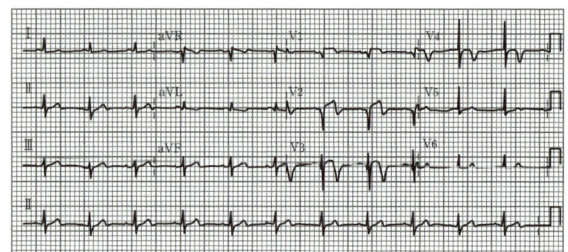

① 산소 투여 ② 이뇨제 투여
③ 수액 투여 ④ 니트로글리세린 투여

출제 키워드 : 심근경색을 동반한 폐부종 환자의 처치
기본서 다시보기 : 응급처치학개론 p.188

해설 ③ 심전도상 ST elevation이 보이며 수축기 혈압이 110mmHg 이상이면서 수포음과 같은 폐부종의 임상증상으로 환자는 심근경색을 동반한 좌심실부전이 있음을 알 수 있다. 좌심실 이완기압이 상승해 있으므로 니트로글리세린을 투여하여 전부하와 후부하를 감소시켜 폐 환류량과 전신 혈관 저항을 줄임으로써 심장에 무리를 주지 않게 한다. 또한 이뇨제를 투여해 순환 체액량을 줄여줄 수 있도록 한다. 환자의 호흡을 보조하기 위해 산소를 투여한다.

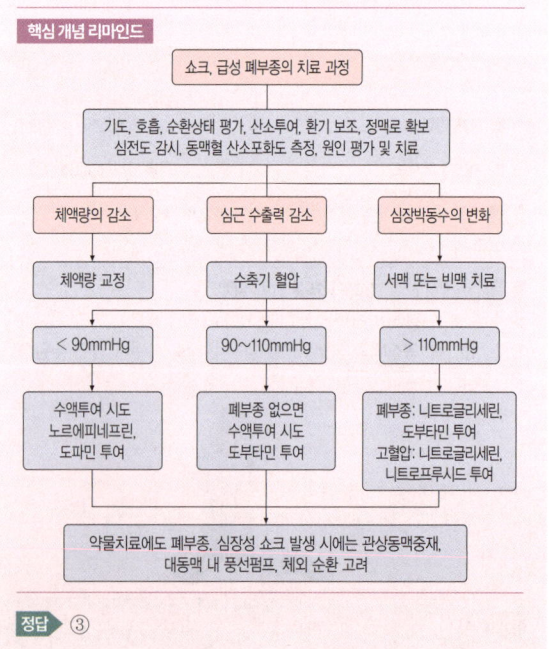

정답 ③

035

40대 여성 환자가 호흡과 맥박이 없으며, 심전도상 3도 방실차단이 관찰된다. 필요한 처치로 옳지 않은 것은?

① CPR
② 정맥로 확보 후 에피네프린 투여
③ 기도삽관 후 산소투여
④ 200 J의 제세동

📋 출제 키워드   심정지

📖 기본서 다시보기   응급처치학개론 p.160 [그림82]

해설 ④ 심전도상 리듬은 관찰되지만 환자의 호흡과 맥박이 없으므로 무맥성 전기활동 상태이다. 무맥성 전기활동은 제세동이 필요하지 않다.

핵심 개념 리마인드
무맥성 전기활동의 치료는 고품질의 심폐소생술과 약물(에피네프린) 투여이다.

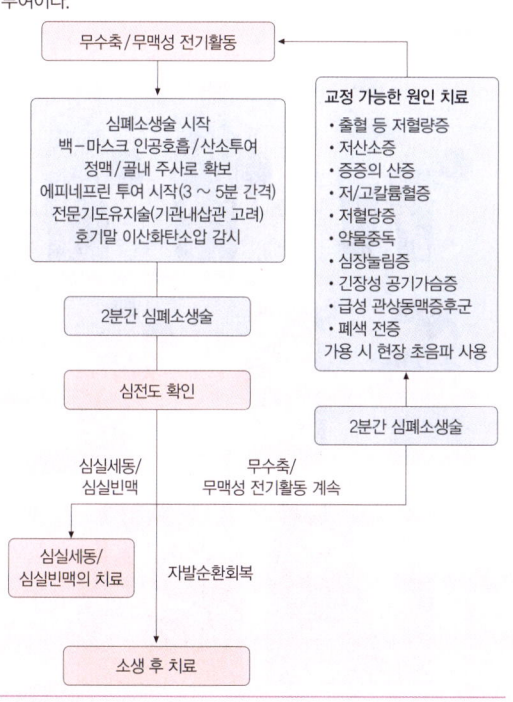

정답 ④

036

체중이 15kg인 소아가 의식, 호흡, 맥박이 없다. 1회 제세동과 2분간 심폐소생술을 시행한 후의 심전도는 다음과 같다. 호기말이산화탄소분압은 15mmHg를 유지하고 있다. 다음 처치로 옳은 것은?

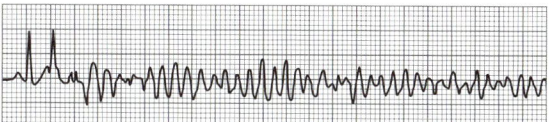

① 2분간 심폐소생술   ② 에피네프린 0.15mg 투여
③ 30J 제세동   ④ 60J 제세동

📋 출제 키워드   영/소아의 전문소생술

📖 기본서 다시보기   응급처치학개론 p.224

해설 ④ 1회의 제세동과 가슴압박 후 리듬을 확인해 보았을 때 여전히 심실세동이므로 2차 제세동을 실시해야 한다. 소아에서는 차수별로 제세동 에너지가 달라지므로 1차 제세동 때에는 2J/kg, 2차에는 4J/kg로 시행한다. 20kg 소아에서 2차 제세동 에너지는 60J이다.

핵심 개념 리마인드   소아 전문소생술 참고표

치료		내용
심장 리듬 분석		• 2분간 가슴압박 후 심전도 리듬 확인과 압박자 교대
제세동		• 최초 2J/kg, 두 번째 4J/kg, 이후 4J/kg 이상 성인 최대 용량 이하 • 제세동 후 즉시 가슴압박을 다시 시작
주사로 확보		• 전문기도유지술보다 우선하여 정맥 또는 골내 주사로 확보
약물 투여	모든 심장정지 환자	• 에피네프린 : 정맥내 / 골내: 3~5분마다 0.01mg/kg (1 : 10,000 용액 0.1mL/kg) : 기관내: 0.1mg/kg (1 : 1,000 용액 0.1mL/kg) : 최대 용량 정맥내 / 골내 1mg, 기관내 2.5mg
	제세동 후 지속되는 심실세동/무맥성 심실빈맥	• 아미오다론: 5mg/kg 일시에 투여 : 불응성 심실세동/빈맥의 경우 15mg/kg까지 총 2번 투여 가능 : 일 최대 용량 300mg • 리도카인: 1mg/kg 정맥 또는 골내 투여 : 지속 투여 시 분당 20~50mcg/kg
심장정지 원인 조사 및 치료		• 저혈량혈증, 저산소혈증, 산증, 저/고칼륨혈증, 저체온, 폐색전증, 심근경색, 긴장성 공기 가슴증, 심장눌림증, 약물중독

정답 ④

037

심정지 환자에게 적절하게 가슴 압박을 했음에도 불구하고 발생 가능한 합병증은?

① 공기 가슴증 ② 심장 눌림증
③ 폐 타박상   ④ 간 손상

> 출제 키워드: 심정지
> 기본서 다시보기: 응급처치학개론 p.144

해설 ①, ②, ④ 부적절한 가슴 압박으로 인해 발생하는 합병증이다.
③ 적절한 가슴 압박으로도 발생할 수 있는 합병증이다.

핵심 개념 리마인드 심정지 응급처치 시 발생하는 합병증의 종류
(1) 가슴 압박이 적절하여도 발생할 수 있는 합병증: 갈비뼈 골절, 복장뼈 골절, 심장 타박상, 폐 타박상
(2) 부적절한 가슴 압박으로 발생하는 합병증: 상부 갈비뼈 또는 하부 갈비뼈의 골절, 공기 가슴증, 간 또는 비장의 손상, 심장 파열, 심장 눌림증, 대동맥의 손상, 식도 또는 위점막의 파열
(3) 인공호흡에 의하여 발생하는 합병증: 위 내용물의 역류, 구토, 폐흡인

정답 ③

038

이물질에 의한 기도폐쇄 환자에서의 응급처치로 올바른 내용은?

① 부분 기도폐쇄 환자에서의 하임리히법
② 임산부처럼 하임리히법이 불가능할 때 가슴밀어내기
③ 의식이 있는 완전 기도폐쇄 환자의 경우 가슴 압박
④ 부분 기도폐쇄 환자에서의 인공호흡

> 출제 키워드: 기도폐쇄
> 기본서 다시보기: 응급처치학개론 p.148~150

해설 ① 기도폐쇄로 의심되는 환자에게 "목에 뭐가 걸렸나요?"라고 물어본 뒤, 의식이 있으면서 말을 할 수 있거나 기침을 할 수 있는 부분 기도폐쇄 환자인 경우에는 비교적 환기 상태가 양호하다고 판단하고 기침을 유도한다.
② 임산부나 비만으로 인하여 복부 밀어내기가 불가능한 경우에는 심폐소생술의 가슴 압박과 같이 복장뼈 중앙부를 압박하여 이물질을 제거한다.
③ 대답을 하지 못하거나 자가 기침이 불가능한 환자 또는 의식이 없거나 청색증이 발생하는 경우에는 환기 상태가 불량한 완전기도 폐쇄 환자로 판단하고 등 두드리기 5회를 실시한 뒤 호전되지 않으면 하임리히법을 적용한다.
④ 부분 기도폐쇄 환자는 기침을 유도한다.

핵심 개념 리마인드

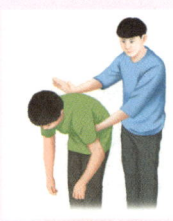  

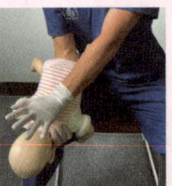 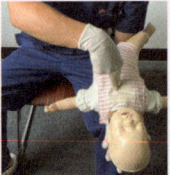

정답 ②

039

2020년도 한국형 심폐소생술 지침(질병관리청)에서 환기 상태가 불량한 의식이 있는 성인 기도폐쇄(airway obstruction) 환자에게 최초로 권고하는 적절한 처치 방법은? (단, 환자가 자발적 기침이 불가능한 상태이다.)

① 손가락을 넣어 이물질 제거 방법(Finger sweep)
② 기침 유도
③ 하임리히법(Heimlich manuever)
④ 등 두드리기(Back blow)

출제 키워드: 기도폐쇄
기본서 다시보기: 응급처치학개론 p.149 [그림91]

해설 ① 손가락을 넣어 이물질을 제거하는 방법은 오히려 이물질이 더 들어갈 수 있기 때문에 이물질을 완벽히 제거할 수 있지 않는 이상 권고되지 않는다.
② 기도폐쇄가 의심되는 환자에게는 일차적으로 기침을 유도해 자가 기침이 불가능한 경우 기도폐쇄로 판단한다.
③, ④ 자가기침 불가능, 청색증이 발생하는 경우에는 완전 기도폐쇄로 판단하고 우선적으로 등 두드리기를 시행한 뒤 호전되지 않으면 하임리히법을 적용한다.

핵심 개념 리마인드 기도폐쇄 환자의 처치
기도폐쇄로 의심되는 환자에게 "목에 뭐가 걸렸나요?" 라고 물어본 뒤 대답을 하지 못하거나, 자가기침이 불가능한 환자 또는 청색증이 발생하는 경우 환기 상태가 불량한 완전 기도폐쇄 환자로 판단하여 우선적으로 등 두드리기 5회를 실시한 뒤 호전되지 않으면 하임리히법을 적용한다.

정답 ④

040

아래의 심전도 양상을 보이는 환자에게 3회 제세동, 에피네프린 2회 정맥투여 그리고 기관 내 삽관 후에도 환자의 리듬은 다음과 같다. 다음 중 시행해야 할 적절한 처치로 가장 옳은 것은?

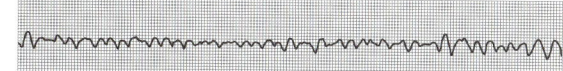

① 아미오다론 300 mg
② 리도카인 3~3.5 mg/kg
③ 바소프레신 20 IU
④ 마그네슘 1~2 g

출제 키워드: 심정지
기본서 다시보기: 응급처치학개론 p.153~156

해설 ① 이 심전도는 coarse VF 심전도이다. 제세동과 에피네프린 투여에도 불응하는 난치성 심실세동과 무맥성 심실빈맥에는 아미오다론 초기 용량 300 mg을 정맥/골강 내 투여할 수 있다. 추가 투여 필요 시 150 mg을 투여한다.
② 리도카인은 나트륨 통로차단제로 심실세동과 무맥성 심실빠른맥에서 아미오다론의 대체 약품으로만 권장되고 있으며 초기 용량은 1.0~1.5 mg/kg 으로 정맥이나 골강 내 투여한다. 추가 투여 시 매 5~10분 동안 0.5~0.75 mg/kg를 최대 총량 3.0 mg/kg까지 투여할 수 있다.

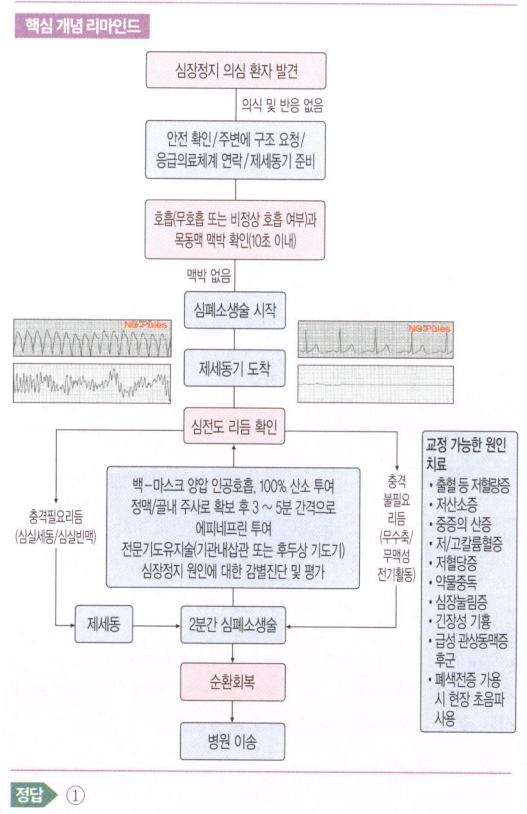

정답 ①

041

3회의 제세동에도 불구하고 지속적으로 무맥성 심실빈맥 상태를 보이는 50kg 환자에게 투여하는 아미오다론의 초기 용량은?

① 50 mg ② 150 mg
③ 300 mg ④ 500 mg

📝 출제 키워드 　　　　　　　　　　심정지, 부정맥

📁 기본서 다시보기 　　　　응급처치학개론 p.156 [표56]

해설 ③ 난치성 심실세동 혹은 무맥성 심실빈맥 환자에서는 아미오다론 초기 용량 300mg을 정맥 또는 골강 내로 투여할 수 있다.

핵심 개념 리마인드 **심정지 환자의 약물 처치**
항부정맥제인 아미오다론 혹은 코다론은 CPR, 제세동, 혈압상승제에 반응이 없는 심실세동 혹은 무맥성 심실빈맥 환자에게 사용한다. 심실세동/무맥성 심실빈맥에서 초기 용량 300mg을 정맥/골강 내에 투여하고, 추가적 투여 필요 시 150mg을 정맥/골강 내 한 번만 더 투여할 수 있다.

정답 ③

042

심장근육의 전기활동과 수축은 정상적으로 유지되지만, 폐동맥혈전색전, 심장눌림증, 대량실혈 등에 의해 정맥환류가 감소하여 심박출량이 없는 상태로 발생하는 부정맥은?

① 무수축(asystole)
② 심실세동(ventricular fibrillation)
③ 진성(true) 무맥성 전기활동
④ 가성(pseudo) 무맥성 전기활동

📝 출제 키워드 　　　　　　　　　　심정지, 부정맥

📁 기본서 다시보기 　　　　　　응급처치학개론 p.160

해설 ① 무수축(asystole): P, QRS파가 전혀 관찰되지 않거나, 1분에 6회 이하로 나타나는 심장의 전기활동이 전혀 없는 상태
② 심실세동(ventricular fibrillation): 주로 관상동맥 질환에서 발생한다고 알려져 있다. 심박출량이나 조직화된 전기형태가 없어 심근세포의 수축이 지속되는 상태이므로 심박출량이 거의 없더라도 정상 동조율 상태보다 심근의 산소 소모량은 많다. 따라서 심근의 허혈이 급격히 진행된다.
③ 진성(true) 전기-기계해리: 심장의 전기활동은 있으나 실제적으로 심장이 수축하지 않아 심박출량이 없는 상태. 대량의 심근경색, 칼슘길항제 중독 등에서 관찰
④ 가성(pseudo) 무맥성 전기활동: 심근의 전기활동과 기계적 수축은 정상적으로 유지되고 있지만 정맥환류가 급격히 감소하여 심박출량이 없는 상태. 대량의 폐혈전색전증, 인공 심장판막의 폐쇄, 대량 실혈, 심장눌림증, 긴장성 공기 가슴증 등에서 관찰

핵심 개념 리마인드 **무맥성 전기활동의 치료**
무맥성 전기활동은 특정한 리듬을 지정할 수 없음
▶ 심실세동, 심실빈맥, 무수축을 제외하고 심전도상 리듬은 관찰되지만 목동맥에 맥박이 촉지되지 않는다면 무맥성 전기활동으로 간주하여 빠르게 근본적 원인을 찾아 치료해야 함
▶ 무맥성 전기활동은 원인에 따라 처치의 기준이 다르고, 빠른 처치는 기능적으로 상태를 바꾸어 놓을 수 있으므로 원인을 신속하게 인식하고 처치 시행
㉮ 기계적 치료: 제세동 치료는 필요치 않음
㉯ 약물 치료: 에피네프린 1mg을 3~5분 간격으로 투여하고 기존 원인을 우선적으로 처치

질환	처치
저혈량증(hypovolemia)	수액 처치
심장눌림증(심장압전, cardiac tamponade)	심낭천자
긴장공기가슴증(긴장성공기가슴증, tension pneumothorax)	바늘감압술
저산소혈증(hypoxemia)	기관내삽관/산소투여
산증(acidosis)	환기, 중탄산나트륨 고려

정답 ④

043

의식과 맥박이 없는 환자의 심전도 리듬이다. 가장 먼저 시행해야 할 처치 방법은?

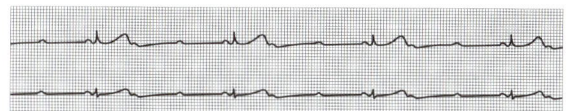

① 원인 교정 ② 제세동
③ 아트로핀 투여 ④ 가슴 압박

📖 출제 키워드　　　　　　　　　　　심정지, 부정맥

📚 기본서 다시보기　　　　　　　　응급처치학개론 p.160

해설 ④ 무맥성 전기활동에서는 제세동을 시행하지 않으며 가능한 빠른 에피네프린 투여와 지속적인 가슴 압박을 하면서 유발 원인을 교정한다.

핵심 개념 리마인드 **무맥성 전기활동**

(1) 무맥성 전기활동은 특정한 리듬을 지정할 수 없다. 심실세동, 심실빈맥, 무수축을 제외하고 심전도상 리듬은 관찰되지만 목동맥 맥박이 촉진되지 않는다면 무맥성 전기활동으로 간주한다.
(2) 무맥성 전기활동은 심폐소생술을 시작하면서 제세동을 시행하지 않고 가능한 빨리 에피네프린을 투여하면서 근본적인 유발 원인을 교정하는 것이 중요하다.

정답 ④

044

심장의 전부하를 감소시키고 측부순환량을 증가시켜 관상동맥 연축을 방지함으로써 흉통을 경감시킬 수 있는 약물은?

① 도파민 ② 아스피린
③ 니트로글리세린 ④ 모르핀

📖 출제 키워드　　　　　　　　　　관상동맥증후군

📚 기본서 다시보기　　　　　응급처치학개론 p.185~186 p.197

해설 ① 혈압상승제인 도파민은 알파 및 베타수용체를 자극하여 심장박출량을 증가시키는 약물이다. 아트로핀에 반응하지 않고, 증상이 있는 서맥의 치료에 사용한다.
② 아스피린은 혈소판의 cyclooxygenase를 억제하여 thromboxane A2의 생성을 차단함으로써 항응고작용을 한다. 급성 심근경색 환자에게 병원 전 단계에서 아스피린을 투여하면 환자의 생존율을 증가시킨다.
③ 니트로글리세린은 심장의 전부하를 감소시켜 심근의 산소 요구량을 줄이고, 심근경색 부위로의 측부 순환량을 증가시키며, 관상동맥 연축을 방지한다.
④ 모르핀은 진통 작용으로 흉통을 경감시켜 환자를 안정시킴으로써 체내에서의 카테콜아민 분비를 줄인다. 또한, 모르핀은 정맥을 확장해 심장으로의 혈액 환류를 줄이므로 심장의 전부하를 줄이고, 동맥을 확장해 말초혈관 저항을 감소시킴으로써 심근의 산소 요구량을 줄인다.

핵심 개념 리마인드

방법	3~5분 간격으로 3일까지 투여 가능
부작용	▸ 뇌의 혈관도 확장시키므로 심한 두통을 유발 ▸ 위장관에서의 민무늬근도 이완시킬 수 있어 저혈압을 유발
적응증	▸ 심부전이 발생한 경우 ▸ 고혈압이 있는 경우 ▸ 전벽 심근경색이 발생한 경우 ▸ 반복적으로 흉통이 발생할 때
금기증	▸ 수축기 혈압이 90mmHg 이하 ▸ 평소보다 수축기 혈압이 30mmHg 이상 감소된 경우 ▸ 분당 50회 미만의 서맥 환자 ▸ 심부전이 없는 상태에서의 빈맥(>100회/분) ▸ 발기부전제를 복용한 경우: 최근 24시간 이내 비아그라, 레비트라, 48시간 이내 시알리스 복용한 경우 ▸ 니트로글리세린 투여 후 수축기 혈압이 30mmHg 이상 감소한 경우 추가 투여 금지 ▸ 니트로글리세린 과민반응이 있었던 환자 ▸ 녹내장 환자, 두부외상이나 뇌출혈, 중증 빈혈 환자 ▸ 우심실경색 의심 환자

정답 ③

045

성인 심폐소생술에 관한 설명 중 옳은 것은?

① 압박 위치를 유지하면서 약 3 cm 깊이로 압박한다.
② 5분마다 가슴 압박을 교대한다.
③ 가슴 압박 중단 시간은 20초 이내로 한다.
④ 분당 100~120회 속도로 30회 가슴 압박을 실시한다.

📝 출제 키워드   심폐소생술
📖 기본서 다시보기   응급처치학개론 p.141~142

해설 ① 압박 위치를 유지하면서 약 5 cm 깊이로 압박한다.
② 2분마다 가슴압박을 교대한다.
③ 가슴압박 중단 시간은 10초 이내로 한다.

핵심 개념 리마인드

나이 구분	성인	소아	영아/신생아
가슴압박 위치	흉골의 아래쪽 반 부분		젖꼭지 연결선과 흉골이 만나는 곳의 바로 아래 / 신생아: 흉골 하부 1/3
압박 방법	두 손으로 압박	한 손 또는 성인과 같은 방법	2개의 손가락 또는 두 엄지손가락
압박 깊이	약 5cm (6cm을 넘지 않는.)	가슴 전후 두께의 1/3 (4~5cm)	가슴 전후 두께의 1/3 (4cm)
압박 속도	분당 100~120회 / 신생아: 분당 120회 속도로 90회압박, 30회 환기		
압박-호흡 비율	30 : 2	30 : 2 (일반인 또는 의료종사자 1인) 15 : 2 (의료종사자 2인 이상) / 신생아 3:1 (심인성 심정지의 경우 2인 구조자 15:2)	

정답 ④

046

심계항진(두근거림)을 호소하는 50대의 환자에게서 혈압이 110/70mmHg, 맥박 수 220회, 호흡 수 22회, 산소포화도 98%로 확인되고 있다. 불안한 증상 외에 특별히 호소하는 증상은 없다. 이 환자에게 최우선적으로 시행할 조치는?

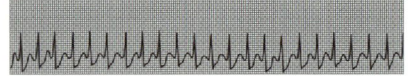

① 발살바수기
② 심장율동전환
③ 아데노신 투여
④ 베타차단제 투여

📝 출제 키워드   빈맥성 부정맥
📖 기본서 다시보기   응급처치학개론 p.166~167

해설 지문의 환자는 혈역학적으로 안정되어 있는 심실상성빈맥 환자이다.
① 혈역학적으로 안정적인 심실상성빈맥 환자에게 미주신경흥분수기를 사용한다. 방법으로는 목동맥(경동맥) 마사지, 발살바수기 등이 있다.
② 혈역학적으로 불안정한 빈맥 환자에게는 동시성 심장율동전환을 적용한다.
③ 미주신경수기에도 돌아오지 않는 심실상성빈맥 환자는 아데노신(adenosine)을 투여한다.
④ 미주신경수기, 아데노신 (adenosine)으로도 돌아오지 않는 환자는 베타차단제 또는 칼슘채널 차단제를 투여한다.

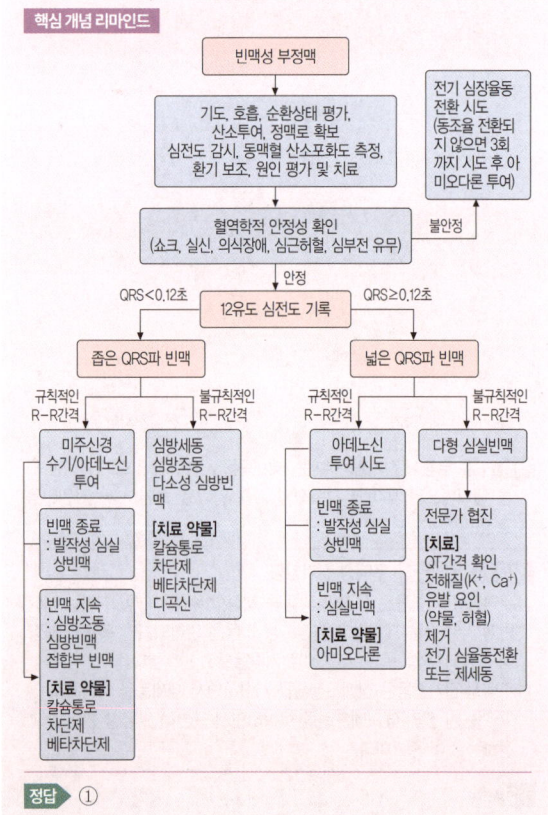

정답 ①

047

쇠약감을 주 호소로 내원한 환자의 심전도이다. 환자의 맥박은 160회이고, 혈압은 105/82 mmHg, 산소포화도는 96%이다. 이 환자의 처치로 적절한 것은?

① 관찰 및 모니터링
② 아데노신 투여
③ 동시성 심장율동전환
④ 리도카인 투여

출제 키워드 : 빈맥성 부정맥

기본서 다시보기 : 응급처치학개론 p.163~168

해설 지문의 환자는 혈역학적으로 안정적인 심실상성빈맥 환자이다.
② 혈역학적으로 안정적이면서 QRS가 좁고 규칙적인 심실상성빈맥의 경우 미주신경흥분술기, 아데노신(adenosine) 투여, 베타차단제 또는 칼슘채널차단제 투여, 전문가 의뢰 등이 있다. 혈역학적으로 불안정한 심실상성빈맥 환자는 동시성 심장율동전환을 적용한다.

핵심 개념 리마인드 QRS가 좁고 규칙적인 안정형 빈맥의 처치

(1) 미주신경흥분수기
  - 목동맥 마사지
  - 발살바수기
  - 얼음물에 얼굴 담그기
  - 기침유발
  - 위장관튜브 삽입
  - 트렌델렌버그자세 등

(2) 아데노신
  - 첫 번째 투여 용량 6 mg
  - 두 번째, 세 번째 투여 용량 12 mg
    최대 용량 30 mg까지 2~3번에 걸쳐 재투여 가능

(3) 딜티아젬(칼슘통로차단제)
  - 초기 용량 15~20 mg(0.25 mg/kg) 2분에 걸쳐 투여
  - 필요하다면 15분 후 20~25 mg(0.35 mg/kg) 재투여 가능

정답 ②

048

QRS가 넓고 규칙적으로 나타나는 빈맥 환자에게 심장율동전환을 시행하려고 한다. 적절한 에너지는?

① 50 J
② 100 J
③ 150 J
④ 200 J

출제 키워드 : 빈맥성 부정맥

기본서 다시보기 : 응급처치학개론 p.166 [표60]

해설 ② QRS가 넓고 규칙적인 리듬에서는 100J로 심장율동전환을 시행한다.

핵심 개념 리마인드 QRS 범위와 심장율동전환

QRS가 좁고 규칙적인 리듬 : 50~100J
QRS가 좁고 불규칙적인 리듬 : 100~200J(biphasic), 200J(monophasic)
QRS가 넓고 규칙적인 리듬 : 100J
QRS가 넓고 불규칙적인 리듬 : 제세동(defibrillation)

정답 ②

[049~051] 아래 설명을 읽고 물음에 답하시오.

> 66세 여자 환자가 현기증과 소화불량을 호소하고 있다. 환자의 의식은 점점 처지고 있는 상황이며, 안색은 창백하고 식은땀을 흘리고 있다. 혈압은 70/40 mmHg이며 심전도는 아래와 같다.
>
>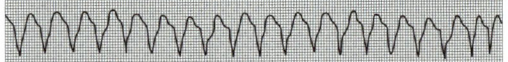

049
환자의 현재상태는?

① 안정형 심실상성빈맥
② 안정형 다형심실빈맥
③ 불안정형 비틀림심실빈맥
④ 불안정형 단형심실빈맥

050
환자에게 가장 중요한 처치는 무엇인가?

① amidodarone 투여
② 비동시성 심장율동전환(제세동)
③ epinephrine 투여
④ 동시성 심장율동전환

051
위 환자에게 처치를 하던 중 갑자기 환자의 의식이 없어지고 호흡과 맥박이 측정되지 않는다. 심전도의 리듬은 동일하다. 최우선적으로 환자에게 적용되어야 하는 처치는?

① 경피인공심장박동조율
② 전문기도유지기 삽입 시도
③ 제세동 실시
④ 동시성 심장율동전환

049

출제 키워드 — 빈맥성 부정맥
기본서 다시보기 — 응급처치학개론 p.165~171

해설 ④ 이 심전도는 심박수가 약 150회/분이며, 넓고 규칙적인 QRS를 보이는 단형심실빈맥이다. 저혈압, 갑작스러운 의식 변화, 쇼크의 징후, 허혈성 가슴 통증, 급성심부전의 증상을 보이면 혈역학적으로 불안정한 불안정형 빈맥으로 분류한다. 환자는 의식 변화, 저혈압과 쇼크의 징후를 보이고 있기 때문에 불안정형 단형심실빈맥이라고 할 수 있다.

정답 ④

050

출제 키워드 — 빈맥성 부정맥
기본서 다시보기 — 응급처치학개론 p.165~166

해설 ④ 환자는 저혈압, 의식 변화, 쇼크의 징후를 보이고 있는 혈역학적으로 불안정한 빈맥환자이다. QRS가 넓고 규칙적이므로 100 J로 동시성 심장율동전환을 실시한다.

핵심 개념 리마인드 QRS가 넓고 규칙적인 심실빈맥의 치료
(1) 혈역학적으로 불안정하고 QRS가 넓은 빈맥인 경우 100 J의 동시성 심장율동전환을 실시한다.
(2) 동시성 심장율동전환을 실시하며 아데노신을 투여한 뒤 빈맥이 종료되면 심실상 빈맥으로 판단, 빈맥이 지속될 경우 항부정맥제(procainamide, amiodarone, sotalol 등)를 투여한다.

정답 ④

051

출제 키워드 — 심정지, 빈맥성 부정맥
기본서 다시보기 — 응급처치학개론 p.153

해설 QRS가 0.12초 이상 넘어가며 분당 150회 이상의 빠른 양상을 보이며 맥이 잡히지 않는다면 무맥성 심실빈맥이다. 무맥성 심실빈맥의 치료에 가장 우선시되는 것은 조기 제세동이다. 가능한 빠르게 제세동을 실시한 뒤 약물치료를 함께 진행한다.
① 경피적인공심장박동 조율은 혈역학적으로 불안정한 서맥 환자에게 적용한다.
② 제세동이 필요한 리듬이라면 빠르게 제세동을 한 후 IV/IO 확보하고 전문기도유지술을 고려한다.
③ 심실세동 및 무맥성 심실빈맥의 치료에 가장 우선시 되는 것은 조기 제세동이다. 가능한 빠르게 제세동을 실시한 뒤 약물치료를 함께 진행한다.
④ 동시성 심장율동전환은 혈역학적으로 불안정한 빈맥 환자에게 적용한다.

정답 ③

052

60대 남성이 가슴 통증을 호소하고 있으며, 혈압은 70/40 mmHg으로 측정되었고, 심전도는 아래와 같다. 우선 진행되어야 할 처치는?

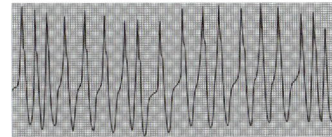

① 베라파밀
② 프로프라놀롤
③ 동시성 심장율동전환
④ 아데노신

출제 키워드: 심폐소생술과 전문심장술, 빈맥성 부정맥

기본서 다시보기: 응급처치학개론 p.163~168

해설 위 심전도는 P파가 관찰되지 않으며 넓은 QRS파형이 관찰되고 불규칙한 리듬을 가진 다형성 심실빈맥이며 저혈압, 가슴 통증을 호소하는 불안정한 심실빈맥 환자이다.
① 베라파밀은 칼슘통로차단제로, QRS파가 좁고 혈역학적으로 안정된 빈맥 환자에게 사용한다.
② 프로프라놀롤은 베타단제로, QRS파가 좁고 혈역학적으로 안정된 빈맥 환자에게 사용한다.
③ 혈역학적으로 불안정한 빈맥 환자에게는 동시성 심장율동전환을 적용한다.
④ 아데노신은 QRS파가 좁고 혈역학적으로 안정된 빈맥 환자에게 미주신경수기로도 돌아오지 않을 때 사용한다.

정답 ③

053

갑작스런 의식소실과 발한 등을 보이는 65세 남자의 심전도 양상이다. 이 환자의 심전도 판독으로 옳은 것은?

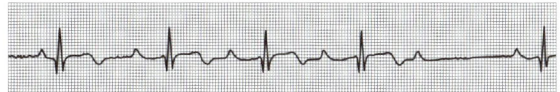

① 1도 방실차단(first AV block)
② 2도 I형 방실차단(mobitz I)
③ 3도 방실차단(third AV block)
④ 2도 II형 방실차단(mobitz II)

출제 키워드: 서맥성 부정맥

기본서 다시보기: 응급처치학개론 p.178~181

해설
① 1도 방실차단은 PR 간격이 0.20초 이상이며 P파와 QRS파의 연관성이 있는 것이 특징이다.
② 2도 I형 방실차단의 특징은 P파 간격이 일정하며 PR 간격이 점차 길어지다가 P파 뒤에 QRS파가 한 번 상실되며 이후 다시 P파 뒤에 QRS파가 나온다.
③ 3도 방실차단 혹은 완전방실차단은 P파와 QRS파의 간격이 각각 일정하지만 서로의 연관성이 없다.
④ 2도 II형 방실차단의 특징은 P파 간격과 PR 간격이 일정하나 간혹 P파 뒤에 QRS파가 한 번 또는 여러 번 나오지 않는다.

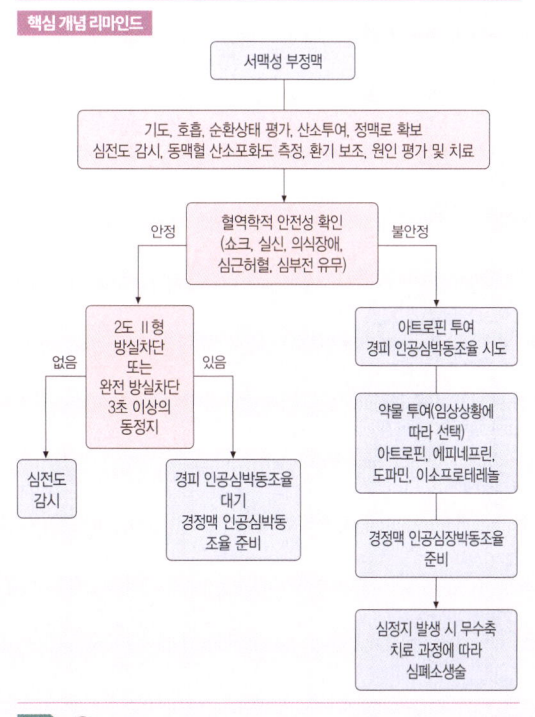

정답 ②

054

정상 맥박 수 이하로 측정되는 환자의 심전도이다. 환자는 호흡곤란과 저혈압, 발한 등이 관찰된다. 이 환자의 심전도 판독으로 옳은 것은?

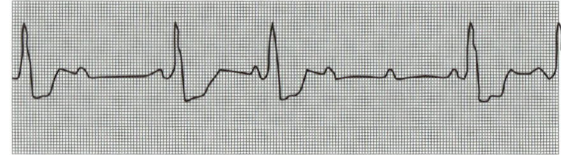

① 1도 방실차단(first AV block) ② 2도 I형 방실차단(mobitz Ⅰ)
③ 3도 방실차단(third AV block) ④ 2도 Ⅱ형 방실차단(mobitz Ⅱ)

📩 출제 키워드   서맥성 부정맥

📖 기본서 다시보기   응급처치학개론 p.178~181

해설
① 1도 방실차단은 PR 간격이 0.20초 이상이며 P파와 QRS파의 연관성이 있는 것이 특징이다.
② 2도 I형 방실차단의 특징은 P파 간격이 일정하며 PR 간격이 점차 길어지다가 P파 뒤에 QRS파가 한번 상실되며 이후 다시 P파 뒤에 QRS파가 나온다.
③ 3도 방실차단 혹은 완전방실차단은 P파와 QRS파의 간격은 각각 일정하지만 서로의 연관성이 없다.
④ 2도 Ⅱ형 방실차단의 특징은 P파 간격과 PR 간격이 일정하나 간혹 P파 뒤에 QRS파가 한 번 또는 여러 번 나오지 않는다.

핵심 개념 리마인드

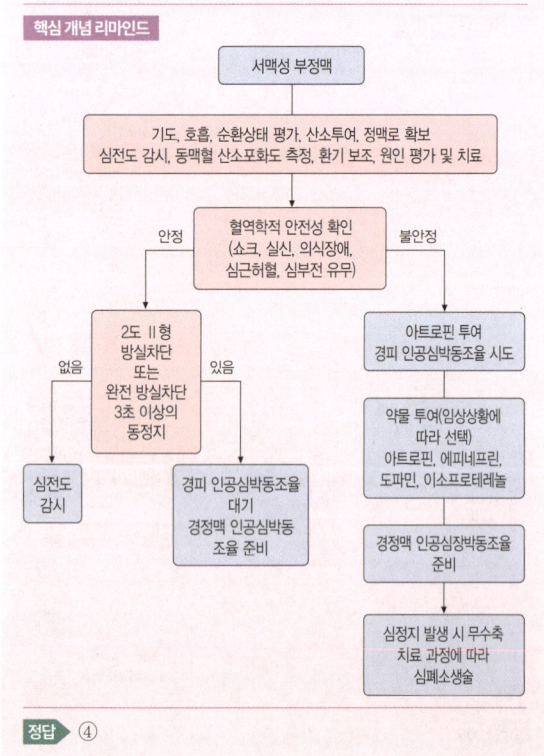

정답 ④

055

아래와 같은 심전도를 보이는 환자에서 혈압이 80/50mmHg이며 의식이 저하되는 것이 발견되었다. 환자에게 적용할 적절한 처치는?

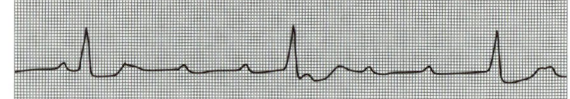

① 아데노신 투여　　② 아미오다론 투여
③ 경피인공심장박동조율　④ 동시성 심장율동전환

📩 출제 키워드   서맥성 부정맥

📖 기본서 다시보기   응급처치학개론 p.176~177

해설 지문의 환자는 저혈압, 의식저하의 증상이 있는 불안정한 서맥성 부정맥 환자이다.
① 혈역학적으로 안정된 좁고 규칙적인 빈맥 환자에게 투여하고 혈역학적으로 안정된 규칙적인 단형심실빈맥의 경우 투여를 고려할 수 있다.
② CPR, 제세동, 혈압상승제에 반응이 없는 VF 또는 PVT에 사용한다. 또는 난치성 빈맥의 경우 사용을 고려할 수 있다.
③ 혈역학적으로 불안정한 서맥 환자에게 아트로핀 투여, 경피적 심박조율 사용, 도파민 인퓨전 투여, 에피네프린 인퓨전 투여, 전문가에게 의뢰하여 transvenous pacing을 할 수 있다.
④ 혈역학적으로 불안정한 빈맥 환자에게 동시성 심장율동전환을 적용한다.

핵심 개념 리마인드

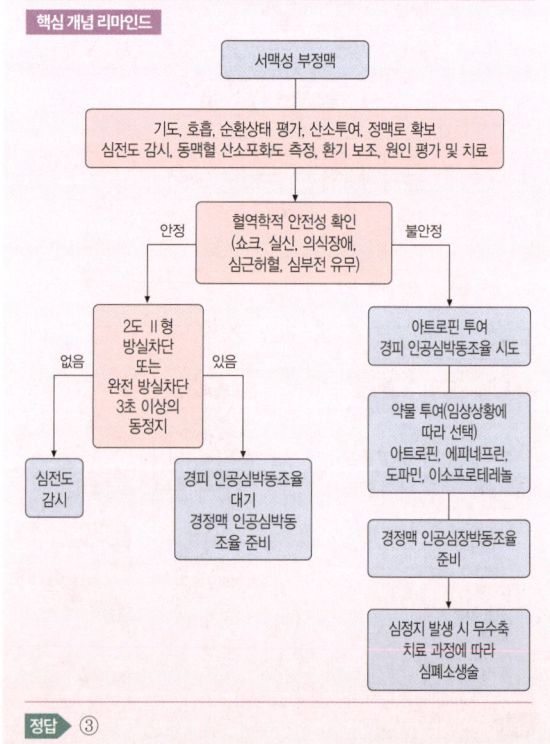

정답 ③

056

울혈성심부전증으로 디지탈리스(digitalis)를 복용하고 있던 67세 강씨는 금일 오심, 구토, 시력장애를 호소하다가 실신상태에 빠져 응급실로 내원하였다. 심전도 양상이 아래와 같다면 우선적인 처치로 옳은 것은?

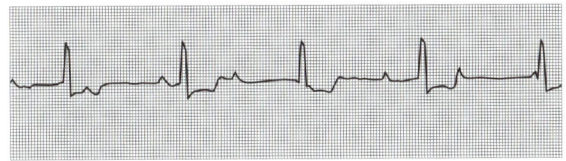

① 제세동(defibrillation)
② 디아제팜(diazepam) 투여
③ 리도카인(lidocaine) 투여
④ 경피심장박동조율(transcutaneous cardiac pacing)

💬 출제 키워드   서맥성 부정맥
📁 기본서 다시보기   응급처치학개론 p.176~177

해설 ④ 이 심전도는 약 50회의 3도 방실차단으로 갑작스러운 의식변화증상을 호소하는 혈역학적으로 불안정한 서맥성 부정맥으로, 아트로핀 투여, 경피적 심박조율, 도파민 인퓨전 투여, 에피네프린 인퓨전 투여를 시행한다.

핵심 개념 리마인드

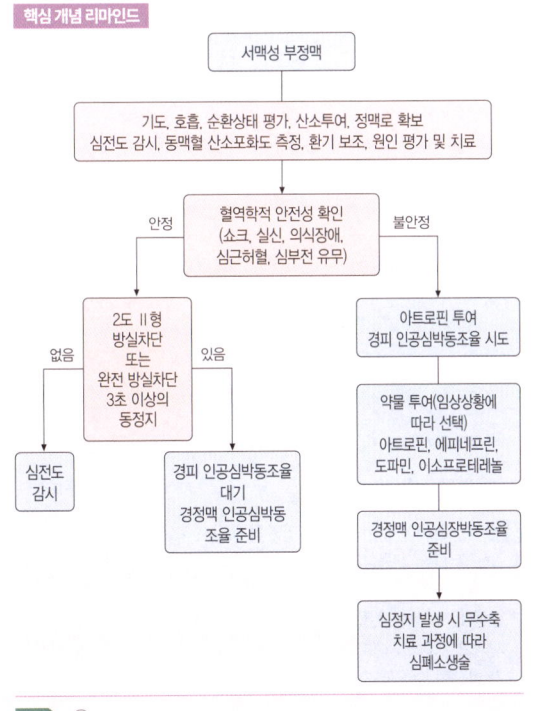

정답 ④

057

분당 48회의 심장박동수가 유지되는 경우는 심박조율기능이 어느 부위에서 이루어지는 것으로 판단할 수 있는가?

① 동방결절
② 방실결절
③ 히스속 이하
④ 방실접합부

💬 출제 키워드   서맥성 부정맥
📁 기본서 다시보기   응급처치학개론 p.180

해설 ② 방실결절: 약 40~50회/분의 속도

핵심 개념 리마인드   완전방실차단

방실결절부 위나 그 아래 부위에서 완전한 전기적 차단이 초래되어 심방과 심실 사이에 전도가 없는 상태를 3도 혹은 완전방실차단이라고 한다.

(1) 방실결절에서 차단이 발생하면 QRS 모양이 정상이고 심장박동수가 40~50회/분으로 유지된다.
(2) 히스속 이하 부위에서 차단이 발생하면 넓고 이상한 QRS 파형이 관찰되며 20~40회/분으로 심장박동수가 유지된다.

정답 ②

058

소아 및 영아 심정지에 대한 설명으로 옳은 것은?

① 맥박수가 분당 60회 이하인 소아는 호흡을 재평가 한다.
② 소아에서 심정지를 확인할 때 목동맥 또는 대퇴동맥의 맥박을 촉지한다.
③ 영아는 목이 비교적 짧고 연조직이 많아 목동맥 맥박을 촉지한다.
④ 소아와 영아는 약 15초 동안 맥박 유무를 확인한다.

출제 키워드 소아 및 영아 소생술
기본서 다시보기 응급처치학개론 p.220

해설 ① 소아 및 영아는 맥박이 분당 60회 미만이면서 청색증과 같은 저관류 증상이 나타나면 즉각적으로 심폐소생술을 실시해야 한다.
②, ③ 맥박은 영아에서는 위팔동맥, 소아는 목동맥 또는 대퇴동맥에서 확인한다.
④ 맥박은 10초에 걸쳐서 확인하며, 맥박 확인을 위하여 10초 이상이 소요해서는 안 된다.

정답 ②

059

의식이 없는 5세 소아의 혈압이 85/60 mmHg, 맥박이 48회, 청색증이 보이는 경우 가장 먼저 시행해야 하는 적절한 처치는?

① 도파민 투여
② 기도 유지
③ 기관 내 삽관
④ 가슴 압박

출제 키워드 소아 및 영아 소생술
기본서 다시보기 응급처치학개론 p.219

해설 ④ 환아에게 분당 60회 미만의 맥박 수가 관찰되면서 청색증과 같은 저관류의 증상이 나타난다면 즉시 가슴 압박을 시작으로 심폐소생술을 실시한다. 영아 및 소아의 경우 심장정지의 주 원인이 호흡성 문제이며, 호흡 문제가 개선되지 않으면 저산소증이 발생하고 서맥으로 이어지게 되며, 소아에게서 서맥이 나타난다면 곧 심정지가 발생할 수 있다고 판단할 수 있다.

정답 ④

060

영아 심폐소생술 시 고려해야 하는 사항으로 올바른 내용은?

① 가슴압박의 깊이는 흉곽 전후 직경의 1/2 정도를 압박하며, 매 가슴 압박마다 완전히 이완시킨다.
② 기도의 직경이 상대적으로 작으므로 기도폐쇄 방지를 위해 과신전(hyperextension) 자세를 취한다.
③ 영아는 복부장기가 차지하는 비중이 크므로 부적절한 가슴 압박 위치는 간과 비장의 손상을 초래할 수 있다.
④ 2인 구조자가 소생술을 진행할 경우 가슴 압박과 인공호흡의 비는 30 : 2 비율로 한다.

061

몸무게가 15 kg인 심정지 소아환자에게 2회의 제세동을 했다. 다음 중 최초 제세동 용량은?

① 15 J
② 30 J
③ 50 J
④ 60 J

📃 **출제 키워드**   소아 및 영아 소생술
📁 **기본서 다시보기**   응급처치학개론 p.220~222

해설 ① 효과적인 압박을 위하여 가슴 전후 직경의 1/3 이상으로 압박해야 하며, 이는 영아의 4 cm에 해당된다.
② 영아는 혀와 후두부가 체격에 비하여 상대적으로 크기 때문에 기도폐쇄가 쉽게 되므로 기도 유지가 중요하다. 목의 신전은 어린 소아나 영아에게 기도폐쇄를 조장할 수 있기 때문에 중립 자세를 유지해 준다.
③ 영아의 간과 비장은 성인보다 크고 가로막 직하부에 위치하므로 부적절한 가슴 압박은 간과 비장을 손상시킬 수 있어 정확한 위치를 압박할 수 있도록 주의한다.
④ 구조자가 2인 이상인 경우 가슴압박 : 인공호흡 비율이 15 : 2로 바뀌게 되며 10주기마다 임무교대를 한다.

정답 ③

📃 **출제 키워드**   소아 및 영아 소생술
📁 **기본서 다시보기**   응급처치학개론 p.224 [표82]

해설 ② 소아나 영아 환자에게 제세동 적용 시 최초 2 J/kg 이후 4 J/kg 이상 성인 최대 용량 이하로 적용할 수 있다. 문제의 환아는 15 kg이므로 30 J의 용량을 최초에 적용한다.

정답 ②

062

심정지로부터 소생된 환자에게 목표체온 치료요법을 시행하는 것을 정할 때 어떤 점을 고려하여 적용하는가?

① 활력징후가 불안정한 경우에 적용
② 심정지 상황이 목격된 경우에 적용
③ 소생 후 구두지시에 의식과 반응이 없는 경우에 적용
④ 초기 리듬이 제세동이 필요한 리듬인 경우에 적용

출제 키워드 소생 후 치료
기본서 다시보기 응급처치학개론 p.213

해설 ③ 소생 후 구두지시에 반응이 없는 성인의 경우 초기 심전도 리듬과 무관하게 목표체온 유지치료를 시행한다.

핵심 개념 리마인드 소생 후 처치

소생 후 구두지시에 반응이 없는 성인의 경우 초기 심전도 리듬과 무관하게 목표체온 유지치료를 시행하여야 하는데, 중심체온 32~36℃ 사이의 목표 온도를 권장하며 최소 24시간 일정하게 온도를 유지해야 한다.

예후를 판단하는 것은 정상 체온 회복 후 최소 72시간(자발순환 회복 5일 후)에 판단하도록 한다.

정답 ③

063

심정지 환자에서 자발순환이 회복된 후의 치료로 올바른 것은?

① 평균동맥압을 100 mmHg 이상으로 유지한다.
② 목표체온 유지치료가 필요한 경우 24~30℃로 24시간 유지한다.
③ 호기말이산화탄소분압을 45 mmHg 이상으로 유지한다.
④ 급성심근경색이 의심된다면 관상동맥중재술을 실시한다.

출제 키워드 소생 후 치료
기본서 다시보기 응급처치학개론 p.213 [표79]

해설 ① 수축기 혈압은 100 mmHg 이상, 평균동맥압은 65 mmHg 이상이 되도록 유지한다.
② 중심 체온 32~36℃ 사이로 목표 온도를 최소 24시간 이상 일정하게 유지한다.
③ 고산소혈증을 피하기 위해 산소포화도를 94~98%로 유지할 수 있도록 산소농도를 조절하고, 동맥혈 이산화탄소 분압을 정상 범위인 35~45 mmHg로 유지할 수 있도록 한다.
④ 12유도 심전도에서 STEMI, 지속성 심실빈맥, 심인성 쇼크인 경우 관상동맥중재술을 실시한다.

핵심 개념 리마인드 소생 후 치료 과정 흐름도

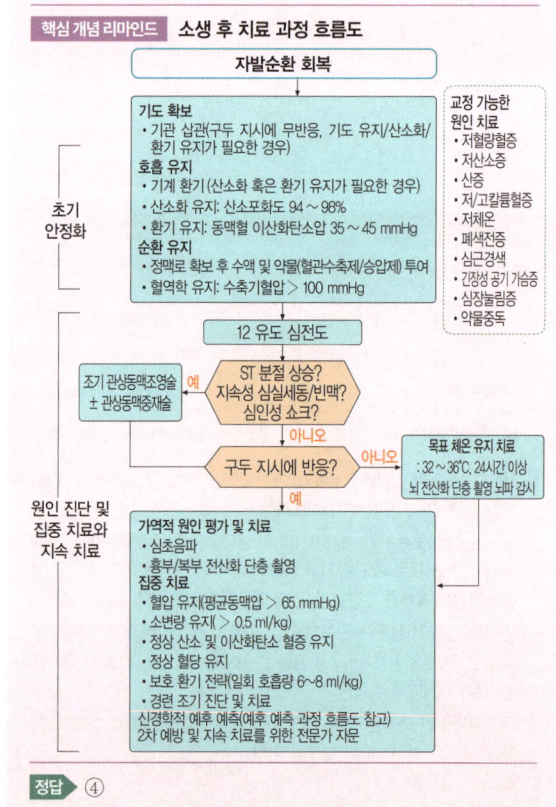

정답 ④

064

낙뢰에 의한 심정지 환자에 대한 설명으로 옳은 것은?

① 대량재난 상황에서 심폐소생술을 시행해야 하는 환자이다.
② 낙뢰에 의한 심정지는 자발순환 회복 시 호흡정지가 교정된다.
③ 낙뢰에 의한 직접 손상은 다량의 수액투여는 권장하지 않는다.
④ 낙뢰환자는 이미 전기적 충격을 받았기 때문에 심실세동 리듬이라도 제세동을 시행하지 않고 가슴압박을 시행해야 한다.

출제 키워드 특수상황 심정지

기본서 다시보기 응급처치학개론 p.211

해설 ① 낙뢰로 인한 사망의 중요한 원인은 심정지이며 심실세동 혹은 무수축과 연관이 있다. 흉부근육 연축과 호흡중추가 억제된 상태에서 호흡정지 지속으로 이차적으로 심정지가 유발될 수 있다.
② 호흡에 대한 치료가 이루어지지 않으면 호흡정지로 인한 저산소성 심장정지가 이차적으로 유발될 수 있다.
③ 과도한 조직손상 및 괴사로 인한 저혈량성 쇼크와 지속적인 수액 손실 등이 유발되므로 충분한 수액공급을 해주어야 한다.
④ 심정지 상황에서 심실빈맥 혹은 심실세동의 리듬을 보일 경우 자동제세동기를 적용한다.

핵심 개념 리마인드

낙뢰에 의한 화상환자는 특징적으로 양치류 잎과 같은 모양의 화상이 나타남

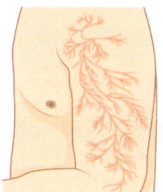

수액처치 지침
▶ 양치류가 나타나는 낙뢰손상 → 섬락, 다량의 수액 주입하지 않음
▶ 심근의 직접적 손상 → 직접손상 다량의 수액
▶ 전기화상 → 다량의 수액투여(소변이 맑아질 때까지)

정답 ①

065

임신 22주의 임신부에게 심정지가 발생하였다. 알맞은 설명은?

① 20주 이상의 산모는 자궁을 왼쪽으로 밀어 이동시켜 가슴 압박을 실시해 준다.
② 태아를 고려하여 제세동 시 에너지를 10% 감량한다.
③ 약물은 투여하지 않는다.
④ 조기출산과 응급제왕절개술이 생존율에 영향을 끼치지 않는다.

출제 키워드 특수상황 심정지

기본서 다시보기 응급처치학개론 p.209~210

해설 ① 20주 이상의 산모에서는 자궁이 하대정맥과 대동맥을 눌러 정맥환류를 감소시키는 앙와위 저혈압 증후군으로 심박출량이 감소하고, 이로 인해 저혈압이나 쇼크를 유발하여 심정지 원인이 되기도 한다. 산모를 왼쪽으로 비스듬히 눕혀 심폐소생술을 시행하거나 자궁을 왼쪽을 밀어 이동시켜 혈관 압박을 감소시킨 채로 심폐소생술을 제공한다.
② 임신 중 경흉 저항에 변화가 없고 제세동이 태아 심장에 영향을 준다는 보고는 없기 때문에 제세동을 시행한다.
③ 임산부에게도 일반적인 심장정지 환자와 같은 방법의 심폐소생술, 즉 인공호흡, 가슴 압박. 약물 투여 등에 있어서 일반적인 심장정지의 치료와 같다.
④ 임신부 심정지 상황에서 5분 이내 성공적인 제왕절개를 수행한 경우 태아의 생존율이 높았고, 조기 출산은 대동맥과 대정맥 압박을 해소하여 소생술 예후를 호전시킬 수 있다.

정답 ①

066

환자가 무호흡 상태일 때 비가역적으로 손상이 진행되는 시간은?

① 2~3분 ② 4~6분
③ 8~10분 ④ 10~12분

067

심장성 심정지 환자에서 가장 흔히 관찰되는 부정맥으로 알맞은 것은?

① 무수축 ② 느린 맥
③ 심실세동 ④ 심실빈맥

출제 키워드 심정지
기본서 다시보기 응급처치학개론 p.138

해설 ② 임상적 사망 상태에서 4~6분까지 산소공급이 되지 않으면 영구적인 손상인 생물학적 사망으로 전환된다.

핵심 개념 리마인드 **생물학적 사망**
임상적 사망은 호흡, 순환 및 두뇌기능이 정지된 상태이지만, 혈액순환이 회복되면 심정지 전의 중추신경기능을 회복할 수 있는 상태를 말한다. 임상적 사망의 상태에서 대뇌가 비가역적 손상을 받지 않고 견딜 수 있는 시간은 4~6분에 불과하므로, 임상적 사망 상태에서 심폐소생술이 시행되지 않는다면 4~6분 후 생물학적 사망으로 전환된다.

정답 ②

출제 키워드 심정지, 부정맥
기본서 다시보기 응급처치학개론 p.151

해설 ③ 심장성 심정지 환자에서 60~80%가 심정지 시 심실세동 또는 무맥성 심실빈맥이 관찰된다.

핵심 개념 리마인드 **무맥성 심실빈맥**
심장성 심정지 환자의 60~80%에서는 심정지 시 심실세동(ventricular fibrillation) 또는 무맥성 심실빠른맥(pulseless ventricular tachycardia)이 관찰된다. 심실세동 및 무맥성 심실빈맥을 유발하는 원인은 다양하나, 주로 관상동맥질환에서 발생한다고 알려져 있다.

정답 ③

068

심정지로 추정되는 환자의 경우 맥박 확인과 동시에 진행되어야 할 술기는?

① 기도 확보
② 호흡 확인
③ 반응 확인
④ 모세혈관 재충혈

출제 키워드: 심정지

기본서 다시보기: 응급처치학개론 p.140~141 [그림82]

해설 ② 환자의 반응을 확인한 뒤 응급의료체계 활성화와 자동제세동기를 요청하고 맥박과 호흡을 동시에 확인한다.

핵심 개념 리마인드 심정지 추정 환자의 처치
심정지로 추정되는 환자를 발견하면 어깨를 두드려 반응을 확인한다. 반응이 없다면 응급의료체계를 활성화하고 자동제세동기를 요청하고 맥박과 호흡을 동시에 확인한다.

정답 ②

069

소생 후 치료에 관한 설명으로 옳은 것은?

① 약물의 투여로 심박동을 회복시킨다.
② 뇌손상 방지를 위한 조치를 취하고 예후를 평가한다.
③ 전기적 제세동을 시행하는 시기이다.
④ 환자의 과거 병력에 대한 평가를 한다.

출제 키워드: 소생 후 치료

기본서 다시보기: 응급처치학개론 p.213~214

해설 ② 소생 후 치료는 자발순환회복 후 초기 안정화 조치와 심정지 유발 원인 진단 및 치료, 뇌손상 방지를 위한 조치와 예후 예측, 지속적 재활 치료가 포함된다.

핵심 개념 리마인드 소생 후 통합 치료
소생 후 통합 치료에는 자발순환회복 후 기도 확보, 호흡 유지, 순환 유지를 포함하는 초기 안정화 조치와 심장정지 유발 원인에 대한 진단 및 치료, 추가적인 뇌손상을 완화하기 위한 집중 치료, 신경학적 예후 예측, 생존자를 위한 지속적인 재활 치료가 포함된다.

정답 ②

070

영아의 가슴 압박 위치로 옳은 것은?

① 복장뼈 아래 1/2 부위
② 양쪽 유두 가상선 바로 아래의 복장뼈(흉골)
③ 왼쪽 유두 두 손가락 아래 부위
④ 복장뼈 아래 1/3 부위

출제 키워드 소아 및 영아 소생술
기본서 다시보기 응급처치학개론 p.220

해설 ② 영아의 가슴 압박 위치는 양쪽 유두 가상선 바로 아래의 복장뼈 부위이다. 영아는 복부장기가 차지하는 비중이 크므로 부적절한 가슴 압박 위치는 간과 비장의 손상을 초래할 수 있다.

핵심 개념 리마인드 영아의 가슴 압박 위치
영아는 젖꼭지 사이의 가상선과 복장뼈가 교차하는 지점의 바로 아래를 압박한다. 이 부위는 복장뼈 아랫부분 1/2 정도 되는 곳이다.

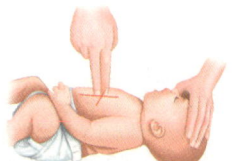

정답 ②

071

일과성 허혈발작에 대한 설명으로 옳은 것은?

① 뇌졸중의 임상 증상이 발생한 후 6시간 이내에 임상 증상이 없어지는 경우를 말한다.
② 대게 수분에서 15분이내 소실되지만, 관련 치료를 위해 병원으로 이송을 하여야 한다.
③ 일과성 허혈 발작이 발생하였던 환자에서는 뇌경색이 발생할 가능성이 크다.
④ 낫적혈구병환자에게서 일과성 허혈발작이 발생할 가능성이 있다.

출제 키워드 일과성 허혈발작
기본서 다시보기 응급처치학개론 p.203

해설 ① 뇌졸중의 임상 증상이 발생한 후 24시간 이내에 임상 증상이 없어지는 경우 일과성 허혈발작으로 볼 수 있다.

핵심 개념 리마인드 일과성 허혈 발작(transient ischemic attack: TIA)
▶ 뇌졸중의 임상 증상이 발생한 후 24시간 이내에 임상 증상이 없어지는 경우
▶ 특징: 수분~15분 이내에 임상 증상이 사라짐(길게는 24시간 이내)
 → 일과성 허혈 발작이 발생하였던 환자에서는 뇌경색이 발생할 가능성이 큼
▶ 발생원인: 목동맥질환, 작은 색전, 심박출량의 감소, 저혈압, 항고혈압제의 과다복용 혹은 뇌혈관의 연축 등 TIA가 의심되는 환자 병력 청취내용
▶ 이전의 신경증상
▶ 초기증상 및 진행 소견
▶ 정신상태 변화
▶ 촉발요인
▶ 어지럼
▶ 두근거림
▶ 고혈압, 심장질환, 낫적혈구병, TIA나 뇌졸중의 병력

정답 ①

072

소아와 영아의 심폐소생술을 시행하는 방법으로 옳은 것은?

① 머리 기울임/턱 들어올리기법을 이용하여 최대한 목을 신전시킨다.
② 소아의 경우 한 손이나 두 손을 이용하여 흉곽의 1/3 깊이로 압박한다.
③ 1세 미만의 경우 분당 80회의 속도로 가슴 압박을 한다.
④ 영아는 어른과 마찬가지로 목동맥을 촉지하여 심정지 여부를 확인한다.

🔖 출제 키워드   소아 및 영아 소생술
📖 기본서 다시보기   응급처치학개론 p.220~222

해설 ① 어린 소아나 영아에게 목의 신전은 기도폐쇄를 조장할 수 있기 때문에 중립 자세를 유지할 수 있도록 한다.
② 소아의 체구에 따라 한 손 또는 두 손을 모두 사용할 수 있다. 정확한 가슴 압박의 깊이는 복장뼈의 앞뒤 직경의 1/3 정도이며 이는 소아에서 4~5cm에 해당된다.
③ 소아/영아에서는 가슴 압박 대 인공호흡 비율은 30:2, 100~120회/분으로 가슴 압박하고, 신생아에서는 가슴 압박 대 인공호흡 비율은 3:1, 분당 90회의 가슴압박과 분당 30회의 인공호흡으로 심폐소생술을 시행한다.
④ 소아는 목동맥과 넓다리동맥의 맥박을 확인하고, 영아는 위팔동맥에서 맥박을 확인한다.

정답 ②

073

40세 남자가 쿠스마울 징후가 관찰되어 환자평가를 시행해보니 혈압이 70/50mmHg, 폐음은 정상이나 목정맥 팽대 증상이 나타났으며 핑크빛 거품이 있는 가래가 자꾸 나와 환자는 숨쉬는 것이 불편하다 하였다. 이 환자의 처치로 옳은 것은 무엇인가?

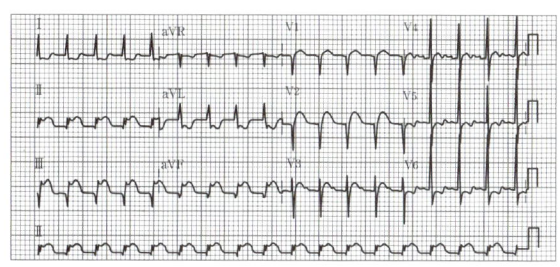

① 수액투여   ② 이노제 투여
③ 관상동맥중재술   ④ 니트로글리세린 투여

🔖 출제 키워드   급성 폐부종치료
📖 기본서 다시보기   응급처치학개론 p.188

해설 ① 환자는 폐부종이 발생한 심근경색 환자로 수축기 혈압이 90mmHg이하이므로 수액투여가 가장 우선되는 치료이다. 이후 노르에피네프린, 도파민을 투여할 수 있다.

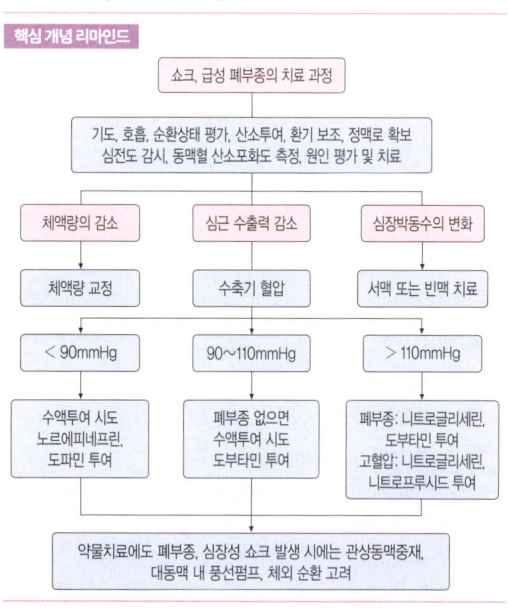

정답 ①

074

서맥 환자에서 투여하는 아트로핀 최대 투여량은?

① 3 mg ② 5 mg
③ 6 mg ④ 10 mg

출제 키워드	서맥성 부정맥
기본서 다시보기	응급처치학개론 p.178

해설 ① 아트로핀 투여 용량: 0.5 mg IV 3~5분 간격으로 반복 투여, 최대 투여 용량: 3 mg

핵심 개념 리마인드 아트로핀의 투여
아트로핀은 항콜린제로 심방에서 발생하는 증상이 있는 서맥을 치료하는 부교감신경 억제제이다.
- 첫 용량 아트로핀 0.5 mg을 정맥주사 또는 골강 내로 투여
- 총 용량이 3.0 mg이 될 때까지 3~5분 간격으로 추가 투여 가능

정답 ①

075

50세 남자 환자가 호흡과 맥박이 없으며, 심전도상 서맥이 나타난다. 심폐소생술 중 투여할 약물로 옳은 것은?

① 리도카인 ② 아트로핀
③ 에피네프린 ④ 아미오다론

출제 키워드	심정지, 부정맥
기본서 다시보기	응급처치학개론 p.160

해설 ①, ④ 아미오다론은 CPR, 제세동, 혈압상승제에 반응이 없는 심실세동 혹은 무맥성 심실빈맥에 치료에 쓰이는 항부정맥제이며, 리도카인은 심실세동과 무맥성 심실빠른맥에서 아미오다론의 대체 약품으로만 권장되고 있다.
② 아트로핀은 항콜린제로, 심방에서 발생하는 증상이 있는 서맥을 치료하는 부교감신경 억제제이다.
③ 심실세동, 심실빈맥, 무수축을 제외하고 심전도상 리듬은 관찰되지만 목동맥에 맥박이 촉지되지 않는다면 무맥성 전기활동으로 간주하여 빠르게 근본적인 원인을 찾아 치료해야 함을 인식한다. 무맥성 전기활동에서 제세동 치료는 필요하지 않고 에피네프린 1mg을 3~5분 간격으로 투여하고 기존 원인을 우선적으로 처치한다.

핵심 개념 리마인드

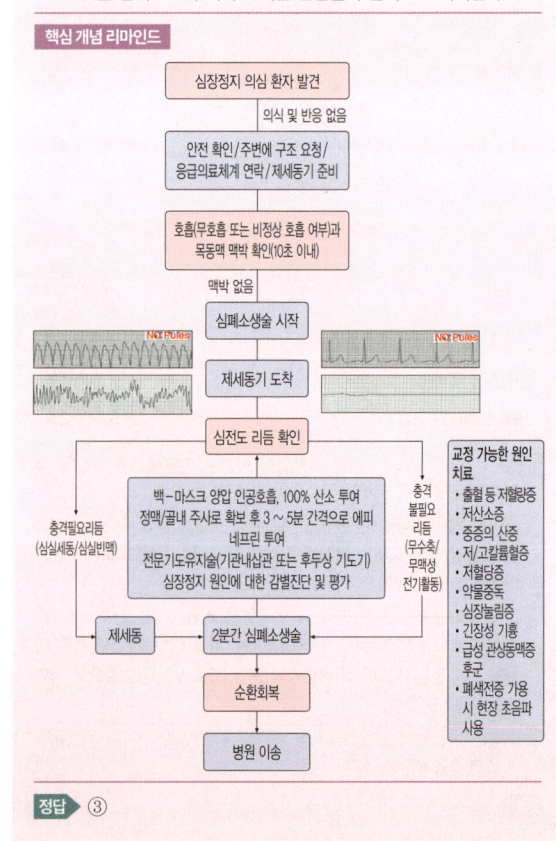

정답 ③

076

무맥성 전기활동(PEA)을 보이는 60세의 여성 환자에게 소생술을 실시하였다. 3분 전에 에피네프린(epinephrine) 1mg이 투여되었고, 심박동수 분당 45회의 PEA가 지속되고 있다. 가역적인 원인을 찾고 있는 동안 시행해야 할 적절한 처치로 옳은 것은?

① 제세동(defibrillation) 시행
② 동기심장율동전환(synchronized cardioversion) 시행
③ 에피네프린(epinephrine) 1mg 투여
④ 아트로핀(atropine) 1mg 투여

출제 키워드 심정지, 부정맥

기본서 다시보기 응급처치학개론 p.160

해설 ① 무맥성 전기활동리듬에서는 제세동 치료가 필요하지 않다.
② 혈역학적으로 불안정한 빈맥에서 동시적 심장율동전환을 적용한다.
③ 무맥성 전기활동 환자는 에피네프린 1mg을 3~5분 간격으로 투여한다.
④ 혈역학적으로 불안정한 서맥에서 아트로핀 1mg을 투여한다.

핵심 개념 리마인드 무맥성 전기활동의 치료
무맥성 전기활동은 특정한 리듬을 지정할 수 없음
▶ 심실세동, 심실빈맥, 무수축을 제외하고 심전도상 리듬은 관찰되지만 목동맥에 맥박이 촉지되지 않는다면 무맥성 전기활동으로 간주하여 빠르게 근본적 원인을 찾아 치료해야 함
▶ 무맥성 전기활동은 원인에 따라 처치의 기준이 다르고, 빠른 처치는 기능적으로 상태를 바꾸어 놓을 수 있으므로 원인을 신속하게 인식하고 처치 시행
㉮ 기계적 치료: 제세동 치료는 필요치 않음
㉯ 약물 치료: 에피네프린 1mg을 3~5분 간격으로 투여하고 기존 원인을 우선적으로 처치

질환	처치
저혈량증(hypovolemia)	수액 처치
심장눌림증(심장압전, cardiac tamponade)	심낭천자
긴장공기가슴증(긴장성공기가슴증, tension pneumothorax)	바늘감압술
저산소혈증(hypoxemia)	기관내삽관/산소투여
산증(acidosis)	환기, 중탄산나트륨 고려

정답 ③

077

급성관상동맥증후군 환자에서 혈전용해제를 투여해서는 안 되는 절대적 금기증은?

① 9개월 이내 허혈성 뇌졸중이 있었던 환자
② 2~4주 이내 내부 출혈이 있었던 환자
③ 활동성 소화성 궤양을 앓고 있는 환자
④ 내원 시 수축기 혈압이 180mmHg였던 환자

출제 키워드 관상동맥증후군

기본서 다시보기 응급처치학개론 p.201 [표73]

해설 ② 2~4주 이내 내부 출혈이 있었던 환자

핵심 개념 리마인드 혈전용해제 투여의 절대적 금기증
혈전용해제 투여의 절대 금기증
(1) 두개 내 출혈 또는 원인 불명의 뇌졸중의 과거력이 있는 경우
(2) 이전 6개월 이내에 허혈성 뇌졸중이 있었던 경우
(3) 중추신경계 손상, 두개 내 종양, 동정맥 기형이 있는 경우
(4) 1개월 이내에 주요 외상, 수술, 두부 손상이 있었던 경우
(5) 1개월 이내에 위장관 출혈이 있었던 경우
(6) 출혈성 질환이 있는 경우
(7) 대동맥 박리
(8) 24시간 이내에 압박할 수 없는 신체 부위를 천자한 경우
(간 생검, 요추천자)

상대적 금기증
(1) 조절되지 않는 고혈압(수축기 180mmHg 이상이거나 이완기 110mmHg 이상)
(2) 6개월 이내에 일과성 허혈 발작이 있었던 경우
(3) 항응고제를 복용하고 있는 환자(INR이 2.0이상인 경우), 출혈성 경향이 있는 환자
(4) 임신 또는 출산 후 1주일 이내인 경우
(5) 진행(advanced) 간 질환
(6) 10분 이상의 심폐소생술을 받았을 때 도는 심폐소생술로 손상이 발생한 경우
(7) 감염성 심내막염
(8) 활동성 소화성 궤양

정답 ②

078

심정지로 10분간 심폐소생술을 시행한 후 소생된 환자의 심전도가 아래와 같다. 환자의 혈압은 100/60 mmHg, 산소포화도는 96%이며, 의식 상태는 V이다. 다음 환자에게 진행할 처치로 틀린 것은?

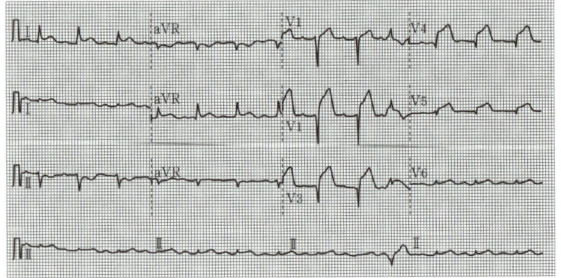

① 목표체온 유지치료 ② 관상동맥중재술
③ 혈전용해제 투여 ④ 수액 투여

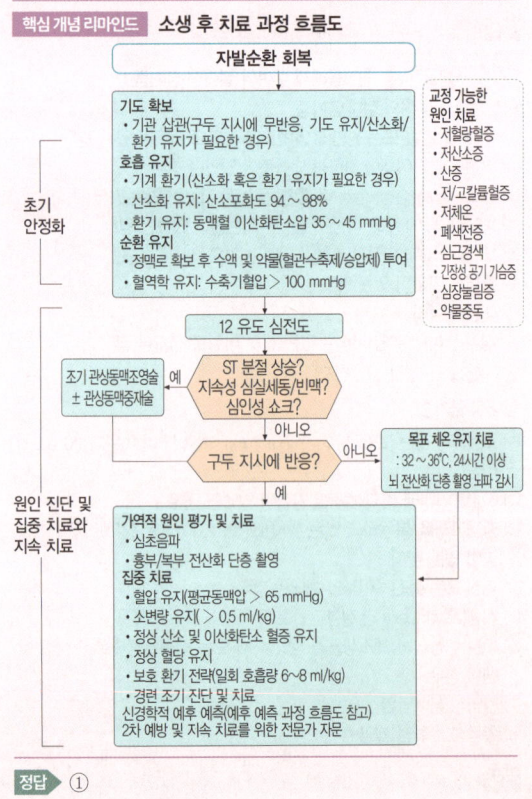

출제 키워드: 소생 후 치료
기본서 다시보기: 응급처치학개론 p.213~214 [그림134]

해설 ① 이 심전도에서 ST 분절이 상승되어 있는 것을 관찰할 수 있으며 환자의 교정 가능한 심정지 원인을 심근경색으로 추측할 수 있다. 소생 후 구두 지시에 반응이 없는 환자에게 목표체온 유지치료를 시행한다.

정답 ①

079

뇌졸중 환자의 평가와 치료에 대한 설명으로 옳은 것은?

① 치아를 보이게 하거나 웃도록 지시하고 비대칭이면 정상이다.
② 증상 발현 후 9시간 내에 혈전용해제를 투여받을 수 있는 병원으로 이송한다.
③ 마비된 쪽을 밑으로 한 측와위 형태로 이송한다.
④ 눈을 감고 양손을 동시에 앞으로 들어 올려 양손 높이가 다르면 정상이다.

출제 키워드: 뇌졸중
기본서 다시보기: 응급처치학개론 p.204~206

해설 ① 치아를 보이게 하거나 웃도록 지시하고 비대칭이면 비정상이다.
② 증상 발현 후 4.5시간 안에 혈전용해제를 투여받을 수 있는 병원으로 이송한다.
④ 눈을 감고 양손을 동시에 앞으로 들어 올려 양손 높이가 다르면 비정상이다.

정답 ③

080

뇌졸중 환자의 일반적인 증상이 아닌 것은?

① 의식 장애
② 언어 장애
③ 편측 사지의 감각 이상 또는 마비
④ 양측 동공 수축

출제 키워드: 뇌졸중
기본서 다시보기: 응급처치학개론 p.203

해설 ①, ②, ③ 뇌졸중 환자에서 일반적으로 볼 수 있는 증상이다.

핵심 개념 리마인드 — 뇌졸중 징후

뇌졸중의 일반적인 징후는 얼굴, 한쪽 팔과 다리의 근력 저하나 감각 이상, 갑작스러운 언어 장애나 생각의 혼란, 한쪽이나 양쪽의 시력 손실, 갑작스런 보행 장애, 어지러움, 평형 감각이나 운동 조절 기능 마비, 원인 불명의 심한 두통 등 다양하게 나타난다.

기타 증상 및 징후로는
- 의식 장애 전에 심한 두통 및 목 경직 호소
- 어지러움, 혼란에서부터 무반응까지 다양한 의식 변화
- 편측으로 발생하는 부분적 혹은 전체적 마비, 한쪽 감각의 상실
- 비대칭 동공
- 언어 장애 혹은 시력 장애나 복시 호소
- 편마비된 쪽으로부터 눈이 돌아감
- 오심/구토

정답 ④

081

니트로글리세린을 투여할 수 있는 경우는?

① 혈압 측정 시 80/60 mmHg
② 심장박동 수 분당 150회
③ 심장박동 수 분당 40회
④ 36시간 전 발기부전 치료제 복용

출제 키워드: 관상동맥증후군
기본서 다시보기: 응급처치학개론 p.197

해설 ④ 36시간 전 발기부전 치료제 복용으로 24시간 이후에 해당하여 니트로글리세린 투여가 가능하다.

핵심 개념 리마인드

- 수축기 혈압이 90mmHg 이하
- 평소보다 수축기 혈압이 30mmHg 이상 감소된 경우
- 분당 50회 미만의 서맥 환자
- 심부전이 없는 상태에서의 빈맥()100회/분)
- 발기부전제를 복용한 경우: 최근 24시간 이내 비아그라, 레비트라, 48시간 이내 시알리스 복용한 경우
- 니트로글리세린 투여 후 수축기 혈압이 30mmHg 이상 감소한 경우 추가 투여 금지
- 니트로글리세린 과민반응이 있었던 환자
- 녹내장 환자, 두부외상이나 뇌출혈, 중증 빈혈 환자
- 우심실경색 의심 환자

정답 ④

082

5세 남아가 119를 통해 응급실에 내원하였다. 내원 시 맥박과 호흡이 없었고 심전도 리듬이 다음과 같을 때 알맞은 처치는?

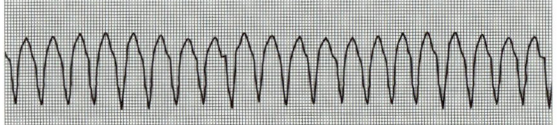

① 아데노신 투여
② 제세동
③ 동시성 심장율동전환
④ 경피적 심박조율

083

소아와 영아의 심폐소생술 시행 방법으로 옳은 것은?

① 심정지 시 구조 요청 전에 심폐소생술을 시행한다.
② 영아의 경우 한 손이나 두 손을 이용하여 흉곽의 2/3 깊이로 압박한다.
③ 머리 기울임/턱 들어올리기법을 이용하여 최대한 목을 신전시킨다.
④ 소아의 경우 성인과 같은 목동맥 또는 대퇴동맥, 영아의 경우 위팔동맥에서 맥박을 확인한다.

출제 키워드: 심정지, 빈맥성 부정맥
기본서 다시보기: 응급처치학개론 p.151 [그림96]

해설 이 심전도는 분당 약 300회의 심실빈맥이다. 지문에서 맥박이 없다고 했으므로 무맥성 심실빈맥 상태이다.
① 환자가 혈역학적 문제가 없고 QRS가 좁고 규칙적인 심실상성 빈맥일 경우 아데노신을 투여한다.
② 무맥성 심실빈맥에서 우선시 되는 처치는 제세동이다.
③ 환자가 맥박이 있고 저혈압, 갑작스러운 의식 변화, 쇼크의 징후, 허혈성 가슴 통증, 급성 심부전의 증상들이 나타나는 혈역학적 불안정 상태였다면 동시성 심장율동전환을 시행한다.
④ 경피적 심박조율은 혈역학적으로 불안정한 서맥 환자에게 적용한다.

핵심 개념 리마인드
심실세동 및 무맥성 심실빈맥의 치료에 가장 우선시 되는 것은 조기 제세동이다. 가능한 빠르게 제세동을 실시한 뒤 약물 치료를 함께 진행한다.

정답 ②

출제 키워드: 소아 및 영아 심정지
기본서 다시보기: 응급처치학개론 p.220~222

해설 ① 심정지가 의심되는 환아를 만나면 어깨를 두드리며 반응을 확인하고 구조 요청을 한다. 그 후 호흡과 맥박을 확인하고 확인되지 않으면 심폐소생술을 시작한다.
② 소아의 경우 한 손이나 두 손을 이용하고, 영아의 경우 두 손가락 또는 두 엄지손가락을 이용하여 흉곽의 1/3 깊이로 압박한다.
③ 영아나 어린 소아에게 기도폐쇄가 발생했을 경우 성인과 같이 목을 신전시키는 것보다 반듯하게 해줌으로써 기도를 유지할 수 있다. 목의 신전은 어린 소아나 영아에게 기도폐쇄를 조장할 수 있기 때문에 중립 자세를 유지할 수 있도록 한다.
④ 소아의 경우 성인과 같은 목동맥 또는 대퇴동맥, 영아의 경우 위팔동맥에서 맥박을 확인한다.

정답 ④

084

의식이 없는 5세 소아의 혈압이 85/60 mmHg, 맥박이 48회, 청색증이 보이는 경우 가장 먼저 시행해야 하는 처치는?

① 도파민 투여 ② 산소 투여
③ 에피네프린 투여 ④ 심폐소생술

출제 키워드: 소아 및 영아 심정지
기본서 다시보기: 응급처치학개론 p.218

해설 ④ 영아 및 소아에게서 분당 60회 미만의 맥박 수가 관찰되면서 청색증과 같은 저관류의 증상이 나타난다면 즉시 가슴 압박을 시작으로 심폐소생술을 실시한다.

핵심 개념 리마인드 영아 및 소아의 심폐소생술
영아 및 소아의 경우 심장정지의 주 원인이 호흡성 문제이며, 호흡 문제가 개선되지 않으면 저산소증이 발생하고 서맥으로 이어지게 된다. 영아 및 소아에게서 분당 60회 미만의 맥박 수가 관찰되면서 청색증과 같은 저관류의 증상이 나타난다면, 즉시 가슴 압박을 시작으로 심폐소생술을 실시한다.

정답 ④

085

소아 제세동 시행 시 소아용 AED 패드가 없고, 성인용 패드만 있을 때의 조치로 올바른 것은?

① 성인용 패드를 반으로 잘라서 사용한다.
② 성인용 패드를 앞뒤로 붙여서 사용한다.
③ 성인용 패드는 사용해선 안 된다.
④ 패드의 두 전극을 최대한 가까이 붙여서 사용한다.

출제 키워드: 소아 및 영아 심정지
기본서 다시보기: 응급처치학개론 p.224

해설 ② 소아의 패드가 없을 시에는 성인용 패드를 적용하여 패드의 두 전극이 붙지 않도록 앞뒤로 붙여서 사용한다.

핵심 개념 리마인드 소아용 제세동기
8세 미만의 소아 심정지 환자에게는 가능한 소아 제세동 용량으로 변경시킨 뒤에 자동제세동기를 적용하는 것이 바람직하다.
소아용 패드나 에너지 용량 조절장치가 갖춰져 있지 않으면 성인용 자동제세동기를 그대로 적용해야 한다.
▶ 소아나 영아에게 성인용 자동제세동기를 그대로 적용해야 한다면 전후 위치법을 사용하여 패드를 붙여준다.
  1세 미만의 영아에게는 수동제세동기를 적용하는 것이 바람직하다.
▶ 소아용 패드나 에너지 용량 조절 장치가 갖춰져 있지 않다면 1세 미만의 영아에게도 성인용 제세동기를 적용할 수 있다.

정답 ②

086

심정지로 추정되는 환자의 경우 맥박 확인 시점으로 옳은 것은?

① 기도 확보 후
② 인공호흡 시작 전
③ 반응이 없음을 확인한 후
④ 의식 확인 전

출제 키워드: 심정지
기본서 다시보기: 응급처치학개론 p.140~141 [그림82]

해설 ③ 반응이 없음을 확인한 후 응급의료체계에 신고 및 자동제세동기를 요청한 뒤 호흡과 맥박을 동시에 확인한다.

핵심 개념 리마인드 심정지 추정 환자의 처치
▶ 환자의 어깨를 두드리며 소리쳐 반응 유무를 확인한다.
▶ 응급의료체계에 신고 및 자동제세동기를 요청한다.
▶ 호흡 및 맥박을 함께 확인한다.
▶ 호흡과 맥박이 없으면 가슴 압박을 실시한다.

정답 ③

087

자동제세동기에 대한 설명으로 옳은 것은?

① 8세 미만의 소아는 제세동기 사용이 생존율에 영향을 주지 않는다.
② 자동심박 조율기나 케모포트를 가지고 있는 환자에게 적용할 수 없다.
③ 구조자가 한 명일 때에는 심폐소생술보다 자동제세동기 사용이 우선이다.
④ 무수축과 무맥성 전기활동에서 가장 중요한 처치이다.

출제 키워드: 심정지
기본서 다시보기: 응급처치학개론 p.147, p.160

해설 ① 소아 심정지 환자의 초기 심전도의 5~15%는 심실세동인 것으로 보고되고 있으며, 이 경우에는 성인과 마찬가지로 제세동이 가장 우선되는 처치라 할 수 있다.
② 자동제세동기 사용 시 자동심박조율기나 케모포트가 있는 경우는 피해서 붙이도록 한다.
③ 구조자가 한 명일 때에는 심폐소생술보다 자동제세동기 사용이 우선이다.
④ 심실세동 및 무맥성 심실빈맥의 치료에 가장 우선시 되는 것은 조기 제세동이다. 무맥성 전기활동과 무수축에서는 제세동 치료가 필요하지 않다.

정답 ③

088

급성심근경색과 협심증 증상으로 옳은 것은?

① 급성심근경색은 10분 이내로 증상이 소실된다.
② 협심증은 휴식 시 통증이 경감된다.
③ 급성심근경색은 주로 운동 시 발생한다.
④ 급성심근경색은 니트로글리세린에 통증이 소실된다.

🗨 출제 키워드   관상동맥증후군

📖 기본서 다시보기   응급처치학개론 p.191 [표68]

해설 ① 급성심근경색은 30분 이상 통증이 지속된다.
② 협심증은 휴식 시 통증이 경감된다.
③ 급성심근경색은 운동과 무관하게 발생한다.
④ 협심증은 니트로글리세린에 의해 흉통이 경감되거나 소실된다.

핵심 개념 리마인드

감별점	협심증	급성 심근경색증
통증 지속	시간 30분 이내	30분 이상
흉통 발생 양상	주로 운동 시 발생, 휴식 이후 경감	운동과 무관하게 발생, 휴식으로도 경감되지 않음
니트로글리세린 반응	흉통 경감 또는 소실	흉통이 경감될 수는 있으나 소실되지는 않음

정답 ②

089

소아와 영아의 심폐소생술 지침으로 옳지 않은 것은?

① 전문기도 확보 이후에는 분당 10회 인공호흡을 시행한다.
② 가슴 압박 깊이는 가슴 깊이의 1/2로 시행한다.
③ 가슴 압박 속도는 분당 100회~120회로 시행한다.
④ 심폐소생술 순서는 가슴 압박 → 기도 유지 → 인공호흡 순으로 시행한다.

🗨 출제 키워드   심정지

📖 기본서 다시보기   응급처치학개론 p.218~223 [표81]

해설 ② 가슴압박 깊이는 복장뼈 앞뒤 직경의 1/3 정도이다.

핵심 개념 리마인드

소아에서도 성인과 같이 심정지가 확인되면 C-A-B(가슴 압박-기도 유지-인공호흡)의 순서로 심폐소생술을 한다.

치료	내용
소생술이 필요한 호흡	호흡이 없거나 심장정지 호흡(헐떡임)을 보일 경우
호흡과 맥박 확인	10초 이내에 무호흡(또는 비정상 호흡)과 맥박을 동시에 확인
가슴 압박	• 영아에 대하여 구조자가 1인: 두 손가락 가슴압박법 • 영아에 대하여 구조자가 2인 이상: 두 손 감싼 두 엄지 가슴압박법 • 소아에 대하여 한 손 또는 두 손뒤꿈치 가슴압박법 • 압박 위치: 영아는 젖꼭지 연결선 바로 아래의 흉골, 소아는 흉골 아래쪽 1/2 • 압박 깊이: 가슴 전후 두께의 최소 1/3 이상 압박 (영아: 4cm, 소아: 4~5cm) • 압박 속도: 분당 100~120회

가슴 압박과 인공호흡 비율	• 구조자가 1인인 경우
	  ▶ 가슴 압박: 인공호흡 = 30:2
	• 구조자가 2인 이상인 경우
	  ▶ 가슴 압박: 인공호흡 = 15:2

자발순환 회복 후 인공호흡	맥박이 60회 이상이고 관류 상태가 양호한 경우 ▶ 분당 12~20회(매 3~5초에 1회)
전문기도 유지술 후 인공호흡	가슴 압박과 무관하게 분당 10회(매 6초에 1회) 시행
심장 리듬 분석	가슴 압박을 멈춘 뒤 리듬 확인
제세동 후 심폐소생술	제세동 후 즉시 가슴 압박을 다시 시작

정답 ②

090

다음과 같은 심전도를 보이고 혈압, 90/50 mmHg 산소포화도 93%인 환자에게 다음 중 알맞은 처치는?

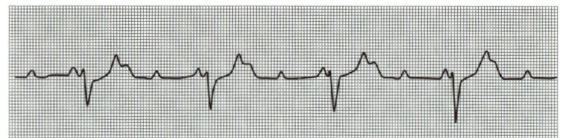

① Atropine 투여
② 가슴 압박
③ 동시성 심장율동전환
④ adenosine 투여

📝 출제 키워드   서맥성 부정맥

📁 기본서 다시보기   응급처치학개론 p.175~177

해설 ① 위 심전도는 50회 미만이고, 저혈압을 보이는 증상이 있는 서맥성 부정맥이다.

핵심 개념 리마인드   **서맥성 부정맥의 처치**

심장 박동수가 분당 50회 미만이면서 저혈압, 갑작스러운 의식 변화, 쇼크의 징후, 허혈성 가슴통증, 급성 심부전의 증상이 있는 환자는 아트로핀 투여, 경피적 심박조율 사용, 도파민 인퓨전 투여, 에피네프린 인퓨전 투여를 한다.

약물명	적응증	투여 용량	주요 부작용
아트로핀	동서맥 2도 II형 방실차단 부교감신경작용에 의한 3도 방실차단 동정지(sinus arrest)	0.5mg(최대 총용량 3mg)	심근허혈 심실세동 의식장애 오심, 구토
도파민	아트로핀 투여에 반응하지 않고 저혈압이 동반된 서맥	5~10ug/kg/min으로 투여 시작	심근의 허혈 부정맥 오심, 구토
에피네프린	아트로핀 투여에 반응하지 않고 저혈압이 동반된 서맥	0.1~0.5ug/kg/min으로 투여 시작	심근의 허혈 심실성 부정맥 고혈압
이소프로테레놀	저혈압이 동반되지 않은 서맥	2~10ug/min	저혈압 심근의 허혈

정답 ①

091

다음과 같은 심전도를 가진 환자의 혈압은 70/40 mmHg 이었고, 차갑고 축축한 피부를 보이며 의식 변화를 보였다. 이와 같은 환자에게 적용하는 처치로 옳은 것은?

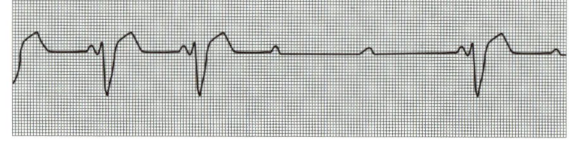

① 환자가 심한 저체온 상태일 경우 빠르게 경피적 심박조율을 시행한다.
② 아트로핀이 총 3.0mg까지 투여된 경우 3분 뒤 0.5mg을 더 투여한다.
③ 다른 처치보다는 모니터로 감시하고 관찰하도록 한다.
④ 경피적 심박조율 적용 시에는 스캔된 출력량보다 10% 더 높은 출력량으로 고정한다.

📝 출제 키워드   서맥성 부정맥

📁 기본서 다시보기   응급처치학개론 p.179~180

해설 ① 심한 저체온, 무수축 환자에게는 시행하지 않는다.
② 아트로핀의 투여 최대 용량은 3.0mg이다.
③ 환자가 혈역학적으로 안정적일 시에는 모니터 감시 및 관찰한다.
④ 환자는 2도 II형의 방실차단의 심전도를 보이고 있으며 저혈압, 의식 변화, 쇼크의 징후를 보이고 있는 혈역학적으로 불안정한 서맥성 부정맥 환자이다.

핵심 개념 리마인드   **경피적 심장박동조율 사용**

의식 변화, 쇼크의 징후, 허혈성 가슴 통증, 급성 심부전 등 증상을 동반한 서맥(symptomatic bradycardia), 특히 고위방실차단(2도 2형 방실차단, 완전방실차단), 느린 심실 반응을 보이는 심방세동, 무수축을 포함한 심각한 느린 맥 증상이 있는 경우에 효과가 있다. 심장충격기는 경피적 심박조율(transcutaneous cardiac pacing)을 수행할 수 있는 심박조율 장치를 보유하고 있다. 경피적 심박조율은 현재 병원 전 상황에서도 제공될 수 있다.

정답 ④

092

부적절한 가슴 압박으로 초래되는 합병증은?

① 갈비뼈 골절 ② 복장뼈 골절
③ 간 손상 ④ 심장 타박상

093

호흡은 없으나 맥박은 분당 80회로 확인되는 2세 여아가 있다. 이 아이에게 몇 초마다 1회씩 인공호흡을 해주어야 하는가?

① 3~5초 ② 5~6초
③ 6~8초 ④ 10초

출제 키워드: 심폐소생술

기본서 다시보기: 응급처치학개론 p.144 [표51]

해설 부적절한 가슴 압박으로 인해 발생하는 합병증으로는 상부 갈비뼈 또는 하부 갈비뼈의 골절, 공기 가슴증, 간 또는 비장의 손상, 심장 파열, 심장눌림증, 대동맥 손상, 식도 또는 위점막의 파열이 있다.

③ 부적절한 가슴 압박으로 갈비뼈가 골절된다면 간 손상이 발생할 수 있다.

핵심 개념 리마인드 심폐소생술의 합병증

심폐소생술의 합병증	종류
가슴 압박이 적절하여도 발생하는 합병증	• 갈비뼈 골절 • 복장뼈 골절 • 심장 타박상 • 폐 타박상
부적절한 가슴 압박으로 발생하는 합병증	• 상부 갈비뼈 또는 하부 갈비뼈의 골절 • 공기 가슴증 • 간 또는 비장의 손상 • 심장 파열 • 심장눌림증 • 대동맥 손상 • 식도 또는 위점막의 파열
인공호흡에 의하여 발생하는 합병증	• 위 내용물의 역류 • 구토 • 폐 흡인

정답 ③

출제 키워드: 영아 및 소아 소생술

기본서 다시보기: 응급처치학개론 p.222~223 [표81]

해설 ① 맥박은 있고 호흡이 없는 환자에게는 인공호흡을 실시한다.

핵심 개념 리마인드 영아 및 소아에서 인공호흡

호흡 정지 또는 호흡부전에는 즉각적으로 인공호흡을 실시 해주어야 한다.
영아 및 소아에서 인공호흡은 매 3~5초마다 1회(분당 12~20회)로 실시한다. 영아 및 소아의 경우 심장정지의 주 원인이 호흡성 문제이며, 호흡 문제가 개선되지 않으면 저산소증이 발생하고 서맥으로 이어지게 된다. 영아 및 소아에게서 분당 60회 미만의 맥박 수가 관찰되면서 청색증과 같은 저관류의 증상이 나타난다면 즉시 가슴 압박을 시작으로 심폐소생술을 실시한다.

정답 ①

094

병원 전 단계에서 뇌졸중 환자 평가를 위하여 사용하는 신시내티 병원 전 뇌졸중 척도에 포함되지 않는 검사 항목은?

① 치아를 보이게 하거나 웃게 한다.
② 눈을 감고 양다리를 들게 한다.
③ 질문을 통해 발음을 확인한다.
④ 눈을 감고 양팔을 들게 한다.

출제 키워드: 뇌졸중
기본서 다시보기: 응급처치학개론 p.204

해설 ② 신시내티 병원 전 뇌졸중 척도는 하지의 운동능력을 평가하지 않는다. 신시내티 병원 전 뇌졸중 척도의 구성요소는 안면마비 검사, 팔 떨어뜨리기, 언어 이상 3가지 항목으로 구성되어 있다. 눈을 감고 양다리를 드는 것이 아닌 양측 팔을 들게 해 팔의 움직임을 확인한다.

핵심 개념 리마인드 — 신시내티 병원 전 뇌졸중 척도

- **안면마비 검사**
  - 치아를 보이게 하거나 웃게 함
  - 정상: 양쪽 안면이 동일하게 움직임
  - 비정상: 얼굴 한쪽이 다른 쪽만큼 움직이지 않거나 표정이 없음(비대칭)

- **팔 떨어뜨리기**
  - 눈을 감게하여 양측 팔을 들게 함
  - 정상: 양쪽 팔이 같이 움직이거나 움직이지 않음
  - 비정상: 한쪽 팔만 아래로 떨어짐

- **언어 이상**
  - 질문을 통해 환자의 반응을 관찰
  - 정상: 정확한 발음을 구사
  - 비정상: 말을 못하거나 발음이 부정확

정답 ②

095

아래 심전도를 보이는 환자에게 가장 먼저 시행해야 하는 응급처치로 옳은 것은?

① 교정 가능한 심정지 원인 찾기
② 고품질의 심폐소생술 시행
③ 소아 환자에게 최초 4 J/kg 제세동 시행
④ 이상파형(150 ~ 200 J) 제세동 시행

출제 키워드: 심정지
기본서 다시보기: 응급처치학개론 p.153 [표96]

해설 ①, ② 심실세동환자에게 가장 먼저 시행해야 하는 응급처치는 제세동이다.
③ 소아 환자에게 최초 2J/kg 제세동을 시행한다.
④ 위 심전도는 coarse VF 심전도이다. 심실세동의 가장 우선시 되는 치료는 조기 제세동으로 심실세동이 인지되면 가능한 빠르게 제세동을 실시해 주어야 하다.

핵심 개념 리마인드 — 심실세동의 치료
심실세동 치료에 가장 우선시 되는 치료는 조기 제세동이다. 가능한 빠르게 제세동을 실시한 뒤 약물 치료를 함께 진행한다.
▶ 단상파형 심장충격기 보통 360J / 이상파형 심장충격기 120~200J
▶ 제세동 후 맥박의 확인없이 즉시 가슴 압박을 시작으로 심폐소생술을 재개한다. 제세동 후 혈관수축제(에피네프린)의 투여를 고려한다.

정답 ④

096

심실세동 및 무맥성 심실빈맥 환자에게 약물 투여 방법으로 옳은 것은?

① 5~15분 간격으로 에피네프린 1mg 정맥 및 골내 주사
② 제세동에 반응하지 않는 경우 아미오다론 300 mg 기관 내 투여
③ 제세동과 에피네프린에 반응하지 않는 경우 아미오다론 300 mg 정맥 투여
④ 제세동에 반응하지 않는 경우 리도카인 3 mg/kg 정맥주사

출제 키워드: 심정지

기본서 다시보기: 응급처치학개론 p.156 [표56]

해설
① 에피네프린(epinephrine): 정맥/골강 내/기관 내 투여 모두 가능, 1mg 3~5분 간격 투여, 기관내 투여 시 2.0~2.5 mg으로 증가하여 투여한다.
② 아미오다론(amiodarone): CPR, 제세동, 혈압상승제에 반응이 없을 시 투여한다. 정맥/골강 내 투여 가능하며 초기 용량 300 mg, 추가 투여 시 150 mg 투여(추가 투여는 1회만 가능), 기관 내 투여는 지방 용해성 약물인 날록손, 아트로핀, 바소프레신, 에피네프린, 리도카인에 한하여 가능하다.
④ 리도카인(lidocaine): 아미오다론의 대체 약품으로 권장되며 정맥/골강 내로 초기 용량 1.0~1.5 mg/kg, 추가 투여 필요 시 0.5~0.75 mg/kg 매 5~10분 동안 반복 투여 가능(최대 용량 3.0 mg/kg)

핵심 개념 리마인드 심장정지 환자에서 투여되는 약물

약제명	적응증	투여 용량
에피네프린	모든 심장정지	3~5분 간격으로 1mg
아미오다론	제세동에 반응하지 않는 심실세동 및 무맥성 심실빈맥	300mg (첫 용량) bolus 150mg (두 번째 용량) bolus
바소프레신	모든 심장정지 환자에서 첫 번째 또는 두 번째 에피네프린의 대체 약물로 사용	40IU bolus
리도카인	제세동에 반응하지 않는 심실세동 및 무맥성 심실빈맥	1~1.5mg/kg (첫 용량) 0.5~0.75mg/kg (두 번째 용량)
아트로핀	서맥	3~5분 간격으로 0.5~1.0mg
중탄산나트륨	대사성 산증에 의한 심장정지 고칼륨혈증	1m Eq/kg
마그네슘	저마그네슘혈증을 동반한 심장정지	1~2g
염화칼슘	고칼륨혈증, 저칼슘혈증 및 칼슘 통로차단제 중독에 의한 심장 정지	8~16mg/kg

정답 ③

097

자발순환이 회복된 직후 목표체온 유지치료가 필요한지 판단하기 위한 평가로 옳은 것은?

① 폐환기 상태
② 동맥혈 가스 검사
③ 의식상태 평가
④ 산-염기 균형 상태

출제 키워드: 소생 후 치료

기본서 다시보기: 응급처치학개론 p.213

해설 ③ 소생 후 구두지시에 반응이 없는 성인의 경우 초기 심전도 리듬과 무관하게 목표체온 유지치료를 시행하여야 한다.

핵심 개념 리마인드 목표체온 유지치료
중심체온 32~36℃ 사이의 목표 온도를 권장하며 최소 24시간 일정하게 온도를 유지해야 한다.
병원 밖 심장정지 상황에서 심정지 동안이나 자발순환회복 직후에 많은 양의 차가운 수액을 정맥 내로 급속 주입하여 저체온을 유도하지 않도록 한다. 심정지의 예후를 판단하는 것은 정상 체온 회복 후 최소 72시간(자발순환 회복 5일 후)에 판단하도록 하며 자발순환이 회복된 환자에게 경련에 관하여 조기 진단 및 치료의 필요는 있으나 예방적 항경련제 치료는 하지 않도록 한다.

정답 ③

098

목표체온 유지치료(TTM) 방법으로 옳은 것은?

① 12~24시간 동안 32~34 ℃ 유지
② 12~24시간 동안 34~38 ℃ 유지
③ 최소 24시간 동안 24~34 ℃ 유지
④ 최소 24시간 동안 32~36 ℃ 유지

출제 키워드: 소생 후 치료
기본서 다시보기: 응급처치학개론 p.213 [표79]

해설 목표체온 유지치료는 구두지시에 반응이 없는 환자에게 중심체온 32~36℃ 사이의 목표 온도를 권장하며 최소 24시간 일정하게 온도를 유지해 주는 것이다.
④ 중심체온 32~36℃ 사이의 목표 온도를 권장하며 최소 24시간 일정하게 온도를 유지해야 한다.

핵심 개념 리마인드 목표체온 유지치료
중심체온 32~36℃ 사이의 목표 온도를 권장하며 최소 24시간 일정하게 온도를 유지해야 한다. 병원 밖에서 심장정지 상황에서 심정지 동안이나 자발순환회복 직후에 많은 양의 차가운 수액을 정맥 내로 급속 주입하여 저체온을 유도하지 않도록 한다.

정답

099

70세 남자가 등산하고 내려오던 중, 갑자기 심한 흉통과 호흡곤란이 발생하여 병원에 내원하였다. 내원 당시 환자는 의식이 혼미하였고, 심전도는 다음과 같을 때 최우선적으로 시행하여야 하는 것은?

① 제세동 ② 아미오다론 투여
③ 미주신경 수기 ④ 맥박 확인

출제 키워드: 심정지, 빈맥성 부정맥
기본서 다시보기: 응급처치학개론 p.171

해설 ④ 이 심전도는 분당 약 300회의 심실빈맥이며 QRS가 넓고 규칙적인 단형 심실빈맥이다. 심실빈맥의 환자에서는 맥박의 유무에 따라 맥박이 있다면 증상에 따른 빈맥 처치, 맥박이 없다면 즉시 제세동 후 전문심장소생술을 시행해야 한다.

핵심 개념 리마인드 심실빈맥 환자의 처치
심실빈맥의 심전도를 보이는 환자가 맥박이 없다면 즉시 제세동을 시작으로 심폐소생술 및 약물 투여를 진행한다.
심실빈맥의 심전도를 보이는 환자가 맥박이 있고 저혈압, 갑작스러운 의식변화, 쇼크의 징후, 허혈성 가슴 통증, 급성심부전의 증상을 보인다면 동시성 심장율동전환을 시행한다.
혈역학적으로 안정되고 규칙적인 QRS를 가진 빈맥 환자라면 adenosine 투여를 고려하고, adenosine 투여에도 지속된다면 아미오다론을 150mg 투여한다.

정답

100

방실결절에서 간헐적인 차단으로 PR 간격이 점차적으로 길어지다가 차단이 나타나는 특성을 가진 리듬은?

① 2도 I형 방실차단(Mobitz I)
② 2도 II형 방실차단(Mobitz II)
③ 1도 방실차단
④ 3도 방실차단

101

아래와 같은 심전도를 나타내는 10kg의 소아에게 1:10,000 용액으로 에피네프린을 투여할 때 적절한 용량은?

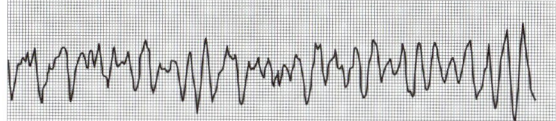

① 1 mL ② 0.5 mL
③ 0.3 mL ④ 0.2 mL

출제 키워드 서맥성 부정맥

기본서 다시보기 응급처치학개론 p.178~181

해설 ① 2도 I형 방실차단(Mobitz I)의 특징은 PR 간격이 점차 길어지다가 R뒤에 QRS가 한번 나오지 않으며 이후에 다시 P파 뒤에 QRS파가 나오는 것이다.

핵심 개념 리마인드
(1) **1도 방실차단** : PR 간격이 0.20초 초과인 경우이다.
(2) **2도 I형 방실차단** : PR 간격이 점차 길어지다가 R 뒤에 QRS가 한번 나오지 않으며 이후에 다시 P파 뒤에 QRS파가 나온다.
(3) **2도 II형 방실차단** : P의 간격은 일정한데 간혹 P파 뒤에 QRS파가 나오지 않는다.
(4) **3도 방실차단** : 방실결절 부위나 그 아래 부위에 완전한 전기적 차단이 초래되어 심방과 심실 사이에 전도가 없는 상태이다. P파와 QRS파의 간격은 각각 일정하지만 서로의 연관성이 없다.

정답 ①

출제 키워드 영아 및 소아 심정지

기본서 다시보기 응급처치학개론 p.224 [표82]

해설 ① 1:10,000 용액으로 투여 시 0.1mL/kg로 계산한다.
0.1 × 10kg = 1mL

핵심 개념 리마인드 **영아/소아 심정지 시 에프네프린 투여 용량**
- 정맥내 / 골내 : 3~5분마다 0.01mg/kg(1:10,000 용액 0.1mL/kg)
- 기관내 : 0.1mg/kg(1:1,000 용액 0.1mL/kg)

정답 ①

102

신생아 심폐소생술에 대한 사항으로 옳은 것은?

① 가슴 압박과 인공호흡의 비는 6:1이다.
② 분당 120회의 가슴 압박과 분당 40회의 인공호흡을 실시한다.
③ 전문기도 유지기가 삽입되면 가슴 압박을 지속하면서 6초에 한번 환기한다.
④ 가슴 압박의 위치는 흉골의 하부 1/3 부분이다.

출제 키워드	신생아 심정지
기본서 다시보기	응급처치학개론 p.527

해설
① 가슴 압박과 인공호흡의 비율은 3:1이다.
② 분당 120회의 속도로 90회의 압박과 30회의 환기를 시행한다.
③ 신생아의 경우 전문기도기가 삽입되더라도 3:1 비율로 심폐소생술을 진행한다.
④ 가슴 압박은 흉골의 하부 1/3 부분에서 실시하고, 압박의 깊이는 흉곽의 앞뒤 간격의 1/3로 한다.

핵심 개념 리마인드

가슴압박	▶ 영아 구조자가 1인: 두 손가락 가슴압박법 ▶ 영아 구조자가 2인 이상: 두 손 감싼 두 엄지 가슴압박법 ▶ 소아에 대하여 한 손 또는 두 손 손뒤꿈치 가슴압박법
	압박 위치: 영아: 젖꼭지 연결선 바로 아래의 흉골 / 소아: 흉골 아래쪽 1/2 / 신생아: 흉골하부 1/3 / 임산부: 가슴뼈 중앙
	▶ 압박 깊이: 가슴 전후 두께의 최소 1/3 이상 압박 (영아: 4cm, 소아: 4~5cm)
	▶ 압박 속도: 분당 100~120회
가슴압박과 인공호흡 비율	▶ 구조자가 1인인 경우 – 가슴압박 : 인공호흡 = 30 : 2 ▶ 구조자가 2인 이상인 경우 – 가슴압박 : 인공호흡 = 15 : 2 ▶ 신생아: 90회 압박 30회 환기(3:1) ▶ 심인성 심정지의 경우 15 : 2(2인 구조시)
자발순환복후 인공호흡	맥박이 60회 이상이고 관류 상태가 양호한 경우 분당 12~20회(매 3~5초에 1회)

정답 ④

103

심실세동을 보이는 7세 환아(10 kg)에게 2차례의 제세동이 시행되었으며, 아이는 여전히 심정지 상태이다. 2번째 제세동 후 에피네프린이 투여되었다. 2분이 지나 리듬을 분석하였더니 여전히 심실세동 상태이다. 제세동 후 투여할 수 있는 약물과 용량으로 알맞은 것은?

① 아미오다론 50 mg
② 리도카인 1 mg
③ 아미오다론 30 mg
④ 리도카인 5 mg

출제 키워드	영아 및 소아 심정지
기본서 다시보기	응급처치학개론 p.224 [표82]

해설
① 아미오다론 5mg × 10kg = 50mg
또는 리도카인 1mg × 10kg = 10mg

핵심 개념 리마인드 영아/소아 심정지 약물 투여 용량

약물투여	모든 심장정지 환자	에피네프린: 3~5분마다 0.01 mg/kg (1 : 10,000 용액 0.1 mL/kg)
	제세동 후 지속되는 심실세동/무맥성 심실빈맥	아미오다론: 5 mg/kg 일시에 투여 불응성 심실세동/빈맥의 경우 최대 2번 투여 가능 리도카인: 1 mg/kg 정맥 또는 골내 투여

정답 ①

104

가슴 통증을 호소하는 환자에게 NTG 3회 투여에도 통증이 경감되지 않을 경우 투여할 수 있는 약물은?

① 모르핀
② 니트로프루시드
③ 도파민
④ 염화칼슘

📨 출제 키워드 　　　　　　　　　　　　관상동맥증후군

📁 기본서 다시보기 　　　　　　　　　응급처치학개론 p.196

해설 ① 모르핀은 NTG 반복 투여에도 흉통이 감소되지 않는 환자에게 투여할 수 있는 약물로, 진통작용으로 흉통을 경감시켜 환자를 안정시킴으로써 체내에서 카테콜아민 분비를 줄여준다.

핵심 개념 리마인드 모르핀(morphine)

급성 심근경색에 의한 통증은 NTG 투여에도 불구하고 지속할 수 있다. NTG 반복 투여에도 흉통이 경감되지 않으면 모르핀을 투여할 수 있다. 모르핀은 흉통을 경감시켜 환자를 안정시킴으로써 체내에서 카테콜아민 분비를 줄인다. 또한 정맥을 확장해 심장으로의 혈액 환류를 줄이므로 심장의 전부하를 줄이고, 동맥을 확장해 말초혈관 저항을 감소시킴으로써 심근의 산소 요구량을 줄인다.

모르핀은 환자가 흉통을 호소할 때마다 2~5mg을 1~5분에 걸쳐 투여하며 5~15분 간격으로 반복 투여할 수 있다.
* NTG는 5분 간격으로 2~3회 반복 투여할 수 있다.

그 외 급성 심근경색 환자에게 아스피린과 산소치료를 시행할 수 있다.
- 아스피린: 혈소판응집을 억제하여 관상동맥허혈과 뇌졸중의 치료에 효과가 있으며, 표준 용량은 알약 한 개(325 mg)를 경구 투여한다.
- 산소치료: 혈액 내 산소농도를 증가시키고 말초조직의 산소화를 도와준다. 저산소증이 있는 상황에서 사용한다(맥박 산소측정을 통해). 저산소증을 교정할 만큼 산소를 투여하는 것이 중요하다. 심정지 상태에서 자발순환회복이 일어날 때까지 100% 산소를 투여한다

정답 ①

105

무맥성 전기활동을 나타내는 환자의 처치에서 가장 중요한 것은?

① 전문기도 유지술의 성공 여부
② 항부정맥제
③ 제세동
④ 치료가능한 원인의 교정

📨 출제 키워드 　　　　　　　　　　　　심정지

📁 기본서 다시보기 　　　　　　　　　응급처치학개론 p.160

해설 ④ 무맥성 전기활동의 가장 중요한 처치는 치료 가능한 원인을 찾아 교정을 해주는 것이다.

핵심 개념 리마인드 무맥성 전기활동의 치료

무맥성 전기활동으로 인지되면 근본적인 원인을 바르게 찾아 치료해야 한다는 점을 인지해야 한다.
무맥성 전기활동은 원인에 따라 처치의 기준이 다르고, 빠른 처치는 기능적으로 상태를 바꾸어 놓을 수 있으므로 신속하게 인식하고 처치를 시행하는 것이 가장 중요하다.

정답 ④

106

3회 제세동에 불응하여 아미오다론 300mg을 투여하였다. 그 후 제세동과 에피네프린에 반응하지 않아 아미오다론을 재투여하려 할 때 약물의 용량과 투여 시간은 얼마인가?

① 1 mg IV bolus
② 150 mg 10분에 걸쳐 천천히 투여
③ 150 mg IV bolus
④ 300 mg 10분에 걸쳐 천천히 투여

💬 출제 키워드 — 심정지
📖 기본서 다시보기 — 응급처치학개론 p.156

해설 ③ 심정지 상황에서 아미오다론의 초기 투여 용량은 300 mg, 이후 150 mg 추가 투여 가능하다.

핵심 개념 리마인드 **아미오다론 혹은 코다론 투여용량**
아미오다론은 CPR, 제세동, 혈압상승제에 반응이 없는 심실세동/무맥성심실빈맥 환자 또는 심실빈맥 환자에게 투여한다.
(1) 심실세동/무맥성심실빈맥: 초기 용량 300 mg, 추가 투여 150 mg (1회 투여 가능)
(2) 빈맥성 부정맥: 150 mg을 10분에 걸쳐 투여

정답 ③

107

다음 심전도를 나타내는 환자가 혈역학적으로 불안정한 경우 전기심장율동을 시도할 때 권장되는 최초 에너지량은?

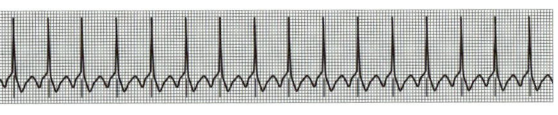

① 100 J   ② 120 J
③ 150 J   ④ 200 J

💬 출제 키워드 — 빈맥성 부정맥
📖 기본서 다시보기 — 응급처치학개론 p.166 [표60]

해설 ① 이 심전도는 QRS가 좁고 규칙적인 빈맥이므로 권장되는 최초 에너지량은 50~100 J이다.

핵심 개념 리마인드 **리듬별 심장율동전환 에너지 양**

리듬	에너지양
QRS가 좁고 규칙적 리듬 (심실상성 빈맥)	50~100 J
QRS가 좁고 불규칙적 리듬 (심방세동)	biphasic 120~200 J / monophasic 200 J
QRS가 넓고 규칙적 리듬 (단형심실빈맥)	100 J
QRS가 넓고 불규칙적 리듬 (심실세동)	defibrillation dose (NOT synchronized)

정답 ①

108

경피심장박동조율(TCP)을 시행 중인 환자의 심전도이다. 다음 설명 중 옳은 것은?

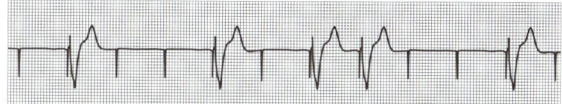

① 맥박이 있는지 경동맥에서 확인한다.
② 심실 활동이 스캔되었으면 출력량을 10% 내린다.
③ 혈역학적으로 불안정한 빈맥을 교정하기 위해 시행한다.
④ 심실 활동이 스캔될 때까지 출력을 증가시킨다.

💬 출제 키워드   서맥성 부정맥
📖 기본서 다시보기   응급처치학개론 p.176~177

해설 ① 맥박 유무를 경동맥 박동으로 판단하지 않는다.
② 심실 활동이 스캔될 때까지 출력량을 서서히 증가시키고 스캔이 된 출력량보다 10% 정도 더 높은 출력량으로 고정한다.
③ 혈역학적으로 불안정한 빈맥은 동시성 심장율동전환을 시행한다.
④ 경피적 심장박동조율(Trans Cutaneous Pacing)은 약물치료 효과가 없고 저혈압, 갑작스런 의식 변화, 쇼크의 징후, 허혈성 가슴 통증, 급성 심부전 등 증상을 동반한 서맥(symptomatic bradycardia), 특히 고위방실차단(2도 2형 방실차단, 완전방실차단), 느린 심실 반응을 보이는 심방세동, 무수축을 포함한 심각한 느린 맥 증상이 있는 경우에 효과가 있다.

핵심 개념 리마인드

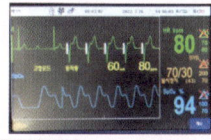   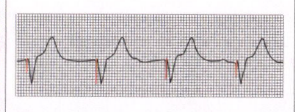
포획박동 모니터 리듬   포획박동

▶ 심방조율기에서 계획된 심박동수를 설정
: Rate, 대략 분당 60~80회로 설정
→ 출력을 0으로 맞추고 심장의 포획박동이 관찰될 때까지 출력량을 서서히 증가
→ 스캔이 된 출력량보다 10% 정도 더 높은 출력량으로 고정

정답 ④

109

흉통을 호소하고 있는 현장에 도착하였다. 심전도를 측정하였더니 다음과 같은 심전도가 나타났다. 환자의 수축기 혈압을 체크해보니 수축기혈압이 84mmHg로 체크되었다. 이 환자에게서 1순위로 투여해야 하는 약물 또는 수액은 무엇인가?

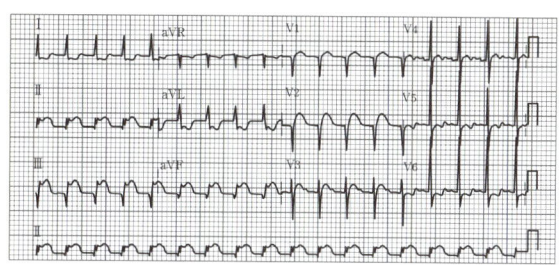

① 생리식염수   ② 노르에피네프린
③ 도파민   ④ 도부타민

💬 출제 키워드   수축기혈압에 따른 치료
📖 기본서 다시보기   응급처치학개론 p.190

해설 ① 심장성 쇼크가 발생한 환자로 보이며, 수축기압이 90mmHg 이하일 때 생리식염수가 가장 필요한 처치이다.

핵심 개념 리마인드   **심장성 쇼크**

① 발생기전
심근경색 후 처음 24시간 내에 일어나는 조기 합병증
: 심장이 정상 수축기 혈압을 유지할 수 없을 정도로 손상 받았다는 것을 의미
▶ 좌심실 총 질량의 40% 이상이 손상될 경우에 발생
▶ 심장의 수축 기능이 극도로 손상되어 수축기 혈압을 유지할 수 없음
▶ 조직으로의 혈류공급이 부족하게 되어 적극적으로 치료하지 않으면 환자는 사망

② 심근 수축력 장애가 있는 환자에서 수축기 혈압에 따른 약제의 선택

수축기 혈압	투여 우선 순위	약물 또는 수액	시작 용량
90mmHg 이하	1	생리식염수	250~500mL
	2	노르에피네프린	0.1~0.5ug/kg/min
	3	도파민	5~10ug/kg/min
90~110mmHg	1	생리식염수	250~500mL
	2	도부타민	5~10ug/kg/min
110mmHg 이상	1	니트로글리세린	10~20ug/min
	2	니트로프루시드	0.1~0.5ug/kg/min

정답 ①

110

56세 남자가 가슴이 답답하다며 호흡곤란을 호소한다. 심전도는 다음과 같고 니트로글리세린 설하 투여 후 혈압 80/50mmHg, 맥박 50회/분로 감소되었다. 투여해야 할 약물은?

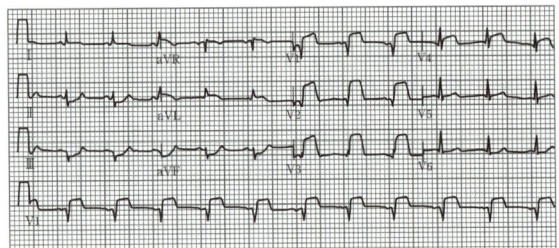

① 노르에피네프린 ② 아트로핀
③ 모르핀 ④ 아스피린

111

심정지 생존사슬에서 시민이 심정지 환자를 먼저 인식하고 대응하는 단계는 어디에 해당하는가?

① 신속한 심정지 확인과 신고
② 신속한 제세동
③ 효과적인 전문소생술
④ 심정지 후 통합 치료

출제 키워드: NTG 반응 급감현상
기본서 다시보기: 응급처치학개론 p.185

해설 ② 니트로글리세린 투여 중 저혈압이 발생하면 즉시 용량을 줄이거나 투여를 중지하고 수액을 투여하여 심장의 전부하를 증가시킨다. 저혈압과 함께 서맥이 동반되는 때에는 아트로핀을 투여한다.

핵심 개념 리마인드 NTG 반응 급감현상
니트로글리세린은 반응 급감현상(tachyphylaxis)이 빨리 나타나는 약물
: 24~48시간 이상 투여하는 것은 권장되지 않음
: 반응 급감 현상이 발생하면 최소 6시간 이상 약물 투여를 중단해야 함

정답 ②

출제 키워드: 심정지
기본서 다시보기: 응급처치학개론 p.139

해설 ① 심정지 생존사슬에서 시민이 환자를 인지하고 응급의료체계에 신고를 통해 생존사슬이 활성화된다.

핵심 개념 리마인드 성인 심정지 생존사슬

일반인의 신고에 의하여 출동한 즉시 구급대원은 고품질의 심폐소생술을 시행하여야 하며, 구급대원의 인원에 따라 가슴 압박과 기도유지 및 인공호흡을 동시에 실시할 수 있다. 심폐소생술만으로 심정지 환자를 소생시킬 수 있는 경우는 아주 드물며, 자발순환과 호흡을 되살리기 위해서는 제세동을 포함한 전문소생술이 신속하게 뒤따라서 시행되어야 한다.

정답 ①

112

응급실에 내원한 환자에서 비틀림 심실빈맥(torsade de point) 심전도가 관찰된다. 이 환자의 심전도 결과의 원인을 감별하기 위해 진행할 검사는?

① 소변 검사
② 조영제 CT검사
③ 전해질 검사
④ 혈당 검사

🗐 출제 키워드   빈맥성 부정맥

📂 기본서 다시보기   응급처치학개론 p.173~174

해설 ③ 비틀림 심실빈맥은 약물중독이나 전해질 이상(저마그네슘혈증, 저칼륨혈증 등)에 의해 유발이 되는 경우가 많아 전해질 검사를 통해 원인을 감별해 준다.

핵심 개념 리마인드   비틀림 심실빈맥(torsades de point)

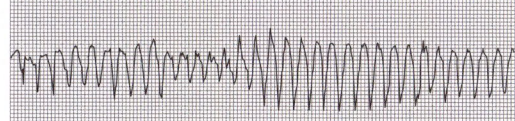

- 다형성 심실빈맥의 일종이다.
- 심박수 150~250회/분이며, 불규칙적이다.
- 심박에 따라서 넓은 QRS 파형의 크기와 방향이 변한다.
- P파는 관찰되지 않는다.
- 약물 중독이나 전해질 이상(저마그네슘혈증, 저칼륨혈증 등)을 의심해야 한다.

정답 ③

113

80세 여자가 흉통을 호소하던 중 갑자기 발생한 의식변화로 119에 신고되었다. 활력징후는 혈압 80/50mmHg, 맥박 수 270회/분, 호흡 수 18회/분, 산소포화도 95%였다. 다음과 같은 심전도를 보일 때 심전도 판독과 치료로 알맞은 것은?

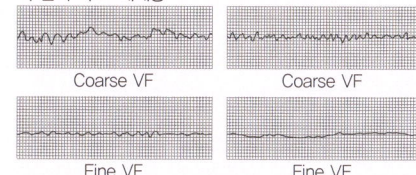

① 발작성 심실상성빈맥/아트로핀 투여
② 단형 심실빈맥/심장율동전환 시행
③ 다형 심실빈맥/아미오다론 투여
④ 심실세동/제세동 시행

🗐 출제 키워드   빈맥성 부정맥

📂 기본서 다시보기   응급처치학개론 p.171~172

해설 ② 환자는 갑작스러운 의식 변화, 저혈압을 보이고 있어 혈역학적으로 불안정한 심실빈맥이다. 심전도상 QRS가 넓으며 같은 모양을 보이고 있는 단형 심실빈맥으로, 혈역학적으로 불안정한 심실빈맥 환자로 100J로 동시성 심장율동전환을 시행해 준다.

핵심 개념 리마인드   심실빈맥의 종류와 처치

(1) 심실세동
- 우선적 치료: 제세동

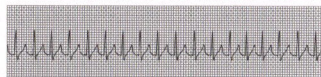

Coarse VF   Coarse VF
Fine VF   Fine VF

(2) 발작성 심실상 빈맥
- 혈역학적 안정: adenosine 투여
- 혈역학적 불안정: 동시성 심장율동전환 시행

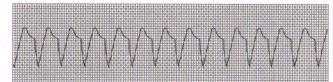

(3) 단형 심실빈맥
- 혈역학적 안정: adenosine 고려, 항부정맥제 투여 고려
- 혈역학적 불안정: 동시성 심장율동전환 시행

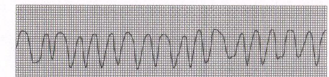

(4) 다형 심실빈맥
- 혈역학적 안정: 항부정맥제 투여
- 혈역학적 불안정: 동시성 심장율동전환 시행

정답 ②

114

아래와 같은 심전도를 나타내는 10 kg의 소아에게 에피네프린을 투여할 때 적절한 용량은?

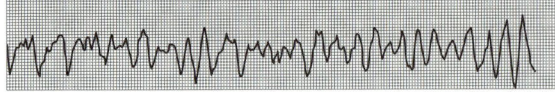

① 2 mg   ② 0.5 mg
③ 0.3 mg ④ 0.1 mg

115

심실세동을 보이는 7세 환아(10 kg)에게 2차례의 제세동이 시행되었으며 아이는 여전히 심정지 상태이다. 2번째 제세동 후 에피네프린이 투여되었다. 2분이 지나 리듬을 분석하였더니 여전히 심실세동 상태이다. 제세동 후 투여할 수 있는 약물과 용량으로 알맞은 것은?

① 아미오다론 20 mg
② 리도카인 1 mg
③ 아미오다론 30 mg
④ 리도카인 10 mg

출제 키워드: 전문소아 소생술
기본서 다시보기: 응급처치학개론 p.224 [표82]

해설 소아 및 영아 심정지 상황에서 3~5분마다 0.01 mg/kg을 투여한다.
④ 소아가 10 kg이므로 0.01 mg × 10 = 0.1 mg을 투여한다.

핵심 개념 리마인드 소아 전문소생술 참고표

치료	내용
심장 리듬 분석	2분간 가슴압박 후 심전도 리듬 확인과 압박자 교대
제세동	• 최초 2 J/kg, 두 번째 4 J/kg, 이후 4 J/kg 이상 성인 최대 용량 이하 • 제세동 후 즉시 가슴압박을 다시 시작
주사로 확보	전문기도유지술보다 우선하여 정맥 또는 골내 주사로 확보
약물 투여 - 모든 심장정지 환자	에피네프린: 3~5분마다 0.01 mg/kg (1:10,000 용액 0.1 mL/kg)
약물 투여 - 제세동 후 지속되는 심실세동/무맥성 심실빈맥	아미오다론: 5 mg/kg 일시에 투여 불응성 심실세동/빈맥의 경우 최대 2번 투여 가능 리도카인: 1 mg/kg 정맥 또는 골내 투여
심장정지 원인 조사 및 치료	저혈량혈증, 저산소혈증, 산증, 저/고칼륨혈증, 저체온, 폐색전증, 심근경색, 긴장성 공기 가슴증, 심장눌림증, 약물중독

정답 ④

출제 키워드: 전문소아 소생술
기본서 다시보기: 응급처치학개론 p.224 [표82]

해설 ③ 환아는 10 kg이므로 아미오다론은 5 mg × 10 = 50 mg 투여가 가능하며, 리도카인은 1 mg × 10 = 10 mg 투여가 가능하다.
④ 소아 및 영아 심정지 상황에서 제세동 후 지속되는 심실세동 또는 무맥성 심실빈맥 환자에게 아미오다론은 5 mg/kg 최대 2번 투여 또는 리도카인은 1 mg/kg 투여 가능하다.

핵심 개념 리마인드 영아/소아 심정지 약물 투여 용량

약물투여	
모든 심장정지 환자	에피네프린: 3~5분마다 0.01 mg/kg (1:10,000 용액 0.1 mL/kg)
제세동 후 지속되는 심실세동/무맥성 심실빈맥	아미오다론: 5 mg/kg 일시에 투여 불응성 심실세동/빈맥의 경우 최대 2번 투여 가능 리도카인: 1 mg/kg 정맥 또는 골내 투여

정답 ④

116

혈전용해제 투여의 적응증으로 옳은 것은?

① 흉통이 발생한 지 24시간이 지난 환자
② 한번 흉통이 발생하면 30분간 지속되는 환자
③ 일주일 이내 급성뇌경색으로 tPA가 투여된 경우
④ 심전도상 1개의 유도에서 0.1 mV의 ST 분절 상승을 보이는 환자

📖 출제 키워드   관상동맥증후군

📘 기본서 다시보기   응급처치학개론 p.201

해설 ① 흉통이 발생한 지 12시간 이내의 환자에게 투여할 수 있다.
③ 이전 6개월 이내에 허혈성 뇌졸중이 있던 경우는 혈전용해제의 절대 금기증이 된다.
④ 심전도상 2개의 유도에서 0.1 mV의 ST 분절 상승을 보이는 환자에서 투여할 수 있다.

핵심 개념 리마인드   혈전용해제

(1) 혈전용해제 투여 적응증

흉통 발생으로부터 경과된 시간	12시간 이내
흉통 지속시간	20분 이상
심전도 변화	연관된 2개 이상의 유도에서 0.1 mV 이상의 ST 분절 상승 또는 흉통과 함께 새롭게 나타난 좌각차단
혈전용해제 투여의 금기	없음

(2) 혈전용해제 투여 금기증

절대 금기증	상대적 금기증
1. 두개 내 출혈 또는 원인불명의 뇌졸중의 과거력이 있는 경우 2. 이전 6개월 이내에 허혈성 뇌졸중이 있었던 경우 3. 중추신경계 손상, 두개 내 종양, 동정맥기형이 있는 경우 4. 1개월 이내에 주요 외상, 수술, 두부 손상이 있었던 경우 5. 1개월 이내에 위장관 출혈이 있었던 경우 6. 출혈성 질환이 있는 경우 7. 대동맥 박리 8. 24시간 이내에 압박할 수 없는 신체 부위를 천자한 경우 (예 간 생검, 요추천자)	1. 조절되지 않는 고혈압(수축기 180 mmHg 이상이거나 이완기 110 mmHg 이상) 2. 이전 6개월 이내에 일과성 허혈 발작이 있었던 경우 3. 항응고제를 복용하고 있는 환자(INR이 2.0 이상인 경우), 출혈성 경향이 있는 환자 4. 임신 또는 출산 후 1주일 이내인 경우 5. 진행(advanced) 간 질환 6. 10분 이상의 심폐소생술을 받았을 때 또는 심폐소생술로 손상이 발생한 경우 7. 감염성 심내막염 8. 활동성 소화성 궤양

정답 ②

117

자발순환이 회복된 후 언어지시에 반응하고 혈압이 80/50, 산소포화도가 92%인 환자의 치료로 옳지 않은 것은?

① 수축기 혈압 > 100 mmHg 유지
② 동맥혈 이산화탄소압 35~45 mmHg 유지
③ 목표체온 유지치료
④ 산소포화도 94~98 % 유지

📖 출제 키워드   소생 후 치료

📘 기본서 다시보기   응급처치학개론 p.213

해설 ③ 목표체온 유지치료에 적응이 되는 환자는 자발순환 회복 후 언어지시에 반응하지 않는 환자이다. 지문의 환자는 언어지시에 정상적으로 반응하는 환자이므로 목표체온 유지치료가 필요 없다.

핵심 개념 리마인드   소생 후 치료

소생 후 구두지시에 반응이 없는 성인의 경우 초기 심전도 리듬과 무관하게 목표체온 유지치료를 시행해야 한다.

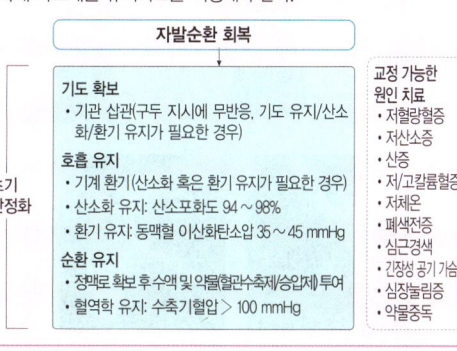

정답 ③

118

40대 남성 환자가 음식을 먹다 목에 걸려 호흡곤란을 호소하고 있다. 의식은 명료하며, 약간의 말을 할 수 있다면 현장에서 할 수 있는 적절한 처치는 무엇인가?

① 마질겸자를 사용하여 이물질을 제거
② 기침 유도
③ 복부 밀어내기
④ 가슴 밀어내기

> 출제 키워드: 기도 폐쇄
> 기본서 다시보기: 응급처치학개론 p.148~149 [그림91]

해설 ② 기도 폐쇄 환자가 의식은 명료하고 약간의 말을 할 수 있는 것은 부분 기도 폐쇄인 상황이므로 처치로는 기침을 유도하여 이물질을 제거하는 것이다.

핵심 개념 리마인드 이물질에 의한 기도 폐쇄 처치

이물질에 의한 기도 폐쇄는 부분 폐쇄와 완전 폐쇄로 구분된다. 기도 폐쇄가 의심되는 환자에게 처음으로 할 처치는 "목에 뭐가 걸렸나요?"라고 물어본 뒤 기침을 유도하고, 자가 기침이 불가능할 경우 기도 폐쇄로 판단한다. 완전 기도 폐쇄로 판단되더라도 우선적으로 "등 두드리기 5회"를 실시 한 뒤 등 두드리기 후에도 호전되지 않으면 하임리히법으로 즉각적 응급처치를 시행해야 한다.

(1) **부분 기도 폐쇄**: 환자가 의식이 있으면서 말을 할 수 있거나 기침을 할 수 있다면 비교적 환기 상태가 양호하다고 판단할 수 있다.
(2) **완전 기도 폐쇄**: 의식이 없거나 발성 혹은 기침이 불가능한 경우, 청색증이 발생하는 경우 환기 상태가 불량하다고 판단할 수 있다.

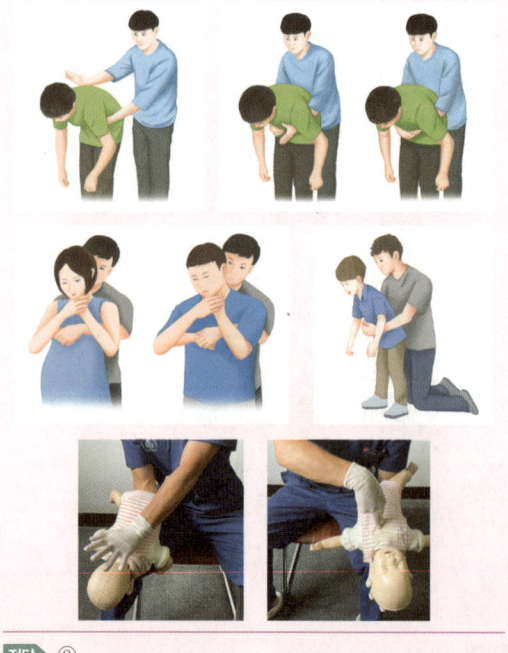

정답 ②

119

심실빈맥 환자에게 프로케이나마이드를 투여하였다. 프로케이나마이드 투여를 중지하는 경우로 알맞지 않은 것은?

① 부정맥이 소실되는 경우
② 저혈압이 발생하는 경우
③ R-R 간격의 폭이 50% 이상 감소하는 경우
④ 최대용량을 투여한 경우

> 출제 키워드: 항부정맥제(프로케이나마이드)
> 기본서 다시보기: 응급처치학개론 p.172

해설 ③ QRS의 폭이 50% 이상 감소하면 투여를 중지해야 한다.

핵심 개념 리마인드 프로케이나마이드 투여 용량

- 20~50mg/분, 저혈압을 감시하면서 서서히 정맥내 투입
- 최대 용량: 17mg/kg
- 저혈압 발생, 최대 용량 투입, QRS > 50% 이상 확장되거나, 부정맥이 사라지면 투여 중지
- 심장율동전환이 이루어지면 1~4mg/분당 유지하면서 주입
- Prolonged QT 또는 CHF(울혈성심부전)에서는 투여를 피함

정답 ③

120

허혈성 뇌졸중 환자에서 혈전용해제(tPA) 치료에 대한 설명으로 옳은 것은?

① 저혈당(<50 mg) 환자에게 투여 가능하다.
② 뇌출혈이 의심되는 환자에게도 투여 가능하다.
③ 임상 증상 발현 후 4.5시간 이내 투여는 뇌경색에 의한 사망률을 감소시킨다.
④ 현재의 지침은 18세 이하의 환자에게도 투여하도록 권장한다.

출제 키워드 : 뇌졸중

기본서 다시보기 : 응급처치학개론 p.206~207

해설 ① 저혈당(<50 mg 미만)으로 확인된 경우 혈전용해제(tPA) 투여의 절대적 금기증이다.
② 뇌출혈이 의심되는 환자, 지주막하 출혈이 의심되는 환자, 뇌출혈 병력이 있는 경우는 혈전용해제(tPA) 투여의 절대적 금기증이다.
④ 혈전용해제(tPA) 치료에 관한 일반 지침은 뇌경색의 임상 증상이 발생한 지 4.5시간 이내이고 18세 이상인 환자에게 투여하도록 권장하고 있다.

핵심 개념 리마인드

[절대 금기증]
1. 뇌전산화단층촬영에서 뇌출혈이 의심되는 환자
2. 정상 뇌전산화단층촬영 소견이 관찰되지만, 지주막하 출혈이 의심되는 환자
3. 뇌전산화단층촬영상 뇌 반구의 1/3 이상을 차지하는 다엽성(mulitilobar) 뇌경색
4. 뇌출혈의 병력이 있는 경우
5. 조절되지 않는 고혈압(tPA를 투여하려 할 때의 수축기 혈압이 185 mmHg 이상이거나, 이완기 혈압이 110 mmHg 이상인 경우)
6. 두개 내 종양, 동정맥기형, 동맥류가 있는 경우
7. 내부 출혈이 있는 경우, 골절 등의 외상이 있는 경우
8. 3개월 이내에 두개 내 또는 척추 수술을 받은 경우, 두부 외상이 있었던 경우, 뇌졸중이 있었던 경우
9. 출혈 경향이 있는 경우(항응고제 사용으로 INR이 1.7인 경우, 48시간 이내에 헤파린 투여로 aPTT가 정상 이상으로 연장된 경우, 혈소판 수가 10만 미만인 경우)
10. 최근 7일 이내에 압박할 수 없는 부위의 동맥을 천자한 경우
11. 저혈당(<50 mg)이 확인된 경우

[상대 금기증]
1. 임상 증상이 가볍거나 회복되는 뇌졸중
2. 14일 이내에 수술 또는 중증 외상이 있었던 경우
3. 최근 3주 이내에 소화기 또는 요로계 출혈이 있었던 경우
4. 최근 3개월 이내에 급성심근경색이 있었던 경우
5. 전간 발작과 함께 발작 후 신경학적 장애가 있는 경우

정답 ③

121

다음 중 성인의 심폐소생술 순서로 옳게 나열된 것은?

① 응급의료체계신고 → 의식 상태 평가 → 인공호흡 실시 → 호흡 및 맥박 확인 → 가슴압박 실시
② 의식 상태 평가 → 응급의료체계신고 → 가슴 압박 실시 → 호흡 및 맥박 확인 → 인공호흡 실시
③ 의식 상태 평가 → 응급의료체계신고 → 호흡 및 맥박 확인 → 가슴 압박 실시 → 인공호흡 실시
④ 응급의료체계신고 → 의식 상태 평가 → 호흡 및 맥박 확인 → 인공호흡 실시 → 가슴 압박 실시

출제 키워드 : 심정지

기본서 다시보기 : 응급처치학개론 p.140~142

해설 ③ 성인의 심폐소생술은 의식 상태를 평가해 반응을 확인, 응급의료체계의 신고, 호흡 및 맥박 확인, 가슴 압박 실시, 인공호흡 실시 순서로 진행된다.

핵심 개념 리마인드 심폐소생술 순서

1. 반응 확인
2. 응급의료체계에 신고 및 자동제세동기 요청
3. 호흡 및 맥박 확인
4. 가슴 압박 실시
5. 기도 개방 후 인공호흡 실시
6. 가슴 압박과 인공호흡 30:2 비율로 5주기 실시

정답 ③

122

50대 환자가 운동을 하던 중에 갑자기 가슴 통증을 호소하여 119에 신고하여 응급실에 내원하였다. 12유도 심전도 결과 ST분절의 상승이 보였다. 처치로 옳은 것은?

① 산소포화도 측정 후 산소를 투여하여 산소포화도를 97% 이상 유지한다.
② 혈전용해제 투여를 위하여 중심정맥을 천자하여 정맥로를 유지한다.
③ 가능한 신속히 162~325 mg의 아스피린을 투여한다.
④ NTG를 투여한 환자에게는 모르핀 투여를 할 수 없다.

출제 키워드 관상동맥 증후군

기본서 다시보기 응급처치학개론 p.194~198

해설 ① 산소를 투여할 때에는 비관이나 마스크를 통하여 분당 4~6L의 산소를 투여하여 혈중 산소포화도가 94% 이상 유지하도록 한다.
② 중심정맥을 천자하면 혈전용해제를 투여한 후에 대량 출혈이 발생할 수 있으므로 혈역학적 검사나 대량 수액 투여를 위하여 중심정맥 천자가 필요한 경우를 제외하고는 말초 정맥로를 사용한다.
④ 급성 심근경색에 의한 통증은 나이트로글리세린 투여에도 불구하고 지속할 수 있다. 나이트로글리세린 반복 투여에도 흉통이 경감되지 않으면 모르핀을 투여할 수 있다.

핵심 개념 리마인드 협심증과 심근경색의 흉통 양상

감별점	협심증	급성 심근경색증
통증 지속	시간 30분 이내	30분 이상
흉통 발생 양상	주로 운동 시 발생, 휴식 이후 경감	운동과 무관하게 발생, 휴식으로도 경감되지 않음
니트로글리세린 반응	흉통 경감 또는 소실	흉통이 경감될 수는 있으나 소실되지는 않음

MONA 치료: 모르핀, 산소, 니트로글리세린, 아스피린 투여
- 모르핀 : 투여 시 혈압을 감시하며 정맥으로 2~5mg을 1~5분에 걸쳐 투여
  : 5~15분 간격으로 반복 투여 가능
- 산소: SpO₂ 94% 미만의 저산소증이 있는 상황에서 사용 참고) 가이드라인 90% 이상 유지
- 니트로글리세린: 관상동맥을 확장시켜 곁순환(측면순환)을 통한 혈류를 증가
  : 혀밑(설하)으로 알약 1개를 주고 3~5분마다 반복해서 최대 3알까지 투여 가능
- 아스피린: 표준 용량은 알약 한 개(162~325mg)를 경구 투여

정답 ③

123

식사 중 갑자기 호흡곤란을 호소하며 출동한 구급대원의 질문에 말없이 머리를 끄덕이거나 몸짓을 한다. 등을 두드려도 증상호전이 없을 때 다음 중 이 환자의 처치로 옳은 것은?

① 검상돌기 하부에 한 손을 주먹 쥔 채로 대고 다른 한 손으로 그 위를 잡은 후, 후 하방으로 흉부를 강하게 압박해 준다.
② 환자가 의식이 있다면 입속 이물 제거를 빠르게 시행한다.
③ 하임리히법을 적용한 뒤 증상 호전이 없으면 기침을 유도한다.
④ 환자가 임신 중이라면 가슴 밀어내기를 시행한다.

출제 키워드 기도 폐쇄

기본서 다시보기 응급처치학개론 p.148~149

해설 ① 복부 밀어내기는 환자의 명치 부위에 주먹 쥔 손을 대고 다른 손으로 주먹을 감싼 후에 복부를 후상방으로 강하게 압박하는 방법이다.
② 의식이 없는 환자에게 기도 폐쇄가 의심될 때에 최초로 시행되어야 하며 오히려 이물질이 밀려 들어가 기도를 완전히 폐쇄시킬 수 있으므로 입 속의 이물질을 완벽히 꺼낼 수 있을 때가 아니라면 시도하지 않도록 한다.
③ 기도 폐쇄가 의심되는 환자에게 처음으로 할 처치는 "목에 뭐가 걸렸나요?"라고 물어본 뒤 기침을 유도하고, 자가기침이 불가능할 경우 기도 폐쇄로 판단한다.
④ 환자는 구급대원의 질문에 대답을 못하고 몸짓으로 대신하는 것으로 보아 완전 기도 폐쇄가 의심되는 환자이다. 이러한 환자에게는 검상돌기 하부에 한 손을 주먹 쥔 채로 대고 다른 한 손으로 그 위를 잡은 후, 후상방으로 흉부를 강하게 압박해 주는 하임리히법을 통해 이물질을 제거해 주어야 한다.

핵심 개념 리마인드

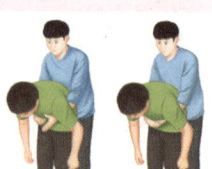

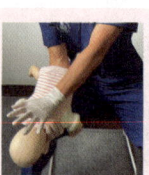
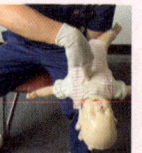

정답 ④

124

신생아 심정지 처치에 대한 설명으로 옳지 않은 것은?

① 가슴 압박과 인공호흡의 비율은 3 : 1로 한다.
② 가슴 압박을 적절히 수행했음에도 불구하고 심박동수가 60회 미만이라면 수액과 약물의 투여가 필요하다.
③ 분당 심박수 80회 미만인 경우 즉시 심폐소생술을 시행한다.
④ 전문기도기가 삽입되더라도 3 : 1 비율로 심폐소생술을 진행한다.

출제 키워드 신생아 심정지
기본서 다시보기 응급처치학개론 p.526~529

해설 ③ 산소화 처치에도 불구하고 분당 심박수가 60회 미만인 경우 즉시 심폐소생술을 시행한다.

핵심 개념 리마인드
가슴 압박의 위치는 흉골하부 1/3 부위로, 두 손가락 또는 두 엄지손가락을 감싼 방법으로 가슴을 압박한다. 가슴 압박의 깊이는 흉곽 전후 직경의 1/3 이상 압박하도록 하고, 가슴 압박과 인공호흡의 비율은 3 : 1 비율로 한다. 분당 120회의 속도로 90회의 압박과 30회의 환기를 시행한다(각각의 행위는 0.5초로 시행).
단, 심인성 심정지라면 15 : 2 비율로 심폐소생술을 한다. 신생아의 경우 전문기도기가 삽입되더라도 3 : 1 비율로 심폐소생술을 진행한다. 심박 수가 분당 60회 이상으로 증가된 경우 가슴 압박을 중단한다.
환기 및 산소화를 충분히 하고, 가슴 압박을 적절히 수행했음에도 불구하고 심박동수가 60회 미만이라면 수액과 약물의 투여가 필요하다.

정답 ③

125

혈역학적으로 안정적인 발작성 심실상 빈맥(PSVT) 환자에게 첫 번째 투여 약물에 대한 설명으로 옳은 것은?

① adenosine 6 mg 신속하게 정맥투여
② verapamil 2.5~5 mg 2분간 정맥 투여
③ adenosine 12 mg 2분간 정맥투여
④ digoxin 0.25~0.5 mg 24시간 내에 투여

출제 키워드 빈맥성 부정맥
기본서 다시보기 응급처치학개론 p.168

해설 ① 발작성 심실상 빈맥은 심박수 150~250회/분의 QRS가 좁고 규칙적인 빈맥성 부정맥이다.

핵심 개념 리마인드 QRS가 좁고 규칙적인 빈맥의 치료
환자가 혈역학적으로 불안정할 경우 동시성 심장율동전환을 시행하고 안정적일 경우 미주신경흥분수기를 수행하고 약물 사용을 고려한다.
약물은 adenosine을 첫 번째로 투여하고, 이후 베타차단제 또는 칼슘채널차단제를 투여한다.
동시성 심장율동전환: 첫 번째 전기적 충격에 성공하기 위해 기계의 권장 에너지를 참고해야 함
*Adenosine 투여 용량
– 첫 번째: 빠르게 6 mg을 IV push + NS flush
– 필요시 두 번째: 빠르게 12 mg을 IV push + NS flush

정답 ①

126

50세 남자가 심정지 상태로 신고되었다. 119가 현장에 출동하여 심전도를 부착했더니 심실세동 리듬이 보여 제세동을 시행하였다. 다음에 실시되어야 할 단계는?

① 목동맥 또는 대퇴동맥에서 맥박 확인
② 리듬 확인
③ 기관 내 삽관 시행
④ 가슴압박

127

다음과 같은 심전도를 보이는 환자에게 아데노신을 투여했으나 리듬의 변화가 없었다. 다음에 투여할 용량은?

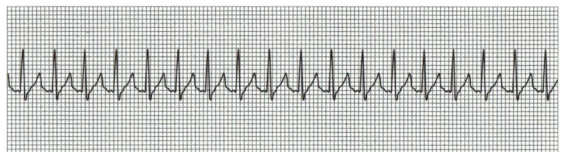

① 6 mg ② 12 mg
③ 16 mg ④ 20 mg

출제 키워드: 심정지
기본서 다시보기: 응급처치학개론 p.158 [그림97]

해설 ④ 제세동이 필요한 리듬일 경우 제세동 후 2분간 가슴압박을 실시하고 IV 또는 IO를 확보한다.

핵심 개념 리마인드 성인 심정지 처치 원형 알고리즘

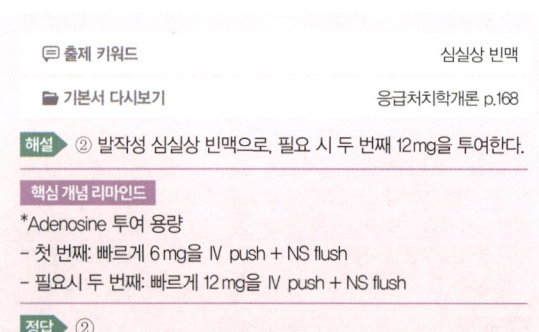

정답 ④

출제 키워드: 심실상 빈맥
기본서 다시보기: 응급처치학개론 p.168

해설 ② 발작성 심실상 빈맥으로, 필요 시 두 번째 12mg을 투여한다.

핵심 개념 리마인드
*Adenosine 투여 용량
- 첫 번째: 빠르게 6 mg을 IV push + NS flush
- 필요시 두 번째: 빠르게 12 mg을 IV push + NS flush

정답 ②

128

의식변화로 신고된 환자가 혈압 측정이 불가하여 목동맥을 확인하였더니 맥박이 촉지되지 않았다. 정맥로 확보는 되지 않은 상황이고, 심전도는 아래와 같을 때 가장 먼저 제공할 처치는?

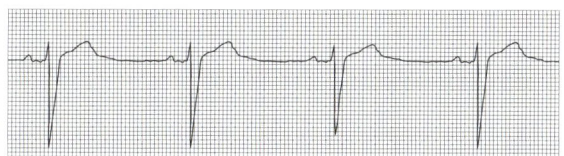

① 제세동 ② 기관 내 삽관
③ 가슴 압박 ④ 심정지 원인 분석

📧 출제 키워드　　　　　　　　　　　　　　심정지

📖 기본서 다시보기　　응급처치학개론 p.160, p.162 [그림101]

해설 ③ 위 환자에게 나타난 리듬은 전기적 활동은 나오지만 맥박이 측정되지 않는 무맥성 전기활동 리듬이다. 이러한 경우 고품질의 심폐소생술과 함께 약물치료(에피네프린)이 수행되어야 한다.

핵심 개념 리마인드 **무맥성 전기활동/ 무수축 치료**

무맥성 전기활동은 특정한 리듬을 지정할 수 없다. 심실세동, 심실빈맥, 무수축을 제외하고 심전도상 리듬은 관찰되지만 목동맥에 맥박이 촉지되지 않는다면 무맥성 전기활동으로 간주한다.

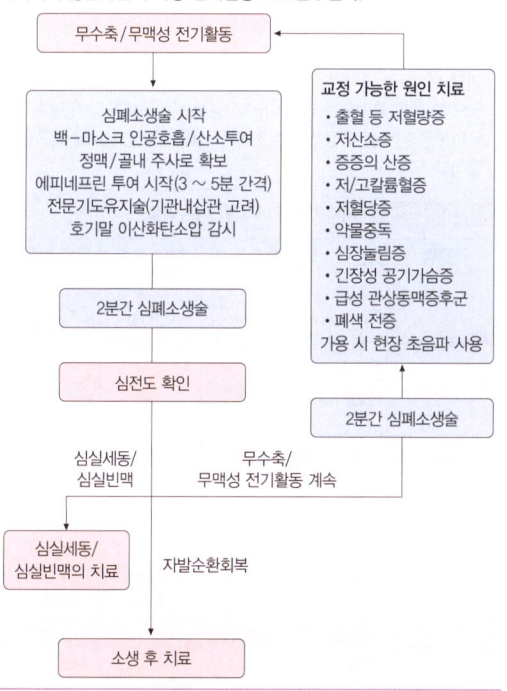

정답 ③

129

다음과 같은 심전도를 보이는 환자의 처치에 포함되지 않는 것은?

① 가슴 압박 ② 에피네프린
③ 전문기도유지술기 ④ 제세동

📧 출제 키워드　　　　　　　　　　　　　　심정지

📖 기본서 다시보기　　응급처치학개론 p.161~162

해설 ④ 이 심전도는 1분에 6회 이하로 나타나는 상태로, 심장의 전기 활동이 전혀 없는 무수축 상태이다. 무수축의 치료는 무맥성 전기활동과 마찬가지로 제세동은 시행하지 않는다.

핵심 개념 리마인드

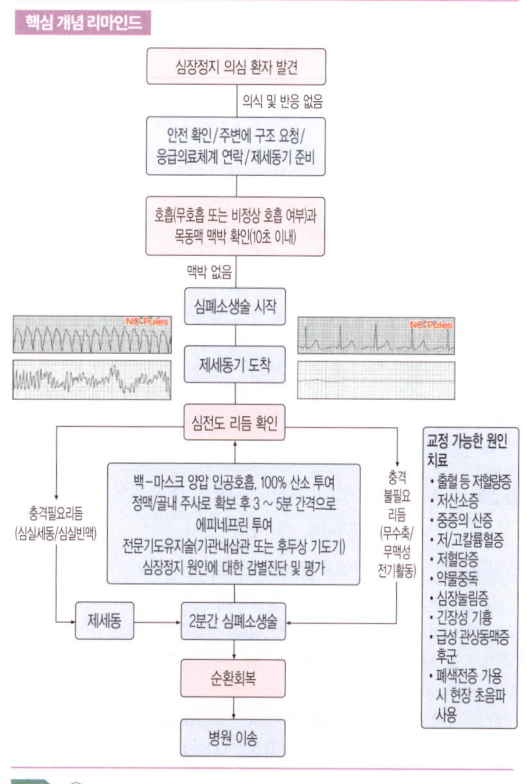

정답 ④

130

태어난 지 3일된 3.0kg의 환아의 심장박동수가 분당 51회 확인되었고 손발엔 청색증이 보이기 시작했다. 가슴 압박을 시작으로 심폐소생술을 시작했으나 심장박동수가 돌아오지 않았다. 다음 중 올바른 약물 투여 방법은?

① 1 : 10,000의 에피네프린 0.15 mg 기관 내 투여
② 1 : 10,000의 에피네프린 0.03 mg IO
③ 1 : 1,000의 에피네프린 0.09 mg 기관 내 투여
④ 1 : 1,000의 에피네프린 0.3 mg IV

출제 키워드: 신생아 심정지
기본서 다시보기: 응급처치학개론 p.528

해설 ② IV/IO) 0.01~0.03 mg/kg → 0.03~0.09 mg
기관 내) 0.05~0.1 mg/kg → 0.15~0.3 mg

핵심 개념 리마인드 신생아 심정지 시 에피네프린 투여

가슴 압박을 적절히 수행했음에도 불구하고 심장박동수가 60회 미만이라면 수액과 약물의 투여가 필요하다. 신생아의 정맥로로는 탯줄정맥이 가장 빠르게 사용될 수 있다. 심폐소생술이 진행되는 신생아에게 에피네프린의 투여를 고려한다.

▶ IV/IO ⇒ 1 : 10,000 에피네프린 0.01~0.03mg/kg
  기관내 ⇒ 1 : 1,000 에피네프린 0.05~0.1mg/kg

정답 ②

131

서맥성 부정맥 치료에서 아트로핀에 반응하지 않는 경우 다음 치료로 고려할 수 있는 것 중 거리가 먼 것은?

① TCP
② 도파민
③ 에피네프린
④ 코다론

출제 키워드: 서맥성 부정맥
기본서 다시보기: 응급처치학개론 p.178 [표61]

해설 ④ 아트로핀에 반응하지 않거나 아트로핀 투여가 금기인 서맥 환자에서는 도파민, 에피네프린, 이소프로테레놀(isoproterenol)을 투여할 수 있다. 도파민은 알파 및 베타 교감신경 수용체 흥분작용이 있으며, 분당 투여되는 양에 따라 작용하는 수용체가 달라진다. 아미오다론은 빈맥성 부정맥 또는 난치성 심실세동의 치료에 필요한 약물이다.

핵심 개념 리마인드 서맥의 치료에 사용되는 약물

약물명	적응증	투여 용량	주요 부작용
아트로핀	동서맥 2도 II형 방실차단 부교감신경작용에 의한 3도 방실차단 동정지(sinus arrest)	0.5mg (최대 총용량 3mg)	심근허혈 심실세동 의식장애 오심, 구토
도파민	아트로핀 투여에 반응하지 않고 저혈압이 동반된 서맥	5~10 ug/kg/min으로 투여 시작	심근의 허혈 부정맥 오심, 구토
에피네프린	아트로핀 투여에 반응하지 않고 저혈압이 동반된 서맥	0.1~0.5 ug/kg/min으로 투여 시작	심근의 허혈 심실성 부정맥 고혈압
이소프로테레놀	저혈압이 동반되진 않은 서맥	2~10ug/min	저혈압 심근의 허혈

정답 ④

132

50세 여자가 가슴불편감과 호흡곤란을 호소하였다. 환자의 혈압은 70/40 mmHg이며 혼미한 의식상태를 보였다. 심전도 검사상 lead Ⅱ, Ⅲ, aVF에서 ST분절 상승이 관찰되었다. 이와 같은 환자에게 투여하면 안 되는 약물은?

① 니트로글리세린
② 수액
③ 아스피린
④ 헤파린

📖 출제 키워드 　　　　　　　　　　　심근경색

📚 기본서 다시보기 　　　　　　　응급처치학개론 p.197

해설 ① 환자는 ST분절 상승을 보이고 있는 심근경색 환자로 저혈압을 보이고 있다. 니트로글리세린은 말초동맥과 정맥을 확장시키기 때문에 저혈압 환자에게 사용은 부적절하다.

핵심 개념 리마인드
▸ 수축기 혈압이 90mmHg 이하
▸ 평소보다 수축기 혈압이 30mmHg 이상 감소된 경우
▸ 분당 50회 미만의 서맥 환자
▸ 심부전이 없는 상태에서의 빈맥(>100회/분)
▸ 발기부전제를 복용한 경우: 최근 24시간 이내 비아그라, 레비트라, 48시간 이내 시알리스 복용한 경우
▸ 니트로글리세린 투여 후 수축기 혈압이 30mmHg 이상 감소한 경우 추가 투여 금지
▸ 니트로글리세린 과민반응이 있었던 환자
▸ 녹내장 환자, 두부외상이나 뇌출혈, 중증 빈혈 환자
▸ 우심실경색 의심 환자

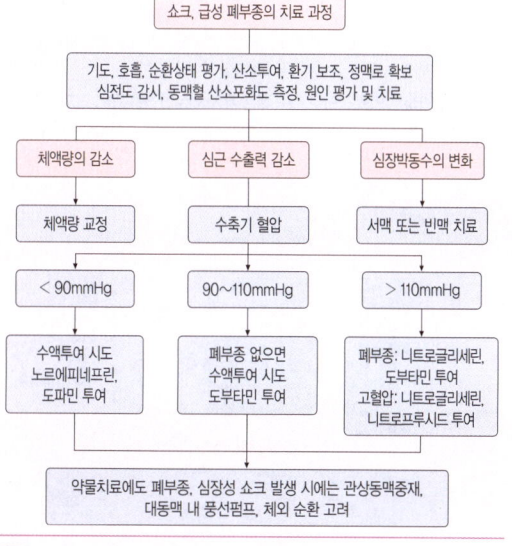

정답 ①

133

다음과 같은 심전도를 보이는 환자에게 심폐소생술을 시행하며 정맥로를 확보하였을 때 투여할 약물로 알맞은 것은?

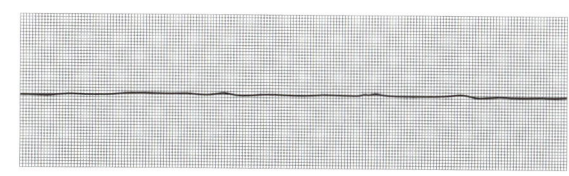

① 아미오다론
② 아데노신
③ 아트로핀
④ 에피네프린

📖 출제 키워드 　　　　　　　　　　　심정지

📚 기본서 다시보기 　　　　　　　응급처치학개론 p.161

해설 ④ 해당 심전도는 무수축이다. 에피네프린 1mg을 3~5분 간격으로 투여하고 기존 원인을 우선적으로 처치하며 근본적 원인을 찾고 원인을 교정하기 위한 치료를 시행한다.

핵심 개념 리마인드　**무맥성 전기활동/무수축의 치료 과정**

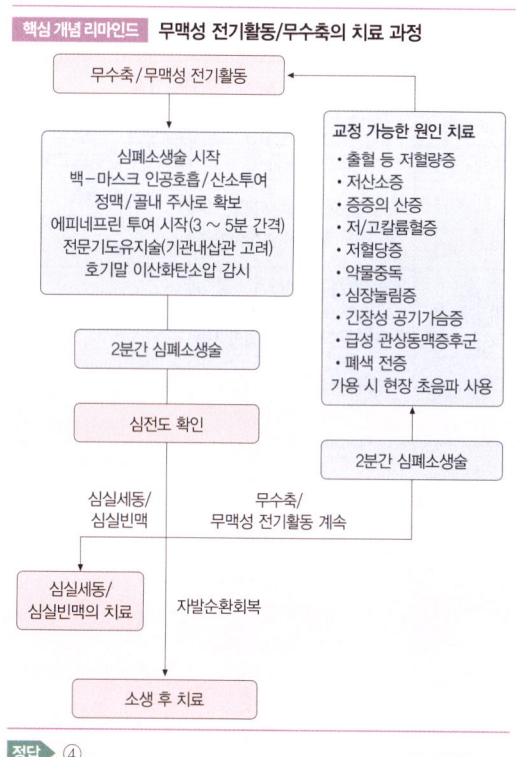

정답 ④

134

다음과 같은 심전도를 보이는 환자에게 제세동 3회, 에피네프린 2회 투여에도 자발순환이 되지 않고 같은 심전도 모양이 지속되었다. 다음으로 투여할 수 있는 약물로 가장 적절한 것은?

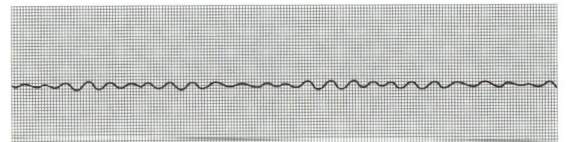

① 아미오다론 300 mg 투여
② 아미오다론 150 mg 투여
③ 리도카인 0.5 mg/kg 투여
④ 도부타민 2~20 mcg/kg/min 투여

> **출제 키워드**: 심정지
> **기본서 다시보기**: 응급처치학개론 p.156 [표56]

해설 ① 아미오다론은 CPR, 제세동, 혈압상승제에 반응이 없는 심실세동 혹은 무맥성 심실빈맥에게 투여하는 항부정맥제이다.
심실세동/무맥성 심실빠른맥에서 초기 용량은 300 mg 정맥/골강내에 투여하고, 추가적 투여 필요 시 150 mg 정맥/골강내 투여를 한 번만 더 할 수 있다.

핵심 개념 리마인드 — 심장정지 환자에게 투여되는 약물

약제명	적응증	투여 용량
에피네프린	모든 심장정지	3~5분 간격으로 1mg
아미오다론	제세동에 반응하지 않는 심실세동 및 무맥성 심실빈맥	300mg (첫 용량) bolus 150mg (두 번째 용량) bolus
바소프레신	모든 심장정지 환자에서 첫 번째 또는 두 번째 에피네프린의 대체 약물로 사용	40IU bolus
리도카인	제세동에 반응하지 않는 심실세동 및 무맥성 심실빈맥	1~1.5mg/kg (첫 용량) 0.5~0.75mg/kg (두 번째 용량)
아트로핀	서맥	3~5분 간격으로 0.5~1.0mg
중탄산나트륨	대사성 산증에 의한 심장정지 고칼륨혈증	1mEq/kg
마그네슘	저마그네슘혈증을 동반한 심장정지	1~2g
염화칼슘	고칼륨혈증, 저칼슘혈증 및 칼슘 통로차단제 중독에 의한 심장 정지	8~16mg/kg

정답 ①

135

70세 남자가 심폐소생술 후 자발순환이 회복되었다. 환자의 의식은 명료했으며 환자의 혈압 70/30 mmHg, ETCO2 37mmHg, 혈당 70mg/dL, 산소포화도 97%로 측정되었다. 심전도는 아래와 같을 때 환자에게 시행할 소생 후 처치로 알맞은 것은?

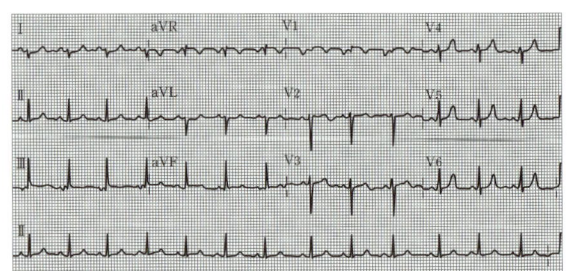

① 관상동맥중재술
② 승압제 투여
③ 목표체온 유지치료
④ 고농도 산소투여

> **출제 키워드**: 소생 후 처치
> **기본서 다시보기**: 응급처치학개론 p.214 [그림134]

해설 ① 12유도 심전도에서 ST 분절 상승이 보이지 않으므로 관상동맥중재술은 하지 않는다.
② 저혈압을 보이는 자발순환 회복 환자에게 승압제를 투여할 수 있다. 자발순환 회복 후 환자는 저혈압을 보이고 있다. 혈압은 뇌 관류압을 결정하는 중요한 요소이기 때문에 자발순환 회복 후에는 혈압을 지속적으로 감시해 정상 혈압이 유지되지 않으면 혈관수축제나 승압제를 사용하여 혈압을 교정할 수 있게 한다.
③ 환자의 의식은 명료하므로 목표체온 유지치료의 적응증이 되지 않는다.
④ 산소포화도 94~98%, 동맥혈 이산화탄소압 35~45 mg이 유지되는 것이 목표이므로 환자에게 추가적인 산소투여는 필요하지 않다.

핵심 개념 리마인드

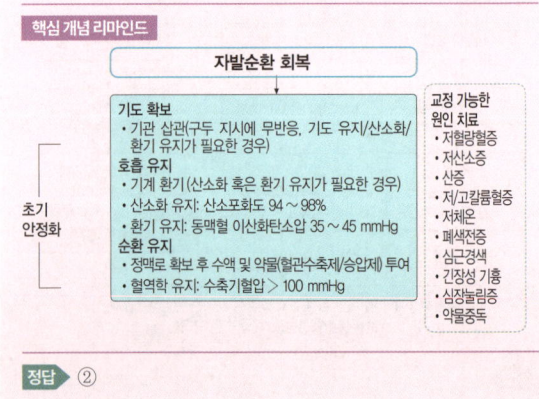

정답 ②

136

심폐소생술 후 자발순환이 회복된 환자가 다음과 같은 심전도를 보였다. 의식은 명료하며 활력징후는 혈압 130/70 mmHg, 맥박 60회/분, 호흡 12회/분, 산소포화도 97%로 측정되었다. 다음 중 알맞은 처치는?

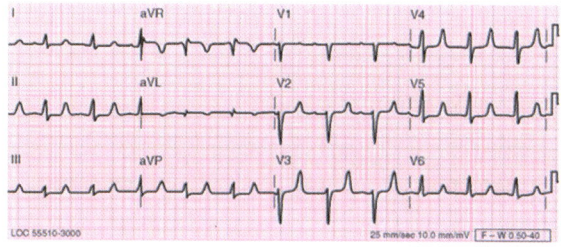

① 고농도 산소투여 ② 혈관수축제 투여
③ 전해질교정 ④ 목표체온 유지치료

📝 출제 키워드   소생 후 처치

📂 기본서 다시보기   응급처치학개론 p.214 [그림134], p.401~402

해설 환자의 심전도는 뾰족한 T파를 보이는 것으로 보아 고칼륨혈증에 의한 심정지였음을 알 수 있다.
③ 심정지의 원인은 고칼륨혈증으로, 높은 칼륨 수치를 낮추기 위한 전해질 교정이 필요하다.

핵심 개념 리마인드
- 환자 평가
  고칼륨혈증의 증상은 근무력감, 마비되는 느낌, 반사소실, 오심, 구토 등이지만 무증상인 경우도 많으므로 고칼륨혈증이 의심되는 콩팥 기능상실 환자를 만났을 때는 최근 식이 등에 관해서도 병력 청취를 해야 한다.
- 고칼륨혈증의 치료
  우선 심근막의 안정화를 위해 칼슘을 사용한다. 칼슘 투여가 칼륨을 체외로 배출시키는 것은 아니지만 심근막의 안정화를 시켜 심실세동의 발생가능성을 잠시 낮출 수 있다.
  세포 내로 칼륨의 일시적인 이동을 위해 NaHCO3, 인슐린과 포도당 용액, 알부테롤(albuterol)로 네불라이저를 시행해 줄 수 있다. 인슐린이 투여되면 포도당을 세포 내로 이동시키는 역할을 하게 되는데 이때 세포막 통과 시에 칼륨을 같이 이송하는 역할을 하며, albuterol 네불라이저는 천식 악화 환자의 경우와 같은 방식으로 시행하게 된다.
  체내로 배출하는 방식으로는 푸로세미드(furosemide, 라식스) 같은 이뇨제, 소듐 폴리스티렌 설포네이트(Sodium polystyrene sulfonate, 카리메트)의 경구투여 및 관장 또는 투석 등의 방법이 있다.

정답 ③

137

다음 심전도의 판독에 대한 설명으로 알맞은 것은?

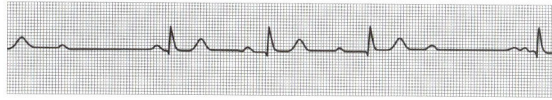

① PR 간격 > 0.20초인 경우 P파와 QRS파의 연관성이 있다.
② P의 간격, PR 간격은 일정하나 간혹 P파 뒤에 QRS파가 나오지 않는다.
③ PR 간격이 점차 길어지다가 P파 뒤에 QRS파가 한 번 나오지 않으며, 이후 P파 뒤에 QRS파가 나온다.
④ P와 QRS의 간격은 각각 일정하지만 서로의 연관성이 없다.

📝 출제 키워드   서맥성 부정맥

📂 기본서 다시보기   응급처치학개론 p.179

해설 ③ PR 간격이 점차 길어지다가 P파 뒤에 QRS파가 한 번 나오지 않으며 이후 다시 P파 뒤에 QRS파가 나오는 것으로 보아 2도 1형 방실차단임을 알 수 있다.

핵심 개념 리마인드 방실차단
(1) 1도 방실차단
  PR 간격 > 0.20초인 경우 P파와 QRS파의 연관성이 있음
(2) 2도 1형 방실차단
  PR 간격이 점차 길어지다가 P파 뒤에 QRS파가 한번 나오지 않으며, 이후 P파 뒤에 QRS파가 나온다.
(3) 2도 2형 방실차단
  P의 간격, PR 간격은 일정하나 간혹 P파 뒤에 QRS파가 나오지 않는다. P파 뒤에 QRS파가 여러 번 나오지 않을 수 있다.
(4) 3도 방실차단
  P와 QRS의 간격은 각각 일정하지만 서로의 연관성이 없다.

정답 ③

138

50대 남자가 식은땀과 가슴통증을 호소하며 응급실에 내원하였다. 환자의 혈압 80/50 mmHg, 맥박 35회/분, 산소포화도 92%로 측정되었을 때 다음 중 가장 먼저 시행할 처치는?

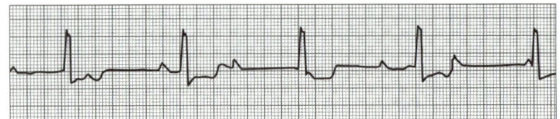

① 니트로글리세린 투여
② 아트로핀 투여
③ 아데노신 투여
④ 동시성 심장율동전환 시행

출제 키워드 서맥성 부정맥
기본서 다시보기 응급처치학개론 p.177

해설 ② 환자는 50회 미만의 혈역학적으로 불안정한 증상으로 보이는 서맥 환자이다. 혈역학적으로 불안정한 서맥 환자에게는 인공심박동조율이 필요하며 인공심박동조율을 준비하며 아트로핀을 투여할 수 있다.

핵심 개념 리마인드

정답 ②

139

20대 남자가 심계항진을 호소하며 혈압 120/80 mmHg, 맥박 160회/분으로 내원하였다. 심전도는 좁고 규칙적인 QRS를 보일 때 우선 실시할 처치로 알맞은 것은?

① 딜티아젬 투여
② 베라파밀 투여
③ 동시성 심장율동전환 시행
④ 발사바법 시행

출제 키워드 빈맥성 부정맥
기본서 다시보기 응급처치학개론 p.166~167

해설 ①, ② 미주신경 흥분수기, 아데노신 투여를 했으나 호전이 없다면 베라파밀, 딜티아젬을 투여할 수 있다.
③ 혈역학적으로 불안정한 빈맥 환자에게 시행한다.
④ 좁고 규칙적인 QRS를 가진 심실상성 빈맥으로 환자는 혈역학적으로 안정된 상태이다. 혈역학적으로 안정된 좁고 규칙적인 QRS를 보이는 빈맥 환자에서는 부교감신경의 긴장도를 증가시켜 방실결절의 전도를 지연시키는 미주신경 흥분수기를 적용할 수 있다.

핵심 개념 리마인드

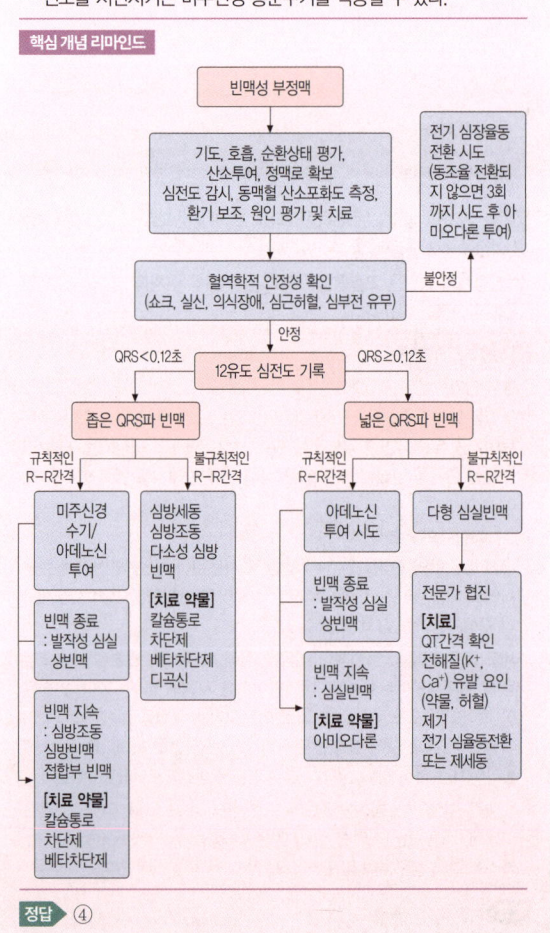

정답 ④

140

다음과 같은 심전도를 보이는 환자의 혈압이 80/50 mmHg로 확인되었고 환자는 가슴 통증을 호소하였다. 다음 중 알맞은 처치는?

① 비동시성 심장율동전환 200 J
② 비동시성 심장율동전환 100 J
③ 동시성 심장율동전환 200 J
④ 동시성 심장율동전환 100 J

📑 출제 키워드 　　　　　　　　　　　　　빈맥성 부정맥

📁 기본서 다시보기 　　　　　　　　응급처치학개론 p.166 [표60]

해설 ④ 환자는 혈역학적으로 불안정한 빈맥 환자로 동시성 심장율동 전환을 시행해야 한다. 심전도상 QRS파는 좁고 규칙적이므로 50～100 J로 심장율동전환을 시행한다.

핵심 개념 리마인드 　리듬별 최초 요구되는 에너지양

- QRS가 좁고 규칙적인 리듬 : 50～100 J
- QRS가 좁고 불규칙적인 리듬
  : 100～200 J (biphasic), 200 J (monophasic)
- QRS가 넓고 규칙적인 리듬 : 100 J
- QRS가 넓고 불규칙적인 리듬 : defibrillation

정답 ④

141

심실상성 빈맥을 보이는 환자에게 아데노신을 3회 투여하였으나 호전이 없었다. 환자의 혈압은 110/70 mmHg, 산소포화도는 97%이고, 환자는 가슴두근거림 외에 호소하는 증상이 없을 때 다음으로 할 수 있는 처치로 알맞은 것은?

① 동시성 심장율동전환 100 J 시행
② 아데노신 6 mg 투여
③ 베라파밀 10 mg 투여
④ 딜티아젬 0.25 mg/kg 투여

📑 출제 키워드 　　　　　　　　　　　　　빈맥성 부정맥

📁 기본서 다시보기 　　　　　　　　　응급처치학개론 p.168

해설 ① 혈역학적으로 불안정한 빈맥환자가 아니므로 동시성 심장율동전환은 시행하지 않는다.
② 아데노신의 최대 용량은 30 mg으로 이미 3회 투여하여 더 이상의 투여는 권장되지 않는다.
③ 아데노신 투여 후에도 빈맥이 소실되지 않을 시 베라파밀을 투여할 수 있다. 베라파밀을 투여할 때는 2.5～5 mg을 2분에 걸쳐 정맥주사한다.
④ 아데노신으로 조절되지 않는 심실상성 빈맥환자에게 딜티아젬 0.25 mg/kg을 2분에 걸쳐서 투여한다.

핵심 개념 리마인드 　발작성 심실상 빈맥 약물치료

순위	약물		투여량
1	아데노신		첫 용량: 6mg / 두 번째 용량: 12mg 최대 투여량 30mg까지 투여할 수 있음 금기증: 천식환자나 심박조율기를 갖고 있지 않으면서 2도 혹은 3도 차단이나 굴기능부전증후군
2	좌심실 박출률 ≥40%	베라파밀 (칼슘통로 차단제)	─ 첫 용량: 2.5–5mg(0.075–0.15 mg/kg), 2분간 투여 ─ 두 번째 용량: 5–10mg(0.15～0.30mg/kg), 첫 용량 후 30분 이내 ▶ 심방세동과 심방조동 환자에게 심실박동수를 조절하기 위하여 투여 저혈압 유발: Shock position+수액주입 → 저혈압이 지속된다면, 염화칼슘 0.5～1.0g을 투여 ▶ QRS파가 확장되어 있는 환자에게는 베라파밀 투여 금지 → 심각한 저혈압, 심실세동 유발
		딜티아젬	─ 첫 용량: 0.25mg/kg(15–20mg), 2분간 투여 ─ 두 번째 용량: 0.35mg/kg(20–25mg), 15분 정도 지난 후 재투여 가능 유지용량: 5–15mg/h
3	좌심실 박출률 < 40%	아미오다론	첫 용량: 300mg(1시간 동안 투여) 유지용량: 10–50mg/h(24시간 동안 투여)
		딜티아젬	첫 용량: 15–20mg(0.25mg/kg) 두 번째 용량: 20–25mg/kg(0.35mg/kg)
		디곡신	0.25–0.5 mg(24시간에 최대 1.5 mg 투여 가능) ▶ 심근 수축력이 증가하고 심박수가 감소, 만성적으로 심부전이 발생한 환자에게 투여 ▶ 부작용: 방실결절을 통과하지 않는 회귀성 빈맥에서 투여되면 오히려 심실성 부정맥을 유발

정답 ④

142

70세 여자 환자가 가슴 통증을 호소하여 촬영한 심전도이다. 판독으로 알맞은 것은?

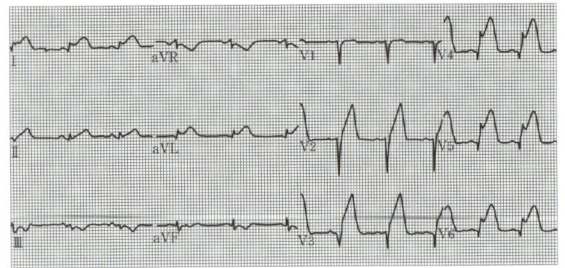

① 전벽 심근경색
② 하벽 심근경색
③ 전측벽 심근경색
④ 우심실 심근경색

출제 키워드: 심근경색
기본서 다시보기: 응급처치학개론 p.192

해설 ③ 리드 I, aVL, V2~V6에서 ST분절의 상승을 관찰할 수 있으므로 전측벽 심근경색임을 알 수 있다.

핵심 개념 리마인드 — 심근경색 발생 위치

I 가쪽(Lateral) 왼쪽 휘돌이동맥 (Left circumflex artery)	aVR 보통 무시됨 (Generally ignored) 왼쪽 관상동맥 (Left coronary artery)	V1 사막(Septal)* 왼앞내림 관상동맥 (Left anterior descending coronary artery)	V4 앞쪽(Anterior) 왼앞내림 관상동맥 (Left anterior descending coronary artery)
II 아래쪽(inferior) 오른쪽 관상동맥 (Right coronary artery)	aVL 가쪽(Lateral) 왼쪽 휘돌이동맥 (Left circumflex artery)	V2 사이막(Septal)* 왼앞내림 관상동맥 (Left anterior descending coronary artery)	V5 가쪽(Lateral) 왼쪽 휘돌이동맥 (Left circumflex artery)
III 아래쪽(inferior) 오른쪽 관상동맥 (Right coronary artery)	aVF 아래쪽(inferior) 오른쪽 관상동맥 (Right coronary artery)	V3 앞쪽(Anterior) 왼앞내림 관상동맥 (Left anterior descending coronary artery)	V6 가쪽(Lateral) 왼쪽 휘돌이동맥 (Left circumflex artery)

정답 ③

143

가슴 통증을 호소하는 환자에게 니트로글리세린을 투여하려고 한다. 다음 중 니트로글리세린을 투여해도 문제가 없는 상황은?

① 기존 혈압이 120/70 mmHg에서 1회 투여 후 재측정 혈압 100/60 mmHg
② 12시간 전 발기부전제 복용
③ 심장박동수 분당 150회
④ 우 심실경색

출제 키워드: 관상동맥증후군
기본서 다시보기: 응급처치학개론 p.197

해설 니트로글리세린은 혈관을 확장시키기에 급작스러운 혈압 저하가 나타날 수 있으므로 약물 투여 전, 후 혈압을 감시해야 한다. 니트로글리세린 투여 후 수축기 혈압이 기존보다 30 mmHg 이상 저하된다면 니트로글리세린 투여가 불가하다.

① 니트로글리세린 투여 후 혈압을 측정했을 때 수축기 혈압이 100 mmHg 이상으로 유지되면 니트로글리세린을 반복 투여할 수 있다.
② 최근 24시간 이내 발기부전제를 복용한 환자에게 니트로글리세린은 금기이다.
③ 분당 맥박수가 50회 미만, 100회 이상에서 니트로글리세린은 금기이다.
④ 우심실 경색에서 니트로글리세린은 금기이다.

핵심 개념 리마인드

- 수축기 혈압이 90mmHg 이하
- 평소보다 수축기 혈압이 30mmHg 이상 감소된 경우
- 분당 50회 미만의 서맥 환자
- 심부전이 없는 상태에서의 빈맥(>100회/분)
- 발기부전제를 복용한 경우: 최근 24시간 이내 비아그라, 레비트라, 48시간 이내 시알리스 복용한 경우
- 니트로글리세린 투여 후 수축기 혈압이 30mmHg 이상 감소한 경우 추가 투여 금지
- 니트로글리세린 과민반응이 있었던 환자
- 녹내장 환자, 두부외상이나 뇌출혈, 중증 빈혈 환자
- 우심실경색 의심 환자

정답 ①

144

심방세동 과거력이 있는 환자가 산책 중 발생한 오른팔 다리 위약감과 오른쪽 안면마비를 보였다. 혈압 110/80 mmHg, 맥박 80회/분, 호흡 12회/분, 산소포화도 97%이다. 환자에게 제공할 수 있는 처치로 가장 알맞은 것은?

① 이뇨제 투여
② 산소 투여
③ 항뇌전증 예방적 투여
④ 증상 발생 4.5시간 내에 혈전용해제 투여 가능한 병원 이송

출제 키워드 뇌졸중
기본서 다시보기 응급처치학개론 p.206

해설 오른쪽 안면마비와 오른쪽 팔다리의 위약감은 뇌졸중 의심 증상이다.
① 뇌압상승이 의심되는 환자에게는 고삼투액(만니톨)을 투여하거나 이뇨제, 고농도 식염수, 바르비투르산염을 투여한다. 환자는 뇌압상승 의심 증상은 없으므로 해당되지 않는다.
② 동맥혈 산소포화도가 94% 미만이거나 동맥혈 산소포화도를 알 수 없는 환자에게는 산소를 투여한다.
③ 뇌전증의 발생을 방지하기 위하여 모든 환자에게 예방적 목적으로 항뇌전증제를 투여하는 것은 권장되지 않는다.
④ 뇌경색의 임상 증상이 발생한 이후 4.5시간 이내에 정맥으로 혈전용해제를 투여하거나, 중뇌동맥에 발생한 뇌경색에서 임상 증상 발생 후 3~6시간 이내에 경색이 발생한 동맥 내로 혈전용해제를 투여하더라도 뇌경색에 의한 사망을 줄일 수 있다. 최근 뇌졸중 임상 증상 발생으로부터 6~24시간 사이의 환자에게 혈관 내 중재술을 통한 혈전제거술을 하면 신경학적 예후를 호전시킬 수 있다고 알려졌다.

핵심 개념 리마인드 뇌경색 환자의 혈전용해제(tPA) 투여 금기증

절대 금기증	▶ 뇌 전산화 단층촬영에서 뇌출혈이 의심되는 환자 ▶ 정상 뇌 전산화 단층촬영 소견이 관찰되지만, 지주막하 출혈이 의심되는 환자 ▶ 뇌 전산화 단층촬영상 뇌 반구의 1/3 이상을 차지하는 다엽성(multilobar) 뇌경색 ▶ 뇌출혈의 병력이 있는 경우 ▶ 조절되지 않는 고혈압(tPA를 투여하려 할 때의 수축기 혈압이 185 mmHg 이상이거나, 이완기 혈압이 110 mmHg 이상인 경우) ▶ 두개 내 종양, 동정맥기형, 동맥류가 있는 경우 ▶ 내부 출혈이 있는 경우, 골절 등의 외상이 있는 경우 ▶ 3개월 이내에 두개 내 또는 척추 수술을 받은 경우, 두부 외상이 있었던 경우, 뇌졸중이 있었던 경우 ▶ 출혈 경향이 있는 경우(항응고제 사용으로 INR>1.7인 경우, 48시간 이내에 헤파린 투여로 aPTT가 정상 이상으로 연장된 경우, 혈소판수가 10만 미만인 경우) ▶ 최근 7일 이내에 압박할 수 없는 부위의 동맥을 천자한 경우 ▶ 저혈당(<50mg)이 확인된 경우
상대 금기증	▶ 임상증상이 가볍거나 회복되는 뇌졸중 ▶ 14일 이내에 수술 또는 중증 외상이 있었던 경우 ▶ 최근 3주 이내에 소화기 또는 요로계 출혈이 있었던 경우 ▶ 최근 3개월 이내에 급성 심근경색이 있었던 경우 ▶ 전간 발작과 함께 발작 후 신경학적 장애가 있는 경우

정답 ④

145

심근경색으로 한차례 관상동맥중재술을 받은 과거력이 있는 환자에게 뇌경색이 발견되어 혈전용해제를 투여하여 치료하려고 한다. 혈압 200/100 mmHg, 맥박 90회/분일 때 투여할 수 있는 약물로 알맞은 것은?

① 바소프레신
② 디곡신
③ 아미오다론
④ 라베타롤

출제 키워드 뇌졸중
기본서 다시보기 응급처치학개론 p.206~207

해설 ①, ② 심근수축력 또는 혈압 조절용 약물이다.
③ 항부정맥제이다.
④ 뇌졸중 후 발생한 고혈압에 대해서 고혈압을 치료할 경우 오히려 뇌 관류압을 감소시켜 뇌의 손상을 유발할 수 있다. 그럼에도 불구하고 치료해야 하는 경우는 심근경색과 같은 다른 질환이 있거나 혈압이 지나치게 상승한 경우이다. 환자는 과거 심근경색의 병력이 있으므로 뇌졸중 후 고혈압에 대해서 혈압을 조절해 줄 필요가 있다. 또한 혈전용해제를 투여하는 경우에 고혈압이 있는 환자에게서는 뇌출혈의 가능성이 크므로 수축기 혈압 185 mmHg 이상이거나 이완기 혈압 110 mmHg 이상인 환자에게서는 혈전용해제를 투여할 수 없어 혈압 조절이 필요하다.

핵심 개념 리마인드 라베타롤

수축기 혈압이 185 mmHg 이상인 혈전용해제 투여 대상에게 혈압을 강하시킬 목적으로 사용
- 알파 교감신경 차단 효과에 의한 말초 저항력의 감소로 발생하며, 혈압이 강하하더라도 베타 교감신경 차단작용 때문에 빈맥이 발생하지 않음
- 심박출량의 감소 또한 현저하게 나타나지 않음
- 최초 20mg을 투여한 후 혈압을 측정하면서 10분 간격으로 20~80mg을 투여 가능
- 체위성 저혈압 발생

정답 ④

146

7세 환아가 어린이집에서 놀던 중 갑자기 쓰러진 뒤 심실세동의 심전도를 보인다. 첫 번째 제세동을 시행하였으나 자발순환이 회복되지 않았고 심실세동 리듬이 지속되었다. 다음 제세동을 시행할 때 적절한 제세동 에너지양은 얼마인가? (단, 환아의 몸무게는 20 Kg이다.)

① 40 J
② 80 J
③ 120 J
④ 200 J

출제 키워드 : 소아 심정지
기본서 다시보기 : 응급처치학개론 p.224

해설 1회의 제세동과 가슴 압박 후 리듬을 확인해 보았을 때 여전히 심실세동이므로 2차 제세동을 실시해야 한다. 소아에서는 차수별로 제세동 에너지가 달라지므로 1차 제세동 때에는 2 J/kg, 2차에는 4 J/kg로 시행한다.
② 20 kg의 소아에서 2차 제세동 에너지로는 80 J을 시행 한다.

정답 ②

147

5세 환아가 손끝과 얼굴에 청색증을 보이고 의식 수준이 저하된 채로 신고되었다. 양압환기에도 호전을 보이지 않고 심전도는 다음과 같을 때 적용할 처치로 알맞은 것은?

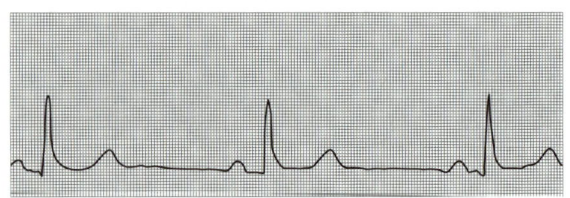

① 정맥로 확보
② 아트로핀 투여
③ 경피적 심장박동조율 시행
④ 심폐소생술 시행

출제 키워드 : 소아 심정지
기본서 다시보기 : 응급처치학개론 p.226 [그림143]

해설 ④ 해당 심전도는 약 50회로 서맥으로 판독된다. 호흡정지가 발생한 환아에게 즉각적으로 환기를 시켜주어야 한다. 환기 후에도 반응이 없으면 저산소증이 발생하며 맥박이 점차 느려져 서맥이 발생할 수 있다. 따라서 맥박이 분당 60회 미만이면서 청색증과 같은 저관류 증상이 나타나면 즉각적으로 심폐소생술을 실시한다.

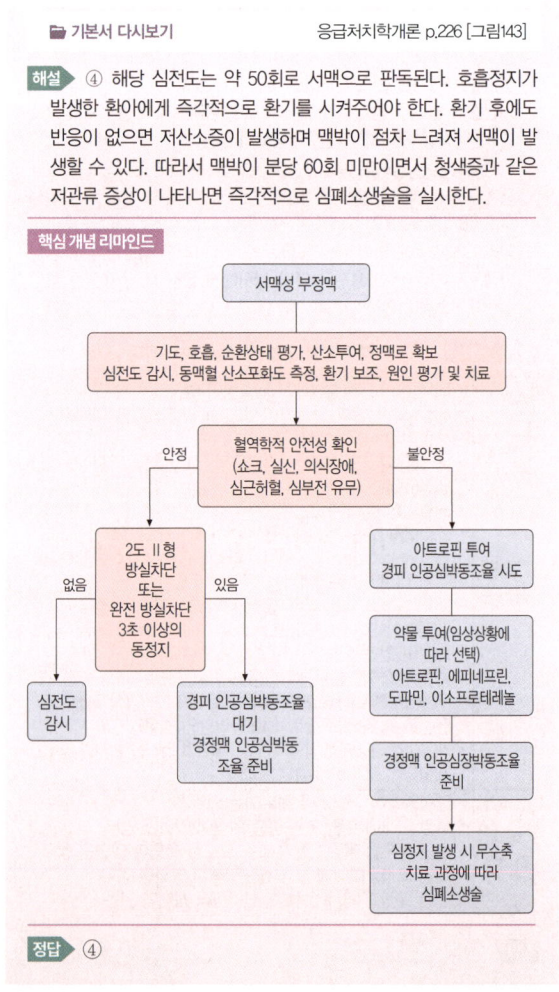

정답 ④

148

오랜 기간 부족한 식사를 하며 음주만 한 환자가 심정지 상태로 신고되었다. 다음과 같은 심정지를 보여 계속해서 제세동을 시행하였으나 자발순환이 회복되지 않았을 때 원인교정을 위해 할 수 있는 처치는?

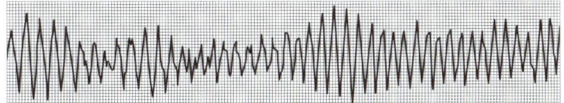

① 아미오다론 투여
② 마그네슘 투여
③ 동시성 심장율동전환 시행
④ 염화칼슘 투여

출제 키워드: 빈맥성부정맥 / 심정지

기본서 다시보기: 응급처치학개론 p.174

해설 ② 주어진 심전도는 다형 심실빈맥의 대표적인 리듬인 비틀림 심실빈맥(torsades de pointes)으로 약물중독이나 전해질 이상(저마그네슘혈증, 저칼륨혈증 등)으로 나타난다. 1~2 g의 마그네슘 투여를 고려해야 한다.

핵심 개념 리마인드 — 심장정지 환자에서 투여되는 약물

약제명	적응증	투여 용량
에피네프린	모든 심장정지	3~5분 간격으로 1mg
아미오다론	제세동에 반응하지 않는 심실세동 및 무맥성 심실빈맥	300mg (첫 용량) bolus 150mg (두 번째 용량) bolus
바소프레신	모든 심장정지 환자에서 첫 번째 또는 두 번째 에피네프린의 대체 약물로 사용	40IU bolus
리도카인	제세동에 반응하지 않는 심실세동 및 무맥성 심실빈맥	1~1.5mg/kg (첫 용량) 0.5~0.75mg/kg (두 번째 용량)
아트로핀	서맥	3~5분 간격으로 0.5~1.0mg
중탄산나트륨	대사성 산증에 의한 심장정지 고칼륨혈증	1mEq/kg
마그네슘	저마그네슘혈증을 동반한 심장정지	1~2g
염화칼슘	고칼륨혈증, 저칼슘혈증 및 칼슘 통로차단제 중독에 의한 심장 정지	8~16mg/kg

정답 ②

149

가슴 통증을 호소하다가 쓰러져 심정지 상태로 신고된 환자가 자발순환이 회복된 후 다음과 같은 심전도를 보였다. 구두지시에 반응하고 혈압과 맥박, 산소포화도 등은 정상일 때 옳은 처치는?

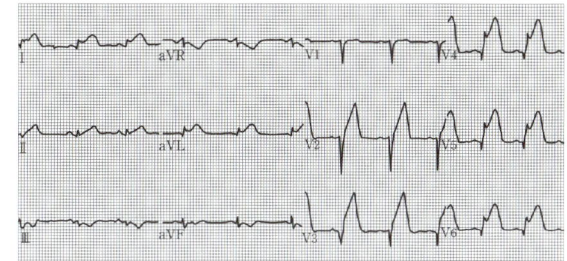

① 목표체온 유지치료
② 뇌혈관 조영술
③ 관상동맥중재술
④ 항경련 치료

출제 키워드: 소생 후 치료

기본서 다시보기: 응급처치학개론 p.213~214

해설 ③ 자발순환이 회복된 환자에 대해서 교정 가능한 유발 원인을 치료해 주어야 한다. 심전도상 lead I, aVL, V2~4에서 ST elevation 이 보이므로 환자는 급성 심근경색에 의한 심정지가 의심되며, 경피 관상동맥중재술을 해주어 유발 원인을 치료해 주어야 한다.

핵심 개념 리마인드

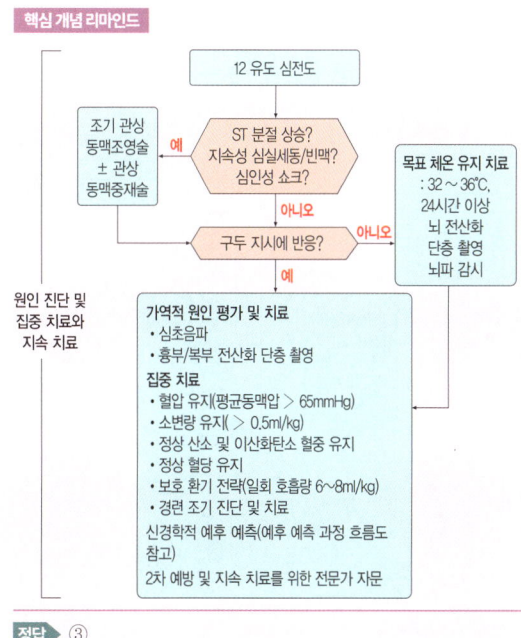

정답 ③

150

특이 과거력 없는 50대 남자 환자가 가슴 두근거림으로 신고하였다. 심전도는 다음과 같고 혈압 110/70 mmHg, 산소포화도 96%일 때 옳은 처치는?

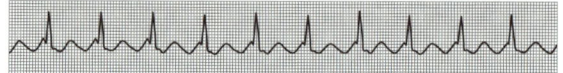

① 동시성 심장율동전환 ② 베라파밀 투여
③ 아트로핀 투여   ④ 아데노신 투여

출제 키워드	빈맥성 부정맥
기본서 다시보기	응급처치학개론 p.169~170

해설 ② 이 심전도는 심방조동 심전도이다.
심방세동이나 심방조동의 치료 목적은 부정맥을 완전히 없애고 정상동리듬으로 전환하는 것이 아니라 심실박동수를 조절하는 것이다. 환자가 혈역학적으로 불안정하지 않으면, 심장율동전환을 시도하지 않고 심실박동수를 조절하는 약물(칼슘 통로차단제, 베타 교감신경차단제, 디곡신)을 투여한다.
환자는 혈역학적으로 안정적인 상태이며, 베라파밀은 칼슘 통로차단제이므로 베라파밀을 투여한다.

핵심 개념 리마인드

(빈맥성 부정맥 알고리즘 도표)

정답 ②

151

익수사고 현장에서 구조한 환자가 의식, 호흡, 맥박이 없으며 체온이 27°C로 측정되었다. 심전도가 다음과 같을 때 가장 먼저 시행할 수 있는 처치는?

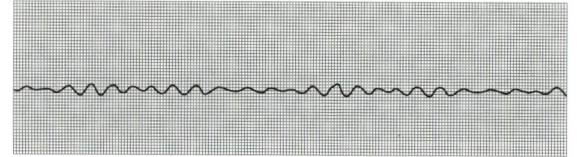

① 가온 처치
② 경피적 인공심박동조율
③ 제세동
④ 서맥치료

출제 키워드	저체온 심정지
기본서 다시보기	응급처치학개론 p.211, p.338

해설 ③ 환자는 저체온으로 심전도상 심실세동이 관찰되면 표준 심폐소생술에서와 같은 방법으로 2분간 심폐소생술 - 제세동 과정을 반복하는 것이 권장된다. 그러나 체온이 30°C 미만인 환자에서는 제세동에 성공하더라도 다시 심실세동이 발생할 가능성이 크므로 최초 3회의 제세동 시도가 성공적이지 않으면 30°C 이상으로 체온을 높이기 위한 치료를 한 후 제세동을 시도하도록 한다.

핵심 개념 리마인드

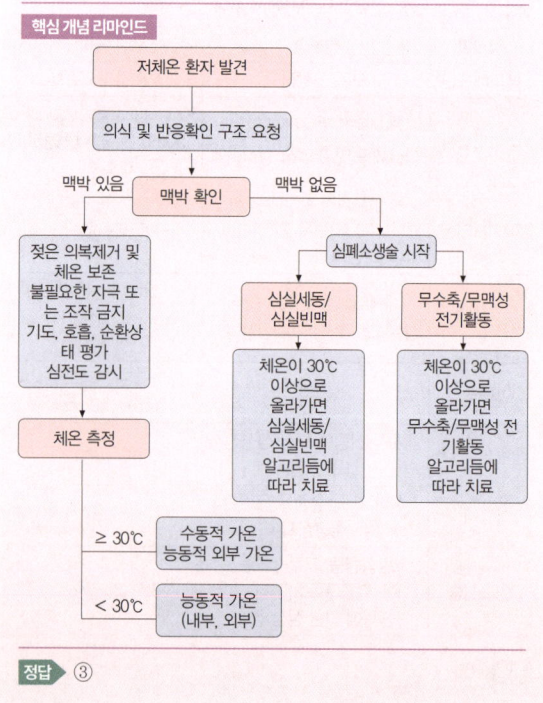

정답 ③

152

특이 과거력이 없는 환자가 가슴통증을 호소하였다. 30분간 휴식을 취했으나 통증이 지속되어 신고한 환자로 심전도는 다음과 같았다. 이와 같은 환자에게 다음으로 실시할 처치 및 검사는?

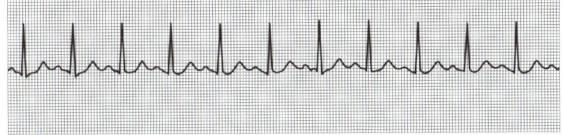

① 경동맥 마사지 시행
② 혈전용해제 투여
③ 12유도 심전도 측정
④ 관상동맥중재술 시행

출제 키워드 관상동맥 증후군
기본서 다시보기 응급처치학개론 p.182

해설 ③ 지문의 심전도는 하나의 유도에서만 본 심전도이기 때문에 주어진 심전도만으로 환자의 심전도를 판단할 수 없다.
해당 유도가 아닌 다른 유도에서 허혈성 변화를 보일 수 있기 때문에 12유도 심전도를 측정하여 전체 유도의 변화를 확인하고 그에 따른 처치를 적용한다.

정답 ③

153

뇌졸중 환자의 일반적 처치 내용 중 현장처치에 관한 설명 중 옳지 않은 것은?

① 환자가 호흡곤란을 호소하면 백-벨브 마스크 (BVM)로 고농도의 산소를 공급한다.
② 마비된 쪽을 밑으로 한 측와위 형태로 이송한다.
③ 기도유지, 호흡상태, 심박동수, 경련 발생 유무 등을 지속적으로 평가한다.
④ 혈당을 확인하여 필요시 혈당유지 처치를 시행한다.

출제 키워드 뇌졸중 환자의 일반적 처치
기본서 다시보기 응급처치학개론 p.206

해설 ④ 혈당 검사 및 저혈당 치료는 응급실 내 일반적 치료 내용이다. 혈당 범위는 140~180mg/dl를 유지 한다.

핵심 개념 리마인드

현장 처치	응급실내 일반적 치료
1. 산소포화도가 94% 미만이거나 산소포화도를 알 수 없을 경우 코삽입관을 이용하여 산소를 4~6L 공급 : 만약 환자가 호흡곤란을 호소하면 백-벨브 마스크(BVM)로 고농도의 산소를 공급하고 인공호흡을 준비 : 의식이 없거나 기도를 유지할 수 없는 의식저하 상태라면 기도를 유지하고 고농도산소를 공급 2. 마비된 쪽을 밑으로 한 측와위 형태로 이송 : 고정이 완료되면 기도유지, 호흡상태, 심박동수, 경련 발생 유무 등을 평가하며 신속하게 병원으로 이송 3. 이송 중 병원 도착 예정 시간과 증상이 나타난 시간 등의 정보 전달	1. 수액 투여(생리식염수 또는 링거액) → 저혈압이 있는 경우를 제외하고는 시간 당 75~100mL의 속도로 수액을 투여 2. 혈당검사 및 저혈당 치료 → 혈당 범위는 140~180mg/dl를 유지 3. Thiamine 투여 → 알코올 중독이 의심되는 경우 4. 산소 투여 → 산소포화도가 94% 미만인 경우 5. 체온 조절 → 38℃ 이상의 고열 발생 시 아세트아미노펜 투여 6. 금식 → 의식장애 또는 삼킴장애가 동반된 경우 7. 심전도 감시

정답 ④

154

구급대원이 심정지 환자가 있는 현장에 출동하였을 때 병원에 도착하기 전에 심폐소생술을 종료할 수 있는 상황으로 옳은 것은?

① 동공이 완전히 산동되어 소생의 가능성이 없다고 판단되는 경우
② 장시간 심폐소생술로 인하여 구급대원이 지친 경우
③ 15분간 심폐소생술로 구조자가 지친 경우
④ 환자의 체온이 35℃ 이하인 경우

| 출제 키워드 | 심폐소생술의 법적 측면 |
| 기본서 다시보기 | 응급처치학개론 p.217 |

해설 ② 구조자가 지치거나 위험에 빠진 경우 심폐소생술을 중단 할 수 있다.

핵심 개념 리마인드 심폐소생술과 관련된 중단 시기

① 병원 밖 심장정지 환자에 대한 심폐소생술을 유보하거나 중단하는 상황
㉮ 병원 밖 심장정지에서 심폐소생술 유보
일반적으로 심장정지 환자에게는 즉시 심폐소생술을 제공해야 하지만, 심폐소생술을 유보해야 하는 다음의 몇 가지 예외 사항이 있다.
㉠ 심폐소생술을 하는 구조자가 심각한 위해를 입을 위험에 처해 있는 상황
㉡ 사망의 확실한 임상적 징후(ex 사후 경직, 시반, 참수, 심각한 신체 절단, 부패)가 있는 경우
㉢ 심폐소생술을 원하지 않는다는 의학적 지시 또는 소생술 시도 금지(DNAR: Do Not Attempt Resuscitation) 표식이 있는 경우
㉯ 병원 밖 심장정지에서 심폐소생술 중단
기본소생술을 시작하는 구조자는 다음 중 한 가지의 상황에 해당할 때까지는 심폐소생술을 계속해야 한다.
㉠ 응급의료종사자에게 치료 인계
㉡ 자발순환회복
㉢ 구조자가 지치거나, 위험한 상황에 빠진 경우
㉣ 심폐소생술 시행 중에 심폐소생술 유보의 조건이 확인된 경우

정답 ②

155

뇌 손상을 줄이기 위한 치료에 대한 내용으로 옳지 않은 것은?

① 동맥혈 이산화탄소 분압을 35~45mmHg 유지한다.
② 평균동맥압＞65mmHg로 유지한다.
③ 48시간동안 목표체온유지치료를 한다.
④ 신경안정제, 근육이완제의 투여를 최소화한다.

| 출제 키워드 | 소생 후 치료 |
| 기본서 다시보기 | 응급처치학개론 p.214 |

해설 ③ 24시간 동안 32~36℃로 목표체온유지치료를 한다.

핵심 개념 리마인드 뇌 손상을 줄이기 위한 치료

▶ 평균 동맥압＞65mmHg로 유지한다.
▶ 동맥혈 이산화탄소 분압을 35~45mmHg로 유지한다.
▶ 동맥혈 산소포화도를 94~98%로 유지한다.
▶ 동맥혈 pH는 7.3~7.5로 유지한다.
▶ 혈당은 144~180mg/dl로 유지한다.
▶ 24시간 동안 목표체온유지치료를 한다.
▶ 발작이 발생하면 항경련제를 투여한다.
▶ 신경안정제, 근육이완제의 투여를 최소화 한다.
▶ 고열이 발생하면 즉시 해열제를 투여한다.

정답 ③

156

자발순환 회복 후 목표체온 유지치료를 받고 있는 환자에게 경련하는 모습이 관찰되었다. 환자의 활력징후는 안정적이었다. 환자에게 투여할 약물로 가장 알맞은 것은?

① 아데노신 ② 아미오다론
③ 디아제팜 ④ 만니톨

출제 키워드   소생 후 처치

기본서 다시보기   응급처치학개론 p.214 [그림134]

해설 자발순환 회복 후에는 5~20%에서 발작이 발생할 수 있다. 경련이 발생하면 즉시 항경련제를 투여한다. 하지만 발작을 예방하기 위해 항경련제를 투여하는 것은 권장되지 않는다.
① 아데노신: 빈맥에 주로 사용되는 약물이며, 안정된 좁은 QRS파 빈맥, 전기적 심장율동전환(cardioversion)을 준비하는 동안 불안정하고 좁은 QRS파 빈맥, 안정되고 규칙적인 단일형의 넓은 QRS파 빈맥의 치료나 진단적 목적으로 사용된다.
② 아미오다론: 항부정맥제로 CPR, 제세동, 혈압상승제에 반응이 없는 심실세동 혹은 무맥성 심실빈맥 또는 안정되고 좁은 QRS파 빈맥, 안정되고 넓은 QRS파 빈맥에 사용된다.
③ 소생 후 치료를 받는 환자에서 발작이 관찰되면 항경련제를 투여한다.
④ 만니톨: 뇌용량을 감소시키고 뇌관류압을 증가시킬 수 있는 유용한 고삼투액이다. 만니톨은 초기에 0.25~0.5 g/kg을 20분에 걸쳐 신속히 투여한 후 6시간 간격으로 반복 투여(일일 최대 2 g/kg) 한다.

핵심 개념 리마인드

[자발순환 회복 흐름도]

정답 ③

157

다음과 같은 심전도를 보이는 환자가 혈역학적으로 불안정하여 경피적 심장박동조율을 시행하려고 한다. 시행 중 전류 60 mA, 맥박수 70회/분에서 포획박동이 나타났으나 다시 사라지고 조율이 되지 않는다. 이와 같은 상황에서 해야 할 처치는?

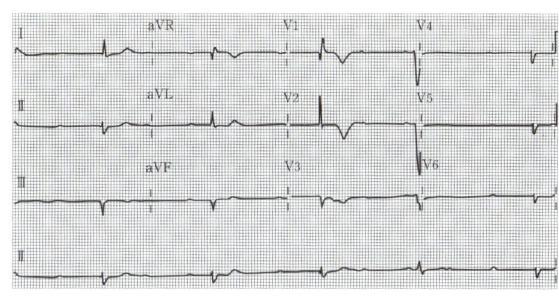

① 맥박수를 증가시키고 포획박동이 관찰되면 멈춘다.
② 전류량을 증가시키고 포획박동이 관찰되면 해당 전류량으로 고정한다.
③ 맥박수를 증가시키고 포획박동이 나타나면 10회/분을 더 증가시킨 채로 적용한다.
④ 전류량을 증가시키고 포획박동이 나타나면 10%를 더 증가시킨 채로 적용한다.

출제 키워드   서맥성 부정맥

기본서 다시보기   응급처치학개론 p.176~177

해설 최소출력에서부터 서서히 전류를 증가시키면서 포획파형이 발생하는지를 관찰하여 역치를 측정한다. 역치가 결정되면 역치보다 10% 정도 높은 출력으로 심장박동조율을 유지한다.
④ 60 mA에서 포획박동이 나타난 뒤 사라진 상태로, 이는 전류량을 더 높여 포획박동을 관찰하여야 한다.

핵심 개념 리마인드

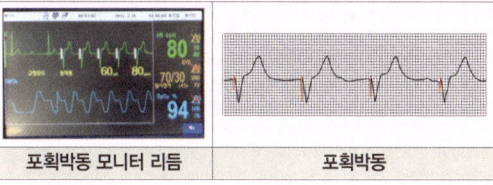

| 포획박동 모니터 리듬 | 포획박동 |

▶ 심방조율기에서 계획된 심박동수를 설정
 : Rate, 대략 분당 60~80회로 설정
 → 출력을 0으로 맞추고 심장의 포획박동이 관찰될 때까지 출력량을 서서히 증가
 → 스캔이 된 출력량보다 10% 정도 더 높은 출력량으로 고정

정답 ④

158
[2024년 소방공무원 경력경쟁 채용시험 14번]

60대 심정지 환자가 발생하여 구급대가 출동하였다. 의료지도하에 전문소생술 중 제세동 가능 리듬(shockable rhythm)이 확인되어 첫 제세동을 시행하였다. 이후 즉시 시행해야 할 처치로 옳은 것은? (「2020년 한국심폐소생술 가이드라인」 기준)

① 가슴압박 ② 혈압측정
③ 기도삽관 ④ 심전도리듬 확인

159
[2024년 소방공무원 경력경쟁 채용시험 15번]

20대 환자에게 심폐소생술을 하고 있다. 기관 내 튜브를 삽입한 후 환기 방법으로 옳은 것은? (「2020년 한국심폐소생술 가이드라인」 기준)

① 가슴압박 15회 후 2회 환기
② 가슴압박 30회 후 2회 환기
③ 가슴압박 중단 없이 분당 10회 환기
④ 가슴압박 중단 없이 분당 20회 환기

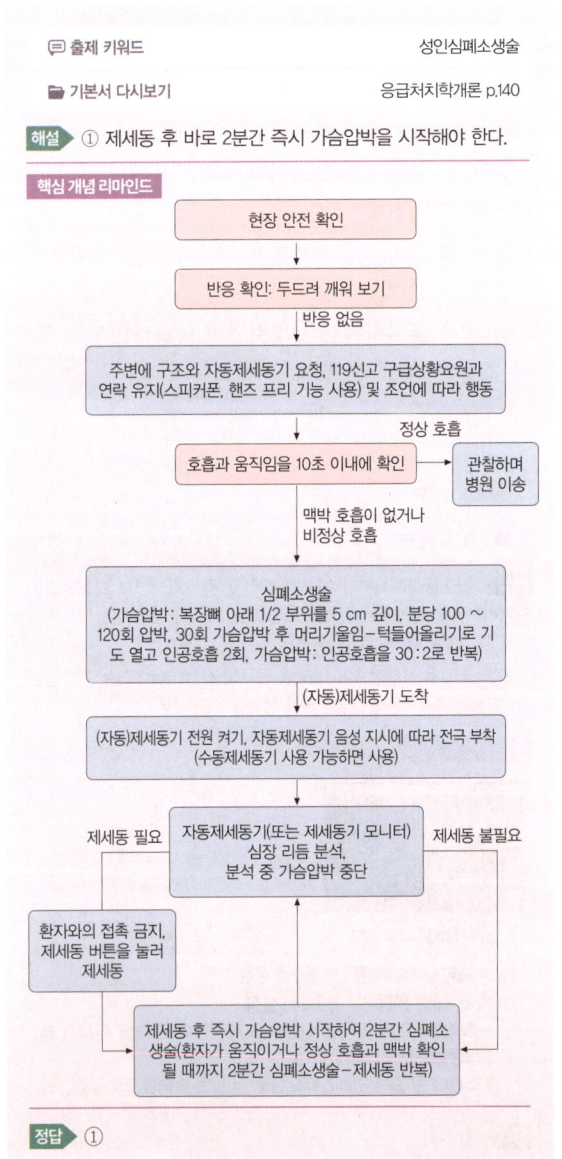

출제 키워드: 성인심폐소생술
기본서 다시보기: 응급처치학개론 p.140

해설 ① 제세동 후 바로 2분간 즉시 가슴압박을 시작해야 한다.

정답 ①

출제 키워드: 성인심폐소생술(전문기도기삽입)
기본서 다시보기: 응급처치학개론 p.147

해설 ③ 기관내 튜브를 삽입하는 경우 가슴압박 중단 없이 분당 10회 환기를 시행한다. (6초당 1회) 구조호흡의 경우 5~6초에 1번 분당 10~12회 시행한다.

핵심 개념 리마인드

심폐소생술 수기 \ 나이 구분	성인	소아	영아/신생아
기도 유지	머리기울임 - 턱들어올리기		
1회 인공호흡량	6~7 mL/kg		
의료종사자에 의한 인공호흡 (호흡만 보조하는 경우)	10~12회/분	12~20회/분	
의료종사자에 의한 인공호흡 (전문기도기가 삽관된 경우)	가슴 압박 중단 없이 10회/분		

정답 ③

160 [2023년 소방공무원 경력경쟁 채용시험 11번]

심정지 환자에게 전문심장소생술을 시행 중이다. 제세동을 3회 실시하였음에도 심실세동이 지속될 경우 기관내삽관 튜브로 투여할 수 있는 항부정맥제로 옳은 것은?

① 아데노신
② 리도카인
③ 베라파밀
④ 아미오다론

출제 키워드 : 기관내 투여 약물
기본서 다시보기 : 응급처치학개론 p.155

해설 ② 기관내 투여가능 약물: 에피네프린, 날록손, 아트로핀, 바소프레신, 리도카인

정답 ②

161 [2023년 소방공무원 경력경쟁 채용시험 14번]

심정지 환자가 발생하여 현장에서 환자를 처치하고 심전도를 확인하였다. 모든 심전도 확인 시 환자의 맥박이 촉지되지 않았을 때, 전기충격이 필요한 리듬으로 옳은 것은?

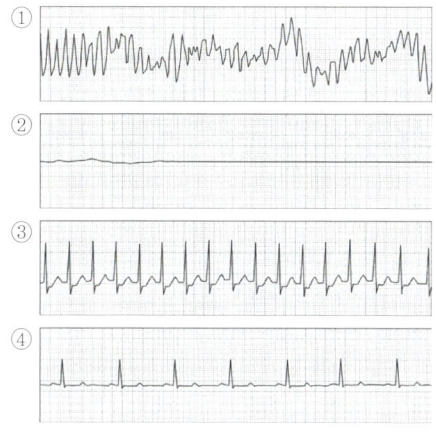

출제 키워드 : 제세동이 필요한 리듬
기본서 다시보기 : 응급처치학개론 p.161

해설 ② 무수축 : 가슴압박
③, ④ 무맥성 전기활동 : 가슴압박

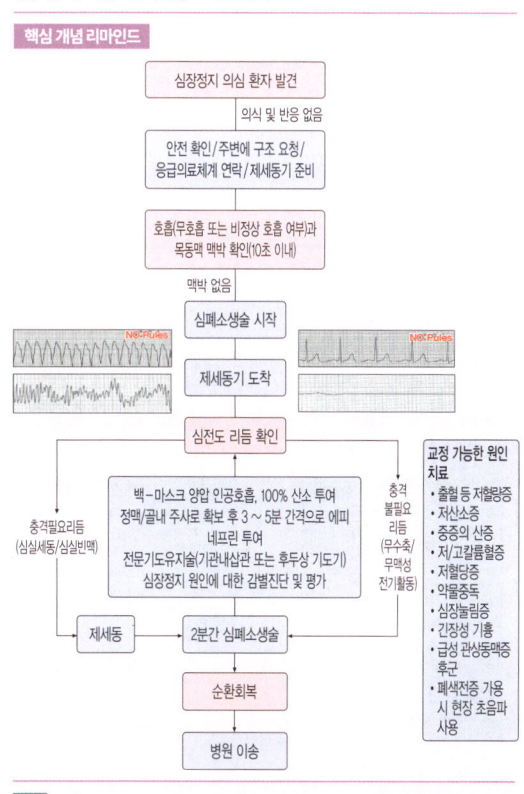

정답 ①

162

[2024년 소방공무원 경력경쟁 채용시험 19번]

다음 환자에게 가장 먼저 시행할 처치로 옳은 것은?

> 호흡곤란과 흉통을 호소하는 50대 여자 환자의 심전도이다. 환자가 의식은 저하되어 있으며 호흡 30회/분, 맥박 170회/분, 혈압 70/50mmHg, 발한 등의 증상을 보인다.

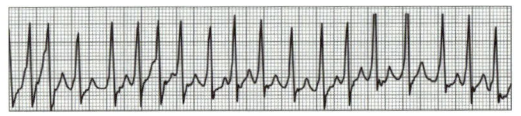

① 제세동 시행
② 디기탈리스(digitalis) 투여
③ 프로케이나마이드(procainamide) 투여
④ 동기(synchronized)심장율동전환 시행

출제 키워드 빈맥 치료
기본서 다시보기 응급처치학개론 p.164

해설 ④ 환자는 호흡곤란과 흉통을 주 호소로 불안정한 빈맥환자로 환자에게 가장 효과적인 치료는 동기(synchronized)심장율동전환이다.

핵심 개념 리마인드

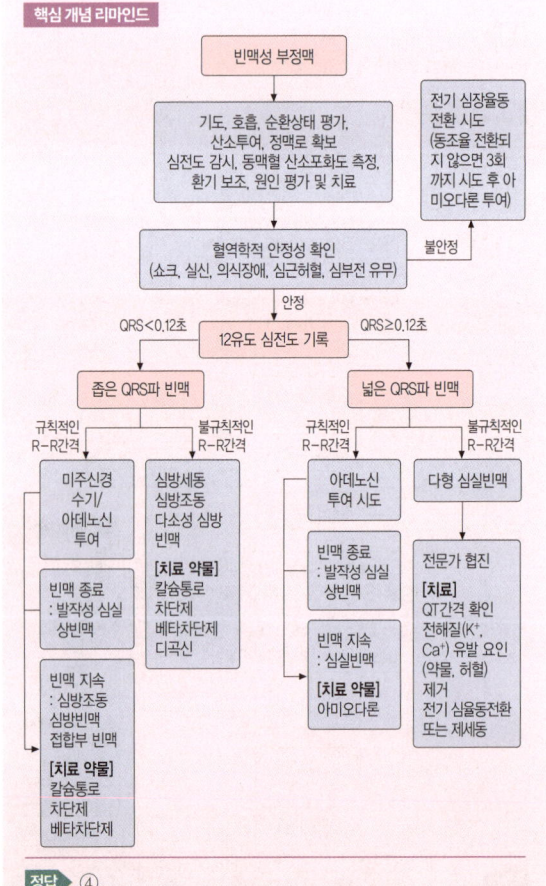

정답 ④

163

[2024년 소방공무원 경력경쟁 채용시험 18번]

다음 환자에게 이송 중 가장 먼저 시도할 수 있는 처치로 옳은 것은?

> 70대 남자가 새벽에 심장이 두근거린다며 119에 신고하여 출동하였다. 환자 이송에 긴 시간이 소요될 것으로 예상된다. 환자의 의식은 뚜렷하며 협조적이고 심전도는 다음과 같다.

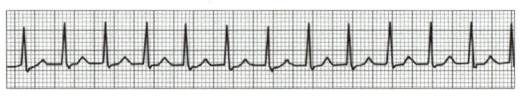

① 구역반사 유도
② 안구 압박
③ 목동맥팽대 마사지
④ 발살바 수기

출제 키워드 빈맥 치료
기본서 다시보기 응급처치학개론 p.167

해설 ④ 환자는 가슴 두근거림을 주 호소로 한 안정적인 빈맥 환자로 QRS가 0.12초 이내로 좁고 규칙적인 리듬(심실상빈맥)을 보이고 있으므로 발살바 수기를 시행하여 경과를 지켜 보아야 한다.

핵심 개념 리마인드

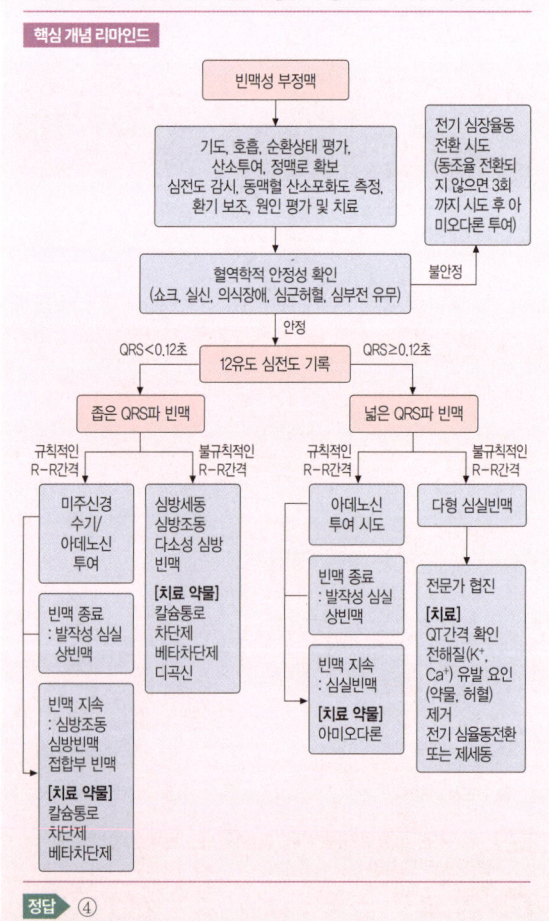

정답 ④

164 [2023년 소방공무원 경력경쟁 채용시험 13번]

50대 여자에게 보이는 심전도이다. 환자는 어지러움, 가슴통증, 호흡곤란을 호소하고 혈압은 70/40mmHg로 측정되었다. 이때 필요한 처치로 옳은 것은?

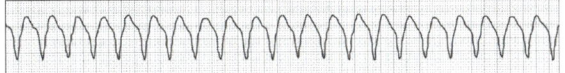

① 제세동을 시행한다.
② 가슴압박을 실시한다.
③ 에피네프린을 1mg 투여한다.
④ 동시성심율동전환을 100J로 시행한다.

출제 키워드: 빈맥 치료
기본서 다시보기: 응급처치학개론 p.172

해설
① 제세동을 시행한다. → 심정지 처치
② 가슴압박을 실시한다. → 심정지 처치
③ 에피네프린을 1mg 투여한다. → 심정지 처치
④ 환자는 불안정한 단형 심실빈맥 환자로 동시성 심율동전환 100J로 처치하여야 한다.

정답 ④

165 [2024년 소방공무원 경력경쟁 채용시험 17번]

50대 남자의 심전도이다. 환자가 의식이 없고 맥박은 있을 때 응급처치로 옳은 것은?

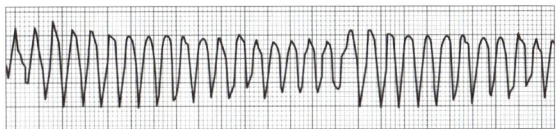

① 아트로핀 투여
② 에피네프린 투여
③ 동기(synchronized)심장율동전환 시행
④ 비동기(unsynchronized)심장율동전환 시행

출제 키워드: 빈맥 치료
기본서 다시보기: 응급처치학개론 p.173

해설
④ 환자는 의식은 없으나 맥박이 있는 불안정한 빈맥 환자이나 심전도상 QRS의 모양이 여러형태로 나타나는 다형심실빈맥으로 판단되어 비동기 심장율동전환(unsynchronized, 제세동)을 시행해야 한다.

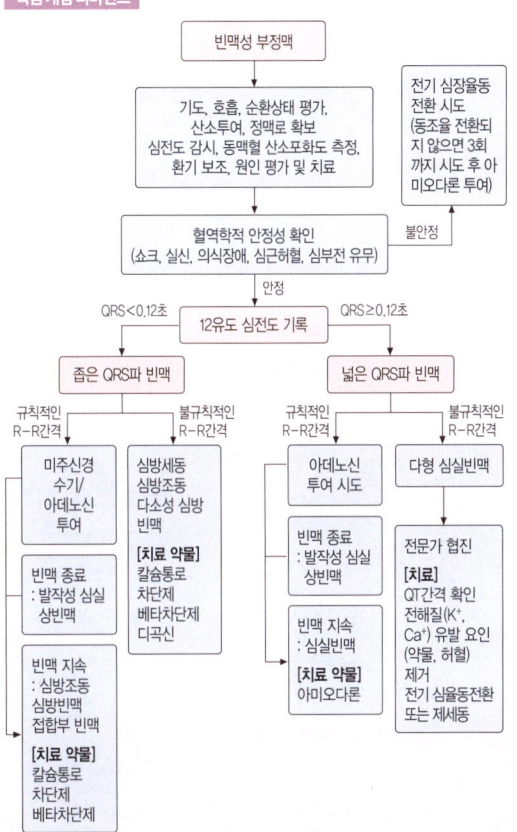

정답 ④

166 [2024년 소방공무원 경력경쟁 채용시험 21번]

50대 남자가 의식저하와 함께 호흡 12회/분, 맥박 45회/분, 혈압 80/40mmHg이고 심전도가 다음과 같을 때 필요한 처치로 옳은 것은?

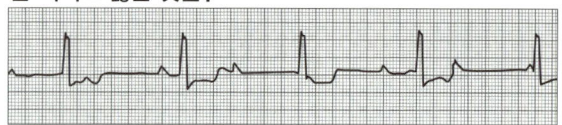

① 아트로핀 0.1mg 투여
② 경피 심장박동조율 시행
③ 아미오다론 300mg 투여
④ 이소프로테레놀 2~10g/분 투여

출제 키워드 서맥 치료
기본서 다시보기 응급처치학개론 p.177

해설 ② 환자는 약 42회 정도의 느린맥의 심전도를 보이며 의식저하가 함께 나타난 것으로 보아 환자에게 가장 효과적인 치료는 경피 인공심박동 조율을 시행하는 것이다.

핵심 개념 리마인드

서맥성 부정맥
↓
기도, 호흡, 순환상태 평가, 산소투여, 정맥로 확보
심전도 감시, 동맥혈 산소포화도 측정, 환기 보조, 원인 평가 및 치료
↓
혈역학적 안전성 확인
(쇼크, 실신, 의식장애, 심근허혈, 심부전 유무)

안정 / 불안정

[안정] 2도 II형 방실차단 또는 완전 방실차단 3초 이상의 동정지
- 없음 → 심전도 감시
- 있음 → 경피 인공심박동조율 대기 / 경정맥 인공심박동 조율 준비

[불안정] 아트로핀 투여 경피 인공심박동조율 시도
↓
약물 투여(임상상황에 따라 선택) 아트로핀, 에피네프린, 도파민, 이소프로테레놀
↓
경정맥 인공심장박동조율 준비
↓
심정지 발생 시 무수축 치료 과정에 따라 심폐소생술

정답 ②

167 [2023년 소방공무원 경력경쟁 채용시험 16번]

구급현장에서 급성 관상동맥증후군 환자에 대한 처치로 옳은 것은?

① 정맥로 확보는 중심정맥을 우선한다.
② 동맥혈 산소포화도가 94%이면 호흡곤란이 없더라도 산소를 투여한다.
③ 니트로글리세린은 혀 밑으로 투여하고, 투여 후에도 흉통이 없어지지 않으면 5분 간격으로 3회까지 반복 투여할 수 있다.
④ 평상시 수축기 혈압보다 30mmHg 이상 낮아진 환자라도 수축기 혈압이 90mmHg 이상이면 니트로글리세린을 투여한다.

출제 키워드 관상동맥증후군환자의 치료
기본서 다시보기 응급처치학개론 p.186

해설 ① 정맥로 확보는 중심정맥을 우선한다. → 말초정맥로 우선
② 동맥혈 산소포화도가 94%이면 호흡곤란이 없더라도 산소를 투여한다.
→ 94% 이상 유지되면 산소투여는 필요하지 않다.
④ 평상 시 수축기 혈압보다 30mmHg 이상 낮아진 환자라도 수축기 혈압이 90mmHg 이상이면 니트로글리세린을 투여한다.
→ 평상 시 수축기 혈압보다 30mmHg 이상 낮아진 환자라면 투여하지 않는다.

핵심 개념 리마인드

심근의 산소요구량을 경감시키기 위해서 환자가 신체적, 정서적으로 편안한 상태로 휴식을 취하도록 함

처치	• 심근으로 운반되는 산소량을 늘리기 위해 산소포화도가 낮은 경우 고농도 산소 제공 : 급성 심근경색환자 SPO₂ 94~96% 유지 • 이송을 지연시키지 않는 범위 내에서 정맥로 확보와 12유도 또는 3유도 ECG를 기록 → 현장에서 ST분절 변화를 확인할 수 있도록 심전도를 측정 → ST분절의 상승소견이 있다면 빠른 이송과 함께 이를 의료기관에 전달 → 과거병력, 호흡곤란, 가슴통증의 완화 여부 등도 함께 전달
치료	MONA 치료: 모르핀, 산소, 니트로글리세린, 아스피린 투여 - 모르핀: 투여 시 혈압을 감시하며 정맥으로 2~5mg을 1~5분에 걸쳐 투여: 5~15분 간격으로 반복 투여 가능 - 산소: SPO₂ 94% 미만의 저산소증이 있는 상황에서 사용 참고) 가이드라인 90% 이상 유지 - 니트로글리세린: 관상동맥을 확장시켜 곁순환(측면순환)을 통한 혈류를 증가 : 혀밑(설하)으로 알약 1개를 주고 3~5분마다 반복해서 최대 3알까지 투여 가능 - 아스피린: 표준 용량은 알약 한 개(162~325mg)를 경구 투여

정답 ③

168
[2024년 소방공무원 경력경쟁 채용시험 20번]

40대 남자가 흉통을 호소하고 있다. 환자의 12유도 및 우측 가슴유도(V4R) 심전도는 다음과 같다. 현재 환자의 혈압이 80/60mmHg로 측정되었다면 가장 먼저 시행할 처치로 옳은 것은?

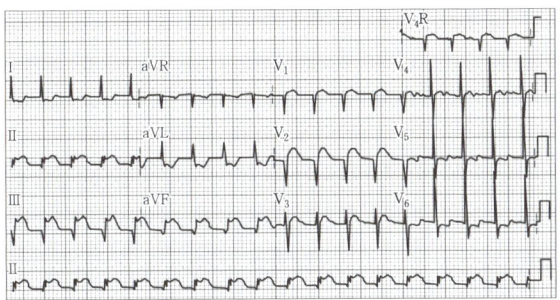

① 모르핀 정맥 투여
② 리도카인 정맥 투여
③ 생리식염수 정맥 투여
④ 니트로글리세린 혀 밑 투여

출제 키워드 — 관상동맥증후군환자의 치료
기본서 다시보기 — 응급처치학개론 p.189

해설 ③ 흉통을 호소하며 ST분절 상승을 나타내며 혈압이 낮은 환자로 수액을 투여하여 수축기 혈압을 올리는 치료를 시행해야 한다.

핵심 개념 리마인드

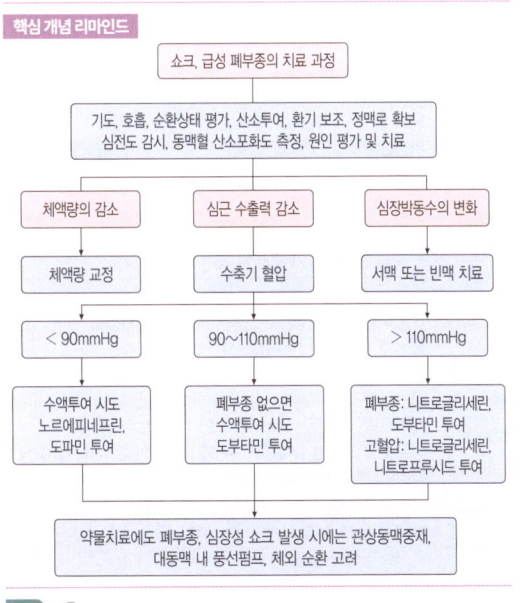

정답 ③

169
[2023년 소방공무원 경력경쟁 채용시험 15번]

사무실에서 근무하던 50대 남자가 갑자기 쓰러져 현장에서 시행한 심전도이다. 의심할 수 있는 소견으로 옳은 것은?

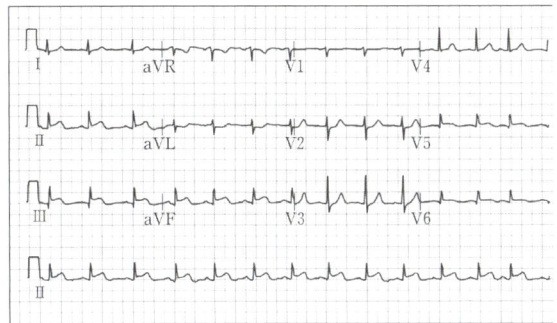

① 전벽심근경색(anterior MI)
② 측벽심근경색(lateral MI)
③ 사이벽심근경색(septal MI)
④ 아래벽심근경색(inferior MI)

출제 키워드 — 관상동맥증후군환자의 치료
기본서 다시보기 — 응급처치학개론 p.194

해설 ④ lead Ⅱ, Ⅲ, aVF에 ST분절 상승된 모습이 보이므로 아래벽 심근경색이라 할 수 있다.

핵심 개념 리마인드 심근경색 발생 위치

I 가쪽(Lateral) 왼쪽 휘돌이동맥 (Left circumflex artery)	aVR 보통 무시됨 (Generally ignored) 왼쪽 관상동맥 (Left coronary artery)	V₁ 사막(Septal)* 왼앞내림 관상동맥 (Left anterior descending coronary artery)	V₄ 앞쪽(Anterior) 왼앞내림 관상동맥 (Left anterior descending coronary artery)
II 아래쪽(inferior) 오른쪽 관상동맥 (Right coronary artery)	aVL 가쪽(Lateral) 왼쪽 휘돌이동맥 (Left circumflex artery)	V₂ 사이막(Septal)* 왼앞내림 관상동맥 (Left anterior descending coronary artery)	V₅ 가쪽(Lateral) 왼쪽 휘돌이동맥 (Left circumflex artery)
III 아래쪽(inferior) 오른쪽 관상동맥 (Right coronary artery)	aVF 아래쪽(inferior) 오른쪽 관상동맥 (Right coronary artery)	V₃ 앞쪽(Anterior) 왼앞내림 관상동맥 (Left anterior descending coronary artery)	V₆ 가쪽(Lateral) 왼쪽 휘돌이동맥 (Left circumflex artery)

정답 ④

170
[2024년 소방공무원 경력경쟁 채용시험 22번]

50대 남자가 심근경색 진단을 받고 치료 중이다. 혈역학적 감시 중에 수축기 혈압 85mmHg, 폐모세혈관 쐐기압 20mmHg, 심박출 계수 1.7L/min/m²이다. 이때 필요한 처치로 옳은 것은?

① 심장수축력 감소로 도파민을 투여한다.
② 폐부종을 의심하여 이뇨제를 투여한다.
③ 환자 상태가 정상이므로 경과를 관찰한다.
④ 순환량 부족을 교정해야 하므로 수액을 투여한다.

출제 키워드: 관상동맥증후군환자의 치료
기본서 다시보기: 응급처치학개론 p.196

해설 ① 환자는 심박출량 감소와 폐부종이 심각한 상태로 심장 수축력 향상을 위하여 도파민을 투여하는것이 가장 효과적인 치료이다.

핵심 개념 리마인드

심박출계수 (L/min/m²)		
I 폐부종 좌심실부종× 치료 필요×	II 경증좌심실 부전 → 박출량 소폭 저하 폐부종 발생 이뇨제 or 혈관확장제 투여	
2.2		
III 심박출량감소 폐부종 진행 수액투여(폐모세 혈관 쐐기압 상승 필요)	IV 심박출량감소 폐부종 심각 도파민, 도부타민 (수축력 향상 필요) 약물 반응× → 대동맥 풍선펌프등 적극적 치료 시행	
	18	모세혈관쐐기압 (mmHg)

Killip 분류	임상 양상	폐부종	제3심음	저혈압/쇼크
Class I	좌심실부전의 임상 소견 없음	없음	없음	없음
Class II	경증의 좌심실부전 및 폐부종	약간의 폐부종	있음	없음
Class III	중증의 좌심실부전 및 폐부종	중증도의 폐부종	있음	없음
Class IV	심장성 쇼크	심각한 폐부종	있음	있음

정답 ①

171
[2024년 소방공무원 경력경쟁 채용시험 24번]

급성관상동맥증후군 환자의 흉통을 줄이기 위해 니트로글리세린을 투여하려고 한다. 투여의 적응증에 해당하는 환자로 옳은 것은?

① 우심실 경색 환자
② 맥박 45회/분 환자
③ 수축기 혈압 100mmHg 환자
④ 6시간 전 발기부전치료제 복용 환자

출제 키워드: 관상동맥증후군환자의 치료
기본서 다시보기: 응급처치학개론 p.185

해설 ③ 수축기 혈압이 90mmHg 이상 환자에게 투여할 수 있다. 니트로글리세린의 혈관을 이완시키는 작용이 저혈압을 더욱 악화시킬 수 있다.

핵심 개념 리마인드

방법	3~5분 간격으로 3알까지 투여 가능
부작용	▶ 뇌의 혈관도 확장시키므로 심한 두통을 유발 ▶ 위장관에서의 민무늬근도 이완시킬 수 있어 저혈압을 유발
적응증	▶ 심부전이 발생한 경우 ▶ 고혈압이 있는 경우 ▶ 전벽 심근경색이 발생한 경우 ▶ 반복적으로 흉통이 발생할 때
금기증	▶ 수축기 혈압이 90mmHg 이하 ▶ 평소보다 수축기 혈압이 30mmHg 이상 감소된 경우 ▶ 분당 50회 미만의 서맥 환자 ▶ 심부전이 없는 상태에서의 빈맥(>100회/분) ▶ 발기부전제를 복용한 경우: 최근 24시간 이내 비아그라, 레비트라, 48시간 이내 시알리스 복용한 경우 ▶ 니트로글리세린 투여 후 수축기 혈압이 30mmHg 이상 감소한 경우 추가 투여 금지 ▶ 니트로글리세린 과민반응이 있었던 환자 ▶ 녹내장 환자, 두부외상이나 뇌출혈, 중증 빈혈 환자 ▶ 우심실경색 의심 환자

정답 ③

172
[2024년 소방공무원 경력경쟁 채용시험 23번]

심근경색 환자에서 관상동맥중재술의 적응증으로 옳지 않은 것은?

① 경증의 좌심실부전 및 폐부종이 있는 경우
② 급성심근경색으로 심장성 쇼크가 발생한 경우
③ 재관류 요법의 적응이 되지만 혈전용해제 투여 금기인 경우
④ 흉통 발생으로 12시간 이내에 내원한 ST분절 상승 급성심근경색인 경우

📋 출제 키워드 관상동맥증후군환자의 치료

📖 기본서 다시보기 응급처치학개론 p.200

해설 ① 경증의 좌심실부전 및 폐부종이 있는 경우는 Killip 분류상 Class II에 해당하므로 이는 관상동맥 중재술의 적응증으로 옳지 않다. Killip 분류상 관상동맥 중재술 적응증은 Class III ~ IV인 경우 해당한다.

핵심 개념 리마인드

심박출계수 (L/min/m²)		
Ⅰ 폐부종 좌심실부종× 치료 필요×	Ⅱ 경증좌심실부전 → 박출량 소폭 저하 폐부종 발생 이뇨제 or 혈관확장제 투여	
2.2		
Ⅲ 심박출량감소 폐부종 진행 수액투여(폐모세 혈관 쐐기압 상승 필요)	Ⅳ 심박출량감소 폐부종 심각 도파민, 도부타민 (수축력 향상 필요) 약물 반응× → 대동맥 풍선펌프등 적극적 치료 시행	
	18 모세혈관쐐기압 (mmHg)	

Killip 분류	임상 양상	폐부종	제3심음	저혈압/쇼크
Class I	좌심실부전의 임상 소견 없음	없음	없음	없음
Class II	경증의 좌심실부전 및 폐부종	약간의 폐부종	있음	없음
Class III	중증의 좌심실부전 및 폐부종	중증도의 폐부종	있음	없음
Class IV	심장성 쇼크	심각한 폐부종	있음	있음

정답 ①

173
[2023년 소방공무원 경력경쟁 채용시험 32번]

뇌경색 환자의 치료에 관한 설명으로 옳은 것은?

① 혈당이 40mg/dL인 경우 혈전용해제를 투여할 수 있다.
② 뇌출혈 병력이 있는 경우 절대 혈전용해제를 투여해서는 안 된다.
③ 혈전용해제 투여 후 24시간 이내에 헤파린을 투여하면 생존율을 높일 수 있다.
④ 임상증상이 발현된 후 6시간 이후에 혈전용해제를 투여하면 뇌경색 사망률을 감소시킬 수 있다.

📋 출제 키워드 뇌경색환자의 치료

📖 기본서 다시보기 응급처치학개론 p.207

해설 ① 혈당이 40mg/dL인 경우 혈전용해제를 투여할 수 있다.
→ 50mg/dL 이하는 혈전용해제 투여 금지
③ 혈전용해제 투여 후 24시간 이내에 헤파린을 투여하면 생존율을 높일 수 있다.
→ 24시간 동안 항응고제 또는 항혈소판제 투여 금지
④ 임상증상이 발현된 후 6시간 이후에 혈전용해제를 투여하면 뇌경색 사망률을 감소시킬 수 있다.

핵심 개념 리마인드 뇌경색 환자의 혈전용해제(tPA) 투여 금기증

절대 금기증	▸ 뇌 전산화 단층촬영에서 뇌출혈이 의심되는 환자 ▸ 정상 뇌 전산화 단층촬영 소견이 관찰되지만, 지주막하 출혈이 의심되는 환자 ▸ 뇌 전산화 단층촬영 상 뇌 반구의 1/3 이상을 차지하는 다엽성(multilobar) 뇌경색 ▸ 뇌출혈의 병력이 있는 경우 ▸ 조절되지 않는 고혈압(tPA를 투여하려 할 때의 수축기 혈압이 185mmHg 이상이거나, 이완기 혈압이 110mmHg 이상인 경우) ▸ 두개 내 종양, 동정맥기형, 동맥류가 있는 경우 ▸ 부 출혈이 있는 경우, 골절 등의 외상이 있는 경우 ▸ 3개월 이내에 두개 내 또는 척추 수술을 받은 경우, 두부 외상이 있었던 경우, 뇌졸중이 있었던 경우 ▸ 출혈 경향이 있는 경우(항응고제 사용으로 INR>1.7인 경우, 48시간 이내에 헤파린 투여로 aPTT가 정상 이상으로 연장된 경우, 혈소판수가 10만 미만인 경우) ▸ 최근 7일 이내에 압박할 수 없는 부위의 동맥을 천자한 경우 ▸ 저혈당(<50mg/dL)이 확인된 경우
상대 금기증	▸ 임상증상이 가볍거나 회복되는 뇌졸중 ▸ 14일 이내에 수술 또는 중증 외상이 있었던 경우 ▸ 최근 3주 이내에 소화기 또는 요로계 출혈이 있었던 경우 ▸ 최근 3개월 이내에 급성 심근경색이 있었던 경우 ▸ 전간 발작과 함께 발작 후 신경학적 장애가 있는 경우

정답 ②

174 [2023년 소방공무원 경력경쟁 채용시험 18번]

'2020년 한국심폐소생술 가이드라인'에 근거하여 임신부가 심정지인 경우 심폐소생술 시 고려해야 할 사항으로 옳은 것은?

① 응급분만을 고려할 수 있는 임신기간은 최소 24주이다.
② 기관내삽관 튜브는 통상보다 내경이 0.5~1.0mm 정도 작은 기관 튜브를 선택한다.
③ 구급대원 중 1명은 환자의 자궁이동술기를 적용하여 우측으로 밀어서 상대정맥의 압박을 최소화한다.
④ 임신기간이 길수록 태아와 자궁에 의하여 횡격막이 상승하므로 가슴압박의 위치는 가슴뼈 하부 1/2을 선택한다.

출제 키워드: 소생 후 치료
기본서 다시보기: 응급처치학개론 p.210

해설
① 응급분만을 고려할 수 있는 임신기간은 최소 24주이다. → 20주
③ 구급대원 중 1명은 환자의 자궁이동술기를 적용하여 우측으로 밀어서 상대정맥의 압박을 최소화한다. → 좌측
④ 임신기간이 길수록 태아와 자궁에 의하여 횡격막이 상승하므로 가슴압박의 위치는 가슴뼈 하부 1/2을 선택한다. → 가슴뼈 중앙

핵심 개념 리마인드

임산부 심정지	• 자궁이동술기: 자궁을 왼쪽으로 밀어 이동 • 20주 이상 혹은 배꼽 상부에서 자궁이 만져진다면 초기 4분 동안 심폐소생술 시행 → 미소생 시 5분 이내에 제왕절개 시행 권고 • 가슴압박 위치: 가슴뼈 중앙(임신기간이 길수록 태아와 자궁에 의해 횡격막 상승) • 필요 시 제세동기 사용 • 기관 부종: 0.5~1.0mm 정도 작은 기관 튜브를 선택

정답 ②

175 [2023년 소방공무원 경력경쟁 채용시험 17번]

낙뢰에 의한 심정지 환자에게 가장 먼저 시행해야 할 처치로 옳은 것은?

① 화상부위를 처치한다.
② 정맥로를 즉시 확보한다.
③ 다량의 수액을 투여한다.
④ 인공호흡을 포함한 심폐소생술을 시행한다.

출제 키워드: 소생 후 치료
기본서 다시보기: 응급처치학개론 p.212

해설 ④ 낙뢰로 인한 심정지 환자는 심정지 처치가 가장 중요하다.

핵심 개념 리마인드

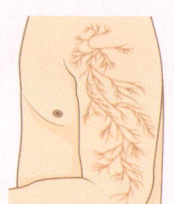

	• 자발순환이 회복된 이후에도 흉부근육연축과 호흡중추가 억제된 상태에서 호흡정지는 지속될 수 있음 • 낙뢰로 다수의 환자가 발생한 경우는 호흡 이상 또는 심정지 환자를 가장 먼저 치료 • 필요 시 제세동, 수액치료 시행 → 조직 손상 및 괴사로 인한 저혈량 쇼크와 지속적인 체액의 손실 유발	
	손상의 유형	**진단 방법 및 응급치료**
전기충격과 낙뢰	심장정지 (심실세동, 무수축)	심폐소생술, 제세동, 에피네프린, 아미오다론 또는 리도카인
	연조직 부종에 의한 기도폐쇄	기관내삽관 또는 기관절개술
	마이오글로빈뇨	중탄산나트륨 투여(동맥혈 pH > 7.45 유지), 만니톨 투여
	추락에 의한 손상	경추 고정, 골절이 의심되는 부위의 방사선 촬영
	심근 손상	심전도 기록, 심근표지자 측정
	혈관 손상	모세혈관 재충만(refill) 시간 측정, 맥박 확인

정답 ④

176
[2024년 소방공무원 경력경쟁 채용시험 16번]

심정지 환자의 소생 후 뇌 손상을 줄이기 위한 치료로 옳은 것은? (「2020년 한국심폐소생술 가이드라인」기준)

① 동맥혈 pH 7.0 이하로 유지한다.
② 평균 동맥압 60mmHg 이하로 유지한다.
③ 동맥혈 이산화탄소분압 35~45mmHg로 유지한다.
④ 신경안정제와 근육이완제를 최대 용량으로 투여한다.

출제 키워드: 소생 후 치료
기본서 다시보기: 응급처치학개론 p.215

해설 ① 동맥혈 pH 7.3~7.5 로 유지한다.
② 평균 동맥압 65mmHg 이상으로 유지한다.
④ 신경안정제와 근육이완제의 투여를 최소화 한다.

핵심 개념 리마인드

자발순환 회복

- 초기 안정화
  - 기도 확보
    - 기관 삽관(구두 지시에 무반응, 기도 유지/산소화/환기 유지가 필요한 경우)
  - 호흡 유지
    - 기계 환기(산소화 혹은 환기 유지가 필요한 경우)
    - 산소화 유지: 산소포화도 94~98%
    - 환기 유지: 동맥혈 이산화탄소압 35~45 mmHg
  - 순환 유지
    - 정맥로 확보 후 수액 및 약물(혈관수축제/승압제) 투여
    - 혈역학 유지: 수축기혈압 > 100 mmHg
- 교정 가능한 원인 치료
  - 저혈량혈증
  - 저산소증
  - 산증
  - 저/고칼륨혈증
  - 저체온
  - 폐색전증
  - 심근경색
  - 긴장성 기흉
  - 심장눌림증
  - 약물중독

12 유도 심전도
→ ST 분절 상승? 지속성 심실세동/빈맥? 심인성 쇼크?
→ 조기 관상동맥조영술 ± 관상동맥중재술

구두 지시에 반응? 아니오 → 목표 체온 유지 치료: 32~36℃, 24시간 이상, 뇌 전산화 단층 촬영 뇌파 감시

원인 진단 및 집중 치료와 지속 치료
- 가역적 원인 평가 및 치료
  - 심초음파
  - 흉부/복부 전산화 단층 촬영
- 집중 치료
  - 혈압 유지(평균동맥압 > 65 mmHg)
  - 소변량 유지(> 0.5 ml/kg)
  - 정상 산소 및 이산화탄소 혈증 유지
  - 정상 혈당 유지
  - 보호 환기 전략(일회 호흡량 6~8 ml/kg)
  - 경련 조기 진단 및 치료
  - 신경학적 예후 예측(예후 예측 과정 흐름도 참고)
  - 2차 예방 및 지속 치료를 위한 전문가 자문

정답 ③

177
[2023년 소방공무원 경력경쟁 채용시험 20번]

소아와 영아의 심폐소생술에 관한 설명으로 옳은 것은?

① 영아의 가슴압박과 인공호흡 비율을 3 : 1로 한다.
② 영아와 소아의 가슴압박 위치는 동일하게 적용한다.
③ 소아의 가슴압박 속도는 140회/분 이상으로 유지한다.
④ 영아의 가슴압박 깊이는 가슴 앞뒤 두께의 1/3 정도이다.

출제 키워드: 영아/소아 심폐소생술
기본서 다시보기: 응급처치학개론 p.223

해설 ② 소아와 영아는 연령에 따라 가슴우리의 크기가 다르기 때문에 가슴압박 두께는 가슴앞뒤 두께의 1/3 정도이다.

핵심 개념 리마인드

가슴압박	▶ 영아 구조자가 1인: 두 손가락 가슴압박법 ▶ 영아 구조자가 2인 이상: 두 손 감싼 두 엄지 가슴압박법 ▶ 소아에 대하여 한 손 또는 두 손 손뒤꿈치 가슴압박법 ▶ 압박 위치 　- 영아: 젖꼭지 연결선 바로 아래의 흉골 　- 소아: 흉골 아래쪽 1/2 　- 신생아: 흉골하부 1/3 　- 임산부: 가슴뼈 중앙 ▶ 압박 깊이: 가슴 전후 두께의 최소 1/3 이상 압박 　(영아: 4cm, 소아: 4~5cm) ▶ 압박 속도: 분당 100~120회
가슴압박과 인공호흡 비율	▶ 구조자가 1인인 경우 – 가슴압박: 인공호흡 = 30 : 2 ▶ 구조자가 2인 이상인 경우 – 가슴압박: 인공호흡 = 15 : 2 ▶ 신생아: 90회 압박 30회 환기(3:1) ▶ 심인성 심정지의 경우 15 : 2(2인 구조시)
제세동	▶ 최초 2 J/kg, 두 번째 4 J/kg, 이후 4 J/kg 이상 성인 최대 용량 이하 ▶ 제세동 후 즉시 가슴압박을 다시 시작

정답 ②

178
[2023년 소방공무원 경력경쟁 채용시험 19번]

소아 심정지 환자에게 제세동을 2회 시행하였으나 심실세동이라면, 다음 제세동 에너지의 권장량[J/kg]은?

① 1
② 2
③ 3
④ 4

출제 키워드: 영아/소아 심폐소생술
기본서 다시보기: 응급처치학개론 p.225

해설 ④ 소아 심정지 환자에게 초기 제세동 에너지 용량은 2J/kg, 이후 두 번째부터는 용량을 증가하여 4g/kg로 시행한다. 단, 성인 최대 용량을 넘지 않아야 한다.

핵심 개념 리마인드

가슴압박		• 영아 구조자가 1인: 두 손가락 가슴압박법 • 영아 구조자가 2인 이상: 두 손 감싼 두 엄지 가슴압박법 • 소아에 대하여 한 손 또는 두 손 손뒤꿈치 가슴압박법
	압박 위치	─ 영아: 젖꼭지 연결선 바로 아래의 흉골 ─ 소아: 흉골 아래쪽 1/2 ─ 신생아: 흉골하부 1/3 ─ 임산부: 가슴뼈 중앙
		• 압박 깊이: 가슴 전후 두께의 최소 1/3 이상 압박 　(영아: 4cm, 소아: 4~5cm) • 압박 속도: 분당 100~120회
가슴압박과 인공호흡 비율		• 구조자가 1인인 경우 – 가슴압박: 인공호흡 = 30 : 2 • 구조자가 2인 이상인 경우 – 가슴압박: 인공호흡 = 15 : 2 • 신생아: 90회 압박 30회 환기(3:1) • 심인성 심정지의 경우 15 : 2(2인 구조시)
제세동		• 최초 2 J/kg, 두 번째 4 J/kg, 이후 4 J/kg 이상 성인 최대 용량 이하 • 제세동 후 즉시 가슴압박을 다시 시작

정답 ④

179
[2024년 소방공무원 경력경쟁 채용시험 27번]

체중 20kg인 7세 소아의 심폐소생술에 관한 내용으로 옳은 것은? (「2020년 한국심폐소생술 가이드라인」 기준)

① 가슴압박 속도는 분당 60~80회이다.
② 심실세동 시 첫 제세동 에너지는 40J이다.
③ 가슴의 앞뒤 두께의 1/5 깊이로 가슴압박을 시행한다.
④ 1인 소생술에서 가슴압박과 인공호흡의 비는 15:2이다.

출제 키워드: 영아/소아 심폐소생술
기본서 다시보기: 응급처치학개론 p.225

해설 ① 가슴압박 속도는 분당 60~80회이다. → 100~120회
③ 가슴의 앞뒤 두께의 1/5 깊이로 가슴압박을 시행한다. → 1/3 깊이
④ 1인 소생술에서 가슴압박과 인공호흡의 비는 15:20이다. → 30:2

핵심 개념 리마인드

가슴압박		• 영아 구조자가 1인: 두 손가락 가슴압박법 • 영아 구조자가 2인 이상: 두 손 감싼 두 엄지 가슴압박법 • 소아에 대하여 한 손 또는 두 손 손뒤꿈치 가슴압박법
	압박 위치	─ 영아: 젖꼭지 연결선 바로 아래의 흉골 ─ 소아: 흉골 아래쪽 1/2 ─ 신생아: 흉골하부 1/3 ─ 임산부: 가슴뼈 중앙
		• 압박 깊이: 가슴 전후 두께의 최소 1/3 이상 압박 　(영아: 4cm, 소아: 4~5cm) • 압박 속도: 분당 100~120회
가슴압박과 인공호흡 비율		• 구조자가 1인인 경우 – 가슴압박: 인공호흡 = 30 : 2 • 구조자가 2인 이상인 경우 – 가슴압박: 인공호흡 = 15 : 2 • 신생아: 90회 압박 30회 환기(3:1) • 심인성 심정지의 경우 15 : 2(2인 구조시)
제세동		• 최초 2 J/kg, 두 번째 4 J/kg, 이후 4 J/kg 이상 성인 최대 용량 이하 • 제세동 후 즉시 가슴압박을 다시 시작

정답 ②

180 [2024년 소방공무원 경력경쟁 채용시험 26번]

의식이 있는 생후 10개월 영아가 이물로 인한 기도폐쇄가 의심되는 상황일 때 응급처치로 옳은 것은? (「2020년 한국심폐소생술 가이드라인」 기준)

① 가슴압박 5회 실시
② 복부압박 5회 실시
③ 등두드리기 5회 후 가슴밀어내기 5회 실시
④ 등두드리기 5회 후 복부밀어내기 5회 실시

출제 키워드 · 소생 후 치료

기본서 다시보기 · 응급처치학개론 p.229

해설 ③ 12개월 미만의 영아의 경우 등두드리기와 가슴밀어내기를 시행해야 한다.

핵심 개념 리마인드

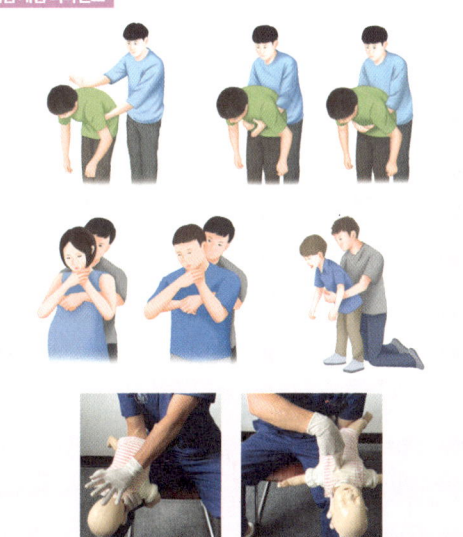

정답 ③

CHAPTER 2 전문외상처치술

001

지하상가 화재현장에서 건축물이 붕괴되며 우측 팔 전체와 오른쪽 볼에 약 1% 화상이 발생한 현장에 출동하였다. 구급대원이 현장에서 환자의 상태를 확인하니 팔은 피부색 전반적으로 붉고 수포가 관찰되며, 얼굴은 발적과 함께 욱신거리는 통증이 느껴지는 정도로 확인되었다. 이 환자의 중증도 분류로 옳은 것은?

① 중증
② 경증, 중등도
③ 중등도
④ 경증, 중증

📄 출제 키워드   화상

📖 기본서 다시보기   응급처치학개론 p.323

해설 ① 얼굴의 화상은 화상의 정도와는 상관없이 중증의 화상으로 판단하며, 더 높은 화상의 단계로 중증도를 분류한다.

핵심 개념 리마인드

성인

중증도 분류	화상 깊이 및 화상 범위
중증	• 흡인화상이나 골절을 동반한 화상 • 손, 발, 회음부, 얼굴화상 • 체표면적 10% 이상의 3도 화상인 모든 환자 • 체표면적 25% 이상의 2도 화상인 10세 이상 50세 이하의 환자 • 체표면적 20% 이상의 2도 화상인 10세 미만 50세 이후의 환자 • 영아, 노인, 기왕력이 있는 화상환자 • 원통형 화상, 전기화상
중등도	• 체표면적 2% 이상, 10% 미만의 3도 화상인 모든 화상 • 체표면적 15% 이상, 25% 미만의 2도 화상인 10세 이상 50세 이하의 환자 • 체표면적 10% 이상, 20% 미만의 2도 화상인 10세 미만 50세 이후의 환자
경증	• 체표면적 2% 미만의 3도 화상인 모든 환자 • 체표면적 15% 미만의 2도 화상인 10세 이상 50세 이하의 환자 • 체표면적 10% 미만의 2도 화상인 10세 미만 50세 이후의 환자
현장지침 중증화상기준	• 체표면적 5% 이상의 3도 화상 / 체표면적 20% 이상의 2도 화상 • 얼굴, 목, 손, 발, 회음부, 관절의 2도 이상 화상 / 전기화상, 화학화상, 흡입손상 동반된 중증 외상이 존재

소아 및 영유아

신체 크기에 비해 체표면적이 넓어 체액손실이 많음
: 저체온이 될 가능성이 높음

중증도 분류	화상 깊이 및 화상 범위
중증	전층 화상과 체표면의 20% 이상의 부분층 화상
중등도	체표면의 10~20%의 부분층 화상
경증	체표면의 10% 미만의 부분층 화상

정답 ①

002

다음 환자의 응급처치로 옳지 않은 것은?

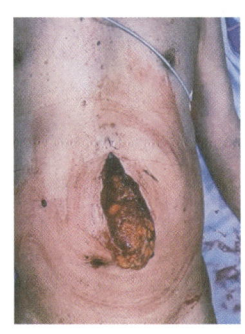

① 생리식염수로 적출된 내장부위를 세척한다.
② 패드로 덮인 부분을 붕대로 느슨하게 드레싱한다.
③ 필요하다면 고농도 산소를 공급한다.
④ 무릎과 엉덩이에 상처가 없다면 무릎을 구부리는 배횡와위 자세를 취하도록 한다.

📄 출제 키워드   개방성 배손상

📖 기본서 다시보기   응급처치학개론 p.304

해설 ② 외부에 나온 장기를 깨끗이 세척하여 습윤 드레싱 실시 하되, 출혈이 지속되지 않도록 압박드레싱을 시행해야 한다.

핵심 개념 리마인드

▶ 개인 보호 장비 착용
▶ 고농도 산소 공급
▶ 상처 부위의 옷 등을 제거시켜 손상부위 노출
 : 외부로 나온 장기에 닿지 않도록 주의해서 손상부위 노출
 : 노출된 장기를 다시 집어넣으려 시도하면 안 됨
▶ 노출된 장기의 습도와 온도를 유지할 수 있도록 생리 식염수를 적신 멸균거즈로 노출된 장기를 덮고 폐쇄 드레싱
▶ 무릎과 엉덩이에 상처가 없다면 무릎을 구부려 복벽에 긴장감을 풀어줄 수 있는 배횡와위 자세를 취함
 : 가능하다면 무릎 아래에 베개나 말은 이불을 대어 주어 환자가 편안한 자세를 취할 수 있도록 함
▶ 신속한 병원 이송

정답 ②

003

다음 중 성인의 화상 중증도 분류에 대한 설명으로 옳지 않은 것은?

① 중증 : 손, 발, 회음부, 얼굴화상
② 중증 : 체표면적 10% 이상의 3도 화상인 모든 환자
③ 중등도 : 체표면적 10% 이상, 20% 미만의 2도 화상인 10세 미만, 50세 이후 환자
④ 경증 : 체표면적 2% 이상, 5% 미만의 3도 화상인 모든 환자

📖 출제 키워드　　　　　　　　　　　　　열화상의 중증도

📂 기본서 다시보기　　　　　　　　　응급처치학개론 p.326

해설 ④ 경증화상
- 체표면적 2% 미만의 3도 화상인 모든 환자
- 체표면적 15% 미만의 2도 화상인 10세 이상 50세 이하의 환자
- 체표면적 10% 미만의 2도 화상인 10세 미만 50세 이후의 환자

핵심 개념 리마인드

성인

중증도 분류	화상 깊이 및 화상 범위
중증	• 흡인화상이나 골절을 동반한 화상 • 손, 발, 회음부, 얼굴화상 • 체표면적 10% 이상의 3도 화상인 모든 환자 • 체표면적 25% 이상의 2도 화상인 10세 이상 50세 이하의 환자 • 체표면적 20% 이상의 2도 화상인 10세 미만 50세 이후의 환자 • 영아, 노인, 기왕력이 있는 화상환자 • 원통형 화상, 전기화상
중등도	• 체표면적 2% 이상, 10% 미만의 3도 화상인 모든 화상 • 체표면적 15% 이상, 25% 미만의 2도 화상인 10세 이상 50세 이하의 환자 • 체표면적 10% 이상, 20% 미만의 2도 화상인 10세 미만 50세 이후의 환자
경증	• 체표면적 2% 미만의 3도 화상인 모든 환자 • 체표면적 15% 미만의 2도 화상인 10세 이상 50세 이하의 환자 • 체표면적 10% 미만의 2도 화상인 10세 미만 50세 이후의 환자
현장지침 중증화상기준	• 체표면적 5% 이상의 3도 화상 / 체표면적 20% 이상의 2도 화상 • 얼굴, 목, 손, 발, 회음부, 관절의 2도 이상 화상 / 전기화상, 화학화상, 흡입손상 동반된 중증 외상이 존재

소아 및 영유아

신체 크기에 비해 체표면적이 넓어 체액손실이 많음
: 저체온이 될 가능성이 높음

중증도 분류	화상 깊이 및 화상 범위
중증	전층 화상과 체표면의 20% 이상의 부분층 화상
중등도	체표면의 10~20%의 부분층 화상
경증	체표면의 10% 미만의 부분층 화상

정답 ④

004

저혈량성 쇼크에 따른 각 조직의 일반적인 증상 및 징후에 대한 내용으로 옳지 않은 것은?

① 심장과 호흡기능 유지를 위한 뇌 혈류량 감소로 의식 변화가 생길 수 있다.
② 보상반응으로 심장박동 증가, 빠른 호흡, 빠른 맥박, 고혈압이 나타날 수 있다.
③ 소화기계의 혈류량 감소로 인한 오심, 구토가 발생할 수 있다.
④ 혈관수축으로 혈류량이 감소하여 차갑고 창백하며 축축한 피부가 관찰될 수 있다.

📖 출제 키워드　　　　　　　　　　　　　　쇼크의 종류

📂 기본서 다시보기　　　　　　　　　응급처치학개론 p.318

해설 ② 실혈반응으로 나타나는 심혈관계 증상으로는 빠른호흡, 빠르고 약한 맥박, 저혈압, 모세혈관 재충혈 시간 지연 등이 나타난다.

핵심 개념 리마인드

기관	실혈 반응	증상 및 징후
뇌	• 심장과 호흡기능 유지를 위한 뇌 부분의 혈류량 감소	• 의식 변화 - 혼돈, 안절부절, 흥분
심혈관계	• 심박동 증가, 혈관수축	• 빠른호흡, 빠르고 약한 맥박 • 저혈압, 모세혈관 재충혈 시간 지연
위장관계	• 소화기계 혈류량 감소	• 오심/구토
콩팥	• 염분과 수분 보유 기능 저하	• 소변생산량 감소, 심한 갈증
피부	• 혈관 수축으로 인한 혈류량 감소	• 차갑고 창백하며 축축한 피부, 청색증
팔·다리	• 관류량 저하	• 말초맥박 저하, 혈압 저하
소아	소아의 경우 성인보다 혈압과 심박동 보상반응이 더 오래 유지 : 혈관이 탄력적으로 움직여 전체 혈액량의 1/2 이상이 실혈되어야 혈압이 떨어짐 ▶ 소아에게 저혈압, 서맥(맥박 60회 미만)일경우 급속도로 심장마비로 진행 →비보상성 쇼크단계를 넘어야 나타남 수액소생술: 20mL/kg	

울 때 눈물 없음 / 빠른 심박수 / 호흡 속도 빠름 / 소변량 감소 / 의식 상태 저하 또는 무반응 / 모세혈관 재충혈시간 저하 / 말초맥박 약화 또는 없음 / 창백하고 차갑고 탁한 피부

정답 ②

005

다음 사진과 같은 열화상을 입은 환자가 있다. 이 환자에게 가장 필요한 처치는?

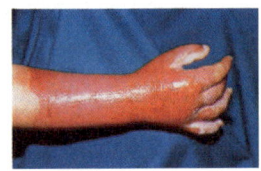 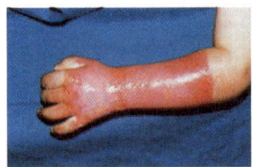

① 차가운 물에 담근다.
② 손가락을 서로 밀착하여 압박드레싱을 시행한다.
③ 혈액순환을 위해 가피절개를 시행한다.
④ 체액손실이 발생할 수 있으므로 빠르게 수액을 투여한다.

📩 출제 키워드   화상

📖 기본서 다시보기   응급처치학개론 p.323

해설 ③ 원통형 화상이 발생한 것으로 건조가피를 형성해 피부의 수축이 발생하여 혈액순환이 방해될 수 있으므로 가피절개술을 시행하여 혈액순환을 유지하도록 해야한다.

핵심 개념 리마인드   **성인의 중증도 분류**

중증도 분류는 화상의 깊이와 범위를 3단계로 분류하여 이송여부를 결정할 때 유용

▶ 나이: 6세 미만 56세 이상 환자는 화상으로 인한 합병증이 심함
   → 다른 연령대의 중증도보다 한 단계 높은 중등도로 판단
▶ 기도화상: 입 주변, 코털, 빠른 호흡 등은 호흡기계 화상을 의심
   → 밀폐된 공간에서의 화상환자에게 많으며 급성 기도폐쇄나 호흡부전을 나타낼 수 있으므로 즉각적인 응급처치 필요
▶ 질병: 당뇨, 허파질환, 심장질환 등
▶ 기타 손상: 내부 출혈, 골절이나 탈구 등을 갖고 있는 환자는 더욱 심각한 손상을 받음
▶ 화상 부위: 얼굴, 손, 발, 생식기관 등은 오랫동안 합병증에 시달리거나 특별한 치료가 요구됨
▶ 원통형 화상(신체나 신체 일부분을 둘러싼 화상): 피부를 수축시킴
   ex) 팔다리에 손상을 입은 경우 먼 쪽 조직으로의 순환을 차단할 수 있음
       관절이나 가슴, 배에 화상을 입어 둘레를 감싸는 건조가피(eschar)로 인해 정상기능의 제한이 생김

정답 ③

006

근육손상에 대한 설명 중 옳지 않은 것은?

① 근육연축은 심각한 내출혈이나 부종 혹은 변색이 없이 근육섬유가 손상된 것이다.
② 근육경련으로 인한 통증은 저칼슘혈증이나 젖산 축적과 같은 전해질 불균형에 의해 유발된다.
③ 근육피로는 근육의 활동량이 한계치에 도달했을 때 발생하며 운동은 근육의 산소와 비축된 에너지를 사용하여 대사 부산물의 축척이 시행되어 근육의 알카리화를 유발한다.
④ 근육 연축은 무거운 것을 들거나 빨리 달릴 때처럼 근육이 극도의 스트레스를 받거나 피로로 인해 제한된 수의 근육섬유가 수축될 때 발생할 수 있다.

📩 출제 키워드   근육손상

📖 기본서 다시보기   응급처치학개론 p.285

해설 ① 심각한 내출혈이나 부종 혹은 변색이 없이 근육섬유가 손상된 것이다. → 근육긴장
③ 근육의 알카리화를 유발한다. → 근육의 산성화가 유발된다.
④ 무거운 것을 들거나 빨리 달릴 때처럼 근육이 극도의 스트레스를 받거나 피로로 인해 제한 된 수의 근육섬유가 수축될 때 발생할 수 있음 → 근육긴장

핵심 개념 리마인드

출혈	뼈의 골절로 인하여 인체 형태가 변형될 수 있으며 심각한 출혈을 야기 ─ 정강이뼈와 종아리뼈 골절, 위팔뼈: 500 ~ 750cc ─ 넙다리뼈 골절: 1,000 ~ 1,500cc ─ 골반 골절: 1,500cc ~ 3,000cc ─ 넓은범위의 좌상: 500cc
주변조직손상	혈관과 근육, 신경과 같은 조직을 손상
탈구	연결 부분에 위치한 관절의 정상 구조에서 어긋난 경우로, 관절부위의 심한 굴곡이나 신전으로 발생
염좌	관절을 지지하거나 둘러싼 인대의 파열이나 비정상적인 잡아당김으로 발생
좌상	뼈와 근육을 연결하는 힘줄이나 근육자체가 비정상적으로 잡아 당겨져 생긴 손상
근육피로	근육의 활동량이 한계치에 도달했을 때 발생 → 운동은 근육의 산소와 비축된 에너지를 사용하여 대사 부산물의 축
근육경련	손상이라기보다는 고통스러운 근육조직 연축 → 근육 통증은 사용될 수 있는 산소와 에너지원이 운동에 의해 다 소비되고 순환계에 의해 신진대사의 노폐물이 제거되지 못할 때 발생
근육연축	근육이 간헐적인(간대성 경련) 혹은 지속적인 수축(긴장성 경련)을 하게 됨 → 근육연축 부위는 골절로 인한 변형으로 보일만큼 견고하기 때문에 평가의 어려움이 있을 수 있음
근육긴장	근육섬유가 버틸 수 있는 한계를 넘는 힘에 의해 늘어났을 때 발생 → 심각한 내출혈이나 부종 혹은 변색이 없이 근육섬유가 손상

정답 ②

007

다음 환자에게 발생한 손상기전과 중증 외상 기준이 같은 것은?

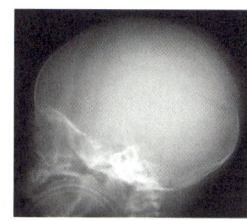

① 폭발에 의한 직접적 영향
② 글라스고우 혼수척도 ≤ 13
③ 마비
④ 자동차에서 이탈(튕겨져 나감)

| 출제 키워드 | 중증외상의 기준 |
| 기본서 다시보기 | 응급처치학개론 p.354 |

해설 ① 손상기전에 따른 기준
② 생리학적 기준
④ 손상기전에 따른 기준

핵심 개념 리마인드

	중증외상의 기준	
	생리학적 기준	· AVPU 의식수준 V 이하 또는 글라스고우 혼수척도 ≤ 13 · 수축기 혈압 < 90 mmHg · 분당 호흡수 < 10 혹은 > 29 : 1세 미만의 영아 → 분당 20회 미만
	신체 검사 소견에 따른 기준	· 관통 또는 자상(머리, 목, 가슴, 배, 상완부, 대퇴부) · 동요가슴(flail chest) · 두 개 이상의 근위부 긴뼈 골절 · 압궤(crushed), 벗겨진(degloved), 썰린(mangled) 사지, 맥박이 소실 된 사지 · 손목, 발목 상부의 절단 · 골반 뼈 골절 · 열린 또는 함몰 두개골 골절 · 마비
	손상기전에 따른 기준	· 추락 - 성인 6 m 이상 건물 3층 높이 이상 - 소아 3 m 이상 건물 2층 높이 이상, 아이의 키의 2~3배 이상 높이에서 추락 · 고위험 교통사고 - 차체 눌림 찌그러짐 45 cm 이상, 탑승자 위치에 30 cm 이상 들어옴 - 자동차에서 이탈(튕겨져 나감) - 동승자의 사망 - 차량 전복 · 자동차 – 보행자/자전거 충돌로 나가떨어짐, 치임 또는 시속 30 km 이상의 속도로 충돌함 · 오토바이 시속 30 km 이상의 속도 · 폭발에 의한 직접적 영향

정답 ③

008

피부손상 깊이와 넓이가 다양하며 날카로운 물체에 피부가 잘린 상처를 무엇이라고 하는가?

①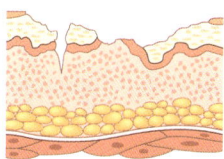

②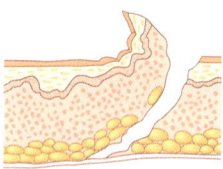

③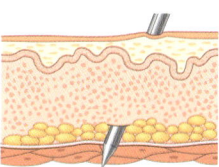

④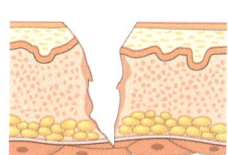

| 출제 키워드 | 개방성 연부조직 손상의 종류 |
| 기본서 다시보기 | 응급처치학개론 p.300 |

해설 ① 찰과상: 표피가 긁히거나 마찰된 상태로 보통은 진피까지 손상을 받은 상처
② 결출상: 피부나 조직이 찢겨져 너덜거리는 상태
③ 관통상: 날카롭고 뾰족한 물체가 빠른 속도로 신체를 뚫은 형태
④ 열상에 관한 설명이다.

핵심 개념 리마인드

열상의 상처부위는 일직선으로 깨끗하게 또는 불규칙하게 잘릴 수 있으며 출혈은 상처 부위 손상 정도에 따라 달라질 수 있음.
→ 큰 혈관 손상을 동반한 열상은 치명적일 수 있음
→ 간혹 신경손상을 동반하기도 함

정답 ④

009

〈보기〉의 글래스고혼수척도(Glasgow coma scale) 점수로 옳은 것은?

─〈보기〉─
- 강한 통증을 줄 때 눈을 뜬다.
- 통증자극에 이상 비정상 굴곡반응을 한다.
- 언어지시에 대화가 불가능하며 적절하지 않은 단어만 사용한다.

① 5　　② 7
③ 8　　④ 10

📝 출제 키워드　　글래스고우 혼수척도
📖 기본서 다시보기　　응급처치학개론 p.252

해설　③ 눈뜨기반응 2점+운동반응 3점+언어반응 3점= 총 8점

핵심 개념 리마인드

원척도	수정척도	점수
눈뜨기 반응(Eye Opening, E)	눈뜨기 반응(Eye Opening, E)	
자발적으로	자발적으로	4
언어적 지시에 의해	소리에 의해	3
통증반응에 의해	압력에 의해	2
없음	없음	1
	평가할 수 없음	NT
언어반응(Verbal Response, V)	언어반응(Verbal Response, V)	
지남력 있음	지남력 있음	5
혼돈된 의사소통	대화 혼란	4
부적절한 단어	단어만 말함	3
이해할 수 없는 소리	소리만 냄	2
없음	없음	1
	평가할 수 없음	NT
운동반응(Best Motor Response, M)	운동반응(Best Motor Response, M)	
명령에 따름	명령에 따름	6
통증 위치를 구별함	위치 구별	5
통증에 대해 굽힘 회피	정상굴곡	4
비정상적인 굽힘(겉질제거자세)	비정상굴곡	3
폄(대뇌제거자세)	폄	2
없음	없음	1
	평가할 수 없음	NT

정답 ③

010

다음과 같은 환자의 초기에 유지해야 하는 수축기 혈압에 대한 설명으로 옳은 것은?

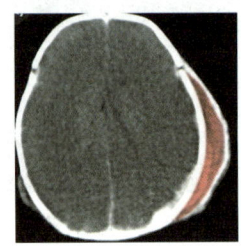

5M 높이의 낙상한 30대 남환
환자 AVPU에서 강한 통증에 반응하는 등 의식 저하
환자 활력징후
- 혈압 150/110
- 맥박 52회
- 불규칙한 호흡양상

① 110mmHg　　② 70~75mmHg
③ 80~90mmHg　　④ 100mmHg

📝 출제 키워드　　외상환자에서의 목표혈압
📖 기본서 다시보기　　응급처치학개론 p.253

해설　① ▶ 심각한 뇌손상(의식저하를 동반한 외상성 뇌출혈 등)과 심각한 척추손상(사지마비, 감각소실)이 동반된 환자
: Taget SBP 110mmHg(뇌혈류 흐름 중요)
▶ 15~49세(70세 이상) = SBP 110mmHg / 50~69세 환자 = SBP 100mmHg 이상 유지 → 평균동맥압(MAP) 90mmHg정도

핵심 개념 리마인드

▶ 심각한 뇌손상과 척추손상, 둔상이 혼재되어 있는 상황
: SBP 100~110mmHg → 평균동맥압 ≥ 80mmHg
▶ 관통상: SBP 70~75mmHg으로 유지 : 초기 발생한 출혈이 지속되고 있을 것이기에 혈압을 높이면 높일수록 출혈이 더욱 심해짐 → 흉부 관통상의 경우 수축기혈압을 낮게 가져가는 것이 유리
▶ 둔상: SBP 80~90mmHg으로 유지 → 평균동맥압(MAP) 65~70mmHg

정답 ①

011

근골격계 손상 및 응급처치에 관한 일반적인 설명이다. ( ) 안에 들어갈 내용으로 옳은 것은?

- (㉠)은/는 관절 및 다리 하부의 손상이 동반되지 않은 넙다리 몸통부 손상 시 사용되며, 외적 지지 및 고정과 뼈끝이 서로 겹쳐 발생되는 통증과 추가 손상을 줄인다.
- 부목고정을 완료한 뒤 고정 전과 후에 반드시 손상 부위 먼 쪽의 맥박, (㉡), (㉢)을 평가해야 한다.

	㉠	㉡	㉢
①	항쇼크바지	혈압	운동기능
②	견인부목	감각	운동기능
③	견인부목	혈압	감각
④	항쇼크바지	감각	혈압

📋 출제 키워드   견인부목

📖 기본서 다시보기   응급처치학개론 p.119

해설 ② 관절 및 다리 하부의 손상이 동반되지 않은 넙다리 몸통부 손상 시 사용 ▶ 외적인 지지와 고정뿐만 아니라 넙다리 손상 시 발생되는 근육경련으로 인해 뼈끝이 서로 겹쳐 발생되는 통증과 추가적인 연부조직 손상을 줄여, 내부출혈을 감소시킬 수 있는 장비이다. 착용 완료 후 말초의 맥박, 운동과 감각기능을 재평가해야 한다.

핵심 개념 리마인드

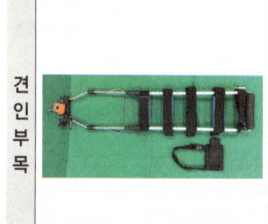

견인부목	관절 및 다리 하부 손상이 동반되지 않은 넙다리 몸통부 손상 시 사용 ▶ 외적인 지지와 고정뿐만 아니라 넙다리 손상 시 발생되는 근육경련으로 인해 뼈끝이 서로 겹쳐 발생되는 통증과 추가적인 연부조직 손상을 줄여, 내부출혈을 감소시킬 수 있는 장비

정답 ②

012

상황실로부터 행인이 의식을 잃고 쓰러졌다는 통보를 받고 현장에 도착하였다. 환자는 어깨를 두드리며 눈을 뜨라고 말을 하였을 때 반응하지 않았고, 강한 통증을 줄 때 눈을 뜨고 통증 자극에 팔 다리를 모두 펴는 자세을 보였으며, 괴성과 비슷하게 이해할 수 없는 말을 웅얼거리고 있다. 환자의 활력징후가 혈압이 82/pmmHg, 분당 호흡수가 32회 일 때 이 환자의 RTS(수정된 외상점수)의 점수는 몇 점인가?

① 5   ② 6   ③ 7   ④ 8

📋 출제 키워드   수정된 외상점수

📖 기본서 다시보기   응급처치학개론 p.254

해설 ④ GCS(눈뜨기반응 2점 + 언어반응 2점 + 운동반응 2점) = 6점으로 RTS점수 2점, 수축기 혈압 3점, 호흡수 3점으로 총 8점 이다.

핵심 개념 리마인드

수정된 외상 점수에서 8점 이하라면 외상센터로 이송

분당 호흡수	수축기 혈압	글래스고혼수척도(GCS)	점수
분당 10~29회	90 mmHg 이상	13 ~ 15	4
분당 30회 이상	76 ~ 89 mmHg	9 ~ 12	3
분당 6~9회	50 ~ 75 mmHg	6 ~ 8	2
분당 1~5회	1 ~ 49 mmHg	4 ~ 5	1
무호흡	측정되지 않음	4점 미만	0

원척도	수정척도	점수
눈뜨기 반응(Eye Opening, E)	눈뜨기 반응(Eye Opening, E)	
자발적으로	자발적으로	4
언어적 지시에 의해	소리에 의해	3
통증반응에 의해	압력에 의해	2
없음	없음	1
	평가할 수 없음	NT
언어반응(Verbal Response, V)	언어반응(Verbal Response, V)	
지남력 있음	지남력 있음	5
혼돈된 의사소통	대화 혼란	4
부적절한 단어	단어만 말함	3
이해할 수 없는 소리	소리만 냄	2
없음	없음	1
	평가할 수 없음	NT
운동반응 (Best Motor Response, M)	운동반응 (Best Motor Response, M)	
명령에 따름	명령에 따름	6
통증 위치를 구별함	위치 구별	5
통증에 대해 굽힘 회피	정상굴곡	4
비정상적인 굽힘(겉질제거자세)	비정상굴곡	3
폄(대뇌제거자세)	폄	2
없음	없음	1
	평가할 수 없음	NT

정답 ④

013

다음 환자의 상태에 대한 설명으로 옳지 않은 것은?

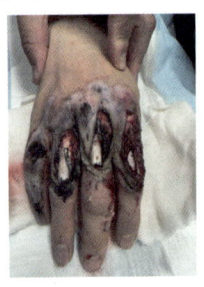

① 환자는 극심한 통증을 호소한다.
② 피부조직이 손상된 경우로 심한 경우 근육, 뼈, 내부 장기도 포함한다.
③ 건조하거나 가죽과 같은 형태를 보이며 창백, 갈색 또는 까맣게 탄 피부색이 나타난다.
④ 내부 조직으로 체액손실과 2차 감염과 같은 심각한 합병증이 유발되며, 화상부위는 발적, 창백하거나 얼룩진 피부, 수포가 나타날 수 있다.

출제 키워드	화상 깊이에 따른 분류
기본서 다시보기	응급처치학개론 p.323

해설 ④ 신경섬유가 파괴되어 통증이 없거나 미약할 수 있으나 보통 3도 화상 주변 부위가 2도 화상이므로 심한 통증을 호소 할 수 있다. 내부 조직으로 체액손실과 2차 감염과 같은 심각한 합병증이 유발되며, 화상부위는 발적, 창백하거나 얼룩진 피부, 수포가 나타날 수 있음은 2도 화상에 대한 분류이다.

핵심 개념 리마인드

화상 깊이	증상
1도 화상	• 경증으로 표피만 손상된 경우 • 햇빛(자외선)으로 인한 경우와 뜨거운 액체나 화학손상에 많이 나타남 • 화상 부위는 발적, 동통, 압통이 나타남 : 범위가 넓은 경우 심한 통증을 호소할 수 있으므로 처치가 필요한 경우가 있음
2도 화상	• 표피와 진피가 손상된 경우로 열에 의한 손상이 많음 • 내부 조직으로 체액손실과 2차 감염과 같은 심각한 합병증을 유발 • 화상부위는 발적, 창백하거나 얼룩진 피부, 수포가 나타날 수 있음 : 손상부위는 체액이 나와 축축한 형태를 띠며 진피에 많은 신경섬유가 지나가 심한 통증을 호소
3도 화상	• 피부조직이 손상된 경우로 심한 경우 근육, 뼈, 내부 장기도 포함 • 건조하거나 가죽과 같은 형태를 보이며 창백, 갈색 또는 까맣게 탄 피부색이 나타남 • 신경섬유가 파괴되어 통증이 없거나 미약할 수 있으나 보통 3도 화상 주변 부위가 2도 화상이므로 심한 통증을 호소

정답 ④

014

2층 계단에서 굴러 떨어진 60세 여자환자가 있는 곳에 출동하였다. 환자는 흥분 상태에 매우 폭력적으로 보이며, 환자 평가상 외부 출혈은 없는 것으로 확인하였는데 오른쪽 다리 움직임이 정상적이지 않으며, 심한 통증과 함께 넙다리 부종이 관찰되었다. 혈압 82/54 mmHg, 맥박 121회/분, 호흡 32회/분이며, 피부는 차고 축축하며 창백한 상태였다. 이 환자에게 의심되는 소견은 무엇인가?

① 출혈성쇼크
② 공기가슴증
③ 심장눌림증
④ 실신

출제 키워드	골절로 인해 발생할 수 있는 문제
기본서 다시보기	응급처치학개론 p.283

해설 ① 환자는 넙다리뼈 혹은 골반골절로 인한 출혈성 쇼크가 발생한 것으로 판단된다.

핵심 개념 리마인드 골절로 인하여 발생할 수 있는 문제

㉮ 출혈
근골격계 외상에서 가장 심각한 형태 중 하나
: 뼈의 골절로 인하여 인체 형태가 변형될 수 있으며 심각한 출혈을 야기
▶ 뼈는 단단하나 풍부한 혈액 공급을 갖고 있는 살아 있는 조직으로 구성되어 있기 때문에 골절만으로도 심각한 출혈 발생 가능
- 정강이뼈와 종아리뼈, 윗팔뼈 골절 시: 500~750cc
- 넙다리뼈 골절 시: 1,000~1,500cc
- 골반 골절 시: 1,500cc~3,000cc
- 넓은 부위의 좌상: 500cc

정답 ①

015

다음 환자처치에 대한 설명으로 옳은 것은?

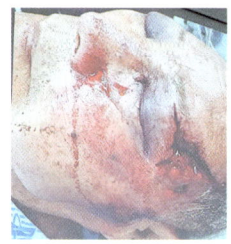

① 너구리눈 징후라 하고, 현장에서 반드시 확인해야 하는 증상이다.
② 머리뼈 기저부 골절이 있을 때 나타난다.
③ 과녁징후가 나타날 수 있으며 이때 혈액이 함께 나오면 반드시 패킹을 시도해야 한다.
④ 동공은 축동으로 나타날 수 있다.

📋 출제 키워드　　　　　　　　　　　　머리뼈손상

📂 기본서 다시보기　　　　　　　응급처치학개론 p.258

해설　① 현장에서는 확인하기 어려울 수 있다.
③ 패킹은 절대 시도하지 않는다. 뇌압상승을 유발할 수 있다.
④ 동공은 비대칭으로 나타날 수 있다.

핵심 개념 리마인드　머리뼈 손상의 징후
▸ 상당한 힘에 의한 손상기전
▸ 의식저하, 기능장애
▸ 두피에 심각한 타박상, 깊은 열상, 혈종
▸ 머리뼈 표면에 함몰과 같은 변형
▸ 귀나 코에서 혈액이나 맑은 액체(뇌척수액)가 흘러나옴
▸ 눈 주위 반상출혈(너구리 눈)
▸ 귀 뒤 유양돌기 주변 반상출혈(Battle's sign)

머리뼈 또는 뇌 손상 징후	얼굴골절 징후
• 머리뼈 변형 • 눈 아래 연부조직의 변색 • 비대칭 동공 • 귀나 코에 피나 맑은 액체	• 눈 출혈 및 멍 • 변형 • 치아 흔들림 또는 손상 • 턱 부위 부종

정답　②

016

화재로 인한 폭발로 발생한 파편 때문에 가슴에 손상을 입은 환자의 처치로 옳은 것은?

- 호흡곤란 및 오른쪽 호흡음 감소
- 타진시 과공명음
- 왼쪽 어깨 부위에 피부밑공기증
- 목정맥팽대

① 수혈　　　② 바늘감압
③ 기관절개　④ 양압환기

📋 출제 키워드　　　　　　　　　　　가슴손상 및 처치

📂 기본서 다시보기　　　　　　　응급처치학개론 p.271

해설　② 파편으로 인한 손상으로 타진시 과공명음과 어깨부위에 피부밑공기증이 발생한 것으로 보아 빠른 바늘감압이 필요한 것으로 보인다.

핵심 개념 리마인드

	혈액가슴증 (혈흉)	긴장성 공기가슴증 (긴장성 공기 가슴증)	심장눌림증 (심낭압전)
기관 편위	–	★ ○	–
목정맥 팽대	– (수축)★	○	○
심음 감소	–	–	★ ○
타진 시	탁음	과도공명음	–
폐음	청진 불가 혹은 감소		변동 없음 단, 심박출량이 적절하지 않아 호흡곤란 발생
맥박, 혈압	약하고 빠른 맥박, 저혈압		
처치	수액	바늘감압술	심낭천자

정답　②

chapter 02. 전문외상처치술

017

교통사고로 넙다리 골절과 넓은 부위의 찰과상을 보인 환자의 출혈에 대한 생리적 보상기전으로 옳은 것은?

① 혈중 레닌 농도 감소
② 혈중 알도스테론 농도 감소
③ 혈중 부신 속질 자극 촉진
④ 혈중 항이뇨호르몬 분비 촉진

출제 키워드 출혈 쇼크의 단계
기본서 다시보기 응급처치학개론 p.317

해설 ④ 환자는 쇼크 2기에서 3기로 넘어갈 수 있는 환자로 비보상단계가 진행되면 인체는 혈액량을 늘리기 위하여 안지오텐신 II로 혈관을 수축시키거나 부신피질을 통하여 알도스테론 분비 촉진과 항이뇨호르몬 분비촉진으로 혈액량을 늘리려 노력한다.

핵심 개념 리마인드

구분	쇼크 1기	쇼크 2기	쇼크 3기	쇼크 4기
소실된 혈액량	15% 이내	15~30%	31~40%	40% 이상
심박수	정상	정상이거나 증가	증가	증가 혹은 감소
수축기 혈압	정상	체위에 따라 변화	90 mmHg 이하	60 mmHg 미만
맥압	정상	저하	저하	저하
호흡수	정상	정상	정상이거나 증가	증가
소변량	정상	정상	저하	저하(핍뇨)
GCS	정상	정상	저하	저하
의식상태	명료 혹은 불안감	불안감	혼미	혼수
응급처치	수액 투여	수액 투여	수액+수혈	수액+수혈
출혈량	~750 mL	~1,500 mL	~2,000 mL	2,000 mL↑

출혈
쇼크 3단계 → 전부하 유지×
or
비보상단계
  신장(레닌)
  ⊕ 간(안지오텐시노겐)
  ⇓
  안지오텐신I
  ⊕ 혈압 미유지↑↑↑
  폐(전환효소) 차단 혈관 이완, 염분배출↑
  안지오텐신II (혈압이 올라가지 않도록..)
  ↳ 혈관 수축 = 혈압↑
  ↳ 부신피질 자극 → 알도스테론 합성자극 = 혈액량↑
       나트륨, 수분 재흡수↑, 칼륨배출↑
  ↳ 항이뇨호르몬(ADH) 분비 촉진 = 혈액량↑
       나트륨, 수분 재흡수↑, 이뇨작용억제 = 혈압상승

정답 ④

018

교통사고로 흉부손상을 입은 환자의 임상양상이다. 의심되는 소견은?

- 저혈압
- 목정맥 팽대
- 청진 시 호흡음은 정상이나 심음이 약하게 측정됨

① 공기가슴증
② 대동맥박리
③ 심장눌림증
④ 피하기종

출제 키워드 가슴손상 및 처치
기본서 다시보기 응급처치학개론 p.271

해설 ③ 저혈압과 목정맥 팽대, 청진기 심음이 약하게 들리는 것으로 보아 심낭눌림증이 발생한 것으로 보인다.

핵심 개념 리마인드

	혈액가슴증 (혈흉)	긴장성 공기가슴증 (긴장성 공기 가슴증)	심장눌림증 (심낭압전)
기관 편위	–	★○	–
목정맥 팽대	– (수축)★	○	○
심음 감소	–	–	★○
타진 시	탁음	과도공명음	–
폐음	청진 불가 혹은 감소		변동 없음 단, 심박출량이 적절하지 않아 호흡곤란 발생
맥박, 혈압	약하고 빠른 맥박, 저혈압		
처치	수액	바늘감압술	심낭천자

정답 ③

019

머리에 충격이 가해진 환자 중 두개내압상승 징후를 보이는 환자에서 과다환기가 도움이 될 수 있는 이유는?

① 동맥혈 pH를 감소시켜 뇌혈관의 수축 유도
② 동맥혈 pH를 증가시켜 뇌혈관의 이완 유도
③ 동맥혈 CO_2 농도를 감소시켜 뇌혈관의 수축 유도
④ 동맥혈 O_2 농도를 증가시켜 뇌혈관의 이완 유도

출제 키워드 초기과환기처치

기본서 다시보기 응급처치학개론 p.260

해설 ③ 뇌압상승은 뇌혈류에 대한 저항의 증가로 이어지면서 뇌순환이 감소하고 뇌의 저산소증과 과탄산혈증이 증대된다. 이산화탄소 수치가 증가할수록 혈류개선 및 과탄산혈증 완화를 위해 뇌동맥이 확대되는데 이미 뇌압이 높은 상태에서는 이러한 과정이 뇌압을 더 높일 수 있다. 과다환기는 이러한 동맥혈 CO_2 농도가 높은 환자에서 동맥혈 CO_2 농도를 감소시켜 뇌혈관의 수축 유도를 기대할 수 있다.

핵심 개념 리마인드
▶ 뇌압을 감소시키기 위하여 초기에 과환기(Hyperventilation)를 실시
▶ 과환기는 혈중 이산화탄소를 감소 → 뇌혈관 수축 → 일시적 뇌혈류량 감소 초래 → 뇌압저하
　: 뇌압 관리를 위하여 과환기를 지속할 경우 뇌허혈의 위험이 존재하므로 초기에만 시행

정답 ③

020

다음 환자에게 예측할 수 있는 손상의 특징으로 옳지 않은 것은?

> 크레인이 쓰러지며 공사현장을 덮쳤고, 이에 건물 외벽이 무너져 내려 양쪽 다리가 2일 동안 구조물에 눌려 있었다. 환자를 구조 후 평가를 진행해 보니 눌린 부위에 광범위한 근육손상이 보였고 소변은 짙은 적갈색으로 보였다.

① 혈관의 손상으로 조직 내 혈액 덩어리를 형성하는 것이다.
② 신체외부에서 내부까지 손상을 받은 형태로 피부 표면손상 없이도 많은 조직 손상 초래할 수 있다.
③ 손상 부위 및 원인 물체의 무게 등에 따라 손상 정도와 실혈량이 달라질 수 있다.
④ 통증, 부종, 변형, 골절 등이 함께 동반될 수 있다.

출제 키워드 압좌손상

기본서 다시보기 응급처치학개론 p.296

해설 ① 위 지문은 압좌 손상에 대한 설명으로 혈관의 손상으로 조직 내 혈액 덩어리를 형성하는 것은 혈종에 관한 설명이다.

핵심 개념 리마인드 압좌증후군
▶ 무거운 물체에 의해 신체 부위에 4시간 이상 압박이 가해지면서 근육, 혈관, 골격, 그외 내부 조직에 깊은 손상이 발생하는 것
　→ 골격근 세포가 파열되면서 근육 단백질인 미오글로빈, 칼륨, 젖산, 요산, 여러 독소가 다량 축적
　→ 가해진 압력이 해제되면서 이러한 독성 물질이 혈류에 흘러들어가 순환하면서 심각한 대사성 산증을 유발
▶ 압좌된 골격근 조직에는 괴사(necrosis)와 세포의 변화가 발생 → 대사성 부산물이 배출
▶ 횡문근융해증(rhabdomyolysis)(골격근 분해)이라 불리는 이러한 퇴행성 과정에서 다량의 독소가 배출
▶ 압좌된 신체 부위에 축적
　- 세포 파괴 과정에서 배출되는 주요 부산물 → 미오글로빈(근육 단백질)
　- 인산염
　- 죽은 세포에서 방출 → 칼륨
　- 혐기성 대사 → 젖산
▶ 압좌된 사지 부위나 환자가 구출이 되어 압력이 해제되면, 축적된 부산물과 독소가 전신 순환으로 쏟아져 들어옴
▶ 신부전: 많은 양의 미오글로빈, 특히 저혈량성 쇼크 환자의 경우 콩팥 세뇨관에 축적
　→ 압좌증후군 후기 사망의 주요 원인으로 발생함
▶ 저혈량증과 쇼크발생 → 나트륨, 클로라이드, 수분이 흘러 발생
▶ 고칼륨혈증 → 전기 자극에 대한 심근의 반응을 감퇴시켜 심부정맥을 유발 → 사망 가능성 증가
▶ 인산염 수치의 증가 → 혈관계 및 신경계에서의 비정상적 석회화를 유발
▶ 산소화된 혈류가 세포로 흐르면서 요산 생성 → 유산소 과정이 다시 시작되고 이로 인해 세포의 산성도와 세포 손상 증가

정답 ①

021

이송 중 15분마다 재평가를 할 수 있는 환자는?

① 초점외상환자평가가 필요한 환자
② 어눌한 발음으로 보행장애가 있는 환자
③ 목정맥팽대가 관찰되는 흉부손상 환자
④ 벌에 쏘인 후 호흡곤란을 호소하는 환자

022

산에서 발을 헛디뎌 추락한 다발성 손상이 의심되는 50세 남성의 일차평가 결과가 다음과 같을 때, 수행해야 할 이차평가는 무엇인가?

- 의식수준: 통증자극에 반응
- 호흡곤란 정도가 매우 심하며 비대칭적인 가슴벽의 움직임 관찰
- 안면부 10cm 열상
- 창백하고 차고 축축한 피부

① 빠른외상평가
② 시진, 타진, 청진, 촉진의 순으로 신체검진
③ 단일손상 신체검진
④ 주호소에 집중된 병력청취

출제 키워드: 재평가
기본서 다시보기: 응급처치학개론 p.254

해설 응급환자는 5분마다, 비응급환자는 15분마다 재평가를 실시한다.
① 초점외상환자평가가 필요한 환자 → 비응급
② 어눌한 발음으로 보행장애가 있는 환자 → 응급
③ 목정맥팽대가 관찰되는 흉부손상 환자 → 응급
④ 벌에 쏘인 후 호흡곤란을 호소하는 환자 → 응급

정답 ①

출제 키워드: 이차평가
기본서 다시보기: 응급처치학개론 p.244

해설 ① 심각한 외상성 손상평가 기준이 반드시 심각한 외상을 초래하는 것은 아니지만, 보이지 않는 손상으로 위험도가 증가할 수 있음

- 빠른 외상 환자 평가: 일차 평가로 의식장애, 호흡장애, 순환장애 발생
- 초점 외상 환자 평가: 경증 손상인 경우
  : 손상부분 외상평가와 손상과 관련된 병력만 수집

▶ 경증 외상: 현장 확인과 일차 평가, 손상기전 확인 → 초점 외상 환자 평가(주 호소와 손상기전과 관련된 부분 신체검진) → 기본 생체징후 평가 → SAMPLE력 → 세부 신체검진
▶ 중증 외상: 현장 확인과 일차 평가, 손상기전 확인 → 척추 고정 → 기본소생술 제공 → 이송여부 결정 → 의식수준 재평가 → 빠른 외상평가 → 기본 생체징후 평가 → SAMPLE력 → 세부 신체검진

정답 ①

023

계단에서 구른 20대 남성의 환자평가 내용 중 누름통증, 비빔소리(마찰음), 부종을 파악하려 할 때 신체검진 방법은?

① 시진 ② 청진
③ 타진 ④ 촉진

🗨 출제 키워드　　　　　　　　　　　빠른외상환자평가

📁 기본서 다시보기　　　　　　　　응급처치학개론 p.251

해설 ④ 누름통증과, 마찰음, 부종은 만져 보아야 아는 것으로 이를 파악하는 신체검진 방법은 촉진이다.

핵심 개념 리마인드

D – Deformity(변형)	B – Burn(화상)
C – Contusion(타박상)	L – Laceration(열상)
A – Abrasion(찰과상)	S – Swelling(부종)
P – Puncture(천자상)	T – Tenderness(압통)
P – Paradoxical Movement (연가양 흉부 운동)	I – Instability(불안정)
	C – Crepitus(마찰음)

JVD – Jugular Vein Distention(목정맥팽대)
TD – Tracheal Deviation(기관편위)
PMS – Pulse(맥박), Motor(운동), Sensory(감각)

정답 ④

024

40세 공사장 인부가 무너진 건물 잔해에 흉부가 눌린 상태로 발견되었다. 안면부와 목에 청색증과 부종이 있으며, 혀와 입술이 붓고, 눈의 결막출혈, 목정맥 팽대가 관찰되고 호흡 곤란을 호소하고 있다. 의심되는 소견은?

① 혈액가슴증　　② 개방성 공기가슴증
③ 외상성 질식　　④ 외상성 대동맥 파열

🗨 출제 키워드　　　　　　　　　　　외상성질식

📁 기본서 다시보기　　　　　　　　응급처치학개론 p.275

해설 ③ 외상성 질식은 흉부에 큰 압력이 가해졌을 때 발생하며 두부와 경부의 정맥 및 모세혈관에 충혈을 일으키면서, 해당 부위의 피부가 적색, 자주색, 혹은 청색을 띄게 된다. 혈액의 역류는 두부와 경부의 미세순환을 손상시키면서 점상출혈과 결막하 출혈, 눌린 지점 위에 혈액을 정체시켜 목정맥 팽대가 관찰될 수 있다.

핵심 개념 리마인드

▶ 원인: 큰 압력이 흉부에 가해졌을 때 발생
　→ 강한 압력에 의해 오른쪽 심장에서 혈액이 상대정맥, 상지의 정맥으로 역류하면서 발생
　→ 흉부 압박이 계속될 경우, 정맥환류 제한으로 호흡 제한으로 저혈압, 저산소증, 쇼크가 발생
▶ 증상: 두부와 경부의 정맥 및 모세혈관에 충혈 발생 → 해당 부위의 피부가 적색, 자주색, 혹은 청색으로 변함
　점상출혈(피부 아래의 작은 출혈) → 혈액의 역류로 두부와 경부의 미세순환 손상
　눌린 지점 위에 혈액의 정체 유발
　혈액 역류 → 뇌 순환 손상, 두부 및 경부 변색, 정맥혈관이 탄력적이지 않은 고령 환자에게 뇌졸중 유발
　환자 얼굴이 부어 오르고(다혈증, plethora), 안구 팽창이 일어나며, 여러 곳에서 결막하 출혈 발생

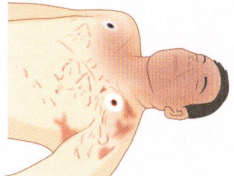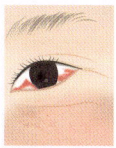

▶ 처치: 산소공급 및 기도와 호흡보조 시행 → 적정 수준의 환기를 유지하기 위해 필요시 BVM을 통한 양압환기 시행
　수액투여 → 흉부 감압과 함께 빠르게 중증의 내부출혈로 저혈량증이 발생하는 것에 대비하여 정질액의 급속 투여
　심전도 감시 → 혈액에 독소와 산성 물질이 중앙 순환계로 순환으로 인해 부정맥 발생 가능
　20분 이상 압박될 경우 중탄산나트륨을 kg당 1mEq로 투여하는 것을 고려 → 짓누르는 압박이 해제되면서 산성화된 혈액이 중앙 순환계로 환류되며 고칼륨혈증 발생 가능

정답 ③

025

경찰 공동대응으로 출동하였다. 현장에 도착해 보니 20대 남성의 가슴에 식칼이 박힌 상태로 힘겹게 호흡을 하며 벽에 기댄 상태로 앉아 있다. 환자에게 해줘야 할 처치로 옳지 않은 것은?

① 박힌 칼을 고정시키고 지혈 한다.
② 출혈로 인하여 쇼크가 올 수 있음으로 대비한다.
③ 가슴압박 필요 시 가슴압박에 방해가 된다면 칼을 제거해야 한다.
④ 수액 연결 실패 시 물을 먹인다.

> 출제 키워드 박힌 물체 처치
> 기본서 다시보기 응급처치학개론 p.272

해설 ④ 쇼크로 인하여 수액 연결이 필요하더라도 수액연결 시도로 이송이 지연되지 않도록 해야 하며 응급 수술을 고려하여 구강섭취는 하지 않아야 한다.

핵심 개념 리마인드 관통상

조직을 관통한 날카로운 물체로 인해 더 이상의 손상을 막기 위해 단단하게 고정시키는 것이 중요

[응급처치 방법]
▶ 개인 보호 장비 착용
▶ 관통한 물체를 제거하지 않고 상처부위에 고정
 : 관통된 물체의 길이가 너무 길거나 큰 경우 잘라서 고정함
▶ 물체로 인해 이송할 수 없는 경우(크기나 무게 그리고 고정상태 등)
▶ CPR 등 응급한 상황에서의 처치에 방해가 될 때
▶ 단순하게 뺨을 관통한 상태(기도유지를 위해서나 추가적인 입안 손상을 막기 위해)

▲ 관통된 물체를 제거해야 하는 경우

▶ 상처부위를 노출시키기 위해 의복 탈의
▶ 관통부위가 아닌 옆 부분을 직접 압박하여 지혈
▶ 물체를 고정시키기 위해 압박붕대로 물체 주위를 겹겹이 드레싱
▶ 고정 부위가 움직이지 않게 주의하며 병원으로 이송

▲ 관통상 환자의 처치

정답 ④

026

30세 여자가 화장실에서 넘어진 후 엉덩관절 부위에 통증을 호소하며 움직이지 못하고 있다. 현장에 도착하니 다음과 같은 자세로 발견되었다. 환자에게 의심되는 소견은 무엇인가?

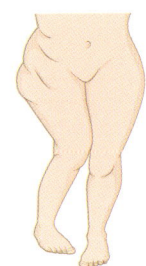

① 넙다리뼈 원위부 골절
② 무릎뼈 골절
③ 고관절 전방탈구
④ 고관절 후방탈구

> 출제 키워드 관절 및 탈구
> 기본서 다시보기 응급처치학개론 p.289

해설 ④ 무릎이 구부려져 있고 발이 안으로 돌아간 상태는 고관절 후방탈구의 특징이다. 발이 바깥으로 돌아가 있고 넙다리뼈가 샅고랑에서 만져진다면 고관절 전방탈구를 고려한다.

핵심 개념 리마인드

넙다리뼈 골절	전방탈구
엉덩이 통증과 압통, 다리가 밖으로 돌아가고 짧아진 변형 형태	발이 바깥으로 돌아가고 넙다리뼈 머리가 샅고랑에서 만져짐
긴 척추고정판에 고정 후 발견한 상태 그대로 고정	
후방탈구	골반골절
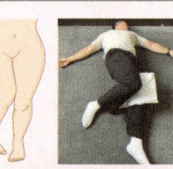 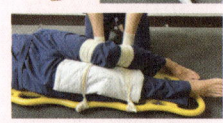 무릎은 구부리고 발은 안으로 돌아간 상태	차량 간 충돌이나 보행자 사고에서 많이 나타남 골반 골절은 내부 실혈로 치명적일 수 있음 → 3,000cc까지 출혈이 발생할 수 있음 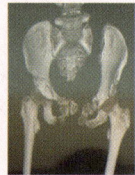
긴 척추고정판에 고정 후 발견한 상태 그대로 고정	수액소생술, MAST 착용

정답 ④

027

다음 환자의 손상을 보고 발생가능한 손상기전으로 옳은 것은?

> 손목, 어깨, 빗장뼈 골절

① 발로 착지 ② 전면 추락
③ 후면 추락 ④ 두부 추락

028

화상과 관련된 설명으로 옳은 것은?

① 1도 화상이라도 화상의 면적이 넓다면 저체액성 쇼크에 빠질 수 있다.
② 일반적으로 전압과 전류량이 높을수록 더욱 심한 화상을 입고, 직류는 교류보다 심한 화상을 입힌다.
③ '9의 법칙'을 적용하여 화상의 범위를 파악할 때 성인의 머리는 9%, 소아의 머리는 18%이다.
④ 성인의 중증도 분류에서 체표면적 25% 이상의 2도 화상인 10세 이상 50세 이하의 환자는 중등도로 분류할 수 있다.

출제 키워드: 화상의 분류
기본서 다시보기: 응급처치학개론 p.323

해설 ① 넓은범위의 화상의 경우 체액소실이 빠르게 발생할 수 있어 저체액성 쇼크에 빠질 수 있다.
② 교류는 직류보다 충격이 심하다.
③ 영아 머리가 18%이고, 소아환자는 14%이다.
④ 성인의 중증도 분류에서 체표면적 25% 이상의 2도 화상인 10세 이상 50세 이하의 환자는 중증환자로 분류 할 수 있다.

핵심 개념 리마인드

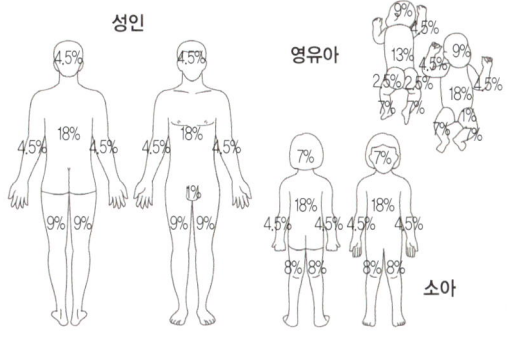

정답 ①

출제 키워드: 추락사고
기본서 다시보기: 응급처치학개론 p.232

해설 ② 추락 사고는 추락 높이, 추락 지점의 소재 및 강도, 추락 당시의 신체적 충격 부위에 따라 손상의 정도와 부위가 다를 수 있으며, 전면으로 추락할 경우 손목, 어깨, 빗장뼈 골절이 발생할 수 있다.

핵심 개념 리마인드
앞으로 넘어짐: 손목, 어깨, 빗장뼈 부위에 골절
뒤로 넘어짐: 골반, 흉부, 두부 손상
발로 착지: 발뒤꿈치뼈, 다리, 넙다리뼈, 요추를 타고 올라감
경로를 따라 발생하는 골절은 흔하게 일어나는 추락 유형이다.

정답 ②

029

다음 저혈량성쇼크에 대한 설명 중 실혈반응에 대한 내용으로 옳지 않은 것은?

① 심장과 호흡기능 유지를 위한 뇌부분의 혈류량 증가
② 심박동 증가와 혈관수축
③ 소화기계 혈류량 감소
④ 염분과 수분 보유기능 저하로 신장기능 저하

출제 키워드: 쇼크의 증상과 징후
기본서 다시보기: 응급처치학개론 p.233

해설 ① 심장과 호흡기능 유지를 위해 뇌부분의 혈류량은 감소한다.

핵심 개념 리마인드

기관	실혈 반응	증상 및 징후
뇌	• 심장과 호흡기능 유지를 위한 뇌 부분의 혈류량 감소	• 의식 변화 – 혼돈, 안절부절, 흥분
심혈관계	• 심박동 증가, 혈관수축	• 빠른호흡, 빠르고 약한 맥박 • 저혈압, 모세혈관 재충혈 시간 지연
위장관계	• 소화기계 혈류량 감소	• 오심/구토
콩팥	• 염분과 수분 보유 기능 저하	• 소변생산량 감소, 심한 갈증
피부	• 혈관 수축으로 인한 혈류량 감소	• 차갑고 창백하며 축축한 피부, 청색증
팔·다리	• 관류량 저하	• 말초맥박 저하, 혈압 저하

정답 ①

030

트레일러 운전자로 후방충돌로 인하여 호흡 시 흉부 통증과 함께 등의 가운데로 통증이 확대되고 있으며 삼키는 것이 힘들고 고통스러워 하며 목 아래쪽 주변에 피하기종이 보이고 있다. 이 환자에게 나타낼 수 있는 진단명으로 옳은 것은?

① 외상성 식도파열
② 가로막파열
③ 기관기관지 손상
④ 외상성질식

출제 키워드: 외상성 식도파열
기본서 다시보기: 응급처치학개론 p.274

해설 ① 원인
▶ 다른 종격동 손상과 함께 발생하는 것으로 드물게 발생(0.4%)하는 흉부 무딘손상의 합병증
▶ 격렬한 구토, 암, 해부학적 이상, 위 역류 등 내과적 문제로 인해 유발될 수도 있음
▶ 식도파열로 인한 사망률은 증상을 조기 발견하는 경우라 해도 30% 이상이며 조기 발견하지 못 하는 경우 사망률이 더욱 높아짐
② 증상
▶ 식도파열은 심각한 감염이나 화학적 자극 혹은 중증 종격구조 손상으로 이어짐
▶ 흉부중앙에 깊은 관통상이 발생하였을 가능성이 높음
▶ 삼키는 것이 힘들고 고통스러우며, 호흡시 흉부 통증, 등의 가운데로 통증이 확대될 수 있음
▶ 목 아래쪽 주변에 피하기종(피부밑공기증)을 보일 수도 있음
③ 처치
▶ 양압환기 도중 공기가 식도 파열을 통해 종격에 유입될 수 있어 주의해야 함

정답 ①

031

교통사고 충돌 유형 중 탑승자에게 가해지는 충격이 가장 적을 수 있다. 충돌의 힘이 차체의 무게 중심에 가해지지 않을 수 있으며, 정지하지 않아 받는 피해가 덜 할 수 있다. 탑승자의 제동거리가 다른 충돌에 비해 길어지고 감속 시간이 더욱 길어지기도 한다. 이러한 충돌에 해당하는 것은?

① 전방 충돌 ② 측면 충돌
③ 회전 충돌 ④ 후방 충돌

📝 출제 키워드 　　　　　　　　　　　　　　회전손상

📁 기본서 다시보기 　　　　　　　응급처치학개론 p.233

해설 ③ 사고 차량은 즉시 움직임을 멈추는 대신 원래 차선에서 밀려나는 경우가 많다. 회전 충돌이 중상을 야기할 수 있지만, 차량의 손상으로 짐작할수 있는 외상의 수준보다 경미한 경우도 많다.

핵심 개념 리마인드 회전손상
자동차가 비스듬하게 충돌을 받을 때 충격의 힘에 의하여 차량이 회전할 수 있음
: 정면과 측면 손상의 양상과 유사
: 차량 손상의 정도보다 환자 손상이 덜한 경우가 많음

정답 ③

032

방사선 손상에 대한 설명으로 옳은 것은?

① 조사된 양과 상관없이 증상 발현 시간은 동일하다.
② 국소적 피폭 사례보다는 전신 피폭 사례가 많으며, 피폭 시 사망할 수 있음을 유의해야 한다.
③ 손상 정도는 방사선 종류, 거리, 선량의 분포, 피폭 기간에 영향을 받는다.
④ 국소 손상에 대한 치료는 쉽고 단시간에 완치가 가능하며 노출 후 4~24시간 욕지기, 구토, 경련성 복통혈액이 섞인 설사, 창자의 허혈, 전신적인 감염 증상이 안 나타나면 손상이 발생하지 않은 것이다.

📝 출제 키워드 　　　　　　　　　　　　　　방사선 손상

📁 기본서 다시보기 　　　　　　　응급처치학개론 p.332

해설 ③ 손상 정도는 방사선 종류, 거리, 선량의 분포, 피폭 기간에 영향을 받는다.
방사선 양에 따라 증상 발현 시간이 다르며(많을수록 발현시간 빨리 나타남) 조사량이 높을수록 빨리 사망하며 피복 사례보다 국소적 사례가 더 많다.
국소적 손상이라 할지라도 치료가 어려우며 시간이 오래걸린다.

핵심 개념 리마인드
증상 및 징후
▶ 방사선 노출은 세포, 위장관, 골수에 취약함
▶ 골수가 방사선에 노출되면 백혈구와 혈소판 생산을 못하게 됨
　→ 감염과 출혈성 합병증을 대응하지 못해 사망에 이르게 될 수 있음
▶ 노출 후 4~24시간 욕지기, 구토, 경련성 복통혈액이 섞인 설사, 창자의 허혈, 전신적인 감염
▶ 방사선 노출 후 수년, 수십년 후에도 암 등의 부작용이 나타날 수 있음
　→ 콩팥기능상실을 예방하기 위해서는 과감한 수액 공급이 필요

정답 ③

033

인테리어 공사중인 장소에서 전등공사 중 사다리에서 추락했다는 신고를 받고 출동하였다. 환자 호흡과 맥박이 없었다. 이 환자에게 발생했을 문제에 대한 처치 및 설명으로 옳지 않은 것은?

① 호흡중추의 손상, 지속적인 호흡근 및 횡격막의 수축, 감전 후 발생하는 근육 마비로 인하여 호흡마비가 발생할 수 있다.
② 횡문근융해증이 발생하면 급성 심부전을 일으킬 수 있다.
③ 소변을 잘 확인하여 맑은 소변이 나올 때까지 수액처치를 시행해야 한다.
④ R-on-T 현상으로 심실세동이 발생할 가능성이 크므로 심전도 감시에 유의해야 한다.

📋 출제 키워드 　　　　　　　　　　　　　전기화상

📖 기본서 다시보기 　　　　　　응급처치학개론 p.329

해설 ② 횡문근융해증이 발생하면 급성 신부전을 일으킬 수 있는 마이오글로빈뇨를 배출하기에 환자의 소변이 검붉은색으로 관찰될 수 있으며, 검붉은색 소변을 본다면 혈색소가 있다고 가정해야 하고, 이 때문에 소변을 잘 확인하여 맑은 소변이 나올 때까지 수액처치를 시행해야 한다.

핵심 개념 리마인드
횡문근융해증은 근육이 괴사되면서 세포 안에 있는 근육 성분이 혈액으로 방출되면서 나타나는 증후군이다.
혈액내 칼륨의 증가 → 심부정맥 유발 가능

 ②

034

다음 고공병 중 급성 고산병에 대한 설명으로 옳지 않은 것은?

① 주로 2,400m 이상에서 발생하는 것이 일반적이다.
② 협심증, 울혈성심부전, 만성폐쇄성폐질환, 고혈압과 같은 기존 증상이 악화될 수 있다.
③ 고지대로의 이동을 중단하고, 저지대로의 이동하는 것이 치료방법이다.
④ 고지대에서 혈류의 변화로 인한 폐압 상승 및 고혈압에 의하여 발생할 수 있다.

📋 출제 키워드 　　　　　　　　　　　　　고공병

📖 기본서 다시보기 　　　　　　응급처치학개론 p.349

해설 ④ 고지대에서 혈류의 변화로 인한 폐압 상승 및 고혈압에 의하여 발생할 수 있다. → 고지대 폐부종에 대한 설명이다.

핵심 개념 리마인드 **고공병**
▶ 주변 기압의 감소로 발생 → 고도가 높으면 산소는 감소
▶ 협심증, 울혈성심부전, 만성폐쇄성폐질환, 고혈압과 같은 기존 증상 악화
▶ 증상 및 징후: 불안감, 식욕부진, 두통, 수면장애, 호흡 장애(운동시 증가) 등
　- 2,400m 이상에서 발생하는 것이 일반적임
　- 매우 고지대(3,450~5,400m)인 경우, 운동 혹은 수면시 극심한 저산소증
　- 5,400m 이상의 매우 높은 극단적 고도에서는 거의 모든 사람이 중증 질환을 앓게 됨
㉮ 급성 고산병(Acute Mountain Sickness)
　▶ 일반적으로 2,000m 이상의 고도를 급히 오를 때 기후적응을 하지 못한 사람에게 나타남
　▶ 더 높이 올라가지 않을 경우 대개 1~2일이 지나면 좋아짐
　　㉠ 증상 및 징후: 고지대에 오른 후 6~24시간 이내에 발생

가벼운 징후	더 높이 올라갈 경우
• 가벼운 현기증 • 숨이 가쁨 • 쇠약감 • 두통 • 오심 및 구토	• 쇠약감(식사 및 옷입기에 도움필요) • 중증 구토증세 • 소변량 감소 • 가쁜 호흡 • 의식상태 변화

　　㉡ 처치: 고지대로의 이동중단, 저지대로의 이동
　　　▶ 필요시 아세타졸아마이드(Diamox)나 온단세트론(Zofran)과 같은 항구토제 복용
　　　▶ 보조산소요법을 통해 증상을 완화시킬 수는 있지만, 이는 중증도가 심할 경우에만 조치
　　　▶ 중증 고공병의 경우, 고압산소의 투여가 필요

 ④

035

갈비뼈 골절시 기관기관지분지 손상, 대동맥 파열, 기타 혈관 손상 등 흉부 내부의 중증 손상 원인이 되는 곳은?

① 상부 1 ~ 3번 갈비뼈
② 4 ~ 8번 갈비뼈
③ 9 ~ 12번 갈비뼈
④ 모든 갈비뼈 골절이 포함

출제 키워드 : 갈비뼈 골절

기본서 다시보기 : 응급처치학개론 p.271

해설 ① 상부 갈비뼈는 빗장뼈로 단단하게 지지받고 있지만 골절시 기관기관지분지 손상, 대동맥 파열, 기타 혈관 손상 등 흉부 내부의 중증 손상 원인이 되어 매우위험하다.

핵심 개념 리마인드 갈비뼈 골절(Rib fracture)

대부분 직접적인 외부 충격이나 압박에 의하여 발생

- 상부 1~3번 갈비뼈 : 어깨뼈와 빗장뼈에 의하여 보호
  → 기관기관지분지 손상, 대동맥 파열, 기타 혈관 손상 등 흉부 내부의 중증 손상 원인
- 4~8번 갈비뼈 : 작은 충격에도 골절이 발생할 수 있음
- 9~12번 갈비뼈 : 길이도 짧고 유연성이 크므로 골절이 일어나는 경우가 흔치 않음
  → 중증 외상이나 지라 혹은 간 손상과 연관
- 소아환자 : 갈비뼈 골절이 흔하지 않지만 내부 장기 손상 발병률은 증가
- 노인환자 : 갈비뼈가 석회화되어 유연성이 떨어져 쉽게 골절됨
- 골절 부위에서는 갈비뼈 변형, 타박상이나 열상을 발견할 수 있는 경우도 많음
  : 심호흡, 기침 또는 운동 시 심한 통증을 느끼게 되므로, 환자는 얕고 빈번하게 호흡 시행
  - 단순 골절 : 환자가 편안한 자세를 취하게 하고 통증조절 및 기도유지와 산소 투여를 시행
  - 다발성 골절 : 삼각건으로 고정하며 병원으로 이송
- 아산화질소(nitrous oxide)는 공기가슴증이나 긴장성 공기가슴증 부위에 가스가 유입되어 상태를 악화시킬 수 있기 때문에 흉부 외상에서의 사용은 금기

정답 ①

036

다음 뇌출혈의 종류로 옳은 것은?

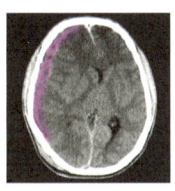
- 소정맥혈관의 파열로 인해 발생
- 매우 느리게 진행

① 경질막 밑 혈종
② 거미막 밑 출혈
③ 경질막 바깥 혈종
④ 실질 혈종

출제 키워드 : 두개내출혈

기본서 다시보기 : 응급처치학개론 p.261

해설 ① 경막하출혈은 소정맥혈관의 파열로 발생하며 매우 느리게 진행된다. 병원전 환경에서는 발견하기 쉽지 않은 경우가 종종 있다.

핵심 개념 리마인드

두개내출혈		
	경질막 바깥 혈종 - 중간 뇌동맥 출혈 - CT상 볼록렌즈 - 루시드인터벌	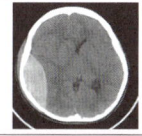
	거미막 밑 출혈 - CT상 별 모양 - 극심한 두통 야기	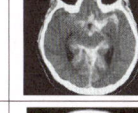
	경질막 밑 혈종 - 소정맥 혈관 파열 - CT상 오목렌즈 - 매우 느리게 진행되어 징후가 매우 흐릿하게 나타남	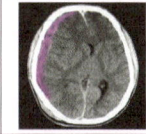
	뇌실질 혈종 - 혈액 손실은 보통 최소량이지만 예후가 가장 안 좋음	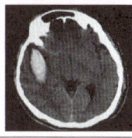

정답 ①

037

심장눌림증환자에게 나타날 수 있는 증상들 중 옳지 않은 것은?

① 모순맥박
② 교대맥
③ 쿠스마울 징후
④ 쿠싱 3징후

📧 출제 키워드　　　　　　　　　　심장눌림증

📖 기본서 다시보기　　　　　응급처치학개론 p.279

해설 ④ 모순맥박, 교대맥, 쿠스마울 징후는 심장눌림증에 나타나는 징후이다.
쿠싱 3징후: 혈압 상승, 맥박 감소, 불규칙한 호흡

핵심 개념 리마인드　**심장눌림증(cardiac tamponade)**
① 정의
　심장을 둘러싸고 있는 심낭(pericardium)으로 혈액이나 액체가 유입되어 심장을 압박하는 것
② 발생기전
　▶ 가슴 손상 시에 심장이나 혈관 손상으로 인하여 출혈된 혈액이 심낭으로 유출
　▶ 심장이 계속 박동함에 따라서 유출되는 혈액은 점차 증가
　　: 손상으로 인하여 심낭으로 유출된 혈액이 50mL라도 심장눌림증 유발
③ 증상
　▶ 심음이 매우 약하며, 맥박이 약하고 빠르게 촉진
　▶ 맥압 차가 좁아짐: 혈압이 저하되며 수축기압과 이완기 압력의 차이가 좁아짐
　　⇨ ┌ 모순맥박: 들숨 시 수축기압이 10mmHg 이상 저하됨
　　　 └ 교대맥박: 강/약 맥박이 번갈아가며 나타남
　▶ 쿠스마울징후: 들숨 시 목정맥이 팽대
④ 처치
　병원전 단계에서는 산소 투여와 정맥환류 증가를 위한 수액 투여를 진행하며 빠르게 환자를 이송

 ④

038

아나필락시스는 급성 알러지 반응으로 현장에서 구급대원의 빠른 처치가 필요한 질환이다. 이때 사용되는 약물에 대한 설명 중 옳은 것은?

① 알레르기 반응과 아나필락시스의 치료에 가장 흔히 사용되는 항히스타민제는 디펜하이드라민으로 1차적 치료제로 사용된다.
② 에피펜을 사용할 경우 성인과 소아 모두 용량이 동일하게 0.3mg을 사용한다.
③ 글루카곤은 중증의 아나필락시스 발생 시 첫 번째 투여한 약물의 반응이 없다면 두 번째 약물로 선택할 수 있으며 1~2mg IV로만 주입할 수 있다.
④ 디펜하이드라민 투여시 성인용량 25~50mg, IV(1분에 걸쳐 천천히 투여)/IO/IM 할 수 있다.

📧 출제 키워드　　　　　　　　아나필락시스의 치료

📖 기본서 다시보기　　　　응급처치학개론 p.321

해설 ① 아나필락시스의 1차적 치료제는 에피네프린(민무늬 평활근 이완으로 기관부종 완화)이다.
② 에피펜을 사용할 경우 성인은 0.3mg, 소아는 0.15mg을 사용한다
③ 글루카곤은 에피네프린이 반응이 없다면 5분마다 IV/IM 동시에 사용 가능하다.

핵심 개념 리마인드　**아나필락시스**
▶ 외부 물질이 유입되어 히스타민의 대량 방출을 유발하는 일종의 알레르기에 의한 면역성 반응
▶ 기도부종이 증상과 징후 중 가장 중증이며, 주로 얼굴, 혀, 입술 주변에서 부종 관찰
▶ 근육주사(5분마다 반복 투여 가능)

나이	투여량(1:1,000 용약 주사량)
12세 이상	0.5mg(0.5mL)
6세부터 12세	0.3mg(0.3mL)
6세 미만	0.15mg(0.15mL)

▶ 정맥주사 1 : 10,000의 0.3 ~ 0.5mg / 소아 체중 kg당 0.01mg (0.01mg/kg)
▶ 자동주입펜: 허벅지의 중간 1/3 부위의 전외측면에 에피네프린을 근육주사(성인 0.3mg, 소아 0.15mg)
　: 자동주입펜을 처방받아 직접 소지하고 있는 환자

 ④

039

건물 5층에서 추락한 환자에게 발 마비, 배꼽 이하의 감각 상실이 나타났다. 이 환자에게 손상이 발생한 부위로 옳은 것은?

① 5~6번 목뼈
② 6~7번 목뼈
③ 2~4번 가슴뼈
④ 9~11번 가슴뼈

📝 출제 키워드 근골격계 손상시 나타나는 증상과 징후

📖 기본서 다시보기 응급처치학개론 p.286

해설 ④ 발 마비, 배꼽 이하의 감각 상실은 9~11번 가슴뼈 손상에서 나타나는 증상이다.

핵심 개념 리마인드

손상의 위치	영향
1~5번 목뼈	호흡을 담당하는 근육과 팔 및 발 근육의 마비. 보통 치명적
5~6번 목뼈	발 마비, 팔의 굽힘 기능 저하
6~7번 목뼈	발과 손목관절 및 손의 마비, 어깨의 움직임과 아래팔관절의 굽힘이 비교적 보존됨
8번 목뼈~1번 가슴뼈	발 및 상체의 마비, 눈꺼풀이 처짐, 이마 발한 기능 손실(Horner's syndrome), 비교적 정상적인 팔, 손의 마비
2~4번 가슴뼈	발 및 상체의 마비, 젖꼭지 이하의 감각 상실
5~8번 가슴뼈	발 및 아래다리의 마비, 가슴우리 이하의 감각 상실
9~11번 가슴뼈	발 마비, 배꼽 이하의 감각 상실
12~1번 허리뼈	샅고랑 이하의 마비 및 감각 상실
2~5번 허리뼈	다양한 형태의 하지근력 저하와 감각 둔화

정답 ④

040

외상성 질식에 대한 설명으로 옳지 않은 것은?

① 큰 압력이 흉부에 가해졌을 때 발생한다.
② 두부와 경부의 정맥 및 모세혈관에 충혈을 일으키면서, 피부가 적색, 자주색, 청색으로 변하게 된다.
③ 산소포화도를 빠르게 확인하여 호흡적 보조를 행해야 한다.
④ 외상성 질식 환자는 두부 및 경부 변색, 얼굴이 부어 오름, 안구 팽창, 결막하 출혈 등과 같은 모습을 보인다.

📝 출제 키워드 외상성질식

📖 기본서 다시보기 응급처치학개론 p.275

해설 ③ 외상성 질식은 심한 압력이 흉부에 가해져 오른쪽 심장에서 혈액이 상대정맥, 상지의 정맥으로 역류하면서 일어나기에 호흡의 문제가 아닌 혈관의 문제이다.

핵심 개념 리마인드

기관기관지 손상	원인: 관통상, 무딘손상 증상: 청색증, 객혈, 대형 피하기종, 호흡곤란을 동반한 공기가슴증, 긴장성 공기가슴증 처치: 공기가슴증 발생 시 바늘감압술 시행
외상성 식도 파열	원인: 흉부중앙에 깊은 관통상 증상: 연하곤란, 호흡 시 흉부 통증, 등의 가운데로 통증 확대, 목 아래쪽 주변에 피하기종 발생 처치: 양압환기 도중 공기가 식도 파열을 통해 종격에 유입될 수 있어 주의
가로막 파열	원인: 관통상, 무딘손상 증상: 호흡곤란, 저산소증, 저혈압, 목정맥 팽대, 복부는 속이 텅 비어있고, 흉부의 한 쪽(주로 왼쪽)에서 장음 청진 : 복부 장기들이 가로막의 결손부를 통해 흉강으로 탈장 → 잘룩창자(colon)의 꼬임(옥죄임) 또는 괴사, 동측 폐의 제한, 종격동의 이동 발생

정답 ③

041

외상환자 손상시 처치 및 이송에 대한 우선순위 선정을 위하여 '손상 환자 현장 분류 기준 지침서'를 질병 통제센터에서 발표했다. 이 기준에 따라 손상의 신체검사 소견에 따른 항목에 해당하지 않는 것은?

① 동요가슴 ② 골반 골절
③ 성인 6m 초과 낙상 ④ 마비

📝 출제 키워드 　　　　　손상 환자 현장 분류 기준 지침서

📖 기본서 다시보기 　　　　　응급처치학개론 p.354

해설 ③ 성인 6m 초과 낙상은 손상기전과 고에너지 충돌 분석적 기준에 해당한다.

핵심 개념 리마인드 　중증외상의 기준

중증외상의 기준	생리학적 기준	• AVPU 의식수준 V 이하 또는 글라스고우 혼수척도 ≤ 13 • 수축기 혈압 < 90mmHg • 분당 호흡수 < 10 혹은 > 29 　: 1세 미만의 영아 → 분당 20회 미만
	신체 검사 소견에 따른 기준	• 관통 또는 자상(머리, 목, 가슴, 배, 상완부, 대퇴부) • 동요가슴(flail chest) • 두 개 이상의 근위부 긴뼈 골절 • 압궤(crushed), 벗겨진(degloved), 썰린(mangled) 사지, 맥박이 소실 된 사지 • 손목, 발목 상부의 절단 • 골반 뼈 골절 • 열린 또는 함몰 두개골 골절 • 마비
	손상기전에 따른 기준	• 추락 　- 성인 6m 이상 건물 3층 높이 이상 　- 소아 3m 이상 건물 2층 높이 이상, 아이의 키의 2~3배 이상 높이에서 추락 • 고위험 교통사고 　- 차체 눌림 찌그러짐 45cm 이상, 탑승자 위치에 30cm 이상 들어옴 　- 자동차에서 이탈(퉁겨져 나감) 　- 동승자의 사망 　- 차량 전복 • 자동차 – 보행자/자전거 충돌로 나가떨어짐, 치임 또는 시속 30km 이상의 속도로 충돌함 • 오토바이 시속 30km 이상의 속도 • 폭발에 의한 직접적 영향

정답 ③

042

인체는 여러 가지 방법으로 체온 소실이 발생한다. 신생아가 태어나자마자 몸의 수분을 제거해주는 것은 어떠한 체온 소실과정을 방지해주는 것인가?

① 대류 ② 전도
③ 복사 ④ 기화

📝 출제 키워드 　　　　　체온의 소실 과정

📖 기본서 다시보기 　　　　　응급처치학개론 p.333

해설 ④ 액체가 기체가 되면서 주변의 열에너지를 흡수하기 때문에 신생아가 태어나자마자 몸의 수분을 제거해주어 기화가 되는 것을 방지하기 위함이다.

핵심 개념 리마인드

㉮ **복사**
인체로부터 파장과 복사선 형태로 에너지 방사
▶ 열은 물체가 서로 접촉하지 않더라도 따뜻한 물체에서 차가운 물체로 이동
　ex 옷을 입지 않거나 단열되지 않은 신체 부분이 추운 환경에 노출되었을 때 발생
　　: 주로 아무것도 걸치지 않은 머리에서 가장 많이 발생
　　: 한 겨울 밖에서 작업을 진행하는 직업군에서 많이 발생
　　　→ 현장에서 오랜시간 구조작업을 진행하는 소방대원들에게 많이 발생
　　: 겨울철 야외스포츠를 즐기는 사람들에게 많이 발생

㉯ **전도**
차가운 물체에 직접 접촉됨으로써 발생
▶ 차가운 물에서는 열 손실이 대기보다 약 25배 빠르게 진행
　ex 환자가 차가운 바닥에 누워있을 때 종종 일어남

㉰ **대류**
차가운 공기흐름으로 발생하며 주로 바람이 많이 부는 환경에서 발생
▶ 바람이 인체 주위에 따뜻하게 형성된 공기층을 밀어내면서 생김
　ex 야외 활동이 많은 사람에게서 일어남

㉱ **기화**
액체가 기체가 되면서 발생하며 따뜻하고 축축한 호흡을 내쉬면서 발생
▶ 공기 중 습도가 75% 이상일 경우 증발이 이루어지지 않음
▶ 환자는 종종 위에 언급한 기전들이 복합적으로 작용
　ex 땀이 증발하면서 일어남
　　: 열이 손실되며 열 손실은 주위 환경, 노출 시간, 환자가 입고 있는 정도에 따라 달라짐
▶ 신생아의 경우 피부에 묻어 있는 양수와 기타 액체로 인한 기화현상이 발생
　: 큰 머리에서의 복사로 인해 열 손실 위험이 큼
　→ 신생아의 경우 열 손실을 막기 위해서는 태어나자마자 몸의 수분을 제거하고 신생아 모자 등을 이용해 머리를 감싸야 함

정답 ④

043

다음 중 중증의 화상에 해당하는 환자를 모두 고른 것은?

> 가. 체표면적 8%의 2도 화상인 환자
> 나. 체표면적 22%의 2도 화상인 8세 환자
> 다. 체표면적 5%의 3도 화상인 환자
> 라. 체표면적 11%의 3도 화상인 환자

① 가, 다
② 가, 나, 다
③ 나, 라
④ 나, 다, 라

출제 키워드 화상의 중증도 분류

기본서 다시보기 응급처치학개론 p.326

해설 ③ 가. 환자는 체표면적 10% 미만의 2도 화상 환자에 해당하므로 경증에 해당한다.
나. 환자는 체표면적 20% 이상의 2도 화상인 10세 미만 환자에 해당하므로 중증에 해당한다.
다. 환자는 체표면적 2% 이상, 10% 미만의 3도 화상 환자에 해당하므로 중등도에 해당한다.
라. 환자는 체표면적 10% 이상의 3도 화상인 환자로 중증에 해당한다.

핵심 개념 리마인드

중증도 분류	화상 깊이 및 화상 범위
중증	• 흡인화상이나 골절을 동반한 화상 • 손, 발, 회음부, 얼굴화상 • 체표면적 10% 이상의 3도 화상인 모든 환자 • 체표면적 25% 이상의 2도 화상인 10세 이상 50세 이하의 환자 • 체표면적 20% 이상의 2도 화상인 10세 미만 50세 이후의 환자 • 영아, 노인, 기왕력이 있는 화상환자 • 원통형 화상, 전기화상
중등도	• 체표면적 2% 이상, 10% 미만의 3도 화상인 모든 화상 • 체표면적 15% 이상, 25% 미만의 2도 화상인 10세 이상 50세 이하의 환자 • 체표면적 10% 이상, 20% 미만의 2도 화상인 10세 미만 50세 이후의 환자
경증	• 체표면적 2% 미만의 3도 화상인 모든 환자 • 체표면적 15% 미만의 2도 화상인 10세 이상 50세 이하의 환자 • 체표면적 10% 미만의 2도 화상인 10세 미만 50세 이후의 환자

정답 ③

044

후방충돌 시 가장 일반적으로 손상되기 쉬운 해부학적 부위는?

① 머리
② 목
③ 가슴
④ 골반

출제 키워드 손상기전

기본서 다시보기 응급처치학개론 p.233

해설 ② 목은 관성의 법칙으로 인해 후방충돌 시 채찍증후군(whiplash syndrome) 등 손상받기 쉬운 부위이다.

핵심 개념 리마인드 충돌 시 손상 부위

- **머리**: 전방충돌, 후방충돌, 측면충돌 시 손상
- **목**: 전방충돌, 후방충돌, 측면충돌 시 손상, 후방충돌에서 손상이 흔함
- **가슴**: 전방충돌, 후방충돌, 측면충돌 시 손상, 전방충돌 시 상향 이동 및 하향 이동에 의해 손상 위험이 특히 큼
- **사지**: 전방충돌, 측면충돌 시 손상, 측면충돌에 의한 손상이 증가함
- **골반**: 전방충돌, 측면충돌 시 손상

정답 ②

045

교통사고 후 왼쪽 가슴의 통증을 호소하고 있는 환자를 평가하고 있다. 환자의 혈압은 80/60 mmHg, 맥박은 125회/분, 신체검진상 목정맥이 팽대되어 있으며, 왼쪽 가슴 부위에 찰과상이 관찰되었다. 가슴 청진상 왼쪽 폐의 호흡음이 감소되어 있었으며, 심음은 오른쪽 복장뼈 부위에서 가장 크게 들린다. 임상적으로 가장 의심되는 상황은?

① 심장눌림증(심낭압전)
② 심장좌상
③ 긴장성 공기가슴증
④ 혈액가슴증(혈흉)

출제 키워드 : 가슴 손상의 합병증
기본서 다시보기 : 응급처치학개론 p.276

해설 확인해야 할 점은 오른쪽에서 들리는 심음, 저하된 혈압과 증가된 맥박수, 목정맥 팽대, 통증을 호소하고 있는 위치의 호흡음 감소이다.

① 가슴손상 시 심장이나 혈관 손상으로 인하여 심낭으로 혈액이나 액체가 유입되어 심장을 압박하는 것이 심장눌림증이다. 심장박동에 따라 유출된 혈액이 증가하고, 심음은 약해지고 맥박은 약하고 빠르게 촉진된다. 수축기압과 이완기 압력의 차이가 좁아져 맥압의 차가 작아지고 목정맥이 팽대되는 현상이 나타난다.
② 가슴의 둔상으로 인해 심장에 물리적 충격이 전달되어 유발된다. 전도계 장애가 유발되기 때문에 출혈이나 호흡 곤란의 소견은 없으나 부정맥 소견이 있을 수 있다.
③ 가슴 안에 공기가 계속 축적되면서 폐가 완전히 허탈되고, 가로막이 밀리면서 종격동이 밀리거나 심장이 아예 반대편으로 전이되는 경우가 있다. 공기압에 의해 심장이 눌리면서 대정맥을 통하여 심장으로 유입되는 혈액이 감소된다. 특징은 급격히 악화되는 호흡 곤란, 목정맥 팽대, 청색증 등이 있다.
④ 흉벽의 혈관손상, 가슴의 대혈관 손상, 폐손상 등이 원인으로 가슴막 안으로 혈액이 유입되어 축적된다. 축적된 혈액이 많아지면 폐가 눌리거나 허탈되면서 호흡기능이 저하된다.

혈액가슴증의 증상과 징후는 공기 가슴증과 비슷하지만 혈압이 급격히 저하될 수 있다는 것이 다르다. 혈압이 감소하고 목정맥이 팽대의 현상을 보이는 점에서 심장눌림증과 헷갈릴 수 있다. 비교해야 할 점은 한쪽 폐의 호흡음감소이다. 폐 안에 축적된 공기의 양이 많아지면서 손상된 폐의 허탈이 일어나고 그에 따라 호흡음이 감소했을 것으로 추측할 수 있으며 쌓여진 공기의 양이 많아지면서 대동맥을 압박하게 되어 혈압이 저하되고 보상기전으로 심장이 빠르게 뛰어 맥박이 빨라졌음을 알 수 있다. 또한 종격동이 밀려 왼쪽에서 들려야 할 심음이 오른쪽에서 들리게 된다. 따라서 지문의 환자는 긴장성 공기 가슴증이 의심된다.

정답 ③

046

평평한 목정맥, 한쪽 폐음이 들리지 않고 가슴부 타진 시 둔탁한 소리가 들렸다. 어떤 손상을 의심할 수 있는가?

① 혈액가슴증(혈흉)
② 긴장성 공기가슴증
③ 심장타박상
④ 심장눌림증

출제 키워드 : 가슴 손상
기본서 다시보기 : 응급처치학개론 p.277

해설 이 지문에서 확인해야 할 환자의 증상은 평평한 목정맥, 한쪽에서 들리지 않는 폐음, 가슴부의 타진 시 둔탁음이다.

① 한쪽에서 들리지 않는 폐음은 혈액가슴증에서 혈액의 축적이나, 긴장성 공기가슴증에서 공기의 축적에 의한 폐허탈 상황에서 확인할 수 있다. 비교해야 할 점은 평평한 목정맥과 타진 시 둔탁음이다. 긴장성 공기 가슴증은 목정맥 팽대가 특징이며 타진 시 폐 안에 공기가 차있기 때문에 타진 시 과도 공명음이 들린다. 따라서 지문의 환자는 혈액가슴증(혈흉)이 의심된다.

핵심 개념 리마인드

	긴장성 공기가슴증	혈액가슴증(혈흉)	심장눌림증(심낭압전)
기관 편위	★ ○	-	-
목정맥 팽대	○	★ 수축	○
심음 감소	-	-	★ ○
타진	과도 공명음	탁음	-
폐음	청진불가 혹은 감소	청진불가 혹은 감소	변동 없음 단, 심박출량이 적절하지 않아 호흡곤란 발생
맥박, 혈압	약하고 빠른 맥박, 저혈압	약하고 빠른 맥박, 저혈압	약하고 빠른 맥박, 저혈압
특징	청색증, 종격동이동	청진시 호흡음이 멀게 느껴짐	모순맥박, 교대맥박, 쿠스마울징후(들숨시 목정맥팽대)
처치	바늘감압술	수액투여	산소 투여, 정맥환류 증가를 위한 수액 투여, 심낭천자

정답 ①

047

그림과 같은 손상을 입은 환자의 평가와 처치에 대한 올바른 설명은?

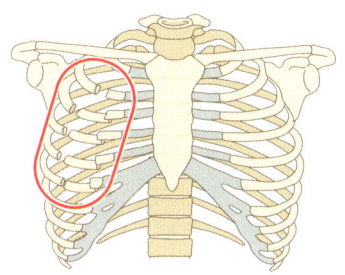

① 단순 갈비뼈 골절이므로 가슴부에 고정대를 착용해주면 된다.
② 갈비뼈 골절로 분절이 생겼으나 한쪽에 발생했으므로 정상적인 흉벽의 움직임이 나타날 것이다.
③ 심각한 골절이나 골절 외에 다른 동반손상은 발생하지 않는다.
④ 백밸브 마스크 장비를 이용하여 양압환기를 시행한다.

📝 출제 키워드　　　　　　　　　　　　　　　　가슴 손상

📖 기본서 다시보기　　　　　　　　　　응급처치학개론 p.272

해설 ① 동요가슴은 늑골이 3개 이상 골절되고 각각의 늑골이 2곳 이상의 부위에서 골절되는 경우로 다발성 갈비뼈 골절이다. 척추 고정이 필요하지 않은 경우 환자를 손상된 쪽으로 눕히고, 척추 고정이 필요한 경우 크고 두꺼운 붕대로 동요가슴 분절을 고정시킨다.
② 들숨보다 날숨 때에 흉벽이 부풀어 오르는 기이성 운동을 보인다.
③ 아래의 폐에도 유사한 충격이 가해져서 폐타박상이 동반되는 경우가 많다.
④ 양압환기는 동요가슴 분절을 고정하고 무기폐를 팽창시키는 역할을 하여 안정될 수 있도록 한다.

핵심 개념 리마인드

| 동요가슴 | 증상: 모순운동(흡기 때에 흉벽보다 부풀어 오르는 기이성 운동), 호흡저하, 청색증
처치: BVM으로 양압환기, 연가양 분절을 단단히 지지 | 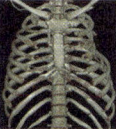 |

정답 ④

048

심장음의 감소, 목정맥의 팽대, 저혈압이 나타나는 환자에게서 양쪽 폐음은 정상으로 확인된다. 의심되는 상황은?

① 혈액가슴증(혈흉)
② 심장눌림증(심장압전)
③ 긴장성 공기가슴증
④ 폐색전증

📝 출제 키워드　　　　　　　　　　　　　　　　가슴 손상

📖 기본서 다시보기　　　　　　　　　　응급처치학개론 p.279

해설 ② 심장눌림증과 혼동될 수 있는 긴장성 공기 가슴증은 축적된 공기로 인한 폐허탈이 발생하여 손상 부위의 폐음이 청진되지 않거나 감소되고, 종격동 이동으로 인해 심장음이 손상 부위 반대편에서 들리게 된다. 따라서 지문의 환자는 심장눌림증(심낭압전)이 의심된다.

핵심 개념 리마인드 **심장눌림증(심장압전)**
심장을 둘러싸고 있는 심낭으로 혈액이나 액체가 유입되어 심장을 압박하는 것을 심장눌림증이라고 한다. 심장눌림증 발생 시 심음이 감소하고 맥박이 약하고 빠르게 촉진되고 맥압의 차가 좁아진다. 특징적으로 목정맥이 팽대되는 현상을 보인다. 이 지문에서는 심장음의 감소, 양쪽 폐음이 정상인 점에 주의한다.

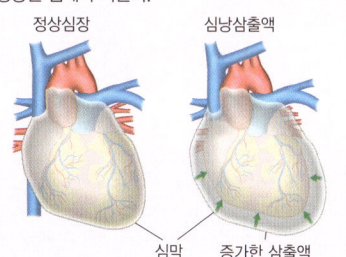

정답 ②

049

복부 장기가 노출된 경우 병원 전 처치로 올바른 것은?

① 복부 장기를 배 안으로 집어넣는다.
② 3면 폐쇄드레싱을 적용한다.
③ 마른거즈 드레싱을 적용한다.
④ 젖은 멸균거즈로 덮고 폐쇄드레싱을 적용한다.

> 출제 키워드 : 복부 손상
> 기본서 다시보기 : 응급처치학개론 p.304

해설 ① 복부 내 장기가 외부로 나와 있는 개방성 배 손상의 경우 외부로 나온 장기에 옷 등이 닿지 않도록 제거하여 노출시키고, 노출된 장기를 다시 집어넣으려는 시도는 하면 안 된다.
② 복부 장기가 노출된 환자는 젖은 거즈로 폐쇄드레싱을 해야 한다. 삼면 폐쇄드레싱은 공기 가슴증 환자에게 적용한다.
③ 습기와 온도 유지를 위해 젖은 거즈로 드레싱한다.
④ 젖은 멸균거즈로 덮고 폐쇄 드레싱을 적용한다.

핵심 개념 리마인드

개방성 배손상	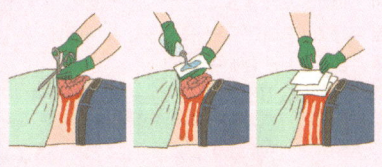

- 상처 부위의 옷 등을 돌출된 장기에 닿지 않도록 제거시켜 손상부위 노출
- 노출된 장기를 다시 집어넣으려 시도하면 안 됨
- 생리 식염수를 적신 멸균거즈로 노출된 장기를 덮고 폐쇄 드레싱
- 배횡와위 자세: 무릎과 엉덩이에 상처가 없을 시 시행

정답 ④

050

보상성 쇼크의 증상 및 징후로 올바른 내용은?

① 환자가 무의식 상태가 된다.
② 맥박수가 증가한다.
③ 호흡이 느려진다.
④ 말초에서 맥박이 촉지되지 않는다.

> 출제 키워드 : 쇼크의 증상
> 기본서 다시보기 : 응급처치학개론 p.315

해설 ① 보상성 쇼크 단계에서 환자가 불안을 느끼고 초조해지는 경향을 보이나, 무의식에 빠지지 않는다. 비보상성 쇼크 단계에서 두뇌의 극심한 저산소증으로 무의식 상태를 볼 수 있다.
② 보상성 쇼크 단계에서 출혈 시 가장 먼저 인식할 수 있는 신체 초기 반응은 맥박 상승이다.
③ 보상성 쇼크의 막바지 단계에 이르면 환자는 산소 부족이나 빈 호흡을 호소한다.
④ 비가역성 쇼크 단계에서 모든 보상기전이 실패하면서 정맥환류가 부적절해지고 심장이 박동할 수 있는 충분한 혈액량을 가지지 못하게 되어 맥박이 촉지되지 않게 된다.

핵심 개념 리마인드

보상성	신체가 계속되는 출혈에 대해 점진적으로 보상하는 단계 ▶ 맥박수 증가, 맥압의 감소, 차고 축축한 피부상태, 불안, 초초, 공격적 성향이 점차 증가, 갈증, 허약 증세 및 저산소증 양상, 모세혈관 재충혈 지연
비보상성	신체의 보상기전이 심장의 이완기말에 심실 내에 들어있는 혈액량이 적을 때(혈액량을 유지할 수 없을 때) 시작됨 ▶ 빠른맥, 혈압 급감, 환자의 의식 저하(혼수), 호흡이 느려지거나 정지, 차가운 피부, 청색증
비가역성	순환부족으로 인하여 신체 세포에 심각한 영향을 주는 상태 ▶ 세포가 비가역적 손상을 입게 되면 세포가 죽게 되고 조직 및 장기의 기능장애에 따라 환자가 사망에 이르게 됨 ▶ 느리거나 부정맥, 무의식, 창백, 저혈압 혹은 측정 불가, 호흡이 느려지거나 정지됨

정답 ②

051

다음 보기에서 설명하고 있는 출혈의 단계는?

- 체위에 따라 혈압의 측정치가 달라진다.
- 맥박이 다소 증가하였다.
- 환자는 불안감을 호소하고 있다.

① 1단계 ② 2단계
③ 3단계 ④ 4단계

출제 키워드 : 출혈과 쇼크
기본서 다시보기 : 응급처치학개론 p.317 [표139]

해설 ② 출혈의 2단계는 체위에 따라 혈압의 측정치가 달라지고, 출혈에 따른 보상기전으로 맥박이 증가하고, 환자는 불안을 호소한다.

핵심 개념 리마인드 출혈 쇼크의 단계
- **쇼크1기**: 소실된 혈액량이 전체 혈액의 15% 이내이며, 맥박수와 혈압이 정상이고 의식은 명료하나 불안감을 나타낼 수 있다.
- **쇼크2기**: 소실된 혈액량은 전체 혈액의 15~30%이며, 체위에 따라 혈압이 변하고 맥박수가 증가하면서 환자는 불안을 호소한다.
- **쇼크3기**: 소실된 혈액량은 전체 혈액의 30~40%이며 혈압은 90mmHg 이하로 감소하고 맥박수는 증가하면서 환자의 의식은 혼미하게 변한다. 이때부터는 수액 치료와 수혈 처치가 필요하다.
- **쇼크4기**: 소실된 혈액량은 전체 혈액의 40% 이상이며 혈압은 60mmHg 미만, 맥박수는 증가하거나 감소하고 환자는 혼수에 빠지게 된다. 수액 치료와 더불어 수혈 처치도 지속되어야 한다.

정답 ②

052

집에서 감기약 복용 후 갑자기 호흡이 힘들어지고 혈압이 감소하였다. 이때 생각할 수 있는 쇼크의 종류는?

① 출혈성 쇼크 ② 패혈성 쇼크
③ 과민성 쇼크 ④ 심장성 쇼크

출제 키워드 : 출혈과 쇼크
기본서 다시보기 : 응급처치학개론 p.321

해설 ③ 감염이나 이물질에 의한 과민반응으로 혈관 긴장 및 능력 상실과 상부호흡기와 세기관지 부종을 야기해 호흡곤란을 보인다.

핵심 개념 리마인드 쇼크의 종류
(1) **출혈성 쇼크(저혈량성 쇼크)**: 심혈관 계통의 용적 감소, 출혈이나 광범위한 화상으로 혈장량 감소, 체액 손실에 의해 발생한다.
(2) **패혈성 쇼크**: 광범위한 감염의 결과로 발생한다.
(3) **과민성 쇼크**: 감염이나 이물질에 의해 과도하게 반응을 하게 되면 치명적인 알레르기 반응을 유발시켜 발생한다. 혈관의 긴장 및 능력을 상실시켜 상부 호흡기도와 세기관지 부종을 야기해 기도폐쇄가 일어난다.
(4) **심장성 쇼크**: 관상동맥 폐쇄 등의 문제 발생으로 야기된 심부전에 의한 심박출량 감소로 발생한다.

정답 ③

053

체중이 60 kg인 환자가 가슴과 복부의 앞부분(전면부) 전체와 오른쪽 다리 전체에 2도 화상을 입었다. 9의 법칙에 따른 환자의 화상 범위는?

① 18% ② 27%
③ 36% ④ 45%

054

화재 현장에서 나온 소방관의 코에 그을음이 보이고 쉰 목소리가 나는 경우 가장 우선적인 처치는?

① 가슴 압박 ② 기관 내 삽관
③ 정맥로 확보 ④ 제세동

출제 키워드: 화상(열화상)

기본서 다시보기: 응급처치학개론 p.324~325 [그림205]

해설 ③ 2도 화상 이상의 부위는 복부, 가슴(전면부), 오른쪽 다리이다. 9의 법칙에 따르면 복부와 가슴이 각각 9%로 총 18%, 오른쪽 다리 앞뒤가 각 9%, 즉 18%로 지문의 환자의 화상 범위는 총 36%이다. 9의 법칙에서는 1도 화상은 체크하지 않는다.

핵심 개념 리마인드

9의 법칙

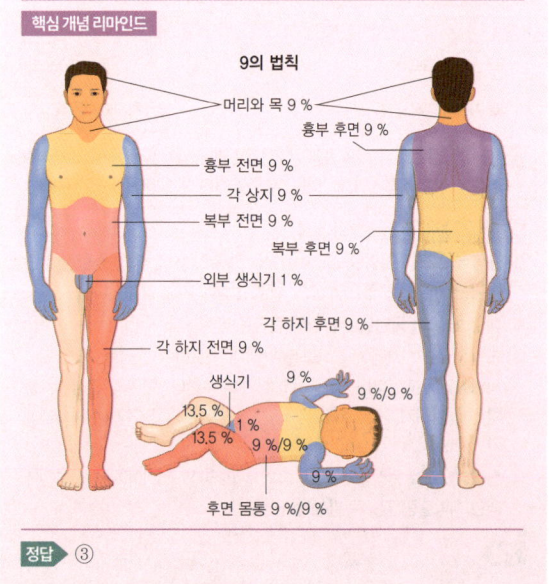

출제 키워드: 화상(흡입 화상)

기본서 다시보기: 응급처치학개론 p.327

해설 ② 코의 그을음과 쉰 목소리는 흡입 화상을 의심할 수 있는 증거이고, 흡입 화상의 경우 순식간에 기도 부종으로 기도를 폐쇄시킬 수 있어 신속한 기관 내 삽관이 요구된다.

핵심 개념 리마인드 화상 환자의 처치

화상 환자의 응급처치는 다른 외상 환자와 동일하게 일차 평가를 시행하지만, 기도를 평가하는 것이 일차 평가에서 가장 중요하다. 특히 호흡 곤란, 천명(환자의 상기도가 막혔다는 위험 신호), 안면부 화상, 눈썹이나 코털이 탄 경우, 코와 구강내의 그을음, 기침, 가래에 그을음이 섞인 경우, 쉰 목소리, 목 주위를 둘러싼 화상 등이 있는지 자세히 관찰하여야 한다.
이런 징후가 발견되면 흡입 화상의 가능성이 크므로 기도 유지에 주의해야 한다.

정답 ③

정답 ②

055

화상의 깊이에 따른 특징을 올바르게 설명한 것은?

① 1도 화상에서는 홍반과 수포가 발생한다.
② 2도 화상의 가장 큰 특징은 신경세포 손상으로 인하여 통증이 없다는 것이다.
③ 3도 화상은 전층 화상이라고도 하며, 피부 이식이 필요하다.
④ 2도 화상 부위는 희거나 갈색을 띠며, 건조한 가죽처럼 보인다.

📖 출제 키워드　　　　　　　　　　　화상(열화상)

📚 기본서 다시보기　　응급처치학개론 p.323~324 [표143]

해설 ① 1도 화상은 표피만 손상된 경우로 발적 등이 나타난다. 2도 화상에서 수포가 나타난다.
② 3도 화상은 신경섬유가 파괴되어 통증이 없거나 미약하다. 2도 화상은 진피에 많은 신경섬유가 지나가 심한 통증을 호소한다.
④ 3도 화상 부위는 희거나 갈색을 띠며, 건조한 가죽처럼 보인다.

핵심 개념 리마인드

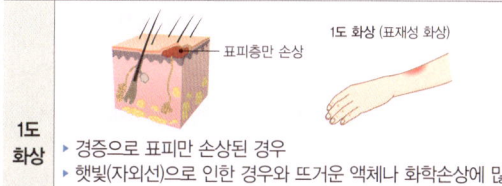

| 1도 화상 | ▸ 경증으로 표피만 손상된 경우
▸ 햇빛(자외선)으로 인한 경우와 뜨거운 액체나 화학손상에 많이 나타남
▸ 화상 부위는 발적, 동통, 압통이 나타남
: 범위가 넓은 경우 심한 통증을 호소할 수 있으므로 처치가 필요한 경우가 있음 |

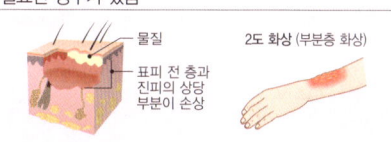

| 2도 화상 | ▸ 표피와 진피가 손상된 경우로 열에 의한 손상이 많음
▸ 내부 조직으로 체액손실과 2차 감염과 같은 심각한 합병증을 유발
▸ 화상부위는 발적, 창백하거나 얼룩진 피부, 수포가 나타날 수 있음
: 손상부위는 체액이 나와 축축한 형태를 띠며 진피에 많은 신경섬유가 지나가 심한 통증을 호소 |

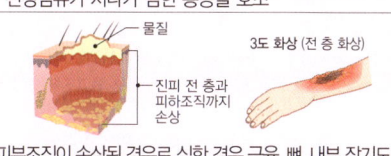

| 3도 화상 | ▸ 피부조직이 손상된 경우로 심한 경우 근육, 뼈, 내부 장기도 포함
▸ 건조하거나 가죽과 같은 형태를 보이며 창백, 갈색 또는 까맣게 탄 피부가 나타남
▸ 신경섬유가 파괴되어 통증이 없거나 미약할 수 있으나 보통 3도 화상 주변 부위가 2도 화상이므로 심한 통증을 호소 |

정답 ③

056

6개월의 아이가 뜨거운 물에 화상을 입었다. 배(복부)의 앞부분 전체와 생식기를 포함하지 않은 양쪽 하지 전체에 2도 화상을 입었다. 9의 법칙에 따른 이 아이의 화상 면적은?

① 18%　　　　　　② 27%
③ 30%　　　　　　④ 36%

📖 출제 키워드　　　　　　　　　　　화상(열화상)

📚 기본서 다시보기　　응급처치학개론 p.324~325 [그림205]

해설 지문의 환아는 6개월로 영아에 해당되고, 2도 화상 이상의 부위는 복부 앞부분 전체, 양쪽 하지 전체이다.
④ 9의 법칙에 따르면 복부 앞부분 9%, 한쪽 다리 13.5%로 양쪽 하지는 27%이다. 따라서 환아의 화상 면적은 36%이다.

핵심 개념 리마인드

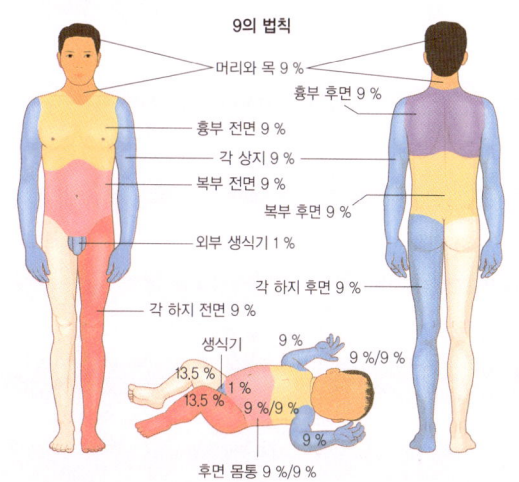

정답 ④

057

왼쪽 정강뼈(경골) 골절이 의심되어 현장에서 부목고정을 하고 환자를 이송하는 도중 환자가 통증이 심해지고 왼쪽 족부에 감각이 이상하다고 호소한다. 가장 적절한 처치는?

① 보다 신속히 환자를 이송하도록 이동속도를 높인다.
② 하지를 거상시켜 편한 자세로 만들어준다.
③ 부목보다 원위부(먼 쪽)의 맥박을 확인하여 부목을 다시 댄다.
④ 정맥로를 확보하여 진정제를 투여한다.

출제 키워드   근골격계 손상
기본서 다시보기   응급처치학개론 p.288 [표123]

해설 ③ 지문의 환자는 감각 이상을 호소하고 있다. 보기의 모든 내용은 근골격계 손상 환자에게 적용할 처치로 알맞지만, 이와 같은 환자는 손상 부위 먼 쪽에서 순환, 감각, 운동 기능의 재평가가 필요하다.
신경혈관 결손이 발견되면 사지가 정렬되었더라도 문제를 해결하기 위해 조심스럽게 다시 위치를 잡는다.

정답 ③

058

지혈대의 적용 방법 및 주의 사항에 대한 올바른 설명은?

① 동맥 출혈의 경우 초기부터 지혈대를 적용하여 출혈을 제어해야 한다.
② 지혈대를 적용한 후 현장에서 제거해서는 안 된다.
③ 손상 부위 바로 위에 지혈대를 적용한다.
④ 지혈대는 골반 골절과 같은 내부 출혈의 지혈에 탁월하다.

출제 키워드   출혈과 쇼크
기본서 다시보기   응급처치학개론 p.312

해설 ① 지혈을 위한 방법으로는 보통 3가지(직접 압박, 거상, 압박점 지혈)가 있으며, 이 방법으로도 지혈이 안 될 경우에는 지혈대를 이용한다.
② 지혈대를 적용한 후 현장에서 제거해서는 안 된다.
③ 지혈대 사용 시, 상처 부위로부터 5~8cm 떨어진 위쪽에 적용한다.
④ 항쇼크바지(MAST 또는 PASG)는 저체액성 쇼크 환자에게서 혈압을 유지시키는 목적으로 사용되는 장비로, 골반 골절이나 다리 골절 시 고정 효과가 있다.

핵심 개념 리마인드
- 상처 부위로부터 5~8 cm 떨어진 위쪽에 적용
- 10 cm 폭에 6~8겹의 붕대를 두 번 감아 묶고 매듭 안으로 지혈대를 넣음
- 출혈이 멈추면 막대가 풀려 느슨해지지 않도록 주의
- 지혈대를 사용한 시간을 기록지에 작성
- 상처부위 감염을 방지하기 위해 소독드레싱 실시
- 추가 출혈이 있는지 계속 관찰
- 의료기관 외에서 지혈대를 풀어서는 안 됨

정답 ②

059

손상 받은 다리의 발이 안쪽(내측)으로 돌아가 있다. 의심되는 상황은?

① 엉덩이관절의 전방탈구
② 넙다리뼈 골절
③ 엉덩이관절의 후방탈구
④ 엉덩이관절 골절

060

다음 그림의 골절유형은?

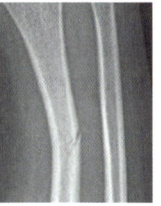

① 가로골절　　② 생나무 골절
③ 분쇄 골절　　④ 병적 골절

📝 출제 키워드　　근골격계 손상

📖 기본서 다시보기　　응급처치학개론 p.292 [그림183]

해설 ③ 엉덩이관절의 후방탈구가 의심되는 상황이다.

핵심 개념 리마인드　**탈구(어긋남)**

탈구는 연결 부분에 위치한 관절의 정상 구조에서 어긋난 경우로, 관절 부위의 심한 굴곡이나 신전으로 발생한다. 탈구 발생 시 관절의 심한 변형, 주변 조직의 부종, 관절 부위 통증과 운동 시 통증의 악화, 정상적인 관절 운동의 소실, 관절 부위 촉진 시 심한 압통 등의 징후가 나타나며, 손가락, 어깨 관절, 팔꿈 관절, 엉덩이 관절, 발목 관절 등에서 종종 발생한다.

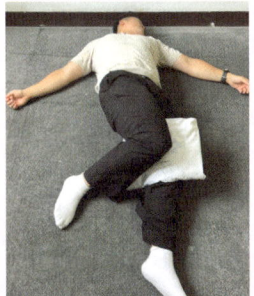

⇨ 엉덩이 관절이 후방탈구된 환자의 일반적인 자세(다리의 내회전)

정답 ③

📝 출제 키워드　　근골격계 손상

📖 기본서 다시보기　　응급처치학개론 p.281

해설 ② 불완전 골절로 성인보다 뼈가 유연한 소아에서 주로 볼 수 있는 골절 유형이다. 소아에서 생나무 골절이 아닌 완전 골절의 흔적이 보일 시 아동학대를 의심할 수 있다.

핵심 개념 리마인드　**골절의 여러 유형**

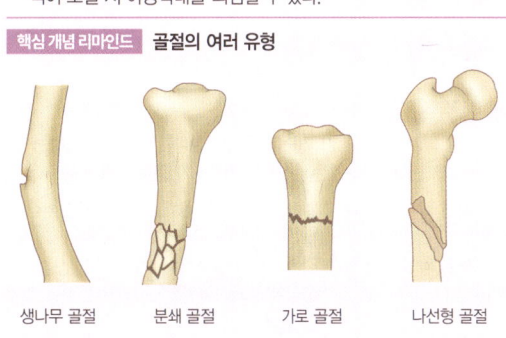

생나무 골절　　분쇄 골절　　가로 골절　　나선형 골절

정답 ②

061

골반 골절이 의심되는 환자를 평가하고 있다. 환자의 혈압은 70/50 mmHg, 맥박은 120회이며 매우 약하고 빠른 맥박이 촉지되고 있다. 산소포화도는 88%이며, 환자의 의식이 떨어지고 있는 상황이다. 환자에게 적용될 평가와 처치로 올바른 내용은?

① 골반 골절이 의심되는 환자로 초점외상평가를 진행하며, 수액소생술을 위한 정맥로를 2군데에서 확보한다.
② 한정된 공간 내 출혈이기 때문에 환자의 상태가 더 악화될 가능성은 매우 희박하다.
③ 골반 골절로 인한 실혈로 쇼크가 의심되는 상황으로 수액소생술을 하면서 빠른 이송을 실시해야 한다.
④ 손상 환자 현장 분류 기준에 따라 외상센터로 이송해야 하나, 반드시 외상센터로 이송할 필요는 없다.

출제 키워드 근골격계 손상
기본서 다시보기 응급처치학개론 p.293

해설 ① 빠른 외상평가를 적용하여 골반 골격을 양손으로 눌러서 통증이나 압통이 있는지 확인하고 돌출, 골경의 함몰, 골 마찰음, 통증이 있는지 검사한다.
② 골반 골절은 골반강과 후복막강으로 유입되는 중증 출혈로 이어질 수 있다.
③ 환자가 저혈압인 경우 직경이 큰 카테터로 정맥로를 준비하고 수축기혈압을 최소 80 mmHg로 유지하는데 필요한 수액을 대량으로 투여하고 빠른 이송을 한다.
④ 골반뼈 골절은 중증외상의 기준 중 신체검사 소견에 따른 기준에 해당되므로 적정 수준의 병원으로 이송한다.

핵심 개념 리마인드
▶ 심각한 외상성 손상평가 기준이 반드시 심각한 외상을 초래하는 것은 아니지만, 보이지 않는 손상으로 위험도가 증가할 수 있음
- 빠른 외상 환자 평가: 일차 평가로 의식장애, 호흡장애, 순환장애 발생
- 초점 외상 환자 평가: 경증 손상인 경우
  : 손상부분 외상평가와 손상과 관련된 병력만 수집

정답 ③

062

연부조직 손상 환자의 처치 "RICE" 요법에 들어가지 않는 것은?

① 휴식   ② 거상
③ 얼음찜질   ④ 정복

출제 키워드 연부조직 손상
기본서 다시보기 응급처치학개론 p.299 [표129]

해설 ④ 정복(Reduction)은 연부조직 손상 환자 처치 "RICE"에 해당하지 않는다.

핵심 개념 리마인드 RICES 요법
연부조직 손상에 대한 응급처치의 5단계를 쉽게 숙지하기 위해 'RICES'라는 용어를 이용한다.
Rest 휴식 : 지혈 및 통증 감소
Ice 얼음 : 지혈 및 통증 감소
Compression 압박 : 탄력 붕대 등을 통한 압박 지혈
Elevation 거상 : 부종 감소
Splinting 부목 : 지혈, 통증 감소 및 2차 손상 예방

정답 ④

063

신체 부위에 박힌 물체를 제거할 수 있는 경우는?

① 물체가 골반에 박혀 있어 대량 출혈이 의심될 때
② 기관에 물체가 박혀 기도유지를 방해할 때
③ 복부에 박힌 물체가 호흡을 방해할 때
④ 가슴부에 박힌 물체 주변으로 출혈이 스며 나와 지혈이 필요할 때

064

철물 작업을 하던 공무원이 작업 중 두 번째 손가락 중간 부분이 절단되는 사고를 당하여 구조를 요청하였다. 다음 중 옳지 않은 내용은?

① 절단된 손가락 마디를 찾아 생리식염수를 적신 거즈에 싸서 보관한다.
② 거즈로 싼 손가락 마디를 비닐봉지에 넣고 이를 다시 얼음물이 담긴 용기에 넣는다.
③ 조직을 차갑게 유지하기 위하여 얼음에 직접 닿도록 보관한다.
④ 절단 부위와 함께 되도록 신속히 병원으로 이송한다.

출제 키워드 연부조직 손상

기본서 다시보기 응급처치학개론 p.304 [표131]

해설 ② 기도유지와 추가적인 입 안 손상 방지를 위해 신체에 박힌 물체를 제거할 수 있다.

핵심 개념 리마인드 관통상의 처치
관통상에서는 조직을 관통한 물체로 인한 더 이상의 손상을 막기 위해 고정시키는 것이 중요하나, 다음의 경우에는 물체를 제거한다.
- 물체로 인해 이송할 수 없는 경우(크기나 무게, 고정 상태 등)
- CPR 등 응급한 상황에서의 처치에 방해가 될 때
- 뺨을 관통한 상태(기도유지를 위해서나 추가적인 입 안 손상 방지)

정답 ②

출제 키워드 연부조직 손상

기본서 다시보기 응급처치학개론 p.306

해설 ③ 얼음에 조직을 직접 닿게 하면 조직 손상으로 인해 수지 접합술이 불가능할 수 있다.

핵심 개념 리마인드 절단 사고 시 처치
절단된 부위는 접합 수술이 가능하지 않아도 회복 후에 필요할 수 있으므로 환자와 함께 이송하도록 해야 한다. 완전 절단일 경우 생리식염수를 적신 멸균 거즈로 감싸고 비닐백에 조직을 넣어 밀봉 후 차갑게 유지하되, 얼음에 직접 조직이 닿지 않도록 해야 한다.

정답 ③

065

다음 환자의 GCS 점수는?

> 환자는 눈확 패임 부분에 통증으로 안대를 하고 있는 상태이고, 알아들을 수 없는 신음소리만을 내고 있다. 눈확 패임 부분에 압력을 가했을 때 비정상적 굽힘 반응만을 나타낸다.

① 4점
② 5점
③ 6점
④ 평가할 수 없음

💬 출제 키워드 : 두부 손상

📖 기본서 다시보기 : 응급처치학개론 p.252 [표100]

해설 ④ 안대로 인하여 개안반응 확인 불가하다.
알아들을 수 없는 신음소리는 언어 반사 2점이다.
비정상적인 굽힘 반응은 운동반사 3점이다.
평가할 수 없는 반응이 있다면 총점을 평가하지 않는다.

핵심 개념 리마인드 글래스고혼수척도

수정척도	점수
눈뜨기 반응(Eye Opening, E)	
자발적으로	4
소리에 의해	3
압력에 의해	2
없음	1
평가할 수 없음	NT
언어반응(Verbal Response, V)	
지남력 있음	5
대화 혼란	4
단어만 말함	3
소리만 냄	2
없음	1
평가할 수 없음	NT
운동반응(Best Motor Response, M)	
명령에 따름	6
위치 구별	5
정상굴곡	4
비정상굴곡	3
폄	2
없음	1
평가할 수 없음	NT

정답 ④

066

머리뼈 골절이 의심되는 환자의 평가와 처치로 올바른 내용은?

① 개방성 상처의 지혈을 위하여 손상되지 않은 부분을 조심스럽게 압박하여 지혈을 시도한다.
② 두피의 개방성 상처로는 출혈이 많지 않으므로 특별히 지혈을 하지 않아도 괜찮다.
③ 머리의 개방성 골절이 있는 경우 골절된 파편이 불안정한 뇌조직 안으로 들어갈 수 있으므로 출혈이 심해도 지혈 시도를 하지 않는다.
④ 환자의 귀에서 체액이 나오는 경우 솜으로 체액을 막아주고 드레싱을 적용한다.

💬 출제 키워드 : 두부 손상

📖 기본서 다시보기 : 응급처치학개론 p.257

해설 ①, ③ 머리 손상으로 출혈이 있다면 지혈시킨다. 단, 개방성 머리 손상이나 머리뼈 함몰 부위에 과도한 압력은 피해야 한다.
② 얼굴이나 머리 덮개에는 다른 부위보다 많은 혈액이 공급되므로 작은 열상이라 하더라도 적절한 초기 처치가 이루어지지 않으면 대량 출혈에 의한 쇼크를 일으킬 수 있다.
④ 많은 액체가 환자의 귀와 코에서 나오면 멈추게 해서는 안 되며, 흡수하기 위해 거즈로 느슨하게 드레싱 해준다. 환자의 귀와 코에서 나오는 액체는 뇌척수액으로, 거즈로 막게 되면 뇌압 상승을 유발할 수 있어 흡수 수준으로 거즈를 이용하여 느슨하게 드레싱을 해준다.

핵심 개념 리마인드

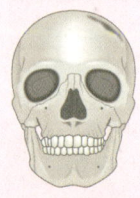 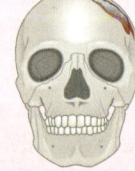 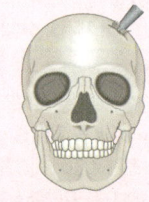

머리뼈 변형 / 출혈을 동반한 개방성이거나 뇌조직의 노출 / 머리뼈 내 이물질 관통

정답 ①

067

외상 환자의 신체검진 시 귀의 뒷부분에 다음 사진과 같이 멍이 관찰된다. 이 징후는 무엇인가?

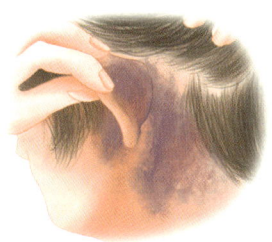

① 쿨렌징후 ② 베틀징후
③ 쿠싱징후 ④ 너구리눈징후

🗨 출제 키워드   두부 손상

📁 기본서 다시보기   응급처치학개론 p.247~248 [그림154]

해설 ② 귀 뒤의 꼭지돌기 부위에 검푸른 색의 반상출혈을 'Battle's sign'이라 하며, 양쪽 눈의 너구리 눈 징후(Raccoon eye's sign)와 달무리징후(과녁 징후)함께 머리뼈바닥 골절시 나타나는 징후이다.

쿠싱 3대 징후
혈압 상승, 맥박 감소, 불규칙한 호흡 등의 이상 징후를 쿠싱 3대 징후라고하며, 뇌압 상승의 증거로 뇌출혈을 의심할 수 있다.

핵심 개념 리마인드   **머리바닥뼈 골절의 징후**

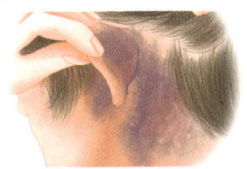
▲ 베틀사인

▲ 너구리눈

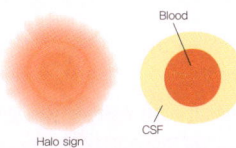
▲ 달무리징후

정답 ②

068

머리 손상을 입은 환자의 혈압이 상승하고 맥박 감소, 불규칙한 호흡이 관찰되었다. 이유로 옳은 것은?

① 외상성 질식 ② 긴장성 공기 가슴증
③ 뇌압 상승 ④ 쇼크

🗨 출제 키워드   두부 손상

📁 기본서 다시보기   응급처치학개론 p.431

해설 ③ 뇌압상승의 증거인 쿠싱 3대 징후는 혈압 상승, 맥박 감소, 불규칙한 호흡이 특징이다.

핵심 개념 리마인드   **쿠싱 3대 징후**
혈압 상승, 맥박 감소, 불규칙한 호흡 등의 이상 징후를 쿠싱 3대 징후라고하며 뇌압 상승의 증거로 뇌출혈을 의심할 수 있다.

정답 ③

069

교통사고 환자가 눈을 계속 감고 있으며 하지를 꼬집어도 눈을 뜨거나 사지를 움직이지 않는다. 그러나 이름을 부르면 눈을 뜨고 대답한다. 이 환자의 의식 상태는 어떤 부류에 속하는가?

① A분류
② V분류
③ P분류
④ U분류

070

아래 사진 장비에 대한 설명으로 옳은 것은?

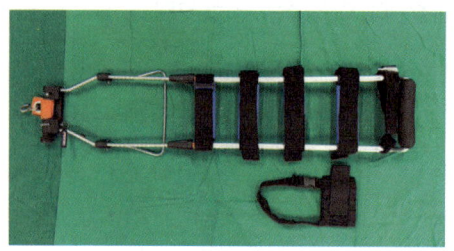

① 서체액성 쇼크 환자에서 혈압 유지를 목적으로 사용되며, 골반 골절이나 다리골절 시 고정 효과가 있다.
② 넙다리뼈 골절 환자에게 적용하는 부목으로, 골반, 무릎, 정강뼈 골절 시 함께 사용할 수 있다.
③ 다리에 적용 시 궁둥뼈 패드 받침대에 엉덩뼈 능선부위를 안착시켜 적용한다.
④ 넙다리 손상 시 근육경련으로 인해 뼈끝이 더 멀어져 발생하는 신경 손상을 감소시켜 준다.

📝 **출제 키워드** 두부 손상

📖 **기본서 다시보기** 응급처치학개론 p.243

해설 ② 하지를 꼬집었을 때 감각이 없는 것은 척추 손상에 의한 하지 마비 소견일 수 있다. 이름을 부를 때 눈을 뜨고 대답하기 때문에 V분류에 해당한다.

핵심 개념 리마인드 의식 확인 – AVPU법
- A (Alert, 명료): 질문에 적절한 반응이나 대답을 할 수 있는 상태
- V (Verbal Response, 언어지시에 반응): 질문에 적절한 반응이나 대답은 할 수 없으나 소리나 고함에 반응하는 상태(신음소리도 가능)
- P (Pain Response, 자극에 반응): 언어지시에는 반응하지 않고, 자극에는 반응하는 상태
- U (Unresponse, 무반응): 어떠한 자극에도 반응하지 않는 상태

정답 ②

📝 **출제 키워드** 부목의 종류

📖 **기본서 다시보기** 응급처치학개론 p.119

해설 ① 항쇼크바지는 저체액성 쇼크 환자에서 혈압 유지를 목적으로 사용되며, 골반 골절이나 다리 골절 시 고정 효과가 있다.
② 견인부목은 혈역학적으로 안정된 단순 넙다리 골절에 최선의 방법이다. 그러나 견인부목은 심각한 골반, 무릎, 정강뼈 또는 발 손상이 동반 시 금기이다.
④ 넙다리 손상 시 발생하는 근육 경련으로 인해 뼈끝이 서로 겹쳐 발생되는 통증과 추가적인 연부조직 손상을 줄여 내부 출혈을 감소시킬 수 있다.

정답 ③

071

동상의 병원 전 응급처치로 잘못된 것은?

① 수포가 있다면 터트리지 않는다.
② 재동결의 가능성이 있더라도 손상 부위를 일단 해빙시킨다.
③ 해빙된 부위를 올리고 고정한다.
④ 녹인 부위를 필요 시 소독하고 건조한 붕대로 가볍게 감싼다.

출제 키워드: 환경응급
기본서 다시보기: 응급처치학개론 p.389~340

해설 ① 손상 부위를 마른 옷 등으로 덮어주고 물집을 터트리지 않는다. 손상 부위를 문지르거나 마사지하지 않는다.
③ 동상의 처치 부목으로 고정하여 특히 다리 부분의 위로 인해 손상을 받을 시 더욱 악화되기 때문에 추위로 인한 재손상 시 걷지 않도록 한다. 동상의 처치 시 부목으로 고정하여 특히, 다리 부분 손상인 경우에는 걷지 않도록 한다.
④ 이송이 지연되는 경우 손상 부위를 정상 부위로 회복시키기 위해 따뜻한 물에 손상 부위 전체가 잠기도록 하며, 그 후 소독거즈로 드레싱 해 준다.

핵심 개념 리마인드 이송 지연 시 현장 처치법
㉮ 현장 처치 방법 이송이 지연되는 경우에는 손상부위를 정상 체온으로 회복시키기 위한 처치를 현장에서 실시
  : 다시 추위로 인한 재손상을 받지 않도록 해야 함
㉯ 처치법
  ㉠ 약 42 °C의 따뜻한 물에 손상 부위 전체를 담금
  ㉡ 손상부위가 부드러워지고 색과 감각이 돌아올 때까지 약 20 ~ 30분간 실시
  ㉢ 소독 거즈로 드레싱
    : 손가락과 발가락인 경우에는 사이사이에 거즈를 넣고 드레싱
㉰ 주의 사항 손상부위에 정상 순환이 회복되면서 심한 통증을 호소하므로 환자를 안정시키고 통증의 이유를 설명해 주어야 함
  : 물 온도가 떨어지지 않게 주의
  ▶ 야외에서 손상부위를 녹이기 위해 불을 피우는 것은 금지
    : 손상 부위 감각 손실로 화상 가능성이 높음

정답 ②

072

수심 100 m에서 잠수를 하던 다이버가 수면으로 올라온 직후 어지럼증과 호흡곤란을 호소한 뒤 의식을 잃었다. 이 환자에게서 의심할 수 있는 상황은?

① 폐색전증   ② 질소중독
③ 공기가슴증   ④ 감압병

출제 키워드: 환경응급
기본서 다시보기: 응급처치학개론 p.347~348

해설 ④ 감압병은 혈액 속 용해되어 있던 질소가 빠르게 낮아진 수압으로 혈관 내 공기방울을 형성해 공기색전증 및 어지럼증과 호흡곤란 같은 증상을 유발한다.

핵심 개념 리마인드 감압병의 증상과 징후
감압병은 잠수하는 동안 혈액 속에 용해된 질소가 빠르게 물 위로 상승하면서 혈관 내에 작은 공기방울을 형성하여 공기색전증들을 발생시키고 특정 부위의 혈류를 차단시키면서 발생한다. 특히 중추신경계는 감압병에 더 민감하다.
대부분 잠수 6시간 이내에 발생하며, 잠수 후 24시간 이후에 나타나는 증상은 감압병이 아닐 가능성이 높다.
증상과 징후는 1형과 2형에 따라 나뉜다.
• 제1형: 팔꿈치와 어깨 등의 팔다리 통증이 특징이며, 피부는 가렵거나 붉게 변한다.
• 제2형: 중추신경계, 호흡기계, 내이 등에 문제, 심한 경우 쇼크 유발, 호흡 곤란, 기침, 흉통, 청색증, 내이 문제로 인한 오심, 어지러움, 현훈, 안진등이 나타난다.

정답 ④

073

무더위 속에서 현장대응훈련 중 대원들이 갑자기 〈보기〉와 같은 증상을 보인다. 다음 〈보기〉의 이학적 소견상 대원들의 증상을 보고 열 질환을 가장 옳게 나열한 것은?
(각 대원은 중복 질환 가능)

> ㉠ A대원: 37.8℃의 체온과 두통 호소, 호흡이 얕고 빠르지만 혈압은 정상
> ㉡ B대원: 의식은 명료하고, 호흡과 맥박이 정상이지만 다리 통증 호소
> ㉢ C대원: 혼수상태로 41℃의 체온과 발작이 보임
> ㉣ D대원: 호흡이 깊고 빠르며 맥박이 빠르고 혈압이 낮음, 지남력 장애를 보임

	A대원	B대원	C대원	D대원
①	열사병	열탈진	열경련	열탈진
②	열탈진	열경련	열사병	열사병
③	열경련	열탈진	열사병	열사병
④	열탈진	열경련	열사병	열탈진

📧 출제 키워드   열화상
📖 기본서 다시보기   응급처치학개론 p.341~343

해설 ② A대원은 두통, 호흡은 얕고 빠르지만 혈압은 정상인 열탈진
B대원은 휴식과 수분을 보충하면 정상으로 회복할 수 있는 열경련
C대원은 41℃의 고온으로 의식 상태의 변화를 보이는 열사병
D대원은 지남력 장애를 보이고 있는 열사병

핵심 개념 리마인드 열손상의 종류
(1) **열경련**: 탈수로 인한 근육경련이 나타나지만, 휴식과 수분을 보충하면 정상으로 회복
(2) **열탈진**: 체액 소실로 인해 경미한 저혈량성 쇼크가 올 수 있으며, 초기에는 피로, 두통, 오심/구토의 증상을 보임, 처치가 이루어지지 않으면 빠른 맥, 빠른 호흡, 저혈압 등 쇼크 징후가 나타남.
(3) **열사병**: 체온이 41~42℃ 이상 오름, 피부는 뜨겁고 건조하거나 축축, 약간의 혼수 상태에서 무의식 상태까지 다양한 의식 변화를 보임

정답 ②

074

교통사고 현장에 가보니 운전자는 안전벨트를 하지 않은 상태이고, 차량 앞 유리가 깨져 있는 상태였다. 이러한 증거로 운전자는 어떠한 이동으로 인한 손상을 받았다고 의심 할 수 있는가?

① 하향 이동   ② 상향 이동
③ 측면 충돌   ④ 후방 충돌

📧 출제 키워드   손상기전
📖 기본서 다시보기   응급처치학개론 p.233

해설 ①, ② 전방충돌은 제어된 이동경로, 상향 이동, 하향 이동, 튕겨져 나감 네 가지 경로로 환자가 이동한다.
③ 후방에서 충돌하는 힘으로 차량이 앞으로 밀리며, 손상자의 머리와 목을 중심으로 뒤로 젖혀진 뒤, 전방으로 다시 굴곡되어 짧은 시간에 과신전과 과굴곡이 일어나게 되어 주로 목의 손상을 유발시키고, 심한 경우에는 머리, 가슴 손상도 함께 유발시킨다.
④ 측면 충돌에는 거의 보호 장치가 없어 차량의 손상보다 환자가 위험에 노출될 가능성이 크다. 현장에서 환자가 충돌된 측면에 앉아 있었는지, 그렇지 않은지 파악하는 것은 중요하다. 만약 충돌 측면에 있었다면 머리, 목, 가슴, 배 그리고 골반 외상이 심각할 수 있다.

핵심 개념 리마인드 전방충돌의 4가지 경로
(1) **제어된 이동경로**: 무릎벨트와 어깨띠를 착용하면 사용자의 움직임을 제한하고 차량과 동시에 감속시킬 수 있다. 무릎벨트 사용으로 인한 복부 내 장기 손상, 요추 손상, 고관절 탈구와 어깨끈 사용으로 인한 좌상, 경우에 따른 갈비뼈 골절이 발생할 수 있으나, 안전벨트 미착용 시 발생하는 손상보다 중증도가 떨어진다.
(2) **상향 이동**: 아무런 제어장치도 착용하지 않은 상태에서 상체가 전방 상향으로 진행한다. 운전대가 대퇴골을 압박하여 양측성 골절을 일으키거나 운전대로 인한 속 빈 장기 파열과 간 열상 가로막 파열 등을 유발하고, 앞 유리창에 머리를 부딪히게 하여 연조직 손상, 두개골/안면 부위 골절, 머리 내 손상을 유발시킨다.
(3) **하향 이동**: 아무런 제어장치도 착용하지 않은 탑승자는 차량이 급정거하면서 신체가 앞으로 미끄러져 나간다. 무릎, 대퇴골, 고관절 탈구 혹은 골절이 흔하게 발생하고, 연가양 흉부 손상, 타박성 심장 손상, 대동맥 파열과 같은 증상이 발생하며, 운전대에 목 부위가 부딪힌다면 기관 및 혈관 손상이 발생한다. 운전대에 흉부가 부딪히면서 종이봉지증후군이 발생하기도 한다.
(4) **튕겨져 나감**: 상향 이동으로 제어장치를 하지 않은 탑승자는 차량에서 튕겨나갈 수 있다.

정답 ②

075

가슴부위에 개방성 상처를 입은 환자에게 3면 폐쇄 드레싱을 적용하였다. 환자를 모니터링 하던 중 환자의 산소포화도가 떨어지면서 극심한 호흡곤란을 호소하는 상태가 확인되었다. 이 환자에게 적용해야 하는 처치는?

① 완전 밀폐드레싱을 적용한다.
② 드레싱을 제거한 후 바늘감압술을 시도한다.
③ 심낭천자술을 시행한다.
④ 양압환기를 하면서 드레싱을 교환한다.

출제 키워드 　　　　　　　　　　　가슴 손상
기본서 다시보기 　　　　　　응급처치학개론 p.303

해설 ①, ② 개방성 가슴 손상 시 개방성 창상 부위를 신속히 밀폐시킴으로써 공기 가슴증이 점차 커지거나 발생하는 것을 방지할 수 있다. 한쪽 면 혹은 한쪽 면의 반 정도는 반창고를 부착하지 않는 3면 밀폐드레싱을 하는 것이 바람직하다.
환자가 극심한 호흡 곤란을 호소하는 것은 3면 폐쇄드레싱에도 불구하고 가슴에 축적되는 공기가 계속 증가하면서 긴장성 공기 가슴증으로 발전했다는 것을 알 수 있다.
긴장성 공기가슴증에서 급격히 악화되는 호흡 곤란, 목정맥 팽대, 청색증 등의 문제 발생 시 산소 투여와 함께 빗장뼈의 중앙부를 관통하는 가상의 선과 2번 갈비뼈 사이의 교차 부위에 드레싱을 제거한 후 가슴 바늘감압술을 시행해야 한다.
③ 심장눌림증환자의 확실한 치료는 심낭 내 체액제거를 위해 심낭천자술을 적용하는 것이다.
④ 양압환기는 기관·기관지 손상, 공기가슴증, 긴장성 공기가슴증과 같은 호흡 질환을 악화시킬 수도 있다는 점을 주의해야 한다.

핵심 개념 리마인드

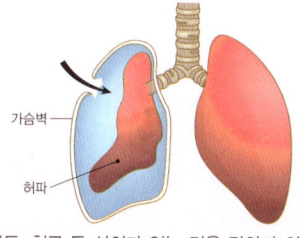

▸ 가슴벽에 관통, 천공 등 상처가 있는 것을 말하며 외부공기가 직접 흉강으로 들어온다는 것을 의미
▸ 뚫려 있는 가슴벽을 통해 공기가 흉강 내로 들어와 공기가슴증, 허파 허탈과 호흡장애가 나타날 수 있음
▸ 개방성 가슴손상은 치명적인 손상으로 분류: 종종 '빨아들이는 소리'를 듣게 되거나 '상처부위 거품'이 올라오는 것을 볼 수 있음
▸ 폐쇄드레싱은 흉강내 공기가 빠져나가지 못해 흉강압력이 올라가 긴장성 공기가슴증 상태가 나타날 수 있음
  : 만약 이송 중 환자가 의식저하, 호흡곤란 악화, 저혈압 징후를 보이면 흉강 내 공기가 빠져나오게 폐쇄드레싱 제거 혹은 삼면 드레싱으로 변경

정답 ②

076

측면 충돌로 손상이 발생한 교통사고 환자를 평가하고 있다. 환자는 눈으로 관찰되는 외상은 없었으나, 가슴 중앙 부위와 등 부위에 찢어지는 듯한 통증을 호소하고 있으며 왼쪽 상지에 감각 이상을 호소한다. 의심되는 손상은?

① 외상성 질식　　② 외상성 식도 파열
③ 심근 파열　　　④ 외상성 대동맥 박리

출제 키워드 　　　　　　　　　　　가슴 손상
기본서 다시보기 　　　　　　응급처치학개론 p.273

해설 ① 외상성 질식: 큰 압력이 흉부에 가해졌을 때 발생한다. 점상 출혈, 결막하 출혈, 눌린 지점 위에 혈액의 정체를 유발한다. 혈류 제한이 계속될 경우 혈액에 독소와 산성 물질의 축적으로 인해 저혈압, 저산소증, 쇼크가 발생하고 환자가 급속도로 사망에 이를 수 있다.
② 외상성 식도 파열: 중증 감염이나 화학적 자극 혹은 중증 종격구조 손상으로 이어진다. 환자는 중앙에 깊은 관통을 입었을 확률이 높고, 삼키는 것이 힘들고 고통스러우며, 호흡 시 흉부 통증이 발생하고 하부 경부 주변에 피하기종이 생길 수 있다.
③ 심근 파열: 흉부에 중증 무딘 손상/찔림상이나 중증 갈비뼈/복장뼈 골절이 있는 경우에 많이 생긴다. 파열된 심근이 심낭에 있다면 환자는 심장눌림증의 증상과 징후를 보이고, 판막에만 영향을 미칠 경우 환자는 우심 혹은 좌심부전을 보일 수 있다.
④ 외상성 대동맥 박리: 대동맥 박리 및 파열은 보통 측면 충돌인 고속 차량 충돌 사고와 관련이 많고, 일부의 경우 튕겨나감 사고가 원인으로 작용한다. 환자는 등까지 번지는 찢어지는 듯한 흉부 통증을 호소하고, 좌상지와 우상지 혈압의 차이가 생기며, 하지에서는 맥박이 약하게 촉지될 수 있다.

정답 ④

077

무릎관절의 탈구 환자에게서 말단부 PMS 확인 시 맥박이 촉지되지 않는다. 가장 우선시 되는 처치는?

① 조심스럽게 견인하고 고정한다.
② 발견 자세 그대로 고정한다.
③ 환자가 통증을 호소해도 맥박이 촉지될 때까지 견인한다.
④ 압박붕대로 고정한다.

출제 키워드 근골격계 손상

기본서 다시보기 응급처치학개론 p.287

해설
① 일반적으로 탈구와 관절에서 8cm 이내의 골절은 정렬을 시도 하지 않지만, 원위 순환의 장애가 있는 경우 시도한다.
②, ③ 맥박이 회복되거나 저항이 느껴지거나 환자가 통증이 심해지는 것을 호소하면 조작을 중단하고 손상된 사지에 있는 그대로 부목을 댄다.
④ 부목을 통한 고정은 탈구의 경우 신경과 혈관을 가두거나 압박하고, 이미 손상된 인대, 근육, 힘줄에 추가적인 스트레스를 가할 수 있는 관절의 탈구된 골단이 움직이는 것을 방지하는데 좋다.

정답 ①

078

교통사고로 좌측 하지의 중증의 개방성 골절로 동맥혈로 보이는 출혈이 있어 소독된 거즈와 붕대로 지혈을 실시하였다. 후에 환자 상태를 평가하던 중 다시 출혈이 지속되는 경우 올바른 처치 방법은?

① 차가운 마사지(냉찜질)를 한다.
② 무균법을 적용하여 전체적인 드레싱을 실시한다.
③ 먼저 치료했던 부위에 더 많은 양의 소독된 거즈를 충분히 덧대어 지혈을 실시한다.
④ 즉시 지혈대 적용 후 지혈이 확인되면 풀어준다.

출제 키워드 연부조직 손상, 출혈과 쇼크

기본서 다시보기 응급처치학개론 p.301~302

해설
① 얼음 마사지를 통해 지혈과 통증이 감소될 수 있다.
② 멸균된 드레싱을 적용한다.
①, ②도 연부조직 손상 환자에게서 적용하는 방법으로 틀린 것은 아니나 초기에 적용하고, 출혈량이 많아질 경우에는 다른 지혈 방법을 사용한다.
③ 단순 출혈의 경우 붕대 없이 드레싱과 반창고를 이용해 고정시키고 지혈이 필요한 경우에는 붕대를 이용해 압박 드레싱으로 고정시킨다. 드레싱한 부위에 계속 출혈 양상이 보인다면 새로운 드레싱을 그 위에 덧대고 붕대로 감아준다.
④ 지혈을 위한 방법으로는 보통 3가지(직접 압박, 거상, 압박점)가 있으며, 만약 지혈이 안 될 경우에는 최후의 수단으로 지혈대를 이용해야 한다.

정답 ③

079

20대로 보이는 여성이 교통사고로 인한 대퇴부위 개방성 창상으로 인하여 심한 출혈을 나타내고 있으며, 의식은 저하되어 언어자극에 반응하였다. 또한 좌측 두피열상이 있었고, 맥박은 130회/분, 혈압은 70/50 mmHg의 소견을 보였다. 환자를 처치할 때 가장 우선시 되어야 하는 응급처치는?

① 대퇴부 드레싱 ② 기도 확보
③ 산소 공급 ④ 신속한 병원 이송

080

일반적으로 쇼크 시 체위는 정맥환류량을 증가시키기 위하여 하지를 거상하게 된다. 다음 중 하지거상 체위를 금기하는 것은?

① 심인성 쇼크 ② 과민성 쇼크
③ 저혈량성 쇼크 ④ 패혈성 쇼크

📋 출제 키워드 외상 환자 평가

📖 기본서 다시보기 응급처치학개론 p.239~243

해설 ② 환자는 의식 저하, 혈압 저하와 맥박 증가 등 쇼크의 징후를 보이고 있기 때문에 치명적인 원인을 빠르게 평가해야 한다. 일차 평가에서는 기도 확보 및 목 고정 – 호흡 확인 및 보조 – 순환 확인 및 보조 – 의식 확인 순으로 진행하기 때문에 ② – ③ – ① – ④ 순으로 처치를 진행한다.

핵심 개념 리마인드 외상 환자 평가

구급대원은 현장에 도착하면 현장의 안전을 확인한다.
현장의 안전이 확인되면 환자 평가를 실시한다. 일차 평가의 주요 목적은 생명에 위협을 주는 치명적인 원인을 평가하고 현장에서 바로 처치하기 위함이다. 환자의 전반적인 상태를 평가하는데 의식, 기도, 호흡, 순환을 확인하고 기도 유지, 산소 공급, 인공호흡 등을 제공하며, 출혈에 대한 지혈 등 치명적인 상태에 즉각적 처치를 한 뒤 이송 여부를 결정해야 한다.

정답 ②

📋 출제 키워드 출혈과 쇼크, 환자 자세

📖 기본서 다시보기 응급처치학개론 p.92 [표41], p.319

해설 ① 하지거상으로 인해 심장으로 가는 전부하가 증가해 오히려 심인성 쇼크를 악화시킬 수 있다.

핵심 개념 리마인드 하지거상 자세의 효과

하지거상 자세(트렌델렌버그 자세)는 뇌와 심장 등의 중요한 장기로 혈액을 순환시켜 증상 악화 방지 및 하지 출혈을 감소시킨다.
심인성 쇼크는 몸에서 요구되는 수준 이하로 심박출량이 감소할 경우 심장성 쇼크가 발생한다. 심장으로 가는 전부하가 증가하여 폐울혈을 가져오기 때문에 하지거상에 따른 정맥환류의 증가는 심인성 쇼크를 오히려 악화시킬 수 있기 때문에 적용하지 않는다.

정답 ①

081

의식 장애를 동반한 안면부 및 두부 손상 환자의 경우 가장 의심해야 하는 것은?

① 관절 손상
② 골격계 손상
③ 척추 손상
④ 하지 손상

082

두부 외상 후 환자의 코와 귀로 투명한 액체와 혈액이 섞인 듯한 분비물이 계속 흘러내리고 있었다. 이는 무엇을 의미하는가?

① 누선(눈물선) 손상에 의한 누액의 유출
② 상악동 손상에 의한 콧물의 비정상적인 유출
③ 두개기저골 손상에 의한 뇌척수액 유출
④ 뇌부종에 의한 체액의 유출

출제 키워드: 두부 손상
기본서 다시보기: 응급처치학개론 p.256

해설 ③ 의식 장애를 동반한 안면부 및 두부 손상 환자는 경추 손상으로 인한 의식 장애를 유발할 수 있기 때문에 척추 손상을 염두에 두어야 한다.

핵심 개념 리마인드 환자 평가
머리 손상의 경우 출혈이 심하고 기도에 피가 고여 피를 토하는 경우가 많기 때문에 개인 보호 장비를 꼭 착용해야 한다. 일차 평가 중 목뼈 손상 가능성을 염두하고 평가해야 하며, 빗장뼈 윗부분의 손상을 가진 환자라면 척추 손상을 의심해야 한다.

정답 ③

출제 키워드: 두부 손상
기본서 다시보기: 응급처치학개론 p.257~258

해설 ③ 투명한 액체와 혈액이 섞인 듯한 분비물은 뇌척수액으로, 두부 외상 후 두개기저골의 손상으로 인해 뇌척수액이 유출된 것을 의미한다.

핵심 개념 리마인드 머리뼈 손상의 징후
머리뼈 손상의 징후는 다음과 같다.
▶ 상당한 힘에 의한 손상기전
▶ 의식 저하, 기능 장애
▶ 두피에 심각한 타박상, 깊은 열상, 혈종
▶ 머리뼈 표면에 함몰과 같은 변형
▶ 귀나 코에서 혈액이나 맑은 액체(뇌척수액)가 흘러나옴
▶ 눈 주위 반상출혈(너구리 눈)
▶ 귀 뒤 유양돌기 주변 반상출혈(Battle's sign)

정답 ③

083

다음과 같은 사고현장에서 일어나는 다발성 손상의 경우 가장 먼저 해야 할 것은?

① 골절 부위의 부목 고정
② 쇼크에 대한 처치
③ 기도 유지 및 호흡 곤란에 대한 처치
④ 급성출혈에 대한 처치

출제 키워드 　　　　　　　　　　외상 환자 평가

기본서 다시보기 　　　　응급처치학개론 p.239~243

해설 ③ 구급대원은 현장에 도착하면 현장의 안전을 확인한다.
현장의 안전이 확인되면 환자 평가를 실시한다. 일차 평가의 주요 목적은 생명에 위협을 주는 치명적인 원인을 평가하고 현장에서 바로 처치하기 위함이다. 환자의 전반적인 상태를 평가하는데 의식, 기도, 호흡, 순환을 확인하고 기도 유지, 산소 공급, 인공호흡 등을 제공하며, 출혈에 대한 지혈 등 치명적인 상태에 즉각적 처치를 한 뒤 이송 여부를 결정해야 한다. 따라서 ③ → ④ → ② → ① 순으로 처치한다.
즉, 가장 먼저 해야 할 처치는 ③이다.

핵심 개념 리마인드
▶ 현장의 안전이 파악되면 환자평가를 실시
  : 환자의 평가는 일차 평가와 이차 평가로 분류
▶ 일차 평가의 주요 목적
  : 생명에 위협을 주는 치명적인 원인을 평가하고 현장에서 바로 처치하기 위함
▶ 환자의 전반적인 상태를 평가하는 데 의식, 기도, 호흡, 순환을 확인
  : 기도 유지, 산소공급, 인공호흡 등을 제공, 출혈에 대한 지혈 등 치명적인 상태에 즉각적 처치를 한 뒤 이송 여부를 결정

정답 ③

084

화상으로 인해 나타날 수 있는 합병증들이다. 가장 옳은 것은?

① 기도 폐쇄　　　② 저체액증
③ 세균 감염　　　④ 모두 해당

출제 키워드 　　　　　　　　　　　　화상

기본서 다시보기 　　응급처치학개론 p.323 [표141]

해설 ④ 기도부종에 의한 기도 폐쇄, 피부가 손실되며, 체액 소실 및 세균 감염, 경우에 따라서는 사망에 이르는 등 다양한 합병증이 올 수 있다.

핵심 개념 리마인드　**화상으로 인한 합병증**
화상으로 인해 정상 피부가 손실되면 체액의 손실 및 세균 감염이 동반되기도 한다. 화상 환자는 피부 손상 이외에도 기도부종에 의한 기도 폐쇄, 기관지염이나 폐부종, 심장부정맥 등이 합병될 수 있으며, 경우에 따라서는 사망에 이르는 등 치명적일 수 있기 때문에 전문적이고 신속한 처치가 요구된다. 현장 사망은 대부분 기도 손상과 호흡 장애로 일어나며, 지연 사망은 체액손실로 인한 쇼크와 감염으로 인해 일어난다.

정답 ④

085

1시간 30분 동안 화재 현장에서 화재를 진압하던 31세의 소방관이 갈증, 무력감, 오심과 현기증을 호소하였다. 환자는 창백하고 차가운 피부였으며, 땀을 흘리고 있었고, 혈압은 90/50 mmHg, 맥박은 140회/분, 호흡은 24회/분, 체온은 38°C 였다. 이 환자의 상태는?

① 열경련(heat cramps)
② 열탈진(heat exhaustion)
③ 열사병(heat stroke)
④ 저체온증(hypothermia)

출제 키워드   환경 손상
기본서 다시보기   응급처치학개론 p.342

해설 ② 체액 소실로 인해 땀을 흘리며, 빠른 맥, 빠른 호흡, 낮은 혈압을 나타내는 열탈진의 전형적인 증상이다.

핵심 개념 리마인드   열 또는 한랭의 노출에 의한 손상
(1) **열경련**: 더운 곳에서 격렬한 활동으로 땀을 많이 흘려, 특히 전해질 부족으로 나타난다. 대부분 시원한 곳에서 휴식하고 수분을 보충하면 정상으로 회복된다.
(2) **열탈진**: 체액 소실로 나타나며, 보통 땀을 많이 흘리고 충분한 수분을 섭취하지 않아 나타난다. 많은 수분 소실로 인하여 경미한 저혈량성 쇼크가 올 수 있으며, 초기에는 피로, 오심/구토, 두통을 호소하며 피부는 정상이거나 차갑고 창백하며 축축하다. 처치가 이루어지지 않으면 빠른 맥, 빠른 호흡, 저혈압을 포함한 쇼크 징후가 나타난다.
(3) **열사병**: 열 손상에서 가장 위험한 단계로, 신체가 조절할 수 있는 체온의 방어기전보다 더욱 많은 열을 받아 체온 조절 기능 부전으로 나타난다. 체온은 41~42°C 이상 오른다. 피부는 뜨겁고 건조하거나 축축하다. 의식은 약간의 혼돈 상태에서 무의식 상태까지 다양하게 의식 변화가 있다.
(4) **저체온증**: 체온이 35°C 이하인 경우를 말한다.

정답 ②

086

추운 겨울날 행려자로 보이는 환자가 있다고 보고를 받고 현장에 도착하였다. 환자는 초기 평가에서 아무런 반응이 없었다. 당시 기온은 영하 5°C였다. 기본인명소생술을 실시하려고 하는데 주의해야 되는 사항으로 옳지 않은 것은?

① 환자의 체위를 바꿀 때 주의해야 한다.
② 맥박을 확인하는 경우에는 30~50초 간 촉지하여 판단한다.
③ 이동 시 환자의 머리가 심장보다 낮게 유지되도록 해야 한다.
④ 환자의 맥박이 촉지되지 않는다면 즉시 CPR을 실시한다.

출제 키워드   환경 손상
기본서 다시보기   응급처치학개론 p.335~337

해설 ① 심근이 매우 불안정하기 때문에 심실세동을 유발할 가능성이 있어 가능한 환자를 조심스럽게 이동시킨다.
② 호흡과 맥박이 느려지기 때문에 CPR을 실시하기 전에도 적어도 30~45초 간 평가한다.
③ 환자는 수평으로 유지하여 이송한다.
④ 환자가 경직된 상태로 맥박이 촉지되지 않는다면 현장에서 즉시 CPR을 실시하고 신속하게 병원으로 이송해야 한다.

핵심 개념 리마인드

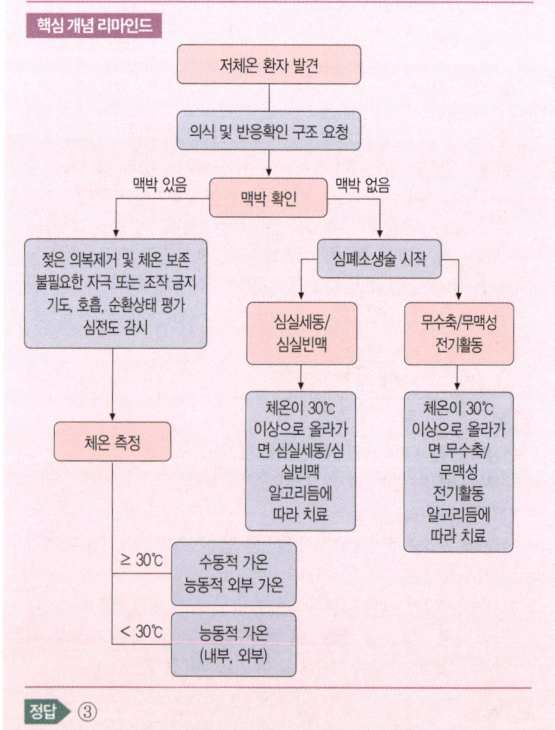

정답 ③

087

물에 빠진 환자에 대한 설명이다. 옳지 않은 것은?

① 익사(drowning)란 물에 잠긴 후 질식에 의하여 발생되는 사망을 의미한다.
② 익수(near drowning)란 물에 빠진 후 사망했으나 일시적으로라도 생체징후를 회복한 경우를 의미한다.
③ 물에 빠진 경우에는 폐, 심장, 신경조직, 콩팥(신장) 등의 손상이 야기되기도한다.
④ 물이 차가우면 차가울수록 더 많은 산소가 심장과 뇌로 간다.

출제 키워드   환경응급
기본서 다시보기   응급처치학개론 p.345

해설 ② 익수란 사망 여부와 관계없이 일시적으로 환자가 생존한 경우를 말한다.
④ 포유류 잠수반사: 영하에 가까운 물 속에서 발생하는 익사 사고의 경우 산소 없이 4~6분이 경과하면 뇌사가 일어난다는 개념이 적용이 되지 않는다.

핵심 개념 리마인드   **익사와 익수**
(1) **익사**: 물에 잠긴 후에 질식에 의하여 사망하는 경우를 말한다.
(2) **익수**: 물에 잠긴 후에 사망 여부와 관계없이 일시적으로 환자가 생존한 경우를 말한다.

정답 ②

088

부목의 일반적인 원칙 중 맞는 것은?

① 부목을 한 뒤보다는 부목을 하기 전에 부상 이하 부위의 감각을 점검한다.
② 골절 부위의 위와 아래 관절이 함께 고정되지 않도록 하여야 한다.
③ 개방된 상처는 멸균거즈로 드레싱하여 부목을 대준다.
④ 견인을 시도해도 잘 펴지지 않는 관절은 조심스럽게 견인하도록 한다.

출제 키워드   근골격계 손상
기본서 다시보기   응급처치학개론 p.288 [표123]

해설 ① 부목 고정 전에 팔·다리 손상 먼 쪽의 맥박, 운동 기능 그리고 감각을 평가해야 한다. 부목 고정 후에도 다시 한 번 평가한다.
② 부목 고정은 골절 부위를 포함하여 몸쪽 부분과 먼 쪽 부분의 관절을 모두 고정한다.
③ 개방된 상처는 멸균거즈로 드레싱하여 부목을 대준다.
④ 변형된 팔다리가 일직선으로 잘 펴지지 않으면 변형된 위치 그대로 고정한다.

정답 ③

089

환자는 통증 반응에도 개안을 하지 않고 알아들을 수 없는 괴성을 지르고 있으며 사지가 비정상적으로 신전된 자세를 취하고 있다. 호흡수 32회, 수축기압은 90 mmHg일 때 환자의 RTS 점수는?

① 8점　　② 9점
③ 10점　　④ 11점

📋 출제 키워드　　전문외상처치술
📖 기본서 다시보기　응급처치학개론 p.252 [표100], p.254 [표102]

해설 ① 통증 반응에도 개안하지 않았다면 무반응이므로 개안반사 1점, 알아들을 수 없는 괴성 2점, 비정상적 사지 신전 자세 2점으로 GCS는 총 5점이다.
RTS에서 GCS 점수는 1점, 호흡수 30회 이상 3점, 수축기압 90 mmHg이상 4점으로 총 8점이다.

핵심 개념 리마인드　RTS, GCS

(1) 수정된 외상 점수(RTS)

분당 호흡수	수축기혈압	글래스고혼수척도(GCS)	점수
분당 10~29회	90 mmHg 이상	13~15	4
분당 30회 이상	76~89 mmHg	9~12	3
분당 6~9회	50~75 mmHg	6~8	2
분당 1~5회	1~49 mmHg	4~5	1
무호흡	측정되지 않음	4점 미만	0

(2) 글래스고혼수척도(GCS)

수정척도	점수
눈뜨기 반응(Eye Opening, E)	
자발적으로	4
소리에 의해	3
압력에 의해	2
없음	1
평가할 수 없음	NT
언어반응(Verbal Response, V)	
지남력 있음	5
대화 혼란	4
단어만 말함	3
소리만 냄	2
없음	1
평가할 수 없음	NT
운동반응(Best Motor Response, M)	
명령에 따름	6
위치 구별	5
정상굴곡	4
비정상굴곡	3
폄	2
없음	1
평가할 수 없음	NT

정답 ①

090

중심 체온이 28℃인 저체온 상태의 환자에서 호흡수가 7회, SpO₂가 80%, 혈압은 70/50 mmHg로 나타나며, 아래와 같은 심전도 소견이 관찰된다. 우선적으로 시행할 알맞은 처치는?

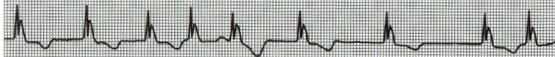

① 즉시 심폐소생술을 시행한다.
② 미주신경흥분수기를 시행한다.
③ 서맥에 준하여 치료한다.
④ 가온 가습화된 산소 투여를 시행한다.

📋 출제 키워드　　저체온증 환자 평가
📖 기본서 다시보기　응급처치학개론 p.335~337

해설 ④ 이 심전도는 저체온 시에 나타나는 오스본 J파(Osborn J wave)로 저체온 환자에게 가온 가습한 산소를 투여해 준다.

핵심 개념 리마인드　저체온 환자의 처치

(1) 저체온 환자의 호흡 평가
초기에는 비정상적으로 빠르다가 점점 느려진다.
▶ 지문에 따르면 호흡수 7회로 느린 호흡을 하는 중이다.

(2) 저체온 환자의 처치
- 호흡과 맥박이 느려지기 때문에 CPR을 실시하기 전에 적어도 30~45초간 평가해야 한다.
- 환자가 경직된 상태로 맥박이 촉지되지 않는다면 현장에서 즉시 CPR을 실시하고 신속하게 병원으로 이송해야 한다.
- 가능하다면 가온 가습한 산소를 다량으로 공급한다.

정답 ④

091

다음 중 중증외상센터로 이송해야 하는 환자는?

① 오른쪽 근위부 긴뼈 골절
② 4 m에서 추락한 성인
③ 압좌 손상이 있는 사지
④ 수축기압 100 mmHg

출제 키워드: 다발성 중증손상

기본서 다시보기: 응급처치학개론 p.354 [표154]

해설 ① 두 개 이상의 근위부 긴뼈 골절이면 중증외상센터로 이송해야 한다.
② 성인에서는 6 m 이상 또는 건물 3층 높이 이상이면 중증외상센터로 이송해야 한다.
③ 압궤, 결출, 썰린 손상이 있는 사지
④ 수축기 혈압이 90 mmHg 미만이면 중증외상센터로 이송해야 한다.

핵심 개념 리마인드 중증외상의 기준

중증외상의 기준	생리학적 기준	• AVPU 의식수준 V 이하 또는 글라스고우 혼수척도 ≤ 13 • 수축기 혈압 < 90 mmHg • 분당 호흡수 < 10 또는 > 29
	신체 검사 소견에 따른 기준	• 관통 또는 자상(머리, 목, 가슴, 배, 상완부, 대퇴부) • 동요가슴(flail chest) • 두 개 이상의 근위부 긴뼈 골절 • 압궤(crushed), 벗겨진(degloved), 썰린(mangled) 사지, 맥박이 소실된 사지 • 손목, 발목 상부의 절단 • 골반뼈 골절 • 열린 또는 함몰 두개골 골절 • 마비

	손상기전에 따른 기준	• 추락
		  - 성인 6 m 이상 건물 3층 높이 이상
		  - 소아 3 m 이상 건물 2층 높이 이상
		• 고위험 교통사고
		  - 차체 눌림 찌그러짐 45 cm 이상
		  - 자동차에서 이탈(튕겨져 나감)
		  - 동승자의 사망
		  - 차량 전복
		• 자동차 - 보행자/자전거 충돌로 나가떨어짐, 치임 또는 시속 30 km 이상의 속도로 충돌함
		• 오토바이 시속 30 km 이상의 속도
		• 폭발에 의한 직접적 영향

 정답 ③

092

개방성 연부조직 손상 유형에 대한 설명이다. 옳지 않은 것은?

① 열상: 날카로운 물체에 피부가 베인듯한 상처이다.
② 결출상: 피부가 파열되어 찢겨져 내부 장기까지 손상을 나타낸다.
③ 찰과상: 표피가 긁히거나 마찰되어 진피에 손상을 입는다.
④ 천자상: 날카롭고 뾰족한 물체가 신체를 뚫은 형태이다.

출제 키워드: 연부조직 손상

기본서 다시보기: 응급처치학개론 p. 175~176

해설 ② 피부가 파열되어 찢겨져 내부 장기까지 손상을 입는 것은 개방성 압좌상이다.

핵심 개념 리마인드 개방성 연부조직 손상

(1) 결출상: 피부나 조직이 찢겨져 너덜거리는 상태로, 많은 혈관 손상으로 종종 출혈이 심각하다. 피부 표면이 부분적으로 결출되면서 혈액 순환이 저하되어 조직의 괴사가 발생될 수도 있다.
(2) 절단: 신체로부터 떨어져 나간 상태로, 완전절단과 부분절단이 있다.
(3) 개방성 압좌상: 피부가 파열되어 찢겨진 형태로, 연부조직, 내부 장기 그리고 뼈까지 광범위하게 손상을 나타낸다.

 정답 ②

093

아래와 같은 손상을 입은 교통사고 환자가 심전도 리듬에서 ST분절 상승이 나타났다면 이 심전도가 의미하는 것은?

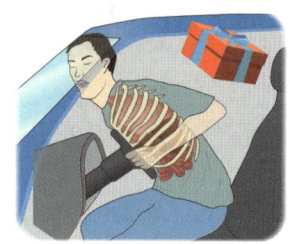

① 급성심근경색 ② 심근 좌상
③ 폐좌상 ④ 혈흉

📧 출제 키워드 손상기전
📁 기본서 다시보기 응급처치학개론 p.232 [그림148]

해설 ② 운전대에 흉부를 부딪힌 환자로, 심전도 상 ST분절의 상승이 있다면 심근좌상으로 인한 ST분절 상승일 가능성이 높다.

핵심 개념 리마인드 운전대와 내부 장기의 충돌

운전대와 부딪혀 심근좌상을 일으킨다.

전방 충돌 시 운전대와 앞 유리창에 부딪히며, 대개는 머리, 목, 가슴 그리고 배에 손상을 입는다.
심장의 무딘손상(blunt cardiac injury)은 높은 사망률을 보이며, 중증의 전방흉부 무딘손상과 함께 자주 발생한다. 이 경우 흉부가 물체에 의해 충격을 받거나 물체에 부딪히는 손상기전이 작용한다.
심장의 무딘손상과 연관된 기타 부정맥에는 심장조동, 심장세동, 심방/심실 조기수축, 빠른 부정맥, 느린 부정맥, 각차단, T파 역위, ST분절 상승 등이 있다.

정답 ②

094

암에 대한 과거력이 있는 환자가 저에너지 손상에 의해 발생한 다리통증으로 119에 신고하였다. 외관상 변형이 보여 골절로 의심된다. 의심할 수 있는 골절은?

① 생나무 골절 ② 분쇄 골절
③ 병적 골절 ④ 뼈끝 골절

📧 출제 키워드 근골격계 손상
📁 기본서 다시보기 응급처치학개론 p.281~282

해설 ③ 병적 골절은 골격계 병변에 의하여 골 조직이 약화된 상태에서 경미한 외부 충격으로 골절이 발생한 경우를 말한다.

핵심 개념 리마인드 글곤격계 손상 종류
(1) 생나무 골절: 소아에서 주로 발생하는 골절로, 몸통 부분의 일부만이 손상받는 불완전한 골절이다.
(2) 분쇄 골절: 골격이 손상되어 여러 조각의 작은 파편으로 쪼개지는 경우를 말한다.
(3) 뼈끝 골절: 골격의 성장을 유도하는 양측 뼈끝에 골절이 발생하는 경우로, 성장기 소아에게 나타나며, 적절히 치료하지 않으면 성장판의 손상으로 인하여 골격계의 성장이 정지될 수 있다.

정답 ③

095

스키를 타다가 넘어진 환자가 무릎통증을 호소하고 있다. 119대원이 도착했을 때 탈구로 보였고 이 환자에 대한 처치로 가장 옳은 것은?

① 원위부 순환과 감각 및 운동 기능의 장애가 발생하지 않는 한 발견 그대로 고정한다.
② 1개의 경성부목으로 다리 뒤에 대어 고정한다.
③ 대퇴동맥에 손상을 줄 가능성이 있기 때문에 고려한다.
④ 이송시간이 지연되어도 원위순환과 신경기능이 좋으면 정복을 시도하지 않는다.

출제 키워드   근골격계 손상

기본서 다시보기   응급처치학개론 p.292

해설 ② 다리가 구부러져 있는 경우, 2개의 중간 크기 경성부목으로 하나는 안쪽, 하나는 바깥쪽에 고정하고 붕대로 부목과 사지를 교차로 감아 다리를 그 자세 그대로 고정한다. 다리가 펴져 있는 경우 간단하게 패드를 댄 2개의 경성부목이나 공기부목을 댄다.
③ 무릎손상환자는 무릎관절 동맥에 손상이 발생할 수 있다. 이 동맥은 다른 관절의 혈관보다 이동성이 적기 때문에 말초혈관이 손상될 수 있다.
④ 확실한 치료까지 2시간이 넘을 것 같으면 순환과 신경 기능이 좋아도 무릎 탈구의 정복을 시도한다.

핵심 개념 리마인드
▶ 무릎 전방탈구: 펴진 다리가(원위부에서 근위부로 움직여서) 무릎을 들고 있는 모양
▶ 무릎 후방탈구: 무릎에서 떨어지는 모양이다(무릎뼈 탈구가 아닌 것을 확인)
▶ 무릎관절동맥 손상은 다른 관절의 혈관보다 이동성이 적기 때문에 상해를 입고 말초 혈관이 손상될 수 있음
▶ 관절 손상 아래로 순환이나 감각기능의 이상이 없을 시 고정을 하고 이상이 있을 시는 정복을 고려해야 함
  : 확실한 치료까지 시간이 2시간을 넘을 것 같으면 원위순환과 신경 기능이 좋아도 정복을 시도해야 함
▶ 수분 내에 정복에 성공하지 못하거나 움직임에 대한 저항이 느껴지고 환자가 통증이 심해진다고 하면 정복은 중단하고 사지에 부목을 대고 신속하게 이송해야 함

정답   ①

096

다음과 같은 손상을 입은 환자에 대한 처치로 옳은 것은?

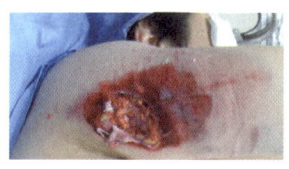

① 얼음 조각에 결출된 피부 부위를 직접 보관하여 신속하게 이송한다.
② 생리식염수를 적신 멸균거즈로 감싼 결출된 피부 부위를 비닐봉지에 보관하고 그대로 이송한다.
③ 직접 압박에 실패하여도 지혈대는 괴사의 위험이 있기 때문에 적용을 미룬다.
④ 부분결출인 경우 피부가 완전히 분리되지 않도록 고정시키거나 부목을 대주어야 한다.

출제 키워드   연부조직 손상

기본서 다시보기   응급처치학개론 p.306

해설 ①, ② 생리식염수에 적신 멸균거즈로 감싼 후 비닐백에 조직을 넣고 밀봉하여 차갑게 유지한다. 단, 얼음에 조직이 직접 닿지 않도록 해야 한다.
③ 결출상 환자인 경우 상처부위를 고려하여 필요한 경우 지혈대를 적용할 수 있다.

핵심 개념 리마인드 절단 / 결출상

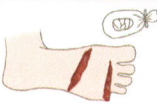 

▶ 부분절단: 절단부위가 약간이라도 몸체와 붙어 있다면 접합수술 가능 → 부목처치
▶ 완전절단
  – 생리식염수를 적신 멸균 거즈로 감쌈
  – 비닐백에 조직을 넣어 밀봉 후 얼음에 직접 조직이 닿지 않도록 이송해야 함
  – 절단된 조직에 환자 이름, 날짜, 부위명을 적어 환자와 같이 이송

정답 ④

097

교통사고 후 목정맥 팽대와 오른쪽 호흡음 감소, 왼쪽으로 기관 편위를 보이는 환자에게 우선적으로 시행해야 할 처치는?

① 심낭천자술
② 바늘감압술
③ 흉관삽입
④ 폐쇄드레싱

098

자전거를 타고 가던 중 넘어진 남자가 두피에 열상이 있으며 머리뼈 함몰 변형을 보이고 있었다. 동공은 비대칭으로 한쪽만 산대된 모습을 보였다. 이와 같은 환자가 보일 수 있는 징후로 알맞은 것은?

① 혈압↑, 맥박↓, 불규칙한 호흡
② 혈압↓, 맥박↓, 호흡 증가
③ 혈압↑, 맥박↑, 호흡 감소
④ 혈압↑, 맥박↑, 호흡 정지

출제 키워드 가슴 손상
기본서 다시보기 응급처치학개론 p.276~277

해설 환자는 오른쪽의 호흡음 감소와 흉강 내 공기가 차 가슴종격동이 손상 부위 반대쪽으로 밀리는 것으로 보아 환자는 공기 가슴증이 발생하였음을 알 수 있다.
② 공기 가슴증 환자에서는 긴장성 공기 가슴증으로 전환될 가능성이 있기 때문에 빠르게 바늘감압술을 시행해 주어야 한다.

핵심 개념 리마인드 가슴 손상 시 처치
- 개방성 가슴 손상 시 개방성 창상 부위를 신속히 밀폐시킴으로써 공기 가슴증이 점차 커지거나 발생하는 것을 방지할 수 있다.
- 멸균거즈를 덮고 반창고를 붙이는 과정에서 한쪽 면 혹은 한쪽 면의 반 정도는 반창고를 부착하지 않는 삼면 밀폐드레싱을 하는 것이 바람직하다.
- 축적되는 공기가 계속 증가하면 폐가 완전히 허탈되고 종격동이 밀리거나 심장이 반대편으로 전이 되는 경우도 있다.
- 긴장성 공기가슴증은 급격히 악화되는 호흡 곤란, 목정맥 팽대, 청색증이 있으며, 이러한 문제 발생시 산소 투여와 함께 빗장뼈 중앙부를 관통하는 가상의 선과 2번 갈비뼈 사이 교차 부위에 가슴 바늘감압술을 시행해야 한다.

정답 ②

출제 키워드 두부 손상
기본서 다시보기 응급처치학개론 p.257~258, p.431

해설 환자는 머리뼈 함몰 변형으로 보아 머리뼈의 손상이 있을 가능성이 높으며, 동공이 비대칭적으로 한쪽만 산대된 모습은 머리뼈 손상으로 인한 뇌압 상승의 증거이다.
① 뇌압 상승이 일어나면 혈압은 증가하고 맥박은 감소하며 불규칙한 호흡을 보이는 쿠싱 3대 징후를 확인할 수 있다.

핵심 개념 리마인드 머리 손상 징후
- 두피의 깊은 열상, 머리뼈 표면에 함몰과 같은 변형은 머리뼈 손상의 징후이며, 비대칭 동공은 뇌졸중이나 머리 손상의 증거이다.
- 혈압이 상승하고 맥박이 감소하고 불규칙한 호흡의 징후를 나타내는 쿠싱 3대 징후는 뇌압 상승의 증거이다.

정답 ①

099

6m 추락사고로 환자들이 다발성 손상을 입었다. 환자는 말을 할 수 없으며 통증 반응에도 무반응이었다. 팔과 다리는 쭉펴고 있었다. 이 환자의 GCS 점수로 옳은 것은?

① 3점
② 4점
③ 5점
④ 6점

출제 키워드　　　　　　　　　글래스고혼수척도

기본서 다시보기　　　　　응급처치학개론 p.252 [표100]

해설 ② 통증 반응이 없고 전혀 소리를 내지 않으므로 개안 반사, 언어 반사에서 각 1점, 비정상적인 팔다리 신전은 2점으로 총 4점이다.

핵심 개념 리마인드　글래스고혼수척도

수정척도	점수
눈뜨기 반응(Eye Opening, E)	
자발적으로	4
소리에 의해	3
압력에 의해	2
없음	1
평가할 수 없음	NT
언어반응(Verbal Response, V)	
지남력 있음	5
대화 혼란	4
단어만 말함	3
소리만 냄	2
없음	1
평가할 수 없음	NT
운동반응(Best Motor Response, M)	
명령에 따름	6
위치 구별	5
정상굴곡	4
비정상굴곡	3
폄	2
없음	1
평가할 수 없음	NT

정답 ②

100

다음 중 동상 처치로 가장 알맞은 것은?

① 동상 부위를 마사지하여 해빙한다.
② 현장에서 손상 부위를 녹일 수 있다면 직접 열을 가하여 따뜻하게 회복시킨다.
③ 이송이 지연될 경우 약 42℃로 데워진 물에 동상 부위를 담가 녹인다.
④ 현장에서 터트릴 수 있는 수포는 터트려 거즈로 덮는다.

출제 키워드　　　　　　　　　한냉 손상

기본서 다시보기　　　　　응급처치학개론 p.340

해설 ① 손상 부위를 문지르거나 마사지하지 않는다. 세포의 결빙된 얼음이 주위 조직에 2차 손상을 가할 수 있다.
② 다시 추위로 인해 손상을 받을 경우에 더욱 악화되기 때문에 현장에서 직접 열을 가하거나 따뜻하게 회복시키는 처치법을 실시하지 않는다.
④ 물집은 터트리지 않는다.

핵심 개념 리마인드

견인부목	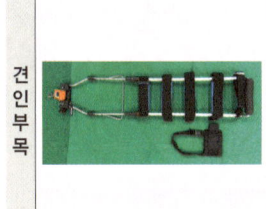	관절 및 다리 하부 손상이 동반되지 않은 넙다리 몸통부 손상 시 사용 ▶ 외적인 지지와 고정뿐만 아니라 넙다리 손상 시 발생되는 근육경련으로 인해 뼈끝이 서로 겹쳐 발생되는 통증과 추가적인 연부조직 손상을 줄여, 내부출혈을 감소시킬 수 있는 장비
항쇼크바지	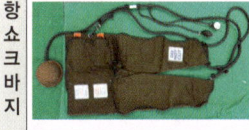	저체액성 쇼크 환자에서 혈압 유지 목적으로 사용 → 골반골절이나 다리골절 시 고정효과가 있음

정답 ③

101

25세 남자가 산업 현장에서 일하던 중 뜨거운 증기에 오른쪽 팔 전체에 화상을 입었다. 피부색은 창백하고 전반적으로 통증을 느끼지 못하고 있다는 정보를 받았다면 이 환자의 화상 면적, 화상 깊이로 옳은 것은?

① 4.5%, 2도
② 18%, 3도
③ 9%, 2도
④ 9%, 3도

📋 출제 키워드 　　　　　　　　　　　　 열화상

📁 기본서 다시보기 　 응급처치학개론 p.324 [표143], p.325 [그림205]

해설 ④ 팔 앞면 4.5% 팔 뒷면 4.5% 로 한쪽 팔 전체는 9%이며, 통증이 없는 창백한 피부는 3도 화상의 특징이다.

핵심 개념 리마인드 **3도 화상의 특징**
- 피부 조직이 손상된 경우로, 심한 경우 근육, 뼈, 내부 장기도 포함
- 건조하거나 가죽과 같은 형태를 보이며, 창백, 갈색 또는 까맣게 탄 피부색이 나타남
- 신경섬유가 파괴되어 통증이 없거나 미약할 수 있으나, 보통 3도 화상 주변 부위가 2도 화상이므로 심한 통증을 호소

화상 부위의 면적 – 성인

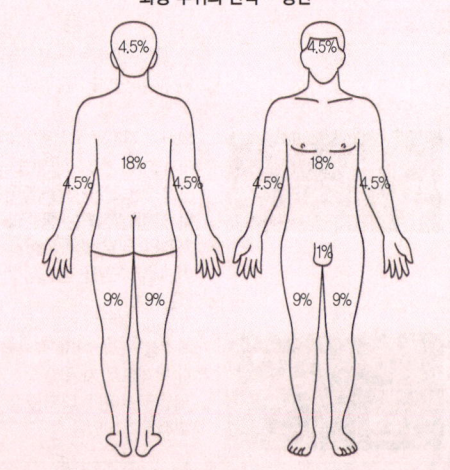

정답 ④

102

두부 손상 시 유의해야 할 사항 중 잘못된 것은?

① 두부에 상처가 있는 경우는 경부손상의 가능성도 고려해야 한다.
② 구강 내 이물질에 의한 기도폐쇄를 확인하여야 한다.
③ 머리 덮개 열상은 생각보다 많은 양의 출혈을 유발할 수 있으므로 필요 시 압박 지혈한다.
④ 귀로 뇌척수액 유출시 소독된 거즈를 덮은 후 탄력 붕대로 압박하여 지혈한다.

📋 출제 키워드 　　　　　　　　　　　　 두부 손상

📁 기본서 다시보기 　 응급처치학개론 p.256~257

해설 ① 두부 손상 환자의 경우 목뼈 손상이 있다고 가정하고 손을 이용해 머리 고정을 실시하며 턱 밀어올리기 방법으로 기도를 유지한다.
② 악화 징후에 따라 피, 분비물, 토물에 대한 흡인 준비를 해야 한다.
③ 머리 덮개 열상으로 인한 출혈 시는 멸균거즈를 창상 부위에 대고 손으로 수 분 동안 압박하면 대부분은 지혈된다.
④ 환자의 귀와 코에서 많은 액체가 나오면 멈추게 해서는 안 되며, 흡수하기 위해 거즈로 느슨하게 드레싱 해준다.
　 환자의 귀와 코에서 나오는 액체는 뇌척수액으로, 거즈로 막게 되면 뇌압 상승을 유발할 수 있어 흡수 수준으로 거즈를 이용하여 느슨하게 드레싱을 해준다.

정답 ④

103

인체의 근골격계에 대한 설명으로 옳은 것은?

① 위턱뼈는 얼굴을 구성하는 뼈로, 눈을 보호한다.
② 복장뼈와 갈비뼈를 구성하는 가슴 안의 내부에는 심장, 폐, 대혈관이 있다.
③ 넙다리뼈는 무릎관절과 접하여 엉덩관절을 형성한다.
④ 척추의 구성 중 등뼈는 11개로 구성되어 있다.

출제 키워드 근골격계 손상

기본서 다시보기 응급처치학개론 p.255, p.538

해설 ① 눈확(orbit)은 눈을 보호하기 위해 주변을 둘러싼 몇 개의 뼈로 구성되어 있고, 아래턱과 위턱이 이를 지지하고 있다.
③ 넙다리뼈의 머리는 골반의 절구와 접하여 엉덩관절을 형성한다.
④ 척주는 7개의 목뼈, 12개의 등뼈, 5개의 허리뼈, 엉치뼈와 꼬리뼈로 연결된다.

정답 ②

104

개방성 복부손상에 의한 내장 적출 시 시행하는 응급처치로 옳지 않은 것은?

① 고농도 산소를 공급한다.
② 생리식염수로 적출된 내장 부위를 세척하고 넣어 준다.
③ 생리식염수로 적신 멸균거즈로 덮고 폐쇄드레싱 한다.
④ 무릎과 엉덩이에 상처가 없다면 무릎을 구부리도록 한다.

출제 키워드 연부조직 손상

기본서 다시보기 응급처치학개론 p.304

해설 ② 외부에 노출된 내장을 다시 복부로 집어 넣음으로 인해 2차 감염의 위험이 있기 때문에 다시 넣으려 하지 말고 생리식염수로 적신 거즈를 덮고 폐쇄드레싱을 실시한다.

핵심 개념 리마인드 개방성 배 손상(내장 적출) 시 응급처치
① 고농도 산소를 공급한다.
② 상처 부위의 옷 등을 제거시켜 손상 부위를 노출시킨다.
  ▶ 외부로 나온 장기에 닿지 않도록 주의해서 손상 부위를 노출시켜야 하며, 노출된 장기를 다시 집어넣으려 시도하면 안 된다.
③ 노출된 장기의 습도와 온도를 유지할 수 있도록 생리식염수를 적신 멸균거즈로 노출된 장기를 덮고 폐쇄드레싱한다.
④ 무릎과 엉덩이에 상처가 없다면 무릎을 구부려 복벽에 긴장감을 풀어 줄 수 있는 배횡와위 자세를 취하도록 하며, 가능하다면 무릎 아래에 베개나 말은 이불을 대어 주어 환자가 편안한 자세를 취할 수 있도록 한다.

정답 ②

105

살터 해리스 분류체계에 의한 소아의 성장판 골절 유형 중 관절 전체 부위를 손상시키는 압좌 손상 유형은 어느 유형에 속하는가?

① 제2 유형
② 제3 유형
③ 제4 유형
④ 제5 유형

> 📋 출제 키워드   살터 해리스 분류체계
> 📖 기본서 다시보기   응급처치학개론 p.282

해설 ④ 살터 해리스 분류체계에 의한 소아의 성장판 골절 유형 중 1유형은 골격의 윗부분이나 관절 조직의 아랫부분을 손상 없이 성장판을 가로지르는 골절이다. 2유형은 성장판과 사지의 뼈 손상. 3유형은 성장판과 그 아래의 관절구조손상. 4유형은 성장판을 가로질러 그 아래의 관절 구조 손상. 마지막으로 5유형은 관절 전체 부위를 손상시키는 압좌손상 유형이다.

핵심 개념 리마인드   살터-해리스 분류체계

골절 유형	분류
I	[1단계] 골격의 윗부분이나 관절 조직의 아랫부분을 손상 없이 성장판을 가로지르는 골절
II	[2단계] 성장판과 사지의 뼈 손상 야기
III	[3단계] 성장판과 그 아래 관절 구조 손상
IV	[4단계] 성장판을 가로질러 지나며 그 아래의 관절 구조를 손상
V	[5단계] 관절 전체 부위를 손상시키는 압좌 손상 유형

정답 ④

106

신경성 쇼크의 임상증상이다. 옳은 것은?

① 혈압 증가, 손상부위 아래 피부 – 따뜻하다, 맥박수 – 감소
② 혈압 증가, 손상부위 아래 피부 – 차갑다, 맥박수 – 감소
③ 혈압 저하, 손상부위 아래 피부 – 따뜻하다, 맥박수 – 감소
④ 혈압 저하, 손상부위 아래 피부 – 차갑다, 맥박수 – 감소

> 📋 출제 키워드   쇼크의 종류
> 📖 기본서 다시보기   응급처치학개론 p.319

해설 ③ 신경성 쇼크는 척수 손상이나 뇌손상 혹은 출혈로 인해 신체를 조절하는 뇌의 능력, 특히 자율기능이 저하되는 증상이다. 환자는 신체가 혈관 수축을 통해 말초혈관저항을 늘리지 못하기 때문에 심박출량이 감소되고 혈압을 유지할 수 없게 된다. 또한 척수 손상 부위 위쪽에서는 쇼크와 같은 증상, 손상 부위 아래쪽에서는 혈관이 확장됨에 따라 따뜻하고 건조하며, 붉어진 피부를 보인다.

핵심 개념 리마인드   신경성 쇼크

- 혈압: 이완기 혈압과 수축기 혈압의 감소
- 맥압: 정상으로 유지되거나 더 넓어진다.
- 피부: 손상 부위 아래로 따뜻하고 건조한 피부를 나타낸다.
- 맥박: 느린 맥
- 의식: 외상성 뇌손상이 없을 시, 바로 누운 자세를 취하고 있을 때 의식이 명료하고 정상적인 지남력을 가진다.

정답 ③

107

출혈성 쇼크 환자가 혈압이 90/50 mmHg, 맥박은 분당 130회로 측정되었고, 혼미한 의식 상태를 보이고 있었다. 쇼크 몇 기에 해당되는가?

① 1기 ② 2기
③ 3기 ④ 4기

📝 출제 키워드 출혈과 쇼크

📁 기본서 다시보기 응급처치학개론 p.317 [표139]

해설 ③ 쇼크 3기에서 수축기 혈압은 90 mmHg 이하이고 맥박은 증가하며 혼미한 의식 상태를 보인다.

핵심 개념 리마인드 신경성 쇼크

구분	쇼크 1기	쇼크 2기	쇼크 3기	쇼크 4기
소실된 혈액량	15% 이내	15 ~ 30%	30 ~ 40%	40% 이상
맥박수	정상	증가	증가	증가 혹은 감소
수축기 혈압	정상	체위에 따라 변화	90 mmHg 이하	60 mmHg 미만
의식상태	명료 혹은 불안감	불안감	혼미	혼수
응급처치	수액 투여	수액 투여	수액 + 수혈	수액 + 수혈

정답 ③

108

20대 환자가 집에서 감기약 복용 후 갑자기 호흡이 힘들어지고 혈압이 감소하였다. 가능한 쇼크의 종류로 옳은 것은?

① 출혈성 쇼크 ② 패혈성 쇼크
③ 과민성 쇼크 ④ 신경성 쇼크

📝 출제 키워드 쇼크의 종류

📁 기본서 다시보기 응급처치학개론 p.321

해설 ③ 환자는 감기약에 대한 과도한 면역 반응으로 인한 호흡기의 부종과 혈관 긴장 능력 저하로 인해 혈압이 감소된 과민성 쇼크 상태이다.

핵심 개념 리마인드 과민성 쇼크

인체 면역체계는 감염이나 이물질에 대항하여 감염을 억제하는 기능이 있다. 하지만 과도하게 반응을 하게 되면 치명적인 알레르기 반응을 유발하기도 한다. 주요 생리적인 변화로는 혈관의 긴장 및 능력을 상실한다.
따라서 조직으로 체액이 흘러나와 얼굴, 목, 혀, 상부호흡기도와 세기관지 등에 부종을 야기시킨다. 기도 폐쇄로 충분한 산소 공급이 되지 않으면 쇼크를 일으키는데 이를 과민성 쇼크라고 한다.

정답 ③

109

건물 붕괴로 벽돌에 의해 가슴 압박 손상을 당한 환자가 분당 36회의 얕은 호흡을 보였다. 이 환자의 신체 평가시 우측 가슴 일부가 숨을 들이마실 때 안쪽으로 들어가는 기이성 운동 양상을 보였다. 이 환자에게 의심할 수 있는 손상의 종류는?

① 동요가슴
② 폐좌상
③ 심근좌상
④ 가슴열상

출제 키워드 　　　　　　　　　　가슴 손상의 유형
기본서 다시보기 　　　　　　　응급처치학개론 p.271

해설 ① 숨을 쉴 때 기이성 운동을 보이는 것은 갈비뼈 3개 이상이 골절되고 각각의 갈비뼈 2곳 이상에서 골절이 되는 경우인 동요가슴에서 보이는 현상인데, 이는 환자가 벽돌로 인해 가슴에 손상을 입음으로써 나타날 수 있다.

핵심 개념 리마인드 　**비정상적 흉벽 운동**
담벽 등이 붕괴되어 무거운 물체가 가슴을 갑자기 압박하거나 갑자기 아주 큰 충격을 받게 되면 가슴 안의 내부 압력이 급격히 상승하며, 다발성 갈비뼈 골절(늑골이 3개 이상 골절되고 각각의 늑골이 2곳 이상의 부위에서 골절되는 경우)과 동요가슴을 유발시킨다.
골절 분절 부위가 숨을 내쉬는 호기 때에 흉벽보다 부풀어 오르는 기이성 운동을 보인다. 이러한 비정상적 흉벽 운동을 '모순운동(paradoxical motion)'이라 하며, 골절 사이의 분절을 '동요분절(flail segment)'이라고 한다.

정답 ①

110

교통사고 현장에 도착 시 차의 왼쪽 측면부가 찌그러져 있었고 조수석에 앉아 있던 환자는 심한 불안, 창백한 피부를 보였고, 왼쪽 가슴 통증을 호소하였다 환자의 신체검진 시 양쪽 폐음은 깨끗하였으나 심잡음이 들렸으며 맥압이 좁아져 있었다. 이 환자에게 가능성 있는 진단명은?

① 심근경색
② 심장눌림증
③ 혈액가슴증
④ 공기가슴증

출제 키워드 　　　　　　　　　　　　가슴 손상
기본서 다시보기 　　　　　　　응급처치학개론 p.279

해설 ② 양쪽 폐음은 깨끗한 것으로 보아 폐에는 이상이 없지만, 심잡음과 좁아진 맥압으로 보아 이는 심장눌림증으로 인해 심낭내에 혈액이 고여 순환이 제대로 되지 않는 상태임을 알 수 있다.

핵심 개념 리마인드 　**가슴 손상의 증상**
(1) **공기가슴증**: 흉부는 과팽창하며 호흡음이 빈약하거나 들리지 않고 타진 시 과도공명음이 들린다.
(2) **혈액가슴증**: 액체로 체워진 부위에서 타진 시 둔탁음이 들리고 호흡음은 약하고 멀게 청진된다.
(3) **심장눌림증**: 발생 시 심음이 매우 약하며, 맥압이 약하고 빠르게 촉진된다. 혈압이 저하되며 수축기압과 이완기압력의 차이가 좁아져 맥압의 차가 작아진다. 특징적으로 목정맥이 팽대되는 현상이 나타난다. 이에 따라 쇼크가 발생할 수 있다.

정답 ②

111

화상의 중증도 분류 시 중증화상이 아닌 것은?

① 체표면적 15%, 3도, 6세 남자
② 체표면적 10%, 3도, 20세 여자
③ 체표면적 25% 이상, 2도, 8세 남자
④ 체표면적 20% 이상, 2도, 15세 여자

출제 키워드 열화상

기본서 다시보기 응급처치학개론 p.326 [표144]

해설 ④ 체표면적이 20% 이상, 2도 화상인 환자에서는 10세 미만 50세 이상의 환자이어야 중증화상에 속한다.

핵심 개념 리마인드 성인의 열화상의 중증도

중증도 분류	화상 깊이 및 화상 범위
중증	• 흡인화상이나 골절을 동반한 화상 • 손, 발, 회음부, 얼굴 화상 • 체표면적 10% 이상의 3도 화상인 모든 환자 • 체표면적 25% 이상의 2도 화상인 10세 이상 50세 이하의 환자 • 체표면적 20% 이상의 2도 화상인 10세 미만 50세 이후의 환자 • 영아, 노인, 기왕력이 있는 화상 환자 • 원통형 화상, 전기 화상
중등도	• 체표면적 2% 이상, 10% 미만의 3도 화상인 모든 화상 • 체표면적 15% 이상, 25% 미만의 2도 화상인 10세 이상 50세 이하의 환자 • 체표면적 10% 이상, 20% 미만의 2도 화상인 10세 미만 50세 이상의 환자
경증	• 체표면적 2% 미만의 3도 화상인 모든 환자 • 체표면적 15% 미만의 2도 화상인 10세 이상 50세 이하의 환자 • 체표면적 10% 미만의 2도 화상인 10세 미만 50세 이하의 환자

정답 ④

112

피부 손상 깊이와 넓이가 다양하며 날카로운 물체에 피부가 잘린 상처를 무엇이라고 하는가?

① 찰과상　　② 결출상
③ 관통상　　④ 열상

출제 키워드 연부조직 손상

기본서 다시보기 응급처치학개론 p.300

해설 ④ 날카로운 물체에 피부가 잘린 상처를 열상이라고 한다.

핵심 개념 리마인드 연부조직 손상

(1) **찰과상**: 표피가 긁히거나 마찰된 상태로, 보통은 진피까지 손상을 입는다. 출혈은 적지만 심한 통증을 호소하고, 대부분 상처 부위가 매끈하지 못하고 울퉁불퉁한 양상을 보이며 넓게 분포되는 양상을 보인다. 오토바이, 자전거 사고 환자에게 많다.

(2) **결출상**: 피부나 조직이 찢겨져 너덜거리는 상태로, 많은 혈관 손상으로 종종 출혈이 심각하다. 피부 표면이 부분적으로 결출되면서 혈액 순환이 저하되어 조직의 괴사가 발생될 수도 있다. 보통 산업 현장에서 많이 발생한다.

(3) **관통상**: 날카롭고 뾰족한 물체가 빠른 속도로 신체를 뚫은 형태로, 피부 표면의 상처뿐 아니라 내부 조직 손상도 초래하며, 감염 여부에 대하여 충분히 고려해야 한다. 즉, 외부 출혈은 없어도 내부에서는 출혈이 진행될 수 있으며 머리, 목, 몸통 부위 손상이라면 특히 주의해야 한다. 일부 관통상의 경우 신체를 완전히 통과할 수 있으며, 이러한 경우 사입구는 상처가 좁고 출혈이 적을 수 있으나, 사출구는 상처가 크고 출혈이 많을 수 있으므로 사출구를 꼭 확인해야 한다.

정답 ④

113

잠수 중 급상승에 의한 폐의 과팽창으로 인해 발생하는 잠수병은?

① 공기색전증
② 일산화탄소중독
③ 질소마취
④ 산소중독

출제 키워드 　　　　　　　　　　잠수 응급

기본서 다시보기 　　　　　　응급처치학개론 p.347

해설 ① 감압이 됨에 따라 폐의 갇혀 있던 공기가 팽창하면서 폐포막 파열을 유발하고, 이로 인해 공기가 큰 거품을 형성하면서 공기색전증을 유발할 수 있다.

핵심 개념 리마인드　**공기색전증**

잠수 후 급상승에 의한 폐의 과팽창은 여러 응급 상황의 원인으로 발생한다.

수면으로 급상승을 하면서 주변의 압력은 급감하게 되고 이어서 폐에 갇혀 있던 공기가 팽창하면서 폐포막은 파열된다. 이로 인해 공기가 큰 거품을 형성하면서 순환계로 유입될 수 있게 된다.

이러한 공기색전증(동맥성 공기 색전증)은 좌심방 및 좌심실을 통해 신체 여러 부위로 이동하여 혈류장애를 일으키면서 허혈 및 경우에 따라 경색을 유발할 수 있다.

정답 ①

114

고관절 후방탈구 시에 취하는 응급처치법은?

① 원위부 순환의 큰 문제가 없더라도 추후 발생할 문제를 대비하여 정복을 시도한다.
② 골반 골절과 동반된 고관절탈구 환자에게 반드시 정복을 시도해야 한다.
③ 정복을 시도하였으나 탈구된 다리가 원래대로 들어가지 않으면 신경 손상 방지를 위해 지속적으로 시도한다.
④ 좌골신경을 건드릴 수 있어 무릎관절을 굽히지 않아야 한다.

출제 키워드 　　　　　　　　　　근골격계 손상

기본서 다시보기 　　　　　　응급처치학개론 p.292

해설 ① 원위부 순환 및 감각이나 운동 기능 장애가 심하면 후방 탈구는 한번 정도 정복을 고려해 본다.
② 골반 골절과 같은 다른 심각한 손상이 있다면 교정을 시도하지 않는다.
③ 몇 분 동안의 정복 시도에도 들어가지 않는다면 환자를 발견한 상태 그대로 고정하고 신속하게 이송한다.

핵심 개념 리마인드

넙다리뼈 골절	전방탈구
엉덩이 통증과 압통, 다리가 밖으로 돌아가고 짧아진 변형 형태	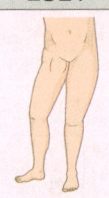 발이 바깥으로 돌아가고 넙다리뼈 머리가 샅고랑에서 만져짐
긴 척추고정판에 고정 후 발견한 상태 그대로 고정	

후방탈구	골반골절
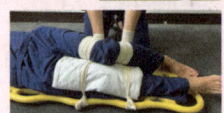 무릎은 구부리고 발은 안으로 돌아간 상태	차량 간 충돌이나 보행자 사고에서 많이 나타남 골반 골절은 내부 실혈로 치명적일 수 있음 → 3,000cc까지 출혈이 발생할 수 있음
긴 척추고정판에 고정 후 발견한 상태 그대로 고정	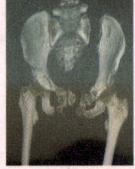 수액소생술, MAST 착용

정답 ④

115

구획증후군의 평가와 처치에 대한 올바른 설명은?

① 현장에서 발견이 가능하므로 발견 즉시 즉각적으로 처치를 시행해야 한다.
② 손상입은 팔다리를 심장보다 위쪽으로 위치시킨다.
③ 온찜질을 적용하여 통증을 완화시킨다.
④ 특징적으로 말초 부위에 맥박의 강도가 강해진다.

📧 출제 키워드   연부조직 손상

📁 기본서 다시보기   응급처치학개론 p.298

해설
- 구획증후군 7P'S: 통증(pain), 창백(pale), 이상감각(paresthesia), 마비(paralysis), 무맥(pulselessness), 압력(pressure), 냉감(poikilothermia)
① 구획증후군은 손상 발생 이후 6~8시간 혹은 하루나 그 이상이 지나야 발생할 가능성이 높다. 구획증후군을 발견하는 것은 쉽지 않기 때문에 환자의 상태를 유심히 살펴보아야 한다.
② 손상입은 팔다리를 심장보다 높게 위치하는 것은 구획증후군을 위한 가장 효과적인 병원전 처치법이다. 이를 통해 부종의 감소, 정맥 환류의 증대, 구획 압력의 저하, 허혈 방지 등의 효과를 볼 수 있다.
③ 의심이 되는 모든 골절 부위를 고정 및 부목 처리하고 넙다리뼈 골절에 적합한 견인을 시행한다. 심한 타박상에는 차가운 냉찜질팩을 적용한다.
④ 운동이나 감각기능 말초 맥박은 구획증후군에서 보통 정상이며 모세혈관 재충혈 시간도 거의 변화가 없다.

핵심 개념 리마인드
구획 내부의 부종 혹은 압박 붕대와 같은 외부의 힘에 의한 구획의 수축은 구획 내압을 증가시킴
→ 구획 내압이 30mmHg 이상 증가할 경우, 근육조직과 신경으로 향하여 구획으로 이동하는 모세혈관의 혈류가 수축
  : 약 10시간이 경과되면 비가역적 허혈성 손상 발생
→ 근육이 죽고 사지 기능이 소실
  : 주로 종아리(전방구획)를 포함한 하지에 가장 많이 발생

정답 ②

116

전기화상의 특징에 대한 설명으로 옳지 않은 것은?

① 부정맥, 심정지를 유발할 수 있고 심정지로 사망에까지 이를 수 있다.
② 근골격계 손상을 유발한다.
③ 피부 손상 정도로 중등도를 판단할 수 있다.
④ 현장이 안전한지 확인하고 환자에게 접근하도록 한다.

📧 출제 키워드   전기 화상

📁 기본서 다시보기   응급처치학개론 p.329 [표148]

해설 ③ 전기 화상은 몸 안에서는 심각하더라도 밖으로는 작은 흔적만 남을 수 있기 때문에 주의해야 한다.

핵심 개념 리마인드 전기로 인해 발생할 수 있는 손상
- 기도폐쇄를 유발하는 혀의 부종 마비
- 유입부 화상
- 불규칙한 심박동이나 심정지
- 근육압통과 연축 유출부 화상
- 안절 부절 또는 불안전 의식 소실
- 경련 가능성
- 혈압 상승
- 호흡 곤란 또는 호흡 정지
- 시력 변환
- 골절된 뼈

정답 ③

117

다음 중 화상의 중증도 평가에서 중증 화상에 해당하는 환자는?

① 끓는 된장국을 쏟아 오른쪽 다리에 체표면적 5%의 3도 화상을 입은 30세 환자
② 해수욕장에서 체표면적 30%에 달하는 1도 일광화상을 입은 25세 환자
③ 용접 도중 스파크가 튀어 왼쪽 팔 전체(9%)에 2도 화상을 입은 40세 환자
④ 화재가 난 건물에 10분 간 갇혀 연기를 마셨다고 주장하는 30세 환자

출제 키워드: 화상의 중증도
기본서 다시보기: 응급처치학개론 p.326 [표144]

해설 ④ 화재로 인한 흡인화상은 중증 화상에 해당한다.

핵심 개념 리마인드

중증도 분류	화상 깊이 및 화상 범위
중증	• 흡인화상이나 골절을 동반한 화상 • 손, 발, 회음부, 얼굴화상 • 체표면적 10% 이상의 3도 화상인 모든 환자 • 체표면적 25% 이상의 2도 화상인 10세 이상 50세 이하의 환자 • 체표면적 20% 이상의 2도 화상인 10세 미만 50세 이후의 환자 • 영아, 노인, 기왕력이 있는 화상환자 • 원통형 화상, 전기화상
중등도	• 체표면적 2% 이상, 10% 미만의 3도 화상인 모든 화상 • 체표면적 15% 이상, 25% 미만의 2도 화상인 10세 이상 50세 이하의 환자 • 체표면적 10% 이상, 20% 미만의 2도 화상인 10세 미만 50세 이후의 환자
경증	• 체표면적 2% 미만의 3도 화상인 모든 환자 • 체표면적 15% 미만의 2도 화상인 10세 이상 50세 이하의 환자 • 체표면적 10% 미만의 2도 화상인 10세 미만 50세 이후의 환자

정답 ④

118

가슴 손상 시 가장 우선적으로 고려해야 할 사항은?

① 기도 유지 및 산소 투여
② 외부 출혈의 지혈
③ 긴장성 공기가슴증의 치료
④ 신속한 이송

출제 키워드: 환자 평가
기본서 다시보기: 응급처치학개론 p.239

해설 ① 일차 평가의 순서로 기도, 호흡, 순환을 확인하고 이에 따른 적절한 처치를 제공한다.

핵심 개념 리마인드 환자 평가

환자의 평가는 일차 평가 – 이차 평가로 나누어 실시한다. 일차 평가의 주요 목적은 생명에 위협을 주는 치명적인 원인을 평가하고 현장에서 바로 처치하기 위함이다. 환자의 전반적인 상태를 평가하는데 의식, 기도, 호흡, 순환을 확인하고 기도 유지, 산소 공급, 인공호흡 등을 제공하며, 출혈에 대한 지혈 등 치명적인 상태에 즉각적 처치를 한 뒤 이송 여부를 결정해야 한다.

정답 ①

119

수동가온법에 대한 내용으로 옳지 않은 것은?

① 체온이 20도 이상인 환자에서 사용되는 방법이다.
② 중증이 아닌 경우 사용하는 방법이다.
③ 체내에서 체온을 상승시키는 기전이 유지되고 있는 환자에게 사용되는 방법이다.
④ 환자의 체열이 발산되는 것을 막아주는 방법이다.

출제 키워드: 수동가온법

기본서 다시보기: 응급처치학개론 p.338

핵심 개념 리마인드

수동 가온법은 체온이 30도 이상인 환자에서 사용되는 방법으로서 체내에서 체온을 상승시키는 기전이 유지되고 있는 환자에서 담요 등으로 환자의 체열이 발산되는 것을 막아주는 방법이다.

- 수동 가온법(passive rewarming): 외부에서 열을 가하지 않고 환자의 체열이 발산되는 것을 막아주는 방법
  - 체온이 30℃ 이상인 환자에서 사용되는 방법
  - 체내에서 체온을 상승시키는 기전(오한, 대사량의 증가 등)이 유지되고 있는 환자에서 담요 등으로 환자의 체열이 발산되는 것을 막아주는 방법
- 능동 가온법(active rewarming): 외부에서 열을 가하여 체온을 올려주는 방법
- 외부 가온법(external rewarming): 인체의 외부에서 열을 가하는 방법
- 내부 가온법(internal rewarming): 신체 내부로 열을 가하여 체온을 올리는 방법
  - 체온이 30℃ 미만인 환자에게 외부에서 열을 가하면 피부의 혈관이 확장되면서 내부 장기로부터의 혈액이 피부로 순환되어 오히려 내부 장기의 온도가 하강하는 현상(after-drop)이 발생할 수 있음
  - 중증의 저체온증 환자에게는 가능한 한 먼저 내부 가온을 한 후에 체온이 30℃ 이상이 되면 외부 가온을 실시

정답 ①

120

체온 소실의 방법 중 대류를 설명한 것은?

① 차가운 바람이 인체 주위에 따뜻하게 형성된 공기층을 밀어내며 발생한다.
② 땀이 증발하면서 일어난다.
③ 차가운 바닥에 누워 있는 환자에게 주로 발생한다.
④ 신생아에게 주로 나타난다.

출제 키워드: 환경응급

기본서 다시보기: 응급처치학개론 p.333

해설
②, ④ 액체가 증발하여 발생하는 체온 소실은 기화이다.
③ 차가운 바닥에 누워 있는 환자 등 차가운 물체에 접촉함으로써 체온을 소실하는 것은 전도이다.

핵심 개념 리마인드 열 전달 방법

(1) **복사**: 인체로부터 파장과 복사선 형태로 에너지를 방사하는 것이다. 열은 물체가 서로 접촉하지 않더라도 따뜻한 물체에서 차가운 물체로 이동한다. 이는 옷을 입지 않거나 단열되지 않은 신체 부분이 추운 환경에 노출되었을 때 일어난다. 주로 아무것도 걸치지 않은 머리에서 가장 많이 일어난다.

(2) **전도**: 차가운 물체에 직접 접촉됨으로써 일어나며, 환자가 차가운 바닥에 누워 있을 때 종종 일어난다. 또한 차가운 물에서는 열 손실이 대기보다 약 25배 빠르게 진행된다.

(3) **대류**: 차가운 공기 흐름으로 발생하며 주로 바람이 많이 부는 환경에서 일어난다. 바람이 인체 주위에 따뜻하게 형성된 공기층을 밀어내면서 생기며, 주로 야외 활동이 많은 사람에게서 일어난다.

(4) **기화**: 액체가 기체가 되면서 발생하며, 따뜻하고 축축한 호흡을 내쉬면서 일어난다. 또한 땀이 증발하면서 일어나는데, 공기 중 습도가 75% 이상일 경우에는 증발이 이루어지지 않는다.

정답 ①

121

익수 환자 수중 구조 시 가장 나중에 시도해야 할 것은?

① 경추손상 의심 하에 경추 보호대를 적용한다.
② 물 위에 보드를 띄워 환자를 올린다.
③ 환자의 호흡이 없으면 인공호흡을 시도한다.
④ 수면 위로 환자의 두부와 상반신을 동시에 돌려야 한다.

출제 키워드: 익수 사고
기본서 다시보기: 응급처치학개론 p.346 [그림212]

해설 ② 수중에서 환자를 구조하고 필요한 처치를 한 후 환자를 이송하기 위한 단계이다.

핵심 개념 리마인드 **익수환자 구조법**
1. 양팔로 머리와 목을 고정한다.
2. 환자를 위로 돌린다.
3. 기도 및 호흡을 유지한다.
   ▶ 환자가 호흡이 없으면 인공호흡을 하고 가능하면 빨리 물에서 구조
4. 목 보호대 착용
5. 물 위에 보드 띄우기
6. 물 위에서 환자 이동

정답 ②

122

옥상에서 추락한 후 왼쪽 넙다리뼈와 무릎 손상이 동반된 손상을 입어 다리가 굽어진 상태로 발견된 환자가 원위부 PMS는 정상적으로 확인되었다. 고정할 때 가장 효과적인 부목은?

① 공기 부목
② 진공 부목
③ MAST
④ 견인 부목

출제 키워드: 근골격계 손상
기본서 다시보기: 응급처치학개론 p.114~120

해설 ② 진공부목은 심하게 각이 졌거나 구부러진 곳에서 효과적으로 사용된다.

핵심 개념 리마인드 **부목의 사용**
(1) **공기부목**: 부목 내 공기가 채워지고 사지를 압박하면서 손상 부위를 고정한다. 형태가 만들어지는 원통형이라 사지를 정렬된 위치로 고정하게 된다. 사지관절을 고정할 수 없기 때문에 무릎과 팔꿈치 이상의 긴뼈골절에는 사용하지 않는다.
(2) **진공부목**: 진공부목은 내부를 진공 상태로 만들면 특수 소재가 견고하게 변하여 고정되는 부목으로, 심하게 각이 졌거나 구부러진 곳에서 효과적으로 사용된다.
(3) **견인부목**: 넙다리뼈 손상 시 견인부목은 출혈을 줄이고 추가 합병증을 예방하는데 좋다. 하지만 엉덩이나 골반 손상, 무릎이나 무릎 인접 부분 손상, 발목 손상, 종아리 손상, 부분 절상이나 견인기구 적용 부위의 결출상 시에는 견인을 해서는 안 된다.
(4) **MAST**: 엉덩이와 골반 손상 시 내부 실혈로 치명적일 수 있어 가능하다면 MAST를 사용해야 한다.
※ 무릎관절 손상 시 원위부 순환과 감각 및 운동 기능의 장애가 발생하지 않는 한 발견한 그대로 고정한다. 만약 다리가 구부러져 있다면 2개의 중간 크기 경성부목으로 그 자세대로 고정한다. 만약 다리가 펴져 있다면 간단하게 패드를 댄 2개의 경성부목이나 공기부목을 댄다.

정답 ②

123

수축기혈압이 85 mmHg, 호흡수는 30회/분, GCS는 10점인 환자의 수정된 외상 점수(RTS)는?

① 8점 ② 9점
③ 10점 ④ 11점

출제 키워드 환자 평가

기본서 다시보기 응급처치학개론 p.254 [표102]

해설 ② 수축기혈압 76~89 mmHg 3점, 분당 호흡수 30회 이상 3점, GCS 9~12점 3점으로 총 9점이다.

핵심 개념 리마인드 수정된 외상 점수(RTS)

분당 호흡수	수축기혈압	글래스고혼수척도(GCS)	점수
분당 10~29회	90 mmHg 이상	13~15	4
분당 30회 이상	76~89 mmHg	9~12	3
분당 6~9회	50~75 mmHg	6~8	2
분당 1~5회	1~49 mmHg	4~5	1
무호흡	측정되지 않음	4점 미만	0

정답 ②

124

생후 6개월 영아에게 생식기를 포함한 양다리 전체에 2도 화상이 확인된다. 총 화상의 면적은?

① 18% ② 19%
③ 27% ④ 28%

출제 키워드 영아 화상

기본서 다시보기 응급처치학개론 p.324, p.506

해설 ④ 한 쪽 다리 13.5%이므로 양쪽 다리는 27%이고, 생식기 1%이므로 27%+1%=28%이다.

핵심 개념 리마인드 9의 법칙 - 영아

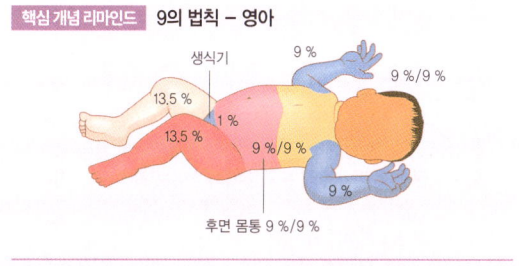

정답 ④

125

일산화탄소 중독과 스킨스쿠버 다이빙 관련 질환에 대한 치료를 전문으로 하는 특수 의료 시설은?

① 신경센터 ② 고압산소센터
③ 화상센터 ④ 외상센터

126

교통사고 현장에서 20대 여자 환자가 몸에 다발성 열상을 보인 채 발견되었다. 환자의 기도는 개방되어 있고 호흡도 적절하게 하고 있었다. 혈압은 안정적인 수준에서 유지되고 있었고 환자의 의식 상태는 명료하고 지남력에도 문제는 없었으나 불안 증세를 보인다. 위와 같은 평가 소견으로 보았을 때 이 환자의 출혈 단계는?

① 1단계 ② 2단계
③ 3단계 ④ 4단계

출제 키워드: 응급처치
기본서 다시보기: 응급처치학개론 p.348

해설 ② 일산화탄소 중독, 감압병과 같은 스킨스쿠버 다이빙과 관련된 외상처치에서는 고압산소를 이용한 치료법이 중요하며, 이는 특수한 장비가 이용되기 때문에 고압산소센터가 있는 곳으로 이송해야 한다.

핵심 개념 리마인드 특수 외상 처치
외상센터에 대한 일반적인 분류 외에도 일부 의료 시설은 신경(의학)센터, 화상센터, 소아 외상센터, 미세수지재접합 전문센터 등의 특수 외상센터로 지정된다. 이외의 특수 외상 처치 중에는 고압산소요법이 있는데 이것은 일산화탄소 중독이나 스킨스쿠버 다이빙과 관련된 외상처치에 대단히 중요한 치료법이다.

정답 ②

출제 키워드: 출혈과 쇼크
기본서 다시보기: 응급처치학개론 p.317

해설 ① 환자는 현재까지 활력징후에도 문제가 없고 의식 상태에도 이상이 없지만 어느정도 불안 증세를 보이는 쇼크 1단계이다.

핵심 개념 리마인드 출혈 쇼크의 단계

구분	쇼크 1기	쇼크 2기	쇼크 3기	쇼크 4기
소실된 혈액량	15% 이내	15~30%	30~40%	40% 이상
맥박수	정상	증가	증가	증가 혹은 감소
수축기 혈압	정상	체위에 따라 변화	90 mmHg 이하	60 mmHg 미만
의식 상태	명료 혹은 불안감	불안감	혼미	혼수
응급처치	수액 투여	수액투여	수액 + 수혈	수액 + 수혈

정답 ①

127

무의식 상태로 발견된 환자가 119에 신고되어 출동했다. 환자의 활력징후 측정 시 혈압이 급격히 저하되고 있으며 맥박이 느껴지지 않으며 차고 축축한 피부 상태를 보인다. 이러한 평가 소견으로 보았을 때 환자는 어떤 상태인가?

① 신경성 쇼크 ② 비가역성 쇼크
③ 비보상성 쇼크 ④ 보상성 쇼크

출제 키워드 출혈과 쇼크
기본서 다시보기 응급처치학개론 p.315

해설 ③ 환자의 혈압은 저하되어 있고, 맥박은 느껴지지 않으며, 의식이 없는 상태로 차고 축축한 피부를 보이는 비보상성 쇼크 단계를 겪고 있다.

핵심 개념 리마인드 쇼크 증상

(1) 보상성 쇼크
 - 맥박수 증가, 맥압 감소
 - 차고 축축한 피부
 - 불안, 초조, 공격적 성향 점차 증가
 - 갈증, 허약, 산소 부족

(2) 비보상성 쇼크
 - 혈압의 급감
 - 무의식 상태의 환자
 - 맥박이 느껴지지 않음
 - 호흡이 느려지거나 정지

(3) 비가역성 쇼크
 - 환자가 비보상성 쇼크 단계에 접어든 다음 순환의 부족으로 인해 신체 세포에 심각한 영향을 줌
 - 신체 세포가 비가역적 손상을 입으면서 세포가 죽게 되며 조직 및 장기의 기능 장애에 따라 환자는 사망함

정답 ③

128

지속적인 출혈을 치료하기 위한 방법이 아닌 것은?

① 거상 ② 폐쇄드레싱
③ 직접 압박 ④ 압박드레싱

출제 키워드 외부출혈
기본서 다시보기 응급처치학개론 p.311

해설 ② 드레싱은 지혈과 추가 오염을 예방하기 위해 손상 부위에 거즈 등을 붙이는 처치이지만 궁극적으로 폐쇄드레싱만을 이용해서 지속적인 지혈을 기대하기 어렵다.

핵심 개념 리마인드 지혈 방법

(1) **직접 압박**: 장갑 낀 손으로 출혈 부위를 직접 누른다. 압박을 계속 유지하기 위해서는 소독 드레싱을 실시한다. 만약 출혈이 계속 된다면 다음 단계를 실시한다.

(2) **거상**: 상처 부위를 심장보다 높게 올리는 방법
 단, 근골격계 손상이나 척추 손상이 의심되는 경우에는 거상을 금지한다.

(3) **압박점**: 뼈 위로 지나는 큰 동맥에 위치해 있으며 팔다리 상처로 인한 실혈량을 줄일 수 있다. 보통 압박점으로 팔은 윗팔동맥, 다리는 넙다리동맥, 얼굴은 관자동맥을 이용한다. 압박점은 환자의 자세에 상관없이 사용할 수 있다는 장점이 있다. 대부분의 외부 출혈 환자는 위의 단계로 지혈하며, 지혈 후에는 드레싱으로 상처를 보호해야 한다.

정답 ②

129

피부 표면의 손상 없이 조직 손상을 초래하며, 신체 외부에서 내부까지 손상받은 형태로 산업기계에 팔이 눌리거나, 건물 붕괴로 묻힌 환자에게서 나타나는 폐쇄성 연부조직 손상의 종류는?

① 타박상 ② 찰과상
③ 혈종   ④ 압좌손상

📋 출제 키워드　　　　　　　　　　　연부조직 손상

📖 기본서 다시보기　　　　　　응급처치학개론 p.296

해설 ④ 찰과상은 개방성 연부조직이다.

핵심 개념 리마인드 **폐쇄성 연부조직 손상의 종류**
(1) **타박상**: 진피는 그대로이나 안에 세포나 혈관이 손상을 받은 형태이다. 손상된 조직에서 진피 내로 출혈이 유발되어 반상출혈(멍이 든다. 손상 부위는 통증과 부종 그리고 압통이 나타난다.
(2) **혈종**: 타박상과 비슷하나 진피와 피하지방 조직층에 좀더 큰 혈관의 손상으로 조직 내 혈액 덩어리를 형성한다. 피부 표면에 다른 색으로 부어 있거나 뇌, 배와 같은 인체 내부에서도 일어날 수 있다. 혈종의 위치와 크기에 따라 쇼크를 유발할 수 있다.
(3) **압좌상**: 신체 외부에서 내부까지 손상을 받은 형태로 피부 표면 손상 없이도 많은 조직 손상을 초래할 수 있다. 손상 부위 및 원인 물체의 무게 등에 따라 손상 정도와 실혈량이 달라진다. 통증, 부종, 변형, 골절 등을 함께 동반할 수 있다.
▶ 망치로 손가락을 친 상태, 산업기계에 팔이 눌린 상태, 건물 붕괴로 묻힌 상태 등

정답

130

피부에 묻은 건조 석회 제거 방법으로 옳은 것은?

① 식초와 물로 세척한다.
② 솔로 건조석회를 털어내고 물로 세척한다.
③ 유성 베이킹소다와 소독 붕대를 사용한다.
④ 손상 부위를 덮고 물로 세척한 뒤 환자를 이송한다.

📋 출제 키워드　　　　　　　　　　　화학 화상

📖 기본서 다시보기　　　　　　응급처치학개론 p.331

해설 ② 건조석회는 물과 반응하는 강한 부식성 물질로, 솔로 건조석회를 최대한 털어내고 연부조직의 함유된 물과 반응하기보다 세척 시 사용되는 물과 반응하도록 세척한다.

핵심 개념 리마인드 **화학 물질 제거**
건조석회와 같은 화학물질은 세척 전에 솔로 털어내야 하는데 가루가 날려 호흡기로 들어가거나 정상 부위에 닿지 않도록 주의해야 한다. 제거 후엔 오염 부위를 많은 양의 시원하거나 차가운 물로 헹군다. 물은 남은 석회 가루와 반응하는 반면 접촉 부위를 냉각시키고 남은 물질을 제거하기도 한다. 물로 헹구어 석회가루가 환자 연부조직에 함유된 물과 반응하기보다 세척 시 쓰는 물과 반응하도록 유도하는 것이다.

정답

131

목과 혈관의 개방성 손상을 보이는 중증환자 평가 및 처치 시 대량 출혈과 더불어 고려해야 할 것은?

① 폐부종
② 긴장성 공기가슴증
③ 공기색전증
④ 피하기종

🗨 출제 키워드　　　　　　　　　　　　　경부 손상

📁 기본서 다시보기　　　　　　　　응급처치학개론 p.305

해설 ③ 목의 혈관의 개방성 손상으로 인해서 대량 출혈뿐만 아니라 개방창으로의 공기 유입으로 공기색전증을 유발할 수 있기 때문에 폐쇄드레싱을 실시한다.

핵심 개념 리마인드　목의 개방성 손상

목동맥이나 목정맥의 손상으로 많은 양의 출혈을 종종 볼 수 있다.
- 공기가 손상된 정맥으로 들어가 공기색전이나 공기 방울이 되어 심장과 허파에 유입되면 사망할 수 있다.
- 목 부위 지혈을 위한 압박은 목동맥의 흐름을 방해하여 뇌졸중을 유발시킬 수 있다.

정답 ③

132

뇌탈출의 징후가 없는 머리 손상 환자의 경우, 환기량 조절 시 적당한 호기말 이산화탄소분압은?

① 20~25 mmHg
② 25~30 mmHg
③ 30~35 mmHg
④ 35~40 mmHg

🗨 출제 키워드　　　　　　　　　　　　　두부 손상

📁 기본서 다시보기　　　　　　　　응급처치학개론 p.260

해설 ④ 뇌탈출의 징후가 없는 뇌손상 환자에서는 35~40 mmHg의 호기말 이산화탄소분압을 유지한다.

핵심 개념 리마인드　두부 손상

- 뇌손상 환자의 경우 호기말 이산화탄소 수치를 35~40mmHg로 유지하고 산소포화도는 96% 이상을 유지한다.
- 뇌탈출의 징후를 보이는 환자는 호기말 이산화탄소분압 측정기에 따라 이산화탄소량을 30~40 mmHg로 유지한 채 환기량을 조절한다.

중심 체온	ETCO₂ 상승	ETCO₂ 하강
점진적	호흡 저하 대사량 증가 체온 증가	에피네프린 투여 과호흡 대사량 감소
즉각	중탄산나트륨 투여	체온 하강

정답 ④

133

흉부에 자상을 입은 환자에게 드레싱을 적용할 때 옳은 방법은?

① 양면으로 고정
② 사면을 고정
③ 삼면으로 고정
④ 손상 부위를 느슨하게 덮도록 고정

출제 키워드 — 가슴 손상
기본서 다시보기 — 응급처치학개론 p.276

해설 ③ 흉부의 자상으로 인해 공기가슴증이 발생될 수 있다는 점을 유념하여 외부의 공기 유입은 차단하고 내부의 공기 배출을 돕도록 삼면 폐쇄드레싱을 실시한다.

핵심 개념 리마인드 **관통상의 처치**
관통상은 날카로운 물체가 가슴을 관통하면서 유발되며, 자상과 총상이 흔한 원인이다. 관통상 발생 시 갈비뼈 골절, 혈액가슴증이나 공기가슴증이 동반될 수 있다. 개방성 가슴 손상 시는 개방성 창상 부위를 신속히 밀폐시킴으로써 공기 가슴증이 점차 커지거나 발생하는 것을 방지할 수 있다. 멸균거즈를 덮고 반창고를 붙이는 과정에서 한쪽 면 혹은 한쪽 면의 반 정도는 반창고를 부착하지 않는 삼면 밀폐드레싱을 하는 것이 바람직하다.

정답 ③

134

르포트 기준 체계에 따른 골절 분류로 옳은 것은?

> • 전위를 수반하지 않는 위턱뼈의 미약한 불안정성 골절

① 르포트 1형 ② 르포트 2형
③ 르포트 3형 ④ 르포트 4형

출제 키워드 — 르포트 기준체계
기본서 다시보기 — 응급처치학개론 p.258

해설 ① 전위를 수반하지 않는 위턱뼈의 미약한 불안정성의 골절은 르포트 1형에 대한 설명이다.

핵심 개념 리마인드

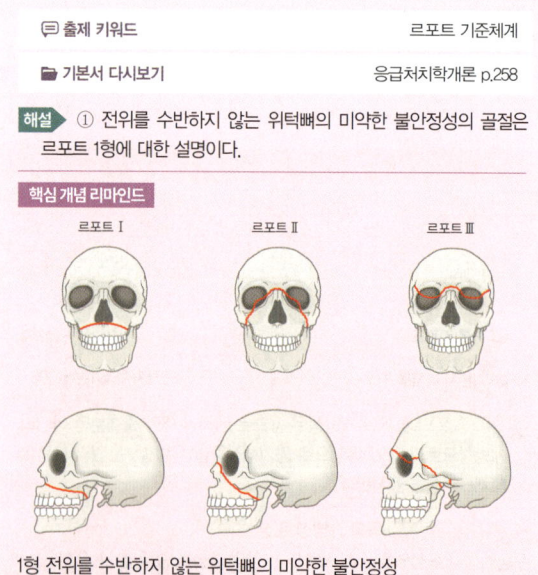

1형 전위를 수반하지 않는 위턱뼈의 미약한 불안정성
2형 위턱뼈와 코뼈 골절을 포함하는 것으로 해당 부위의 불안정성을 유발
3형 광대뼈, 코뼈, 위턱뼈를 포함한 눈썹 아래에 위치한 얼굴 부위 전체를 관여

정답 ①

135

한 평면에서 각 운동을 허용하는 경첩관절로 알맞은 관절은?

① 손목손허리관절(수근중수관절)
② 손목관절
③ 팔꿉관절(주관절)
④ 엉덩관절(고관절)

출제 키워드 근골격계 손상

기본서 다시보기 응급처치학개론 p.544

해설 ① 손목손허리관절은 안장관절에 해당한다.
② 손목관절은 타원관절에 해당한다.
④ 엉덩관절은 절구관절에 해당한다.

핵심 개념 리마인드 관절의 종류
(1) 팔꿉관절(주관절): 경첩관절
(2) 손목손허리관절(수근중수관절): 안장관절
관절면들이 마치 사람이 안장에 앉아 있는 것 같은 모양을 한다. 각 운동은 허용하지만 회전 운동은 제한한다.
(3) 손목관절: 타원관절
두 면의 운동을 허락한다. 타원관절은 노뼈와 손목의 몸쪽 손목뼈를 연결하고, 발의 발허리뼈와 발가락뼈를 연결한다.
(4) 엉덩관절(고관절): 절구관절
한 뼈의 둥그런 머리 부분이 다른 뼈의 컵 모양의 오목한 부분에 들어 맞는다. 이는 여러 면의 운동을 가능하게 한다.

정답 ③

136

다음 골절의 혈액손실량은 얼마인가?

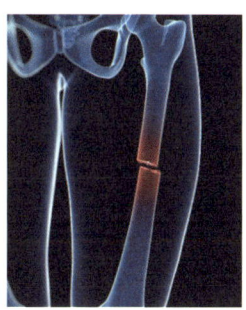

① 750 cc
② 1,500 cc
③ 2,000 cc
④ 2,500 cc

출제 키워드 근골격계 손상

기본서 다시보기 응급처치학개론 p.283

해설 ② 넙다리뼈 골절 시 1,000~1,500cc의 실혈을 유발할 수 있다.

핵심 개념 리마인드 부위별 골절에 따른 혈액 손실
• 넓은 범위의 좌상: 500cc
• 정강뼈, 종아리뼈/ 위팔뼈: 500~750cc
• 넙다리뼈 골절: 1,000~1,500cc
• 골반 골절: 1,500~3,000cc

정답 ②

137

익수사고로 출동한 현장에서 구조된 환자는 오한을 보이며 눈은 뜨고 있었으나 말을 바로 하지 못했다. 측정한 활력징후에서 맥박은 분당 130회, 체온은 34.0℃로 측정되었다. 추측할 수 있는 환자의 상태는?

① 국소한냉손상
② 저체온증
③ 열탈진
④ 감압병

출제 키워드	한냉 손상
기본서 다시보기	응급처치학개론 p.334

해설 ② 체온이 35℃ 이하인 경우 저체온증이라고 하며, 단계별로 경증부터 중증으로 나뉜다. 증상 및 징후는 중심 체온의 변화에 따라 달라진다.

핵심 개념 리마인드 저체온증 환자의 증상과 징후

중심 체온	증상 및 징후
35.0℃ ~ 37.0℃	오한
32.0℃ ~ 35.0℃	오한, 말초혈관 수축, 대사량 증가, 빠른 맥 의식은 있으나 언어 장애가 나타남
30.0℃ ~ 32.0℃	오한, 강한 근육 경직, 협력장애로 기계적인 움직임, 대사량 감소 생각이 명료하지 못하고 이해력도 늦으며 기억력 장애 증상
27.0℃ ~ 30.0℃	이성을 잃고 환경에 대한 반응 상실, 근육 경직, 맥박과 호흡이 느려짐, 심부정맥
26.0℃ ~ 27.0℃	의식 손실, 언어 지시에 무반응, 모든 반사 반응 상실, 심장기능 장애

정답 ②

138

저체온증 유발인자에 대한 설명으로 옳은 것은?

① 저체온증은 추운 겨울에만 발생한다.
② 노인 환자는 몸의 크기에 비해 넓은 체표면적을 가지고 있어 열손실이 빠르다.
③ 뇌손상 시 체온중추조절도 손상되어 저체온증을 악화시킨다.
④ 물에서보다 공기에서 열전도가 25배 이상 빠르다.

출제 키워드	한냉 손상
기본서 다시보기	응급처치학개론 p.334~335

해설 ① 저체온증은 다양한 환경, 다양한 환자에게서 일어나며 단순히 추운 겨울에만 일어나지는 않는다.
② 아동의 경우 몸의 크기에 비교해 넓은 체표면적(특히, 머리)을 갖고 있어 성인에 비해 열손실이 빠르고 지방과 근육양이 적어 보온 및 몸 떨림으로 열을 생산하는 능력이 떨어진다. 노인의 경우 복용하는 약의 작용으로 체온조절 능력이 떨어지거나, 경제력 상실로 영양 부족(열 생산 저하) 및 난방 유지가 안 되는 경우가 많다.
④ 물에서의 열전도는 공기보다 약 25배 이상 빠르므로 저체온증이 빠르게 진행된다.

정답 ③

139

헬멧을 쓰고 있는 환자의 평가 및 처치 시 제거해야 하는 경우로 알맞은 경우는?

① 현재 기도나 호흡에 문제가 없을 때
② 헬멧 안에서의 공간이 넓어 머리가 움직일 때
③ 헬멧을 쓴 상태로 긴 척추고정판에 환자를 고정 시켰을 때 머리의 움직임이 없을 때
④ 헬멧을 착용 상태에서 고정이 되어 있을 때

출제 키워드 두부/척추 손상

기본서 다시보기 응급처치학개론 p.268 [표111]

해설 ② 헬멧 안의 공간이 넓어 머리가 움직일 경우 경추가 고정이 안되기 때문에 헬멧을 제거하여 경추고정을 실시할 수 있도록 해야 한다.

핵심 개념 리마인드 헬멧 제거 유/무 판단 기준

구분	내용
헬멧을 제거해야 하는 경우	• 헬멧이 기도와 호흡을 평가하고 관찰하는 데 방해가 될 때 • 헬멧이 환자의 기도를 유지하고 인공호흡을 방해할 때 • 헬멧 형태가 척추고정을 방해할 때 　ex 헬멧의 가장자리가 넓은 경우 머리와 목을 고정시키기에 부적절함. • 헬멧 안에서의 공간이 넓어 머리가 움직일 때 • 환자가 호흡정지나 심장마비가 있을 때
헬멧을 제거하지 않는 경우	• 헬멧이 환자를 평가하고 기도나 호흡을 관찰하는 데 방해가 되지 않을 때 • 현재 기도나 호흡에 문제가 없을 때 • 헬멧 제거가 환자에게 더한 위험을 초래할 때 • 헬멧을 착용한 상태가 오히려 적절하게 고정되어 질 수 있을 때 • 헬멧을 쓴 상태로 긴 척추고정판에 환자를 고정시켰을 때 머리의 움직임이 없을 때

정답 ②

140

다음 중 빠른 외상 평가에서 손상 유형의 앞글자를 딴 DCAP – BLS, TIC를 연결한 것으로 옳지 않은 것은?

① D(Dyspnea) – 호흡 곤란
② L(Laceration) – 열상
③ B(Burn) – 화상
④ C(Crepitus) – 마찰음

출제 키워드 환자 평가

기본서 다시보기 응급처치학개론 p.251 [표98]

해설 ① D는 Deformity의 약자로 변형을 뜻한다.

핵심 개념 리마인드 손상유형 용어 정리

- D – Deformity (변형)
- C – Contusion (타박상)
- A – Abrasion (찰과상)
- P – Puncture (천자상)
- P – Paradoxical Movement (연가양 흉부 운동)
- B – Burn (화상)
- L – Laceration (열상)
- S – Swelling (부종)
- T – Tenderness (압통)
- I – Instability (불안정)
- C – Crepitus (마찰음)
- JVD – Jugular Vein Distention (목정맥팽대)
- TD – Tracheal Deviation (기관편위)
- PMS – Pulse (맥박), Motor (운동), Sensory (감각)

정답 ①

141

중증 외상 환자의 평가 및 처치 방법으로 옳은 것은?

① GCS 14점 미만, 수축기압 100 mmHg 이하인 환자는 중증 외상으로 분류한다.
② 현장 처치 시간은 최대 20분 미만으로 한다.
③ 성인이 5 m 건물에서 추락 시 중증 외상 환자이다.
④ 환자의 수축기혈압이 90 mmHg 미만일 경우 1개 이상의 큰 정맥로를 확보한다.

출제 키워드 　　　　　중증 외상 환자의 처치
기본서 다시보기 　　　응급처치학개론 p.354~357

해설 ① AVPU 의식 수준 V 이하 또는 GCS 13점 미만, 수축기 혈압 90 mmHg 미만, 분당 호흡수 10회 미만 또는 29회 초과 시 중증 외상이다.
② 현장 처치 시간은 최대 10분 미만으로 최소화하는 것을 원칙으로 한다.
③ 성인이 6 m 이상 건물, 3층 높이 이상에서 추락 시 중증 외상이다.

핵심 개념 리마인드 **중증외상 수액소생술**
환자의 수축기 혈압이 90 mmHg
소아의 저혈압 기준은 출생 후 ~1개월: < 60 mmHg
1~12개월: < 70 mmHg
1~10세: < 70+(나이×2)mmHg
10세 이상: < 90 mmHg 미만인 경우,
18G 이상으로 정맥로를 1개 이상 확보하고 300 mL (소아는 5mL/kg)의 생리식염수나 젖산 링거액을 투여 한 후 혈압, 맥박수, 의식 등이 정상 범위로 회복되는지 확인한다.
쇼크가 지속될 경우 1 L (소아는 10 mL/kg)까지 수액을 지속적으로 투여한다.

정답 ④

142

뱀에 물린 환자의 처치로 옳지 않은 것은?

① 물린 부위에서 몸쪽으로 묶어준다.
② 물린 부위를 심장보다 낮게 유지한다.
③ 붓기 전에 물린 부위의 악세사리는 제거한다.
④ 물린 부위를 절개하여 독을 빼내어 준다.

출제 키워드 　　　　　환경 응급
기본서 다시보기 　　　응급처치학개론 p.351

해설 ④ 물린 부위를 절개하여 독을 빼내는 행위는 금기시 된다.

핵심 개념 리마인드 **뱀에 물린 환자 처치 시 금기 사항**
▶ 물린 부위 절개 또는 입으로 독을 빼내는 행위
▶ 전기 충격, 민간요법으로 얼음이나 허브를 물린 부위에 대는 행위
▶ 40분 이상 묶으면 조직 내 허혈증 유발

정답 ④

143

전기 화상에 대한 설명 중 옳지 않은 것은?

① 기도 부종이 발생했는지 확인해야 한다.
② 저칼륨혈증이 합병증으로 일어난다.
③ 눈에 보이는 화상은 차갑게 한 후 멸균거즈로 드레싱을 시행한다.
④ 심정지 시 일반적인 소생술을 적용한다.

📑 출제 키워드   전기 화상

📖 기본서 다시보기   응급처치학개론 p.329~330

해설 ② 전기 화상 손상 시 저칼륨혈증이 아닌 고칼륨혈증, 횡문근융해증과 같은 합병증이 나타난다.

핵심 개념 리마인드
㉮ 전기 충격으로 심각한 기도 부종이 발생했는지 확인하고 기도를 확보함
㉯ 높은 전압의 전류는 몸을 통과하면서 심장의 정상전기 리듬을 파괴하여 부정맥을 유발할 수 있으므로 맥박 확인을 실시함
㉰ 쇼크에 대한 처치 및 고농도 산소 공급
㉱ 척추·머리 손상 및 심각한 골절에 대한 처치 제공
: 전기 충격으로 심각한 근골격 수축이 나타나므로 골절 및 손상에 따른 척추 고정 및 부목 고정이 필요함
㉲ 환자 몸에 전기가 들어오고 나간 곳을 찾아 평가함
㉳ 화상 부위를 차갑게 하고 멸균 거즈로 드레싱을 시행함
㉴ 수액처치 지침
  ▶ 양치류가 나타나는 낙뢰손상 → 섬락, 다량의 수액 주입하지 않음
  ▶ 심근의 직접적 손상 → 직접손상 다량의 수액
  ▶ 전기화상 → 다량의 수액투여(소변이 맑아질 때까지)
㉵ 전력, 전류량 등에 대한 내용을 구급일지에 기록하며, 신속하게 병원으로 이송함

정답 ②

144

전면 충돌 중 상향 경로에 가장 의심가능한 손상은?

① 머리 손상과 경추의 축부하
② 무릎-고관절 손상
③ 과신전과 과굴곡에 의한 경추 손상
④ 동요가슴

📑 출제 키워드   손상기전

📖 기본서 다시보기   응급처치학개론 p.233

해설 ① 전면 충돌 시 상향 경로는 신체가 상향으로 이동하면서 앞 유리에 머리를 부딪히는 축부하로 인한 손상을 가장 의심할 수 있다.

핵심 개념 리마인드   차량 충돌 방향에 따른 손상기전
(1) 전방 충돌
① 상향 이동
  - 운전대에 의한 대퇴골 압박으로 발생하는 양측성 골절, 복부 내 장기 압박으로 인한 속 빈 장기 파열과 간 열상, 횡경막 파열
  - 유리창에 머리를 부딪혀 두부 손상, 축부하가 작용하여 척주 구조물 파괴
② 하향 이동
  - 무릎, 대퇴골, 고관절 탈구 혹은 골절 동요가슴, 타박성 심장 손상, 대동맥 파열, 운전대에 목 부위가 부딪힐 경우 기관 및 혈관 손상
  - 운전대에 흉부가 부딪혀서 발생하는 손상
    ▶ 종이봉지증후군: 폐조직 파열로 공기 가슴증이나 폐좌상 발생
(2) 튕겨나감
① 측면 충돌: 상/하지 손상 증가, 측면 갈비뼈 손상, 경추손상 환자가 앉은 쪽에 따라 폐좌, 지라 손상, 간 손상, 대동맥 손상
② 회전 충돌: 정면, 측면 손상의 양상과 유사
③ 후방 충돌: 급작스러운 과신전에 이어 과굴곡이 발생하여 심각한 경추손상

정답 ①

145
두개골바닥 골절을 나타내는 징후와 가장 거리가 먼 것은?

① 귀 뒤 유양돌기 주변 반상출혈(Battle's sign)
② 눈 주위 반상출혈(너구리 눈)
③ 쿠싱 3대 징후
④ 백스 3징후

146
척추 손상이 의심되는 동요가슴 환자에게 적절한 처치가 아닌 것은?

① 동요분절을 안정시키기 위해 크고 두꺼운 붕대로 고정시킨다.
② 호흡부전의 증상을 보인다면 기도삽관을 시행하고 고농도의 산소로 양압환기를 한다.
③ 두꺼운 드레싱을 할 수 없을 경우 모래주머니를 사용하여 동요가슴을 지지해준다.
④ 필요한 만큼 삼소를 공급하고 산소포화도, 심전도를 감시한다.

📳 출제 키워드 　　　　　　　　　　　　　두부 손상
📁 기본서 다시보기 　　　　　응급처치학개론 p.257, p.431

해설 ④ 백스 3징후는 목정맥 팽대, 심음 감소, 저혈압이 증상인 심장눌림증의 증거로 두개골바닥 골절과는 관련이 없다.

핵심 개념 리마인드 　머리뼈 바닥골절
머리뼈 바닥골절이 발생하면 눈 주위에 반상출혈이 나타나는 raccoon eye sing(너구리 눈 징후) 또는 귀 뒤에 위치한 꼭지돌기(유양돌기) 주위에 반상출혈이 나타나는 battle's sign 등의 징후를 관찰할 수 있다.
(1) 쿠싱 3대 징후(Cushing's triad): 뇌 손상에 의한 뇌압 상승의 증거
　▶ 혈압 상승, 맥박 감소, 불규칙한 호흡
(2) 백스 3징후(Beck 3징후): 심장눌림증의 증거
　▶ 목정맥 팽대, 심음 감소, 저혈압

정답 ④

📳 출제 키워드 　　　　　　　　　　　　가슴 손상
📁 기본서 다시보기 　　　　　　응급처치학개론 p.272

해설 ③ 동요가슴 환자에게 모래주머니를 사용해 지지해주는 것은 흉부 움직임을 제한해 오히려 저환기, 무기폐, 저산소혈증을 악화시킬 수 있어 권장하지 않는다.

핵심 개념 리마인드 　동요가슴 처치
▶ 척추 고정이 필요하지 않은 상황인 경우 손상된 쪽으로 눕힌다.
▶ 척추 손상이 의심되는 경우 크고 두꺼운 붕대를 통해 동요가슴 분절을 고정시킨다.
▶ 보충적 산소를 필요한 만큼 공급하고, 맥박산소 측정기를 통해 산소포화도를 감시하고 심전도 감시장치를 통해 심장활동을 확인한다.
▶ 호흡부전의 증상과 징후를 보인다면 기관내 삽관과 고농도 산소로 양압환기를 고려한다.
▶ 모래주머니로 동요가슴 분절을 지지하는 것은 흉부 움직임을 감소시키고 저환기, 무기폐, 저산소혈증을 악화시키기 때문에 권장하지 않는다.

정답

147

다음 중 중증외상 환자로 분류하여 즉각적 이송이 요구되는 신체검진 소견으로 옳지 않은 것은?

① 수축기 혈압 90 미만
② 사지마비
③ 동요가슴
④ 골반 골절

📧 출제 키워드 중증 외상

📁 기본서 다시보기 응급처치학개론 p.354 [표154]

해설 ① 수축기 혈압은 생리학적 기준에 속한다.

핵심 개념 리마인드 중증외상의 기준

중증외상의 기준		
	생리학적 기준	• AVPU 의식수준 V 이하 또는 글라스고우 혼수 척도 ≤ 13 • 수축기 혈압 < 90 mmHg • 분당 호흡수 < 10 또는 > 29
	신체 검사 소견에 따른 기준	• 관통 또는 자상(머리, 목, 가슴, 배, 상완부, 대퇴부) • 동요가슴(flail chest) • 두 개 이상의 근위부 긴뼈 골절 • 압궤(crushed), 벗겨진(degloved), 썰린(mangled) 사지 • 손목, 발목 상부의 절단 • 골반 뼈 골절 • 열린 또는 함몰 두개골 골절 • 마비
	손상기전에 따른 기준	• 추락 - 성인 6 m 이상 건물 3층 높이 이상 - 소아 3 m 이상 건물 2층 높이 이상 • 고위험 교통사고 - 차체 눌림 찌그러짐 45 cm 이상 - 자동차에서 이탈(튕겨져 나감) - 동승자의 사망 - 차량 전복 • 자동차 - 보행자/자전거 충돌로 나가떨어짐, 치임 또는 시속 30 km 이상의 속도로 충돌함 • 오토바이 시속 30 km 이상의 속도 • 폭발에 의한 직접적 영향

정답 ①

148

노동맥이 촉지된다면 환자의 수축기압을 최소 얼마 이상이라 예상할 수 있겠는가?

① 60 mmHg 이상
② 70 mmHg 이상
③ 80 mmHg 이상
④ 90 mmHg 이상

📧 출제 키워드 환자 평가

📁 기본서 다시보기 응급처치학개론 p.253

해설 ③ 노동맥 촉지로 인해 수축기압을 가늠해 볼 수 있는 정도는 80 mmHg 이상이다.

핵심 개념 리마인드 혈압 평가

현장에 혈압측정계가 없을 시 노동맥이 감지되면 수축기압이 80 mmHg 이상, 넙다리동맥이 감지되면 70 mmHg 이상, 목동맥이 감지되면 60 mmHg 이상이 된다고 판단한다.

정답 ③

149

자동차 사고로 운전자가 흉부를 운전대에 부딪쳤다. 주증상은 흉통과 호흡 곤란이었으나 양측 호흡음은 정상이었다. 혈압은 저하되어 있고, 목정맥은 팽대되어 있으며, 심장음은 매우 감소되어 있었다. 이 환자에 대한 설명 중 옳지 않은 것은?

① 초기의 정맥압은 종종 상승되어 있는데 목정맥 팽대의 원인이 된다.
② 혈압 소견으로는 수축기 혈압 감소, 맥압이 좁아짐을 볼 수 있다.
③ 부딘 손상에 의한 심장눌림증이 의심되며 대부분 무딘 손상으로 나타난다.
④ 산소를 투여하며 심장천자술이 가능한 병원으로 신속하게 이송한다.

📋 출제 키워드 — 가슴 손상
📖 기본서 다시보기 — 응급처치학개론 p.279

해설 ③ 환자는 목정맥 팽대, 혈압 감소, 심음 감소 등 전형적으로 심장눌림증 징후를 보인다. 칼에 찔리거나 저에너지 무기 등 저속에 의한 손상이 가장 흔한 손상기전이며 대개 사망률이 높다. 심장 동맥이 찢어지거나 어떤 물체가 심근을 관통하여 혈액이 심낭으로 빠져나와 고인다. 무딘 손상도 심장눌림증의 원인이 될 수 있지만 심장눌림증 환자는 전/후 흉부에 주로 관통상을 입었을 가능성이 크다.

핵심 개념 리마인드

	긴장성 공기가슴증	혈액가슴증(혈흉)	심장눌림증(심낭압전)
기관 편위	★ ○	—	—
목정맥 팽대	○	★ 수축	○
심음 감소	—	—	★ ○
타진	과도 공명음	탁음	—
폐음	청진불가 혹은 감소	청진불가 혹은 감소	변동 없음 단, 심박출량이 적절하지 않아 호흡곤란 발생
맥박, 혈압	약하고 빠른 맥박, 저혈압	약하고 빠른 맥박, 저혈압	약하고 빠른 맥박, 저혈압
특징	청색증, 종격동이동	청진시 호흡음이 멀게 느껴짐	모순맥박, 교대맥박, 쿠스마울징후(들숨시 목정맥팽대)
처치	바늘감압술	수액투여	산소 투여, 정맥환류 증가를 위한 수액 투여, 심낭천자

정답 ③

150

출혈성 쇼크의 증상 중 전체 혈액량의 40% 이상 소실 시 임상적 증상으로 옳지 않은 것은?

① 혼수 상태
② 혈압 60 mmHg 미만
③ 체위에 따른 혈압 변화
④ 맥박수 증가 혹은 감소

📋 출제 키워드 — 출혈성 쇼크
📖 기본서 다시보기 — 응급처치학개론 p.317

해설 전체 혈액량의 40% 이상의 소실은 쇼크의 4기로, 혼수상태, 수축기 혈압은 60mmHg 미만, 맥박수의 증가 혹은 감소를 증상으로 한다.
③ 혈압은 체위에 따른 것이 아닌 명백히 60 mmHg 미만으로 측정된다.

핵심 개념 리마인드 출혈 쇼크의 단계

구분	쇼크 1기	쇼크 2기	쇼크 3기	쇼크 4기
소실된 혈액량	15% 이내	15 ~ 30%	30 ~ 40%	40% 이상
맥박수	정상	증가	증가	증가 혹은 감소
수축기 혈압	정상	체위에 따라 변화	90 mmHg 이하	60 mmHg 미만
의식 상태	명료 혹은 불안감	불안감	혼미	혼수
응급처치	수액 투여	수액 투여	수액 + 수혈	수액 + 수혈

정답 ③

151

화상센터로 이송해야 하는 화상으로 옳지 않은 것은?

① 흡입 화상
② 체표면적 10%가 넘는 전층 화상
③ 원통형 화상
④ 체표면적 30% 이하의 표피 화상

📖 출제 키워드　　　　　　　　　　　　　　화상의 중증도

📁 기본서 다시보기　　　　　　응급처치학개론 p.326 [표144]

해설　④ 표피 화상은 화상센터로 이송하는 적응증이 아니다.

핵심 개념 리마인드　성인의 열화상 중증도

중증도 분류	화상 깊이 및 화상 범위
중증	• 흡인화상이나 골절을 동반한 화상 • 손, 발, 회음부, 얼굴 화상 • 체표면적 10% 이상의 3도 화상인 모든 환자 • 체표면적 25% 이상의 2도 화상인 10세 이상 50세 이하의 환자 • 체표면적 20% 이상의 2도 화상인 10세 미만 50세 이상의 환자 • 영아, 노인, 기왕력이 있는 화상 환자 • 원통형 화상, 전기 화상
중등도	• 체표면적 2% 이상, 10% 미만의 3도 화상인 모든 화상 • 체표면적 15% 이상, 25% 미만의 2도 화상인 10세 이상 50세 이하의 환자 • 체표면적 10% 이상, 20% 미만의 2도 화상인 10세 미만 50세 이상의 환자
경증	• 체표면적 2% 미만의 3도 화상인 모든 환자 • 체표면적 15% 미만의 2도 화상인 10세 이상 50세 이하의 환자 • 체표면적 10% 미만의 2도 화상인 10세 미만 50세 이상의 환자

정답　④

152

저체온 환자를 처치할 때 주의할 점이 아닌 것은?

① 환자의 체위를 바꿀 때 주의한다.
② 심박동수가 매우 느리다면 바로 가슴 압박을 실시한다.
③ 심근이 불안정하여 심실세동 등 부정맥이 발생할 수 있다.
④ 담요 등으로 환자를 싸주어야 한다.

📖 출제 키워드　　　　　　　　　　　　　　한냉손상

📁 기본서 다시보기　　　　　　응급처치학개론 p.336~338

해설　② 호흡과 맥박이 느려지기 때문에 CPR을 실시하기 전에 적어도 30~45초간 평가해야 한다.

핵심 개념 리마인드　일차 평가 동안 저체온증 증상 및 징후 평가

▶ 첫 인상 : 주변 환경, 외상과 손상
▶ 의식 수준 : 저체온증이 진행되면서 의식 저하
㉮ 초기 약간의 감정 변화, 조작능력 저하, 기억 상실, 언어 장애, 어지러움, 감각 장애 등
㉯ 심한 경우 환자는 옷을 벗는 행동을 하거나, 반응이 없거나 무의식 상태를 보임
▶ 호흡 : 초기에는 비정상적으로 빠르다가 점점 느려짐
▶ 순환 : 초기에는 빠르다가 점점 느려짐 : 중증 저체온증에서는 맥박이 30 이하로 저하, 팔다리 순환 감소로 촉지가 어려움 : 피부는 창백하거나 청회색을 나타내기도 함
▶ 1차 평가의 마지막 단계는 우선순위를 결정하는 것으로 이송과 CPR 등을 결정 즉각 이송
　: 의식 장애, 호흡이나 순환 장애 등 현장 CPR
　: 체온을 신속히 상승시키면서 즉시 심폐소생술 실시
　: 저체온증 환자에게 불필요한 심장압박은 부정맥을 유발시키므로 심정지와 저체온에 의한 심각한 느린맥을 구분하기 위하여 30~45초에 걸친 세심한 맥박 확인 필요

정답　②

153

긴장성 공기 가슴증과 심낭압전의 공통적 증상 징후로 옳지 않은 것은?

① 경정맥 팽대 ② 저혈압
③ 심음 감소 ④ 호흡 곤란

출제 키워드 가슴 손상
기본서 다시보기 응급처치학개론 p.276~279

해설 ③ 심음 감소는 심낭압전에서 심낭에 쌓인 혈액 및 체액으로 인해 청진 상 심음이 감소되는 것으로 긴장성 공기 가슴증에서는 볼 수 없는 징후이다.

핵심 개념 리마인드 가슴 손상

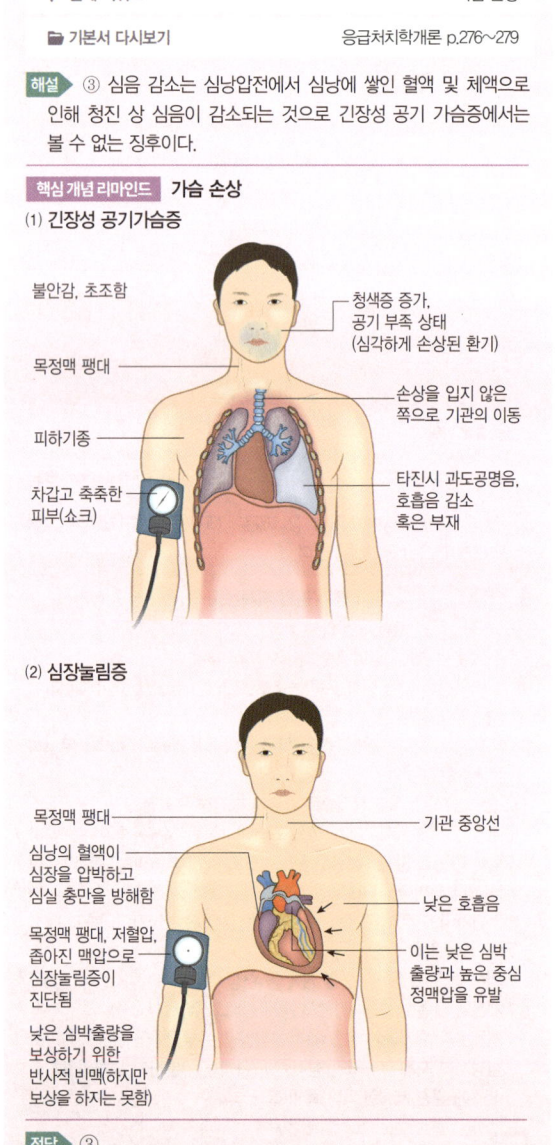

정답 ③

154

40대 남성 환자가 등산을 하던 중 살모사에 물렸다. 이때의 응급처치로 옳지 않은 것은?

① 물린 부위를 심장보다 높게 유지하여 부목으로 고정한다.
② 고농도 산소를 다량 공급한다.
③ 동맥 지혈대를 사용하지 않는다.
④ 항독소 투여가 가능한 응급실로 이송한다.

출제 키워드 환경응급
기본서 다시보기 응급처치학개론 p.351

해설 ① 물린 부위를 심장보다 낮게 유지한다.

핵심 개념 리마인드 뱀에 물렸을 때의 응급처치
▸ 붓기 전 물린 부위를 조일 수 있는 악세사리 등은 제거한다.
▸ 움직이지 않도록 물린 팔다리를 부목으로 고정한다.
▸ 물린 부위에서 몸 쪽으로 묶어준다.(단, 지혈대가 아닌 탄력붕대를 이용한다.)
▸ 전신 증상이 보이면 비재호흡 마스크로 고농도의 산소를 다량 투여한다.
▸ 현장 처치로 이송을 지연시키면 안 되므로 항뱀독소가 있는 병원에 연락하고 신속하게 이송해야 한다.

정답 ①

155

복부 손상의 환자의 치료 중 옳은 것은?

① 장기가 밖으로 나온다면 마른거즈로 덮어 준다.
② 앙와위 자세로 환자를 이송한다.
③ 노출된 장기는 다시 집어넣지 않는다.
④ 박힌 물질이 있다면 신속하게 빼고 지혈한다.

📝 출제 키워드   복부 손상

📖 기본서 다시보기   응급처치학개론 p.304

해설 ① 장기 적출 환자는 생리식염수를 적셔 덮고 폐쇄드레싱을 한다.
② 무릎과 엉덩이에 상처가 없다면 무릎을 구부려 복벽에 긴장감을 풀어줄 수 있는 배횡와위 자세를 취하도록 한다.
④ 물체로 인해 이송할 수 없는 경우, CPR 등 응급한 상황에서의 처치가 방해될 때, 단순하게 뺨을 관통한 상태를 제외하고 물체를 제거하지 않고 상처 부위에 고정시킨다.

핵심 개념 리마인드

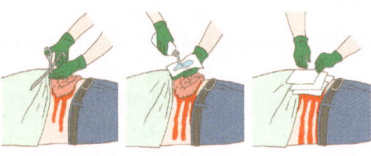

개방성 배손상

▶ 상처 부위의 옷 등을 돌출된 장기에 닿지 않도록 제거시켜 손상부위 노출
▶ 노출된 장기를 다시 집어넣으려 시도하면 안 됨
▶ 생리 식염수를 적신 멸균거즈로 노출된 장기를 덮고 폐쇄 드레싱
▶ 배횡와위 자세: 무릎과 엉덩이에 상처가 없을 시 시행

정답 ③

156

일차 평가에 대한 설명 중 옳지 않은 것은?

① 일차 평가의 목적은 생명의 위협을 주는 원인을 평가하고 처치하는 것이다.
② 환자가 발생하면 기도, 호흡, 순환 상태를 빠르게 확인한다.
③ 의식 확인은 GCS를 통해 확인한다.
④ 모세혈관 재충혈 시간은 2초 이내에 정상으로 회복되는지 평가한다.

📝 출제 키워드   환자 평가

📖 기본서 다시보기   응급처치학개론 p.239~243

해설 ③ 일차 평가에서 의식 확인은 AVPU법으로 평가한다.

핵심 개념 리마인드   AVPU법

▶ A(Alert, 명료): 질문에 적절한 반응이나 대답을 할 수 있는 상태
▶ V(Verbal Response, 언어 지시에 반응): 질문에 적절한 반응이나 대답은 할 수 없으나 소리나 고함에 반응하는 상태
▶ P(Pain Response, 자극에 반응): 언어 지시에는 반응하지 않고, 자극에 반응하는 상태
▶ U(Unresponse, 무반응): 어떠한 자극에도 반응하지 않는 상태

정답 ③

157

이차 평가에 대한 설명으로 옳지 않은 것은?

① 환자 상태에 대해 더 자세한 평가를 실시하기 위함이다.
② 일차 평가에서 생체징후 측정을 끝났기 때문에 외상성 손상에만 집중한다.
③ 외상과 관련된 병력 및 신체검진을 DCAP – BTLS, TIC라고 한다.
④ 동공을 확인하면 뇌 손상과 관련이 있는지 추측할 수 있다.

📝 출제 키워드   환자 평가
📁 기본서 다시보기   응급처치학개론 p.244~253

해설 ② 모든 환자에게 재평가를 실시한다. 보통 15분마다 시행해야 하며 응급한 환자인 경우는 5분마다 시행해야 한다.

핵심 개념 리마인드   머리부터 발 끝까지 신체검사

(1) 손상 유형 용어 정리

- D – Deformity (변형)
- C – Contusion (타박상)
- A – Abrasion (찰과상)
- P – Puncture (천자상)
- P – Paradoxical Movement (연가양 흉부 운동)
- B – Burn (화상)
- L – Laceration (열상)
- S – Swelling (부종)
- T – Tenderness (압통)
- I – Instability (불안정)
- C – Crepitus (마찰음)
- JVD – Jugular Vein Distention (목정맥팽대)
- TD – Tracheal Deviation (기관편위)
- PMS – Pulse (맥박), Motor (운동), Sensory (감각)

(2) 동공의 모양

동공 모양	원인
수축	살충제 중독, 마약 남용, 녹내장약, 안과치료제
이완	공포, 안약, 실혈
비대칭	뇌졸중, 머리 손상, 안구 손상, 인공눈
무반응	뇌 산소 결핍, 안구 부분손상, 약물 남용
불규칙한 모양	만성 질병, 수술 후 상태, 급성 손상

정답 ②

158

의식 상태의 판정에 이용하는 AVPU법에 대한 설명 중 옳은 것은?

① A : 의식이 명료한 상태로 눈을 뜨고 지각이 정상적인 경우이다.
② U : 통증 자극에 반응하는 경우이다.
③ P : 언어 지시에 반응하지 않고 통증 자극에도 반응하지 않는 경우이다.
④ V : P나 U 척도보다 의식이 안 좋은 상태이다.

📝 출제 키워드   환자 평가
📁 기본서 다시보기   응급처치학개론 p.243

해설 ② U : 어떠한 자극에도 반응하지 않는 상태이다.
③ P : 언어 지시에는 반응하지 않고, 자극에 반응하는 상태이다.
④ V : P나 U 척도보다 의식이 좋은 상태이다.

핵심 개념 리마인드

의식 평가	의식 상태
A (alert)	질문에 적절한 반응이나 대답을 할 수 있는 상태 시간, 장소, 사람, 자기 자신을 묻는 질문에 대답을 잘하는 환자는 지남력이 있다고 판단함
V (verbal response)	질문에 적절한 반응이나 대답은 할 수 없으나 소리나 고함에 반응하는 상태(신음 소리도 가능)
P (pain response)	언어지시에는 반응하지 않고 통증 자극에 반응하는 상태
U (unresponse)	어떠한 자극에도 반응하지 않는 상태

정답 ①

159

응급상황에서의 환자 상태 평가 중 생명을 위협하는 문제점을 찾아내는 일차 평가에 해당하지 않은 것은?

① 의식
② 호흡
③ 맥박
④ 체온

출제 키워드 환자 평가

기본서 다시보기 응급처치학개론 p.239~243

해설 ④ 일차 평가에서 생명을 위협하는 문제점을 찾는 요소로는 의식 상태, 기도, 호흡, 맥박으로, 체온은 평가 요소에 해당하지 않는다.

핵심 개념 리마인드 일차 평가
▶ 기도 확보 및 목 고정
▶ 호흡 확인 및 보조
▶ 순환 확인 및 보조
▶ 의식 확인

정답 ④

160

환자의 이차 평가 내용 중 옳지 않은 것은?

① 동공의 비대칭 산대는 외상에 의한 뇌출혈 시 나타날 수 있다.
② 양쪽 눈 주변의 반상출혈은 머리뼈바닥 골절 시 관찰될 수 있다.
③ 얼굴 손상이나 머리 손상이 있더라도 팔다리의 마비 소견이 없으면 척추 손상을 의심하지 않는다.
④ 외상에 의한 상지의 변형이 확인되면 골절을 의심할 수 있다.

출제 키워드 환자 평가

기본서 다시보기 응급처치학개론 p.239~243

해설 ③ 얼굴 손상이나 머리 손상이 있는 환자에서는 신경학적 증상이 없더라도 반드시 목뼈 고정을 시행해 주어야 한다.

핵심 개념 리마인드 얼굴 또는 머리 손상 환자의 처치
얼굴 손상이나 머리 손상 환자는 목뼈 손상의 가능성이 있으므로 목뼈 보호대를 반드시 하여야 한다. 신경학적 증상이 없더라도 목뼈 손상의 가능성은 있으므로 반드시 목뼈 고정을 시행한다.

정답 ③

161

다음 중 쇼크라고 판단할 수 없는 상황은?

① 청진기를 이용한 혈압 측정에서 수축기 혈압이 80 mmHg 이하일 경우
② 대퇴동맥을 만졌을 때 맥박이 촉지되지 않는 경우
③ 열이 심한 환자에서 의식은 명료했고, 수축기 혈압이 120 mmHg일 때
④ 환자가 불안해하고, 얼굴은 창백했으며, 차고 축축한 피부가 관찰될 때

출제 키워드 : 출혈성 쇼크
기본서 다시보기 : 응급처치학개론 p.317

해설 ③ 열은 심하지만 의식도 명료하고 수축기 혈압도 정상치로 쇼크라고 판단할 수 없다.

핵심 개념 리마인드 출혈 쇼크의 단계

(1) 혈압 평가

현장에 혈압측정계가 없을 시, 노동맥이 감지되면 수축기압이 80 mmHg 이상, 넙다리동맥이 감지되면 수축기압이 70 mmHg 이상, 목동맥이 감지되면 수축기압이 60 mmHg 이상이 된다고 판단한다.

(2) 출혈 쇼크의 단계

구분	쇼크 1기	쇼크 2기	쇼크 3기	쇼크 4기
소실된 혈액량	15% 이내	15~30%	30~40%	40% 이상
맥박수	정상	증가	증가	증가 혹은 감소
수축기 혈압	정상	체위에 따라 변화	90 mmHg 이하	60 mmHg 미만
의식 상태	명료 혹은 불안감	불안감	혼미	혼수
응급처치	수액 투여	수액 투여	수액 + 수혈	수액 + 수혈

정답 ③

162

다음 중 근골격계 손상에 대한 설명으로 옳지 않은 것은?

① 염좌는 인대가 부분적으로 파열되거나 늘어난 것이다.
② 탈구는 골격의 한쪽 끝이 관절로부터 어긋난 것이다.
③ 골절은 변형, 압통, 운동 제한 등의 증상이 함께 나타난다.
④ 좌상은 근육의 긴장이나 열상을 지칭한다.

출제 키워드 : 근골격계 손상
기본서 다시보기 : 응급처치학개론 p.284

해설 ④ 좌상은 뼈와 근육을 연결하는 힘줄이나 근육 자체가 비정상적으로 잡아 당겨져 생긴 손상이다.

핵심 개념 리마인드

출혈	뼈의 골절로 인하여 인체 형태가 변형될 수 있으며 심각한 출혈을 야기 ─ 정강이뼈와 종아리뼈 골절, 위팔뼈: 500~750cc ─ 넙다리뼈 골절: 1,000~1,500cc ─ 골반 골절: 1,500cc~3,000cc ─ 넓은범위의 좌상: 500cc
주변조직 손상	혈관과 근육, 신경과 같은 조직을 손상
탈구	연결 부분에 위치한 관절의 정상 구조에서 어긋난 경우로, 관절부위의 심한 굴곡이나 신전으로 발생
염좌	관절을 지지하거나 둘러싼 인대의 파열이나 비정상적인 잡아당김으로 발생
좌상	뼈와 근육을 연결하는 힘줄이나 근육자체가 비정상적으로 잡아 당겨져 생긴 손상
근육피로	근육의 활동량이 한계치에 도달했을 때 발생 → 운동은 근육의 산소와 비축된 에너지를 사용하여 대사 부산물의 축
근육경련	손상이라기보다는 고통스러운 근육조직 연축 → 근육 통증은 사용될 수 있는 산소와 에너지원이 운동에 의해 다 소비되고 순환계에 의해 신진대사의 노폐물이 제거되지 못할 때 발생
근육연축	근육이 간헐적인(간대성 경련) 혹은 지속적인 수축(긴장성 경련)을 하게 됨 → 근육연축 부위는 골절로 인한 변형으로 보일만큼 견고하기 때문에 평가의 어려움이 있을 수 있음
근육긴장	근육섬유가 버틸 수 있는 한계를 넘는 힘에 의해 늘어났을 때 발생 → 심각한 내출혈이나 부종 혹은 변색이 없이 근육섬유가 손상

정답 ④

163

눈에 깊은 절상을 당했을 때 옳은 치료는?

① 마른 거즈로 드레싱하여 피가 흡수되도록 한다.
② 손상된 눈에 보호 컵, 또는 금속 눈 덮개를 덮어주고 반대편 눈과 함께 붕대로 덮어준다.
③ 박힌 물체가 있다면 신속히 제거해 준다.
④ 출혈이 심할 경우 직접압박을 적용한다.

📋 출제 키워드   안구 손상

📖 기본서 다시보기   응급처치학개론 p.136, 기본 강의 슬라이드

해설 ① 안구가 건조하지 않도록 멸균 거즈를 생리식염수로 적셔서 덮어주어야 한다.
② 날카로운 이물질에 의한 손상일 경우 손상 상태 그대로 보존하면서 병원으로 이송해야 한다. 환자를 처치하거나 이송하는 과정에서 이물질에 충격이 가해지고 이물질은 더욱 깊숙이 안구를 파고들 수 있기 때문에 고정 후에도 눈 주위를 종이컵 또는 원추형 마분지로 덮어주어야 한다. 안구는 외부 물체에 따라 무의식적으로 움직이는 경우가 많으므로, 양쪽 눈을 모두 가려서 안구운동을 최소화해야 한다.
③ 박혀있는 물체를 제거할 경우 눈으로부터 체액이 유출되어 시력이 더욱 악화될 수 있다.
④ 눈을 압박하는 것은 절대로 피해야 한다. 안구 열상에서의 압박은 안구의 후방에서 유입되는 혈관에 압력을 가하고 혈류 공급을 저해시켜 망막에 손상을 주기 때문이다.

핵심 개념 리마인드   **눈 열상 응급처치 원칙**
1. 손상된 눈을 압박하거나 조작하지 않는다.
2. 안구의 일부분이 노출되었다면, 안구가 건조하지 않도록 멸균거즈를 생리식염수로 적셔서 덮어준다.
3. 손상된 눈을 거즈로 덮은 후에, 종이컵이나 안구보호장비를 이용하여 외부의 물리적 충격이 차단되도록 한다.
4. 손상된 눈의 안구운동을 감소시키기 위해서 손상된 안구를 포함하여 정상적인 안구도 가려야 한다.

정답 ②

164

다음의 손상으로 알맞은 것은?

> 한 차례의 일시적인 신경장애를 유발하지만 대부분 증상은 정상 수준으로 돌아온다.

① 뇌타박상   ② 뇌진탕
③ 뇌탈출   ④ 뇌신경 손상

📋 출제 키워드   뇌손상

📖 기본서 다시보기   응급처치학개론 p.260

해설 ② 뇌진탕은 한차례의 일시적인 신경장애를 유발하지만 대부분 증상은 정상으로 돌아온다.

핵심 개념 리마인드

의심징후	의식저하 또는 의식이 명료하다가 점차 나빠지는 경우, 두통 및 구토가 점차 심해지는 경우, 시력장애나 복시(물체가 2개로 보임)가 나타나는 경우, 감각기능이나 운동기능이 저하되는 경우
뇌진탕	뇌의 구조적인 변화 미초래하며 발생하는 뇌의 일시적인 기능장애
뇌타박상	혈관을 손상시켜 출혈과 부종을 유발하여 뇌조직에 손상 발생

정답 ②

165

철근을 제조하는 근로자가 철근을 옮기다 넘어지면서 철근 조각이 뺨에 박혀 출혈이 있는 환자가 발생한 현장에 출동하였다. 환자평가를 하다 보니 이로 인해 기도폐쇄가 의심되는 상황에서 할 수 있는 처치로 옳은 것은?

① 철근을 제거한 후 관통된 뺨의 안쪽과 바깥쪽의 손상 부위를 동시에 직접 압박한다.
② 철근이 움직이지 않도록 거즈로 드레싱한다.
③ 기도유지 및 원활한 흡인을 위하여 입인두기도기를 삽입한다.
④ 철근을 제거하지 않고 지혈제를 이용하여 지혈한다.

출제 키워드	연부조직 손상
기본서 다시보기	응급처치학개론 p.304~305

해설 ① 기도유지와 추가적인 입 안 손상 방지를 위해 신체에 박힌 물체를 제거할 수 있다.

핵심 개념 리마인드 **관통상의 처치**
관통상에서는 조직을 관통한 물체로 인한 더 이상의 손상을 막기 위해 고정시키는 것이 중요하나, 다음의 경우에는 물체를 제거한다.
- 물체로 인해 이송할 수 없는 경우(크기나 무게, 고정 상태 등)
- CPR 등 응급한 상황에서의 처치에 방해가 될 때
- 뺨을 관통한 상태(기도유지를 위해서나 추가적인 입 안 손상 방지)

정답 ①

166

고속으로 달리는 차의 탑승자인 30세 여성이 측면 충돌 후 가슴과 등까지 번지는 찢어지는 듯한 가슴 통증을 호소하고 있는 현장에 출동하였다. 환자평가 단계에서 활력 징후를 측정하였는데 오른팔 혈압 140/90 mmHg, 왼팔 혈압 100/70 mmHg, 맥박 115회/분, 산소포화도 96%이다. 이 환자에게 의심되는 소견은 무엇인가?

① 심근타박상
② 기관-기관지 손상
③ 심장눌림증
④ 외상성 대동맥박리

출제 키워드	가슴 손상
기본서 다시보기	응급처치학개론 p.273

해설 ④ 측면충돌로 인한 전단(엇갈림) 손상이 발생하여 외상성 대동맥박리가 발생하였다.

핵심 개념 리마인드

심근타박상	증상: 심장에 물리적 충격이 전달되어 심근 타박상 유발 처치: 산소투여, 맥박관찰, 심전도 관찰
기관기관지 손상	원인: 관통상, 무딘손상 증상: 청색증, 객혈, 대형 피하기종, 호흡곤란을 동반한 공기가슴증, 긴장성 공기가슴증 처치: 공기가슴증 발생 시 바늘감압술 시행
대동맥박리	원인: 측면충돌 손상, 낙차가 큰 낙상 증상: 등까지 번지는 찢어지는 듯한 흉부 통증 저혈압 발생 → 좌상지와 우상지에서 잰 혈압에 차이 발생 맥박 결손(pulse deficit) → 하지에서는 맥박이 약하게 촉지 처치: 급속 수액 투여(수축기 혈압을 80mmHg로 유지)와 심혈관 소생술 적용 → 활력 징후의 급격한 악화는 박리된 부분이 파열되는 경우를 의심

정답 ④

167

체중이 80 kg인 30세 남자가 오른쪽 팔에 1도 화상, 가슴과 복부를 포함한 몸통 앞면 전체에 2도 화상, 오른쪽 다리 전체에 3도 열화상을 입었다. 화상 직후 첫 8시간 이내에 주입하는 수액량은? (개정된 ATLS지침에 근거로 계산)

① 5,760 mL
② 4,320 mL
③ 11,520 mL
④ 2,880 mL

📑 출제 키워드 　　　　　　　　　　　　　열화상

📖 기본서 다시보기 　　　　　　　응급처치학개론 p.328

해설 ④ 개정된 ATLS지침은 [2 mL×환자 몸무게(kg)×2, 3도 화상의 체표면적(%) = 24시간 동안 주어야 할 수액량]이다. 여기서 첫 8시간 동안에는 전체 수액의 반을 주어야 한다.
　환자의 몸무게는 80 kg, 화상 체표면적은 가슴과 복부를 포함한 몸통 앞면 전체 18%, 오른쪽 다리 전체 18%로 총 36%이다. 개정된 파크랜드 공식에 대입해 보면 [2 mL×80 kg×36% = 5,760 mL]이다. 여기서 첫 8시간 이내에 주입해야 하는 수액량은 2,880 mL가 된다.

핵심 개념 리마인드

화상의 유형	연령과 체중	조정된 수액의 양	소변량
열화상	성인과 소아 (≥14세)	2ml LR × kg × % TBSA	0.5 ml/kg/hr 30~50 ml/hr
	소아(<14세)	3ml LR × kg × % TBSA	1 ml/kg/hr
	영아와 어린 소아(≤30kg)	3ml LR × kg × % TBSA 추가로 포도당 함유 수액을 유지속도로 투여	1 ml/kg/hr
전기화상	전연령	4ml LR × kg × % TBSA 소변이 맑아질 때까지	1-1.5 ml/kg/hr 소변이 맑아질 때까지

정답 ④

168

40세 남성이 화재현장에서 건물 아래로 추락하였다. 혈압 90/60 mmHg, 맥박 53회/분, 호흡 14회/분이다. 외상환자 평가에서 환자는 양쪽 하지에 저린 느낌을 호소하며, 감각기능이 소실된 양상을 보였고, 피부는 핑크색으로 따뜻하였다. 다음 중 환자에게 발생한 쇼크의 유형은?

① 과민성 쇼크
② 신경성 쇼크
③ 심장성 쇼크
④ 출혈성 쇼크

📑 출제 키워드 　　　　　　　　　　　　　신경성 쇼크

📖 기본서 다시보기 　　　　　　　응급처치학개론 p.319

해설 ② 신경성 쇼크는 손상 부위 아래쪽에서는 혈관이 확장됨에 따라 따뜻하고, 건조하며, 붉어진 피부를 보인다.

핵심 개념 리마인드

신경성 쇼크는 척수 손상이나 뇌손상 혹은 출혈로 인해 신체를 조절하는 뇌의 능력 특히 자율기능이 저하되는 증상이다. 환자는 신체가 혈관 수축을 통해 말초혈관저항을 늘리지 못하기 때문에 심박출량이 감소되고 혈압을 유지할 수 없게 된다. 또한 척수 손상 부위보다 위쪽에서는 쇼크와 같은 증상, 손상 부위 아래쪽에서는 혈관이 확장됨에 따라 따뜻하고, 건조하며, 붉어진 피부를 보인다.

정답 ②

169

화장실 청소 중에 락스가 왼쪽 눈에 튀어 안구 통증을 호소하는 환자가 있는 가정집에 출동하였다. 안과 검진과 치료가 가능한 병원까지의 이송 시간이 약 40분을 넘어 이송과정에서 처치를 하며 이송하고자 하는데 이송 중 적절한 처치 방법은 무엇인가?

① 중화제 혹은 항생제 점적 투여
② 생리식염수로 안구 세척
③ 면봉을 이용해서 닦아냄
④ 오른쪽 눈을 쉴드로 가림

출제 키워드 화학 화상
기본서 다시보기 응급처치학개론 p.330

해설 ② 생리식염수로 안구를 세척하면서 간다.

핵심 개념 리마인드
눈에 화학화상을 일으키는 물질이 들어갔을 때는 어떤 해독제나 중화 물질을 사용하지 않고 생리식염수로 안구를 세척해야 한다. 세척 시 다른 눈으로 튀거나 흐르지 않도록 주의해야 한다. 산에 의한 접촉은 5분간, 염기에 의한 접촉은 15분간, 어떤 물질인지 잘 모르는 경우는 20분 정도까지 눈 세척을 시행한다.

정답 ②

170

53세 전기시공자가 전기공사를 하던 중 고압전류에 감전되어 의식이 없다는 신고가 들어온 현장에 출동하였다. 심각한 전기화상 환자를 평가할 때 유의해야 할 점으로 옳지 않은 것은?

① 전선에 의한 화상환자는 양치류 같은 잎 모양을 확인할 수 있다.
② 갑작스러운 근육수축으로 탈골되거나 골절이 될 수도 있으니 유의해야 한다.
③ 다리가 저린 증상이 나타난다면 현장에 전류가 흐르는 것이니 더 이상 접근하지 말아야 한다.
④ 혀의 부종 등으로 기도폐쇄를 유발할 수 있다.

출제 키워드 전기화상
기본서 다시보기 응급처치학개론 p.329~330

해설 ① 양치류 같은 잎 모양은 낙뢰에 의한 화상환자에게서 확인할 수 있다.

핵심 개념 리마인드
전기화상은 전선이나 낙뢰에 의해 일어나며 일반적으로 전압과 전류량이 높을수록 더욱 심한 화상을 입게 된다. 또한 높은 전압의 전류는 몸을 통과하면서 심장의 정상전기 리듬을 파괴하여 부정맥을 유발함으로써 심정지를 일으킨다.
특히 낙뢰에 의한 화상환자는 특징적으로 양치류 잎과 같은 모양의 화상이 나타난다. 전기화상은 몸 안에서는 심각하더라도 밖으로는 작은 흔적만 남을 수 있기 때문에 유입부와 유출부의 화상정도를 확인해야 한다.

정답 ①

171

65 kg의 40세 남자가 출혈로 인해 피부가 차고 축축하며, 불안하고 초조한 모습으로 안절부절못하고 있다. 혈압 110/90 mmHg, 맥박 110회/분으로 약하고, 호흡 22회/분, 소변량은 정상이다. 소실된 혈액량은 전체 순환혈액량의 몇 %인가?

① 15% 미만
② 15~30%
③ 31~40%
④ 41~50%

172

복부 출혈이 예상되는 환자에게 정상적인 혈액응고 과정을 방해하는 경우는?

① 정상 체온
② 다량의 수액 투여
③ 경구용 혈당강하제 복용
④ 골절 부위 부목 고정

📋 출제 키워드 　　　　　　　　　　　　출혈과 쇼크

📖 기본서 다시보기 　　　　　　　　응급처치학개론 p.317

해설 ② 환자는 차고 축축한 피부, 불안하고 초조한 모습을 보이며, 맥박은 살짝 증가된 것으로 보아 출혈 2단계 정도로, 소실된 혈액량은 전체 순환혈액량에 비해 15~30% 정도 된다.

핵심 개념 리마인드　**출혈 쇼크의 단계**

(1) 쇼크 1기: 소실된 혈액량이 전체 혈액의 15% 이내이며, 맥박수와 혈압이 정상이고, 의식은 명료하나 불안감을 나타낼 수 있다.
(2) 쇼크 2기: 소실된 혈액량은 전체 혈액의 15~30%이며, 체위에 따라 혈압이 변하고 맥박수가 증가하면서 환자는 불안을 호소한다.
(3) 쇼크 3기: 소실된 혈액량은 전체 혈액의 30~40%이며, 혈압은 90 mmHg 이하로 감소하고, 맥박수는 증가하면서 환자의 의식은 혼미하게 변한다. 이때부터는 수액치료와 수혈처치가 필요하다.
(4) 쇼크 4기: 소실된 혈액량은 전체 혈액의 40% 이상이며, 혈압은 60 mmHg 미만, 맥박수는 증가하거나 감소하고 환자는 혼수에 빠지게 된다. 수액치료와 더불어 수혈처치도 지속되어야 한다.

정답 ②

📋 출제 키워드 　　　　　　　　　　　　출혈 및 쇼크

📖 기본서 다시보기 　　　　　　　　응급처치학개론 p.309

해설 ② 출혈 시 다량의 수액을 지속적으로 투여하면 실제로 혈전요소들을 희석시키거나 적혈구 용적률이 감소하여 환자의 상태를 악화시킬 수 있어 1 L 이상의 수액 투여가 필요한 경우에는 조기 수혈을 고려한다.

핵심 개념 리마인드　**저관류 정의**

▶ 저관류(쇼크): 혈액은 우리몸을 순환하면서 조직에 산소를 운반해 주고 이산화탄소와 노폐물을 이동 시킴

: 출혈로 인하여 조직에 산소와 영양분의 공급이 제대로 이루어지지 않으면 우리 몸에 노폐물이 계속 쌓이게 됨 → 인체 세포는 죽게 됨 → 일반적으로 성인은 1L, 소아는 0.5L, 신생아는 0.1L 실혈될 경우 생명이 위험해질 수 있음

정답 ②

173

33세 남자가 화재현장에서 피신하던 중 건물 2층에서 추락하였다. 환자는 통증자극에 반응하고, 머리덮개 출혈과 넙다리뼈 몸통 골절이 있다. 혈압 80/60 mmHg, 맥박 115회/분, 호흡 25회/분, 산소포화도 90%이다. 옳은 처치는?

① 코삽입관으로 10 L/분 산소를 공급한다.
② 정맥로 확보 후 생리식염수를 투여한다.
③ 쇼크에 대비하여 교질액 알부민을 투여한다.
④ 다리 부목 고정 시 저항이 느껴지더라도 정렬을 시도한다.

📧 출제 키워드   출혈과 쇼크
📁 기본서 다시보기   응급처치학개론 p.317

해설 ② 환자 평가 상 저혈압을 보인다. 이는 넙다리뼈 몸통 골절은 1,000~1,500 mL의 혈액 손실을 유발한다. 체내 순환혈액량에 문제가 있음을 알 수 있고, 따라서 정맥로를 확보 후 생리식염수를 투여해 주어야 한다.

핵심 개념 리마인드   출혈 쇼크의 단계
- 쇼크1기: 소실된 혈액량이 전체 혈액의 15% 이내이며, 맥박수와 혈압이 정상이고 의식은 명료하나 불안감을 나타낼 수 있다.
- 쇼크2기: 소실된 혈액량은 전체 혈액의 15~30%이며, 체위에 따라 혈압이 변하고 맥박수가 증가하면서 환자는 불안을 호소한다.
- 쇼크3기: 소실된 혈액량은 전체 혈액의 30~40%이며 혈압은 90 mmHg 이하로 감소하고 맥박수는 증가하면서 환자의 의식은 혼미하게 변한다. 이때부터는 수액 치료와 수혈 처치가 필요하다.
- 쇼크4기: 소실된 혈액량은 전체 혈액의 40% 이상이며 혈압은 60 mmHg 미만, 맥박수는 증가하거나 감소하고 환자는 혼수에 빠지게 된다. 수액 치료와 더불어 수혈 처치가 지속되어야 한다.

정답 ②

174

관통상의 처치에 의한 사항으로 옳지 않은 것은?

① 조직을 관통한 날카로운 물체로 인해 더 이상의 손상을 막기 위해 고정시키는 것이 치료의 목적이다.
② 관통 부위를 직접 압박하여 지혈시킨다.
③ 물체를 고정시키기 위해 압박붕대로 물체 주위를 겹겹이 드레싱한다.
④ 뺨을 관통한 경우 기도유지를 위해서나 추가적인 입안 손상을 막기 위해 이물질을 제거할 수 있다.

📧 출제 키워드   가슴 손상
📁 기본서 다시보기   응급처치학개론 p.273

해설 ② 관통상은 조직을 관통한 날카로운 물체로 인해 더 이상의 손상을 막기 위해 고정시키는 것이 중요하다. 관통 부위가 아닌 옆 부분을 직접 압박하여 지혈한다.

핵심 개념 리마인드
[응급처치 방법]
▶ 개인 보호 장비를 착용한다.
▶ 아래의 경우를 제외하고는 관통한 물체를 제거하지 않고 상처 부위에 고정시킨다.
  - 물체로 인해 이송할 수 없는 경우(크기나 무게 그리고 고정상태 등)
  - CPR 등 응급한 상황에서의 처치에 방해가 될 때
  - 단순하게 뺨을 관통한 상태(기도유지를 위해서나 추가적인 입안 손상을 막기 위해)
  - 상처 부위를 노출시키기 위해 옷 등을 가위로 자른다.
▶ 관통 부위가 아닌 옆 부분을 직접 압박하여 지혈시킨다.
▶ 물체를 고정시키기 위해 압박붕대로 물체 주위를 겹겹이 드레싱한다.
▶ 고정 부위가 움직이지 않게 주의하며 병원으로 이송한다.

정답

175

9개월 된 영아가 뜨거운 주전자가 쏟아져 머리와 목 전체, 오른쪽 다리 전체, 몸통 앞면 전체에 2도 열화상을 입었다. 9의 법칙을 이용한 화상 체표면적은?

① 31.5%   ② 36%
③ 39.5%   ④ 49.5%

📋 출제 키워드 　　　　　　　　　　 열화상

📖 기본서 다시보기 　　　　　응급처치학개론 p.324

해설 ④ 이 환아는 9개월로 영아에 해당되고 2도 화상 이상의 부위는 머리와 목 전체, 오른쪽 다리 전체, 몸통 앞면 전체이다. 9의 법칙에 따르면 머리와 목 전체 18%, 오른쪽 다리 전체 13.5%, 몸통 앞면 전체 18%이다. 따라서 환아의 화상면적은 49.5%이다.

핵심 개념 리마인드
구급대원이 화상환자를 발견한다면 처치와 이송 전에 화상에 의하여 손상된 체표면의 면적을 화상범위를 파악해야 하며 '9의 법칙'이라 불리는 기준을 이용한다.
'9의 법칙'은 범위가 큰 경우 사용하며, 범위가 작은 경우에는 환자의 손바닥 크기를 1%라 가정하고 평가하면 된다. 하지만 소아의 경우 성인과 달리 몸에 비해 머리가 크므로 달리 평가해야 한다.

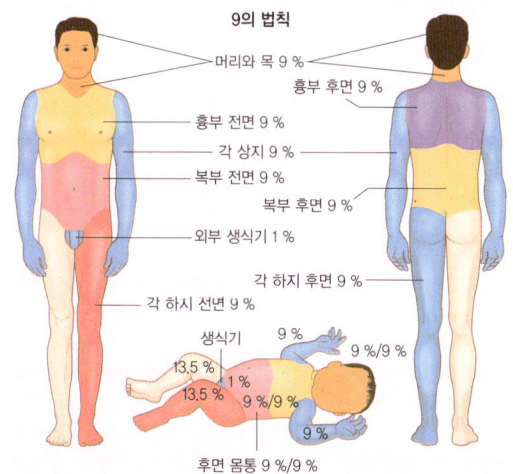

정답 ④

176

28세 구조대원이 화재현장에 진입했다 건물이 무너지는 바람에 건물의 잔해에 흉부가 눌린 상태로 발견되었다. 안면부와 목에 청색증과 부종이 있으며, 혀와 입술이 붓고, 눈의 결막출혈, 목정맥 팽대가 관찰되고 호흡곤란을 호소하고 있다. 환자에게 의심되는 소견은 무엇인가?

① 동요가슴
② 심장눌림증
③ 외상성 질식
④ 외상성 식도파열

📋 출제 키워드 　　　　　　　　　　 가슴 손상

📖 기본서 다시보기 　　　　　응급처치학개론 p.275

해설 ③ 외상성 질식은 흉부에 큰 압력이 가해졌을 때 발생할 수 있다. 외상성 질식은 두부와 경부의 정맥 및 모세혈관에 충혈을 일으키면서, 해당 부위의 피부가 적색, 자주색, 혹은 청색을 띠게 된다. 혈액의 역류는 두부와 경부의 미세순환을 손상시키면서 점상출혈과 결막하출혈, 눌린 지점 위에 혈액을 정체시켜 목정맥 팽대가 관찰될 수 있다.

핵심 개념 리마인드
(1) **외상성 식도파열**: 드물게 발생하는 무딘손상의 합병증이다. 다른 종격동 손상과 함께 발생하는 것이 보통이다. 환자는 삼키는 것이 힘들고 고통스러우며, 호흡 시 흉부 통증이 발생하고, 등 가운데로 통증이 확대 되거나 목 아래쪽 주변에 피하기종(피부밑공기증)을 보일 수 있다.
(2) **외상성 대동맥파열**: 무딘손상 혹은 관통상에 의해 유발된다. 대부분 측면충돌인 고속 차량 충돌 사고와 관련이 많다. 환자는 등까지 번지는 찢어지는 듯한 가슴 통증을 호소하고, 환자의 좌상지와 우상지에서 잰 혈압에 차이가 생기며, 하지에서는 맥박이 약하게 촉지 될 수 있다.

정답 ③

177

연부조직 손상의 응급처치의 5단계에 대한 설명으로 옳지 않은 것은?

① 압박(compression): 직접 압박을 통한 지혈
② 거상(elevation): 상처 부위를 올려주어 부종 감소
③ 부목(splinting): 부목 적용으로 지혈, 통증 감소 및 2차 손상 예방
④ 휴식(rest): 휴식을 취해 주어 지혈과 통증 감소

출제 키워드: 연부조직 손상
기본서 다시보기: 응급처치학개론 p.299 [표129]

해설 ① 탄력붕대 등으로 압박 드레싱을 통한 지혈로 압박(compression)한다.

핵심 개념 리마인드
개인 보호 장비를 착용하고 현장을 확인하고 사고경위를 파악한다. 척추손상이 의심된다면 환자를 똑바로 눕힌 상태에서 일차 평가를 실시해야 한다. 턱 밀어올리기법으로 기도를 유지한 뒤 호흡정지나 호흡장애가 나타나면 인공호흡을 실시한다. 호흡곤란이나 쇼크 증상 및 징후가 나타나면 고농도의 산소를 공급하고 외상평가를 실시하고 척추 손상이 의심되면 목보호대를 착용시켜야 한다.
연부조직 손상에 대한 응급처치의 5단계를 숙지해야 하며, 쉽게 기억하기 위하여 "RICES"라는 용어를 이용한다. 휴식(Rest)의 'R', 얼음(Ice)의 'I', 압박(compression)의 'C', 거상(elevation)의 'E', 그리고, 부목(splint)의 'S'를 이용하여 'RICES'라고 암기한다.

휴식(rest)	휴식을 취해 주어 지혈과 통증 감소
얼음(ice)	얼음마사지를 통한 지혈 및 통증 감소
압박(compression)	탄력붕대 등으로 압박 드레싱을 통한 지혈
거상(elevation)	상처 부위를 올려주어 부종 감소
부목(splinting)	부목 적용으로 지혈, 통증 감소 및 2차 손상 예방

정답 ①

178

30세 남자가 오른쪽 흉부에 흡인성 손상(sucking chest wound)으로 호흡곤란과 통증을 호소한다. 손상 부위 위에 삼면 폐쇄드레싱을 실시하고 환자의 상태를 관찰 중 호흡곤란이 점차 악화되어 삼면 폐쇄드레싱을 제거하였다. 이후 계속 호흡곤란이 심해지며 청색증, 목정맥 팽대, 손상 부위 호흡음 감소가 나타났다. 우선해야 할 처치는?

① 바늘감압술을 시행한다.
② 환자를 왼쪽으로 눕힌다.
③ 쇼크에 대비하여 정맥로 확보를 시행한다.
④ 사면을 모두 막는 폐쇄드레싱으로 교체한다.

출제 키워드: 가슴 손상
기본서 다시보기: 응급처치학개론 p.276~277

해설 ① 긴장성 공기가슴증의 처치로 바늘감압술을 시행해 흉강 내에 쌓인 공기를 배출해 주어야 한다.

핵심 개념 리마인드
환자는 흉부에 흡인성 손상을 입은 환자로 삼면 폐쇄드레싱 후에도 호흡 곤란이 심해져 삼면 폐쇄드레싱을 제거했는데도 호흡곤란 증상이 해소가 되지 않고, 목정맥 팽대, 손상 부위 호흡음 감소 소견을 보이는 것으로 보아 흡입 손상으로 인해 긴장성 공기가슴증으로 발전된 상황이다.
개방성 가슴창상은 흡입성 가슴창상(sucking chest wound)으로 진행될 수 있다. 들숨 시에 대기 중의 공기가 창상부위를 통하여 가슴막 안으로 빨려 들어가는 것을 흡입성 가슴창상이라고 한다. 흉벽에 개방창이 있으면, 정상호흡 시에 코와 입을 통하여 공기가 폐로 유입되는 것과 마찬가지로, 외부공기가 가슴창상을 통하여 가슴막 안으로 유입된다. 창상을 통하여 가슴 안으로 유입된 공기는 공기가슴증을 유발하고, 공기가슴증에 의한 호흡기능 장애가 나타나므로 기도유지와 산소투여를 하면서 창상을 멸균 거즈나 바셀린 거즈 등으로 덮고 반창고로 밀폐시키는 방법으로 응급처치를 시행해야 한다.

정답 ①

179

화학화상에 대한 설명으로 옳지 않은 것은?

① 화학반응을 일으키는 물질이 피부와 접촉할 때 발생한다.
② 고형의 화학물질에 노출되었을 시 물질을 제거한 후 물로 세척한다.
③ 건조석회와 같은 물질은 물로 20분 이상 충분히 씻어내야 한다.
④ 현장에 출동할 경우 개인보호장구를 철저히 착용해야 한다.

📝 출제 키워드   전기화상

📂 기본서 다시보기   응급처치학개론 p.330~331

해설 ③ 건조석회와 같은 물질은 세척 전 브러시로 잘 털어낸 후 시행해야 한다.

핵심 개념 리마인드
- 화학물질은 종류에 따라 아주 작은 양이 피부에 닿았다 하더라도 위험할 수 있으므로 매우 주의
  - 강산: 응고괴사, 5분이상
  - 염기: 액화괴사(피부층을 직접 부식), 15분 이상
- 손상부위를 많은 양의 물로 세척
  : 화학물질을 씻어 작용을 완화시키거나 정지시켜야 함
- 금수성 물질인 경우에는 폭발위험이 있음
  → 물세척 금지: 아인산, 나트륨 금속, 페놀, 염산, 황산, 석회가루
- 씻어낸 물이 다른 부위로 흘러내리지 않도록 하며 이송 중 가능하다면 세척 실시
- 건조 석회와 같은 화학물질은 세척 전에 브러시로 털어냄
- 고형의 화학물질에 노출되었을 때에는 물로 씻기 전에 반드시 고형물질을 제거 → 물과 혼합되면 더 심한 조직손상을 유발

정답 ③

180

가슴과 복부 앞면, 우측 하지 전체에 2도 화상을 입은 60 kg 환자를 이송할 때 병원전 시간당 락테이트 링거액 투여량은? (단, ATLS지침으로 계산한다.)

① 270 mL/hr
② 540 mL/hr
③ 2,160 mL/hr
④ 4,320 mL/hr

📝 출제 키워드   열화상

📂 기본서 다시보기   응급처치학개론 p.328

해설 ① 앞면 가슴 9%, 앞면 복부 9%, 좌측 하지 전체 18% 총 36%의 화상을 입은 환자이다. 개정된 ATLS지침
[수액량(24시간) = 2 mL × 체중(kg) × 화상면적]이다.
식에 대입해 보면 [2 mL × 60 kg × 36% = 4,320 mL(24시간)]이다. 화상 후 첫 8시간 동안은 전체 수액량의 반을 주고 대게 병원으로 이송은 1시간 이내로 걸리기 때문에 첫 8시간 수액량에서 시간당 투여량을 구해야 한다.
따라서 [(2 mL × 60 kg × 36%) ÷ 2 = 2,160 mL(첫 8시간)]에서 [2,160 mL(첫 8시간) ÷ 8 = 270 mL/h]임을 알 수 있다.

핵심 개념 리마인드

화상의 유형	연령과 체중	조정된 수액의 양	소변량
열화상	성인과 소아 (≥14세)	2ml LR × kg × % TBSA	0.5ml / kg / hr 30~50ml / hr
	소아(<14세)	3ml LR × kg × % TBSA	1ml / kg / hr
	영아와 어린 소아(≤30kg)	3ml LR × kg × % TBSA 추가로 포도당 함유 수액을 유지속도로 투여	1ml / kg / hr
전기화상	전연령	4ml LR × kg × % TBSA 소변이 맑아질 때까지	1–1.5ml / kg / hr 소변이 맑아질 때까지

정답 ①

181

22세 남자가 오토바이 교통사고로 노동맥에서 맥박이 약하게 잡히며 횟수는 88회/분, 호흡 24회/분이며 글래스고혼수척도 점수는 12점이다. 수정된 외상점수(Revised Trauma Score)는 몇 점인가?

① 6점 ② 8점
③ 10점 ④ 12점

182

폭탄테러로 인한 사고현장에서 오른쪽 가슴에 파편이 박힌 손상을 입은 환자가 호흡곤란을 호소하고 손상 부위의 호흡음이 감소되어 있었으며 과도공명음이 들렸으며 목정맥 팽대가 관찰되었다. 알맞은 처치는?

① 바늘감압술 ② 양압환기
③ 기관절개술 ④ 다량의 수액 투여

출제 키워드: 특수 재난

기본서 다시보기: 응급처치학개론 p.276~277

해설 ① 폭탄테러로 인한 파편에 가슴 손상을 입은 이차 폭발손상 환자로 호흡곤란, 오른쪽 호흡음 감소, 과도공명음, 피하기종, 목정맥팽대로 보아 긴장성 공기 가슴증의 가능성을 고려해 바늘감압술을 시행해 주어야 한다.

핵심 개념 리마인드

폭발로 인한 파장에 의한 직접손상	폭발로 날아가는 파편에 의한 손상
주위 압력 상승 속 빈 조직 (허파, 장), 액체가 가득한 조직 (눈, 방광)은 파장으로 파열	관통상, 열상, 골절, 화상 등
파장에 의해 사람이 튕겨져 나가는 손상	**위험 물질에 피해자 노출 또는 건물붕괴**
어떤 물체에, 어느 정도의 힘으로 부딪쳤는지에 따라 손상 정도가 다름 (무딘 손상, 관통상, 압좌 손상)	폭발로 인하여 발생하는 유해물질 혹은 독성물질 노출 혹은 건물 붕괴로 인한 손상

출제 키워드: 중증 외상

기본서 다시보기: 응급처치학개론 p.254 [표102]

해설 ③ 환자의 분당 호흡수는 24회로 4점, 수축기 혈압은 80 mmHg 로 3점, 글라스고혼수척도는 12점으로 3점이므로 총 10점이다. 8점 미만이 아니므로 외상센터로 이송할 필요는 없다.

핵심 개념 리마인드

노동맥이 감지되면 수축기 혈압이 80 mmHg 이상, 넙다리 동맥이 감지되면 수축기 혈압이 70 mmHg 이상, 목동맥이 감지되면 수축기 혈압이 60 mmHg 이상이 된다고 판단한다.

분당 호흡수	수축기 혈압	글래스고혼수척도(GCS)	점수
분당 10~29회	90 mmHg 이상	13~15	4
분당 30회 이상	76~89 mmHg	9~12	3
분당 6~9회	50~75 mmHg	6~8	2
분당 1~5회	1~49 mmHg	4~5	1
무호흡	측정되지 않음	4점 미만	0

정답 ③

정답 ①

183

감전에 의한 심장정지의 처치 및 설명으로 옳은 것은?

① 감전으로 발생하는 심실세동은 저압보다는 고압의 전류에서 흔히 발생한다.
② 교류 감전은 직류 감전보다 심실세동이 발생할 가능성이 크다.
③ 전원이 완전히 차단되지 않더라도 불가피하다면 환자와 일부 접촉은 가능하다.
④ 높은 곳에서 떨어지는 경우가 드물어 경추손상의 발생이 적다.

출제 키워드 : 전기화상

기본서 다시보기 : 응급처치학개론 p.329

해설 ② 감전으로 인한 심실세동은 고압보다 저압에서 흔하며 전원이 완전히 차단되기 전까지는 구조자 안전을 고려하여 환자와 절대 접촉해서는 안 된다. 대다수 높은 곳에서 떨어지는 경우가 흔하므로 경추 손상의 발생여부를 확인해야 한다.

핵심 개념 리마인드 전기손상(감전)에 의한 심정지

전기에 의한 손상의 정도는 접촉된 전기의 전압, 통과된 전류량, 전기의 종류(교류 또는 직류), 인체에서의 통과경로, 접촉된 시간 등에 따라 달라짐
→ 교류 감전은 직류 감전보다 R-on-T 현상으로 심실세동이 발생할 가능성이 큼
→ 저압에 감전되었을 때 심실세동의 발생 위험이 높음
→ 호흡중추의 손상, 지속적인 호흡근 및 횡격막의 수축, 감전 후 발생하는 근육 마비로 인하여 발생
→ 과도한 조직 손상 및 괴사로 인한 저혈량 쇼크와 지속적인 체액의 손실 등이 유발되므로 수액 공급을 충분히 유지
: 횡문근융해증이 발생하면 급성 신부전을 일으킬 수 있는 마이오글로빈뇨를 방출하기에 환자의 소변이 검붉은색으로 관찰될 수 있음, 소변을 잘 확인하여 맑은 소변이 나올 때까지 수액처치 시행

정답 ②

184

[2024년 소방공무원 경력경쟁 채용시험 31번]

40대 남자가 6m 높이 지붕에서 작업 중 추락하여 머리 손상이 의심된다. 평가 결과가 다음과 같을 때 글래스고혼수척도 점수로 옳은 것은?

- 눈을 뜨라는 말에 반응하여 눈을 뜸
- 질문에 부적절한 단어로 대답함
- 통증 자극에 비정상적인 굽힘 반응(겉질제거 자세)을 함

① 7점 ② 8점
③ 9점 ④ 10점

출제 키워드 : GCS척도

기본서 다시보기 : 응급처치학개론 p.251

해설 ③ 글래스고혼수척도의 눈뜨기 반응 3점, 언어반응 3점, 운동반응 3점 총합 9점으로 측정할 수 있다.

핵심 개념 리마인드

원척도	수정척도	점수
눈뜨기 반응 (Eye Opening, E)	눈뜨기 반응 (Eye Opening, E)	
자발적으로	자발적으로	4
언어적 지시에 의해	소리에 의해	3
통증반응에 의해	압력에 의해	2
없음	없음	1
	평가할 수 없음	NT
언어반응 (Verbal Response, V)	언어반응 (Verbal Response, V)	
지남력 있음	지남력 있음	5
혼돈된 의사소통	대화 혼란	4
부적절한 단어	단어만 말함	3
이해할 수 없는 소리	소리만 냄	2
없음	없음	1
	평가할 수 없음	NT
운동반응 (Best Motor Response, M)	운동반응 (Best Motor Response, M)	
명령에 따름	명령에 따름	6
통증 위치를 구별함	위치 구별	5
통증에 대해 굽힘 회피	정상굴곡	4
비정상적인 굽힘(겉질제거자세)	비정상굴곡	3
폄(대뇌제거자세)	폄	2
없음	없음	1
	평가할 수 없음	NT

정답 ③

185
[2023년 소방공무원 경력경쟁 채용시험 27번]

다음 환자에게 즉시 필요한 처치로 옳은 것은?

> 30대 남자가 고속도로에서 운전 중 가드레일에 정면으로 충돌하였다. 환자의 의식은 명료하나 가슴통증을 호소하며 혈압은 90/60mmHg, 호흡은 24회/분으로 호흡곤란이 점점 악화되고 있다. 또한 청색증, 목정맥 팽대, 기관 편위가 관찰되며 왼쪽 가슴 부위에서 호흡음이 감소하고 있다.

① 양압 환기
② 기관내삽관
③ 바늘감압술
④ 정맥로 확보

📧 출제 키워드: 공기가슴증

📖 기본서 다시보기: 응급처치학개론 p.277

해설 ③ 환자에게는 공기가슴증이 발생한 것으로 판단되며, 공기가슴증 발생 시 바늘감압술이 가장 효과적인 치료 방법이다.

핵심 개념 리마인드

	혈액가슴증 (혈흉)	긴장성 공기가슴증 (긴장성 기흉)	심장눌림증 (심낭압전)
기관 편위	–	★○	–
목정맥 팽대	–(수축)★	○	○
심음 감소	–	–	★○
타진 시	탁음	과도공명음	–
폐음	청진 불가 혹은 감소		변동 없음 단, 심박출량이 적절하지 않아 호흡곤란 발생
맥박, 혈압	약하고 빠른 맥박, 저혈압		
처치	수액	바늘감압술	심낭천자

정답 ③

186
[2023년 소방공무원 경력경쟁 채용시험 25번]

심장눌림증 환자에게 나타나는 임상 징후로 옳지 않은 것은?

① 저혈압
② 심음 감소
③ 기관 편위
④ 목정맥 팽대

📧 출제 키워드: 심장눌림증

📖 기본서 다시보기: 응급처치학개론 p.277

해설 ③ 심장눌림증에는 기관 편위가 나타나지 않는다.

핵심 개념 리마인드

	혈액가슴증 (혈흉)	긴장성 공기가슴증 (긴장성 기흉)	심장눌림증 (심낭압전)
기관 편위	–	★○	–
목정맥 팽대	–(수축)★	○	○
심음 감소	–	–	★○
타진 시	탁음	과도공명음	–
폐음	청진 불가 혹은 감소		변동 없음 단, 심박출량이 적절하지 않아 호흡곤란 발생
맥박, 혈압	약하고 빠른 맥박, 저혈압		
처치	수액	바늘감압술	심낭천자

정답 ③

187
[2024년 소방공무원 경력경쟁 채용시험 29번]

계단에서 넘어지면서 손을 짚은 환자의 사진이다. 다음 환자에게 의심되는 골절로 옳은 것은?

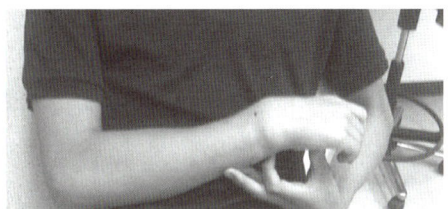

① 복서골절　　② 생나무골절
③ 스미스골절　④ 꼴레씨골절

🗨 출제 키워드　　　　　　　　　　　　　손목골절

📖 기본서 다시보기　　　　　　　응급처치학개론 p.289

해설 ④ 손목이 비정상적으로 구부러진 것으로 보아 노뼈 말단에서 손목 바로 위에서 발생한 골절로 이를 꼴레씨 골절이라 한다.

핵심 개념 리마인드

꼴레씨 골절	손바닥
스미스골절	손등
복서골절	Fracture site

정답 ④

188
[2023년 소방공무원 경력경쟁 채용시험 26번]

환자가 교통사고로 인해 왼쪽 다리 통증을 호소하고 있다. 신체를 검진하니 왼쪽 발은 바깥쪽으로 돌아가 있으며, 오른쪽 다리에 비해 짧아져 있다. 환자에 대한 평가소견으로 옳은 것은?

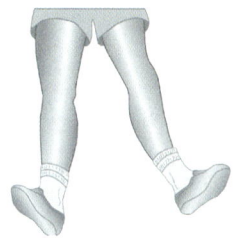

① 무릎뼈 탈구　　② 넙다리뼈 골절
③ 종아리뼈 골절　④ 고관절 후방탈구

🗨 출제 키워드　　　　　　　　　　　　넙다리뼈골절

📖 기본서 다시보기　　　　　　　응급처치학개론 p.292

해설 ② 넙다리뼈 골절은 엉덩이 통증과 압통, 다리가 밖으로 돌아가고 짧아진 변형 형태로 나타난다.

핵심 개념 리마인드

넙다리뼈 골절	전방탈구
엉덩이 통증과 압통, 다리가 밖으로 돌아가고 짧아진 변형 형태	발이 바깥으로 돌아가고 넙다리뼈 머리가 샅고랑에서 만져짐
긴 척추고정판에 고정 후 발견한 상태 그대로 고정	

후방탈구	골반골절
무릎은 구부리고 발은 안으로 돌아간 상태	차량 간 충돌이나 보행자 사고에서 많이 나타남 골반 골절은 내부 실혈로 치명적일 수 있음 → 3,000cc까지 출혈이 발생할 수 있음 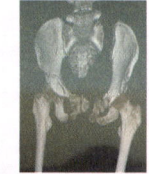
긴 척추고정판에 고정 후 발견한 상태 그대로 고정	수액소생술, MAST 착용

정답 ②

189 [2023년 소방공무원 경력경쟁 채용시험 30번]

40대 남자가 지진으로 건물이 붕괴된 현장에서 하체가 깔린 상태로 10시간이 경과하였다. 이와 관련한 설명으로 옳은 것은?

① 칼륨을 다량 투여하여 심부전을 예방한다.
② 혈액량 증가로 쇼크가 발생할 수 있으므로 압박물을 우선 제거한다.
③ 압박물을 제거한 후 정맥로를 확보하고 고장성용액을 다량 투여한다.
④ 압박물 제거 시 저칼슘혈증으로 인한 부정맥과 심정지가 발생할 수 있다.

출제 키워드: 압좌증후군
기본서 다시보기: 응급처치학개론 p.297

해설 ④ 압박물 제거 시 고칼슘혈증으로 인한 부정맥과 심정지가 발생할 수 있으므로 압박물 제거전 미리 수액투여를 시작해야 한다.

핵심 개념 리마인드 — 압좌증후군

발생기전	▸ 신체 부위가 4시간 이상 끼어있을 경우 발생 ▸ 압좌된 골격근 조직에 괴사와 세포의 변화 발생 ↓ 대사성 부산물이 배출 ↓ 횡문근융해증이라 불리는 퇴행성 과정에서 다량의 독소가 배출 ↓ 으깨진 사지에 독성물질 축척 ↓ 환자 신체 부위의 압력 해제 시 축적된 부산물과 독소가 중심순환계로 이동 ↓ 신부전 혹은 심부전 발생
증상	▸ 대량출혈 발생→출혈지점 파악 불가 혹은 큰혈관의 손상, 직접압박 불가 ▸ 저산소증 및 산증으로 인한 근육경직→촉진 시 나무판처럼 딱딱하게 느껴짐 ▸ 미오글로빈(근육단백질)→저혈량성 쇼크의 경우 콩팥세뇨관에 축적되어 신부전발생 ▸ 혈액내 칼륨의 증가→심부정맥 유발 ▸ 인산염 수치증가→혈관계 및 신경계에서 비정상적 석회화 유발 ▸ 산소화된 혈류가 세포로 흐르면서 요산이 생성되는 유산소 과정의 시작→세포 산성도, 손상 증가
처치	▸ 신속한 이송, 적절한 수액소생술, 이뇨, 전신적 알카리화 시행→산증교정, 신부전방지, 고칼륨혈증 완화 ▸ 중탄산나트륨 1mEq/kg투여(시간당 0.25mEq/kg/hr) : ABC처치 후 정맥로 확보 후 수액소생술(등장성용액)과 함께 투여 ▸ 만니톨: 사이질액을 혈관으로 이동→콩팥에 의해 배출 ▸ 푸로세마이드: 나트륨, 염소 재흡수 차단 → 저혈량증이 있을 경우 전해질불균형, 혈량손실가중으로 권장하지 않음

정답 ④

190 [2023년 소방공무원 경력경쟁 채용시험 22번]

50대 남자가 공사현장에서 5m 길이 철근에 가슴 윗부분 관통상을 입고 신고되었다. 이 환자의 적절한 이송처치로 옳은 것은?

① 현장에서 철근을 완전히 제거 후 지혈하며 헬기 이송
② 현장에서 철근을 완전히 제거 후 지혈하며 구급차 이송
③ 현장에서 철근을 자르거나 제거하지 않고 고정한 상태로 구급차 이송
④ 현장에서 관통상 바깥 부분을 고정하고 철근을 자른 후 상처 부위를 응급처치하며 구급차 이송

출제 키워드: 관통상
기본서 다시보기: 응급처치학개론 p.304

해설 ④ 관통된 물체의 길이가 너무 길거나 큰 경우 잘라서 단단하게 고정한다.

핵심 개념 리마인드 — 관통상

조직을 관통한 날카로운 물체로 인해 더 이상의 손상을 막기 위해 단단하게 고정시키는 것이 중요

[응급처치 방법]
▸ 개인 보호 장비 착용
▸ 관통한 물체를 제거하지 않고 상처부위에 고정
 : 관통된 물체의 길이가 너무 길거나 큰 경우 잘라서 고정함
▸ 물체로 인해 이송할 수 없는 경우(크기나 무게 그리고 고정상태 등)
▸ CPR 등 응급한 상황에서의 처치에 방해가 될 때
▸ 단순하게 뺨을 관통한 상태(기도유지를 위해서나 추가적인 입안 손상을 막기 위해)

▸ 상처부위를 노출시키기 위해 의복 탈의
▸ 관통부위가 아닌 옆 부분을 직접 압박하여 지혈
▸ 물체를 고정시키기 위해 압박붕대로 물체 주위를 겹겹이 드레싱
▸ 고정 부위가 움직이지 않게 주의하며 병원으로 이송

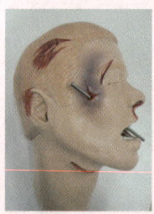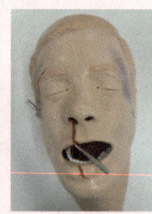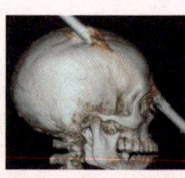

정답 ④

191

[2024년 소방공무원 경력경쟁 채용시험 30번]

20대 남자가 오토바이 운전 중 넘어지면서 넙다리뼈가 골절되었다. 평가 결과가 다음과 같을 때 출혈 단계로 옳은 것은?

- 의식저하
- 호흡 30회/분, 맥박 128회/분, 혈압 85/65mmHg
- 차고 창백한 피부

① 1단계
② 2단계
③ 3단계
④ 4단계

출제 키워드 : 출혈 쇼크의 단계

기본서 다시보기 : 응급처치학개론 p.317

해설 ③ 의식이 저하되고 차고 축축한 피부의 속의 징후가 나타나며 수축기 혈압이 90mmHg 이하로 측정되는 것으로 보아 쇼크 3기로 추정할 수 있다.

핵심 개념 리마인드 — 출혈성 쇼크의 단계

구분	쇼크 1기	쇼크 2기	쇼크 3기	쇼크 4기
소실된 혈액량	15% 이내	15~30%	31~40%	40% 이상
심박수	정상	정상이거나 증가	증가	증가 혹은 감소
수축기 혈압	정상	체위에 따라 변화	90mmHg 이하	60mmHg 미만
맥압	정상	저하	저하	저하
호흡수	정상	정상	정상이거나 증가	증가
소변량	정상	정상	저하	저하(핍뇨)
GCS	정상	정상	저하	저하
의식상태	명료 혹은 불안감	불안감	혼미	혼수
응급처치	수액 투여	수액 투여	수액 + 수혈	수액 + 수혈
출혈량	~750mL	~1,500mL	~2,000mL	2,000mL↑

정답 ③

192

[2023년 소방공무원 경력경쟁 채용시험 36번]

50대 여자가 말벌에 쏘여 어지러움, 식은땀, 호흡곤란을 호소하고 있다. 혈압 80/60mmHg, 맥박 100회/분으로 측정되었다. 근육주사로 즉시 투여해야 하는 에피네프린의 비율에 맞는 용량[mg]은?

① 0.10 (1 : 10,000)
② 0.15 (1 : 1,000)
③ 0.50 (1 : 1,000)
④ 1.00 (1 : 1,000)

출제 키워드 : 아나필락시스

기본서 다시보기 : 응급처치학개론 p.321

해설 ③ 아나필락시스 상황에서 에피네프린 투여량은 다음과 같다.
- 근육주사 1 : 1,000의 0.3~0.5mg
- 정맥주사 1 : 10,000의 0.3~0.5mg

핵심 개념 리마인드

① 증상과 징후
- 기도부종의 경우 증상과 징후가 가장 중증이며, 주로 얼굴, 혀, 입술 주변에서 부종이 관찰
- 피부, 호흡기, 순환기에 명확한 반응이 나타나며 홍조, 가려움증, 부종, 혈압저하, 기도부종 등이 나타날 수 있음

② 치료
㉮ 에피네프린 투여 ⇨ 근육주사 1 : 1,000의 0.3~0.5mg 정맥주사 1 : 10,000의 0.3~0.5mg
- 아낙필락시스 환자의 경우 호흡기능과 순환기능 유지가 중요
- 에피네프린 투여 후 이차적으로 기관지 수축을 역전하기 위해 베타작용제(알부테롤) 투여 가능

㉯ 디펜하이드라민
- 알레르기 반응과 아나필락시스의 치료에 가장 흔히 사용되는 항히스타민제
  - 성인용량 25~50mg, IV(1분에 걸쳐 천천히 투여)/IO/IM
  - 소아용량 1~2mg/kg 투여

㉰ 글루카곤
- 중증의 아나필락시스 발생 시 에피네프린에 반응이 없으면 5분마다 글루카곤 1~2mg IV/ IM

정답 ③

193

[2023년 소방공무원 경력경쟁 채용시험 23번]

주택 화재 현장에서 화상을 입은 30대 환자를 '9의 법칙'을 이용하여 평가하고자 한다. 손상 부위가 머리와 목 전체, 오른쪽 다리 앞면, 오른쪽 팔 전체로 확인되었다면 화상의 면적[%]은?

① 13
② 21
③ 27
④ 36

출제 키워드 화상

기본서 다시보기 응급처치학개론 p.324

해설 ③ 머리 9% 팔 9% 다리 앞면 9% ⇒ 총 27%

핵심 개념 리마인드

9의 법칙

- 머리와 목 9%
- 흉부 전면 9%
- 흉부 후면 9%
- 각 상지 9%
- 복부 전면 9%
- 복부 후면 9%
- 외부 생식기 1%
- 각 하지 후면 9%
- 각 하지 전면 9%

소아:
- 생식기 1%
- 13.5% / 13.5%
- 9% / 9%
- 9% / 9%
- 후면 몸통 9% / 9%

정답 ③

194

[2024년 소방공무원 경력경쟁 채용시험 28번]

체중 60kg인 남자가 끓는 물을 쏟아 오른팔 전체에 3도, 가슴과 복부 전체에 2도 열화상을 입었다. 첫 1시간 동안 투여해야 할 수액량[mL]은? (단, 9의 법칙을 적용하고, 4mL/kg로 계산한다.)

① 305
② 405
③ 610
④ 810

출제 키워드 화상

기본서 다시보기 응급처치학개론 p.328

해설 ② ((60kg × 27% × 4mL) ÷ 2) ÷ 8 = 405mL

핵심 개념 리마인드 화상환자 수액치료

[화상환자에게 24시간 동안 투여할 수액의 양을 계산하는 방법]
- 전기 화상에서는 4ml, 열화상에서는 2ml로 계산
- 2ml × 환자 체중(kg) × 2, 3도 화상의 체표면적 = 24시간 투여량
- 화상 후 첫 8시간 동안 1/2을 투여하고, 남은 1/2은 16시간 동안 투여

  ex 화재현장에서 구조된 60kg의 40대 남성
  앞다리 1도, 성기 1도, 몸통 앞면 2도, 왼쪽다리 전체 3도, 왼쪽 팔 전체 3도
  ⇒ 60(kg) × 2(ml) × 1/2 × (18 + 18 + 9) = 2,700 ml

- 최초 1시간 동안 투여량은
  - 전기화상 0.25ml × 환자 체중(kg) × 화상의 체표면적(%)
  - 열화상 0.125ml × 환자 체중(kg) × 화상의 체표면적(%)

화상의 유형	연령과 체중	조정된 수액의 양	소변량
열화상	성인과 소아 (≥14세)	2ml LR × kg × % TBSA	0.5 ml/kg/hr 30~50 ml/hr
	소아(<14세)	3ml LR × kg × % TBSA	1 ml/kg/hr
	영아와 어린 소아 (≤30kg)	3ml LR × kg × % TBSA 추가로 포도당 함유 수액을 유지속도로 투여	1 ml/kg/hr
전기화상	전연령	4ml LR × kg × % TBSA 소변이 맑아질 때까지	1-1.5 ml/kg/hr 소변이 맑아질 때까지

정답 ②

195
[2024년 소방공무원 경력경쟁 채용시험 39번]

화학물질 중 수포작용제(발포제)에 노출된 환자에게 즉시 시행해야 할 처치로 옳은 것은?

① 환자분류 ② 오염제거
③ 통증완화 ④ 약물투여

🗨 출제 키워드   화학손상

📁 기본서 다시보기   응급처치학개론 p.331

해설 ② 피부에 작용하여 수포를 형성하고 소화기, 눈, 호흡기 계통에 대해서도 특성을 나타내며, 접촉을 통하여 피부를 손상되게 함으로 수포작용제(발포제)에 노출된 즉시 오염원을 제거해야 한다.

핵심 개념 리마인드

㉮ 금수성 물질인 경우에는 폭발위험이 있으므로 주의
   물세척 금지약품: 아인산, 나트륨 금속, 페놀, 염산, 황산, 석회가루
㉯ 씻어낸 물이 다른 부위로 흘러내리지 않도록 해야 함
   : 눈이나 얼굴을 씻어 낼 때 정상 눈에 들어가지 않도록 주의
㉰ 이송 중에도 가능하다면 계속하여 세척 실시
㉱ 건조 석회와 같은 화학물질은 세척 전에 브러시로 털어냄
   : 가루가 날려 호흡기계로 들어가거나 정상 부위에 닿지 않도록 주의
㉲ 고형의 화학물질에 노출되었을 때에는 물로 씻기 전에 반드시 고형 물질을 제거
   : 고형의 화학물질은 물과 혼합되면 더 심한 조직손상을 유발
㉳ 화학발포제는 피부에 작용하여 수포를 형성하고 소화기, 눈, 호흡기 계통에 대해서도 특성을 나타냄
   : 접촉을 통하여 피부를 손상되게 함으로 수포작용제(발포제)에 노출된 즉시 오염원을 제거해야 함

정답 ②

196
[2023년 소방공무원 경력경쟁 채용시험 29번]

고온의 환경에서 과도한 운동과 탈수로 손가락, 팔다리, 복부 등 근육 경련이 일어났다. 현장에서 환자를 시원한 곳으로 이동시키고, 물이나 전해질을 섭취하게 하는 등의 처치를 하였다. 이때 의심되는 질환으로 옳은 것은?

① 열사병 ② 열경련
③ 열실신 ④ 열화상

🗨 출제 키워드   열 손상

📁 기본서 다시보기   응급처치학개론 p.341

해설 ② 고온의 환경에서 과도한 운동과 탈수로 손가락, 팔다리, 복부 등 근육 경련이 일어난 것은 열경련의 특징이다.

핵심 개념 리마인드

열사병	정의	▸ 열 손상에서 가장 위험한 단계 ▸ 신체가 조절할 수 있는 체온 방어기전보다 더욱 많은 열을 받아 체온조절기능 부전 발생
	증상 및 징후	▸ 체온이 41~42℃ 이상으로 오름 ▸ 피부는 뜨겁고 건조하거나 축축함 ▸ 의식은 약간의 혼돈 상태에서 무의식 상태까지 다양하게 의식 변화 발생
	처치	피부가 뜨겁고 건조하거나 축축한 환자가 있다면 적극적인 체온저하 처치 실시
열탈진 (열피로)	정의	체액소실로 나타나며 보통 땀을 많이 흘리고 충분한 수분을 섭취하지 않아 발생
	증상 및 징후	▸ 많은 수분소실로 인하여 경미한 저혈량성 쇼크가 올 수 있음 ▸ 초기에는 피로, 오심/구토, 두통을 호소하며 피부는 정상이거나 차갑고 창백하며 축축함 ▸ 증상 및 징후는 얼마나 체액을 소실했는지에 따라 달라질 수 있음
	처치	시원한 곳으로 옮기고 의식이 있다면 구강을 통해 수분 보충 → 처치가 이루어지지 않으면 빠른맥, 빠른 호흡, 저혈압을 포함한 쇼크 징후가 나타남
열경련	정의	더운 곳에서 격렬한 활동으로 땀을 많이 흘려 전해질(특히, 나트륨) 부족으로 나타남
	증상 및 징후	탈수로 인하여 근육경련이 나타남 → 대부분 심각하지 않음
	처치	시원한 곳에서 휴식하고 수분을 보충하면 정상으로 회복 → 회복 후에는 다시 활동을 재기할 수 있지만 적절한 처치없이 방치하면 열탈진으로 진행
열실신	정의	열스트레스에 적응하지 못한 사람이 갑자기 더운 환경에 노출 시 발생하는 기립성 실신 : 말초혈관 확장으로 실신 발생 → 뇌 혈류가 회복되면 의식은 정상화
열부종	정의	더위 노출로 손, 발, 발목에 생기는 부종
	처치	열부종이 발생한 부위는 심장보다 높게 올림

정답 ②

197 [2024년 소방공무원 경력경쟁 채용시험 35번]

감압병 환자에게 시행하는 병원전 응급처치로 옳은 것은?

① 환자의 호흡이 용이하도록 반좌위 자세로 산소를 공급한다.
② 의식이 명료한 환자는 알코올이 없는 음료를 마시게 한다.
③ 공기색전증이 발생할 수 있으므로 저농도 저유량 산소를 공급한다.
④ 환자를 항공 이송할 경우 기내압력은 수중의 압력과 비슷하도록 가장 높은 고도를 유지한다.

출제 키워드: 감압병
기본서 다시보기: 응급처치학개론 p.347

해설
① 환자의 호흡이 용이하도록 반좌위 자세로 산소를 공급한다. → 앙와위 자세로 눕혀야 한다.
② 가급적 빠르게 고압 산소치료가 가능한 병원으로 이송해야 한다.
③ 공기색전증이 발생할 수 있으므로 저농도 저유량 산소를 공급한다. → 고유량의 산소를 공급한다.
④ 환자를 항공 이송할 경우 기내압력은 수중의 압력과 비슷하도록 가장 높은 고도를 유지한다. → 높은 고도를 유지하는 비행기 탑승 등은 위험할 수 있다.

핵심 개념 리마인드

감압병		
발생기전		• 잠수하는 동안에는 높은 압력이 가해지므로 많은 질소가 혈액 속에 용해됨 • 잠수부가 빠르게 상승할 때는 외부 압력이 갑자기 감소 • 혈액에 용해되어 있던 질소는 혈관 내에서 작은 공기방울을 형성하여 공기색전증 유발 • 특정 부위의 혈류를 차단하여 정상적인 혈액 공급 방해
증상발현		30분 이내 50%, 1시간 이내 85%, 3시간 이내 95%가 나타남 → 대부분 잠수 6시간 이내에 발생 → 잠수 후 24시간 이후에 나타나는 증상은 감압병이 아닐 가능성이 높음
증상 및 징후	1형	근골격계, 피부 등에 문제 야기 → 증상 발현이 흔한 부위: 팔꿈치와 어깨로 팔다리 통증이 특징이며, 피부는 가렵거나 붉게 변함
	2형	중추신경계, 호흡기계, 내이 등에 문제를 야기, 심한 경우 쇼크로 인하여 치명적 • 팔다리 마비, 감각 이상, 통증 등의 척수신경 증상과 두통, 복시, 의식 소실, 구음 장애 등 뇌신경 증상이 나타날 수 있으나, 척수신경증상이 더 흔함 • 중추신경계: 지방을 많이 함유하고 있으므로 감압병에 더 민감 • 호흡기계: 호흡 곤란, 기침, 흉통, 청색증 등이 나타날 수 있음 • 내이: 오심, 어지러움, 현훈, 안진(눈떨림) 등의 증상 야기

정답 ②

198 [2023년 소방공무원 경력경쟁 채용시험 38번]

야영 중 뱀에 의한 교상이 발생했을 때 응급처치로 옳은 것은?

① 상처는 세척하고 입으로 빨아낸다.
② 부목을 적용하여 움직임을 최소화한다.
③ 통증과 부종을 예방하기 위해 환부에 얼음 등의 냉찜질을 실시한다.
④ 독의 흡수를 지연하기 위한 지혈대를 착용하여 동맥순환을 차단한다.

출제 키워드: 곤충 쏘임
기본서 다시보기: 응급처치학개론 p.350

해설
① 상처는 세척하고 입으로 빨아낸다. → 금기증
② 부목을 적용하여 움직임을 최소화해야 한다.
③ 통증과 부종을 예방하기 위해 환부에 얼음 등의 냉찜질을 실시한다. → 금기증
④ 독의 흡수를 지연하기 위한 지혈대를 착용하여 동맥순환을 차단한다. → 금기증

핵심 개념 리마인드

뱀	• 부목을 고정하여 물린 부위의 움직임을 최소화 해야 함 • 물린 부위 절개 또는 입으로 독을 빼내는 행위 금지 • 전기 충격, 민간요법으로 얼음이나 허브를 물린 부위에 대는 행위 → 얼음팩 적용 금지: 독소 비활성화 안됨, 동상의 위험성에 의한 조직괴사의 위험성이 높아짐 • 40분 이상 묶으면 조직 내 허혈증 유발 : 지혈대를 착용하여 동맥 순환을 방해할 경우 괴사 위험 발생

정답 ②

199 [2024년 소방공무원 경력경쟁 채용시험 34번]

20대 여자가 바닷가에서 수영 중 다리 부위를 해파리에 쏘여 종아리 여러 군데에 발적이 있고 심한 통증을 호소한다. 상처 부위의 증상 악화를 방지하기 위해 세척할 수 있는 것으로 옳은 것은?

① 생수
② 수돗물
③ 증류수
④ 바닷물

출제 키워드 해양생물 쏘임
기본서 다시보기 응급처치학개론 p.350

해설 ④ 해파리에 쏘였을 경우 해수로 세척한 뒤 문지르지 않도록 한다.

핵심 개념 리마인드

해양생물	
	▶ 일반적 처치 멸균증류수 또는 식염수를 이용하여 상처를 세척, 출혈이 있을 경우 깨끗한 거즈를 이용하여 10분 정도 직접 압박을 시행
	▶ 수축기 혈압이 90mmHg 미만이면 하지를 거상하고 정맥로를 확보하여 300mL(소아는 5mL/kg)의 생리식염수나 젖산링거액을 투여하고, 혈압, 맥박수, 의식 등이 정상 범위로 회복되는지 확인
	▶ 쇼크가 지속될 경우 1L (소아는 10mL/kg)까지 수액을 지속적으로 투여
	▶ 해파리에 쏘이거나, 말미잘에 접촉: 해수로 상처를 씻어내고 문지르지 않도록 함
	▶ 독물고기(쏘이거나 찔림): 미지근한 생리식염수로 상처를 씻고 환부를 따뜻하게(40~50°) 유지 : 상처부위를 문지르면 독소를 더 방출할 수 있으므로 상처 부위를 문지르지 않도록 함

정답 ④

200 [2023년 소방공무원 경력경쟁 채용시험 21번]

다음 중 중증외상환자로 분류되어 권역외상센터로 이송이 필요한 환자는? (단, '2019년 손상 환자 현장 분류 기준 지침서'를 근거로 한다.)

① GCS 12점
② 호흡수 26회/분
③ 근위부 경골 미세골절
④ 수축기혈압 100 mmHg

출제 키워드 중증 외상의 기준
기본서 다시보기 응급처치학개론 p.354

해설
② 호흡수 26회/분 → 10 미만이거나 29 초과
③ 근위부 경골 미세골절 근위부 → 발목 손목 상부의 절단
④ 수축기혈압 100 mmHg → 수축기 혈압 90 mmHg 미만

핵심 개념 리마인드 중증외상의 기준

중증외상의 기준		
	생리학적 기준	• AVPU 의식수준 V 이하 또는 글라스고우 혼수척도 ≤ 13 • 수축기 혈압 < 90 mmHg • 분당 호흡수 < 10 또는 > 29 　: 1세 미만의 영어 → 분당 20회 미만
	신체 검사 소견에 따른 기준	• 관통 또는 자상(머리, 목, 가슴, 배, 상완부, 대퇴부) • 동요가슴(flail chest) • 두 개 이상의 근위부 긴뼈 골절 • 압궤(crushed), 벗겨진(degloved), 썰린(mangled) 사지, 맥박이 소실된 사지 • 손목, 발목 상부의 절단 • 골반뼈 골절 • 열린 또는 함몰 두개골 골절 • 마비
	손상기전에 따른 기준	• 추락 　- 성인 6 m 이상 건물 3층 높이 이상 　- 소아 3 m 이상 건물 2층 높이 이상 • 고위험 교통사고 　- 차체 눌림 찌그러짐 45 cm 이상 　- 자동차에서 이탈(튕겨져 나감) 　- 동승자의 사망 　- 차량 전복 • 자동차 – 보행자/자전거 충돌로 나가떨어짐, 치임 또는 시속 30 km 이상의 속도로 충돌함 • 오토바이 시속 30 km 이상의 속도 • 폭발에 의한 직접적 영향

정답 ①

CHAPTER 3 내과 응급

001
궤양성 잘록창자염에 대한 설명으로 옳지 않은 것은?

① 염증 과정이 진행됨에 따라 점막층 내의 만성적인 궤양이 계속 커지나, 염증(궤양)의 범위가 점막밑층까지 진행되는 경우는 매우 드물게 나타남
② 입에서 곧창자까지 어디에서나 발생할 수 있음
③ 혈성 설사나 점액이 섞인 대변을 보이는 재발성 질환
④ 잘록창자를 통한 체액 소실과 그로 인한 전해질 이상, 잘록창자 자체의 허혈성 손상 등이 발생하거나 결국 장천공 발생 가능

| 출제 키워드 | 복통유발질병 |
| 기본서 다시보기 | 응급처치학개론 p.381 |

해설 ② 크론병에 대한 설명으로 이는 특발성 염증질환으로 소화관 어느 곳에서도 발병이 가능함
- 병적인 염증반응이 시작되면서 조직의 가장 속층의 점막이 손상되며 육아종이 형성되고 점막과 점막밑층으로 진행
- 일반적인 징후와 증상은 위장관출혈, 최근의 체중 감소, 간헐적 경련성 복통, 구역과 구토, 설사와 발열 복통은 복부 사분면에 국한되지 않음 → 질환이 작은창자의 어떤 위치에서도 발생할 수 있고 작은 창자 넘어서 영향을 미칠 수 있음

핵심 개념 리마인드 궤양성 잘록창자염(대장염, ulcerative colitis)
특발성 염증성 장질환으로 대개 원인불명 질환임
- 염증 과정이 진행됨에 따라 점막층 내의 만성적인 궤양이 계속 커지나, 염증(궤양)의 범위가 점막밑층까지 진행되는 경우는 매우 드물게 나타남
- 염증 진행 과정은 보통 곧창자에서 시작되며 잘록창자로 진행(약 75%)하여 종종 전 큰창자층에 영향을 미침
  - 큰창자층으로 확대 → 전잘록창자염(전결장염, pancolitis)
  - 곧창자에만 국한 → 곧창자염(직장염, proctitis)
- 증상: 혈성 설사나 점액이 섞인 대변을 보이는 재발성 질환
  : 산통(colicky, 쥐어짜거나 끊어지는 듯한 급성 복통)
  : 구역과 구토, 때때로 발열(감염이 있다는 의미)
  : 체중 감소(정도가 심하거나 오랜 기간의 기능장애를 의미) 등
- 심한 환자의 경우 혈성 설사와 심한 산통, 잘록창자를 통한 체액 소실과 그로 인한 전해질 이상, 잘록창자 자체의 허혈성 손상 등이 발생하거나 결국 장천공 발생 가능
  → 종종 창백하고 차고 축축한 피부나, 저혈압, 빠른맥과 같은 저혈량성 쇼크의 징후와 증상을 보이기도 함

정답 ②

002
말라리아에 대한 설명으로 옳지 않은 것은?

① 발열, 발한의 전형적인 감염증상이 나타남
② 적혈구 감소, 혈소판 증가로 인한 상대적 빈혈 발생
③ 곤충에 의해 간접전파가 이루어짐
④ 3급 법적 전염병에 속함

| 출제 키워드 | 말라리아 |
| 기본서 다시보기 | 응급처치학개론 p.449 |

해설 ② 적혈구와 함께 혈소판이 감소되는 양상을 보인다.

핵심 개념 리마인드
우리나라에서는 중국 얼룩날개 모기(Anopheles sinensis) 암컷이 말라리아 원충을 전파 인체에서 감염 증상이 나타날 때까지는 2주~수개월의 시간이 소요
- 증상: 오한, 발열, 발한의 전형적인 감염 증상, 빈혈, 두통, 혈소판 감소, 비장비대

정답 ②

003

감염병은 전파경로에 따라 직접전파와 간접전파로 나눌 수 있다. 다음 중 경로가 간접전파인 것은?

① 수혈
② 호흡기를 통한 비말흡입
③ 개방성 상처와의 접촉
④ 눈과 입의 점막을 통한 접촉

출제 키워드   병원균의 전파방법
기본서 다시보기   응급처치학개론 p.438

해설 ② 호흡기를 통한 비말감염은 간접전파에 속한다.

[직접 전파]
- 감염된 사람과 감염성이 있는 숙주 사이에서의 직접적인 물리적 이동으로 발생
- 인체 내에서 전파되는 내적 전파도 직접 전파에 포함
  - ex 피부나 점막에 생긴 화농성 염증이 혈액을 타고 전파되어 패혈증을 일으키는 것

[간접 전파]

매개 감염	종류
미생물	기침이나 재채기 등을 통해서 전파
공기	결핵, 홍역, 수두
비말	수막염균, 호흡기 바이러스, 유행성 이하선염
동물과 기생충	간디스토마, 말라리아 등
음식	식중독, 기생충 감염, 점토충 등
혈액	에이즈, B형 감염, C형 감염, 에볼라바이러스 등

정답 ②

004

패혈증에 관한 설명으로 옳지 않은 것은?

① 평균 수축기 혈압이 80mmHg 이하(또는 환자가 고혈압이라면 90mmHg 이하)라면 패혈성 쇼크로 진단할 수 있다.
② 패혈증과 더불어 하나 이상의 주요 장기에 순환부전 즉, 장기기능부전 등의 증상이 나타나는 경우 중증 패혈증으로 진단할 수 있다.
③ 패혈증은 신체의 모든 장기에서 발생 가능하다.
④ 패혈증의 원인이 되는 감염증의 여부를 확인하기 위하여 혈액배양검사를 실시하여 적정한 항생제 처치를 해야 한다.

출제 키워드   패혈증
기본서 다시보기   응급처치학개론 p.449

해설 ① 평균 수축기 혈압이 60mmHg 이하(또는 환자가 고혈압이라면 80mmHg 이하)라면 패혈성 쇼크로 진단할 수 있다.
60mmHg 이상의 평균동맥압 유지(또는 만약 환자가 고혈압의 과거력이 있다면, 80mmHg 이상)는 혈압상승제 치료가 필요하다.

핵심 개념 리마인드
전신성 염증반응증후군과 혈액 내 감염이 의심되거나 확진된 상태로서 환자에게는 매우 치명적일 수 있음

소견	측정값
체온	<36°C(97°F) or >38°C(100°F)
맥박수	>90/min
호흡수	>20/min or PaCO$_2$<32 mmHg (4.3 kpa)
백혈구수	<4000/mm^3, >12,000/mm^3 or 10% bands

정답 ①

005

복통에 관한 설명으로 옳지 않은 것은?

① 내장통증의 경우 넓게 분포하고 신경섬유로 인해 벽쪽 복막으로부터 유발된 통증은 내장 통증보다 더 쉽게 부위를 인지할 수 있다.
② 복통을 호소하는 가임기 여성에게 수집해야 할 정보는 지극히 사적이지만 중요하므로 환자 본인에게 직접 질문해야 한다.
③ 환자가 배를 감싸고 있거나 무릎을 굽힌 자세는 배를 보호하거나 복통을 감소시키려고 취하는 자세이다.
④ 적갈색, 검은색 대변은 소화경로 내부 출혈로 발생할 수 있으며, 복통은 있을 수도 있지만 없을 수도 있다.

📋 **출제 키워드** 통증의 형태
📖 **기본서 다시보기** 응급처치학개론 p.371

해설 ① 넓게 분포하고 신경섬유로 인해 벽쪽 복막으로부터 유발된 통증은 내장 통증보다 더 쉽게 부위를 인지할 수 있음 → 벽쪽 통증에 관한 설명

핵심 개념 리마인드

① 내장 통증
복부 내 장기는 신경섬유를 많이 갖고 있지 않아 종종 둔하게 아프거나 간헐적으로 통증이 나타나 정확한 위치를 확인하기가 어려움
- 간헐적 통증의 복통: 흔히 복부 내 속이 빈 장기에서 발생
- 둔하고 지속적인 통증: 고형체의 장기에서 발생

② 벽쪽 통증
㉮ 정의
  복강을 따라 벽쪽 복막에서 나타나는 통증
  ▶ 벽측 통증은 복막의 부분 자극으로 직접 나타남
  : 넓게 분포하고 신경섬유로 인해 벽쪽 복막으로부터 유발된 통증은 내장 통증보다 더 쉽게 부위를 인지할 수 있음
㉯ 통증 발생 경위
  내부 출혈로 인한 자극 또는 감염·염증에 의해 발생
㉰ 통증 양상
  날카롭거나 지속적이며 국소적인 경향
  : 신체검진 시 환자가 이러한 통증을 호소하며 무릎을 굽힌 자세 또는 웅크린 자세를 취함
  : 대체적으로 움직이지 않으면 나아지고 움직이면 다시 아프다 표현

③ 쥐어뜯는 듯한 통증
▶ 복통으로는 흔하지 않은 유형으로 대동맥을 제외한 대부분의 복부 내 장기는 쥐어짜는듯한 통증을 느끼는 감각을 갖고 있지 않음
▶ 복부대동맥류(abdominal aortic aneurysm)의 경우 대동맥 내측이 손상을 받아 혈액이 외층으로 유출될 때 등쪽에서 이러한 통증이 발생
  : 환자는 자신의 통증을 표현할 때 **찢어지는 듯한 통증**이라고 표현

정답 ①

006

60세 여성환자로 삼겹살 식사 후 하복부 통증을 호소하고 있어 검진을 시행하였다. 검진상 환자는 체온은 38.1℃ 약간의 미열이 있었으며 좌하복부에 압통과 반발압통이 동반되었다. 이 환자에게서 가장 의심이 되는 질환으로 옳은 것은?

① 쓸개염
② 이자염
③ 게실염
④ 자궁외 임신

📋 **출제 키워드** 복통유발질병
📖 **기본서 다시보기** 응급처치학개론 p.381

해설 ③ 대부분의 곁주머니는 구불잘록창자(S자결장)에 존재하기 때문에 왼쪽 아래 부위의 복통을 호소한다.

핵심 개념 리마인드

구분	상부위장관	하부위장관
증상 및 징후	• 상복부에 막연한 쓰리고 불편한 감각 • 더부룩하거나 찢어지는 통증 • 욕지기, 구토 　: 혈액이 위장관을 상당히 자극 • 토혈, 흑색변	• 근육이 조이는 느낌, 가스로 인한 경련성 통증, 구역, 구토, **배변 변화** 　─ 흑색변: 위장관출혈이 서서히 발생 　─ 선홍색변: 출혈이 대량이거나 큰창자 아래쪽에서 발생
주요 원인	• 소화성궤양질환 • 위염 • 정맥류파열 • 말로리–바이스손상 • 식도염 • 정맥류출혈	• 곁주머니증, 게실증 • 잘록창자질환, 대장 혹은 결장질환 • 곧창자질환, 직장질환 • 염증성 장질환 • 보통 만성적이지만 드물게 출혈로 인해 사망에 이를 수 있음
관련 질병	• 식도정맥류 • 급성위장염 • 만성위장염 • 소화성궤양 • 주기성구토증후군	• 궤양성 잘록창자염, 대장염 • 크론병 • 곁주머니염, 게실염 • 치질 • 과민성 대장증후군 • 창자막힘
처치	• 기도 유지, 산소 투여, 순환량 유지에 초점 • 상체를 높게 기대거나 왼쪽으로 눕게 하여 흡인을 예방 • 비재호흡마스크를 이용하여 고농도 산소를 투여 • 2개 이상 정맥로 확보 　: 저혈량 상태에서는 20mL/kg 정도의 수액을 급속히 주입	• 기도 유지와 산소 투여 　: 저환기나 부적합한 호흡 상태라면 비재호흡마스크나 양압호흡을 이용하여 고유량, 고농도의 산소 공급 • 정맥로를 확보 　: 환자의 혈역학적 상태에 따라 수액처치를 시행

정답 ③

007

질병별 전염경로와 잠복기간으로 옳은 것은?

질병	전염경로	급수
① 풍진	공기	1급
② 결핵	비말	2급
③ 수두	성접촉	1급
④ 폐렴	분변	3급

출제 키워드: 특정감염병

기본서 다시보기: 응급처치학개론 p.442

해설 ② 풍진: 비말감염, 2급 전염병
수두: 직접, 비말감염, 2급 전염병
폐렴: 공기매개성, 기회감염, 2급 전염병

핵심 개념 리마인드

질병	혈액성	공기 매개성	성접촉	간접적	기회 감염	분변- 구강
A형 간염						✓
B형 간염	✓					
C형 간염	✓		✓			
HIV	✓		✓			
인플루엔자		✓	✓	✓		
매독			✓			
임질			✓			
홍역		✓				
유행성 이하선염		✓				
패혈성 인두염		✓			✓	
단순포진 바이러스	✓		✓	✓		
식중독		✓		✓		✓
라임병	✓					
폐렴		✓			✓	
에볼라	✓		✓	✓		✓

정답 ②

008

경련환자에 관한 응급처치 내용으로 옳지 않은 것은?

① 환자 주위의 위험한 물건은 치운다.
② 목뼈손상이 의심되지 않는다면 환자를 회복자세로 눕힌다.
③ 환자가 청색증을 보이면 기도개방을 확인하고 인공호흡기로 고농도 산소를 공급한다.
④ 경련 중인 경우에는 환자의 팔과 다리를 구속하여 2차 손상을 방지한다.

출제 키워드: 경련환자 응급처치

기본서 다시보기: 응급처치학개론 p.426

해설 ④ 경련 중에 혀를 깨물지 못하도록 억지로 혀에 무언가를 넣지 말아야 하며, 신체를 구속시켜서는 안 되며 경련이 자연히 멈출 때까지 기다려야 한다.

핵심 개념 리마인드
㉠ 주위의 위험한 물건을 치움
  : 치울 수 없다면 손상 가는 부분에 쿠션 및 이불을 대어 줌
  : 안경을 쓴 환자 안경 제거
㉡ 사생활 보호를 위해 환자의 주변 사람들은 격리시킴
  : 치마를 입은 환자라면 이불을 이용해 덮어줌
㉢ 경련 중에 혀를 깨물지 못하도록 억지로 혀에 무언가를 넣지 말아야 하며, 신체를 구속시켜서는 안 됨
㉣ 기도 개방
  : 경련 중에 기도를 개방하는 것은 어려운 행동이지만 흡인과 더불어 기도를 개방하고, 고농도 산소 공급
㉤ 목뼈 손상이 의심이 되지 않는다면 환자를 회복 자세로 눕힘
㉥ 환자가 청색증을 보이면 기도 개방을 확인, 인공호흡기로 고농도 산소를 공급
㉦ 환자를 병원으로 이송
  : 이송 중 ABC와 생체징후를 관찰

정답 ④

009

스쿠버 다이빙과 관련된 응급상황에 대한 설명으로 옳지 않은 것은?

① 제2형 감압병은 중추신경계, 호흡기계, 내이 등에 문제를 야기하는 경우로 심한 경우에는 쇼크로 인하여 치명적일 수 있다.
② 하강 시 혈류에 들어간 공기는 기포나 기포덩어리가 되어 일반 순환과 관류를 방해하는 공기색전증을 유발하여 심장마비, 경련, 마비 증상이 나타날 수 있다.
③ 감압병은 대부분 잠수 6시간 이내에 발생하며 잠수 후 24시간 이후에 나타나는 증상은 감압병이 아닐 가능성이 높다.
④ 감압병 예방 시 수심 30m 이상 잠수하지 않으며, 상승 시 1분당 9m의 상승 속도 준수하여야 한다.

출제 키워드 : 스쿠버다이빙과 관련된 응급상황
기본서 다시보기 : 응급처치학개론 p.347

해설 ② 혈류에 들어간 공기는 기포나 기포덩어리가 되어 일반 순환과 관류를 방해하는 공기색전증을 유발하여 심장마비, 경련, 마비 증상이 나타날 수 있는 것은 상승 시 나타나는 증상이다.

핵심 개념 리마인드 스쿠버 다이빙과 관련된 응급 상황
스쿠버 다이빙 시 잠수의 깊이와 급격한 압력 변화로 인해 압력 손상 발생
㉮ 하강과 관련된 압력 손상
  내려가는 동안 물의 무게와 중력으로 잠수부 신체에 압력이 약해짐
  : 내이와 부비동과 같이 공기로 채워진 인체 공간은 압착되고 귀와 얼굴의 통증을 유발
  : 심한 경우에는 고막이 파열되어 출혈이 생길 수도 있음
㉯ 상승과 관련된 압력 손상
  잠수부에게 대부분 치명적인 손상을 주는 경우가 수면으로의 급격한 상승에서 기인
  : 인체에 있는 가스는 수면으로 올라오면서 팽창하는데 팽창된 가스는 심한 경우 조직을 파열
    ▶ 치아: 구강 내 공기주머니 팽창은 심한 통증을 유발
    ▶ 위장: 복통을 유발하고 트림이나 방귀가 자주 나옴
    ▶ 허파
      : 허파의 일부분을 파열시키며 피하조직으로 공기가 들어가 피하기종 유발
      : 혈류에 들어간 공기는 기포나 기포덩어리가 되어 일반 순환과 관류를 방해하는 **공기색전증을 유발 → 심장마비, 경련, 마비 증상**이 나타날 수 있음

정답 ②

010

의식이 있는 70세 남자가 호흡을 깊고 빠르게 하며 호흡 시 아세톤 냄새가 나고 피부는 붉고 건조하며 갈증을 호소한다. 이 환자에 대한 설명과 처치로 옳은 것은?

① 의식장애를 보인다면 니트로글리세린을 혀 밑에 투여한다.
② 고혈당 환자이므로 인슐린을 취하도록 구강용 혈당저하제를 복용시킨다.
③ 저혈당 환자이므로 설탕물 또는 사탕 등을 먹게 한다.
④ 빠르게 수액 처치를 실시한다.

출제 키워드 : 당뇨병 케톤산증
기본서 다시보기 : 응급처치학개론 p.383

해설 ④ 환자는 호흡에서 달콤한 냄새가 난 것으로 보아 1형 당뇨병을 앓고 있는 것으로 판단되며 이러한 경우 혈당 저하를 위한 빠른 처치가 필요하다고 판단된다.

핵심 개념 리마인드
① Ⅰ형 당뇨병
  ㉮ 정의
    Ⅰ형 당뇨병은 인슐린 생산량이 아주 극소량이거나 아예 **인슐린을 생산하지 못하는 경우**
    ▶ 인슐린 투여가 필요한 환자
      : **인슐린 의존성 당뇨병**
      : 유년기에 주로 발생하여 **소아형 당뇨병**이라고도 함
  ㉯ 응급질환
    글루카곤 활동이 증가하여 인슐린 결핍이 심해지는 현상
    : **당뇨병 케톤산증**(diabetic ketoacitosis) 발생
② Ⅱ형 당뇨병
  ㉮ 정의
    Ⅱ형 당뇨병은 체내에 인슐린이 분비는 되지만, 인체 세포가 **인슐린에 적절히 반응하지 못하는 것**
    : 주로 40대 이상의 비만환자에게 많이 발생
    ▶ 세포가 혈액으로부터 인슐린을 취하도록 **구강용 혈당저하제 복용**으로 혈액내 당을 조직으로 이동시켜 혈당을 낮추어야 함
    ▶ 운동, 식이조절 병행을 필요함
  ㉯ 응급질환
    고혈당 고삼투성 비케톤성 혼수(hyperglycemic hyperosmolar nonketotic coma[HHNK])가 발생
    : 인슐린과 글루카곤 활성이 모두 존재
    : 지속적인 고혈당증 → 삼투성 이뇨 야기 → 탈수 발생 → 포도당을 분해할 수분 부족으로 혈당 상승

정답 ④

011

인체의 호흡기계는 세포에 필요한 산소를 공급해 주는 역할을 하며, 순환계는 인체 모든 부분에 대한 혈액 공급을 위해 심장과 혈관, 혈액으로 구성되어 있다. 이에 대한 설명으로 옳은 것은?

① 들숨은 호흡의 주요 근육인 가로막과 늑간근육의 수동적인 이완으로 이루어진다.
② 소아의 호흡기계는 기관이 좁아 부종으로 쉽게 폐쇄될 수 있고, 나이가 어릴수록 비강호흡을 하며, 분당 15~30회 호흡을 한다.
③ 동맥은 심장으로부터 조직으로 혈액을 이동시키며 왼심실에서 허파로 혈액을 이동시키는 허파동맥을 제외하고 산소가 풍부한 혈액으로 되어 있다.
④ 혈압은 동맥벽에 미치는 압력으로 혈압계를 이용하여 윗팔동맥에서 측정하고, 수축기압은 왼심실의 이완으로 생기고, 이완기압은 왼심실의 수축 시 측정된다.

출제 키워드 호흡 및 순환활동
기본서 다시보기 응급처치학개론 p.240

해설 ① 수동 → 능동
③ 왼심실 → 오른심실
④ 수축기압은 왼심실의 수축으로 생기고, 이완기압은 왼심실의 이완 시 측정

정답 ②

012

토혈과 흑색변을 주호소로 응급실에 내원한 환자의 예상되는 질환으로 옳은 것은?

① 크론병 ② 식도정맥류
③ 치질 ④ 게실염

출제 키워드 위장관계출혈
기본서 다시보기 응급처치학개론 p.378

해설 ② 토혈과 흑색변은 상부위장관 출혈 시 나타나는 증상으로 크론병, 치질, 게실염은 하부위장관 질환에 해당한다.

핵심 개념 리마인드

구분	상부위장관	하부위장관
증상 및 징후	• 상복부에 막연한 쓰리고 불편한 감각 • 더부룩하거나 찢어지는 통증 • 욕지기, 구토 　: 혈액이 위장관을 상당히 자극 • 토혈, 흑색변	• 근육이 조이는 느낌 가스로 인한 경련성 통증, 구역, 구토, 배변 변화 　─ 흑색변: 위장관출혈이 서서히 발생 　─ 선홍색변: 출혈이 대량이거나 큰창자 아래쪽에서 발생
주요 원인	• 소화성궤양질환 • 위염 • 정맥류파열 • 말로리-바이스손상 • 식도염 • 정맥류출혈	• 곁주머니증, 게실증 • 잘록창자질환, 대장 혹은 결장질환 • 곧창자질환, 직장질환 • 염증성 장질환 • 보통 만성적이지만 드물게 출혈로 인해 사망에 이를 수 있음
관련 질병	• 식도정맥류 • 급성위장염 • 만성위장염 • 소화성궤양 • 주기성구토증후군	• 궤양성 잘록창자염, 대장염 • 크론병 • 곁주머니염, 게실염 • 치질 • 과민성 대장증후군 • 창자막힘
처치	• 기도 유지, 산소 투여, 순환량 유지에 초점 • 상체를 높게 기대거나 왼쪽으로 눕게 하여 흡인을 예방 • 비재호흡마스크를 이용하여 고농도 산소 투여 • 2개 이상 정맥로 확보 　: 저혈량 상태에서는 20mL/kg 정도의 수액을 급속히 주입	• 기도 유지와 산소 투여 　: 전환기나 부적합한 호흡 상태라면 비재호흡마스크나 양압호흡을 이용하여 고유량, 고농도의 산소 공급 • 정맥로를 확보 　: 환자의 혈역학적 상태에 따라 수액처치를 시행

정답 ②

013

다음과 같은 양상을 나타내는 호흡 형태는?

- 횟수와 깊이가 불규칙적인 가쁜 호흡을 하다가 갑자기 무호흡이 주기적으로 나타난다.
- 뇌염이나 수막염에 의한 두개내압 상승 시 나타날 수 있다.

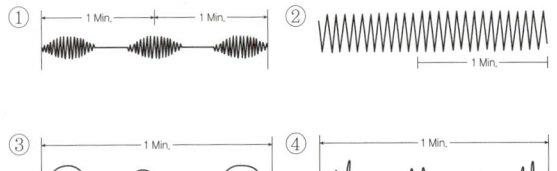

📋 출제 키워드   비정상 호흡양상
📁 기본서 다시보기   응급처치학개론 p.361

해설 ① 체인-스토크스 호흡은 일회 호흡량이 점차 많아지다가 점차 감소되면서 날숨 말에는 무호흡을 보이는 호흡이다.
② 쿠스마울호흡은 깊고, 빠르고, 가쁜 호흡으로 당뇨병 케톤산증 같이 대사성산증을 일으키는 질환에 흔히 나타나는 호흡이다.
③ 지속성흡입호흡은 길고 깊은 호흡을 들이마시다가 무호흡이 되는 것으로 뇌졸중이나 중추신경질환에서 흔히 나타나는 호흡이다.

핵심 개념 리마인드

체인-스토크스 호흡 - 말기환자 - 뇌손상 환자	일회호흡량이 점차 많아지다가 점차 감소 되면서 날숨말에는 무호흡을 보임	
쿠스마울 호흡 - 당뇨병성 케톤산증	깊고, 빠르고 가쁜 호흡으로 대사성 산증일 일으키는 질환이 있을 때 주로 나타남	
중추신경성 과다호흡 - 뇌졸중 - 뇌줄기 손상 환자	깊고 빠른 호흡으로 정상 환기 조절이 되지 않아 호흡성 알칼리증이 나타남	
실조성(비오) 호흡 - 뇌압 상승 환자	횟수와 깊이가 불규칙적인 가쁜 호흡을 하다가 갑자기 무호흡이 주기적으로 나타남	
지속성 흡식호흡 - 뇌졸중 - 중추신경질환	길고 깊은 호흡을 들이마시다가 무호흡	

정답 ④

014

만성콩팥병 환자의 혈액조성 변화에 관한 설명으로 옳은 것은?

① 혈중 pH 감소
② 적혈구수 증가
③ 혈중 K^+ 농도 감소
④ 혈중 요소 농도 감소

📋 출제 키워드   만성콩팥병증
📁 기본서 다시보기   응급처치학개론 p.397

해설 ② 적혈구수 증가 → 감소
③ 혈중 K^+ 농도 감소 → 증가
④ 혈중 요소 농도 감소 → 증가

핵심 개념 리마인드   **병태생리**

콩팥 기능상실 정도에 따라 네 가지 콩팥의 중요한 각각의 기능이 매우 손상되거나 없어짐

㉮ 혈액량 유지와 수분, 전해질, pH의 적절한 균형
   만성 콩팥병에서 세뇨관의 능동 이송은 두드러지게 줄어들거나 멈춤
   ㉠ 고칼륨혈증: 전체 토리여과율이 감소하여 나트륨과 수분이 정체되면서 심혈관계에 체액량 증가의 부담을 주게 되고, 칼륨의 정체 발생
   ㉡ 대사성 산증: 수소이온의 정체에 발생
   ㉢ 저칼슘혈증: 뼈에 칼슘 흡수를 용이하게 하는 고농도의 혈청 인산과 콩팥의 인산 이온 정체와 콩팥의 비타민 D 생산 결핍 때문에 발생

㉯ 포도당 같은 중요 화합물의 정체와 요소와 같은 폐기물의 배설
  ▸ 능동적으로 재흡수되는 포도당이나 다른 물질은 정상적으로 콩팥단위를 통과하여 여과되어 소변으로 배설
  ▸ 인슐린의 세포저항성 때문에 생기는 고혈당 효과인 포도당 불내성(glucose intolerance)에 의해 저혈당 효과가 가려짐
  ▸ 노폐물인 요소와 크레아티닌은 소실된 콩팥단위의 수에 정비례하여 혈액에 축적
  ▸ 소변으로 배출될 수십여 가지의 독소들이 체내에 축적되고 이런 독소들의 영향으로 중요 장기에 기능부전이 초래되어 요독증이 나타남
  ▸ 심한 만성콩팥병(CKD)으로 진행

㉰ 동맥혈압의 조절
  ▸ 레닌-안지오텐신 고리가 파괴
     : 아주 소량의 레닌으로도 심한 고혈압이 초래
  ▸ Na^+과 물의 정체 때문에 발전. 특히 심장의 기능이 콩팥기능과 관계없이 악화되어 있다면, 심장의 기능상실이 생겨서 저혈압과 빠른 맥이 갑자기 발생할 수 있음

㉱ 적혈구 생성 조절
  ▸ 만성 빈혈증: 정상량의 적혈구 형성인자가 생산되지 않기 때문(일부 말기 환자에게는 전혀 생산되지 않음)
  ▸ 빈혈은 심장의 부담을 증가시켜 심장 기능상실 발생

정답 ①

015

다음 설명에 해당하는 질환은?

> - 흔히 10대와 20대 초에 발현되는 염증성 창자병
> - 구역, 구토, 설사, 발열, 간헐적 경련성 복통은 어느 한 구역에 국한되지 않는 양상
> - 눈과 관절 등에도 침범할 수 있으며 악화와 호전을 반복

① 크론병
② 궤양성 잘록창자염
③ 말로리 바이스 증후군
④ 창자막힘

출제 키워드 　　　　　　　　　　　　　　복통유발질환

기본서 다시보기 　　　　　　　　　　응급처치학개론 p.381

해설 ① 크론병에 대한 설명으로 크론병은 특발성 염증성 질환으로 입에서 곧창자까지 어디에서나 발생할 수 있음

핵심 개념 리마인드

말로리 – 바이스 증후군(Mallory Weiss tear)	반복되는 구토로 식도가 찢어지는 증상 ▶ 식도열상이 일어나거나 정맥류파열(대개 알코올성 간병변에서 2차적으로 생김) 등 급작스럽게 생길 경우 생명이 위급하거나 출혈 조절이 어려울 수 있음
창자막힘	작은창자나 큰창자의 관이 부분 또는 전체가 막히는 것 – 저산소증 발생 시 산소 공급, 편안한 또는 쇼크 자세, 쇼크를 막기 위한 수액 공급
궤양성 잘록창자	염증 과정이 진행됨에 따라 점막층 내의 만성적인 궤양이 계속 커지나, 염증(궤양)의 범위가 점막밑층까지 진행되는 경우는 매우 드물게 나타남 – 큰창자증으로 확대 → 전잘록창자염(전결장염, pancolitis) – 곧창자에만 국한 → 곧창자염(직장염, proctitis) : 혈성 설사나 점액이 섞인 대변, 산통(colicky, 쥐어짜거나 끊어지는 듯한 급성 복통), 구역과 구토, 때때로 발열, 체중 감소 등

정답 ①

016

평소 편두통으로 종종 타이레놀을 먹는 20대 여자 환자로 금일 급작스럽게 발생한 편두통으로 처방받은 타이레놀 복용하였는데, 복용 후에도 두통이 해소되지 않아 많은 양의 타이레놀을 먹은 것으로 추정되어 보호자에 의해 신고되었다. 이 환자에 대한 설명으로 옳은 것은?

① 플루마제닐 투여가 가능한 병원으로 이송해야 한다.
② 레닌– 안지오텐신 고리 파괴로 인하여 혈압이 급격히 상승할 수 있다.
③ 간세포 손상에 의한 담즙생성 장애로 인하여 황달이 발생할 수 있다.
④ 정상량의 적혈구 형성인자가 생산되지 않기 때문에 빈혈이 올 수 있다.

출제 키워드 　　　　　　　　　　　　　　　　약물중독

기본서 다시보기 　　　　　　　　　　응급처치학개론 p.454

해설 ① N-acetylcysteine (엔-아세틸시스테인) 투여가 가능한 병원으로 이송해야 한다.
② 레닌– 안지오텐신 고리 파괴로 인하여 혈압이 급격히 상승할 수 있다. → 만성심부전증상
④ 정상량의 적혈구 형성인자가 생산되지 않기 때문에 빈혈이 올 수 있다. → 만성심부전증상

핵심 개념 리마인드

독극물	해독제
Acetaminophen (아세트아미노펜, 타이레놀)	N-acetylcysteine (엔-아세틸시스테인)
β-blocker, CCB Hydrogen Fluoride (항고혈압약, 항부정맥약)	Glucagon, Ca chloride (글루카곤, 염화칼슘)
Carbamate or Organophosphate (카바메이트계, 유기인계)	Atropine, 2-PAM (아트로핀, 2-팜)
Benzodiazepine (벤조디아제핀)	Flumazenil (플루마제닐)
Opioids (헤로인, 옥시코돈, 모르핀)	Naloxone (날록손)
TCA (삼환계항우울제), Cocaine (코카인), Salicylates (살리실산염)	Sodium Bicarbonate (중탄산나트륨)
Sulfonylurea, Insulin (설포닐유레아, 인슐린)	Glucose (포도당)
MeOH, et Glycol (메탄올, 글리콜 등)	Ethanol (에탄올)
Methemoglobin (메트헤모글로빈)	Methylene Blue (메틸렌블루)
Snake Bite (뱀 교상)	Antivenin (항뱀독소)
Cyanide (시안화물)	Cyanide Kit (시안화물 키트)
Iron (철)	Deferoxamine (디페록사민)
Digoxin (디곡신)	Digoxin Immune Fab (디곡신 면역 팹)

정답 ③

017

비뇨생식계통 응급상황 중 콩팥손상의 유형을 고르시오.

> • 양측 요관의 급격한 폐쇄(큰 결석, 혈전, 종양 등에 의해 2차성으로)
> • 방광목의 급격한 폐쇄(양성 전립샘비대, 결석, 종양, 혈전의 2차성)
> • 급격한 요도 폐쇄(염증, 감염, 결석, 이물질 등에 의해 2차성으로)

① 전신성 급성콩팥손상
② 신성 급성콩팥손상
③ 후신성 급성콩팥손상
④ 만성 콩팥손상

📝 출제 키워드 　　　　　　　　　　　　콩팥손상
📖 기본서 다시보기 　　　　　　응급처치학개론 p.396

해설 ③ 양쪽 요관의 급격한 폐쇄로 인한 콩팥손상은 후신성 급성콩팥손상의 유형이다.

핵심 개념 리마인드 전신성, 신성, 후신성 급성콩팥손상의 원인

전신성 급성콩팥손상	신성 급성콩팥손상	후신성 급성콩팥손상
• 저혈량증(출혈, 탈수, 화상) • 심장기능상실(심근경색, 울혈성, 심부전증, 판막질환) • 심혈관계허탈(쇼크, 패혈증) • 콩팥혈관이상(콩팥동맥협착증이나 콩팥정맥의 혈전증 또는 색전증)	• 작은 혈관/토리 손상(혈관염-때로 면역 매개성 급성토리콩팥염, 악성 고혈압) • 세뇨관세포손상(급성 세뇨관괴사 -허혈성 또는 독극물의 2차성) • 세포간질손상(급성 깔때기콩팥염, 급성 알레르기성 간질반응)	• 양측 요관의 급격한 폐쇄(큰 결석, 혈전, 종양 등에 의해 2차성으로) • 방광목의 급격한 폐쇄(양성 전립샘비대, 결석, 종양, 혈전의 2차성) • 급격한 요도 폐쇄(염증, 감염, 결석, 이물질 등에 의해 2차성으로)

  ③

018

다음 비정상 숨소리가 설명하는 것으로 옳은 것은?

> - 거칠고 높은 음으로 주로 들숨 시 들리는 소리
> - 상기도 감염에서 주로 나는 소리

① 코고는 소리
② 그렁거림
③ 쌕쌕거림
④ 건성 수포음

📝 출제 키워드 　　　　　　　　　　　비정상 숨소리
📖 기본서 다시보기 　　　　　응급처치학개론 p.362

해설 ② 그렁거림에 대한 설명으로 크룹과 같은 상기도 감염에서 들리는 비정상 숨소리이다.

핵심 개념 리마인드

코고는 소리(snoring)	상기도가 주로 혀에 의해 부분적으로 막혔을 때 나는 소리
그렁거림(stridor)	거칠고 높은 음으로 주로 들숨 시 들리는데 크룹(croup)과 같은 상기도 막힘 시 발생
쌕쌕거림(wheezing)	부종, 기관지협착, 이물 등으로 기도가 막힌 경우 들림
건성수포음(rhonchi)	큰 기도에 점액이나 다른 물질이 과다하게 고인 경우 발생되는 딸깍 소리
거품소리 (수포음, crackles 또는 rales)	미세한 세 기관지에 이물이 고인 경우 발생되는 젖은(moist) 소리
가슴막마찰음 (pleural friction rub)	가슴막염처럼 가슴막이 감염되어 마른 가죽을 부빌 때 나는 소리

 ②

019

64세 남자가 어지러움을 호소하며 응급실에 내원하였다. 30분 전부터 갑자기 발생한 현기증을 동반한 극심한 어지러움과 구토, 왼쪽 귀 청각 소실을 호소한다. 뇌컴퓨터단층촬영(CT) 결과 및 활력징후는 정상이다. 의심되는 소견은?

① 중이염
② 일과성허혈발작
③ 메니에르병
④ 미로염

출제 키워드 : 메니에르병

기본서 다시보기 : 응급처치학개론 p.468

해설 ③ 메니에르병은 균형과 청각에 영향을 주는 속귀 질환으로 원인은 알려지지 않았다. 메니에르병은 종종 급성으로 시작되며 증상으로 심각한 어지럼증과 구토, 청각의 소실이 나타나며 청각의 소실은 특징적으로 한쪽에만 나타난다.

핵심 개념 리마인드
① 메니에르병
  ㉠ 발생 원인
    속귀 내의 미로가 부어올라 균형과 청각에 영향을 주는 속귀의 질환
    : 중이염이나 이전의 머리 손상과 관련지을 수 있지만 정확한 원인은 밝혀지지 않음
  ㉡ 증상
    심각한 어지럼증, 현기증, 중증의 욕지기와 구토, 한쪽의 청각 소실, 움직이면 증상이 악화되는 특징
    : 갑작스러운 움직임, 밝은 빛 등은 증상을 유발시키기 때문에 참고하여 이송
② 미로염(내이염)
    미로염(내이염, labyrinthitis)은 속귀가 붓고 염증이 생기는 것이다. 중이염 혹은 상기도감염 이후에 발생하는 경향이 있다. 알레르기나 특정한 약물의 복용과 함께 발생하기도 한다. 속귀의 염증은 정상적인 기능을 방해하고 어지럼증, 불수의적 안구 운동(눈떨림), 현기증, 균형의 상실, 욕지기와 구토, 청력 상실 그리고 귀울림 등을 유발한다. 치료는 증상에 따라 달라지며 항구토제나 벤조디아제핀을 포함한다. 욕지기와 구토는 흔한 증상이며 온단세트론과 같은 항구토제로 치료할 수 있다.

정답 ③

020

다음 설명에 해당하는 감염증은?

- 감기 증상과 비슷한 카타르기 이후에 격렬한 기침이 이어지는 발작기가 지속됨
- 심하고 격렬한 기침 뒤에 깊고 높은 음조의 들숨소리가 특징임
- 주로 소아에게서 발생하며 전염력이 매우 높음
- 예방접종을 시행 할 수 있음

① 홍역
② 크룹
③ 라임병
④ 백일해

출제 키워드 : 특정감염병

기본서 다시보기 : 응급처치학개론 p.442

해설 ④ 백일해에 관한 설명으로 잠복기는 3~12일이며 6~8주에 걸쳐 3단계의 임상 경과를 취하며, 연령이 어릴수록 사망률이 높아 1세 미만의 사망률이 가장 높게 나타났지만, 현재는 예방 접종으로 발생이 현저히 감소되고있다.

핵심 개념 리마인드 - 백일해
1) 카타르기: 가장 전염력이 강한 시기
   - 1~2주 지속
   - 감기와 비슷한 증상 : 콧물, 결막염, 눈물, 경미한 기침, 낮은 발열의 가벼운 상기도염 증세가 나타남
2) 발작기: 기침 시작 후 약 2주 말이 될 때 시작되어 약 2~4주 또는 그 이상 지속
   - 발작성인 짧은 호기성 기침이 계속되다가 끝에 길게 숨을 들이쉴 때 '흡' 하는 소리(whoop)가 나는게 특징적임
   - 발작 중에는 얼굴이 빨개지고 눈이 충혈되며, 기침 끝에 구토가 동반되고, 끈끈한 점액성 가래 배출
   - 무호흡, 청색증, 비출혈, 결막하 출혈 및 하안검 부종 등 발생
3) 회복기: 회복기에 들어서면 기침의 정도와 횟수 및 구토가 점차 감소하며 약 1~2주 지속

정답 ④

021

자가항원과 외부항원을 구별하지 못하여 정상적인 자기조직을 공격하는 등의 면역반응이 일어나는 질환으로 옳은 것은?

① 아토피
② 기관지 천식
③ 이식거부반응
④ 류마티스관절염

📝 출제 키워드   류마티스 관절염
📖 기본서 다시보기   응급처치학개론 p.473

해설 ④ 면역계가 건강한 조직을 외부물질로 혼동하여 정상적인 신체 구조를 공격하는 것을 자가면역질환이라 하고 대표적인 자가면역질환으로는 류마티스관절염, 전신홍반루푸스 등이 있다.

핵심 개념 리마인드   자가면역질환

류마티스 관절염	▶ 면역계가 활막과 그 주위를 공격하여 염증 발생 후 손상을 야기하는 만성 질환 : 자가면역질환으로 추정 ▶ 관절에 통증과 부기(종창), 아침에 경직(강직)이 길어짐, 관절의 가동 범위가 사라질 만큼 부어오름, 관절 기형 발생
전신홍반 루푸스	▶ 피부, 관절, 콩팥(신장)과 다른 기관들에 영향을 주는 만성 자가면역성 질환: 류머티즘 관절염과 마찬가지로 과활성화된 면역계가 건강한 세포와 조직을 공격하여 만성염증을 일으킴 ▶ 관절의 통증과 부기(종창), 가슴 통증(종종 가슴막염), 피로, 열, 불쾌감, 피부발진 그리고 림프절의 부기(종창) 등 : 질환이 진행됨에 따라 환자는 콩팥 기능 상실(신부전)과 같은 더욱 심각한 합병증 발생

정답 ④

022

다음 설명하는 비외상성 질환에 대한 특징으로 옳은 것은?

- 손상이나 피부의 상처에 의한 감염에서 주로 나타남
- 피부와 그 밑의 조직, 근막뿐만 아니라 힘줄과 심지어 근육까지 관여
- 영향받은 부위의 부기(종창)와 압통, 때로는 홍반과 심지어 삼출물(고름)도 동반
- 당뇨와 같은 병력이 있으면 합병증이 나타날 위험도가 증가

① 연조직감염   ② 힘줄윤활막염
③ 당뇨성 발   ④ 근막염

📝 출제 키워드   연부조직 감염성 질환
📖 기본서 다시보기   응급처치학개론 p.476

해설 ② 힘줄을 둘러싸는 섬유성막에 염증이 생긴 것: 감염이 힘줄막을 침투하면 신속하게 인근 조직으로 퍼질 수 있음
③ 당뇨병이 제대로 조절되지 않을 때 생기는 합병증으로, 발과 손에 주로 생김: 말초혈관에 미치는 당뇨의 영향과 이로 인한 혈액 공급의 저하는 이 질병을 악화시킴
④ 근막에 감염이 발생하면 여러 근막 면을 따라 인근의 구조들로 퍼져 심각한 감염을 일으킴

핵심 개념 리마인드   연조직감염
① 발생 원인
▶ 환자가 당뇨와 같은 병력이 있으면 연조직감염의 합병증이 나타날 위험도가 증가
▶ 손상이나 피부의 상처에 의한 감염이지만, 종종 감염이 이와 연관된 연조직까지 포함
▶ 피부와 그 밑의 조직, 근막뿐만 아니라 힘줄과 심지어 근육까지 관여
② 증상 및 징후
영향받은 부위의 부기(종창)와 압통, 때로는 홍반과 심지어 삼출물(고름)도 동반
③ 치료
대부분의 연조직감염은 가벼운 정도이며 항생제와 진통제를 포함한 적절한 치료를 받으면 치유
: 특정한 경우 감염이 깊은 부위의 조직까지 영향을 미치면 수술적 치료가 필요
: 외과적 배농과 절제

정답 ①

023

심하게 두통을 호소하는 환자가 있는 현장에 출동하였다. 환자의 CT 결과가 그림과 같이 나왔다. 다음 환자에게 나타날 수 있는 증상으로 옳지 않은 것은?

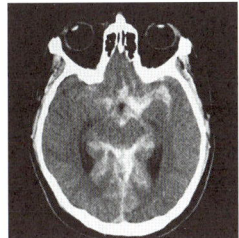

① 혈압상승　　② 맥박 감소
③ 불규칙한 호흡　④ 차고 축축한 피부

📝 출제 키워드　　　　　　　　　　뇌출혈

📖 기본서 다시보기　　응급처치학개론 p.430~431

해설 ④ 환자는 거미막 밑 출혈 환자로 뇌압상승이 의심되는 환자이다. 뇌압상승의 징후로 쿠싱3징후인 혈압상승, 맥박감소, 불규칙한 호흡을 나타낼 수 있다.

핵심 개념 리마인드
▶ 다음의 활력징후가 보인다면 뇌압 상승의 증거로 뇌출혈을 의심
[쿠싱 3대 징후(Cushing's triad)]
㉠ 혈압 상승
㉡ 맥박 감소
㉢ 불규칙한 호흡

정답 ④

024

한강에서 도시락으로 싸온 김밥을 섭취한 20대 남녀가 설사, 구토, 복통을 호소한다. 의심되는 소견은?

① 식중독　　② 패혈증
③ 간염　　　④ 위염

📝 출제 키워드　　　　　　　　　　식중독

📖 기본서 다시보기　　　응급처치학개론 p.438

해설 ① 음식 섭취 후 다수의 인원이 설사, 구토, 복통을 호소하는 것으로 보아 식중독을 의심할 수 있다.

핵심 개념 리마인드 간접 전파의 종류

매개 감염	종류
미생물	기침이나 재채기 등을 통해서 전파
공기	결핵, 홍역, 수두
비말	수막염균, 호흡기 바이러스, 유행성 이하선염
동물과 기생충	간디스토마, 말라리아 등
음식	식중독, 기생충 감염, 점토충 등
혈액	에이즈, B형 감염, C형 감염, 에볼라바이러스 등

정답 ①

025

구급대원 합격씨는 최근 A형간염 진단을 받았다. 이에 대한 옳은 설명은?

① 환자처치 시 마스크를 착용하지 않았을 것이다.
② 감염 후 평생 면역을 가지게 된다.
③ 적절한 백신과 치료제가 없다.
④ 환자처치 시 바늘에 찔렸을 가능성이 있다.

📝 출제 키워드   감염병의 전파방식

📖 기본서 다시보기   응급처치학개론 p.439, p.443

해설 ① 환자처치 시 마스크를 착용하지 않았을 것이다. → 호흡기계 감염
③ 적절한 백신과 치료제가 없다. → C형간염
④ 환자처치 시 바늘에 찔렸을 가능성이 있다. → B형간염

핵심 개념 리마인드

질병	혈액성	공기 매개성	성접촉	간접적	기회 감염	분변-구강
A형 간염						√
B형 간염	√					
C형 간염	√		√			
HIV	√		√			
인플루엔자		√		√	√	
매독			√			
임질			√			
홍역		√				
유행성 이하선염		√				
패혈성 인두염		√			√	
단순포진 바이러스	√		√	√		
식중독		√		√		√
라임병	√					
폐렴		√			√	
에볼라	√		√	√		√

정답 ②

026

복부 대동맥류에 대한 설명으로 옳지 않은 것은?

① 배를 지나가는 대동맥벽이 약해지거나 풍선처럼 부풀어 올랐을 때 발생한다.
② 작은 크기인 경우라도 즉각적인 수술이 필요하다.
③ 환자는 날카롭거나 찢어질듯한 복통 및 등쪽으로 방사통을 호소한다.
④ 병력확인을 통해 복부 대동맥류를 진단받은 적이 있으며 현재 복통을 호소한다면 즉각적 이송을 실시하여야 한다.

📝 출제 키워드   복부대동맥류

📖 기본서 다시보기   응급처치학개론 p.379

해설 ② 크기가 작은 경우라면 즉각적 수술이 필요하지는 않다.

핵심 개념 리마인드 **복부 대동맥류**
배를 지나가는 대동맥벽이 약해지거나 풍선처럼 부풀어 올랐을 때 발생
▶ 혈관의 안층이 찢어져 외층으로 피가 나와 점점 커지거나 심한 경우 터질 수 있음
　: 만약 터진다면 사망 가능성이 높아짐
▶ 작은 크기인 경우에는 즉각적인 수술이 필요하지 않지만 통증이 있다면 진료를 위한 병원 이송 필요
▶ 병력을 통해 복부 대동맥류를 진단받은 적이 있고 현재 복통을 호소한다면 즉각적인 이송을 실시
▶ 환자는 ==날카롭거나 찢어질듯한 복통 및 등쪽으로 방사통 호소==

정답 ②

027

에디슨병에 대한 설명으로 옳지 않은 것은?

① 고혈당증 교정 처치가 필요하다
② 적절한 양의 스테로이드 호르몬(주로 코르티솔과 알도스테론)을 생성하지 못할 때 발생한다.
③ 소변으로 배출되는 나트륨의 증가는 혈량의 감소가 발생할 수 있다.
④ 칼륨 정체는 고칼륨혈증을 야기하고 ECG를 변화를 야기시킬 수 있다.

출제 키워드: 부신 기능저하
기본서 다시보기: 응급처치학개론 p.392

해설 ① 저혈당증의 교정이 필요하다.

핵심 개념 리마인드

갑상샘	항진	갑상샘 중독증: 신체 기관이 장기간 동안 과도한 양의 갑상샘호르몬에 노출되어 구조와 기능에 변화가 생기는 상태 → 95%가 그레이브스병으로 발생 갑상샘 독성발작: 고열(106°F/41°C 또는 그 이상), 흥분, 섬망 또는 혼수, 빠른맥, 저혈압, 구토, 설사 → 산소 투여, 환기 보조, 수액소생술, 심장기능감시 그레이브스병: 안구돌출, 초조, 심리적 불안정, 불면증, 열내성이 약함, 식욕이 증가하는데도 체중 감소, 허약, 호흡곤란, 빠른맥, 심장병력이 없이 새로 발병한 심방세동
	저하	점액수종: 기면, 한랭못견딤성(한랭불내성), 변비, 의식수준의 감소, 체중 증가를 동반한 식욕 저하, 깊은힘줄반사(심부건반사, DTRs)의 이완 단계가 느려짐, 무표정, 부은 얼굴, 얇은 머리카락, 비대한 혀, 밀가루 반죽 같이 느껴지는 차고 창백한 피부 → 저체온증과 점액수종 혼수로 불리는 혼수 상태로 진행 → 진행 촉진 인자: 감염, 외상, 추운환경, 알코올이나 약물 같은 중추신경억제제
부신	항진 쿠싱증후군	체중 증가(체간, 얼굴, 목 등), 달덩이 얼굴(moon-faced), 물소혹(buffalo hump, 등 위쪽에 지방 축적), 피부가 투명할 만큼 얇아지고, 타박상 발생, 작은 상처도 치유 지연, 여성의 경우 안면부 털(다모증)발달, 감정 기복, 기억 감퇴, 집중력 감소 → 고혈압과 뇌졸중을 포함하여 심혈관질환의 발병률이 더 높음, 피부가 여리고 감염될 가능성이 높기 때문에 정맥로를 확보할 때 특별히 피부 손상에 주의를 기울여야함
	저하 애디슨병	적절한 양의 스테로이드 호르몬(주로 코르티솔과 알도스테론)을 생성하지 못할 때 발생 → 물과 전해질 균형에 심한 장애: 소변으로 배출되는 나트륨의 증가는 혈량의 감소를 가져오고, 칼륨 정체는 고칼륨혈증을 야기하고 ECG를 변화, 저혈당증 교정 처치

정답 ①

028

수영을 자주 하는 9세 재영이가 오른쪽 귀의 통증을 주호소로 응급실에 내원하였다. 하루 전부터 갑자기 발생한 귀의 통증, 배농, 가려움, 청각소실을 호소한다. 바깥귀길이 부어 있고 귓바퀴를 움직이면 더 아파한다. 의심되는 소견은?

① 중이염
② 외이도염
③ 고막천공
④ 미로염

출제 키워드: 외이도염
기본서 다시보기: 응급처치학개론 p.467

해설 ② 외이도염은 수영장귀라고도 불리며 감염, 알레르기성 반응 혹은 만성피부질환으로부터 발생하는 흔한 질환이다. 외이도염의 증상과 징후에는 귀의 통증, 배농, 귀나 바깥귀길의 가려움 그리고 청각소실 등이 있다. 바깥귀길을 검사해 보면 보통 홍반과 붓는 증상이 있고 귓바퀴를 움직이면 종종 통증을 유발한다.

핵심 개념 리마인드 외이도염

① 발생 원인
바깥귀와 바깥귀길의 염증, 과민증, 감염이며 알레르기성 반응, 만성 피부질환, 감염에 의해 발생

② 증상
귀의 통증, 배농, 가려움, 청각 소실, 홍반, 부종 등
▶ 악성외이도염
: 외이도염의 합병증으로 당뇨병, 면역저하 환자 등 약물치료를 받는 고위험군 환자들에게서 주로 발생
: 치료하기 힘든 세균성 감염이 머리뼈바닥의 뼈와 연골까지 감염이 퍼짐
: 일반적 외이도염 증상 외에 발열, 연하 곤란, 목소리 소실, 안면 힘의 소실이 함께 나타남

정답 ②

029

클럽에서 26세 여자가 의식이 소실되어 출동하였다. 혈압 90/60mmHg, 맥박 50회/분, 호흡 10회/분이며, 동공 상태는 다음과 같다. 의심되는 소견으로 옳은 것은?

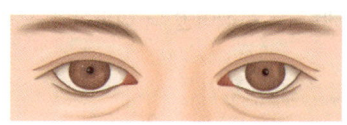

① 펜타닐 중독
② 알코올 중독
③ 코카인 중독
④ 뇌졸중

030

강직성 척추염에 관한 설명으로 옳은 것은?

① 과활성화된 면역계가 건강한 세포와 조직을 공격하여 만성염증을 일으켜 강직이 발생한다.
② 척추를 융합하게 되어 강직이 진행되면서 가슴우리(흉곽)에 영향을 주어 폐활량과 폐 기능이 제한된다.
③ 관절에 통증과 부기(종창), 아침에 경직(강직)이 점점 길어짐, 관절 가동 범위가 사라질 만큼 부어오르는 양상을 나타낸다.
④ 관절에 요산(uric acid)이 축적되어 발생되어 강직이 발생한다.

출제 키워드	강직성 척추염
기본서 다시보기	응급처치학개론 p.474

해설 ② 척추가 뻣뻣해지고 유연성이 없어지며 결국 척추를 융합하게 되면서 가슴우리(흉곽)에 영향을 주어 폐활량과 폐 기능이 제한된다.

핵심 개념 리마인드

① 전신홍반 루푸스		▶ 피부, 관절, 콩팥(신장)과 다른 기관들에 영향을 주는 만성 자가면역성 질환: 류머티즘 관절염과 마찬가지로 과활성화된 면역계가 건강한 세포와 조직을 공격하여 만성염증을 일으킴 ▶ 관절의 통증과 부기(종창), 가슴 통증(종종 가슴막염), 피로, 열, 불쾌감, 피부발진 그리고 림프절의 부기(종창) 등 : 질환이 진행됨에 따라 환자는 콩팥 기능 상실(신부전)과 같은 더욱 심각한 합병증 발생
② 강직성 척추염		척추가 뻣뻣해지고 유연성이 없어지며 척추를 융합하여 골절에 취약 ▶ 가슴우리(흉곽)에 영향 → 폐활량과 폐기능 제한
①, ③ 류마티스 관절염		▶ 면역계가 활막과 그 주위를 공격하여 염증발생 후 손상을 야기하는 만성 질환 : 자가면역질환으로 추정 ▶ 관절에 통증과 부기(종창), 아침에 경직(강직)이 길어짐, 관절의 가동 범위가 사라질 만큼 부어오름, 관절기형 발생
④ 통풍		관절에 요산(uric acid)이 축적되어 발생되는 염증성 관절염 : 이뇨제와 같은 특정한 약물에 의해 악화되기도 함 관절의 극심한 통증, 부기(종창), 홍반(몇몇 환자는 통풍이 발생했을 때 열이 나기도 함) 등 통증과 염증에 대한 약물, 혈중 요산 수치를 낮추기 위한 약물, 식이제한

출제 키워드	펜타닐 중독
기본서 다시보기	응급처치학개론 p.198, p.247

해설 ① 환자는 마약성 진통제에 의한 중독으로 특징적인 pin point처럼 동공이 수축되어 있다. 이에 따라 모르핀, 코데인, 펜타닐 같은 마약성 진통제 중독으로 보이며 날록손을 투여해 주어야 한다.
코카인, 암페타민은 교감신경작용제로 빈맥, 고혈압, 동공확대, 경련, 체온 상승이 나타난다.

핵심 개념 리마인드 펜타닐(Fentanyl)

합성 마약성 진통제
▶ 모르핀보다 작용기간이 짧고 부작용도 적어 펜타닐은 병원 전 사용 빈도가 증가하고 있음
▶ 펜타닐을 정맥 내 주입 시 작용 시간은 즉각적이며, 최대 효과는 3~5분에 나타나고 30~60분간 지속됨
▶ 성인 용량: 50~100mcg

정답 ①

정답 ②

031

항생제로 치료가 가능한 감염병은?

① 유행성이하선염
② 광견병
③ 풍진
④ 결핵

출제 키워드: 특정감염병

기본서 다시보기: 응급처치학개론 p.447

해설 ④ 유행성이하선염, 광견병, 풍진은 바이러스성 질환이고 결핵은 결핵균에 의한 세균성 질환이다.

핵심 개념 리마인드 결핵균 전파
① 호흡을 통해 비말 전파
② 점막과 피부 상처를 통해 직접적인 주입
③ 오염된 우유의 섭취에 의해서도 전파 가능
- 결핵 전염의 위험성은 홍역만큼 높지 않음
  : 보통은 밀접한 접촉에 의해서만 전파되지만, 활동성 결핵 보유자에게 장기간 노출되는 것은 항상 위험
- 결핵의 잠복기
  : 4~12주
  : 무증상 감염자 대부분은 세포 사이의 면역반응 때문에 즉각적으로 질병 상태로 보이지는 않음
  : 보통 감염 후 6~12개월 내에 발병
- 초기의 감염에 대한 감수성
  : 영양실조에 걸리거나 면역체계가 저하된 노인, HIV환자, 면역억제제를 복용하는 사람들 내에서 증가
- 전형적인 증상으로는 오한, 발열, 피로, 객담, 객혈, 만성적 기침과 체중 감소
- 객혈은 활동 결핵을 암시하는 증세
- 잠복 중인 결핵이 재활성화되면 침습된 장기에 따라 다른 특이 증상과 징후를 보임

정답 ④

032

흑색질의 도파민성 신경세포 변성 혹은 소실에 의해 만성적인 운동기능장애가 초래되는 질환으로 옳은 것은?

① 픽병
② 헌팅톤병
③ 파킨슨병
④ 알츠하이머병

출제 키워드: 퇴행성 신경질환

기본서 다시보기: 응급처치학개론 p.433

해설 ③ 파킨슨병 만성이고 진행성인 운동계 장애로 알려진 질환의 일종으로 주로는 손에서부터 진행이 이루어지며 환약말이등의 특징을 가지고 있다.

핵심 개념 리마인드
① 픽병: 알츠하이머병과 비슷한 치매의 영구적인 형태이지만 뇌의 특정 부분에 영향을 미쳐 다른 장소로 잘못 찾아가는 행동을 보임
② 헌팅톤병: 염색체의 유전적 결함에 의해 발생되는 질환으로 증상은 강직, 느린 움직임, 진전이 나타나는 파킨슨병 증상과 유사
④ 알츠하이머: 대뇌겉질 신경세포의 소실과 죽음, 이로 인한 심한 뇌 위축이 발생

정답 ③

033

23세 당뇨환자가 의식변화를 보여 응급실에 이송되었다. 혈액 pH결과의 주된 원인으로 작용된 사항은 무엇인가?

> 혈당 480 mg/dL, pH=7.31

① 간 및 근육에서 당원질 분해 증가
② 글루카곤, 에피네프린 생성 감소
③ 인슐린저항성 증가
④ 지방조직의 저장지방 분해 증가

📃 출제 키워드   당뇨병 케톤산증
📖 기본서 다시보기   응급처치학개론 p.383

해설 ④ 환자의 혈액 결과는 당뇨병 케톤산증에 관한 결과로 지방 분해 시 케톤이라는 물질이 분비되면서 산증이 발생하게 되는 기전이다.

핵심 개념 리마인드

① Ⅰ형 당뇨병
  ㉮ 정의
    Ⅰ형 당뇨병은 인슐린 생산량이 아주 극소량이거나 아예 인슐린을 생산하지 못하는 경우
    ▶ 인슐린 투여가 필요한 환자
     : 인슐린 의존성 당뇨병
     : 유년기에 주로 발생하여 소아형 당뇨병이라고도 함
  ㉯ 응급질환
    글루카곤 활동이 증가하여 인슐린 결핍이 심해지는 현상
    : 당뇨병 케톤산증(diabetic ketoacitosis) 발생

② Ⅱ형 당뇨병
  ㉮ 정의
    Ⅱ형 당뇨병은 체내에 인슐린이 분비는 되지만, 인체 세포가 인슐린에 적절히 반응하지 못하는 것
    : 주로 40대 이상의 비만환자에게 많이 발생
    ▶ 세포가 혈액으로부터 인슐린을 취하도록 구강용 혈당저하제 복용으로 혈액내 당을 조직으로 이동시켜 혈당을 낮추어야 함
    ▶ 운동, 식이조절 병행을 필요함
  ㉯ 응급질환
    고혈당 고삼투성 비케톤성 혼수(hyperglycemic hyperosmolar nonketotic coma[HHNK])가 발생
    : 인슐린과 글루카곤 활성이 모두 존재
    : 지속적인 고혈당증 → 삼투성 이뇨 야기 → 탈수 발생 → 포도당을 분해할 수분 부족으로 혈당 상승

 정답 ④

034

성인 갑상샘항진증 환자의 증상으로 옳은 것은?

① 빠른맥, 안구 돌출, 부정맥
② 느린맥, 점액수종, 고혈당
③ 느린맥, 안구돌출, 저혈당
④ 빠른맥, 점액수종, 부정맥

📃 출제 키워드   갑상샘 기능항진
📖 기본서 다시보기   응급처치학개론 p.389

해설 ① 갑상샘 기능항진증에 대표적 증상은 그레이브스병이다.
그레이브스병: 안구돌출, 초조, 심리적 불안정, 불면증, 열내성이 약함, 식욕이 증가하는 데도 체중 감소, 허약, 호흡곤란, 빠른맥, 심장병력이 없이 새로 발병한 심방세동

핵심 개념 리마인드

갑상샘	항진	갑상샘 중독증: 신체 기관이 장기간 동안 과도한 양의 갑상샘호르몬에 노출되어 구조와 기능에 변화가 생기는 상태 → 95%가 그레이브스병으로 발생 갑상샘 독성발작: 고열(106°F/41°C 또는 그 이상), 흥분, 섬망 또는 혼수, 빠른맥, 저혈압, 구토, 설사 → 산소 투여, 환기 보조, 수액소생술, 심장기능감시 그레이브스병: 안구돌출, 초조, 심리적 불안정, 불면증, 열내성이 약함, 식욕이 증가하는 데도 체중 감소, 허약, 호흡곤란, 빠른맥, 심장병력이 없이 새로 발병한 심방세동
	저하	점액수종: 기면, 한랭못견딤성(한랭불내성), 변비, 의식수준의 감소, 체중 증가를 동반한 식욕 저하, 깊은힘줄반사(심부건반사, DTRs)의 이완 단계가 느려짐, 무표정, 부은 얼굴, 얇은 머리카락, 비대한 혀, 밀가루 반죽 같이 느껴지는 차고 창백한 피부 → 저체온증과 점액수종 혼수로 불리는 혼수 상태로 진행 → 진행 촉진 인자: 감염, 외상, 추운환경, 알코올이나 약물 같은 중추신경억제제
부신	항진 (쿠싱증후군)	체중 증가(체간, 얼굴, 목 등), 달덩이 얼굴(moon-faced), 물소혹(buffalo hump, 등 위쪽에 지방 축적), 피부가 투명할 만큼 얇아지고, 타박상 발생, 작은 상처도 치유 지연, 여성의 경우 안면부 털(다모증)발달, 감정 기복, 기억 감퇴, 집중력 감소 → 고혈압과 뇌졸중을 포함하여 심혈관질환의 발병률이 더 높음, 피부가 여리고 감염될 가능성이 높기 때문에 정맥로를 확보할 때 특별히 피부 손상에 주의를 기울여야함
	저하 (애디슨병)	적절한 양의 스테로이드 호르몬(주로 코르티솔과 알도스테론)을 생성하지 못할 때 발생 → 물과 전해질 균형에 심한 장애: 소변으로 배출되는 나트륨의 증가는 혈량의 감소를 가져오고, 칼륨 정체는 고칼륨혈증을 야기하고 ECG를 변화, 저혈당증 교정 처치

 정답 ①

035

약물반응, 외상, 자외선 등 다양한 원인에 의해 수정체의 탄력저하와 수정체 혼탁으로 시력을 상실하는 질환은?

① 녹내장
② 백내장
③ 시각신경염
④ 망막박리

출제 키워드 : 안과적 질환
기본서 다시보기 : 응급처치학개론 p.464

해설 ② 백내장에 대한 설명으로 노안으로 인해 발생하며 수술적 치료를 필요로 한다.

핵심 개념 리마인드

녹내장	백내장	망막박리
▸ 눈 내부의 안압이 상승하는 질환 ▸ 시각신경 손상 → 시력상실 ▸ 앞방으로부터 방수의 흐름이 차단되어 야기됨	▸ 노화로 인해 발생 ▸ 렌즈 안에 단백질이 분해됨으로써 눈의 렌즈가 뿌옇게 흐려지는 것 ▸ 당뇨병, 눈 손상, 방사선 노출, 흡연, 자외선 노출 등	▸ 외상으로 인해 발생 → 시력상실 ▸ 망막이 주변 지지 조직으로부터 분리 ▸ 주변시야에 명백히 나타나는 빛의 번쩍거림 ▸ 질환이 있는 눈의 시야의 일부분에 그림자(검은커튼)가 있는 것 같음

정답 ②

036

인슐린의존 당뇨환자로 3일 전부터 체온이 38℃ 정도였고, 인슐린 주사를 맞지 않았다고 하며 환자 입에서 과일향이 난다. 관찰될 수 있는 호흡은?

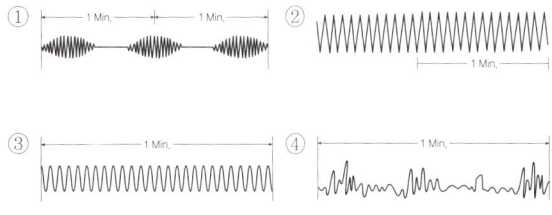

출제 키워드 : 비정상 호흡양상
기본서 다시보기 : 응급처치학개론 p.361

해설 ① 체인-스토크스 호흡은 일회 호흡량이 점차 많아지다가 점차 감소되면서 날숨 말에는 무호흡을 보이는 호흡이다.
② 환자는 입에서 과일향이 나는 것으로 보아 당뇨성 케톤산증을 의심할 수 있으며 이에 쿠스마울 호흡을 나타낼 수 있다.
③ 깊고 빠른 호흡으로 뇌졸중이나 뇌줄기 손상시 초래된다.
④ 횟수와 깊이가 불규칙적인 가쁜 호흡을 하다가 갑자기 무호흡이 주기적으로 나타나는 호흡이다.

핵심 개념 리마인드

체인-스토크스 호흡 - 말기환자 - 뇌손상 환자	일회호흡량이 점차 많아지다가 점차 감소 되면서 날숨말에는 무호흡을 보임	
쿠스마울 호흡 - 당뇨병성 케톤산증	깊고, 빠르고 가쁜 호흡으로 대사성 산증일 일으키는 질환이 있을 때 주로 나타남	
중추신경성 과다호흡 - 뇌졸중 - 뇌줄기 손상 환자	깊고 빠른 호흡으로 정상 환기 조절이 되지 않아 호흡성 알칼리증이 나타남	
실조성(비오) 호흡 - 뇌압 상승 환자	횟수와 깊이가 불규칙적인 가쁜 호흡을 하다가 갑자기 무호흡이 주기적으로 나타남	
지속성 흡식호흡 - 뇌졸중 - 중추신경질환	길고 깊은 호흡을 들이마시다가 무호흡	

정답 ②

037
만성통증 증후군을 앓고 있는 환자에게서 흔히 나타나는 증상으로 옳지 않은 것은?

① Drmatization of complaints: 통증의 극화
② Drug misuse: 약물의 오용
③ Depression: 우울증
④ Deformity: 변형

> 출제 키워드　　　만성통증 증후군
> 기본서 다시보기　　　응급처치학개론 p.480
>
> 해설 ④ 만성통증 증후군이란 일반적으로 신체 어느부위에서 최대 3~6개월 정도 지속되는 통증을 포함한다.
>
> 핵심 개념 리마인드　만성통증 증후군의 6D
> ▸ Dramatization of complaints: 통증을 극화(꾸밈)
> ▸ Drug misuse: 약물의 오용
> ▸ Dysfunction/Disuse: 기능장애/사용불가능
> ▸ Depression: 우울증
> ▸ Disability: 장애
>
> 정답 ④

038
다음 증상으로 알맞은 질환은?

1. 젊은 여성에게서 호발한다.
2. 걸을 때 발을 질질 끌면서 걷는다.
3. 비외상성 복통의 가장 흔한 원인이다.

① 자궁내막염
② 방광염
③ 파열된 난소 낭종
④ 골반염증질환

> 출제 키워드　　　여성의 비외상성 복통
> 기본서 다시보기　　　응급처치학개론 p.374
>
> 해설 ④ 골반 염증 질환은 비외상성 복통의 가장 흔한 원인이며, 하복부에 산발적으로 나타나는 복통을 호소하고, 발을 질질 끌면서 걸으며 충수염과 구별하기 어려울 수 있다.
>
> 핵심 개념 리마인드　여성 환자인 경우
> 가임기 여성의 경우
> : 자궁외 임신과 같은 여성 생식기 질환에 관련된 병력 수집
> : 난소낭 파열, 골반 염증 질환, 불규칙한 생리 역시 특징적인 통증 유발
> ▸ 가임기 여성에게 수집해야 할 정보는 지극히 사적이지만 중요하므로 환자 본인에게 직접 질문해야 함
> ▸ 증상이 언제부터 시작되었는지?
> ▸ 전에도 이러한 통증을 경험한 적이 있는지?
> ▸ 임신 여부는?
> ▸ 생리 주기는?
> ▸ 생리 기간이 지났는데도 생리를 안 하는지?
> ▸ 현재 생리기간이 아닌데도 질 출혈이 있는지?
> ▸ 생리 중이라면 양은 정상인지?
> ▸ 질 출혈이 있다면 양이 어느 정도인지?
>
> 정답 ④

039

만성 콩팥병 질환의 환자에서 혈액투석의 부작용으로 옳지 않은 것은?

① 복막염
② 저혈압
③ 투석불균형증후군
④ 정맥루 협착

📋 출제 키워드　　　　　　　　　혈액투석 관련 부작용
📁 기본서 다시보기　　　　　　　응급처치학개론 p.398

해설 ① 복막염은 복막투석에 의한 부작용으로 투석액의 염증으로 인한 복막염이 발생할 수 있다.

핵심 개념 리마인드
① 혈액투석 관련 부작용
  ▸ 저혈압: 환자의 체중에 비해 혈액 여과속도가 빠를 때 발생
  ▸ 오심, 구토, 불안, 어지러움, 실신, 빠른맥, 기립성 저혈압 등 발생
    : 부작용이 나타날 시 투석을 중지하고 100~200cc 정도의 등장성 수액 투여 고려
  ▸ 혈액투석 중 전해질 이상이나 저혈당, 근육경련도 발생
  ▸ 투석불균형증후군(dialysis disequilibrium syndrome): 투석 도중 과도하게 우리 몸의 큰 용질(solute)들이 제거되면서 삼투압 농도차에 의한 뇌부종으로 인해 오심, 구토, 고혈압, 경련, 혼수, 사망에까지 이를 수 있는 상태
  ▸ 증상 발현 시 즉시 혈액투석을 중지하고 만니톨 정주
② 정맥루와 관련된 합병증
  출혈, 감염, 협착이나 혈전 생성 등

정답 ①

040

플라스틱을 제조하는 공장에서 화재가 나 화재진압 후 구강과 인후의 작열감, 발작, 폐부종을 보이는 구조대원에서 필요한 처치는?

① 질산염 투여
② 수산화코발라민 투여
③ 글루카곤 투여
④ 칼슘 투여

📋 출제 키워드　　　　　　　　독극물 섭취시 해독방법
📁 기본서 다시보기　　　　　　응급처치학개론 p.454

해설 ② 시안화물은 플라스틱이나 실크, 합성 카펫 등 특정 물질의 연소에 의해 생성된다. 또한 일산화탄소와 시안화물은 서로의 독성작용을 강화시킨다. 일산화탄소와 시안화물 중독이 동시에 의심되는 경우에는 해독제로 수산화코발라민을 우선적으로 투여하여야 한다.

핵심 개념 리마인드

독극물	해독제
Acetaminophen (아세트아미노펜, 타이레놀)	N-acetylcysteine (엔-아세틸시스테인)
β-blocker, CCB Hydrogen Fluoride (항고혈압약, 항부정맥약)	Glucagon, Ca chloride (글루카곤, 염부칼슘)
Carbamate or Organophosphate (카바메이트계, 유기인계)	Atropine, 2-PAM (아트로핀, 2-팜)
Benzodiazepine(벤조디아제핀)	Flumazenil(플루마제닐)
Opioids(헤로인, 옥시코돈, 모르핀)	Naloxone(날록손)
TCA(삼환계항우울제), Cocaine(코카인), Salicylates(살리실산염)	Sodium Bicarbonate (중탄산나트륨)
Sulfonylurea, Insulin (설포닐유레아, 인슐린)	Glucose(포도당)
MeOH, et Glycol(메탄올, 글리콜 등)	Ethanol(에탄올)
Methemoglobin (메트헤모글로빈)	Methylene Blue(메틸렌블루)
Snake Bite(뱀 교상)	Antivenin(항뱀독소)
Cyanide(시안화물)	Cyanide Kit(시안화물 키트)
Iron(철)	Deferoxamine(디페록사민)
Digoxin(디곡신)	Digoxin Immune Fab(디곡신 면역 팹)

정답 ②

041

20세 여자가 심한 두통으로 응급실에 내원하였다. 환자는 3일 전부터 간헐적으로 두통이 있었으며 내원 1시간 전부터 오른쪽 머리가 격렬하고 때리는 듯한 심한 두통이 지속된다고 한다. 두통 전에 오심, 구토, 발한 등의 증상이 있다. 의심되는 소견은?

① 군발두통
② 뇌수막염
③ 편두통
④ 긴장성두통

출제 키워드: 두통
기본서 다시보기: 응급처치학개론 p.429

해설 ③ 편두통은 몇 분에서 며칠까지 지속될 수 있으며 격렬하고 때리는 듯한 두통, 감광성, 욕지기, 구토, 발한 등의 증상들을 유발한다. 편두통은 대개 한쪽으로 나타나며 전조증상을 동반한다.

핵심 개념 리마인드 편두통, 군발두통
- 편두통: 머리 한쪽에서 특징적으로 통증이 발생, 주로 여성에게 발생
  - 갑작스럽고 격렬하게 발생하여 15분~4시간까지 지속 가능
- 군발두통
  - 주로 남성에게 발생
  - 비울혈 안검처짐, 안구 충혈, 유루 동반

정답 ③

042

감염은 단계를 밟으면서 진행되는 것으로 감염의 단계로 옳은 것은?

① 회복기 → 잠복기 → 전구기 → 질병기
② 잠복기 → 전구기 → 질병기 → 회복기
③ 전구기 → 잠복기 → 질병기 → 회복기
④ 잠복기 → 질병기 → 전구기 → 회복기

출제 키워드: 감염의 단계
기본서 다시보기: 응급처치학개론 p.440

해설 ② 감염의 단계는 인체에 미생물이 침입해서 초기 증상이 나타나기 전까지인 잠복기, 비전형적인 감염의 초기 증상이 나타나는 전구기, 감염병의 전형적인 증상이 나타나는 질병기, 증상이 사라지고 건강한 상태로 돌아오는 회복기 순서로 진행된다.

정답 ②

043

복통을 호소하는 환자를 이송 중이다. 환자는 배꼽 주변에서 통증이 시작되었다고 하며, 맥버니 점에 통증 반응을 보인다. 이 환자에게서 의심할 수 있는 진단명은?

① 쓸개염
② 요로결석
③ 난소낭종
④ 막창자꼬리염

🗨 출제 키워드　　　　　　　　　　　　　복통유발질병

📁 기본서 다시보기　　　　　　　　　응급처치학개론 p.377

해설 ④ 막창자꼬리염은 연관통으로 배꼽근처에서 통증이 발생할 수 있으며 맥버니 점은 오른쪽 골반의 전면 돌출 부위와 배꼽을 연결한 선에 1.5~2인치 위에 위치하는 지점을 일컬으며 이 맥버니 점에 통증을 보이는 것은 막창자꼬리염을 의심할 수 있다.

정답 ④

044

하부요로감염에 대한 설명으로 옳지 않은 것은?

① 배뇨 시 통증
② 잦은 배뇨 충동
③ 배뇨의 시작과 유지 곤란
④ 따뜻하고 건조한 피부

🗨 출제 키워드　　　　　　　　　　　　　요로감염

📁 기본서 다시보기　　　　　　　　　응급처치학개론 p.402

해설 ④ 하부요로감염 환자의 전형적인 세가지 증상으로 배뇨 시 통증, 잦은 배뇨 충동, 배뇨의 시작과 유지곤란이 있다. 피부는 하부요로 감염일 경우 창백하고 차고 축축하다. 열성 상부요로감염에서 따뜻하고 건조한 피부가 나타난다.

핵심 개념 리마인드
① 하부 요로감염의 전형적 증상
　배뇨 시 통증, 잦은 배뇨충동, 배뇨의 시작과 유지 곤란
② 통증 양상
　종종 심부내장의 불편감으로 시작해서 타는 듯한 심한 통증으로 진행
　: 특히 배뇨 중에나 직후에 발생
　─ 공동 통증: 골반에 국소적으로 나타남
　─ 여성: 방광 안에서 감지
　─ 남성: 방광과 전립샘에서 감지

정답 ④

045

호흡곤란과 호흡수가 증가되면서 핑크색 거품이 있는 가래를 배출하는 환자에게서 의심할 수 있는 진단은?

① 폐기종
② 폐부종
③ 폐색전증
④ 만성 기관지염

🗨 출제 키워드   폐부종

📖 기본서 다시보기   응급처치학개론 p.364

해설 ② 폐부종은 폐와 폐포 내에 물이 차는 것으로 왼심실의 심근 손상으로 인해 오른 심실로부터 배출되는 혈액을 충분히 배출하지 못해 폐정맥압이 상승하면서 발생한다. 폐포와 폐모세혈관 사이에 액체가 축적되어 산소와 이산화탄소 교환이 저하되어 호흡곤란과 호흡수가 증가하게 되고 폐포 내의 액체가 기관지를 통해 배출되어 핑크색의 거품 가래를 관찰할 수 있다.

핵심 개념 리마인드

만성기관지염	▸ 청색증, 대부분 흡연과 관련, 과체중, 건성 수포음, 흡연과 관련있음 ▸ 푸른빛 숨찬 사람, 3개월 이상 객담이 동반된 기침 → 탈수증상이 있을 경우에만 수액요법을 시행
폐공기증 (폐기종)	▸ PaO₂ 저하로 적혈구 생산량 증가, 아침기침을 제외하고 기침과 연관이 적음 ▸ 분홍빛 숨찬 사람, 마른체구(최근 체중감소)의 술통모양의 가슴 관찰 ▸ 담배 20갑/년 이상일 때 발생
폐부종	▸ 심근수축력 감소→ 부적절한 심장 박출→ 폐정맥울혈→ 핑크빛 가래 배출 ▸ 호흡곤란, 호흡수 증가
폐색전증	▸ 심부정맥의 혈전이 이동하여 폐 혈관을 막은 상태 ▸ 거동할 수 없는 환자에게 주로 발생 ▸ 급격히 시작된 호흡곤란, 청색증, 실신→ 대량의 폐색전증 ▸ 흉막성 통증, 기침, 객혈→ 흉막 원위부에 발생한 작은 폐색전증
천식	▸ 호흡곤란(빈호흡, 호흡보조근 사용)→ 기관지 경련회복이 중요 ▸ 쌕쌕거림, 기침, 기이맥(들숨 중에 수축기혈압이 10mmHg 이상 감소함)과 빠른맥을 보이거나, 맥박산소측정 시 말초혈관의 산소포화도가 저하 ▸ ETCO₂상 상어지느러미모양

정답 ②

046

갑자기 경련을 하고 있는 환자에게 시행할 수 있는 처치로 옳지 않은 것은?

① 주위 위험한 물건을 치우거나 쿠션 및 이불을 대어 손상을 최소화시킨다.
② 사생활 보호를 위해 환자의 주변 사람들을 격리시킨다.
③ 설압자를 이용해 혀를 깨물지 않도록 한다.
④ 목뼈 손상이 의심이 되지 않는 다면 환자를 회복 자세로 눕힌다.

🗨 출제 키워드   경련 응급처치

📖 기본서 다시보기   응급처치학개론 p.426

해설 ③ 경련 중에 혀를 깨물지 못하도록 억지로 혀에 무언가를 넣지 말아야 한다.

핵심 개념 리마인드 환자 평가

경련 중 머리 손상이 일어날 수 있다는 점을 명심
: 머리 손상 여부 반드시 평가
① 일차 평가를 실시하고 기도가 개방되었는지, 호흡은 적절한지 확인
② 생체징후를 평가하고 병력 및 신체검진을 실시
③ 환자의 의식이 돌아오면 환자로부터 정보를 수집
   : 환자의식이 없다면 주위 사람들로부터 SAMPLE력 수집 및 현재 병력 기록
   ▸ 경련 전에 환자가 무엇을 하고 있었는지?
   ▸ 경련 중에 주위 사람들이 처치를 했다면 무엇을 했는지?
   ▸ 경련 중에 소변이나 대변을 보았는지?
   ▸ 경련 중에 환자가 의식이 있었는지?
   ▸ 경련이 얼마나 지속되는지?
   ▸ 환자가 혀를 물었는지?

정답 ③

047

통증을 호소하는 환자로 환자의 통증 양상은 등쪽에서 찢어지는 듯한 느낌이라고 설명한다. 이 환자에게서 의심할 수 있는 진단명은?

① 대동맥박리
② 쓸개염
③ 십이지장궤양
④ 콩팥결석

048

벽측 복막의 특징으로 옳은 것은?

① 사극된 부위를 인지한다.
② 자율신경계에서 분지한다.
③ 불특정한 통증을 느낀다.
④ 연관통을 느낀다.

📝 출제 키워드 대동맥 박리

📖 기본서 다시보기 응급처치학개론 p.273, p.371

해설 ① 대동맥 박리가 발생하는 경우 연관통으로 등쪽에서 찢어지는 듯한 통증 양상을 호소한다.

핵심 개념 리마인드

질환	연관통의 위치
막창자꼬리염	배꼽 근처
쓸개염	오른쪽 어깨
십이지장궤양	등의 상부
대동맥류(파열)	등 또는 오른쪽 하복부
콩팥돌	생식기나 샅굴 부위
췌장염	등의 중앙부, 좌측 흉부 여부 통증
요관결석	서혜부 통증
비장파열	왼쪽 어깨 통증

정답 ①

📝 출제 키워드 벽측 복막 특징

📖 기본서 다시보기 응급처치학개론 p.371

해설 ① 넓게 분포된 신경섬유로 인하여 내장통에 비하여 더 쉽게 부위를 인지할 수 있다.

핵심 개념 리마인드 벽쪽 통증

① 정의
복강을 따라 벽쪽 복막에서 나타나는 통증
▶ 벽측 통증은 복막의 부분 자극으로 직접 나타남
: 넓게 분포하고 신경섬유로 인해 벽쪽 복막으로부터 유발된 통증은 내장 통증보다 더 쉽게 부위를 인지할 수 있음
② 통증 발생 경위
내부 출혈로 인한 자극 또는 감염·염증에 의해 발생
③ 통증 양상
날카롭거나 지속적이며 국소적인 경향
: 신체검진 시 환자가 이러한 통증을 호소하며 무릎을 굽힌 자세 또는 웅크린 자세를 취함
: 대체적으로 움직이지 않으면 나아지고 움직이면 다시 아프다 표현

정답 ①

049

논에서 살충제를 뿌리던 농부가 급작스럽게 침 분비가 증가하고 구토를 호소하고 있다. 이 환자에게 노출된 물질과 해독을 위해 투여할 수 있는 약물이 바르게 연결된 것은?

① 아트로핀 – 날록손
② 유기인제 – 아트로핀
③ 벤조디아제핀 – 플루마제닐
④ 유기인제 – 히드록소코발라민

출제 키워드: 독극물 섭취시 해독방법
기본서 다시보기: 응급처치학개론 p.454

해설 ② 환자는 유기인제인 살충제에 노출된 환자로 침 분비, 구토 증상을 보이고 있다. 이러한 유기인제의 해독제는 아트로핀이 있다.

핵심 개념 리마인드

독극물	해독제
Acetaminophen (아세트아미노펜, 타이레놀)	N-acetylcysteine (엔-아세틸시스테인)
β-blocker, CCB Hydrogen Fluoride (항고혈압약, 항부정맥약)	Glucagon, Ca chloride (글루카곤, 염화칼슘)
Carbamate or Organophosphate (카바메이트계, 유기인계)	Atropine, 2-PAM (아트로핀, 2-팜)
Benzodiazepine (벤조디아제핀)	Flumazenil (플루마제닐)
Opioids (헤로인, 옥시코돈, 모르핀)	Naloxone (날록손)
TCA (삼환계항우울제), Cocaine (코카인), Salicylates (살리실산염)	Sodium Bicarbonate (중탄산나트륨)
Sulfonylurea, Insulin (설포닐유레아, 인슐린)	Glucose (포도당)
MeOH, et Glycol (메탄올, 글리콜 등)	Ethanol (에탄올)
Methemoglobin (메트헤모글로빈)	Methylene Blue (메틸렌블루)
Snake Bite (뱀 교상)	Antivenin (항뱀독소)
Cyanide (시안화물)	Cyanide Kit (시안화물 키트)
Iron (철)	Deferoxamine (디페록사민)
Digoxin (디곡신)	Digoxin Immune Fab (디곡신 면역 팹)

 정답 ②

050

흑색질의 도파민성 신경세포 변성 혹은 소실에 의해 운동 기능장애가 초래되는 질환의 특성으로 아닌 것은?

① 바늘로 찌르는 듯한 통증
② 환약말이떨림
③ 강직
④ 운동완만

출제 키워드: 파킨슨 병
기본서 다시보기: 응급처치학개론 p.433

해설 ① 파킨슨병은 떨림, 강직, 운동완만, 불안정한 자세의 4가지 주요 특성을 보인다. 떨림의 전형적인 유형으로 엄지와 검지를 앞뒤로 리듬감 있게 움직이는 환약말이 떨림을 보인다.
바늘로 찌르는 듯한 통증은 중추성 통증증후근의 특징이다.

핵심 개념 리마인드 파킨슨병

만성이고 진행성인 운동계 장애로 알려진 질환의 일종
① 떨림
  환약말이 떨림, 엄지와 검지를 앞뒤로 리듬감 있게 움직임, 손에서부터 진행
② 강직
  운동 시 저항감, 저항 근육의 균형이 깨지면서 경축을 느낌
③ 운동 완만
  움직임 반응이 느려지거나 소실
④ 불안정한 자세
  균형 및 조정 능력 손상, 몸이 앞으로 기울거나 넘어지는 경향 외 우울증, 질질 끄는 걸음걸이, 굳은 얼굴 표정, 치매 등을 관찰

정답 ①

051

차에서 연기가 난다는 신고로 현장에 출동해 보니 차량 내부에서 번개탄을 태운 상태로 연기가 자욱했으며, 환자는 운전석에 앉아있는 상태로 호흡, 맥박은 있으나 대답은 하지 못하는 상태이다. 차량 내부에 아직 연기가 남아있는 상태로 소주병과 우울증 치료제로 보이는 빈 약통이 확인되었다. 이 환자에게 가장 필요한 치료는 무엇인가?

① 정맥로 확보
② 안면마스크를 통한 산소 투여
③ 고압산소치료
④ 위 세척

📖 출제 키워드 — 일산화탄소 중독

📚 기본서 다시보기 — 응급처치학개론 p.452

해설 ③ 환자는 일산화탄소 중독이 의심되는 상황으로 고압산소 치료가 가능한 병원으로 이송이 필요하다. 약물 과다 복용으로 인한 약물중독도 생각할 수 있지만 일산화중독에 의한 처치가 우선이다.

핵심 개념 리마인드

- 독성 물질을 흡입하게 되면 흡입되는 경로에 유해하게 되는데, 몇몇 물질은 기도를 자극하고 상처를 입히기도 함
- 일산화탄소는 산소 대신에 적혈구와 결합해서 저산소증을 유발
- 현장에 도착해서는 대원 역시 독성물질을 흡입할 수 있으므로 충분한 개인보호 장비를 착용한 후에 진입

▶ 독성 물질을 흡입한 병력	▶ 호흡곤란	▶ 가슴 통증	▶ 부정맥
▶ 어지러움	▶ 쉰 목소리	▶ 두통	▶ 의식 장애
▶ 기침	▶ 발작		

▲ 흡입에 의한 중독환자의 일반적인 증상 및 징후

응급처치
- 독성물질을 흡입할 수 있는 현장이라면 현장에서 환자를 이동시킴
- 필요 시 고농도 산소를 BVM을 이용하여 양압 환기를 제공
  : 일산화탄소 중독환자, 흡입에 의한 기도화상 환자는 100% 산소를 투여해야 함

정답 ③

052

평소 줄넘기를 자주 하던 환아에게서 정강뼈 위쪽 부위에서 통증을 동반한 부기가 관찰된다. 이 환아에게서 의심할 수 있는 진단명은?

① 넙다리뼈 머리끝 분리증
② 앞목골절
③ 오스굿 - 슐라터병
④ 섬유근육통

📖 출제 키워드 — 소아근골격계 질환

📚 기본서 다시보기 — 응급처치학개론 p.481

해설 ③ 통증을 동반한 앞정강결절의 부기로 보아 주로 어린이에게 발생하는 오스굿-슐라터병을 의심할 수 있다.

핵심 개념 리마인드

오스굿 - 슐라터병	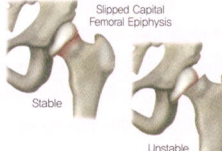
	▶ 통증을 동반하는 앞정강결절의 부기(종창)
	  : 주로 어린이에게 발생하는, 성장이 끝나기 전에 반복적인 손상으로 인해 야기되는 것으로 여겨짐
	▶ 정강이 부분의 통증을 동반한 부기(종창)
	  : 주로 질환과 연관된 무릎과 다리의 통증이 제자리 뛰기, 달리기, 계단 오르기에 의해 악화

넙다리뼈 머리끝 분리증	▶ 엉덩관절(고관절)의 머리가 넙다리뼈(대퇴골)로부터 분리되는 것
	  : 어린이들의 넙다리뼈 몸쪽 부분에 있는 성장판(뼈끝)에서 발생
	  : 11~15세의 다소 비만하거나 급격히 성장하는 남자 아이들에게서 더 흔함
	▶ 절뚝거림(파행), 보행장애, 엉덩이나 무릎의 통증, 엉덩관절의 경직, 제한된 운동 범위 등

정답 ③

053

수막염은 바이러스와 세균의 감염에 의한 뇌막과 뇌척수액의 염증으로 발생한다. 수막염의 설명으로 옳지 않은 것은?

① 성인보다는 소아에서 호발된다.
② 잠복기는 일반적으로 2~4일이지만, 길게는 10일까지 지속될 수 있다.
③ 신생아와 영아에게서는 잘 발병하지 않는다.
④ 브루진스키징후(Brudzinski's sign)와 커니히징후(Kernig's sign)를 확인하는 방법이 있다.

054

현장에서 음압격리병실이 있는 병원으로 이송해야 할 환자는?

① 화상 환자
② 백혈병 환자
③ A형 간염
④ 중증급성 호흡기 증후군

📧 출제 키워드 　　　　　　　　　　　　　　　수막염

📁 기본서 다시보기 　　　　　　　응급처치학개론 p.446

해설 ③ 신생아와 영아에게서 발열이 나타나면 수막염을 배제해서는 안 된다.

핵심 개념 리마인드 **수막염**

수막염은 바이러스와 세균의 감염에 의한 뇌막과 뇌척수액의 염증
: 성인보다는 <u>소아에서 호발</u>
▸ 잠복기는 일반적으로 2~4일이지만, 길게는 10일까지 지속
▸ 대부분의 세균성 감염과 같이 노출 후 1~2일 또는 몇 시간 내로 급속히 발병
　발열과 오한, 두통, 관절 경직, 관절통, 무기력증, 혼수상태, 정신 상태의 변화, 구토, 발작 등의 증세가 나타남
: 상기도나 귀의 감염이 선행할 수도 있음
▸ 신생아와 영아에게서 발열이 나타나면 수막염을 배제해서는 안 됨
▸ <u>신생아와 영아에게서는 숫구멍의 팽창이 나타남</u>
▸ 수막염을 확인하기 위한 검사로는 <u>브루진스키징후(Brudzinski's sign)와 커니히징후(Kernig's sign)</u>를 확인하는 방법이 있음

 ③

📧 출제 키워드 　　　　　　　　　　　감염병의 전파방식

📁 기본서 다시보기 　　　　　　응급처치학개론 p.439

해설 ④ 음압격리병실이란 공기 감염을 예방하기 위한 병원 내 특수시설
→ 병실의 공기압을 낮춰서 외부 공기는 내부로 유입되지만, 내부 공기는 외부로 배출되지 않도록 하여 공기에 떠다니는 감염원의 전파를 차단하며, 공기의 흐름이 고기압에서 저기압으로 향하는 것을 이용한 병상
→ 결핵, 수두, 홍역, 중동호흡기증후군, 신종감염병증후군 등의 고위험 감염병이 이송 대상이다.

 ④

055

급성복증 환자의 현장에서 응급처치로 올바르지 않은 것을 고르시오.

① 기도를 유지하며 구토에 대비한다.
② 산소를 투여한다.
③ 저혈량성 쇼크에 대비한다.
④ 진통제를 투여한다.

출제 키워드   급성 복통 환자의 응급처치
기본서 다시보기   응급처치학개론 p.372

해설 ④ 복통의 양상이 가려질 수 있기 때문에 진통제를 우선 투여해서는 안된다.

핵심 개념 리마인드   **현장 확인**
현장을 확인하는 단계에서 구토 가능성이 있으므로 옷과 얼굴을 보호하는 개인보호 장비 착용
▸ 구토물, 대변에 혈액이 있거나 대변이 검은색이면서 독특하고 강한 냄새가 난다면 위장관 출혈 의심 → 쇼크로 진행되지 않게 관찰 필요

정답 ④

056

60대 환자가 자택에서 쓰러진 채로 발견되었다는 신고를 받고 출동했더니 환자 의식은 없고 호흡, 맥박, 혈압은 정상이나 피부는 약간 축축한 상태였다. 심전도와 혈액검사 소견이 다음과 같을 때 옳은 처치는?

BST 30 mg/dL, pH 7.2, PaO_2 94 mmHg, $PaCO_2$ 37 mmHg

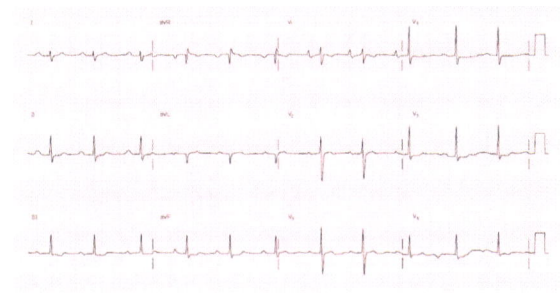

① 아트로핀 투여   ② 50% 포도당 투여
③ 수액 투여   ④ 중탄산염나트륨 투여

출제 키워드   당뇨환자의 응급처치
기본서 다시보기   응급처치학개론 p.388

해설 ② 과거력상 제1형 당뇨병이 있으며 BST 수치 상 30mg/dL로 낮은 혈당수치임을 알 수 있다. 이는 저혈당 쇼크를 의심할 수 있으며 처치로 50% 포도당을 투여한다.

핵심 개념 리마인드   **당뇨환자의 응급처치**
① **기도개방**
  외상 환자의 경우 턱 들어올리기 방법 이용
  : 의식 장애가 있는 당뇨환자의 경우 구토와 분비물로 인한 기도폐쇄 발생 가능 → 흡인 실시
② **다량의 산소 공급**
③ **수액과 인슐린 투여**
  ▸ 환자가 의식이 있다면 삼킬 수 있는지 확인 후 지도 의사의 의료지도를 받아 환자가 갖고 있는 구강 혈당조절제 투여
  ▸ 의식이 없는 경우에는 50%의 포도당을 천천히 투여
    — 당뇨성 케톤산증: 수액 보충, 인슐린과 전해질 공급을 통한 대사 장애 교정, 유발인자 치료
    — 고삼투성 고혈당 상태: 수액 및 전해질 투여, 인슐린 투여
    — 의식이 있는 환자: 의료지도 후 수액처치와 함께 인슐린 구강 투여
    — 의식이 없는 환자: 의료지도 후 수액처치와 함께 50% 포도당 천천히 투여

정답 ②

057

항생제로 치료가 동반되어야 하는 호흡기 질환을 고르시오.

① 급성 폐부종
② 만성 폐쇄성 폐질환
③ 급성 편도염
④ 천식 발작

058

급성 콩팥손상의 원인으로 다른 하나는?

① 세뇨관세포손상
② 세포간질손상
③ 작은혈관/토리손상
④ 콩팥혈관이상

📋 출제 키워드   세균성 질환

📖 기본서 다시보기   응급처치학개론 p.437

해설 ③ 항생제는 염증성 질환의 치료에 필요한 약제이다.

핵심 개념 리마인드 감염원의 원천(원인 물체)

특정한 감염병을 일으키는 원인 물체로 세균, 바이러스, 기타 미생물 등이 포함

① 세균

세균은 길이가 1~20μm(마이크로미터)에 이르는 매우 작은 단세포 미생물로, 대부분의 세균은 염색이나 현미경 검사를 통해 쉽게 식별 가능

- 그람양성균 : 보라색으로 염색이 된 세균
- 그람음성균 : 붉은색으로 염색된 세균
- 둥근 모양 ┬ 알균
  └ 포도알균, 사슬알균이 포함
- 막대 모양 : 장내세균과 대장균
- 나선 모양 : 스피로헤타
- 고리 모양 : 비브리오

ex ▶ 장내세균, 대장균 : 그람음성막대균
▶ 포도알균, 사슬알균 : 그람양성알균
▶ 현미경에 보이는 세균의 색이나 모양과 무관하게 감염된 특정 조직과 기관에 따라 환자의 증상과 징후가 결정
▶ 세균감염의 치료
  : 항생제 처방
  : 항생제를 투여하면 세균의 수가 감소하고 증상이 줄어듦
  : 세균 변종들이 항생제 치료에 내성을 보여 치료를 어렵게 하기도 함

② 바이러스

바이러스는 세균보다 훨씬 작으므로 전자현미경으로만 관찰
▶ 바이러스는 숙주세포 안에서만 자라고 복제할 수 있음
  : 숙주세포 내부에서 숙주세포의 단백질 합성 기전을 통제 → 바이러스 복제 시작 → 숙주세포는 새로운 바이러스 입자 방출 → 주변의 다른 세포를 감염시킴
  : 바이러스는 숙주세포 내에 숨기 때문에 항생제 치료에 내성을 갖음

정답 ③

📋 출제 키워드   급성 콩팥손상의 원인

📖 기본서 다시보기   응급처치학개론 p.396

해설 ④ 콩팥혈관이상은 전신성 급성콩팥손상을 말한다.

핵심 개념 리마인드

- 전신성 : 저관류 상태
- 신성 : 콩팥 자체의 문제
- 후신성 : 요관이 막혀 발생

전신성 급성콩팥손상	신성 급성콩팥손상	후신성 급성콩팥손상
• 저혈량증(출혈, 탈수, 화상) • 심장기능상실(심근경색, 울혈성, 심부전증, 판막질환) • 심혈관허탈(쇼크, 패혈증) • 콩팥혈관이상(콩팥동맥협착증이나 콩팥정맥의 혈전증 또는 색전증)	• 작은 혈관/토리 손상(혈관염-때로 면역 매개성 급성토리콩팥염, 악성 고혈압) • 세뇨관세포손상(급성 세뇨관괴사-허혈성 또는 독극물의 2차성) • 세포간질손상(급성 깔때기콩팥염, 급성 알레르기성 간질반응)	• 양측 요관의 급격한 폐쇄(큰 결석, 혈전, 종양 등에 의해 2차성으로) • 방광목의 급격한 폐쇄(양성 전립샘비대, 결석, 종양, 혈전의 2차성) • 급격한 요도 폐쇄(염증, 감염, 결석, 이물질 등에 의해 2차성으로)

정답 ④

059

다음 전염병에 대한 설명 중 옳지 않은 것은?

① 랩토스피라증은 렙토스피라균에 감염된 동물의 배설물 등을 통해 사람에게 전파 되며 피부나 점막의 출혈, 간부전, 신부전, 심근염, 의식저하, 객혈을 동반하는 호흡기 병리적 증상과 함께 드물게 황달이 발생하기도 한다.
② 야외활동 후 진드기에게 물린 자리에는 피부의 괴사로 5mm~1cm의 가피(eschar, 검은색 딱지)가 관찰 되면 들쥐에 기생하는 털 진드기 유충에 물려 발생하는 쯔쯔가무시에 노출된 것으로 야외 활동 전 예방접종을 맞아야 한다.
③ 랩토스피라증은 오염된 물에 닿은 점막을 통해 전파 되지만, 비말 감염, 오염 음식 섭취 등 감염 경로가 매우 다양하다.
④ 신증후군 출혈열은 급성 발열, 출혈경향, 요통뿐 아니라 신부전이 발생할 수 있다.

출제 키워드: 랩탄가무시

기본서 다시보기: 응급처치학개론 p.448

해설 ② 신증후군 출혈열은 예방접종이 가능하다.

핵심 개념 리마인드 랩탄가무시
① 랩토스피라증
렙토스피라균에 감염된 동물의 배설물등을 통해 사람에게 전파
▶ 감염경로
: 감염된 동물의 소변이 묻은 물이나 토양에 피부가 노출되면 상처를 통해 침투 후 감염
: 주로 8~11월 (초~늦가을)에 농촌 지역에서 홍수 후, 추수철에 호발
: 오염된 물에 닿은 점막을 통해 전파되지만, 비말 감염, 오염 음식 섭취 등의 감염 경로
▶ 증상
: 발열과 두통, 오한, 심한 근육통(특히 종아리와 허벅지), 안결막 충혈, 수막염, 발진, 용혈성 빈혈, 피부나 점막의 출혈, 간부전, 신부전, 심근염, 의식저하, 객혈을 동반하는 호흡기 병리적 증상, 황달(5~10% 발병)
② 신증후군출혈열(한탄바이러스)
▶ 감염경로: 들쥐의 72~90%를 차지하는 등줄쥐(Apodemus agarius)의 배설물이 건조되면서 호흡기를 통하여 원인 바이러스가 전파
: 늦가을(10~11월)과 늦봄(5~6월)건조기에 질병이 많이 발생
: 잠복기는 9~35일 정도로 평균 약 2~3주 정도
▶ 증상
:급성으로 발열, 출혈경향, 요통, 신부전이 발생
▶ 예방접종으로 예방 가능
③ 쯔쯔가무시병
▶ 감염경로
: 들쥐에 기생하는 털 진드기 유충에 물려 발생. 털진드기병이라고도 함
: 잠복기는 6~21일이며, 그 후 발열, 두통과 발진 발생
▶ 증상
: 진드기에게 물린 자리에는 피부의 괴사로 5mm~1cm의 가피(eschar, 검은색 딱지)가 관찰
: 겨드랑이, 음/둔부 등 피부가 접히는 부위에서 자주 발견
: 발진의 경우 몸통에서 시작하여 사지로 전파되는 구진성(maculopapular rash)이 특징적이며, 그 외에는 국소 림프절 비대, 또는 근육통, 결막 충혈 등이 동반

정답 ②

060

60세 여자가 심한 호흡곤란을 호소한다. 피부는 분홍색, 손가락은 곤봉형이고 마른 체형과 가슴의 앞뒤 직경이 증가되었다. 혈압 120/70mmHg, 맥박 105회/분, 호흡 28회/분, 산소포화도는 86%이다. 옳지 않은 처치는?

① 지속기도양압(CPAP)으로 환기
② 기관지 수축이 보인다면 기관내삽관 시행
③ 호흡률과 호흡 깊이를 늘리도록 유도
④ 코삽입관을 이용하여 4 L/분으로 산소투여

출제 키워드: 폐기종

기본서 다시보기: 응급처치학개론 p.364

해설 폐기종은 종말세기관지의 먼쪽 허파꽈리벽이 파괴될 때 발생하고 만성적 저산소증으로 곤봉형 손가락을 보일 수 있다. 폐기종 환자에서는 적혈구증가증으로 피부는 분홍색을 띄고 있어 '분홍색의 숨찬 사람'이라고도 불린다. 또한 가슴 앞뒤 직경이 증가되어 있는 술통 모양의 가슴을 보인다. 폐기종 환자는 대부분 마른체형을 보이는데, 이는 호흡하기 위해 섭취한 칼로리의 상당부분을 사용하기 때문이다. 폐기종 환자의 응급처치 일차 목표는 저산소증을 완화시키고, 기관지 수축이 있다면 이를 처치하는 것이다.

② 저산소증이나 호흡기능실실이 현저하게 나타나는 환자의 경우 BVM 양압환기 혹은 CPAP를 적용하면 기관내 삽관을 예방할 수 있다.

핵심 개념 리마인드 폐기종
COPD는 허파꽈리벽을 파괴하고 탄력성 저하
→ 과도한 분비물과 허파꽈리가 손상받아 허파에서의 공기 이동이 어려워짐
: 폐포가 손상되어 폐포벽을 통한 가스 교환에 장애가 발생한 경우 발생

정답 ②

061

복통을 호소하는 60대 남성의 복부 촉진시 전체적으로 반동압통이 발생하였다. 이 환자에게 예상되는 질병에 대한 설명 중 옳지 않은 것은 무엇인가?

① 반동압통(반사통)은 복막 자극증상으로 장파열 시에 나타나는 복막염의 증상과는 일치하지 않는다.
② 투석의 합병증으로 발생할 수 있으며 이로 인하여 패혈증이 발생할 수 있다.
③ 신체검진 시 발열 가능성에 대하여 확인하여야 한다.
④ 외과적 응급상황으로 분류한다.

📝 출제 키워드   복통의 특징
📖 기본서 다시보기   응급처치학개론 p.249

해설 ① 복막에 염증이 퍼져 발생한 복막염에 대한 설명으로 장파열 시 나타나는 증상과 일치한다.

핵심 개념 리마인드
▶ 반동압통(반사통)은 복막 자극증상으로 장파열 시에 나타나는 복막염의 증상과 일치
: 촉진할 때 복부강직으로 인하여 복벽이 판자와 같이 단단하게 느껴지면 배안에 출혈이 있거나 위장관의 내용물이 배안으로 유출되었을 가능성이 높음

정답 ①

062

복통을 호소하는 환자가 있는 현장에 출동하였다. 환자 평가시 배꼽 주변에 멍이 생긴 것을 확인하였다. 이 환자에게 발생한 징후와 손상부위가 올바르게 연결된 것은?

① 쿨렌징후 – 복강내 출혈
② 그레이터너징후 – 하부 위장관계 출혈
③ 머피징후 – 복막염
④ 케르징후 – 급성 췌장염

📝 출제 키워드   쿨렌징후
📖 기본서 다시보기   응급처치학개론 p.375, p.505

해설 ① 배꼽 주변의 검고 푸른 변색부위가 발견될 경우 복부내부 출혈을 암시하고 쿨렌징후라고 한다. 옆구리의 변색부위는 그레이-터너 징후라고 하며 복부내부 출혈을 암시한다. 왼쪽 어깨 부위로의 연관통은 지라 손상에 의한 케르징후와 관계가 있으며 등이나 옆구리 통증은 콩팥손상과 연관되어 있다.
② 배꼽 주위 반상출혈(Cullen Sign), 옆구리 반상출혈(Turner Sign): 췌장염, 외상의 흔적
③ 양성 머피징후(Murphy's sign): 담낭염 의심 때 오른쪽 윗배의 갈비뼈 아래 경계부위를 가볍게 누른 상태로 숨을 깊게 들이쉬면 급격한 통증 호소
④ 케르징후(Kehr'ssign): 누운 상태에서 다리를 올릴 때 복강에 혈액이나 기타 자극 물질이 있어 어깨 끝에 급성 통증이 발생하는 현상
ex 왼쪽 어깨의 케르징후: 비장 파열의 전형적인 증상

핵심 개념 리마인드 **복부 손상**
영아 및 소아는 간과 지라와 같은 복부 장기가 차지하는 비중이 커서 복부 장기 손상이 발생할 위험이 크며, 치명적인 내부 출혈을 야기할 수 있음
▶ 심각한 복부 손상은 현장에서 관찰할 수 없는 경우가 많음
: 외상으로 발생한 복부내 출혈 의심 징후인 쿨렌징후(cullen's sign)는 시간이 지난 후 나타남
: 외부 출혈이 없이 쇼크의 징후가 나타난다면 복부 내부 장기 손상을 의심
→ 저혈량성 쇼크에 대비하여 굵은 정맥로 2개 이상 확인

정답 ①

063

다음 환자의 모습을 확인 한 후 이 환자에게 발생 가능한 질병의 특징 중 옳지 않은 것은?

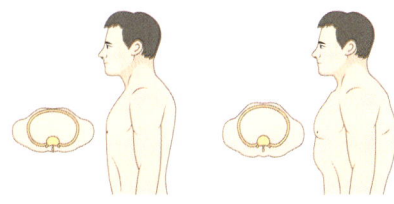

① 아침기침을 제외하고 기침과 연관이 적다.
② PaO₂ 저하로 적혈구 생산량 증가하여 분홍빛 숨찬사람이라 한다.
③ 담배 20갑/년 이상일 때 발생한다.
④ 핑크빛 가래를 뱉는 특징이 있다.

📖 출제 키워드: 폐기종

📂 기본서 다시보기: 응급처치학개론 p.362

해설 ④ COPD는 허파꽈리벽을 파괴하고 탄력성 저하
→ 과도한 분비물과 허파꽈리가 손상받아 허파에서의 공기 이동이 어려워짐
: 폐포가 손상되어 폐포벽을 통한 가스 교환에 장애가 나타난 경우 발생
핑크빛 가래는 폐부종의 특징이다.

핵심 개념 리마인드

만성기관지염	▸ 청색증, 대부분 흡연과 관련, 과체중, 건성 수포음, 흡연과 관련있음 ▸ 푸른빛 숨찬 사람, 3개월 이상 객담이 동반된 기침 → 탈수증상이 있을 경우에만 수액요법을 시행
폐공기증 (폐기종)	▸ PaO₂ 저하로 적혈구 생산량 증가, 아침기침을 제외하고 기침과 연관이 적음 ▸ 분홍빛 숨찬 사람, 마른체형(최근 체중감소)의 술통모양의 가슴 관찰 ▸ 담배 20갑/년 이상일 때 발생
폐부종	▸ 심근수축력 감소 → 부적절한 심장 박출 → 폐정맥 울혈 → 핑크빛 가래 배출 ▸ 호흡곤란, 호흡수 증가
폐색전증	▸ 심부정맥의 혈전이 이동하여 폐 혈관을 막은 상태 ▸ 거동할 수 없는 환자에게 주로 발생 ▸ 급격히 시작된 호흡곤란, 청색증, 실신 → 대량의 폐색전증 ▸ 흉막성 통증, 기침, 객혈 → 흉막 원위부에 발생한 작은 폐색전증
천식	▸ 호흡곤란(빈호흡, 호흡보조근 사용) → 기관지 경련회복이 중요 ▸ 쌕쌕거림, 기침, 기이맥(들숨 중에 수축기혈압이 10mmHg 이상 감소함)과 빠른맥을 보이거나, 맥박산소측정 시 말초혈관의 산소포화도가 저하 ▸ ETCO₂상 상어지느러미모양

정답 ④

064

다음 연관통이 바르게 연결되지 못한 것은?

① 이자염: 오른쪽 어깨
② 대동맥류 파열: 등 혹은 오른쪽 하복부
③ 십이지장 궤양: 등의 상부
④ 비장파열: 왼쪽 어깨 통증

📖 출제 키워드: 연관통증

📂 기본서 다시보기: 응급처치학개론 p.371

해설 ① 오른쪽 어깨로 연관되는 통증은 쓸개염이다.
이자염은 등의 중앙부, 좌측 흉부 여부 통증이 발생한다.

핵심 개념 리마인드

질환	연관통의 위치
막창자꼬리염	배꼽 근처
쓸개염	오른쪽 어깨
십이지장궤양	등의 상부
대동맥류(파열)	등 또는 오른쪽 하복부
콩팥돌	생식기나 샅굴 부위
췌장염	등의 중앙부, 좌측 흉부 여부 통증
요관결석	서혜부 통증
비장파열	왼쪽 어깨 통증

정답 ①

065

다음 질환의 특징으로 옳지 않은 것은?

① 파킨슨병: 환약말이 떨림, 운동 시 저항감, 저항 근육의 균형이 깨지면서 경축을 느끼는 것이 주로 발에서부터 진행되어 보행장애가 나타남
② 급성특발다발신경염(길랭-바래증후군): 30~50세 자주 발생하는 자가면역질환으로 신경의 염증을 일으켜 근육쇠약 혹은 마비를 유발
③ 헌팅톤병: 염색체의 유전적 결함에 의해 발생되는 질환으로 증상은 강직, 느린 움직임, 진전이 나타나는 파킨슨병 증상과 유사
④ 픽병: 알츠하이머병과 비슷한 치매의 영구적인 형태이지만 뇌의 특정 부분에 영향을 미쳐 다른 장소로 잘못 찾아가는 행동을 보임

066

다음 호흡 양상과 나타나는 질병이 바르게 연결된 것은?

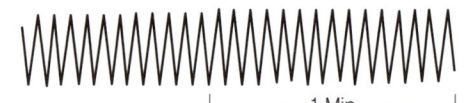

- 깊고, 빠르고, 가쁜호흡
- 대사성산증을 일으키는 질환에서 주로 나타남

① 체인스톡호흡, 대사성산증
② 쿠스마울호흡, 당뇨병케톤산증
③ 비오호흡, 당뇨병케톤산증
④ 지속성흡입호흡, 뇌줄기손상

067

긴장간대발작에 대한 설명이 올바르게 짝지어 진것은?

> ㄱ. 극도의 근육강직을 경험, 과다폄(과신전, hyperextension) 포함
> ㄴ. 근육의 긴장이 지속되는 것, 주로 환자의 근육 수축이 특징적으로 나타남
> ㄷ. 리듬감 있는 움직임의 근육경련으로 환자의 턱이 꽉 다물어져 기도를 유지하는 데 어려움이 있을 수 있음

	ㄱ	ㄴ	ㄷ
①	전조	간질 후	긴장기
②	과긴장기	긴장기	간대성기
③	긴장기	수축기	경련기
④	긴장기	발작 후	의식상실

📑 출제 키워드   긴장간대발작

📁 기본서 다시보기   응급처치학개론 p.427

핵심 개념 리마인드

① 전조(Aura): 경련이 발생하기 몇 시간에서 몇 초 전에 선행되는 환후, 환시, 환청, 환미 등 주관적인 감각 변화
  ▸ 잡음 또는 음악이 들리거나, 불빛이 떠다니거나, 불쾌한 냄새, 위의 불쾌한 느낌, 신체 특정 부위에 나타나는 저린감 또는 비틀어지는 듯한 느낌 등
  ▸ 정신성 혹은 감각성(psychicor sensory nature)에 기인한 것
  ▸ 모든 경우에 전조증상이 나타나는 것은 아님
② 의식상실(Loss of consciousness): 일부 전조증상 발현 이후 어느 순간 의식상실 경험
③ 긴장기(Tonic phase): 근육의 긴장이 지속되는 것, 주로 환자의 근육 수축이 특징적으로 나타남
④ 과긴장기(Hypertonic phase): 극도의 근육강직을 경험, 과다폄(과신전, hyperextension) 포함
⑤ 간대성기(Clonic phase): 리듬감 있는 움직임의 근육경련으로 환자의 턱이 꽉 다물어져 기도를 유지하는 데 어려움이 있을 수 있음
⑥ 간질 후(Post seizure): 혼수상태가 나타남
⑦ 발작 후(Postictal): 대개 두통을 호소하고 일부는 신경학적 문제를 경험하기도 함
  ▸ 경련 발생의 여부를 실금 등으로 확인

정답 ▶ ②

068

의식변화의 흔한 원인들을 기억하는데 도움을 주는 기억법 중 옳지 않은 것은?

① A = Acidosis(산증), Alcohol(알코올)
② P = Psychosis(정신질환), poison(중독)
③ I = Infection(감염), Insulin(저혈당, 당뇨병 케톤산증)
④ E = Event(사건이 생기게 된 계기)

📑 출제 키워드   정신상태의 변화

📁 기본서 다시보기   응급처치학개론 p.423

해설 ④ E는 Epilepsy(간질)을 나타냄

핵심 개념 리마인드
▸ A = Acidosis (산증), Alcohol (알코올)
▸ E = Epilepsy (간질)
▸ I = Infection (감염)
▸ O = Overdose (과다용량)
▸ U = Uremia (요독증)
▸ T = Trauma (외상), tumor (종양), toxin (독성)
▸ I = Insulin (저혈당, 당뇨병 케톤산증)
▸ P = Psychosis (정신질환), poison (중독)
▸ S = Stroke (뇌졸중), seizure (경련)

정답 ▶ ④

069

영유아기의 특발성 질환으로 10~30초 정도의 짧은 시간 동안에 멍한 상태로 보이는 의식 상실과 근육 떨림 증상이 있는 발작 유형은?

① 실신발작 ② 긴장간대발작
③ 복합부분 발작 ④ 단순부분 발작

출제 키워드: 실신발작
기본서 다시보기: 응급처치학개론 p.428

해설 ① 소발작은 짧은 전신발작으로 대개 10~30초 정도 의식상실, 눈이나 근육의 떨림, 일부 근육의 긴장능력 소실이 나타난다. 의식상실은 환자나 주위 사람들이 인식하지 못할 정도로 짧게 나타나며 대개 유아기에 특발성 질환으로 나타난다. 소발작은 일반적인 경련 치료에 반응하지 않는다.

핵심 개념 리마인드
- 긴장간대발작: 대발작으로 전신 운동성 발작으로 의식상실을 동반한다. 대개 긴장이 증가되는 긴장기(tonic phase)에는 근육의 긴장 및 수축이 특징이며 간대성기는 팔다리의 리듬감 있는 근육움직임이 특징이다.
- 실신발작: 발작으로 짧은 전신발작으로 대개 10~30초 정도 의식상실, 눈이나 근육의 떨림, 일부 근육의 긴장능력 소실이 나타난다.
- 단순부분발작: 국소운동발작, 국소감각발작 또는 잭슨발작으로 불리기도 하는데, 아주 무질서한 움직임이나 신체 한 부분의 기능상실이 특징이다.
- 복합부분발작: 때때로 관자엽(temporal lobe) 또는 정신운동발작(psychomotor seizures)이라고 불리며 특징적인 전조증상이 나타난다.

정답 ①

070

다음 혈액검사 결과상 나타나는 호흡양상은?

- pH 6.9
- Potassuim 6.8
- SPO₂ 94%
- PaCO₂ 37mmHg

① 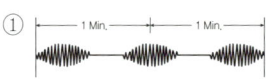 ②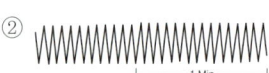

③ 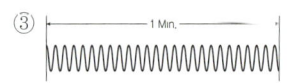 ④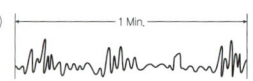

출제 키워드: 비정상 호흡양상
기본서 다시보기: 응급처치학개론 p.361

해설 ① 체인-스토크스 호흡은 일회 호흡량이 점차 많아지다가 점차 감소되면서 날숨 말에는 무호흡을 보이는 호흡이다.
② 환자는 전해질 불균형으로 인한 대사성산증 상태로 쿠스마울 호흡이 나타날 수 있다.
③ 깊고 빠른 호흡으로 뇌졸중이나 뇌줄기 손상시 초래된다.
④ 횟수와 깊이가 불규칙적인 가쁜 호흡을 하다가 갑자기 무호흡이 주기적으로 나타나는 호흡이다.

핵심 개념 리마인드

호흡양상	특징	그래프
체인-스토크스 호흡 - 말기환자 - 뇌손상 환자	일회호흡량이 점차 많아지다가 점차 감소 되면서 날숨말에는 무호흡을 보임	
쿠스마울 호흡 - 당뇨병성 케톤산증	깊고, 빠르고 가쁜 호흡으로 대사성 산증일 일으키는 질환이 있을 때 주로 나타남	
중추신경성 과다호흡 - 뇌졸중 - 뇌줄기 손상 환자	깊고 빠른 호흡으로 정상 환기 조절이 되지 않아 호흡성 알칼리증이 나타남	
실조성(비오) 호흡 - 뇌압 상승 환자	횟수와 깊이가 불규칙적인 가쁜 호흡을 하다가 갑자기 무호흡이 주기적으로 나타남	
지속성 흡식호흡 - 뇌졸중 - 중추신경질환	길고 깊은 호흡을 들이마시다가 무호흡	

정답 ②

071

거칠고 높은 음으로 주로 들숨시 들리며 크룹과 같은 상기도 막힘 시 발생하는 숨소리로 옳은 것은?

① 그렁거림
② 쌕쌕거림
③ 건성수포음
④ 가슴막마찰음

📝 출제 키워드   비정상호흡음

📁 기본서 다시보기   응급처치학개론 p.362

해설 ① 크기가 작은 경우라면 즉각적 수술이 필요하지는 않다.

핵심 개념 리마인드   비정상 숨소리
- 코고는 소리(snoring), 상기도가 주로 혀에 의해 부분적으로 막혔을 때 나는 소리
- 그렁거림(stridor), 거칠고 높은 음으로 주로 들숨 시 들리는데 크룹(croup)과 같은 상기도 막힘 시 발생
- 쌕쌕거림(wheezing), 부종, 기관지협착, 이물 등으로 기도가 막힌 경우 들림
- 건성수포음(rhonchi), 큰 기도에 점액이나 다른 물질이 과다하게 고인 경우 발생되는 딸각 소리
- 거품소리(수포음, crackles 또는 rales), 미세한 세 기관지에 이물이 고인 경우 발생되는 젖은(moist) 소리
- 가슴막마찰음(pleural friction rub), 가슴막염처럼 가슴막이 감염되어 마른 가죽을 부빌 때 나는 소리

정답 ①

072

90세 노인이 평상시에도 변비가 심하였다. 환자는 고기를 자주 먹는 것을 좋아하였으며, 채소 등은 일체 먹지 않았다. 불규칙한 배변 및 발열, 복통을 동반하며 응급실에 내원하였다. 환자 문진 상 LLQ의 통증이 가장 심했으며 해당 부분에 압통 및 반발압통을 동반하였다. 가장 가능성 있는 질환을 고르시오.

① 게실염
② 위염
③ 췌장염
④ 급성충수돌기염

📝 출제 키워드   게실염

📁 기본서 다시보기   응급처치학개론 p.378, 핵심요약집 p.104

해설 ① 좌하복부의 통증이 나타난 것으로 보아 게실염이 발생하였음을 시사한다.

핵심 개념 리마인드

구분	상부위장관	하부위장관
증상 및 징후	• 상복부에 막연한 쓰리고 불편한 감각 • 더부룩하거나 찢어지는 통증 • 욕지기, 구토 : 혈액이 위장관을 상당히 자극 • 토혈, 흑색변	• 근육이 조이는 느낌, 가스로 인한 경련성 통증, 구역, 구토, **배변 변화** — 흑색변: 위장관출혈이 서서히 발생 — 선홍색변: 출혈이 대량이거나 큰창자 아래쪽에서 발생
주요 원인	• 소화성궤양질환 • 위염 • 정맥류파열 • 말로리-바이스손상 • 식도염 • 정맥류출혈	• 곁주머니증, 게실증 • 잘록창자질환, 대장 혹은 결장질환 • 곧창자질환, 직장질환 • 염증성 장질환 • 보통 만성적이지만 드물게 출혈로 인해 사망에 이를 수 있음
관련 질병	• 식도정맥류 • 급성위장염 • 만성위장염 • 소화성궤양 • 주기성구토증후군	• 궤양성 잘록창자염, 대장염 • 크론병 • 곁주머니염, 게실염 • 치질 • 과민성 대장증후군 • 창자막힘

정답 ①

073

다음 감염의 비교에 대한 설명으로 옳지 않은 것은?

① A형 간염의 잠복기는 대략 15~30일이며 백신이 존재한다.
② D형 간염은 분변/ 구강으로 전파되며 HBV 백신을 함께 사용한다.
③ B형 간염은 혈액과 체액으로 전파된다.
④ E형 간염은 만성화로 진행되지 않는다.

출제 키워드 : 간염의 비교
기본서 다시보기 : 응급처치학개론 p.443

해설 ② D형 간염은 혈액 및 체액으로 전파되며 HBV 백신을 함께 사용한다.

핵심 개념 리마인드

질병	바이러스	잠복기(평균)	전파	만성도	백신
A형 간염	HAV	15~30일(30일)	분변/경구	없음	있음
B형 간염	HBV	45~160일(120일)	혈액/체액	있음	있음
C형 간염	HCV	2~25주(7~9주)	혈액/체액	있음	없음
D형 간염	HDV	2~8주	혈액/체액	있음	HBV 백신
E형 간염	HEV	2~9주(40일)	분변/경구	없음	없음

정답 ②

074

40세 여성이 급작스러운 발작성 기침을 하며 호흡곤란을 호소하고 있다. 혈압 110/80mmHg, 맥박 110회/분, 호흡 24회/분, 맥박산소포화도 87%이며 호기말이산화탄소분압 측정도에서 다음과 같은 모양이 관찰된다. 의심되는 질병의 특징으로 옳은 것은?

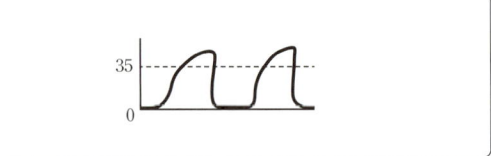

① 들숨시 기관지가 좁아져 호흡곤란이 발생한다.
② 소아나 노인에게 많이 발생한다.
③ 호흡곤란 지속 시 양압환기 또는 기관내 삽관이 필요하다.
④ 폐포의 파괴로 호흡곤란이 발생할 수 있다.

출제 키워드 : 천식
기본서 다시보기 : 응급처치학개론 p.363

해설 ② 쌕쌕거림은 하기도 폐쇄시 나는 소리임으로 천식환자에서 주로 들린다. 급성 천식이 악화된 환자는 종종 호기말이산화탄소분압측정도에서 상어 지느러미 모양이 관찰된다. 허파꽈리를 비우는 속도가 느려져 나타나는 결과로 상승기와 허파꽈리 정점지속기의 경사를 감소시킨다. 기관지 확장을 하는 베타작용제인 알부테롤을 투여한다.

핵심 개념 리마인드 천식
▶ 원인: 알레르기, 운동, 정신적인 스트레스, 세기관지 수축, 점액 분비, 차가운 공기로 발생
→ 공기가 드나드는 통로가 기관지의 경련이나 점액으로 폐쇄되는 경우에 발생
▶ 천식은 COPD가 아님
▶ 고음의 천명음과 심각한 호흡곤란이 나타남
▶ 천식은 노인이나 소아환자에게 많으며 불규칙한 간격으로 갑자기 나타남

정답 ②

075

고농도의 혈중 코티솔로 인해 발생할 수 있는 질병에 관한 내용으로 옳지 않은 것은?

① 나트륨 정체를 야기해 체액을 증가시킨다.
② 체중증가 및 달덩이 얼굴같은 증상이 나타난다.
③ 밀가루 반죽과 같은 피부를 관찰할 수 있다.
④ 피부가 여리고 감염될 가능성이 높기 때문에 정맥을 확보할 때 주의를 기울여야 한다.

출제 키워드: 부신 기능항진
기본서 다시보기: 응급처치학개론 p.389

해설 부신항진증인 쿠싱증후군에 관한 설명이다
③ 밀가루 반죽과 같은 피부는 갑상샘기능저하증에서 볼 수 있는 증상이다.

핵심 개념 리마인드

갑상샘	항진	갑상샘 중독증: 신체 기관이 장기간 동안 과도한 양의 갑상샘호르몬에 노출되어 구조와 기능에 변화가 생기는 상태 → 95%가 그레이브스병으로 발생 갑상샘 독성발작: 고열(106°F/41°C 또는 그 이상), 흥분, 섬망 또는 혼수, 빠른맥, 저혈압, 구토, 설사 → 산소 투여, 환기 보조, 수액소생술, 심장기능감시 그레이브스병: 안구돌출, 초조, 심리적 불안정, 불면증, 열내성이 약함, 식욕이 증가하는데도 체중 감소, 허약, 호흡곤란, 빠른맥, 심장병력이 없이 새로 발병한 심방세동
	저하	점액수종: 기면, 한랭못견딤성(한랭불내성), 변비, 의식수준의 감소, 체중 증가를 동반한 식욕 저하, 깊은힘줄반사(심부건반사, DTRs)의 이완 단계가 느려짐, 무표정, 부은 얼굴, 얇은 머리카락, 비대한 혀, 밀가루 반죽 같이 느껴지는 차고 창백한 피부 → 저체온증과 점액수종 혼수로 불리는 혼수 상태로 진행 → 진행 촉진 인자: 감염, 외상, 추운환경, 알코올이나 약물 같은 중추신경억제제
부신	항진 (쿠싱증후군)	체중 증가(체간, 얼굴, 목 등), 달덩이 얼굴(moon-faced), 물소혹(buffalo hump, 등 위쪽에 지방 축적), 피부가 투명할 만큼 얇아지고, 타박상 발생, 작은 상처도 치유 지연, 여성의 경우 안면부 털(다모증)발달, 감정 기복, 기억 감퇴, 집중력 감소 → 고혈압과 뇌졸중을 포함하여 심혈관질환의 발병률이 더 높음, 피부가 여리고 감염될 가능성이 높기 때문에 정맥로를 확보할 때 특별히 피부 손상에 주의를 기울여야 함
	저하 (애디슨병)	적절한 양의 스테로이드 호르몬(주로 코티솔과 알도스테론)을 생성하지 못할 때 발생 → 물과 전해질 균형에 심한 장애: 소변으로 배출되는 나트륨의 증가는 혈량의 감소를 가져오고, 칼륨 정체는 고칼륨혈증을 야기하고 ECG를 변화, 저혈당증 교정 처치

정답 ③

076

특별한 과거력이 없던 30세 여자가 최근 4개월 전부터 불면증이 심하고 쉽게 피곤함을 느끼고, 조금만 더워도 참지 못했다고 한다. 흉부 X-ray는 정상이고, 다음과 같은 심전도가 나타나고 있다. 의심되는 소견은?

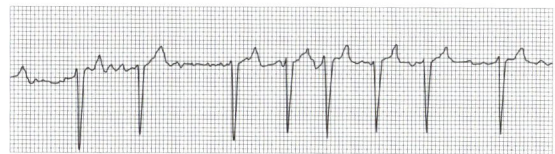

① 부신항진증 ② 점액수종
③ 그레이브스병 ④ 에디슨병

출제 키워드: 그레이브스병
기본서 다시보기: 응급처치학개론 p.390

해설 ③ 그레이브스병의 증상과 징후로 초조, 불안정, 불면증, 열내성이 약함, 식욕이 증가하는데도 체중 감소, 허약, 호흡곤란, 빈맥 혹은 심장병력이 없이 새로 발병한 심방세동, 안구돌출증 등이 있다. 남성보다 여성에게서 6배 가량 더 흔하며 20~30대에 더 잘 발생한다.

핵심 개념 리마인드 — 그레이브스병

① 특징
▶ 강력한 유전적 소인
▶ 남성보다 여성에게서 6배 가량 더 흔함
▶ 20~30대 청년기에 주로 발생
▶ 자가항체가 갑상샘조직을 자극하여 과도한 양의 갑상샘호르몬을 생산하여 기관의 기능변화 초래

② 증상과 징후
▶ 초조, 심리적 불안정, 불면증, 열내성이 약함, 식욕이 증가하는데도 체중 감소, 허약, 호흡곤란, 빠른맥, 심장병력이 없이 새로 발병한 심방세동
 ┌ 청년층: 신경계 증상
 └ 노년층: 심혈관계 증상
▶ 병리적으로 갑상샘을 자극하는 자가항체에 눈확(안와)조직이 장기간 반응하면 안구돌출증(안구의 돌출)이 발생
▶ 자가항체와 갑상샘조직이 상호작용을 하면 광범위갑상샘종(diffuse goiter; 갑상샘의 전반적인 비대)이 만들어짐

정답 ③

077

치과치료를 받은 뒤 발열과 함께 호흡곤란, 목의 통증과 부종으로 식사를 하지 못한 30대 여성에게 최초로 시행해야 하는 처치로 옳은 것은?

① 호흡곤란이 있으니 산소포화도를 빠르게 측정하여 산소를 공급한다.
② 발열반응이 있으니 해열제를 투여한다.
③ 식사량이 부족하니 수액을 투여하도록 한다.
④ 기도부종이 발생할 수 있으니 빠르게 성문내 기도유지기를 활용하여 기도를 확보한다.

> 출제 키워드 루드비히협심증
> 기본서 다시보기 응급처치학개론 p.469

해설 ④ 환자는 루드비히협심증으로 조직이 빠르게 부어 기도를 막아 생명에 위협이 발생할 수 있으니 목의 윗부분과 턱의 아랫부분의 충혈과 부종이 관찰된다면 빠르게 성문내 기도유지기를 활용하여 기도를 확보해야 한다.

정답 ④

078

가스교환 장애를 초래하는 기전과 호흡기 질환의 부적절한 관계를 고르시오.

① 모세혈관과 폐포 사이의 분리 – 폐렴
② 폐포의 손상 – 폐기종
③ 모세혈관과 폐포 사이의 분리 – 폐부종
④ 기관지의 경련 – 기관지 확장증

> 출제 키워드 가스교환 장애를 초래하는 기전과 호흡기 질환의 관계
> 기본서 다시보기 응급처치학개론 p.363

해설 ④ 기관지의 경련은 숨 쉴 때마다 '쌕쌕' 소리(천명)가 나는 만성 염증성 호흡기 질환인 천식이다.

핵심 개념 리마인드 천식
▶ 원인: 알레르기, 운동, 정신적인 스트레스, 세기관지 수축, 점액 분비, 차가운 공기로 발생
  → 공기가 드나드는 통로가 기관지의 경련이나 점액으로 폐쇄되는 경우에 발생
▶ 천식은 COPD가 아님
▶ 고음의 천명음과 심각한 호흡곤란이 나타남
▶ 천식은 노인이나 소아환자에게 많으며 불규칙한 간격으로 갑자기 나타남

정답 ④

079

다음 중 격리조치가 필요하며 발병 즉시 관계기관에 신고하고 격리하여야 하는 질병 중 종류가 다른 질병은?

① 두창디프테리아 ② 마버그열
③ 한센병 ④ 라싸열

📝 출제 키워드 특정 감염병

📂 기본서 다시보기 응급처치학개론 p.439

해설 ③ 1급 감염병에 대한 설명이다.
한센병은 2급 감염병으로 발병 24시간 이내에 관계기관에 신고하여야 한다.

핵심 개념 리마인드

1급 감염병(17종)	2급 감염병(21종)
· 남아메리카출혈열	· A형간염
· 동물인플루엔자 인체감염증	· E형간염
· 두창디프테리아	· B형헤모필루스인플루엔자
· 라싸열	· 결핵
· 리프트밸리열	· 반코마이신내성황색포도알균감염증
· 마버그열	· 백일해
· 보툴리눔독소증	· 성홍열
· 신종감염병증후군	· 세균성이질
· 신종인플루엔자	· 수두
· 야토병	· 수막구균성수막염
· 에볼라바이러스병	· 유행성이하선염
· 중동호흡기증후군 (메르스)	· 장출혈성대장균감염증
· 중증급성호흡기증후군	· 장티푸스
· 크리미안콩고출혈열	· 카바페넴내성장내세균속 균종감염증
· 탄저	· 콜레라
· 페스트	· 파라티푸스
	· 폐렴구균
	· 폴리오
	· 풍진
	· 한센병
	· 홍역

정답 ③

080

60세 남자가 뇌졸중이 의심되어 내원하였다. 의식은 명료하고, 팔다리의 근력 약화나 감각 이상은 없다. 웃을 때 오른쪽 얼굴에 마비증상이 있고 눈이 잘 감기지 않으며 귀 뒷부분에 통증이 있다. 뇌컴퓨터단층촬영 결과는 정상이었다. 의심할 수 있는 질환은?

① 뇌경색
② 벨마비
③ 픽병
④ 삼차신경통

📝 출제 키워드 벨마비

📂 기본서 다시보기 응급처치학개론 p.419

해설 ② 뇌컴퓨터단층촬영 상 문제가 없고 편측 마비를 나타나는 것으로 보아 뇌졸중이 아닌 벨마비로 의심된다.

핵심 개념 리마인드
벨마비는 제7뇌신경(얼굴신경)의 기능이상으로 나타난다. 초기에 환자는 귀 뒷부분에 통증을 호소하고 수일에 걸쳐 얼굴근육의 허약이 나타날 수도 있다.

정답 ②

081

당뇨환자의 수액 치료 효과에 대한 설명 중 옳지 않은 것은?

① 혈당 배설 증가 촉진
② 인슐린의 길항 작용을 하는 스트레스 호르몬의 분비 감소
③ 기본적으로 2L 이상의 수액을 투여해야함
④ 부종과 같은 합병증 발생 유의

출제 키워드 : 당뇨환자의 수액 치료 효과
기본서 다시보기 : 응급처치학개론 p.388

해설 ③ 당뇨환자의 수액치료의 경우 평균 1~2 L의 수액을 투여하지만 상황에 따라 투여량이 다를 수 있다.
환자의 동반 질환(심장이나 신장 기능 이상 등)을 고려하여 투여량과 속도 조절해야 한다.

핵심 개념 리마인드
- 혈당 배설 증가
- 인슐린의 길항 작용을 하는 스트레스 호르몬의 분비 감소
- 고려 사항
  : 다량의 수액이 너무 빨리 공급될 경우 뇌부종과 같은 합병증 발생
  : 환자의 동반 질환(심장이나 신장 기능 이상 등)을 고려하여 투여량과 속도 조절
  : 혈압, 맥박, 소변량, 체중 변화, 중심 정맥압 등을 잘 관찰하며 시행

정답 ③

082

노량진 벚꽃축제 후 눈물과 콧물이 지속적으로 나오며 재채기를 하고 있는 환자가 있다. 이 환자에게 나타난 반응에 대한 설명으로 옳지 않은 것은?

① 혈관 수축
② 기관지 수축
③ 혈관투과력 증가
④ 호중구나 호산구의 화학주성 증가

출제 키워드 : 알레르기 자극에 대한 반응
기본서 다시보기 : 응급처치학개론 p.407

해설 ① 알레르기 자극시 혈관이 이완되어 저혈압을 발생시킬 수 있다.

핵심 개념 리마인드
- 탈과립하여 히스타민을 방출
- 혈관 이완
- 기관지 수축
- 콧물
- 혈관투과력 증가
- 호중구나 호산구의 화학주성 증가

정답 ①

083
다음 설명하는 안과적 질환은?

- 외상으로 인해 발생하며 시력이 상실 될 수 있음
- 주변시야에 명백히 나타나는 빛의 번쩍거림
- 질환이 있는 눈의 시야의 일부분에 그림자(검은커튼)가 있는 것 같음

① 백내장 ② 망막박리
③ 녹내장 ④ 안구염증

출제 키워드   안과적 질환
기본서 다시보기   응급처치학개론 p.464

해설 ② 질환이 있는 눈의 시야의 일부 분에 그림자(검은커튼)가 있는 것 같은 상황은 망막박리에 대표적인 증상에 관한 설명이다.

핵심 개념 리마인드

녹내장	백내장	망막박리
▶ 눈 내부의 안압이 상승하는 질환 ▶ 시각신경 손상 → 시력상실 ▶ 앞방으로부터 방수의 흐름이 차단되어 야기됨	▶ 노화로 인해 발생 ▶ 렌즈 안에 단백질이 분해됨으로써 눈의 렌즈가 뿌옇게 흐려지는 것 ▶ 당뇨병, 눈 손상, 방사선 노출, 흡연, 자외선 노출 등	▶ 외상으로 인해 발생 → 시력상실 ▶ 망막이 주변 지지 조직으로부터 분리 ▶ 주변시야에 명백히 나타나는 빛의 번쩍거림 ▶ 질환이 있는 눈의 시야의 일부분에 그림자(검은커튼)가 있는 것 같음

정답 ②

084
30세 여자가 남편과 말다툼 후 흉통과 심한 호흡곤란으로 119 신고되었다. 손발연축이 관찰되고 청진상 호흡음 정상, 혈압 110/60mmHg, 맥박 110회/분, 호흡 38회/분, 산소포화도 97%, ETCO$_2$ 25mmHg였다. 의심되는 소견은?

① 폐색전증 ② 폐렴
③ 과다호흡증후군 ④ 폐기종

출제 키워드   과다호흡증후군
기본서 다시보기   응급처치학개론 p.365

해설 ③ 과다호흡증후군은 빠른 호흡, 가슴통증, 저린감, 불안이나 상황적 대응과 관련된 다른 증상들을 보이는 것이 특징이다. 불안감을 느끼는 환자에게 발생한 과다호흡은 이산화탄소를 과다 배출시켜 호흡성 알칼리증의 원인이 되고 결합된 칼슘량을 증가시켜 상대적으로 저칼슘혈증을 일으켜 손발연축이 생긴다. 호기말이산화탄소 분압 파형은 35mmHg 이하로 체내에 이산화탄소가 부족한 것을 알 수 있다.

핵심 개념 리마인드 과다환기증후군(hyperventilation syndrome)
① 정의
  폐에 이상이 없는 환자가 호흡수나 호흡의 깊이를 증가시키는 현상
② 발생 기관
  과다환기로 많은 양의 이산화탄소 배출 → 혈중 이산화탄소 정상 이하 감소 → 혈중 pH는 정상보다 증가 → 호흡성 알칼리 상태 형성
  : 환자가 과다환기를 할 때 호소하는 증상은 대부분 호흡성 알칼리 상태에 의하여 유발
③ 증상 및 징후
  ▶ 대부분 정신적 불안감, 과다환기 전에 두통이나 메스꺼움 등 호소
  ▶ 여성 환자에게 주로 발생하며 칼슘 저하로 인한 손발 연축이 특징
④ 처치
  과다환기 시 발생하는 대부분의 증상은 심호흡을 하면 5분 내에 소실됨

정답

085

점액수종에 대한 내용으로 옳지 않은 것은?

① 충분하지 않은 양의 갑상샘호르몬에 장기간 노출되어 구조와 기능에 변화가 생긴 상태로 고체온증과 점액수종 혼수로 불리는 혼수상태로 진행
② 점액수종 혼수로 진행될 경우 호흡 억제가 일어나면 사망 가능
③ 진행을 촉진하는 인자는 감염, 외상, 추운 환경, 알코올이나 약물 같은 중추신경억제제이다.
④ 치료가 가능한 시설로 빠르게 이송한다.

출제 키워드: 점액수종
기본서 다시보기: 응급처치학개론 p.391

해설 ① 점액수송은 저체온과 점액수종 혼수로 불리는 혼수상태로 진행된다.

핵심 개념 리마인드 **점액수종(myxedema)**
충분하지 않은 양의 갑상샘호르몬에 장기간 노출되어 구조와 기능에 변화가 생긴 상태로 저체온증과 점액수종 혼수로 불리는 혼수상태로 진행
▶ 점액수종 혼수(myxedema coma)로 진행될 경우 호흡 억제가 일어나면 사망 가능
▶ 진행을 촉진하는 인자: 감염, 외상, 추운 환경, 알코올이나 약물 같은 중추신경억제제
▶ 치료가 가능한 시설로 빠르게 이송

정답 ①

086

즉시형 과민반응의 전달물질로 옳은 것은?

① Ig A
② Ig E
③ Ig G
④ Ig M

출제 키워드: 사람항체분류
기본서 다시보기: 응급처치학개론 p.437

해설 ② 즉시형 과민반응의 전달물질은 면역글로불린 E이다.

핵심 개념 리마인드

Ig G	한 개의 항원을 기억하고 반복적 침입 인식 : 사람 혈청의 주요 면역 글로불린 : 면역반응을 하는 면역글로불린 중에서 가장 중요함→ 모체로부터 태반을 통과하여 태아에게 전달, 출생 전에 면역력을 만들어주는 중요한 역할을 함
Ig M	대부분의 면역반응 초기에 형성
Ig A	외분비계에서 가장 중요한 면역글로불린(젖, 호흡, 타액, 눈물)
Ig D	B림프구의 표면에 존재하는 Ig D는 항원수용체로 작용
Ig E	호흡기와 내장기관 안의 비만세포(mast cell)에 부착 : 알레르기반응에서 가장 중요한 역할을 함 → 알레르기가 있는 환자들은 일반적으로 Ig E 수치가 매우 높음

정답 ②

087

65세 남자가 호흡곤란을 호소한다. 3년 전부터 연중 3개월 이상 객담이 동반된 기침을 하였다고 한다. 외관상 과체중이었고 입술에 청색증이 보이며 건성수포음이 들린다. 기저질환으로 고혈압, 당뇨, 고지혈증이 있으며 산소포화도 90%, ETCO₂ 60mmHg였다. 의심할 수 있는 질환은?

① 폐렴 ② 폐기종
③ 과다호흡증후군 ④ 만성기관지염

출제 키워드　만성기관지염

기본서 다시보기　응급처치학개론 p.363

해설 ④ 만성기관지염인 환자들은 대부분 오랜 기간 흡연한 경험이 있고 2년 이상에서 적어도 연중 3개월 이상 객담이 동반된 기침을 한다. 또한 과체중인 경향이 있고 청색증을 보일 수 있어 '푸른색의 숨찬 사람'이라고 부른다. 가슴우리를 청진하면 점액마개가 큰 기도를 막고 있기 때문에 건성수포음이 들린다. 폐기종과 마찬가지로 응급처치 일차목표는 저산소증을 완화시키고 기관지 수축이 있다면 완화하는 것이다.

핵심 개념 리마인드　만성기관지염
세기관지 염증. 점액의 과도한 분비는 세기관지의 점액을 제거하려는 섬모운동을 방해함

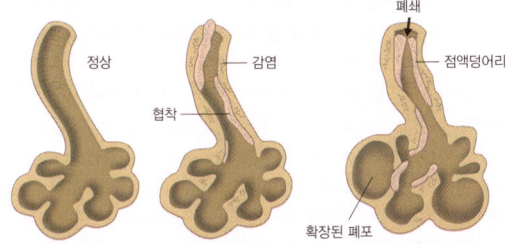

▲ 만성 기관지염과 기종의 결과 세기관지와 허파꽈리의 변화

 ④

088

E형 간염의 특징으로 옳지 않은 것은?

① 2급 법정 감염병이다.
② HBV백신을 사용할 수 있다.
③ 전파경로가 A형 간염과 같다.
④ 만성도도 없고, 백신도 없다.

출제 키워드　간염의 비교

기본서 다시보기　응급처치학개론 p.444

해설 ② HBV백신을 사용할 수 있는 간염은 D형간염에 대한 설명이다.

핵심 개념 리마인드

질병	바이러스	잠복기(평균)	전파	만성도	백신
A형 간염	HAV	15~30일(30일)	분변/경구	없음	있음
B형 간염	HBV	45~160일(120일)	혈액/체액	있음	있음
C형 간염	HCV	2~25주(7~9주)	혈액/체액	있음	없음
D형 간염	HDV	2~8주	혈액/체액	있음	HBV 백신
E형 간염	HEV	2~9주(40일)	분변/경구	없음	없음

 ②

089

급성 콩팥손상의 원인으로 다른 하나는?

① 양측 요관의 급격한 폐쇄
② 방광목의 급격한 폐쇄
③ 급격한 요도 폐쇄
④ 심장기능상실

📋 출제 키워드 급성 콩팥손상의 원인

📖 기본서 다시보기 응급처치학개론 p.396

해설 ④ 심장기능상실은 전신성 급성콩팥손상을 말한다.

핵심 개념 리마인드
- 전신성: 저관류 상태
- 신성: 콩팥 자체의 문제
- 후신성: 요관이 막혀 발생

전신성 급성콩팥손상	신성 급성콩팥손상	후신성 급성콩팥손상
• 저혈량증(출혈, 탈수, 화상) • 심장기능상실(심근경색, 울혈성, 심부전증, 판막질환) • 심혈관허탈(쇼크, 패혈증) • 콩팥혈관이상(콩팥동맥협착증이나 콩팥정맥의 혈전증 또는 색전증)	• 작은 혈관/토리 손상(혈관염-때로 면역매개성 급성토리콩팥염, 악성 고혈압) • 세뇨관세포손상(급성 세뇨관괴사-허혈성 또는 독극물의 2차성) • 세포간질손상(급성 깔때기콩팥염, 급성 알레르기성 간질반응)	• 양측 요관의 급격한 폐쇄(큰 결석, 혈전, 종양 등에 의해 2차성으로) • 방광목의 급격한 폐쇄(양성 전립샘비대, 결석, 종양, 혈전의 2차성) • 급격한 요도 폐쇄(염증, 감염, 결석, 이물질 등에 의해 2차성으로)

 ④

090

다음 발작에 대한 설명으로 옳지 않은 것은?

① 가성간질은 정신과적 질환에 기인하여 굉장히 신경질적이고 이상한 행동 시행을 시행하지만 "멈춰"와 같은 간단한 명령으로 중단 가능하다.
② 소발작은 발작 동안 환자의 갈비사이근과 가로막에 일시적 마비로 인하여 호흡장애가 초래되어 청색증을 유발하기에 매우 위험할 수 있다.
③ 단순 부분 발작은 신체 한 부분의 기능이 상실되는 것으로 환자의 의식상실은 미동반 될 수 있다.
④ 복합부분발작은 관자엽 또는 정신운동발작을 말하며, 이상한 냄새나 맛, 소리를 감지하는 등 특이한 발작 전조증상이 나타나기도 한다.

📋 출제 키워드 발작

📖 기본서 다시보기 응급처치학개론 p.427

해설 ② 발작 동안 환자의 갈비사이근과 가로막에 일시적으로 마비로 인해 호흡장애 초래하여 청색증이 유발하기에 매우 위험할 수 있는 상황은 긴장간대발작에 관한 사항이다.

핵심 개념 리마인드
소발작(작은발작, petit malseizure/ 실신발작, absence seizure): 짧은 전신발작으로 대개 10~30초 정도 의식상실(인식하지 못할 정도로 짧게 나타남), 눈이나 근육의 떨림, 일부 근육의 긴장능력 소실 발생 → 대개 영유아기에 특발성 질환(idiopathic disorder)으로 나타남

대발작	- 전신 운동성 발작으로 의식상실 동반, 혼란, 기면, 혼수 등 발생 가능 - 발작 동안 환자의 갈비사이근과 가로막에 일시적으로 마비로 인해 호흡장애 초래, 호흡이 정상으로 돌아오기 전 다량의 거품이 있는 구강 분비물 발생 → 청색증이 유발 - 경련 발생의 여부를 실금 등으로 확인
전조	경련 발생 몇 시간에서 몇 초 전에 선행되는 환후, 환시, 환청, 환미 등 주관적인 감각 변화
의식상실	일부 전조증상 발현 이후 어느 순간 의식상실 경험
긴장기	근육의 긴장이 지속되는것, 주로 환자의 근육 수축이 특징적으로 나타남
과긴장기	극도의 근육강직을 경험, 과다폄(과신전, hyperextension) 포함
간대성기	리듬감 있는 움직임의 근육경련으로 환자의 턱이 꽉 다물어져 기도를 유지하는 데 어려움이 있을 수 있음
간질 후	혼수상태가 나타남
발작 후	대개 두통을 호소하고 일부는 신경학적 문제를 경험하기도 함
소발작	- 짧은 전신발작으로 대개 10~30초 정도 의식상실(인식하지 못할 정도로 짧게 나타남) - 눈이나 근육의 떨림, 일부 근육의 긴장능력 소실 발생 - 대개 영유아기에 특발성 질환(idiopathic disorder)으로 나타남
응급 처치	▶ 안전한 환경 조성, 적절한 기도 유지, 호흡의 보조가 필요하다면 산소 투여, 순환 상태, 혈당, 정신 상태 확인 ▶ 실신으로 인한 외상이 있다면 그에 맞는 처치 제공 ▶ 환자를 병원으로 이송하며, 이송 중 ABC와 활력징후 관찰

 ②

091

15세 여자가 다음과 같은 증상을 호소한다. 의심되는 소견은?

- 뒤통수 부위에서 생기는 지속적인 두통
- 두통의 양상은 박동성임
- 발열, 정신착란 증상을 보임
- 뒷목 부위의 강직을 동반함

① 픽병 ② 헌팅톤병
③ 뇌수막염 ④ 파킨슨병

📩 출제 키워드   뇌수막염

📖 기본서 다시보기   응급처치학개론 p.446

해설 ③ 뇌수막염은 뇌와 척수를 둘러싼 조직에 세균이나 바이러스의 감염으로 발생할 수 있다. 뇌수막염은 성인보다 소아에게 더 많이 발생하는 것으로 알려져 있다. 뇌수막염의 증상과 징후로는 아동이 하루에서 며칠 동안 중이염, 호흡기 감염성 질환, 고열, 무기력함, 보챔, 심각한 두통, 목 뻣뻣함이 있다. 그러나 매우 어린 영아의 경우 목 뻣뻣함의 증상이 나타나지 않을 수도 있으며, 숫구멍이 팽창될 수 있다.

핵심 개념 리마인드

발열과 관련하여 특히 주의해야 할 질환: 뇌수막염(meningitis)
▸ 뇌수막염은 뇌와 척수를 둘러싼 조직에 <mark>세균이나 바이러스의 감염</mark>으로 발생
  : 뇌수막염은 성인보다 소아에게 더 많이 발생
▸ 뇌수막염의 증상과 징후
  : 고열, 무기력함, 보챔, 심각한 두통, 목 뻣뻣함
  : 매우 어린 영아의 경우 <mark>목 뻣뻣함의 증상이 나타나지 않을 수 있으며, 숫구멍이 팽창될 수 있음</mark>
▸ 뇌수막염의 현장 처치
  : 지지적 처치, 일차 평가를 신속하게 완료한 후 응급실로 환자를 이송
헌팅톤병: 염색체의 유전적 결함에 의해 발생되는 질환으로 증상은 강직, 느린 움직임, 진전이 나타나는 파킨슨병 증상과 유사
픽병: 알츠하이머병과 비슷한 치매의 영구적인 형태로 다른 장소로 잘못 찾아가는 행동을 보임

정답 ③

092

다음 중 용혈성 빈혈에 대한 설명으로 옳지 않은 것은?

① 적혈구의 생산보다 파괴가 많을 때 발생한다.
② 랩토스피라증에 감염되었을 시 발생할 수 있다.
③ 적혈구의 발달 동안 정확한 분열을 하는 데 필요한 비타민 B12의 결핍 때문이다.
④ 헤모글로빈 방출에 의한 황달, 비장비대 현상이 함께 나타날 수 있다.

📩 출제 키워드   빈혈의 유형

📖 기본서 다시보기   응급처치학개론 p.411

해설 ③ 적혈구의 발달 동안 정확한 분열을 하는 데 필요한 비타민 B12의 결핍 때문이다. → 악성빈혈의 특징

핵심 개념 리마인드

원인	유형	병태생리
적혈구의 부적절한 생산	무형성	적혈구 생산 기능 상실
	철결핍성	철은 헤모글로빈의 1차적인 구성 요소
	악성	비타민 B12는 적혈구의 발달 동안 정확한 분열을 하는 데 필요
	낫적혈구성	유전적 변화로 인해 저산소 상태에서 적혈구 모양을 C 또는 낫 모양으로 변화시킴
적혈구 파괴 증가	용혈성	적혈구의 생산보다 파괴가 많은 상태; 파괴된 적혈구의 일부는 혈류의 흐름을 방해함
혈액소실 또는 희석	만성질환	출혈은 혈구세포의 손실을 초래하며 과도한 수액은 적혈구 농도를 희석시킴

정답 ③

093

갑상샘 항진과 관련된 질환에 대한 내용으로 옳은 것은?

① 열내성에 약하고 안구돌출증, 광범위갑상샘종이 특징이다.
② 저혈당증 교정 치료가 필요할 수 있다.
③ 밀가루 반죽 같은 피부를 볼 수 있다.
④ 달덩이 얼굴, 물소혹과 같은 외관을 볼 수 있다.

📋 출제 키워드   갑상샘 기능항신
📁 기본서 다시보기   응급처치학개론 p.389

해설 ② 애디슨병의 특징이다.
③ 점액수종의 특징이다.
④ 쿠싱증후군의 특징이다.

핵심 개념 리마인드

갑상샘	항진	갑상샘 중독증: 신체 기관이 장기간 동안 과도한 양의 갑상샘호르몬에 노출되어 구조와 기능에 변화가 생기는 상태 → 95%가 그레이브스병으로 발생 갑상샘 독성발작: 고열(106°F/41°C 또는 그 이상), 흥분, 섬망 또는 혼수, 빠른맥, 저혈압, 구토, 설사 → 산소 투여, 환기 보조, 수액소생술, 심장기능감시 그레이브스병: 안구돌출, 초조, 심리적 불안정, 불면증, 열내성이 약함, 식욕이 증가하는데도 체중 감소, 허약, 호흡곤란, 빠른맥, 심장병력이 없이 새로 발병한 심방세동
	저하	점액수종: 기면, 한랭못견딤성(한랭불내성), 변비, 의식수준의 감소, 체중 증가를 동반한 식욕 저하, 깊은힘줄반사(심부건반사, DTRs)의 이완 단계가 느려짐, 무표정, 부은 얼굴, 얇은 머리카락, 비대한 혀, 밀가루 반죽 같이 느껴지는 차고 창백한 피부 → 저체온증과 점액수종 혼수로 불리는 혼수 상태로 진행 → 진행 촉진 인자: 감염, 외상, 추운환경, 알코올이나 약물 같은 중추신경억제제
부신	항진 (쿠싱증후군)	체중 증가(체간, 얼굴, 목 등), 달덩이 얼굴(moon-faced), 물소혹(buffalo hump, 등 위쪽에 지방 축적), 피부가 투명할 만큼 얇아지고, 타박상 발생, 작은 상처 치유 지연, 여성의 경우 안면부 털(다모증)발달, 감정 기복, 기억 감퇴, 집중력 감소 → 고혈압과 뇌졸중을 포함하여 심혈관질환의 발병률이 더 높음, 피부가 여리고 감염될 가능성이 높기 때문에 정맥로를 확보할 때 특별히 피부 손상에 주의를 기울여야함
	저하 (애디슨병)	적절한 양의 스테로이드 호르몬(주로 코르티솔과 알도스테론)을 생성하지 못할 때 발생 → 물과 전해질 균형에 심한 장애: 소변으로 배출되는 나트륨의 증가는 혈량의 감소를 가져오고, 칼륨 정체는 고칼륨혈증을 야기하고 ECG를 변화, 저혈당증 교정 처치

정답 ①

094

77세 여자로 통풍을 앓고 있다. 119출동 당시 굉장히 외관상 아파보였고 왼쪽 옆구리를 잡고 발을 질질 끌며 걷지도 못하는 상황이였다. 활력징후는 문제 없었고 얼른 병원으로 가자고 재촉하였다. 의심 질환은?

① 자궁외 임신
② 요로결석
③ 췌장염
④ 게실염

📋 출제 키워드   복통유발질병
📁 기본서 다시보기   응급처치학개론 p.380

해설 ② 기저질환인 통풍으로 인한 요산축적으로 인해 침전물이 생겨 결석을 유발하여 통증이 발생한 것으로, 옆구리 통증 또한 결석 통증의 특징이라 할 수 있다. 왼쪽 옆구리에 초점을 두고 췌장염이나 게실염의 통증과 혼돈하지 말아야 한다.

핵심 개념 리마인드

신장/요로 결석	콩팥에 작은 돌이 요로를 통해 방광으로 내려갈 때 심한 옆구리 통증과 오심/구토, 서혜부 방사통이 발생 ▶ 혈뇨 발생
췌장염 (이자염)	만성 알코올 환자에게 흔히 나타남 ▶ 윗배 통증을 호소 ▶ 등/어깨에 통증이 방사 ▶ 심한 경우 쇼크 징후가 나타남
게실염	▶ 환자의 절반 이상이 60대 이후에 발병 ▶ 곁주머니염은 곁주머니가 감염되어 이차적으로 염증이 발생한 상태 ▶ 환자는 왼쪽 아래 부위의 복통을 호소 : 대부분의 곁주머니는 구불잘록창자(S자결장)에 존재하기 때문 ▶ 검사 소견에서 발열과 백혈구 수의 증가를 보이기도 함

정답 ②

095

등줄쥐(Apodemus agarius)의 배설물로 인하여 감염되는 질환에 대한 설명으로 옳은 것은?

① 호흡기를 통하여 전염된다.
② 객혈을 동반하는 호흡기 병리적 증상, 황달(5~10% 발병)이 발병한다.
③ 가피(eschar, 검은색 딱지)가 관찰된다.
④ 예방접종이 존재하지 않는다.

📋 출제 키워드 　　　　　　　　　　　　　　　　　신증후군 출혈열

📖 기본서 다시보기 　　　　　　　　　　　　　응급처치학개론 p.448

해설 ① 신증후군출혈열에 관한 설명이다.
② 객혈을 동반하는 호흡기 병리적 증상, 황달(5~10% 발병)이 발병한다. → 렙토스피라증
③ 가피(eschar, 검은색 딱지)가 관찰된다. → 쯔쯔가무시병
④ 예방접종이 존재하지 않는다. → 예방접종으로 예방이 가능하다.

핵심 개념 리마인드
▶ 감염경로: 들쥐의 72~90%를 차지하는 등줄쥐(Apodemus agarius)의 배설물이 건조되면서 호흡기를 통하여 원인 바이러스가 전파
 : 늦가을(10~11월)과 늦봄(5~6월)건조기에 질병이 많이 발생
 : 잠복기는 9~35일 정도로 평균 약 2~3주 정도
▶ 증상: 급성으로 발열, 출혈경향, 요통, 신부전이 발생
▶ 예방접종으로 예방 가능

정답 ①

096

심정지로 신고된 환자의 혈액 검사가 pH 7.31, 칼슘 5 mg/dL, 칼륨 7.7 mEq/L로 확인되었다. 환자는 만성신장기능부전의 병력이 있어 투석을 받고 있으나 투석 받기로 한날 투석을 받지 못하였다고 한다. 심정지 원인으로 추측 가능한 것은?

① 저칼슘혈증
② 대사성 산증
③ 고칼륨혈증
④ 호흡 정지

📋 출제 키워드 　　　　　　　　　　　　　　　　　　　　심정지

📖 기본서 다시보기 　　　　　　　　　　응급처치학개론 p.400~401

해설 심장의 전기활동에 영향을 주는 전해질(칼륨, 칼슘)의 혈중 농도에 이상이 발생한 경우(고칼륨혈증/저칼륨혈증, 저마그네슘혈증, 저칼슘혈증 등)에 부정맥이 유발되어 심장정지가 발생한다.
③ 혈중 칼륨의 정상치는 3.5 ~ 5.5 mEq/L로, 8 mEq/L는 고칼륨혈증을 나타낸다. 고칼륨혈증은 초기 심전도 상에서 T파의 높이가 커지고 뾰족해지는 양상을 관찰할 수 있다(tall & peak T).

핵심 개념 리마인드

정의	체내 칼륨의 농도가 5.5mEq/L 이상일 때 발생
특징	초기 심전도 이상 소견: T파의 높이가 커지고 뾰족해지는 현상(tall & peak T) 이후 → PR 간격, QRS 간격이 증가: 이후 P파 소실, QRS의 넓어짐, 심실세동 등 발생 심근의 활동전위에 영향을 미쳐 치명적인 부정맥을 유발
심전도	
처치	▶ 칼슘 투여: 칼륨을 체외로 배출시키는 것은 아니지만 심근막의 안정화를 시켜 심실세동의 발생가능성을 잠시 낮춤 ▶ 세포 내로 칼륨의 일시적인 이동을 위해 중탄산나트륨, 인슐린, 포도당용액 정맥주사 : 인슐린이 투여 → 포도당을 세포 내로 이동 → 이때 세포막 통과 시에 칼륨을 같이 이송 ▶ 알부테롤로 네불라이저를 시행: 천식 악화 환자의 경우와 같은 방식으로 시행 ▶ 푸로세미드(라식스)같은 이뇨제, 카리메트의 경구투여 및 관장, 투석 시행

정답 ③

097

다음 중 호흡 정지와 호흡기의 주기로 구분되는 길고 깊게 들이쉬는 양상의 비정상 호흡으로 가장 옳은 것은?

① 쿠스마울 호흡(Kussmaul's respiration)
② 실조(비오씨)호흡(Ataxic(Biot's) respiration)
③ 지속성 흡입호흡(Apneustic respiration)
④ 중추신경성 과호흡(Central neurogeni hyperventilation)

출제 키워드 호흡기계 응급
기본서 다시보기 응급처치학개론 p.361~362

해설 ③ 길고 깊은 호흡을 들이마시다가 호흡 정지와 호흡기의 주기가 구분이 되는 것은 지속성 흡입호흡이다.

핵심 개념 리마인드 비정상적 호흡 양상
(1) 쿠스마울호흡(Kussmaul's respiration): 깊고, 빠르고, 가쁜 호흡으로 당뇨병 케톤산증 같이 대사성산증을 일으키는 질환이 있을 때 주로 나타난다.
(2) 실조성(비오) 호흡(Ataxic(Biot's) respiration): 횟수와 깊이가 불규칙한 가쁜 호흡을 하다가 갑자기 무호흡이 주기적으로 나타난다. 뇌압이 상승된 환자에게서 볼 수 있다
(3) 지속성 흡입호흡(Apneustic respiration): 길고 깊은 호흡을 들이마시다가 무호흡이 된다. 뇌졸중이나 중추신경 질환에서 나타난다.
(4) 중추신경성 과다호흡(Central neurogenic hyperventilation): 깊고 빠른 호흡으로 뇌졸중이나 뇌줄기 손상 시 초래된다. 정상 환기 조절이 되지 않아 호흡성 알칼리증이 나타난다.
(5) 체인-스토크스 호흡(Cheyne-Stokes respiration): 1회 호흡량이 점차 많아지다가 점차 감소되면서 날숨 말에는 무호흡(apnea)을 보인다. 주로 말기 환자나 뇌손상 시 나타난다.

정답 ③

098

호흡 곤란을 호소하는 환자를 평가 중이다. 양측 폐음 청진 상 거품소리(수포음)가 들리며, 기침 시 붉은 가래가 관찰된다. 증상을 미루어 보았을 때 가장 의심할 수 있는 질병은?

① 급성심근경색증　　② 폐공기증
③ 폐부종　　　　　　④ 만성기관지염

출제 키워드 호흡기계 응급
기본서 다시보기 응급처치학개론 p.364

해설 ③ 폐포 내 액체가 기관지를 통하여 핑크색 거품이 있는 가래를 배출하는 것은 폐부종의 명확한 증거이다.

핵심 개념 리마인드 폐부종의 증상
폐부종이 발생하면 폐포와 폐모세혈관 사이에 액체가 축적되므로 산소와 이산화탄소의 가스교환 장애가 생기고 호흡 기능 상실이 발생된다. 폐부종이 있는 환자에서는 호흡 곤란과 함께 호흡수가 증가하고, 심해지면 폐포 내의 액체가 기관지를 통하여 배출되어 핑크색의 거품이 있는 가래를 배출한다.

정답 ③

099

30세 여자 환자분가 부부싸움 후 손발의 저림과 호흡 곤란을 호소하고 있다. 환자는 매우 흥분된 상태로 숨을 가쁘게 몰아쉬고 있다. 처치는?

① 종이봉투를 사용하여 재호흡시킨다.
② 환자를 안정시키고 규칙적인 호흡을 유도한다.
③ 진정제를 투여한다.
④ 고농도의 산소를 투여한다.

100

만성폐쇄성폐질환 환자에게 낮은 농도의 산소를 투여해야 하는 이유로 가장 적절한 것은?

① 만성폐쇄성 폐질환의 경우 고농도 산소 투여 시 저산소증에 의한 호흡중추 자극 효과가 소실되기 때문이다.
② 만성폐쇄성 폐질환의 경우 호흡은 이산화탄소에 의해 유발되기 때문이다.
③ 고농도 산소 투여 시 호흡중추가 흥분될 수 있기 때문이다.
④ 만성폐쇄성 폐질환의 경우 고농도의 산소를 투여하면 산소중독 증상이 나타날 수 있기 때문이다.

📃 출제 키워드 　　　　　　　　　　　호흡기계 응급

📁 기본서 다시보기 　　　　　　　응급처치학개론 p.365

해설 폐에 이상이 없는 환자가 호흡수나 호흡의 깊이를 증가시키는 현상을 과다환기증후군이라고 한다. 과다환기로 너무 많은 양의 이산화탄소가 배출되면 혈중 이산화탄소가 정상 이하로 떨어지고, 혈중 pH는 정상보다 증가하여 호흡성 알칼리 상태가 된다.
① PCO_2를 증가시키는데 도움을 줄 수 있다고 해서 종이봉투로 숨을 들이쉬거나 내쉬는 것과 같은 방법은 병원 전 치료에서 권장되지 않으며 위험할 수 있다.
③ 과다환기 시 발생하는 대부분의 증상은 심호흡을 하면 5분 내에 소실될 수 있다.
④ 과다호흡 환자의 SpO_2가 96% 이하이면 산소가 필요할 수 있다.

정답 ②

📃 출제 키워드 　　　　　　　　　　　호흡기계 응급

📁 기본서 다시보기 　　　　　　　응급처치학개론 p.367

해설 ① 만성폐쇄성폐질환에서는 이산화탄소를 감지하여 호흡을 조절하는 수용체가 산소를 감지하여 호흡을 조절하기 때문에 이 상황에서 고농도의 산소를 투여하는 것은 오히려 저산소증을 유발할 수 있다.

핵심 개념 리마인드 **만성폐쇄성폐질환 환자의 처치**
만성폐쇄성폐질환 환자의 경우 고농도의 산소를 주입할 때 신중히 고려해야 할 것들이 있다. 혈중 이산화탄소 수치가 계속 높기 때문에 수용체는 호흡이 더 필요한 상태에서도 호흡의 필요성을 못 느낄 수 있다. 이 경우 뇌는 혈중산소농도 조절을 통하여 산소 수치가 내려가면 빠르고 깊게 호흡하도록 지시한다.
이와 같은 상태의 환자에게 산소가 주어진다면 수용체는 뇌에 산소가 풍부하다는 정보를 주게 되고, 뇌는 호흡계에 느리게, 심지어 정지하라고 지시하게 된다.

정답 ①

101

급성복통의 병력조사를 위한 OPQRST 문진 내용이다. O를 알기 위한 질문은?

① 통증이 언제부터 발생하였나?
② 무엇이 통증을 일으켰나?
③ 어떻게 통증을 표현할 수 있는가?
④ 통증의 위치가 어느 곳인가?

출제 키워드: 급성복통 응급
기본서 다시보기: 응급처치학개론 p.373~374 [표169]

해설 ① O는 발병상황, 즉 통증이 언제부터 발생하였는지를 묻는 'Onset'의 약자이다.

핵심 개념 리마인드 OPQRST식 문진
증상 및 징후를 알아보기 위해 OPQRST의 방법으로 정보를 수집한다.
(1) Onset(발병상황): 통증이 언제부터 발생하였나?
(2) Provocation/Palliation(유발/완화요인): 무엇이 통증을 일으켰나?
(3) Quality(통증의 특성): 어떻게 통증을 표현할 수 있는가?
(4) Region/Radiation(부위/방사): 통증의 위치가 어느 곳인가?
(5) Severity(통증의 강도): 1~100이란 수치를 기준으로 통증의 정도를 묻는다.
(6) Time(지속 시간): 통증이 간헐적인가?

정답 ①

102

배꼽 주위에서 갑자기 통증이 시작되어 오심, 구토, 열과 함께 우하복부 통증을 호소하고 있다. 의심되는 질환은?

① 충수돌기염
② 결장암
③ 게실염
④ 위염

출제 키워드: 급성복통 응급
기본서 다시보기: 응급처치학개론 p.377

해설 ① 복통을 유발하는 질병 중 충수돌기염(꼬리염)은 수술이 필요하며, 증상으로는 오심/구토 및 처음에는 배꼽 부위 통증을 호소하다가 우하복부 부위의 지속적인 통증을 호소한다.

핵심 개념 리마인드

충수 돌기염 (꼬리염)	오심/구토가 있으며 처음에는 배꼽 부위 통증(처음)을 호소하다 우하복 부위의 지속적인 통증을 호소 ▶ 염증으로 인한 고열 발생 ▶ 반동압통이 특징적으로 발생
게실염	▶ 환자의 절반 이상이 60대 이후에 발병 ▶ 곁주머니염은 곁주머니가 감염되어 이차적으로 염증이 발생한 상태 ▶ 환자는 왼쪽 아래 부위의 복통을 호소 : 대부분의 곁주머니는 구불잘록창자(S자결장)에 존재하기 때문 ▶ 검사 소견에서 발열과 백혈구 수의 증가를 보이기도 함

정답 ①

103

다음 중 제1형 당뇨병에 대한 설명으로 가장 옳은 것은?

① 40세 이상의 비만자에게 많이 발생
② 전 생애 동안 인슐린에 의존
③ 이자의 베타세포에서 인슐린 생산이 저하
④ 세포의 인슐린 민감성이 저하

출제 키워드 내분비계 응급

기본서 다시보기 응급처치학개론 p.383

해설 ① 1형 당뇨병은 주로 유년기에 발생하여 소아형 당뇨병이라고도 하며 2형 당뇨병은 주로 40대 이상 비만 환자에게 많이 나타난다.
②, ③, ④ 1형 당뇨병은 인슐린 생산을 하지 못하는 경우로 인슐린 투여가 필요해 의존성 당뇨병이라 한다. 2형 당뇨병은 체내에 인슐린이 분비는 되지만 인체세포가 인슐린에 적절히 반응하지 못한다.

핵심 개념 리마인드

	1형 당뇨병	2형 당뇨병	저혈당증
일반적 원인	▸ 이자가 인슐린 생산을 극히 적게 하거나 인슐린을 전혀 생산하지 않을 경우 발생 ▸ 유년기에 주로 발병 : 소아형 당뇨병 ▸ 주기적 인슐린 주사 필요 : 인슐린 의존형 당뇨병	▸ 인슐린이 분비는 되지만 인체세포가 인슐린에 적절히 반응하지 못하는 경우 발생 ▸ 비만이 주 원인 ▸ 식이요법, 경구용 혈당강하제로 컨트롤 가능 : 인슐린 비의존성 당뇨병	▸ 처방약을 과다복용 ▸ 인슐린을 너무 많이 투여하여 너무 빠르게 혈당이 떨어졌을 때 ▸ 환자가 인슐린 용량에 비해 너무 적은 음식 섭취 ▸ 과격한 운동이나 활동으로 인하여 모든 포도당 소모시
증상과 징후	▸ 다뇨, 다갈, 다식 ▸ 따뜻하고 건조한 피부와 점막, 욕지기/구토, 복통 ▸ 빠른맥, 깊고 빠른 호흡(쿠스마울 호흡) ▸ 호흡에서 달콤한 냄새 발열(감염과 관련) ▸ 정신기능 감소 혹은 명백한 혼수	▸ 다뇨, 다갈, 다식 ▸ 따뜻하고 건조한 피부와 점막 ▸ 기립성 저혈압 ▸ 빠른맥 ▸ 정신기능 감소 혹은 명백한 혼수 ▸ 지속적인 고혈당증 →삼투성 이뇨 야기 → 탈수 발생 → 포도당을 분해할 수분 부족으로 혈당상승	▸ 약하고 빠른 맥박 ▸ 차고 습한 피부 ▸ 허약, 협동운동장애 ▸ 두통 ▸ 불안정하고 초조한 행동
응급 질환	당뇨병 케톤산증	고혈당 고삼투성 비케톤성 혼수	저혈당성 쇼크
응급 처치	수액, 처방 받은 인슐린	수액, 처방 받은 인슐린	포도당(dextrose)

정답 ②

104

요로감염 중 상부요로감염에 특징으로 옳지 않은 것은?

① 감염이 위로 퍼져서 콩팥을 감염시킨다.
② 임신 중이나 성적활동 기간에 빈도가 높아진다.
③ 혈류를 통한 감염의 전파가 매우 적다.
④ 남성보다는 여성에게 더 많이 나타난다.

출제 키워드 요로감염

기본서 다시보기 응급처치학개론 p.402

해설 ③ 요로감염 중 혈류를 통한 감염의 전파가 매우 적은 것은 하부요로감염의 특징이다.

핵심 개념 리마인드

▸ 상부 요로감염
 : 상부 요로감염은 대개 감염이 위로 퍼져서 콩팥을 감염시킴
 : 콩팥깔때기염(신우신염, pyelonephritis)은 실질(콩팥단위, 사이질 조직 또는 양자)의 감염성 염증으로 여성이 남성보다 10배나 더 흔하게 나타남
 : 임신이나 성적 활동 기간에 빈도가 가장 높아짐
 : 콩팥깔때기염의 감염이 지속된다면 콩팥 내부에 또는 콩팥 주변에 고름집(농양)이 생길 수 있음

▸ 하부 요로감염
 : 요도염(요도), 방광염(방광), 전립샘염(전립샘)이 포함되며 주로 하부 요로감염이 흔함
 : 혈류를 통한 감염의 전파가 매우 적고, 특히 여성에서 자주 발생
 : 요도염과 방광염(cystitis)이 결합된 증상이 더 흔함

정답 ③

105

48세 여자 환자가 복통으로 1일간 식사를 제대로 하지 못한 후 갑자기 어지러워 주저앉으며, 두통과 의식저하를 호소하였다. 평소 환자는 당뇨를 조절하기 위하여 경구약을 복용하고 있는 것 이외에는 별다른 병력은 없다고 한다. 다음 중 이 경우에 가장 중요한 처치는?

① 인슐린을 주사한다.
② 산소를 공급하고 기도를 유지한다.
③ 환자를 안정시키고 상체를 거상시킨다.
④ 음료수나 초콜릿 또는 가지고 있는 구강 혈당조절제를 먹인다.

출제 키워드 | 내분비계 응급
기본서 다시보기 | 응급처치학개론 p.386 [표173]

해설 ① 정맥주입을 할 수 없을 때에는 글루카곤을 투여하는 것이 좋다.
②, ③, ④ 환자가 의식이 있다면 삼킬 수 있는지 확인한 후 지도 의사의 의료지도를 받아 환자가 가지고 있는 구강 혈당조절제를 투여하고, 의식이 없는 경우에는 50%의 포도당을 천천히 투여한다. 환자를 안정시키거나, 호흡 곤란이 있을 시 산소 투여, 상체 거상을 해주는 것도 응급처치에 해당되지만, 저혈당 환자는 빠르게 혈당을 올릴 수 있도록 해주는 것이 가장 우선적인 치료이다.
④ 저혈당은 처방약을 과다복용하거나 인슐린을 너무 많이 투여하여 빠르게 혈당이 떨어졌을 경우 또는 인슐린 용량에 비해 너무 적은 음식을 먹었거나 과격한 운동, 활동으로 인하여 포도당을 소모했을 때 발생할 수 있다. 증상은 의식 저하, 약하고 빠른 맥, 허약, 두통 등이 있다.

정답 ④

106

갑상샘 호르몬 기능 저하 시 나타나는 증상은?

① 저칼슘혈증　　② 점액수종
③ 애디슨병　　　④ 과나트륨혈증

출제 키워드 | 내분비계 응급
기본서 다시보기 | 응급처치학개론 p.391

해설 ② 갑상샘의 호르몬 기능이 저하되면 한랭못견딤성, 체중 증가를 동반한 식욕 저하, 피부가 밀가루 반죽같이 느껴지는 피부와 같은 증상을 가진 점액수종이 나타난다.

핵심 개념 리마인드 **갑상선 호르몬 기능 이상**
갑상샘 호르몬 기능 이상 시 나타나는 질환은 다음과 같다.
• 갑상샘 기능항진증 : 그레이브스병(바세도우씨병)
• 갑상샘 중독증(갑상샘 독성발작)
• 갑상샘 기능저하증: 점액수종

정답 ②

107

부신 호르몬 기능 저하증의 대표적 질환은?

① 쿠싱증후군 ② 말로이바이스증후군
③ 바세도우씨병 ④ 애디슨병

108

대량의 스테로이드 요법을 적용하던 환자에게서 투명할 만큼 얇아진 피부, 상처 치유 지연 등의 증상과 징후가 나타났다. 이 환자에게서 의심할 수 있는 현 상태는?

① 부신 기능 상실 ② 부신 기능 항진
③ 갑상샘 기능 항진 ④ 갑상샘 기능 저하

출제 키워드 : 내분비계 응급

기본서 다시보기 : 응급처치학개론 p.392

해설 ④ 부신 호르몬 기능의 저하로 진행성 허약, 피로, 식욕 저하, 체중 감소, 태양에 노출된 피부와 점막의 과다색소침착이 특징인 애디슨병이 나타난다.

핵심 개념 리마인드 부신 기능 이상

부신 기능 이상 시 나타나는 질환은 다음과 같다.
- 부신 기능 항진증 : 쿠싱증후군
- 부신 기능 저하증 : 애디슨병

정답 ④

출제 키워드 : 내분비계 응급

기본서 다시보기 : 응급처치학개론 p.392

해설 ② 달덩이 얼굴, 투명할 만큼 얇아진 피부, 상처 치유의 지연 등과 같은 증상과 징후는 부신 기능의 항진 때 나타나며 쿠싱증후군이 그 예이다.

핵심 개념 리마인드 부신 기능 항진증

- 부신 기능 항진증(쿠싱증후군)은 비교적 흔한 부신 장애로, 과잉 코르티솔은 뇌하수체앞엽이나 부신겉질이 비정상이거나 또는 프레드니손과 같은 당류코르티코이드 치료를 받은 경우에 고농도의 혈중 코티솔 때문에 발생한다.
- 최초의 증상은 체중 증가인데 특히 체간, 얼굴, 목에 나타난다. 여성에게 종종 달덩이 얼굴(moon-faced)이 나타난다. 피부가 투명할 만큼 얇아지고, 쉽게 타박상이 생기고, 대수롭지 않은 상처도 치유가 지연되며, 여성의 경우 안면부 털(다모증)이 발달하기도 한다. 감정 기복, 기억 감퇴, 집중력 감소도 흔한 증상이다.

정답 ②

109

40대 남성이 갑자기 방안을 굴러다니며 옆구리 통증을 호소하였고 소변에는 혈뇨가 보였다면 무엇을 의심할 수 있는가?

① 요로결석　　② 방광염
③ 충수염　　　④ 전립선염

110

현장에 출동한 구급대원에게 수의근 운동, 몸의 평형 유지가 되지 않는다. 뇌의 어느 부분의 문제인가?

① 중뇌　　② 숨뇌
③ 다리뇌　④ 소뇌

출제 키워드 : 비뇨기계 응급
기본서 다시보기 : 응급처치학개론 p.399

해설 ① 소변에 혈뇨가 보이고 옆구리 타진 시 통증이 점차 증가하며 날카로운 통증이 지속되는 것은 콩팥결석이 요관 내에 박혀있음을 의미한다.

핵심 개념 리마인드　결석의 증상
- 결석이 발생하면 가장 전형적인 증상은 급성 옆구리 통증이다. 이 통증은 샅굴 부위로 퍼지기도 하며 50% 정도에서는 구토를 동반하기도 하고 간혹 반발통이나 복막자극 증상이 동반되는 경우도 있다.
- 80% 정도가 혈뇨를 동반하며 30% 정도는 육안적 혈뇨가 관찰된다. 그러나 결석 환자의 10~15% 정도는 혈뇨가 나타나지 않을 수도 있다.
- 기타 증상으로는 소변 시 통증, 잔뇨감, 잦은 소변, 급박한 소변감 등이 있기도 하다.

정답 ①

출제 키워드 : 신경계 응급
기본서 다시보기 : 응급처치학개론 p.417

해설 ④ 우리 뇌의 소뇌는 미세한 운동, 자세, 평형, 근육의 강도를 조절한다.

핵심 개념 리마인드　뇌의 기능
- **중뇌**: 운동 신경이 조화에 부분적으로 관여, 안구 운동의 대부분을 조절
- **숨뇌**: 호흡, 혈관, 심장 운동의 중추
- **다리뇌**: 불수의적인 체성 운동성 반응을 일으킴
- **소뇌**: 미세한 운동, 자세, 평형, 근육의 강도 조절

정답 ④

111
후두엽의 기능으로 옳은 것은?

① 시각 영역 ② 피부 감각
③ 청각 영역 ④ 수의적 운동 영역

출제 키워드 　　　　　　　　　　신경계 응급

기본서 다시보기 　　　　　응급처치학개론 p.417

해설 ① 후두엽에는 시각중추가 있어 후두엽은 시각 영역에 관여한다.

핵심 개념 리마인드　**뇌의 특별 영역**
뇌에는 특수한 기능을 담당하는 특별 영역이 여러 개 있다.
(1) **언어 중추**: 대뇌의 이마엽(전두엽)
(2) **시각 중추**: 대뇌의 뒤통수엽(후두엽)
(3) **성격 중추**: 대뇌의 이마엽(전두엽)

정답 ①

112
척수의 하부 말단의 신경뿌리가 압박되면서 발생하며, 방광과 창자 기능을 조절하는 신경뿌리의 손상으로 인하여 창자 또는 방광의 실금과 다리 근력 약화를 야기하는 척수증후군은 무엇인가?

① 전방척수증후군
② 중심척수증후군
③ 브라운-세카르증후군
④ 말총증후군

출제 키워드 　　　　　　　　　　신경계 응급

기본서 다시보기 　　　　　응급처치학개론 p.434

해설 ① 전방척수증후군은 뼈 조각 또는 전방척수를 관류하는 동맥을 압박하는 압력에 의해 발생하며, 주로 척추동맥의 손상을 야기하는 굽힘-폄 손상에 의해 유발된다. 증상으로는 운동 기능 손실과 손상 부위 아래의 통증, 가벼운 촉각, 온도에 대한 감각의 상실이 발생한다.
② 중심척수증후군은 앞쪽으로 떨어지거나 얼굴이 먼저 충돌하여 발생하는 목뼈의 과신전에 의해 발생한다. 척추관을 좁히는 관절염과 같은 기존의 퇴행성 질환과 연관이 많고 팔의 근력 약화와 방광 기능 이상이 증상이다.
③ 브라운-세카르증후군은 척수의 가쪽면을 꿰뚫는 관통상에 의해 발생한다. 척수 측면 관통상은 신체의 동측면에 감각과 운동 기능 손실을 유발하고 반대측면의 통증 및 온도 인지 기능을 상실시킨다.

핵심 개념 리마인드　**말총증후군의 증상**
말총증후군은 척수 수준 아래의 신경뿌리(말총)를 압박하는 신경학적 응급으로 응급감압술이 필요하며 요통, 회음부 무감각, 실금, 배뇨 지연, 배뇨 불능, 다리 반사 감소 및 다리 근육 허약과 감각 소실 등의 증상이 나타난다.

정답 ④

113

침샘에 주로 침범하며 열과 함께 귀밑샘이 부어오르며 심한 통증을 동반하고 합병증으로 뇌수막염과 부고환염을 일으킬 수 있는 질환은?

① 홍역
② 파상풍
③ 제2형 단순포진
④ 유행성 이하선염

114

요통에 대한 설명으로 옳은 것은?

① 척추낭 사이의 염증이 원인 중 하나이다.
② 갈비뼈와 허리 사이에서 느껴진다.
③ 궁둥신경통이 원인일 수 있다.
④ 외상에 의해서만 발생한다.

🗨 출제 키워드 　　　　　　　　　　감염 질환

📁 기본서 다시보기 　　　　　　응급처치학개론 p.447

해설 ① 홍역은 홍역바이러스에 의한 감염으로 발생한다. 감염된 사람은 발진, 심한 감기와 함께 발열, 결막염, 눈꺼풀의 부종, 광선공포증, 무기력, 기침, 비인후충혈 등이 나타난다.
② 파상풍은 중추신경계의 급성 세균감염이다.
파상풍균(Clostridium tetani bacillus)의 외독소인 테타노스파스민(tetanospasmin)에 의해 근골격계 증상과 징후가 나타난다.
③ 제2형 단순포진은 모든 생식기 헤르페스 환자 중 70~90%가 전이되며, 일반적으로 성적 접촉에 의해 전이된다. 남성은 음경, 항문, 직장, 구강에 혈관분포성 병변으로 나타난다. 여성은 무증상일 때가 있으나 질, 외음, 회음, 직장, 구강, 자궁목(자궁경부)에서 병변이 나타날 수 있다.
④ 유행성 이하선염은 파라믹소바이러스에 의하여 발생하며, 감염된 환자의 비말 호흡과 타액의 직접 접촉에 의하여 전파되는 2급 감염병이다. 이하선의 통증을 동반한 비대가 특징적이다.

정답 ④

🗨 출제 키워드 　　　　　　　　　　신경계 응급

📁 기본서 다시보기 　　　　　　응급처치학개론 p.434

해설 ①, ④ 요통의 원인은 척추근육과 인대의 염증이나 삠, 멍 같은 외상 때문일 수도 있고, 종양, 윤활주머니(활액낭)의 염증, 정맥압 증가, 퇴행성 관절질환, 골수의 염증, 디스크 탈출에 의한 궁둥신경통 등 내과적 원인일 수도 있다.
② 요통은 갈비뼈 아랫부분에서 엉덩이 부위 근육 사이에서 느끼는 통증이며 가끔 넙다리까지 방사되는 통증을 말한다.

핵심 개념 리마인드 요통

㉮ 정의
갈비뼈 아랫부분에서 엉덩이 부위 근육 사이에 느끼는 통증: 가끔 넙다리까지 통증 방사되기도 함

㉯ 원인
척추근육과 인대의 염증이나 삠, 멍 같은 외상 때문일 수도 있고, 종양, 윤활주머니(활액낭)의 염증, 정맥압 증가, 퇴행성 관절질환, 골수의 염증, 디스크 탈출에 의한 궁둥신경통 등 내과적 원인일 수도 있음

정답 ③

115

C형 간염에 대한 설명으로 옳은 것은?

① 급성으로 발생하는 간염으로, 만성화되지 않는다.
② 분변-경구 경로로 감염되며 혈액으로는 전파되지 않는다.
③ A형 간염보다 예후가 나쁘다.
④ 변이율이 낮아 백신접종이 효과적이다.

📖 출제 키워드   감염 질환

📚 기본서 다시보기   응급처치학개론 p.444

해설 ① C형 간염은 전염자의 약 85%가 만성 환자이다.
② C형 간염 바이러스는 정맥용 약물 남용과 성 접촉을 통해 전파된다. A형 간염은 분변-경구 경로로 감염된다.
③ A형 간염바이러스 대부분은 증세가 나타나는 주에 감염률이 가장 높다. 비교적 가벼운 경로로 발병하며 병의 정도가 심각하지 않다.
④ C형 간염에 대항하여 항체가 생성될 수 있으나, 항체는 바이러스를 제거하는 데는 효과가 없다.

핵심 개념 리마인드

질병	바이러스	잠복기(평균)	전파	만성도	백신
A형 간염	HAV	15~30일 (30일)	분변/경구	없음	있음
B형 간염	HBV	45~160일 (120일)	혈액/체액	있음	있음
C형 간염	HCV	2~25주 (7~9주)	혈액/체액	있음	없음
D형 간염	HDV	2~8주	혈액/체액	있음	HBV 백신
E형 간염	HEV	2~9주 (40일)	분변/경구	없음	없음

정답 ③

116

중증급성호흡기증후군(SARS)와 관련된 설명으로 올바른 내용은?

① 개인보호장비의 착용은 불필요하다.
② 코로나바이러스에 의하여 감염되며, 호흡기 비말을 통하여 감염된다.
③ 폐렴이 발생하는 경우는 드물다.
④ 제2급 감염병으로 역학조사가 필요하다.

📖 출제 키워드   감염 질환

📚 기본서 다시보기   응급처치학개론 p.445

해설 ① 사스 발생이 확인되면 모든 구급대원들은 적절한 개인보호 장비를 착용해야 한다.
② 이 질병은 SARS-CoV에 의하여 발병하며, 감염된 사람의 기침이나 재채기 시 호흡기 비말을 통해 전염된다.
③ 사스가 의심되면 모든 환자는 폐렴이나 기타 호흡기 질환을 의심하고 그에 준하는 치료를 해야 한다.
④ 중증급성호흡기증후군은 1급 감염병으로 지정되었다.

정답 ②

117

뇌수막염을 감별하기 위하여 시행하는 검사법으로, 목을 구부리면 뇌수막의 자극으로 인하여 엉덩이와 무릎이 구부러지는 것을 확인하는 검사법은?

① 바빈스키징후 ② 브루진스키징후
③ 쿠싱징후 ④ 커니히징후

| 출제 키워드 | 감염 질환 |
| 기본서 다시보기 | 응급처치학개론 p.446 |

해설 ② 브루진스키징후는 뇌수막염을 감별하는 신체적 검사이다. 목을 굽혔을 때 엉덩이와 무릎을 굽히는 것은 뇌수막염의 양성 반응이다.

핵심 개념 리마인드 뇌수막염 감별 검사
뇌수막염은 바이러스와 세균의 감염에 의한 뇌막과 뇌척수액의 염증이다. 뇌수막염을 확인하기 위한 검사로는 브루진스키징후와 커니히징후가 있다.
(1) **브루진스키징후**: 뇌수막 자극으로 인해 목을 구부리면 엉덩이와 무릎이 구부러진다.

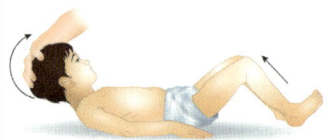

(2) **커니히징후**: 환자를 앉히거나 눕히고 엉덩이를 구부리되 무릎을 곧게 뻗도록 한다. 뇌막의 염증이 있으면 무릎을 완전히 펴지 못한다.

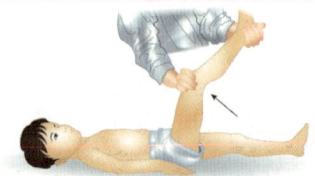

정답 ②

118

수면제를 과다복용한 20대 여성이 있다는 신고를 받고 출동하였다. 환자의 혈압은 90/40 mmHg이었으며, 의식은 drowsy 했으나 비교적 상태는 안정적이었다. 보호자 말에 따르면 2시간 전 수면제를 복용했다고 한다. 이송 중 처치는?

① 이송 전 구토 유발 1회 실시
② 활성탄을 물에 희석시켜 경구 투여
③ 위세척 실시
④ 산소 투여

| 출제 키워드 | 중독질환 |
| 기본서 다시보기 | 응급처치학개론 p.452 |

해설 ① 장갑을 낀 손으로 환자의 입에 남아 있는 약물을 제거하고 구토 유발은 금기가 될 수 있으므로 유도하지 않는다.
② 활성탄 투여는 넓은 표면적을 가지고 있어 중독물질을 쉽게 흡착하여 독소가 혈류로 흡수되는 것을 막는 방법이나, 환자의 의식 수준이 drowsy로 경구 투여 시 흡인(aspiration)이 발생하여 기도가 위험할 수 있어 경구 투여는 시도하지 않는다.
③ 위세척은 독성물질 제거 효과보다 폐흡인, 식도나 위장관 천공과 같은 합병증을 초래할 위험성이 크기 때문에 특별한 상황을 제외하면 권장하지 않는다.
④ 구강복용 환자의 응급처치는 기도 개방을 확인하고 의식 장애 또는 호흡 곤란의 징후가 보일 시 산소를 공급한다.

정답 ④

119

40대 남자가 산에서 벌에 쏘인 후 전반적인 몸의 부종과 미약한 가려움, 피부가 타는 듯한 증상을 호소하며 응급실에 내원하였다. 다음 중 응급처치로 가장 옳지 않은 것은?

① 고농도의 산소를 투여한다.
② 척추 손상이 의심되지 않으면 다리를 거상한다.
③ 에프네프린 약물을 1:1,000의 비율로 0.3~0.5mg 근육주사한다.
④ 에프네프린 약물을 1:1,000의 비율로 0.3~0.5mg 정맥주사한다.

출제 키워드 면역 질환
기본서 다시보기 응급처치학개론 p.457

해설 ① 환자처치 시 호흡 곤란을 해소하기 위해서 양압환기를 제공하며, 환자의 상태가 악화되면 100% 산소를 공급하고 쇼크 증상에 대한 처치를 실시한다.
② 하지거상 자세는 뇌와 심장 등의 중요한 장기로 혈액을 순환시키므로 쇼크 환자에게 적용한다.
③, ④ 저혈압과 기도 부종, 호흡 곤란 등 전신 알레르기 반응의 징후를 보이는 모든 환자에게 에피네프린을 조기 투여하여야 한다. 추천 용량은 0.3~0.5(1:1,000)mg으로 근육주사하며 정맥주사가 가능한 경우 0.3~0.5(1:10,000)mg 정맥주사할 수 있다.
④ 아나필락시스의 주요 생리적인 변화는 혈관의 긴장 및 능력 상실로 인한 얼굴, 목, 혀 상부호흡기도와 세기관지 등에 부종을 야기시킨다.

정답 ④

120

눈의 기관 중 공막 앞방에 존재하며 상이 맺히게 해주는 기관은?

① 각막　　　　② 홍채
③ 동공　　　　④ 렌즈

출제 키워드 눈, 코, 귀, 목 질환
기본서 다시보기 응급처치학개론 p.459 [표211]

해설 ① 각막은 공막 앞방에 투명하게 존재하며, 망막의 휘어진 표면으로 들어오는 상이 집중되어 맺히게 한다.
② 홍채는 맥락막에 포함되어 있는 구조로, 동공의 크기를 조절한다.
③ 동공은 맥락막에 포함되어 있는 구조로, 조임근의 수축과 이완으로 지름의 크기가 바뀐다.
④ 렌즈는 망막으로 들어오는 빛의 상을 집중시킨다.

핵심 개념 리마인드

구분	가장 안쪽 층	가운데 층	가장 바깥쪽 층
명칭	망막	맥락막	공막
설명	• 들어오는 상을 받아들이고 해석하는 신경 종말을 가짐 • 간상체와 추상체 수용기라 불리는 두 가지 광각 수용기를 가짐	• 풍부한 혈관 조직으로 안구조직에 필수적인 영양소를 제공	• 눈의 흰 부분 • 섬유성의 보호 역할 • 공막의 앞방에는 투명한 각막이 존재함
포함 구조	• 간상체 수용기 – 어두운 곳에서 활동 – 색을 인지하지 못함 • 추상체 수용기 – 밝은 곳에서 활동 – 색을 인지함 • 광색소 – 수용기에 포함 – 빛에 닿으면 화학적 반응을 일으킴 – 화학적 변화를 시신경으로 전달하며, 최종적으로 상이 해석되는 뇌로 자극을 보냄	• 홍채 – 눈에서 색을 띤 부분으로, 동공의 크기 조절 • 동공 – 조임근(괄약근)의 수축과 이완으로 지름의 크기가 바뀜 • 렌즈 – 동공 바로 뒤에 존재 – 망막으로 들어오는 빛의 상을 집중시킴 • 섬모체근 – 렌즈를 둘러싸는 근육 – 렌즈의 모양을 바꿔 상을 집중시킴	• 각막 – 휘어져 있어 망막의 휘어진 표면으로 들어오는 상이 집중되어 맺히게 함

정답 ①

121

인체의 회전 감각과 위치 감각에 관여하는 기관으로 옳은 것은?

① 세반고리관과 안뜰기관(전정기관)
② 달팽이관(와우관)과 귓속뼈(이소골)
③ 유스타키오관과 고막
④ 달팽이관(와우관)과 안뜰기관(전정기관)

122

눈 내부의 압력이 상승하여 시각 손상이 발생하는 상태는?

① 녹내장　　　　② 백내장
③ 홍채염　　　　④ 연조직염

📖 출제 키워드　　　　　　　　　　눈, 코, 귀, 목 질환
📘 기본서 다시보기　　　　　　　응급처치학개론 p.464

해설 ① 녹내장은 눈 내부의 압력(안압) 상승에 의하여 발생한다. 안압의 상승은 최종적으로 시각 신경을 손상시키기 때문에 실명까지 이를 수 있다.
② 백내장은 노화와 관련되며, 렌즈 안의 단백질이 분해됨으로써 렌즈가 뿌옇게 흐려지는 것이다.
③ 포도막염이라고도 불리는 홍채염은 눈의 중간막이 붓고 자극받는 것이다.
④ 연조직염은 눈확 주위 연조직염과 눈확 연조직염으로 나뉘며, 세균성 감염에 의해 발생한다.

핵심 개념 리마인드

녹내장	백내장	망막박리
▸ 눈 내부의 안압이 상승하는 질환 ▸ 시각신경 손상 → 시력상실 ▸ 앞방으로부터 방수의 흐름이 차단되어 야기됨	▸ 노화로 인해 발생 ▸ 렌즈 안에 단백질이 분해됨으로써 눈의 렌즈가 뿌옇게 흐려지는 것 ▸ 당뇨병, 눈 손상, 방사선 노출, 흡연, 자외선 노출 등	▸ 외상으로 인해 발생 → 시력상실 ▸ 망막이 주변 지지 조직으로부터 분리 ▸ 주변시야에 명백히 나타나는 빛의 번쩍거림 ▸ 질환이 있는 눈의 시야의 일부분에 그림자(검은커튼)가 있는 것 같음

정답 ①

📖 출제 키워드　　　　　　　　　　눈, 코, 귀, 목 질환
📘 기본서 다시보기　　　　　　응급처치학개론 p.460~461

해설 ① 세반고리관은 머리의 회전을, 안뜰기관은 중력, 선향 가속도를 감지하여 위치 감각에 관여한다.

핵심 개념 리마인드　속귀의 구조
- 세반고리관: 머리의 회전을 감지
- 안뜰기관(전정기관): 중력, 선향 가속도를 감지
- 달팽이관(와우관): 청각을 제공
- 귓속뼈(이소골): 음파를 증폭

정답 ①

123

외상이 있는 환자에게서 눈의 시야에 그림자가 지는 증상이 발생하였다. 안과적 검사 상 환자의 망막이 주변 지지조직으로부터 분리된 것이 확인되었다. 환자의 진단명은?

① 시각신경염
② 망막중심정맥폐쇄
③ 망막박리
④ 시신경유두부종

출제 키워드   눈, 코, 귀, 목 질환
기본서 다시보기   응급처치학개론 p.466

해설 ① 시각신경염 환자는 대부분 한 시간여 동안 한쪽 눈의 시각을 소실하게 된다. 색각의 소실, 빛에 대한 동공 반응의 변화, 그리고 눈이 움직일 때 야기되는 고통 등을 경험할 수 있다.
② 망막중심정맥폐쇄의 증상은 일반적으로 한쪽 눈의 전부 또는 일부에서 갑작스럽게 흐려지거나 시력 상실이 나타난다.
③ 망막박리 환자는 주변 시야에서 빛의 밝은 번쩍거림을 호소하며 시야 일부분에 그림자가 보이는 듯한 커튼 시야, 전체 시력 상실, 흐린 시야, 부유물이 보이는 시야 등을 호소한다.
④ 시신경유두부종 환자는 머릿속 압력을 증가시키는 외상, 뇌 내의 감염, 뇌졸중, 종양, 뇌수종 등의 원인에 의해 2차적으로 시신경 원판이 붓는 것으로 나타난다.

핵심 개념 리마인드

녹내장	백내장	망막박리
▸ 눈 내부의 안압이 상승하는 질환 ▸ 시각신경 손상 → 시력상실 ▸ 앞방으로부터 방수의 흐름이 차단되어 야기됨	▸ 노화로 인해 발생 ▸ 렌즈 안에 단백질이 분해됨으로써 눈의 렌즈가 뿌옇게 흐려지는 것 ▸ 당뇨병, 눈 손상, 방사선 노출, 흡연, 자외선 노출 등	▸ 외상으로 인해 발생 → 시력상실 ▸ 망막이 주변 지지조직으로부터 분리 ▸ 주변시야에 명백히 나타나는 빛의 번쩍거림 ▸ 질환이 있는 눈의 시야의 일부분에 그림자(검은커튼)가 있는 것 같음

정답 ③

124

소아에게서 흔히 발생하는 귀질환으로 유스타키오관이 막혀 압력이 높아지면서 발생한다. 환자는 귀의 통증과 청력 소실, 열 등의 증상과 징후가 나타난다. 질환명은?

① 외이도염
② 꼭지돌기염(유양돌기염)
③ 중이염
④ 미로염(내이염)

출제 키워드   눈, 코, 귀, 목 질환
기본서 다시보기   응급처치학개론 p.467

해설 ① 외이도염은 바깥귀와 바깥귀 길의 염증, 과민증, 감염으로 알레르기성 반응, 만성 피부 질환, 감염에 의해 발생한다. 증상은 귀의 통증, 배농, 가려움, 청각 소실, 홍반, 부종 등이 있다.
② 꼭지돌기염(유양돌기염)은 머리뼈바닥의 꼭지돌기의 감염을 말하며 보통 귀에서 시작된 감염이 꼭지돌기까지 퍼져 발생한다. 증상은 귀의 통증, 배농, 청각 상실, 홍반, 두통, 발열 등이 있다.
③ 중이염은 유스타키오관 막힘에 의해 귀의 액체 압력이 높아지고, 이로 인해 바이러스성 감염으로 발생한다. 증상은 귀 통증, 청력 소실, 발열, 구토, 설사 등이 있다.
④ 미로염(내이염)은 속귀가 붓고 염증이 생기는 것이다. 속귀의 염증은 정상적인 기능을 방해하고 어지럼증, 불수의적 안구운동(눈 떨림), 현기증, 균형의 상실, 욕지기와 구토, 청력 상실 그리고 귀울림 등을 유발한다.

핵심 개념 리마인드

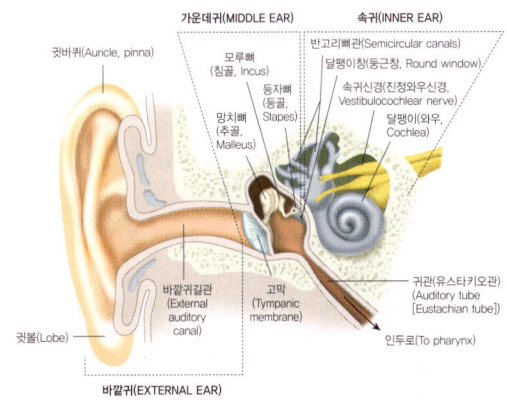

정답 ③

125

혀 밑의 입 안 바닥에 관여하는 입 안 세균성 세포에 염증이 발생한 상태로, 호흡 곤란, 열, 목의 통증, 침 흘림, 부정확한 발음 등의 증상이 나타나며, 진행이 매우 빨라 조직이 부어 기도를 막을 수 있는 질환은?

① 베르니케증후군(wernickes syndrome)
② 코르사코프병(korsakoff disease)
③ 루드비히협심증(ludwing angina)
④ 아프타성구내염(aphthous ulcer)

출제 키워드 눈, 코, 귀, 목 질환
기본서 다시보기 응급처치학개론 p.469

해설
① 베르니케증후군(wernickes syndrome)은 만성 알코올중독 환자에서 티아민의 결핍으로 나타나며, 실조증, 눈 근육 쇠약, 정신 장애를 특징으로 하는 급성 가역성 뇌병변이다.
② 코르사코프병(korsakoff disease)은 만성 알코올중독 환자에서 나타나는 병으로 비가역적인 기억력 장애를 특징으로 하고 있다.
④ 아프타성구내염(aphthous ulcer)은 구강점막의 붉은색 띠를 수반하는 소원형의 궤양(아프타) 형성을 주 병변으로 하는 구내염을 말한다.

핵심 개념 리마인드 루드비히협심증(ludwing angina)
• 루드비히협심증은 치아 뿌리의 감염이나 입 안 외상이 일어난 후에 자주 발생하며, 혀 밑의 입 안 바닥을 관여하는 입 안 세균성세포염 혹은 염증으로 발생한다.
• 증상으로는 호흡 곤란, 정신 상태의 변화, 목의 통증, 목의 부종 및 홍반, 허약감, 피로, 삼킴 곤란, 침 흘림, 부정확한 발음, 발열 등이 있으며, 빠른속도로 진행되고 조직이 빠르게 부어 기도를 막으므로 생명에 위협을 줄 수 있기 때문에 일차 평가부터 빠르게 기도를 확보해야 한다.

정답 ③

126

반복적인 동작이 원인이 되어 발생하는 비외상성 근골격 장애에 대한 설명으로 올바른 내용은?

① 테니스팔꿈증(tennis elbow)은 안쪽위관절융기염이라고도 불리며 힘줄이 끊어진 상태를 의미한다.
② 골퍼팔꿈치는 가쪽위관절융기염이라고도 불리며 골프채를 휘두를 때 통증이 나타난다.
③ 윤활낭염은 통풍으로 인해서만 발생한다.
④ 손목굴증후군은 정중신경의 압박으로 인하여 발생한다.

출제 키워드 비외상성 근골격계 질환
기본서 다시보기 응급처치학개론 p.470~471

해설
① 테니스팔꿈증은 가쪽위관절융기염이라고 한다.
② 골퍼팔꿈치는 안쪽위관절융기염이라고 한다.
③ 윤활낭염은 외상성, 감염성, 통풍으로 인한 이차적 결과이다.
④ 손목굴증후군은 손목을 통해 손으로 들어가는 정중신경이 손목굴이라는 구조물을 지나가는데 정중신경에 압박이 가해졌을 때 생기는 질환으로 반복적인 동작이 가장 흔한 원인이다.

핵심 개념 리마인드 손목굴증후군
㉮ 발생 원인
손목을 통해 손으로 들어가는 정중신경은 손목굴이라는 구조물을 지나가는데, 정중신경에 압박이 가해졌을 때 생기는 질환
: 반복적인 동작이 가장 흔한 원인
  ex 기구나 컴퓨터 키보드를 사용할 때의 반복적인 동작이 손목굴에 압박을 줄 수 있고, 이로 인해 정중신경이 눌림
    : 손목굴증후군은 일(work)과 관련된 장애의 흔한 원인
㉯ 증상과 징후
손가락과 손이 얼얼하거나 따끔거림, 마비, 쇠약(허약) 또는 통증 등이 있으며 통증이 먼 쪽 아래팔까지 확장되기도 함
: 처음 질환을 일으켰던 반복적인 동작이 주로 통증을 악화시킴

정답 ④

127
다음 중 퇴행성 질환인 것은?

① 류머티즘관절염　② 루프스
③ 뼈관절염　　　　④ 강직성 척추염

128
소아에게서 발생할 수 있는 비외상성 근골격계 질환으로 앞정강(경골) 결절에 종창과 통증이 동반되는 질환명은?

① 길랑바레증후군(guillain barre syndrome)
② 퇴행성 관절염(degenerative arthritis)
③ 오스굿–슐라터병(osgood schlatter disease)
④ 만성통증증후군(chronic pain syndrome)

출제 키워드　　　　　　　　　비외상성 근골격계 질환
기본서 다시보기　　　　　　　　　응급처치학개론 p.472

해설 ③ 뼈관절염은 퇴행성 관절질환으로, 아침에 발생하는 통증과 경직이 특징이다. 이는 주로 일상생활 중의 움직임과 활동으로 인해 개선되지만, 뼈관절염은 시간이 지날수록 더 악화된다.

핵심 개념 리마인드　비외상성 근골격계 질환
(1) **퇴행성 질환**: 뼈관절염, 골다공증(뼈엉성증), 퇴행성 추간원판(추간판)질환
(2) **염증성 질환**: 류머티즘관절염, 강직성 척추염, 전신홍반루프스, 통풍
(3) **감염성 질환**: 연조직감염, 근막염, 힘줄윤활막염, 괴저, 당뇨병성 발, 골수염, 패혈성 관절염

정답 ③

출제 키워드　　　　　　　　　비외상성 근골격계 질환
기본서 다시보기　　　　　　　　　응급처치학개론 p.481

해설 ① 길랑바레증후군(guillain barre syndrome)은 말초신경을 공격받아 신체의 방어(면역) 체계에서 발생하는 심각한 장애로, 신경의 염증을 일으켜 근육쇠약을 유발한다.
② 퇴행성 관절염(degenerative arthritis)은 아침에 발생하는 통증과 경직이 특징이다. 이는 주로 일상생활 중의 움직임과 활동으로 인해 개선되지만, 관절염은 시간이 지날수록 더 악화된다.
④ 만성통증증후군(chronic pain syndrome)은 어떤 사람들은 같은 질환을 가진 다른 사람들이 느끼는 통증보다 더 길게 지속되기도 하는 데 이르는 말이다.

핵심 개념 리마인드　오스굿–슐라터병(osgood schlatter disease)
오스굿–슐라터병은 통증을 동반하는 앞정강결절의 부기로, 무릎 바로 아래인 정강뼈 위쪽 부위의 덩어리이다. 주로 어린이에게 발생하는 질환이며, 성장이 끝나기 전에 반복적인 손상으로 인해 야기된다.

정답 ③

129

대기 중 공기가 호흡기계로 흡입되는 과정을 순서대로 나열한 것은?

① 코 → 코 안 → 인두 → 후두 → 기관 → 기관지 → 폐 → 폐포
② 코 → 코 안 → 후두 → 인두 → 기관지 → 기관 → 폐 → 폐포
③ 코 → 인두 → 후두 → 코 안 → 기관 → 기관지 → 폐 → 폐포
④ 코 → 코 안 → 인두 → 후두 → 폐 → 기관지 → 기관 → 폐포

출제 키워드: 호흡기계 응급
기본서 다시보기: 응급처치학개론 p.358 [표159]

해설 ① 공기는 입과 코로 들어와서 인두와 후두를 거쳐 기관, 기관지를 지나 폐와 폐포로 들어간다.

바깥코 → 코 안 → 인두 → 후두 → 기관 → 기관지 → 폐 → 폐포
(상기도) (하기도)

정답 ①

130

환자가 갑자기 극심한 두통과 함께 팔에 한쪽의 허약감, 언어 장애, 혼돈 등의 증상을 보여서 부인에 의해 구급대원에게 도움을 청하게 되었다. 혈압은 200/100 mmHg, 맥박수는 58회/분, 호흡수는 불규칙하며 분당 10회 정도로 측정되었고 동공은 빛에 반응하나 한쪽 동공이 커져 있었다. 이 환자에게서 추측 가능한 진단은?

① 심근경색증
② 뇌출혈
③ 관상동맥질환
④ 협심증

출제 키워드: 신경계 응급
기본서 다시보기: 응급처치학개론 p.430~431

해설 ② 환자는 혈압 상승, 맥박 감소, 불규칙한 호흡인 쿠싱 3대 징후로 뇌압 상승의 증거가 있으며, 전형적인 뇌출혈의 증상을 보이고 있으므로 뇌출혈을 의심할 수 있다.

핵심 개념 리마인드 뇌출혈 환자 평가

뇌출혈 환자의 평가는 일반적인 뇌졸중 환자의 평가와 동일하다.
뇌졸중의 일반적인 징후는 얼굴, 한쪽 팔과 다리의 근력 저하나 감각 이상, 갑작스러운 언어 장애나 생각의 혼란, 한쪽이나 양쪽의 시력 손실, 갑작스런 보행 장애, 어지러움, 평형 감각이나 운동 조절 기능 마비, 원인불명의 심한 두통 등 다양하게 나타난다.
혈압 상승, 맥박 감소, 불규칙한 호흡 등을 보이는 쿠싱의 3대 징후가 환자에게서 나타나면 뇌압 상승의 증거로 뇌출혈을 의심할 수 있다.

[동공의 모양과 그 원인]

동공 모양	원인
수축	살충제 중독, 마약 남용, 녹내장약, 안과치료제
이완	공포, 약약, 실혈
비대칭	뇌졸중, 머리 손상, 안구 손상, 인공 눈
무반응	뇌 산소 결핍, 안구 부분손상, 약물 남용
불규칙한 모양	만성질병, 수술 후 상태, 급성 손상

정답 ②

131

의식이 없는 환자에게 바로누움자세를 취해 주었을 경우 초래될 수 있는 위험 상황으로 옳은 것은?

① 뇌출혈
② 폐부종
③ 쇼크로 진행
④ 구토물의 흡인

출제 키워드 　　　　　　　　　　신경계 응급

기본서 다시보기 　　　　　　응급처치학개론 p.431

해설 ④ 의식이 없는 환자는 구토물에 의한 흡인이 발생할 수 있어 바로 누운 자세보다는 마비된 쪽을 밑으로 한 측와위 자세를 취해 준다.

핵심 개념 리마인드　**뇌출혈 환자의 처치**

뇌출혈 환자는 의식 저하에 의해 기도 폐쇄나 구토물에 의한 흡인이 발생할 수 있기 때문에 적극적인 기도 관리가 필요하다.
의식이 없거나 기도를 유지할 수 없는 의식 저하 상태라면 기도를 유지하고 고농도산소를 공급하며 마비된 쪽을 밑으로 한 측와위 형태로 이송한다.

정답 ④

132

호흡은 어떠한 요인에 의하여 주로 조절되는가?

① 동맥혈 산소 농도
② 정맥혈 산소 농도
③ 동맥혈 이산화탄소 농도
④ 동맥혈 산–염기 비율

출제 키워드　　　　　　　　　　호흡기계 응급

기본서 다시보기　　　　　　응급처치학개론 p.359

해설 ③ 우리의 호흡은 연수의 화학수용체와 대동맥과 목동맥의 화학수용체에서 동맥혈의 이산화탄소 농도를 감지해 호흡을 조절한다.

핵심 개념 리마인드　**동맥혈 이산화탄소 농도**

호흡은 동맥혈 이산화탄소압에 따라 호흡량이 조절되며, 정상 상태에서는 35~45 mmHg로 조절되고 있다. 만약 동맥혈 이산화탄소 농도가 너무 낮으면 환자의 호흡이 느려지고 얕아지게 된다.
즉, 호흡량을 감소시켜 이산화탄소의 배출을 줄임으로써 혈중 이산화탄소 농도를 상승시킨다.
반대로 동맥혈 이산화탄소의 농도가 높으면 호흡이 빨라지고, 깊이 호흡을 하여 호흡량을 증가시킴으로써 이산화탄소를 배출하여 혈중 이산화탄소의 농도를 감소시킨다.

정답 ③

133
급성 폐부종으로 인한 호흡 곤란이 있는 환자의 객담의 양상은?

① 노랗고 끈적한 가래
② 담즙색의 초록 가래
③ 핏덩이가 섞여 있는 가래
④ 핑크색 거품 가래

출제 키워드: 호흡기계 응급
기본서 다시보기: 응급처치학개론 p.364

해설 ④ 폐포 내의 액체가 기관지를 통하며 핑크색의 거품이 있는 가래를 배출한다.

핵심 개념 리마인드 폐부종의 증상
폐부종이 심해지면 폐포 내의 액체가 기관지를 통하여 배출될 수 있으며, 이때 환자는 핑크색의 거품이 있는 가래를 배출할 수 있다.

정답 ④

134
천식을 설명하는 것으로 옳은 것은?

① 폐에 물이 차면서 발생한다.
② 그르렁거리는 호흡음이 들린다.
③ 기도 내에서 근육경련을 일으킨다.
④ 젊은 사람에게 호발한다.

출제 키워드: 호흡기계 응급
기본서 다시보기: 응급처치학개론 p.363

해설 ①, ③ 알레르기, 운동, 정신적인 스트레스, 세기관지 수축, 점액 분비로 일어나는데, 공기가 드나드는 통로가 기관지의 경련이나 점액으로 폐쇄되는 경우에 발생한다.
② 고음의 천명음과 심각한 호흡 곤란이 나타난다.
④ 천식은 노인이나 소아 환자에게 많으며 불규칙한 간격으로 갑자기 일어난다.

핵심 개념 리마인드

만성기관지염	▶ 청색증, 대부분 흡연과 관련, 과체중, 건성 수포음, 흡연과 관련있음 ▶ 푸른빛 숨찬 사람, 3개월 이상 객담이 동반된 기침 → 탈수증상이 있을 경우에만 수액요법을 시행
폐공기증 (폐기종)	▶ PaO₂ 저하로 적혈구 생산량 증가, 아침기침을 제외하고 기침과 연관이 적음 ▶ 분홍빛 숨찬 사람, 마른체형(최근 체중감소)의 술통모양의 가슴 관찰 ▶ 담배 20갑/년 이상일 때 발생
폐부종	▶ 심근수축력 감소 → 부적절한 심장 박출 → 폐정맥 울혈 → 핑크빛 가래 배출 ▶ 호흡곤란, 호흡수 증가
폐색전증	▶ 심부정맥의 혈전이 이동하여 폐 혈관을 막은 상태 ▶ 거동할 수 없는 환자에게 주로 발생 ▶ 급격히 시작된 호흡곤란, 청색증, 실신 → 대량의 폐색전증 ▶ 흉막성 통증, 기침, 객혈 → 흉막 원위부에 발생한 작은 폐색전증
천식	▶ 호흡곤란(빈호흡, 호흡보조근 사용) → 기관지 경련회복이 중요 ▶ 쌕쌕거림, 기침, 기이맥(들숨 중에 수축기혈압이 10mmHg 이상 감소함)과 빠른맥을 보이거나, 맥박산소측정 시 말초혈관의 산소포화도가 저하 ▶ ETCO₂상 상어지느러미모양

정답 ③

135

비교적 의식 수준이 급격히 변화할 수 있는 환자는?

① 식사를 하고, 인슐린을 투여한 환자
② 식사를 하고, 인슐린을 투여하지 않은 환자
③ 식사를 거르고, 인슐린을 투여한 환자
④ 식사를 거르고, 인슐린을 투여하지 않은 환자

▣ 출제 키워드   내분비계 응급

📖 기본서 다시보기   응급처치학개론 p.385

해설 ③ 식사를 거르고 인슐린을 투여했을 때는 저혈당을 유발하여 급격하게 의식이 변한다.

핵심 개념 리마인드   **고혈당과 저혈당의 증상**
(1) **고혈당**: 고혈당으로 인한 의식 변화가 저혈당보다 더 일반적이다. 뇌로 혈당이 비교적 잘 전달되므로 서서히 진행된다.
(2) **저혈당**: 저혈당은 처방약을 과다복용하거나 인슐린을 너무 많이 투여하여 너무 빠르게 혈당이 떨어졌을 때 일어난다. 또한 환자가 인슐린에 비해 너무 적은 음식을 먹었거나 과격한 운동이나 활동으로 인하여 모든 포도당을 소모했을 때 발생할 수 있다. 혈당이 뇌에 도달할 수 없어 갑자기 경련을 일으키며 갑자기 나타난다.

정답 ③

136

당뇨병성 케톤산증의 병력이 있는 당뇨 환자에게서 나타나는 특징이 아닌 것은?

① 오심, 구토 및 복통
② 의식의 변화
③ 과일 냄새가 나는 빠르고 깊은 호흡
④ 혈압 증가

▣ 출제 키워드   내분비계 응급

📖 기본서 다시보기   응급처치학개론 p.386 [표173]

해설 ④ 당뇨병성 케톤산증에서는 혈압의 증가보다는 낮은 혈압이 나타난다.

핵심 개념 리마인드   **당뇨병성 케톤산증**
(1) **일반적 원인**: 인슐린 주사의 중단, 카테콜아민과 잠재적인 글루카곤 효과, 그리고 인슐린 효과의 방해를 야기하는 생리적 스트레스
(2) **증상과 징후**: 다뇨, 다갈, 다식, 따뜻하고 건조한 피부, 욕지기/구토, 복통, 빠른 맥, 깊고 빠른 호흡, 호흡에서 달콤한 냄새, 발열, 정신 기능의 감소 혹은 명백한 혼수, 낮은 혈압

정답 ④

137
복통의 위치와 유발 원인이 알맞게 짝지어진 것은?

① 왼쪽 상복부 – 췌장염, 위염, 담관염
② 오른쪽 하복부 – 막창자꼬리염, 자궁외 임신의 파열, 오른쪽 난소낭종
③ 왼쪽 하복부 – 쓸개염, 간염, 췌장염
④ 오른쪽 상복부 – 곁주머니염, 자궁외 임신의 파열

출제 키워드 　　　　　　　　　　　급성복통 응급
기본서 다시보기 　　　　　응급처치학개론 p.370 [표165]

해설 ② 오른쪽 하복부 통증의 유발 원인은 막창자꼬리염, 자궁외 임신의 파열, 오른쪽 난소낭종 등이 있다.

핵심 개념 리마인드 복통의 위치와 유발 원인

위치	질병
상복부	위염, 식도염, 췌장염, 쓸개염, 대동맥 동맥류, 심근허혈, 창자 막힘, 천공, 일반적 복막염
오른쪽 상복부	쓸개염, 간염, 궤양성 천공, 오른쪽 신장염
오른쪽 하복부	막창자꼬리염, 복부 대동맥 파열, 자궁외 임신의 파열, 오른쪽 난소낭종, 골반염, 요로결석, 탈장, 난소 또는 고환의 염전
왼쪽 상복부	췌장염, 위염, 왼쪽 신장염
왼쪽 하복부	곁주머니염, 복부 대동맥 파열, 자궁외 임신의 파열, 왼쪽 난소낭종, 골반염, 요로결석, 탈장, 난소 또는 고환의 염전

정답 ②

138
극도의 공포심과 불안을 호소하는 여성이 있는 현장에 출동하였다. 이 여성은 한 달 전에 버스에서 갑자기 숨이 안 쉬어지면서 가슴이 두근거리고 답답하며 온 몸이 돌처럼 굳어져 죽을 것 같은 극도의 불안 증상이 나타났다고 한다. 증상은 수 분 후에 소실되긴 했으나 증상이 반복되어 119에 신고한 여성에게 의심되는 소견은 무엇인가?

① 공황장애
② 기분장애
③ 외상 후 스트레스장애
④ 발달장애

출제 키워드 　　　　　　　　　　　행동 응급
기본서 다시보기 　　　응급처치학개론 p.487~488 [표214]

해설 ① 공황발작은 반복적인, 극심한 감정적 고통으로 인해 극도의 불안감이 특징으로 대개 이유 없이 발생하고 1시간 이내에 사라진다. 공황과 불안감의 표현은 심장 질환이나 호흡기 질환과 유사할 수 있다.

핵심 개념 리마인드

기분장애	우울증	▸ 환자가 주관적으로 나타내거나 다른 사람에 의해 객관적으로 관찰되는 거의 매일 가장 우울한 기분이 드는 것 ▸ 거의 매일 모든 활동에 즐거움이 현저하게 결여된 상태 ▸ 뚜렷한 체중 감소(다이어트 없이) 또는 체중 증가로, 5% 체중 변화가 유의미함 ▸ 거의 매일 불면증에 시달리거나 과다수면을 함 ▸ 매일의 정신운동 초조 또는 지연(다른 사람에 의해 관찰되거나 환자의 주관적인 감정) ▸ 거의 매일의 무가치한 느낌 또는 과도하게 부적절한 죄책감(환상) ▸ 생각하거나 집중할 수 있는 능력 감소 또는 거의 매일 우유부단함 ▸ 죽음에 대한 반복적 생각(죽음에 대한 공포가 없음), 특별한 계획 없이 반복되는 자살 생각(자살 위험이 높음)
불안장애	공황	반복적인, 극심한 감정적 고통으로 인한 극도의 불안감이 특징 – 단순한 지지요법 – 환자가 과다호흡상태가 나타난다면 환자의 호흡수를 감소시킬 수 있어야 함
	PTSD	정서적으로 부담스러운 상황(가까운 사람의 사고나 죽음)과 같은 생명을 위협하는 극도의 스트레스 요인에 대한 반응

정답 ①

139

의식장애 환자의 원인기억법 중 의식 변화를 일으킬 수 있는 원인과 거리가 먼 것은?

① 외상 ② 뇌졸중
③ 요독증 ④ 뇌수막염

140

다음과 같은 질병이 있는 환자를 이송할 때 필요한 격리 조치는?

> 홍역, 유행성 이하선염, 인플루엔자

① 분변-구강 격리 ② 성접촉 격리
③ 혈액 격리 ④ 호흡기 격리

출제 키워드 신경계 응급

기본서 다시보기 응급처치학개론 p.424 [표193]

해설 ④ 의식 변화를 일으킬 수 있는 원인 'AEIOU TIPS' 중 뇌수막염은 해당 사항이 없다.

핵심 개념 리마인드 **의식 장애 환자의 원인 기억법**
- A = Acidosis (산증), Alcohol (알코올)
- E = Epilepsy (간질)
- I = Infection (감염)
- O = Overdose (과다용량)
- U = Uremia (요독증)
- T = Trauma (외상), Tumor (종양), Toxin (독성)
- I = Insulin (저혈당, 당뇨병 케톤산증)
- P = Psychosis (정신질환), Poison (중독)
- S = Stroke (뇌졸중), Seizure (경련)

정답 ④

출제 키워드 감염 질환

기본서 다시보기 응급처치학개론 p.439 [표198]

해설 ④ 홍역, 유행성 이하선염, 인플루엔자는 공기 매개성 전파 경로로 전염되는 질환이므로 호흡기 격리가 필요하다.

핵심 개념 리마인드 **감염 관리**
(1) **분변-구강 격리**: A형 간염, 식중독, 에볼라
(2) **성접촉 격리**: C형 간염, HIV, 인플루엔자, 매독, 임질, 단순포진바이러스, 에볼라
(3) **혈액 격리**: B형 간염, C형 간염, HIV, 단순포진바이러스, 에볼라

정답 ④

141

옆구리부터 서혜부까지 극심한 방사통을 호소하는 42세 남자가 소변에서 혈뇨가 보일 경우 의심할 수 있는 질환은?

① 막창자꼬리염
② 콩팥(요로)결석
③ 복부대동맥류
④ 탈장

📖 출제 키워드 　　　　　　　　　　　비뇨생식계 응급
📖 기본서 다시보기 　　　　　　　　응급처치학개론 p.399

해설 ② 샅굴 부위로 퍼지는 통증과 혈뇨는 콩팥결석 환자에게서 볼 수 있는 증상이다.

핵심 개념 리마인드 **요로결석 환자 평가**
결석이 발생하면 가장 전형적인 증상은 급성 옆구리 통증이다. 이 통증은 샅굴 부위로 퍼지기도 하며 50% 정도에서는 구토를 동반하기도 하고 간혹 반발통이나 복막 자극 증상이 동반되는 경우도 있다. 80% 정도가 혈뇨를 동반하며 30% 정도는 육안적 혈뇨가 관찰된다. 그러나 결석 환자의 10~15% 정도는 혈뇨가 나타나지 않을 수도 있다.

정답 ②

142

혈소판 질환에 대한 설명으로 옳은 것은?

① 혈소판 증가증은 혈소판의 수가 증가한 것으로 급성 특발저혈소판자색반병(ITP) 등이 해당된다.
② 혈소판 감소증은 혈소판 수치의 비정상적인 감소이다. 종종 만성 골수세포 백혈병에서 합병증을 초래한다.
③ 다발골수종은 형질세포의 암이다. 허리나 늑골의 통증 등의 징후가 나타나며 병리적 골절이 발생할 수 있다.
④ 혈소판 증가증 환자는 다양한 증상이 나타난다.

📖 출제 키워드 　　　　　　　　　　　　조혈계 응급
📖 기본서 다시보기 　　　　　　응급처치학개론 p.414~415

해설 ① 급성 특발저혈소판자색반병은 혈소판 감소증에서 나타난다.
② 만성 골수세포 백혈병에서 합병증으로 혈소판 증가증이 나타난다.
③ 다발골수종은 형질세포의 암이다. 허리나 늑골의 통증 등의 징후가 나타나며 병리적 골절이 발생할 수 있다.
④ 혈소판 증가증은 대부분 무증상이다.

핵심 개념 리마인드 **조혈계 응급**
(1) **혈소판 증가증**
　혈소판의 수가 증가한 것으로, 진성 적혈구 증가증(polycythemia vera)에서도 적혈구와 혈소판 증가가 보인다. 종종 만성 골수세포 백혈병에서 합병증을 초래한다. 악성질환, 용혈성 빈혈, 급성 출혈, 자가염증질환과 같은 다른 장애에서 이차성으로 발생하며 환자의 대부분이 무증상이다.
(2) **혈소판 감소증**
　혈소판 수치의 비정상적인 감소를 말한다. 혈소판 생산의 감소, 지라에서 혈소판 격리, 혈소판 파괴 세 가지 기전 조합에 의한 것이다. 급성 특발저혈소판자색반병(ITP)은 면역계가 혈소판을 파괴하여 발생한다. 성인 여성에게 흔히 발생하며 자가면역질환과 관련이 있다.
(3) **다발골수종**
　형질세포의 암이다. 환자는 빈혈이 생기며 감염에 민감해진다. 첫 번째 징후는 허리나 늑골의 통증이며 병적인 골수는 병리적 골절이 발생할 수 있다. 빈혈에 의한 피로, 출혈 위험이 있게 된다. 칼슘 수치가 올라가 콩팥 기능 상실이 유발된다.

정답 ③

143

만성 콩팥 손상에 대한 설명으로 옳지 않은 것은?

① 콩팥의 영구적 손실로 부적절한 콩팥 기능을 나타낸다.
② 콩팥 기능이 약 80% 이상 파괴되어 대사성 불안정에 의한 기능 장애에 도달하면 환자는 말기 콩팥병이라고 판단되며 콩팥 이식이 필요하다.
③ 콩팥 투석이 필요한 단계는 아니다.
④ 콩팥 기능의 상실 정도에 따라 혈액량 유지와 수분, 전해질 pH의 적절한 균형 유지가 힘들어진다.

출제 키워드 비뇨생식계 응급

기본서 다시보기 응급처치학개론 p.397~399

해설 ③ 대부분의 만성 콩팥병과 말기 콩팥질환의 경우, 콩팥의 대부분 중요한 기능을 인공적으로 대체해 주는 콩팥 투석(renal dialysis)이 생명을 유지시켜 주는 수단이 된다.

핵심 개념 리마인드
혈액량 유지와 수분, 전해질, pH의 적절한 균형 → 세뇨관의 능동 이송은 두드러지게 줄어들거나 멈춤
- 고칼륨혈증: 전체 토리여과율이 감소, 나트륨-수분 정체되면서 심혈관계에 체액량 증가의 부담발생, 칼륨의 정체 발생
- 대사성 산증: 수소이온의 정체에 발생
- 저칼슘혈증
- 포도당 같은 중요 화합물의 정체와 요소와 같은 폐기물의 배설
- 동맥혈압의 조절: 레닌-안지오텐신 고리 파괴로 심한 고혈압 초래
- Na^+과 물의 정체 때문에 심장의 기능상실이 생겨서 저혈압과 빠른맥이 갑자기 발생할 수 있음
- 적혈구 생성 조절 만성 빈혈증: 정상량의 적혈구 형성인자가 생산되지 않기 때문
- 빈혈은 심장의 부담을 증가시켜 심장 기능상실 발생

정답 ③

144

비정상 호흡에 대한 설명으로 옳은 것은?

① 성인 환자에게서 12회~20회/분인 경우 비정상 호흡수이다.
② 호흡 보조근을 사용하는 경우 비정상 호흡이다.
③ 창백한 피부는 정상 호흡을 하고 있는 것이다.
④ 뇌의 호흡 조절 중추에서 호흡을 조절하지만 호흡 시 노력이 필요하다.

출제 키워드 호흡기계 응급

기본서 다시보기 응급처치학개론 p.361 [표160]

해설 ① 성인 12~20회/분, 소아 15~30회/분, 영아 25~30회/분은 정상 호흡수이다.
③ 창백하거나 청색, 차갑고 축축한 피부는 비정상 호흡을 나타낸다.
④ 뇌의 호흡 조절중추는 분당 일정 횟수로 호흡할 것을 조절하며 호흡은 자발적으로 일어나기 때문에 특별한 노력이 필요하지 않다.

핵심 개념 리마인드 정상 호흡과 비정상 호흡

구분		정상 호흡	비정상 호흡
호흡수		성인 12~20회/분 아동 15~30회/분 유아 25~50회/분	연령대별 정상 횟수보다 높거나 낮은 경우
규칙성		호흡 간격이 일정하고 말할 때에도 규칙적이다.	불규칙
양상	호흡음	양쪽 허파음이 같다.	허파음이 약하거나 들리지 않을 경우 잡음 또는 양쪽 허파음이 다른 경우
	가슴 팽창	양쪽이 같다.	양쪽이 다른 경우
	호흡 노력	힘들게 호흡하거나 호흡보조근을 사용하지 않는다.	힘들게 호흡하거나 호흡보조근을 사용한다.
	깊이	적정하다.	깊거나 얕은 경우
	피부	적정하다.	창백하거나 청색, 차갑고 축축함

정답 ②

145

만성심부전의 과거 병력이 있는 환자가 전신 쇠약으로 신고되어 출동했다. 심전도 검사 상 다음과 같은 모양을 보였다면 의심할 수 있는 환자의 상태는?

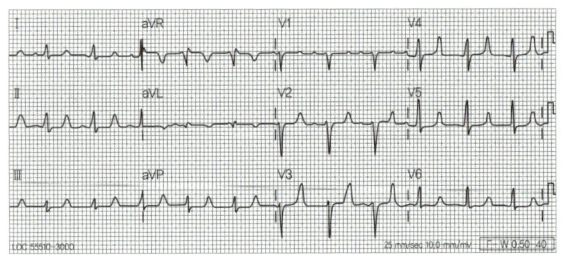

① 저체온증　　② 심근경색증
③ 고칼륨혈증　　④ 저칼륨혈증

146

빈혈에 대한 설명으로 옳지 않은 것은?

① 용혈성 빈혈은 적혈구의 부적절한 생산이 원인이다.
② 무형성 빈혈은 적혈구의 생산 기능이 상실되어 발생한다.
③ 출혈로 인하여 투여하는 과도한 수액은 적혈구 농도를 희석시킨다.
④ 낫 적혈구성 빈혈은 유전적 변화로 인해 적혈구 모양을 C또는 낫 모양으로 변화시킨다.

📄 출제 키워드　　비뇨생식계 응급

📖 기본서 다시보기　　응급처치학개론 p.401 [그림230]

🟩 해설　③ 환자는 만성신부전 병력이 있는 분으로 신장을 통한 칼륨 배설이 원활히 이루어지지 않았을 가능성이 높다. 이때 환자의 심전도를 확인해 보면 tall T파가 확인이 되며 이는 고칼륨혈증의 증거이다.

🟪 핵심 개념 리마인드　**고칼륨혈증 징후**

- 음식을 통해 섭취된 칼륨은 주로 신장을 통해 배설되기 때문에 신기능이 저하된 환자들은 고칼륨혈증에 노출될 수 있다. 고칼륨혈증이란 체내 칼륨의 농도가 5.5 mEq/L 이상일 때를 말한다. 6.0 이상일 때를 심각한 고칼륨혈증이라 하며, 사망률이 높으므로 주의해야 한다.
- 고칼륨혈증은 응급상황으로 심근의 활동전위에 영향을 미쳐 치명적인 부정맥을 유발할 수 있다.
- 고칼륨혈증 때 나타날 수 있는 부정맥으로는 굴느린맥, 동성무수축, 방실차단, 느린 심실고유리듬(slow idioventricular rhythm), 심실 빠른맥(ventricular tachycardia), 심실세동(ventricular fibrillation), 무수축(asystole) 등이 나타날 수 있다. 초기에 나타나는 심전도 이상 소견은 T파의 높이가 커지고 뾰족해지는 현상이다(tall & peak T).

정답 ③

📄 출제 키워드　　조혈계 응급

📖 기본서 다시보기　　응급처치학개론 p.411~412

🟩 해설　① 용혈성은 적혈구의 생산보다 파괴가 많아 발생한다.

🟪 핵심 개념 리마인드　**빈혈의 유형**

원인	유형	병태생리
적혈구의 부적절한 생산	무형성	적혈구 생산 기능 상실
	철결핍성	철은 헤모글로빈의 1차적인 구성 요소
	악성	비타민 B12는 적혈구의 발달 동안 정확한 분열을 하는 데 필요
	낫적혈구성	유전적 변화로 인해 저산소 상태에서 적혈구 모양을 C 또는 낫 모양으로 변화시킴
적혈구 파괴 증가	용혈성	적혈구의 생산보다 파괴가 많은 상태 : 파괴된 적혈구의 일부는 혈류의 흐름을 방해함
혈액소실 또는 희석	만성질환	출혈은 혈구세포의 손실을 초래하며 과도한 수액은 적혈구 농도를 희석시킴

정답 ①

147

경련 환자의 응급처치로 옳지 않은 것은?

① 주변에 있는 위험한 물건은 치운다.
② 환자가 청색증을 보이면 기도 개방을 확인하고 인공호흡기로 고농도 산소를 공급한다.
③ 경련 중에는 혀를 깨물지 못하도록 혀에 설압자를 넣는다.
④ 목뼈 손상이 의심되지 않는다면 환자를 회복 자세로 눕힌다.

출제 키워드   신경계 응급

기본서 다시보기   응급처치학개론 p.426

해설 ③ 경련 중에 혀를 깨물지 못하도록 억지로 입을 열어 혀에 무언가를 넣지 말아야 한다.

핵심 개념 리마인드   **경련 환자의 응급처치**
- 주위의 위험한 물건을 치운다. 치울 수 없다면 손상 가는 부분에 쿠션 및 이불을 대어 손상을 최소화시킨다.(안경을 쓴 환자라면 제거)
- 사생활 보호를 위해 환자의 주변 사람들은 격리시킨다.(치마를 입은 환자라면 이불을 이용해 덮어준다.)
- 경련 중에 혀를 깨물지 못하도록 억지로 혀에 무언가를 넣지 말아야 하며, 신체를 구속시켜서는 안 된다. 단, 머리 보호를 위해 주위의 위험한 물질은 치운다.
- 기도를 개방한다. 경련 중에 기도를 개방하는 것은 어려운 행동이지만 흡인과 더불어 기도를 개방하고, 고농도 산소를 공급한다.
- 목뼈 손상이 의심이 되지 않는다면 환자를 회복 자세로 눕힌다.
- 환자가 청색증을 보이면 기도 개방을 확인하고, 인공호흡기로 고농도 산소를 공급한다.
- 환자를 병원으로 이송한다. 이송 중 ABC와 생체징후를 관찰한다.

정답 ③

148

당뇨에 관한 설명으로 옳지 않은 것은?

① Ⅰ형 당뇨병은 인체 세포가 인슐린에 적절히 반응하지 못하는 것이고, Ⅱ형 당뇨병은 적정량만큼 인슐린을 생산하지 못하는 경우로 인슐린 투여가 필요한 환자이다.
② 저혈당의 원인으로는 인슐린 복용 후 식사를 하지 않은 경우, 인슐린 복용 후 음식물을 토한 경우, 평소보다 힘든 운동이나 작업을 했을 경우 등이 있다.
③ 저혈당은 갑자기 나타나는 반면 고혈당은 보통 서서히 진행된다.
④ 고혈당 환자는 따뜻하고 붉으며 건조한 피부를 갖는 반면 저혈당 환자는 차갑고 창백하며 축축한 피부를 나타낸다.

출제 키워드   내분비계 응급

기본서 다시보기   응급처치학개론 p.382~385

해설 ① Ⅰ형 당뇨병은 인슐린 생산량이 체내에 필요한 적정량에 미치지 못하거나 아예 인슐린을 생산하지 못해 인슐린 투여가 필요하고, Ⅱ형 당뇨병은 체내에 인슐린이 분비는 되지만 인체 세포가 인슐린에 적절히 반응하지 못하는 것이다.

핵심 개념 리마인드   **당뇨의 종류**
(1) **Ⅰ형 당뇨병**: Ⅰ형 당뇨병은 인슐린 생산량이 체내에 필요한 적정량에 미치지 못하거나 아예 인슐린을 생산하지 못하는 경우로 인슐린 투여가 필요한 환자이다.
(2) **Ⅱ형 당뇨병**: Ⅱ형 당뇨병은 체내에 인슐린이 분비는 되지만 인체 세포가 인슐린에 적절히 반응하지 못하는 것으로, 세포가 혈액으로부터 인슐린을 취하도록 구강용 혈당저하제 복용으로 혈액 내 당을 조직으로 이동시켜 혈당을 낮추고 운동, 식이조절 병행을 필요로 한다.
(3) **저혈당**: 처방약을 과다복용하거나 인슐린을 너무 많이 투여하였을 때, 인슐린 용량에 비해 너무 적은 음식을 먹거나 과격한 운동이나 활동을 하였을 때 발생한다. 혈당이 뇌에 도달할 수 없어 갑자기 경련을 일으키며 갑자기 나타난다. 차갑고 창백하며 축축한 피부를 나타낸다.
(4) **고혈당**: 뇌로 혈당 전달이 비교적 잘 진행되므로 보통 서서히 진행된다. 따뜻하고 붉으며 건조한 피부를 나타낸다. 종종 빠르고 깊은 호흡을 나타낸다.

정답 ①

149

척수 증후군 중 브라운–세카르증후군의 설명으로 옳은 것은?

① 척수 증후군 중 가장 예후가 나쁜 편이다.
② 동측면에 통증 및 온도 기능 손실을 유발한다.
③ 척수의 가쪽면을 꿰뚫는 관통상에 의해 자주 발생한다.
④ 반대측면의 감각 및 운동기능이 상실된다.

📝 출제 키워드   브라운–세카르증후군
📖 기본서 다시보기   응급처치학개론 p.434

해설 ③ 척수의 가쪽면을 꿰뚫는 관통상에 의해 자주 발생한다. 척수 측면 관통상은 신체의 동측면에 감각 및 운동 기능 손실을 유발한다. 반대측면의 통증 및 온도 인지 기능 또한 상실된다. 척수 증후군 중 가장 예후가 좋은 편이다.

핵심 개념 리마인드 **비외상성 척추질환**

척추질환은 외상에 의해 야기될 수도 있지만 비외상성으로 야기되는 경우도 많음
① 디스크 손상(추간판탈출증, 원반탈출증)
  척수가 눌리거나 근육 경련에 의한 통증
② 척추손상
  유전 등에 의한 척추분리증, 골다공증과 연관된 손상
③ 낭종과 종양
  척수의 낭종이나 척추 공간 내의 종양이 퇴행성 변화, 혈액 공급 방해
④ 말총증후군(마미증후군)
  척수 수준 아래의 신경뿌리(말총)를 압박하는 신경학적 응급상황
  : 응급감압술이 필요함
  : 요통, 회음부 무감각, 실금, 배뇨 지연, 배뇨 불능, 다리 반사 감소 및 다리근육 허약과 감각소실을 야기할 수 있음
⑤ 전방척수증후군
  뼈 조각 또는 전방척수를 관류하는 동맥을 압박하는 압력에 의해 발생
  : 주로 척추동맥의 손상을 야기하는 굽힘–폄 손상에 의해 유발
  ▶ 증상: 운동 기능 손실과 손상 부위 아래의 통증, 가벼운 촉각, 온도에 대한 감각의 상실이 발생
⑥ 중심척수증후군
  앞쪽으로 떨어지거나 얼굴이 먼저 충돌하여 발생하는 목뼈의 과신전에 의해 발생
  : 척추관을 좁히는 관절염과 같은 기존의 퇴행성 질환과 연관
  ▶ 증상: 팔의 근력 약화와 방광 기능 이상
⑦ 브라운–세카르증후군
  척수의 가쪽면을 꿰뚫는 관통상에 의해 발생
  ▶ 증상: 척수 측면 관통상은 신체의 동측면에 감각과 운동 기능 손실 유발, 반대측면의 통증 및 온도인지 기능을 상실시킴

정답 ③

150

인체의 호흡기계에 대한 설명으로 옳은 것은?

① 들숨은 호흡의 주요 근육인 가로막과 늑간근육의 이완으로 이루어진다.
② 소아의 호흡기계는 혀가 차지하는 비중이 커 기도 폐쇄 가능성이 높고 나이가 어릴수록 비강호흡을 하며, 분당 15~30회 호흡을 한다.
③ 상기도는 기관과 기관지로 이루어져 있으며 기관지는 각각 좌, 우 허파와 연결되어 있다.
④ 가스교환은 이산화탄소를 몸에 쌓으면서 이루어 진다.

📝 출제 키워드   호흡기계 응급
📖 기본서 다시보기   응급처치학개론 p.358~362

해설 ① 들숨은 가로막과 늑간근이 수축할 때 일어나는데, 이때 갈비뼈는 올라가고 팽창되며 가로막은 내려간다. 이로 인해 흉강 크기는 증가하고 허파로의 공기 유입을 증가시킨다. 날숨은 이러한 근육이 이완될 때 일어나며 흉강 크기는 작아지고 갈비뼈는 아래로 내려가고 수축되며 가로막은 올라간다.
③ 상기도는 바깥코에서부터 코 안, 인두, 후두의 구조물로 되어 있다.
④ 호흡기계통의 주요 기능은 외부 환경과 가스를 교환하는 일이다. 산소는 이산화탄소가 배출되면서 가스 교환 과정을 통해 운반된다. 허파에서 이산화탄소는 산소와 교환된 후 배출된다.

핵심 개념 리마인드

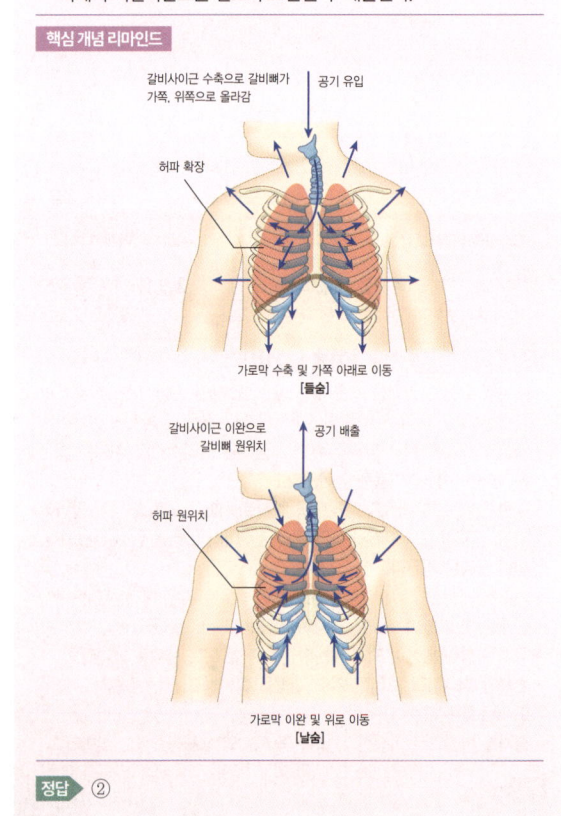

정답 ②

151

급성복통을 호소하는 환자에게 이전에도 이런 통증이 있었는지, 언제부터 이런 통증이 시작됐는지, 마지막으로 섭취한 음식은 무엇이고 언제인지 질문하였다. SAMPLE력 중 포함되지 않은 것은?

① O ② P
③ E ④ L

📧 출제 키워드 급성복통 응급

📁 기본서 다시보기 응급처치학개론 p.373~374 [표169]

해설 ① O - 언제부터 이런 통증이 시작되었는지?
② P - 이전에도 이런 통증이 있었는지?
④ L - 마지막으로 섭취한 음식은 무엇이고 언제인지?

핵심 개념 리마인드 SAMPLE력
(1) S(Sign, Symptom) 증상 및 징후
  • Onset: 발병 상황
  • Provocation/Palliation: 유발 요인/완화 요인
  • Quality: 통증의 특성
  • Region/Radiation: 부위/방사
  • Severity: 통증의 강도
  • Time: 지속 시간
(2) A(Allergy): 알레르기
(3) M(Medication): 약물
(4) P(Past history): 연관된 과거력
(5) L(Last oral intake): 마지막 구강 섭취
(6) E(Event): 상황을 야기한 사건

정답 ③

152

간 손상 병력을 가진 알코올 중독자가 특별한 통증 호소없이 선홍색의 토혈을 하고 있었으며, 혈압은 90/50 mmHg로 측정되었다. 이 환자의 출혈 원인으로 가장 가능성 높은 것은?

① 위염 ② 위궤양
③ 소화성 궤양 ④ 식도정맥류

📧 출제 키워드 위장관계 응급

📁 기본서 다시보기 응급처치학개론 p.379

해설 ④ 식도정맥류는 알코올성 간경화로 인해 일어나는 경우가 대다수이다. 간경화로 인해 간 문맥압이 증가하고 이는 식도정맥의 혈행의 역류로 이어져, 정맥류가 터져 대량 출혈을 유발하게 된다.

핵심 개념 리마인드 질병으로 인한 내부 출혈
(1) **상부위장관 출혈**: 위점막으로 궤양이 침식되거나 말로리-바이스 손상시 식도열상이 일어나거나 정맥류 파열(대개 알코올성 간병변에서 2차적으로 생김) 등이 급작스럽게 생길 경우 생명이 위급하거나 출혈 조절이 어려울 수도 있다. 상부위장관 출혈 시 환자는 토혈(hematemesis)을 경험하거나 하부위장관으로 내려간 경우 흑색변(melena)을 본다.
(2) **소화성 궤양**: 소화성 궤양은 십이지장궤양과 위궤양으로 나뉜다. 환자는 심한 통증이 갑자기 발생하면 궤양이 복강 내로 터져 출혈을 야기한 경우일 수도 있다. 궤양의 부위에 따라 환자는 토혈을 하거나 흑색변을 볼 수 있다.
(3) **식도정맥류**: 식도정맥류가 일어나는 근본 원인은 알코올 섭취와 부식을 일으키는 물질의 섭취이다. 알코올성 간경화가 식도정맥류의 2/3를 차지한다. 정맥류가 파열되거나 새는 경우 종종 환자의 초기 증상은 무통성 출혈 또는 혈역학적 불안정이다. 또한 선홍색 피를 토하게 된다.

정답 ④

153

환자는 평소보다 많은 양의 알코올 섭취 후 좌상복부의 통증을 호소하며 등쪽에도 이러한 통증이 있다고 한다. 이 환자에게서 가장 의심이 되는 질환으로 옳은 것은?

① 쓸개염 ② 이자염
③ 충수돌기염 ④ 간염

📝 출제 키워드 위장관계 응급
📖 기본서 다시보기 응급처치학개론 p.377

해설 ② 이자염은 흔히 알코올 섭취에 의해 야기된다. 이자는 후복막에 위치해 있어 등이나 어깨에도 통증이 방사될 수 있다.

핵심 개념 리마인드 복통의 위치과 유발 원인

(1) **쓸개염**: 쓸개염은 종종 담석으로 인해 야기되며 심한 통증 및 때때로 갑작스런 윗배 또는 RUQ 통증을 호소한다. 또한 이러한 통증은 어깨 또는 등쪽에서도 나타날 수 있다. 통증은 지방이 많은 음식물을 섭취할 때 더 악화될 수 있다.

(2) **이자염**: 만성 알코올 환자에게 흔히 나타나며 윗배 또는 LUQ 통증을 호소한다. 췌장(이자)이 위, 아래, 후복막에 위치해 있어 등/어깨에 통증이 방사될 수 있다. 심한 경우 쇼크 징후가 나타나기도 한다.
  [이자염의 원인]
  ▶ 과다한 알코올 섭취
  ▶ 쓸개돌
  ▶ 혈중 지질 증가
  ▶ 약물 유발성

(3) **충수돌기염**: 수술이 필요하고, 증상 및 징후로는 오심/구토가 있으며 처음에는 배꼽 부위 통증을 호소하다 RLQ 부위의 지속적인 통증을 호소한다.

(4) **간염**: 간염은 간세포의 염증이나 감염을 동반한 간세포의 손상으로, 증상은 우상복부의 압통이나 오른쪽 어깨로 방사통이 있다. 비위생적인 생활상태, 혈액물질을 통한 감염, 만성적 알코올 섭취 등에 의해 발생한다.

 ②

154

2형 당뇨에 대한 올바른 설명은?

① 인슐린 의존형 당뇨병이다.
② 이자에서 인슐린을 생성하지 못하는 상태이다.
③ 초기요법은 체중 조절을 위한 식이요법과 운동이다.
④ 당뇨병성 케톤산증으로 인하여 쿠스마울 호흡이 관찰된다.

📝 출제 키워드 내과 응급
📖 기본서 다시보기 응급처치학개론 p.383

해설 ① 1형 당뇨를 인슐린 의존형 당뇨병이라 한다.
② 2형 당뇨는 체내에 인슐린이 분비되지만 인체세포가 인슐린에 적절히 반응하지 못해 발생한다.
③ 2형 당뇨 환자는 세포가 혈액으로부터 인슐린을 취하도록 구강용 혈당저하제를 복용하여 혈액 내 당을 조직으로 이동시켜 혈당을 낮추고 운동, 식이조절 병행을 필요로 한다.
④ 2형 당뇨병은 응급질환으로 고삼투성 비케톤성혼수가 발생할 수 있다.

핵심 개념 리마인드

	1형 당뇨병	2형 당뇨병	저혈당증
일반적 원인	▶ 이자가 인슐린 생산을 극히 적게 하거나 인슐린을 전혀 생산하지 않을 경우 발생 ▶ 유년기에 주로 발병 : 소아형 당뇨병 ▶ 주기적 인슐린 주사 필요 : 인슐린 의존형 당뇨병	▶ 인슐린이 분비는 되지만 인체세포가 인슐린에 적절히 반응하지 못하는 경우 발생 ▶ 비만이 주 원인 ▶ 식이요법, 경구용 혈당강하제로 컨트롤 가능 : 인슐린 비의존형 당뇨병	▶ 처방약을 과다복용 ▶ 인슐린을 너무 많이 투여하여 너무 빠르게 혈당이 떨어졌을 때 ▶ 환자가 인슐린 용량에 비해 너무 적은 음식 섭취 ▶ 과격한 운동이나 활동으로 인하여 모든 포도당 소모시
증상과 징후	▶ 다뇨, 다갈, 다식 ▶ 따뜻하고 건조한 피부와 점막, 욕지기/구토, 복통 ▶ 빠른맥, 깊고 빠른 호흡(쿠스마울 호흡) ▶ 호흡에서 달콤한 냄새 발열(감염과 관련) ▶ 정신기능 감소 혹은 명백한 혼수	▶ 다뇨, 다갈, 다식 ▶ 따뜻하고 건조한 피부와 점막 ▶ 기립성 저혈압 ▶ 빠른맥 ▶ 정신기능 감소 혹은 명백한 혼수 ▶ 지속적인 고혈당증 → 삼투성 이뇨야기 → 탈수 발생 → 포도당을 분해할 수분부족으로 혈당 상승	▶ 약하고 빠른 맥박 ▶ 차고 습한 피부 ▶ 허약, 협동운동장애 ▶ 두통 ▶ 불안정하고 초조한 행동
응급 질환	당뇨병 케톤산증	고혈당 고삼투성 비케톤성 혼수	저혈당성 쇼크
응급 처치	수액, 처방 받은 인슐린	수액, 처방 받은 인슐린	포도당(dextrose)

정답 ③

155

부종, 기관지 수축 또는 이물질로 인한 휘파람 소리는 어떠한 비정상적 호흡인가?

① 그렁거림(stridor)
② 거품소리(rales)
③ 코고는 소리(snoring)
④ 쌕쌕거림(wheezing)

💬 출제 키워드   호흡기계 응급

📁 기본서 다시보기   응급처치학개론 p.362 [표161]

해설 ④ 쌕쌕거림(wheezing)에 대한 설명이다.

핵심 개념 리마인드 비정상적 숨소리
(1) **코고는 소리(snoring)**: 상기도가 주로 혀에 의해 부분적으로 막혔을 때 나는 소리
(2) **그렁거림(stridor)**: 거칠고 높은 음으로, 주로 들숨 시 들리는데 크룹(croup)과 같은 상기도 막힘 시 발생
(3) **쌕쌕거림(wheezing)**: 부종, 기관지협착, 이물 등으로 기도가 막힌 경우 들림
(4) **건성수포음(rhonchi)**: 큰 기도에 점액이나 다른 물질이 과다하게 고인 경우 발생되는 딸각 소리
(5) **거품소리(수포음, crackles 또는 rales)**: 미세한 세기관지에 이물이 고인 경우 발생되는 젖은 소리
(6) **가슴막마찰음(pleural friction rub)**: 가슴막염처럼 가슴막이 감염되어 마른 가죽을 부빌 때 나는 소리

정답 ④

156

교감신경과 부교감신경으로 구성되어 있는 신경계는 무엇인가?

① 중추신경계   ② 체성신경계
③ 말초신경계   ④ 자율신경계

💬 출제 키워드   신경계 응급

📁 기본서 다시보기   응급처치학개론 p.420

해설 ④ 교감신경과 부교감신경으로 구성되어 있는 신경계는 자율신경계이다.

핵심 개념 리마인드 신경계의 종류
(1) **중추신경계**: 뉴런, 보호기관(뼈, 두피, 수막), 뇌, 척수
(2) **말초신경계**: 12쌍의 뇌 신경(운동 신경, 감각 신경)
(3) **자율신경계**: 교감신경계, 부교감신경계

정답 ④

157
혈관성 두통에 포함되는 두통은?

① 긴장성 두통 ② 편두통
③ 기질성 두통 ④ 박동성 두통

158
다음 중 혈액 전파 감염병이 아닌 것은?

① HBV ② HCV
③ HIV ④ 유행성 이하선염

출제 키워드: 신경계 응급

기본서 다시보기: 응급처치학개론 p.429 [표196]

해설 ② 혈관성 두통은 편두통과 군발두통을 포함한다.

핵심 개념 리마인드
- 두통은 급성, 만성, 국소적 또는 전반적, 경증, 중증으로 매우 다양
- 일부의 경우 원인이 알려져 있으나, 일부는 원인이 알려지지 않은 것도 있음

구분	내용
혈관성	• 편두통과 군발두통을 포함 • 몇 분~며칠간 지속 • 격렬하고 때리는 듯한 두통, 감광성(빛에 대한 민감성) • 욕지기, 구토, 발한 　─ 편두통: 머리 한쪽에서 특징적으로 통증이 발생, 주로 여성에게 발생 　─ 군발두통 ─ 갑작스럽고 격렬하게 발생하여 15분~4시간까지 지속 가능 　　　　　　─ 주로 남성에게 발생 　　　　　　─ 비혈, 안검처짐, 안구 충혈, 유루 동반
긴장성	• 두통의 대부분을 차지함 • 하루를 주기로 가끔 발생 • 아침부터 시작되어 일과가 지남에 따라 악화 • 목과 머리에 강한 압력이 가해지는 느낌 • 둔하고 쑤시는 듯한 통증
기질성	• 뇌, 안구, 그 밖의 신체 구조에 발생하는 종양, 감염, 기타 질병에 의해 발생 • 발열, 정신착란, 뒷목의 강직을 동반한 후두부의 박동성 두통 • 욕지기, 구토, 발진 • 뇌수막염 의심

정답 ②

출제 키워드: 감염 질환

기본서 다시보기: 응급처치학개론 p.439 [표198]

해설 ④ 유행성 이하선염은 공기 매개로 전파되는 감염병이며, 침샘의 통증을 동반하는 비대가 특징이다.

핵심 개념 리마인드 감염병 전파 매개
(1) HBV: 혈액 전파
(2) HCV: 혈액 전파, 성접촉 전파
(3) HIV: 혈액 전파, 성접촉 전파
(4) 유행성 이하선염: 공기 매개 전파

정답 ④

159

충분하지 않은 양의 갑상샘호르몬에 장기간 노출되어 구조와 기능에 변화가 생긴 질환은 무엇인가?

① 점액수종
② 갑상샘 중독증
③ 갑상샘 기능 저하증
④ 갑상샘 기능 항진증

출제 키워드: 내분비계 응급
기본서 다시보기: 응급처치학개론 p.389

해설 ① 점액수종은 충분하지 않은 양의 갑상샘호르몬에 장기간 노출되어 구조와 기능에 변화가 생긴 상태로, 저체온증과 점액수종 혼수로 불리는 혼수 상태로 진행될 수 있다.
② 갑상샘 중독증은 신체 기관이 장기간 동안 과도한 양의 갑상샘호르몬에 노출되어 구조와 기능에 변화가 생기는 상태이다.
③ 갑상샘 기능 저하증은 혈액 내에 갑상선호르몬이 충분하지 않은 상태로 낮은 대사상태를 만들며, 초기 증상은 기관의 기능 저하를 보여주며 운동이나 감염과 같은 변화에 적절히 대응하지 못한다는 것을 나타낸다.
④ 갑상샘 기능 항진증은 혈액 내에 과도한 갑상샘호르몬이 존재하여 발생하므로 높은 대사상태를 나타낸다.

정답 ①

160

65세 여자가 척추손상으로 오랜 기간 누워서 치료받던 중 갑자기 심한 호흡곤란을 호소하였다. 신체검진에서 왼쪽 하지의 심한 통증과 부종을 동반하고 있으며, 목정맥 팽대가 관찰된다. 혈압 90/60mmHg, 맥박 110회/분 호흡 28회/분, 산소포화도 88%이다. 의심되는 소견은?

① 공기가슴증
② 폐기종
③ 심장눌림증
④ 폐색전증

출제 키워드: 폐색전증
기본서 다시보기: 응급처치학개론 p.364

해설 ④ 환자는 척추수술 후 오랜 기간 침상생활 하시는 분으로 갑작스런 호흡곤란을 호소하는데 이는 수술부위에서 혈전이나 지방이 떨어져 나가 폐부분에서 색전을 일으켰기 때문이다. 이에 호흡이 잘 이루어지지 않으므로 호기말이산화탄소 분압은 기하급수적으로 하강한다.

핵심 개념 리마인드 폐색전증

① 정의
정맥계에서 생성된 색전이 그 경로를 통해 오른심방, 오른심실을 거쳐 폐동맥을 폐쇄하는 것
② 주 발생 환자
침대에 누워 있는 거동할 수 없는 환자 등에서 주로 발생
③ 증상 및 징후
▶ 폐색전증이 발생한 후 폐경색이 발생하면 호흡곤란, 객혈, 가슴막성 흉통(날카롭고 베는 듯한 통증)이 발생
→ 가슴막성 통증: 호흡 시 가슴막이 자극되어 발생
▶ 빠른 호흡, 실신, 청색증
: 폐색전에 의하여 폐쇄된 폐동맥이 분포하는 부위의 폐는 들숨과 날숨이 이루어지더라도 혈류가 차단됨 → 산소와 이산화탄소의 교환 불가 → 동맥혈 산소압이 감소 → 청색증 유발
▶ 폐색전이 아주 커서 급격한 폐동맥고혈압을 유발할 경우 오른심실 기능 상실로 급사할 수 있음

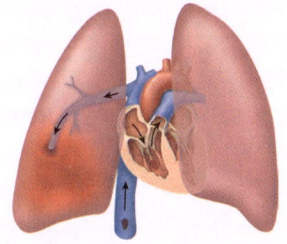

▲ 폐색전증의 발병 원리

정답 ④

161

쓸개 염증의 경우 주로 어느 부위에서 통증을 일으키는가?

① 좌상복부(LUQ)
② 우상복부(RUQ)
③ 좌하복부(LLQ)
④ 우하복부(RLQ)

📧 출제 키워드　　　　　　　　　　　　　　　급성복통 응급

📖 기본서 다시보기　　　　　　　　　응급처치학개론 p.377

해설 ② 쓸개는 담낭을 지칭하는 용어로 우상복부에 존재한다.

핵심 개념 리마인드　복통의 위치와 유발 원인

위치	질병
상복부	위염, 식도염, 췌장염, 쓸개염, 대동맥 동맥류, 심근허혈, 창자 막힘, 천공, 일반적 복막염
오른쪽 상복부	쓸개염, 간염, 궤양성 천공, 오른쪽 신장염
오른쪽 하복부	막창자꼬리염, 복부 대동맥 파열, 자궁외 임신의 파열, 오른쪽 난소낭종, 골반염, 요로결석, 탈장, 난소 또는 고환의 염전
왼쪽 상복부	췌장염, 위염, 왼쪽 신장염
왼쪽 하복부	곁주머니염, 복부 대동맥 파열, 자궁외 임신의 파열, 왼쪽 난소낭종, 골반염, 요로결석, 탈장, 난소 또는 고환의 염전

정답 ②

162

독극물과 해독제로 올바르게 연결되지 않은 것은?

① 아세트아미노펜-엔 아세틸시스테인
② 유기인제-아트로핀
③ β-blocker-플루마제닐
④ 모르핀-날록손

📧 출제 키워드　　　　　　　　　　　　　　　독극물과 해독제

📖 기본서 다시보기　　　　　　　　　응급처치학개론 p.454

해설 ③ 플루마제닐 → 벤조디아제핀계 약물
　　　　β-blocker → 글루카곤

핵심 개념 리마인드　독극물과 해독제

독극물	해독제
Acetaminophen (아세트아미노펜, 타이레놀)	N-acetylcysteine (엔-아세틸시스테인)
β-blocker, CCB Hydrogen Fluoride (항고혈압약, 항부정맥약)	Glucagon, Ca chloride (글루카곤, 염화칼슘)
Carbamate or Organophosphate (카바메이트계, 유기인계)	Atropine, 2-PAM (아트로핀, 2-팜)
Benzodiazepine (벤조디아제핀)	Flumazenil (플루마제닐)
Opioids (헤로인, 옥시코돈, 모르핀)	Naloxone (날록손)
TCA (삼환계항우울제), Cocaine (코카인), Salicylates (살리실산염)	Sodium Bicarbonate (중탄산나트륨)
Sulfonylurea, Insulin (설포닐유레아, 인슐린)	Glucose (포도당)
MeOH, et Glycol (메탄올, 글리콜 등)	Ethanol (에탄올)
Methemoglobin (메트헤모글로빈)	Methylene Blue (메틸렌블루)
Snake Bite (뱀 교상)	Antivenin (항뱀독소)
Cyanide (시안화물)	Cyanide Kit (시안화물 키트=히드록소코발라민)
Iron (철)	Deferoxamine (디페록사민)
Digoxin (디곡신)	Digoxin Immune Fab (디곡신 면역 팹)

정답 ③

163

환자 전신쇠약을 주 호소로 내원하였으며 하루동안 화장실을 거의 가지 못하였고 매우 어지럽고 기력이 없는 상태라고 한다. 하루 소변배출량이 약 300ml 정도로 측정 되었다면 현재 환자의 상태는 어떠한가?

① 무뇨
② 배뇨곤란
③ 핍뇨
④ 다뇨

출제 키워드   비뇨생식계 응급

기본서 다시보기   응급처치학개론 p.396

해설 ③ 핍뇨에 대한 설명이다.

핵심 개념 리마인드   급성 콩팥 손상
- 핍뇨(oliguria): 하루 소변량이 400~500ml 이하로 갑작스럽게 감소하는 상태
- 무뇨(anuria): 소변량이 0ml인 상태
  ➡ 급성 콩팥 손상(AKI) 환자에게 나타난다.

정답 ③

164

50대 남성이 호흡곤란이 있다는 신고를 받고 현장에 도착했다. 환자의 호흡양상을 살펴보니 깊고 빠르고 가쁜 호흡이였다. 호흡 양상이 다음과 같을 때 의심되는 질환으로 가장 옳은 것은?

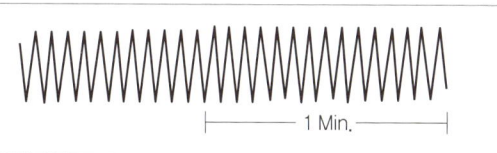

① 뇌졸중
② 뇌압 상승
③ 중추신경질환
④ 대사성 산증

출제 키워드   당뇨성 응급질환

기본서 다시보기   응급처치학개론 p.361

해설 ④ 쿠스마울호흡으로 깊고 빠르고 가쁜 호흡이 나타나며 당뇨병 케톤산증과 같이 대사성산증을 일으키는 질환에서 나타난다.

핵심 개념 리마인드

체인-스토크스호흡 - 말기환자 - 뇌손상 환자	일회호흡량이 점차 많아지다가 점차 감소 되면서 날숨말에는 무호흡을 보임
쿠스마울 호흡 - 당뇨병성 케톤산증	깊고, 빠르고 가쁜 호흡으로 대사성 산증일 일으키는 질환이 있을 때 주로 나타남
중추신경성 과다호흡 - 뇌졸중 - 뇌줄기 손상 환자	깊고 빠른 호흡으로 정상 환기 조절이 되지 않아 호흡성 알칼리증이 나타남
실조성(비오)호흡 - 뇌압 상승 환자	횟수와 깊이가 불규칙적인 가쁜 호흡을 하다가 갑자기 무호흡이 주기적으로 나타남
지속성 흡식호흡 - 뇌졸중 - 중추신경질환	길고 깊은 호흡을 들이마시다가 무호흡

정답 ④

165
신체의 면역계를 구성하는 중심 세포는 무엇인가?

① 호산구　　② 과립구
③ 적혈구　　④ 림프구

166
투석의 부작용으로 옳지 않은 것은?

① 고혈당　　② 혈전 생성
③ 복막염　　④ 빠른 맥

출제 키워드　　　　　　　　　　　조혈계 응급

기본서 다시보기　　　　　　응급처치학개론 p.408

해설 ① 호산구: 과립구의 특수세포로, 급성 알레르기 반응의 화학물질을 비활성화시키며 주요 기초단백질이 포함되어 있다.
② 과립구: 백혈구 가운데 호중구, 호산구, 호염기구 세 가지는 세포질에 많은 과립을 지니고 있으므로 이 세 가지를 통틀어 과립 백혈구라고 한다.
③ 적혈구: 폐에서 조직으로 산소를 운반하는 것이 혈액의 일차적 기능이다.
④ 림프구: 면역계를 구성하는 중심 세포로서, 적응 면역과 항원 특이성, 수용체의 다양성, 기억, 자기/비자기 구분이라는 특징을 갖는다. 사이토카인과 항체를 분비함으로써 적응 면역에 있어서 중추적인 역할을 담당한다.

정답 ④

출제 키워드　　　　　　　　　　비뇨생식계 응급

기본서 다시보기　　　　　　응급처치학개론 p.398~399

해설 ① 고혈당은 투석의 부작용으로 볼 수 없다.

핵심 개념 리마인드　투석의 부작용
(1) 혈액 투석의 부작용
- 저혈압: 환자의 체중에 비해 혈액 여과속도가 빠를 때 나타난다. 이 경우 오심, 구토, 불안, 어지러움, 실신, 빠른 맥, 기립성 저혈압 등이 나타난다.
- 전해질 이상, 근육 경련
- 저혈당
- 투석불균형 증후군: 투석 도중 과도하게 우리 몸의 큰 용질들이 제거 되면서 삼투압 농도 차에 의한 뇌부종으로 오심, 구토, 고혈압, 경련, 혼수, 사망까지 이를 수 있다.
- 정맥류 관련 합병증: 출혈, 감염, 협착, 혈전 생성

(2) 복막 투석의 부작용
- 투석액 염증으로 인한 복막염: 열, 복통, 반발통, 투석액 변화가 함께 발생

정답 ①

167

급성복통 시 촉진 방법에 대한 설명으로 옳은 것은?

① 환자가 불편하다고 말하는 곳을 가장 먼저 촉진하고 부위별로 확인한다.
② 첫 촉진에서 통증, 불편감이나 이상을 발견한다면 추가로 촉진하지 않는다.
③ 촉진 시 박동성 종괴가 느껴진다면 복부 동맥과 감별하기 위해 한번 더 촉진한다.
④ 처음에는 깊게 촉진하고 환자가 불편감을 느끼면 얕게 촉진한다.

📧 출제 키워드　　　　　　　　　　　　　급성복통 응급
📁 기본서 다시보기　　　　　　　　응급처치학개론 p.376

해설 ① 환자가 가장 불편하다고 말하는 곳을 가장 마지막에 촉진한다.
③ 촉진 시 박동성 종괴를 느꼈다면 재차 촉진해서는 안 되며 이송 병원에 알려 주어야 한다.
④ 처음에는 부드럽고 얕게 촉진하다가 환자가 아무런 불편감을 호소하지 않는다면 다음에는 좀 더 깊게 촉진하도록 한다.

정답 ②

168

호흡곤란을 호소하는 70세 남자환자의 집에 출동하였다. 최근 객담과 호흡곤란이 매우 심해졌으며 갑자기 잠에서 깨는 등 잠을 이루기 힘들 정도라 이야기했고, 객담의 양상은 분홍색이라고 했다. 과거력으로 조절되지 않는 고혈압이 있었고, 신체검진에서 목정맥 팽대, 팔다리에 오목부종이 있다. 청진상 폐 기저부에서 거품소리가 들리고, 혈압 180/70 mmHg, 맥박 130회/분, 호흡 34회/분, 산소포화도 88%이다. 이송 시 옳은 자세는?

① 반듯이 눕히고 다리를 들어 올린다.
② 머리를 낮게 하고 무릎을 굽힌다.
③ 앉히고 다리를 늘어뜨려 준다.
④ 스스로 자주 움직일 수 있도록 돕는다.

📧 출제 키워드　　　　　　　　　　　　　호흡기계 응급
📁 기본서 다시보기　　　　　　　　응급처치학개론 p.364

해설 ③ 환자는 폐부종이 의심되는 환자로, 폐부종이 발생하면 폐포와 폐모세혈관 사이에 액체가 축적되므로 산소와 이산화탄소 교환이 방해받게 된다. 폐부종이 심해지면 폐포 내의 액체가 기관지를 통하여 배출될 수 있으며, 이때 환자는 핑크색의 거품이 있는 가래를 배출할 수 있다. 이러한 환자들은 똑바로 앉은 자세에서 다리를 들것이나 수레 아래로 걸쳐 놓아야 잘 견딘다.

핵심 개념 리마인드

만성기관지염	▸ 청색증, 대부분 흡연과 관련, 과체중, 건성 수포음, 흡연과 관련있음 ▸ 푸른빛 숨찬 사람, 3개월 이상 객담이 동반된 기침 → 탈수증상이 있을 경우에만 수액요법을 시행
폐공기증 (폐기종)	▸ PaO₂ 저하로 적혈구 생산량 증가, 아침기침을 제외하고 기침과 연관이 적음 ▸ 분홍빛 숨찬 사람, 마른체형(최근 체중감소)의 술통모양의 가슴 관찰 ▸ 담배 20갑/년 이상일 때 발생
폐부종	▸ 심근수축력 감소 → 부적절한 심장 박출 → 폐정맥 울혈 → 핑크빛 가래 배출 ▸ 호흡곤란, 호흡수 증가
폐색전증	▸ 심부정맥의 혈전이 이동하여 폐 혈관을 막은 상태 ▸ 거동할 수 없는 환자에게 주로 발생 ▸ 급격히 시작된 호흡곤란, 청색증, 실신 → 대량의 폐색전증 ▸ 흉막성 통증, 기침, 객혈 → 흉막 원위부에 발생한 작은 폐색전증
천식	▸ 호흡곤란(빈호흡, 호흡보조근 사용) → 기관지 경련회복이 중요 ▸ 쌕쌕거림, 기침, 기이맥(들숨 중에 수축기혈압이 10mmHg 이상 감소함)과 빠른맥을 보이거나, 맥박산소측정 시 말초혈관의 산소포화도가 저하 ▸ ETCO₂상 상어지느러미모양

정답 ③

169

70세 여자 환자로, 한 달 전 넙다리뼈 골절로 수술 후 침상생활을 하고 있는 분으로 호흡곤란을 호소하였다. 혈압 100/60 mmHg, 맥박 110회/분, 호흡 22회/분, 체온 37.1℃, 산소포화도 88%이며, 목정맥팽대 소견이 보였고, 오른쪽 발등굽힘을 시행했을 때 종아리 통증이 악화되었다. 심전도 검사 상 심방세동이 관찰된다. 의심되는 소견은?

① 폐렴
② 폐기종
③ 폐결핵
④ 폐색전증

📝 출제 키워드　　　　　　　　　　　호흡기계 응급

📚 기본서 다시보기　　　　　　응급처치학개론 p.364

해설 ④ 환자는 넙다리뼈 골절 수술 후 침상생활하시는 분으로 갑작스런 호흡곤란을 호소하는데 이는 수술 부위에서 혈전이나 지방이 떨어져 나가 폐부분에서 색전을 일으켰기 때문이다. 또한 환자의 심전도 상 심방세동이 나타났는데 심방세동은 혈전이 형성되는 배경이 된다. 폐색전증 환자의 50%에서 깊은 정맥혈전증을 의미하는 소견으로 종아리를 신전시켰을 때 통증이 관찰된다.

핵심 개념 리마인드

호만징후 검사: 심부정맥혈전증 의심 검사, 주로 오랜 시간 동안 부동의 좌식상태를 유지하는 사람들에게 혈액순환이 원활하지 않게 되어 혈액의 흐름을 막는 혈전이 발생하게 되는 양상을 말한다.
[검사 방법]
1. 환자는 앙와위 자세로 눕는다.
2. 검사자는 한손으로 환자의 무릎을 약간 구부리고 다른 한손으로 발을 발등을 향해 구부린다.
3. 이때 환자가 종아리나 무릎 뒤 오금쪽에 통증을 호소한다면 호만징후검사 양성으로 판단한다.

정답 ④

170

9세 여아가 복통을 호소하며 응급실에 내원하였다. 아이는 미열과 구역, 구토를 동반한 산통이 있으며, 통증이 배꼽 주위에서 시작하여 오른쪽 하복부에 국한되는 양상을 나타내고 있다. 촉진 상 오른쪽 하복부에 누름통증과 강직이 있다. 의심되는 소견은?

① 장폐쇄
② 장염
③ 막창자꼬리염
④ 급성 위장염

📝 출제 키워드　　　　　　　　　　　복통 응급

📚 기본서 다시보기　　　　　　응급처치학개론 p.377

해설 ③ 막창자꼬리염은 미열과 구역, 구토를 동반하면서 배꼽 주위에서 시작한 통증과 촉진 상 오른쪽 하복부(맥버니점)에 누름통증의 증상을 보인다.

핵심 개념 리마인드

충수돌기염 (꼬리염)	오심/구토가 있으며 처음에는 배꼽 부위 통증(처음)을 호소하다 우하복 부위의 지속적인 통증을 호소 • 염증으로 인한 고열 발생 • 반동압통이 특징적으로 발생
창자막힘	작은창자나 큰창자의 관이 부분 또는 전체가 막히는 것 - 저산소증 발생 시 산소 공급, 편안한 또는 쇼크 자세, 쇼크를 막기 위한 수액 공급
궤양성 잘록창자	염증 과정이 진행됨에 따라 점막층 내의 만성적인 궤양이 계속 커지나, 염증(궤양)의 범위가 점막밑층까지 진행되는 경우는 매우 드물게 나타남 - 큰창자쪽으로 확대 → 전잘록창자염(전결장염, pancolitis) - 곧창자에만 국한 → 곧창자염(직장염, proctitis) : 혈성 설사나 점액이 섞인 대변, 산통(colicky, 쥐어짜거나 끊어지는 듯한 급성 복통), 구역과 구토, 때때로 발열, 체중 감소 등

정답 ③

171

60세 여성 환자가 점심 식사 때 자꾸만 젓가락을 떨어뜨리고 음식을 흘려 자세히 보니 얼굴마비, 발음장애, 왼쪽 편마비가 발생한 것을 관찰하였다. 신고 시 측정되었던 혈압이 150/100 mmHg에서 환자평가 후 180/120 mmHg으로 상승되어 있고 의식이 혼미해지는 것 같은 양상을 파악하였다. 현장 응급처치로 옳은 것은?

① 혈압을 낮추기 위해 머리를 20°~30° 정도 내려준다.
② 혈압조절을 위해 혀 밑으로 혈압강하제를 투여한다.
③ 호기말이산화탄소분압은 약 35 mmHg로 유지한다.
④ 발작을 예방하기 위해 항경련제를 투여한다.

📖 출제 키워드   신경계 응급
📖 기본서 다시보기   응급처치학개론 p.260

해설 ③ 뇌압 상승이 의심되는 상황이며 폐환기량 조절을 통한 동맥혈 이산화탄소분압의 조절이 초기 뇌압을 조절하는데 중요하다. 동맥혈 이산화탄소분압을 30~35 mmHg로 유지해야 하며 의식상태가 급격히 변하는 환자에게서는 25 mmHg 이하까지 급속히 동맥혈 이산화탄소분압을 낮추어야 하는 때도 있다.

핵심 개념 리마인드
얼굴마비, 발음장애, 편측마비는 뇌졸중 의심 증상이다.
지문의 환자는 혈압 상승, 맥박 감소 등의 뇌압 상승의 증거를 보이고 있다.
이러한 환자에게 혈압을 조절하기 위한 혈압강하제는 정맥으로 투여하며, 뇌졸중 환자에게 뇌전증의 발생을 방지하기 위하여 예방적 목적으로 모든 환자에게 항뇌전증제를 투여하는 것은 권장되지 않는다. 뇌압 상승이 의심되는 환자는 머리의 높이를 침대에서 20°~30° 정도 올려주고 저산소증이 발생하지 않도록 산소를 공급한다.
또한 저혈당은 뇌졸중과 유사한 증상을 유발할 수 있으므로, 저혈당(60 mg/dl)이 발견되면 즉시 포도당을 투여하여 저혈당을 개선한 후 환자를 재평가한다. 저혈당이 의심되는 환자를 제외하고는 포도당이 함유된 수액은 투여하지 않는다.

정답 ③

172

오른쪽 상복부 통증이 있던 30세 남자 환자가 있는 현장에 출동하였다. 환자는 2~3일 전부터 통증이 심해졌으며 주로 치킨과 삼겹살을 먹고 나서 통증이 더 심해지는 것 같다고 이야기 하였다. 신체검사 시 오른쪽 상복부 통증이 있고 흡기 시에 더 심해지며 오른쪽 어깨로 통증이 방사된다고 한다. 이 환자에게 의심되는 질환은 무엇인가?

① 방광염
② 쓸개염
③ 막창자꼬리염
④ 급성위장염

📖 출제 키워드   급성복통 응급
📖 기본서 다시보기   응급처치학개론 p.377

해설 ② 쓸개염은 보통 오른쪽 상복부에 급성통증을 일으키며 가로막을 자극하여 통증이 오른쪽 어깨로 방사된다. 지방이 많은 음식을 섭취한 뒤 통증이 심해지는 것은 쓸개염이 있는 상태에서 지방 함유물이 쓸개로부터 쓸개즙의 배출을 야기하기 때문이다. 또한 오른쪽 상복부 압통과 갈비뼈 아래 경계 부위를 가볍게 누른 상태에서 숨을 깊게 들이마실 때 갑자기 통증이 유발되는 것은 숨을 들이마심으로 인해 내려간 가로막이 쓸개를 밀어 촉진이 되기 때문이다. 이를 머피징후라고 하며, 통증에 양성인 경우 쓸개염을 의심할 수 있다. 이 때 쓸개에 돌이 발생하였을 수 있다고도 판단할 수 있다.

핵심 개념 리마인드

충수돌기염 (꼬리염)	오심/구토가 있으며 처음에는 배꼽 부위 통증(처음)을 호소하다 우하복 부위의 지속적인 통증을 호소 ▶ 염증으로 인한 고열 발생 ▶ 반동압통이 특징적으로 발생
담낭염 (쓸개염)	담석 쓸개염은 종종 담석으로 인해 야기 ▶ 갑작스런 윗배 또는 우상복부 통증을 호소 ▶ 어깨 또는 등쪽에서도 발생 ▶ 매우 극심한 양상의 통증을 보임 ▶ 지방이 많은 음식물을 섭취할 때 더욱 악화

정답 ②

173

20세 여성 환자가 평소 세게 부딪히지 않아도 쉽게 멍이 들고 관절 내 출혈, 연부조직 출혈, 근육 내 출혈 등 심부 조직의 출혈이 자주 발생한다고 한다. 가족력상 외조부가 같은 증상으로 치료를 받았으나, 부모는 특이 소견이 없었을 때 이 여성에게 의심되지 않는 소견은 무엇인가?

① 혈우병
② 백혈병
③ 다발골수종
④ 혈소판 감소증

출제 키워드: 조혈계 응급
기본서 다시보기: 응급처치학개론 p.413~415

해설 ① 혈우병은 쉽게 멍이 들고 심부근육 출혈, 관절 출혈이 발생한다. 혈우병은 유전적인 지혈장애로, X염색체에 의해 운반되고, 하나의 염색체에 결함이 있는 유전자가 있고 다른 염색체에는 없다면 질환이 나타나지 않는다. 따라서 여성에서는 결함이 있는 유전자가 있어도 질환이 나타나지 않고, 남성의 경우 X염색체가 결함이 있는 유전자를 보유하고 있다면 질환이 나타날 수밖에 없다.

핵심 개념 리마인드
- **백혈병**: 조혈세포의 암으로 대부분 환자는 중증빈혈을 앓게 되고 혈소판 감소증으로 인해 출혈이 나타난다. 최초 발현과 함께 급성적으로 아파 보이며, 체중 감소와 식욕부진의 병력을 갖는다. 간과 지라가 커지는 것이 일반적이며, 결과적으로 복부 팽만과 복통이 초래된다.
- **다발골수종**: 형질세포의 암으로 허리나 늑골통증이 나타나고, 병리적 골절이 발생한다. 형질세포가 감염에 대항하는 특정 항체 배출을 하지 못해 감염의 위험이 증가하고, 파골 때문에 칼슘 수치가 올라가 콩팥기능 상실이 유발된다.
- **혈소판 감소증**: 혈소판 생산의 감소, 지라에서의 혈소판 격리, 혈소판의 파괴 또는 이러한 세 가지 기전의 조합에 의해 나타난다. 급성 특발저혈소판자색반병(ITP)은 자가면역질환과 관련하여 면역계가 혈소판을 파괴하여 발생한다. 쉽게 멍들고, 출혈이 발생하거나 혈소판 수치가 감소되는 것이 특징이다.

정답 ①

174

27세 여자가 배뇨 시 통증으로 내원하였다. 혈압과 호흡은 안정적이나 맥박이 다소 빨라보였고, 체온 39.2℃이다. 이 환자는 옆구리와 등 아랫부분에 심한 통증이 있고, 어깨와 목으로 통증이 옮겨가는 것 같다고 표현하여 등 하부를 타진하였는데 극심한 통증을 호소하였다. 이 환자에게 의심되는 소견은 무엇인가?

① 자궁내막염
② 콩팥깔때기염
③ 자궁외 임신
④ 막창자꼬리염

출제 키워드: 비뇨생식계 응급
기본서 다시보기: 응급처치학개론 p.402

해설 ② 콩팥깔때기염은 상부요로감염이 위로 퍼져서 콩팥을 감염시킨 것이다. 염증반응으로 인해 열이 있고, 콩팥이 있는 옆구리와 등의 아랫부분에서 통증을 느낄 수 있으며 그 통증이 어깨 또는 목으로 전이될 수 있다. 또한 갈비척추각 타진 시 누름통증을 느끼는 로이드징후는 콩팥깔때기염을 나타낸다.

핵심 개념 리마인드 자궁외 임신
① 정의
  : 수정란이 자궁내막에 착상하지 않고 비정상적으로 자궁 밖에 착상된 상태
  : 95%는 나팔관의 팽대부에 착상
  : 임신 초기에 증상이 발현되어 자궁외 임신 상태를 알게 되는 경우가 많음
② 증상 및 징후
  : 한쪽의 하복부에 국한된 찌르는 듯한 통증, 질 출혈, 무월경
  : 나팔관과 같은 제한된 공간에서 태아가 성장하다가 나팔관이 파열되면서 찢어지는 듯한 통증이 발생
③ 처치
  ▶ 자궁외 임신은 즉각적인 수술이 필요
    : 환자를 즉시 병원으로 이송
  ▶ 필요 시 산소를 공급

정답 ②

175

53세 남자가 1시간 전부터 갑자기 발생한 현기증을 동반한 극심한 어지러움과 구토, 오른쪽 귀 청각 소실을 호소하며 119에 신고하였다. 뇌출혈의 소견이 전혀 없고 활력징후도 정상이라면 어떤 질병을 의심할 수 있는가?

① 중이염
② 일과성허혈발작
③ 메니에르병
④ 꼭지돌기염

출제 키워드　　　　　　　　　　　　　귀 질환

기본서 다시보기　　　　　　응급처치학개론 p.468

해설 ③ 메니에르병은 균형과 청각에 영향을 주는 속귀 질환으로, 원인은 알려지지 않았다. 증상으로 심각한 어지럼증과 구토, 한쪽 청각의 소실이 나타난다.

핵심 개념 리마인드
- **중이염**: 유스타키오관이 막힘에 의해 가운데 귀의 액체 압력이 높아지고, 이로 인해 생기는 바이러스성 감염으로 발생한다. 귀 통증, 귀 안이 가득 차 있거나 압력을 받은 듯한 느낌, 청력소실, 발열, 구토, 설사 등의 증상을 보이며, 신체검진 시 붉고 팽창된 고막을 관찰할 수 있다.
- **꼭지돌기염**: 머리뼈 바닥의 꼭지돌기의 감염을 말한다. 귀 통증, 배농, 청각 상실, 홍반, 두통, 발열 등의 증상을 보이며, CT 촬영으로 진단될 수 있다.

정답 ③

176

40세의 여성이 갑작스럽게 발생한 극심한 두통을 호소한 뒤 상지의 운동 장애, 안면마비, 혼돈 등의 증상이 나타난 현장에 출동하였다. 구급대원이 측정한 생체징후는 혈압 180/90 mmHg, 맥박 50회/분으로 확인됐으며, 불규칙한 호흡 양상을 보였고 의식이 저하되는 양상을 보이고 있다. 신체검진 시 양쪽 동공의 크기가 같지 않았다. 이 환자에게서 추측 가능한 질환은?

① 급성 심근경색증　② 협심증
③ 저혈당　　　　　④ 뇌출혈

출제 키워드　　　　　　　　　　　　신경계 응급

기본서 다시보기　　　　응급처치학개론 p.430~431

해설 ④ 뇌출혈로 인한 뇌압상승으로 나타날 수 있는 증상이다.

핵심 개념 리마인드　**뇌졸중의 증상 및 징후**
(1) 뇌졸중의 일반적인 징후는 얼굴, 한쪽 팔과 다리의 근력 저하나 감각 이상, 갑작스러운 언어 장애나 생각의 혼란, 한쪽이나 양쪽의 시력 손실, 갑작스런 보행 장애, 어지러움, 평형 감각이나 운동 조절 기능 마비, 원인불명의 심한 두통 등 다양하게 나타난다.
기타 증상 및 징후로는
▸ 의식 장애 전에 심한 두통 및 목 경직 호소
▸ 어지러움, 혼란에서부터 무반응까지 다양한 의식 변화
▸ 편측으로 발생하는 부분적 혹은 전체적 마비, 한쪽 감각의 상실
▸ 비대칭 동공
▸ 언어 장애 혹은 시력 장애나 복시 호소
▸ 편마비된 쪽으로부터 눈이 돌아감
▸ 오심/구토
(2) **신체검진**: 머리 손상, 뇌졸중에 의해 비대칭 동공을 관찰할 수 있다.
(3) **쿠싱 3대 징후**: 혈압 상승의 증거로 뇌출혈을 의심할 수 있다.
▸ 혈압 상승, 맥박감소, 불규칙한 호흡

정답 ④

177

심한 호흡곤란을 호소하는 환자가 있는 현장에 출동하였다. 환자의 피부는 분홍색, 손가락은 곤봉형이고 환자는 매우 마른 체형과 가슴의 앞뒤 직경이 증가된 양상을 보였다. 호흡보조근을 사용하는 것이 판단되어 산소포화도를 측정하였더니 86%였다. 이 환자에게 가장 옳은 처치는?

① 지속기도양압(CPAP)으로 환기
② 코삽입관을 이용하여 15 L/분으로 산소투여
③ 호흡률과 호흡 깊이를 줄이도록 유도
④ 백-밸브 마스크로 분당 30회 양압환기

📋 출제 키워드   호흡기계 응급

📖 기본서 다시보기   응급처치학개론 p.364

해설 ① 폐기종 환자로 판단되며 이러한 환자의 응급처치 일차 목표는 저산소증을 완화시키고, 기관지 수축이 있다면 이를 처치하는 것이다.
② 코삽입관은 1~6 L/분까지 투여할 수 있고, 10~15 L/분까지 투여할 수 있는 것은 비재호흡 마스크이다.
③ 호흡률과 호흡 깊이를 늘리도록 유도해 저산소증을 완화한다.
④ 백밸브 마스크는 호흡이 없거나 자발호흡이 곤란한 환자에게 실시한다.

핵심 개념 리마인드
폐기종은 종말세기관지의 먼 쪽 허파꽈리벽이 파괴될 때 발생하고 만성적 저산소증으로 곤봉형 손가락을 보일 수 있다. 폐기종 환자에서는 적혈구 증가증으로 피부는 분홍색을 띠고 있어 '분홍색의 숨찬 사람'이라고도 불린다.
또한 가슴 앞뒤 직경이 증가되어 있는 술통 모양의 가슴을 보인다. 폐기종 환자는 대부분 마른 체형을 보이는데, 이는 호흡하기 위해 섭취한 칼로리의 상당 부분을 사용하기 때문이다.

정답 ①

178

급성복통 환자에 대한 응급처치로써 옳지 않은 것은?

① 환자가 편안하게 느끼는 자세를 취해 준다.
② 급성복통을 호소하는 환자는 아무것도 섭취하지 않게 한다.
③ 구토에 대비하고 필요 시 흡인(suction)을 할 수 있도록 한다.
④ 일차 평가 동안 가장 불편해하는 복통 부위를 확인한다.

📋 출제 키워드   급성복통 응급

📖 기본서 다시보기   응급처치학개론 p.376

해설 ④ 일차 평가 동안 기도를 유지하고 환자 상태에 따라 산소를 투여한다.

핵심 개념 리마인드 급성복통 환자의 처치
- 일차 평가 동안 기도를 유지한다. 의식 변화가 있다면 기도를 유지해야 하며, 복통 환자인 경우 구토를 할 수 있으므로 필요 시 흡인해야 한다. 구토색이 이상한 경우 내용물을 가져가서 병원 의료진에게 보여주는 것이 좋다.
- 환자의 상태에 따라 고농도 산소 투여가 필요할 수 있다.
- 환자가 편하다고 생각하는 자세를 취해준다. 그러나 쇼크 또는 기도 유지에 문제가 있다면 상태에 따른 자세를 취해 주어야 한다.
- 복통 또는 불편감을 호소하는 환자에게는 아무것도 먹여서는 안 된다.
- 환자가 흥분하지 않게 침착한 자세로 안정감을 유지하며 신속하게 이송한다. 환자 평가와 처치 동안 주위를 조용히 하고 환자가 안정감을 찾도록 도와준다.

정답 ④

179

[2023년 소방공무원 경력경쟁 채용시험 31번]

다음에서 의심되는 질환으로 옳은 것은?

> 70대 남자가 호흡곤란을 호소한다는 신고를 받고 현장에 출동하였다. 환자는 삼각자세로 앉아 있고 청진상 건성수포음이 들리며 얼굴과 체간에 청색증이 관찰되었다. 25년간 하루 한 갑 이상의 흡연력과 최근 3개월 전부터 기침에 객담이 배출된다고 한다.

① 천식 ② 폐부종
③ 폐색전증 ④ 만성기관지염

출제 키워드 　호흡기계 응급

기본서 다시보기 　응급처치학개론 p.364

해설 ④ 호흡곤란과 건성수포음, 객담, 얼굴과 체간에 청색증이 관찰되었다면 만성기관지염일 가능성이 있다.

핵심 개념 리마인드

만성기관지염	▸ 청색증, 대부분 흡연과 관련, 과체중, 건성 수포음, 흡연과 관련있음 ▸ 푸른빛 숨찬 사람, 3개월 이상 객담이 동반된 기침 → 탈수증상이 있을 경우에만 수액요법을 시행
폐공기증 (폐기종)	▸ PaO₂ 저하로 적혈구 생혈량 증가, 아침기침을 제외하고 기침과 연관이 적음 ▸ 분홍빛 숨찬 사람, 마른체형(최근 체중감소)의 술통모양의 가슴 관찰 ▸ 담배 20갑/년 이상일 때 발생
폐부종	▸ 심근수축력 감소 → 부적절한 심장 박출 → 폐정맥 울혈 → 핑크빛 가래 배출 ▸ 호흡곤란, 호흡수 증가
폐색전증	▸ 심부정맥의 혈전이 이동하여 폐 혈관을 막은 상태 ▸ 거동할 수 없는 환자에게 주로 발생 ▸ 급격히 시작된 호흡곤란, 청색증, 실신 → 대량의 폐색전증 ▸ 흉막성 통증, 기침, 객혈 → 흉막 원위부에 발생한 작은 폐색전증
천식	▸ 호흡곤란(빈호흡, 호흡보조근 사용) → 기관지 경련회복이 중요 ▸ 쌕쌕거림, 기침, 기이맥(들숨 중에 수축기혈압이 10mmHg 이상 감소함)과 빠른맥을 보이거나, 맥박산소측정 시 말초혈관의 산소포화도가 저하 ▸ ETCO₂상 상어지느러미모양

정답 ④

180

[2024년 소방공무원 경력경쟁 채용시험 37번]

구급대원이 60대 환자를 평가한 결과가 다음과 같을 때 의심되는 질환으로 옳은 것은?

> - 호흡 18회/분, 맥박 90회/분, 혈압 100/60mmHg
> - 체온 38.1℃
> - 구토, 황달
> - 우상복부에 국한된 심한 통증

① 장폐색 ② 담관염
③ 크론병 ④ 궤양성 대장염

출제 키워드 　급성복증

기본서 다시보기 　응급처치학개론 p.377

해설 ② 우상복부에 국한된 통증이 있다면, 해부학적 구조상 담낭의 질환을 의심할 수 있으며, 체온이 38.1℃인 것으로 보아 담낭의 염증성 질환이 발생하였음을 추정할 수 있다.

핵심 개념 리마인드

창자막힘	작은창자나 큰창자의 관이 부분 또는 전체가 막히는 것 - 저산소증 발생 시 산소 공급, 편안한 또는 쇼크 자세, 쇼크를 막기 위한 수액 공급
크론병	병적인 염증반응이 시작되면서 조직의 가장 속층의 점막이 손상되며 육아종이 형성되고 점막과 점막밑층으로 진행 ▸ 특발성 염증성 질환으로 입에서 곧창자까지 어디에서나 발생할 수 있음
궤양/내부 출혈	㉮ 소화경로 내부 출혈: 위궤양, 식도천공, 대장천공 등 ▸ 식도에서 항문까지 어느 곳에서도 나타날 수 있음 ▸ 혈액은 구토(선홍색 또는 커피색) 또는 대변(선홍색, 적갈색, 검정색)으로 나옴 ▸ 통증 여부는 사람마다 다를 수 있음 ㉯ 복강 내 출혈: 외상으로 인한 지라출혈 등 ▸ 출혈은 복막을 자극하고 복부 팽만/복통/압통과 관련 ㉰ 출혈이 의심되는 환자 - 시진: 대칭적인 팽창이나 복부의 한 부위가 부풀어 오르는 것을 확인, 반상출혈 → 복강 내로 다량의 혈액 유입 시 나타남 - 청진: 출혈량이 많으면 창자소리(장음)가 들리지 않거나 거의 소실됨 → 출혈량이 적은 경우는 창자소리가 증가할 수 있음

정답 ②

181 [2023년 소방공무원 경력경쟁 채용시험 34번]

다음 환자에게 가장 의심할 수 있는 소견으로 옳은 것은?

> 40대 남자가 구토물에 피가 섞여 나와 구급대의 출동을 요청하였다. 폭식 후 반복되는 구토로 인해 목 통증을 호소했으며, 과거력은 폭식증이 있었다.

① 장간막허혈 ② 급성췌장염
③ 충수돌기염 ④ 말로리 · 바이스증후군

📝 출제 키워드 — 급성복증
📖 기본서 다시보기 — 응급처치학개론 p.380

해설 ④ 말로이 · 바이스증후군은 반복되는 구토로 식도가 찢어지는 증상을 가지고 있는 질병이다.

핵심 개념 리마인드

창자막힘	작은창자나 큰창자의 관이 부분 또는 전체가 막히는 것 - 저산소증 발생 시 산소 공급, 편안한 또는 쇼크 자세, 쇼크를 막기 위한 수액 공급
크론병	병적인 염증반응이 시작되면서 조직의 가장 속층의 점막이 손상되며 육아종이 형성되고 점막과 점막밑층으로 진행 ▶ 특발성 염증성 질환으로 입에서 곧창자까지 어디에서나 발생할 수 있음
궤양/내부 출혈	㉮ 소화기로 내부 출혈: 위궤양, 식도천공, 대장천공 등 ▶ 식도에서 항문까지 어느 곳에서도 나타날 수 있음 ▶ 혈액은 구토(선홍색 또는 커피색) 또는 대변(선홍색, 적갈색, 검정색)으로 나옴 ▶ 통증 여부는 사람마다 다를 수 있음 ㉯ 복강 내 출혈: 외상으로 인한 지라출혈 등 : 출혈은 복막을 자극하고 복부 팽만/복통/압통과 관련 ㉰ 출혈이 의심되는 환자 - 시진: 대칭적인 팽창이나 복부의 한 부위가 부풀어 오르는 것을 확인, 반상출혈 → 복강 내로 다량의 혈액 유입 시 나타남 - 청진: 출혈량이 많으면 창자소리(장음)가 들리지 않거나 거의 소실됨 → 출혈량이 적은 경우는 창자소리가 증가할 수 있음

정답 ④

182 [2023년 소방공무원 경력경쟁 채용시험 33번]

다음 환자의 최초 처치로 가장 옳은 것은?

> 50대 여자가 전신 허약감을 호소하여 현장에 출동하였다. 신체 검진 결과 피부는 따뜻하고 건조했으며, 호흡은 약 30회/분으로 규칙적이나 깊고 빠른 양상을 보였다. 또한 심한 갈증, 배고픔, 소변량의 증가를 호소했고 혈압 100/60mmHg, 맥박 95회/분, 혈당 550mg/dL로 측정되었다.

① 만니톨 투여 ② 25% DW 투여
③ 생리식염수 투여 ④ 중탄산나트륨 투여

📝 출제 키워드 — 당뇨응급
📖 기본서 다시보기 — 응급처치학개론 p.388

해설 ③ 현장관리는 지속적으로 ABC(기도, 호흡, 순환)를 평가하고, 탈수 교정을 위해 수액소생술을 시작하는 데 초점을 둔다. 혈액 채취 후에 지역 프로토콜에 따라 1~2L의 생리식염수를 주입한다.

핵심 개념 리마인드

	1형 당뇨병	2형 당뇨병	저혈당증
일반적 원인	• 이자가 인슐린 생산을 극히 적게 하거나 인슐린을 전혀 생산하지 않을 경우 발생 • 유년기에 주로 발병 : 소아형 당뇨병 • 주기적 인슐린 주사 필요 : 인슐린 의존형 당뇨병	• 인슐린이 분비는 되지만 인체세포가 인슐린에 적절히 반응하지 못하는 경우 발생 • 비만이 주 원인 • 식이요법, 경구용 혈당강하제로 컨트롤 가능 • 인슐린 비의존성 당뇨병	• 처방약을 과다복용 • 인슐린을 너무 많이 투여하여 너무 빠르게 혈당이 떨어졌을 때 • 환자가 인슐린 용량에 비해 너무 적은 음식 섭취 • 과격한 운동이나 활동으로 인하여 모든 포도당 소모시
증상과 징후	• 다뇨, 다갈, 다식 • 따뜻하고 건조한 피부와 점막, 욕지기/구토, 복통 • 빠른맥, 깊고 빠른 호흡(쿠스마울 호흡) • 호흡에서 달콤한 냄새 발현(감염과 관련) • 정신기능 감소 혹은 명백한 혼수	• 다뇨, 다갈, 다식 • 따뜻하고 건조한 피부와 점막 • 기립성 저혈압 • 빠른맥 • 정신기능 감소 혹은 명백한 혼수 • 지속적인 고혈당증 → 삼투성 이뇨야기 → 탈수 발생 → 포도당을 분해할 수분 부족으로 혈당 상승	• 약하고 빠른 맥박 • 차고 습한 피부 • 허약, 협동운동장애 • 두통 • 불안정하고 초조한 행동
응급 질환	당뇨병 케톤산증	고혈당 고삼투성 비케톤성 혼수	저혈당성 쇼크
응급 처치	수액, 처방 받은 인슐린	수액, 처방 받은 인슐린	포도당(dextrose)

정답 ③

183 [2023년 소방공무원 경력경쟁 채용시험 35번]

다음 50대 남자에게 의심되는 질환으로 옳은 것은?

> 구토와 왼쪽 옆구리 통증을 호소하며, 특별한 외상 소견은 없다. 1시간 전에는 내장 불편감, 급박한 소변감, 소변 시 통증과 혈뇨, 30분 전부터는 옆구리 부위의 강하게 찌르는 듯한 심한 통증이 있다고 한다.

① 게실염 ② 대상포진
③ 요로결석 ④ 고환꼬임

📋 **출제 키워드** 급성복증

📁 **기본서 다시보기** 응급처치학개론 p.400

해설 ③ 특징적인 옆구리 통증, 소변 시 혈뇨, 급박한 소변감이 증상으로 볼 때, 환자는 요로결석일 확률이 높다.

핵심 개념 리마인드

게실염	▶ 환자의 절반 이상이 60대 이후에 발병 ▶ 곁주머니염은 곁주머니가 감염되어 이차적으로 염증이 발생한 상태 ▶ 환자는 왼쪽 아래 부위의 복통을 호소 : 대부분의 곁주머니는 구불잘록창자(S자결장)에 존재하기 때문 ▶ 검사 소견에서 발열과 백혈구 수의 증가를 보이기도 함

정답 ③

184 [2024년 소방공무원 경력경쟁 채용시험 32번]

40대 여자가 갑자기 벼락 치듯 심한 두통과 의식저하로 응급실에 내원하였다. 뇌 CT 영상이 다음과 같을 때 진단으로 옳은 것은?

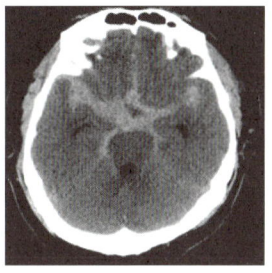

① 뇌내출혈 ② 경질막하출혈
③ 지주막하출혈 ④ 경질막바깥출혈

📋 **출제 키워드** 두개내 출혈

📁 **기본서 다시보기** 응급처치학개론 p.431

해설 ③ CT상 별모양의 출혈이 발상한 것으로 보아 환자는 지주막하출혈이 발생했을 것으로 판단할 수 있다.

핵심 개념 리마인드

두개내출혈	경질막바깥혈종 - 중간 뇌동맥 출혈 - CT상 볼록렌즈 - 루시드인터벌	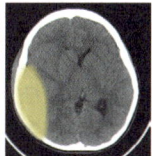
	거미막 밑 출혈 - CT상 별 모양 - 극심한 두통 야기	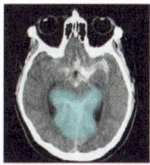
	경질막 밑 혈종 - 소정맥 혈관 파열 - CT상 오목렌즈 - 매우 느리게 진행되어 징후가 매우 흐릿하게 나타남	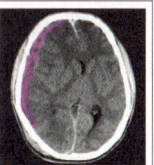
	뇌실질 혈종 - 혈액 손실은 보통 최소량이지만 예후가 가장 안 좋음	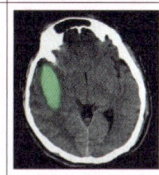

정답 ③

185 [2024년 소방공무원 경력경쟁 채용시험 33번]

뇌압 상승 시 나타나는 혈압 증가, 맥박 감소, 불규칙적 호흡을 일컫는 용어로 옳은 것은?

① 쿠싱3징후 ② 달무리징후
③ 쿠스마울징후 ④ 바빈스키징후

출제 키워드 : 두개내 출혈
기본서 다시보기 : 응급처치학개론 p.431

해설 ① 쿠싱 3징후는 뇌압 상승시 혈압 증가, 맥박 감소, 불규칙적 호흡이 나타나는 현상을 말한다.

핵심 개념 리마인드

두개내 출혈	경질막바깥혈종	- 중간 뇌동맥 출혈 - CT상 볼록렌즈 - 루시드인터벌	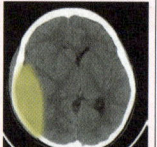
	거미막 밑 출혈	- CT상 별 모양 - 극심한 두통 야기	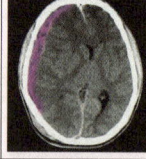
	경질막 밑 혈종	- 소정맥 혈관 파열 - CT상 오목렌즈 - 매우 느리게 진행되어 징후가 매우 흐릿하게 나타남	
	뇌실질 혈종	- 혈액 손실은 보통 최소량이지만 예후가 가장 안 좋음	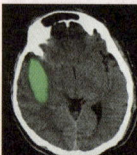
쿠싱 3징후	혈압 상승, 맥박 감소, 불규칙한 호흡		

정답 ①

186 [2023년 소방공무원 경력경쟁 채용시험 28번]

50대 남자가 낙상하여 원위부 운동기능, 통증, 온도감각이 소실되었고 진동에 대한 감각은 유지되었다. 의심되는 손상 유형으로 옳은 것은?

① 말총증후군 ② 전방척수증후군
③ 중심척수증후군 ④ 브라운-세카르증후군

출제 키워드 : 비외상성 척추질환
기본서 다시보기 : 응급처치학개론 p.435

해설 ① 말총증후군은 척수 수준 아래의 신경뿌리(말총)를 압박하는 신경학적 응급으로 응급감압술이 필요하며 요통, 회음부 무감각, 실금, 배뇨 지연, 배뇨 불능, 다리 반사 감소 및 다리 근육 허약과 감각 소실 등의 증상이 나타난다.
③ 중심척수증후군은 앞쪽으로 떨어지거나 얼굴이 먼저 충돌하여 발생하는 목뼈의 과신전에 의해 발생한다. 척추관을 좁히는 관절염과 같은 기존의 퇴행성 질환과 연관이 많고 팔의 근력 약화와 방광 기능 이상이 증상이다.
④ 브라운-세카르증후군은 척수의 가쪽면을 꿰뚫는 관통상에 의해 발생한다. 척수 측면 관통상은 신체의 동측면에 감각과 운동 기능 손실을 유발하고 반대측면의 통증 및 온도 인지 기능을 상실시킨다.

핵심 개념 리마인드

디스크 손상	척수가 눌리거나 근육 경련에 의한 통증
척추손상	유전 등에 의한 척추분리증, 골다공증과 연관된 손상
낭종과종양	척추의 낭종이나 척추 공간 내의 종양이 퇴행성 변화, 혈액 공급 방해
말총증후군 (마미증후군)	척수 수준 아래의 신경뿌리(말총)를 압박하는 신경학적 응급상황 : 응급감압술 필요함 : 요통, 회음부 무감각, 실금, 배뇨 지연, 배뇨 불능, 다리 반사 감소 및 다리근육 허약과 감각 소실을 야기할 수 있음
전방척수 증후군	뼈 조각 또는 전방척수를 관류하는 동맥을 압박하는 압력에 의해 발생 : 주로 척추동맥의 손상을 야기하는 굽힘-폄 손상에 의해 유발 ▶ 운동 기능 손실, 손상 부위 아래의 통증, 가벼운 촉각, 온도에 대한 감각상실 → 움직임, 위치, 진동에 대한 감각을 유지
후방척수 증후군	척수 후색의 손상으로 심부감각, 고유수용체 감각, 진동감각의 소실 발생 운동신경 및 통각, 온도감각 등은 보존됨 : 주로 신전손상에 의해 발생
중심척수 증후군	앞쪽으로 떨어지거나 얼굴이 먼저 충돌하여 발생하는 목뼈의 과신전에 의해 발생 : 척추관을 좁히는 관절염과 같은 기존의 퇴행성 질환과 연관 ▶ 팔의 근력 약화와 방광 기능 이상, 50세 이상에게 많이 발생
브라운-세카르 증후군	척수의 가쪽면을 꿰뚫는 관통상에 의해 발생 → 가장 예후가 좋음 : 일부 신경섬유가 척수에 진입하면서 교차하기 때문에 발생 ▶ 척수 측면 관통상은 신체의 동측면에 감각과 운동 기능 손실 유발, 반대측면의 통증 및 온도인지 기능을 상실시킴

정답 ②

187

[2023년 소방공무원 경력경쟁 채용시험 37번]

현장에 출동한 구급대원이 환자의 혈액이 묻은 바늘에 손가락이 찔리는 사고를 당했을 때 의심할 수 있는 감염병으로 옳은 것은?

① 풍진 ② 폐결핵
③ B형간염 ④ 코로나19

출제 키워드 감염병

기본서 다시보기 응급처치학개론 p.439

해설 ①, ② 풍진, 폐결핵은 비말감염. 코로나는 비말 및 호흡감염으로 전파되는 감염병이다.
③ B형간염은 혈액으로 전파되는 감염병이다.

핵심 개념 리마인드 감염병의 전파경로

질병	혈액성	공기 매개성	성접촉	간접적	기회감염	분변-구강
A형 간염						√
B형 간염	√					
C형 간염	√		√			
HIV	√		√			
인플루엔자		√	√	√		
매독			√			
임질			√			
홍역		√				
유행성 이하선염		√				
패혈성 인두염		√			√	
단순포진 바이러스	√		√	√		
식중독			√		√	√
라임병	√					
폐렴		√			√	
에볼라	√		√	√		√

정답 ③

188

[2024년 소방공무원 경력경쟁 채용시험 38번]

다음 환자에게 의심되는 질환으로 옳은 것은?

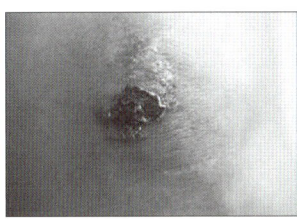

60대 남자가 일주일 전 소량의 가래, 고열, 전신근육통이 발생하여 몸살감기로 생각하고 약을 복용하였으나 증상이 호전되지 않아 응급실에 내원하였다. 청진상 호흡음은 정상이고 복부 검진에도 특별한 이상은 없으나, 전흉부에 발진이 있고 겨드랑이에 사진과 같은 병변이 있다.

① 쯔쯔가무시병 ② 렙토스피라증
③ 유행성출혈열 ④ 중증열성혈소판감소증후군

출제 키워드 감염성질환

기본서 다시보기 응급처치학개론 p.449

해설 ① 고열이 나며 발진과 함께 가피가 형성되어 있다면 좀 진드기 유충에 물려 발생한 쯔쯔가무시병으로 추정할 수 있다.

핵심 개념 리마인드 쯔쯔가무시병

▶ 감염경로: 들쥐에 기생하는 털 진드기 유충에 물려 발생, 털진드기병이라고도 함
: 잠복기는 6~21일이며, 그 후 발열, 두통과 발진 발생
▶ 증상: 진드기에게 물린 자리에는 피부의 괴사로 5mm~1cm의 가피(eschar, 검은색 딱지)가 관찰
: 겨드랑이, 음/둔부 등 피부가 접히는 부위에서 자주 발견
: 발진의 경우 몸통에서 시작하여 사지로 전파되는 구진성(maculopapular rash)이 특징적이며, 그 외에는 국소 림프절 비대, 또는 근육통, 결막충혈 등이 동반

정답 ①

189

[2024년 소방공무원 경력경쟁 채용시험 36번]

다음 환자에게 시행할 처치로 옳은 것은?

> 10대 후반인 여학생이 5~6시간 전 타이레놀(아세트아미노펜) 21알을 과다 복용하였다고 한다. 약봉지에 한 알이 500mg이라고 적혀 있어 복용량이 총 10.5g 정도로 추정된다.

① 구토를 유도하여 약물 제거를 시도한다.
② 독성이 발생하지 않으므로 환자의 경과를 관찰한다.
③ 위세척으로 약물을 제거하고 흡착제인 활성탄을 투여한다.
④ N-아세틸시스테인(NAC)을 투여할 수 있는 병원으로 이송한다.

출제 키워드: 독극물해독제
기본서 다시보기: 응급처치학개론 p.454

해설 ④ 아세트 아미노펜 중독인 경우 해독제는 N-아세틸시스테인(NAC)을 사용해야 한다.

핵심 개념 리마인드

독극물	해독제
Acetaminophen (아세트아미노펜, 타이레놀)	N-acetylcysteine (엔-아세틸시스테인)
β-blocker, CCB Hydrogen Fluoride (항고혈압약, 항부정맥약)	Glucagon, Ca chloride (글루카곤, 염화칼슘)
Carbamate or Organophosphate (카바메이트계, 유기인계)	Atropine, 2-PAM (아트로핀, 2-팜)
Benzodiazepine (벤조디아제핀)	Flumazenil (플루마제닐)
Opioids (헤로인, 옥시코돈, 모르핀)	Naloxone (날록손)
TCA (삼환계항우울제), Cocaine (코카인), Salicylates (살리실산염)	Sodium Bicarbonate (중탄산나트륨)
Sulfonylurea, Insulin (설포닐유레아, 인슐린)	Glucose (포도당)
MeOH, et Glycol (메탄올, 글리콜 등)	Ethanol (에탄올)
Methemoglobin (메트헤모글로빈)	Methylene Blue (메틸렌블루)
Snake Bite (뱀 교상)	Antivenin (항뱀독소)
Cyanide (시안화물)	Cyanide Kit (시안화물 키트)
Iron (철)	Deferoxamine (디페록사민)
Digoxin (디곡신)	Digoxin Immune Fab (디곡신 면역 팹)

정답 ④

190

[2024년 소방공무원 경력경쟁 채용시험 40번]

화재현장의 밀폐공간에 있던 환자가 독성연기를 다량 흡입하여 시안화물에 중독되었을 때 투여해야 하는 약물로 옳은 것은?

① 페니라민
② 트라넥삼산
③ 벤조다이아제핀
④ 히드록소코발라민

출제 키워드: 독극물해독제
기본서 다시보기: 응급처치학개론 p.454

해설 ④ 시안화물 중독 시 히드록소코발라민을 해독제로 사용해야 한다.

핵심 개념 리마인드

독극물	해독제
Acetaminophen (아세트아미노펜, 타이레놀)	N-acetylcysteine (엔-아세틸시스테인)
β-blocker, CCB Hydrogen Fluoride (항고혈압약, 항부정맥약)	Glucagon, Ca chloride (글루카곤, 염화칼슘)
Carbamate or Organophosphate (카바메이트계, 유기인계)	Atropine, 2-PAM (아트로핀, 2-팜)
Benzodiazepine (벤조디아제핀)	Flumazenil (플루마제닐)
Opioids (헤로인, 옥시코돈, 모르핀)	Naloxone (날록손)
TCA (삼환계항우울제), Cocaine (코카인), Salicylates (살리실산염)	Sodium Bicarbonate (중탄산나트륨)
Sulfonylurea, Insulin (설포닐유레아, 인슐린)	Glucose (포도당)
MeOH, et Glycol (메탄올, 글리콜 등)	Ethanol (에탄올)
Methemoglobin (메트헤모글로빈)	Methylene Blue (메틸렌블루)
Snake Bite (뱀 교상)	Antivenin (항뱀독소)
Cyanide (시안화물)	Cyanide Kit (시안화물 키트)
Iron (철)	Deferoxamine (디페록사민)
Digoxin (디곡신)	Digoxin Immune Fab (디곡신 면역 팹)

정답 ④

MEMO

CHAPTER 4 특수 응급

001
소아의 호흡기계에 특징에 대한 설명으로 옳지 않은 것은?

① 어린 소아일수록 구강호흡을 한다.
② 혀가 차지하는 비중이 커 부종으로 쉽게 폐쇄된다.
③ 조직의 산소요구량은 높으나 기능적 잔기량은 적다.
④ 가슴벽이 약해 호흡할 때 상대적으로 가로막에 더욱 의존하는 경향이 있다.

출제 키워드: 소아의 호흡기계 특징
기본서 다시보기: 응급처치학개론 p.489

해설 ① 어린 소아일수록 구강호흡을 할 수 없어 코가 막힐 경우 호흡정지가 올 수 있다.

핵심 개념 리마인드

구분	주요 차이점	평가 및 처치에 영향을 줄 수 있는 상황	주요 특징

기도 및 호흡	· 혀가 차지하는 비중이 큼
	· 좁고 탄력적인 기도의 구조
	· 분비물이 많고 유치(젖니) 존재
		· 기도폐쇄 가능성 증가	· 적절한 크기 기도유지기를 회전 없이 바로 사용
			  – 너무 작은 경우: 입 안으로 들어가 기도 폐쇄 유발
			  – 너무 클 경우: 기도폐쇄, 외상 유발

	· 신생아는 코로 숨을 쉼(비강호흡)	· 코가 막힐 경우 호흡을 위하여 자동적으로 입을 열지 못할 수 있음	
	· 조직의 산소요구량은 높으나 기능적 잔기량은 적음 · 기관이 짧고 좁으며 탄력적	· 저산소증에 쉽게 빠짐 · 목의 과신전으로 기도가 막힘 호흡수가 빠름 · 근육이 쉽게 피로함, 호흡곤란 야기	· 100% 산소공급을 통해 호전됨 · spo₂ 94% 이상 유지 · 인공호흡시 3~5초(12~20회/분)

정답 ①

002
신생아의 경우 기관삽관이 필수로 이루어져야 하는 경우로 옳지 않은 것은?

① 흉부압박을 실시할 때
② 지속적 환기가 필요할 때
③ 가로막 탈장
④ 태반 흡입

출제 키워드: 태변흡인양수
기본서 다시보기: 응급처치학개론 p.518 / 요약집 p.142

해설 ④ 신생아가 활발하지 않고 입안이 진하고 완두콩스프처럼 알갱이 진 태변으로 가득찬 상태라면 신속하게 기관내삽관을 시행하여 흡인을 실시하지 않고, 양압환기를 적용해 호흡이 빨리 회복되도록 해야 함

핵심 개념 리마인드
신생아의 경우 기관삽관이 이루어져야 하는 경우
- 흉부압박을 실시
- 마스크 없이 호흡이 불가능한 상황(호흡이 부적절)
- 지속적 환기 필요
- 가로막 탈장
  : 가로막 탈장의 징후
  1. 출생 시부터 미약하거나 심각한 질식 상태가 나타날 때
  2. 환기에 반응하지 않는 호흡곤란증 및 청색증
  3. 작고, 평평한 복부(서양배 모양의 복부)
  4. 가슴에서 장음이 들릴 경우
  5. 오른쪽에서 심음이 들리는 경우

정답

003

둔위분만 시 응급처치로 옳은 것은?

① 즉각적으로 빠른 이송을 실시한다.
② 저농도 산소를 지속적으로 공급한다.
③ 조심스럽게 태아의 다리를 잡아당겨 분만을 도와준다.
④ 호흡이 원활하도록 산모의 머리를 높이고 정서적 지지를 제공한다.

출제 키워드 　　　　　　　　　　　둔위분만 시 응급처치

기본서 다시보기 　　　　　　　　응급처치학개론 p.517

해설 ② 저농도 산소 → 고농도 산소
③ 태아의 다리를 잡아당겨서는 안됨
④ 둔부를 올리고 산소를 공급하며 보온 유지해야 함

핵심 개념 리마인드

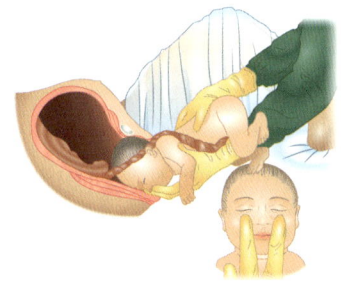

- 둔부를 올리고 산소를 공급하며 보온 유지
- 아기의 만출 시 다리를 절대로 잡아당기지 않음
- 만약 아기가 만출되면 필요한 처치 시행
  : 아이가 만출 시 질벽에 얼굴이 눌리지 않게 처치함
- 즉시 이송

정답 ①

004

영아 및 소아의 쇼크의 증상과 징후로 옳지 않은 것은?

① 모세혈관 재충혈 시간의 단축
② 빠른 심박수
③ 소변량 감소
④ 창백하고 차갑고 탁한 피부

출제 키워드 　　　　　　　　　　영아 및 소아 쇼크징후

기본서 다시보기 　　　　　　　　응급처치학개론 p.502

해설 ① 모세혈관 재충혈 시간은 모세혈관에 일시적으로 혈류를 막은 뒤 재충혈 되는 시간을 재는 것으로 쇼크 환자에서는 모세혈관 재충혈 시간이 2초 이상 지연된다.

핵심 개념 리마인드

기관	경증 (실혈량 30% 이하)	중등도 (실혈량 30~45%)	중증 (실혈량 45% 이상)
심혈 관계	• 약하고 빠른 맥박 • 정상 수축기압 (80~90+2×나이)	• 약하고 빠른 맥박 • 말초맥박 촉지 못함 • 낮은 수축기압 (70~80+2×나이)	• 서맥후 빈맥 • 저혈압 (＜70+2×나이) • 이완기압 촉지 못함
중추 신경계	• 흥분, 혼돈, 울음	• 기면 상태 • 통증에 둔한 반응	• 혼수 상태
피부	• 차갑고 얼룩진 색 • 모세혈관 재충혈 지연	• 청색증 • 모세혈관 재충혈 지연	• 창백, 차가운 피부
소변량	점점 줄어듦	아주 조금	없음

정답 ①

005

태아 순환에 대한 설명으로 옳지 않은 것은?

① 태아는 배꼽정맥을 통해 태반으로부터 혈액을 받는다.
② 태아의 심장은 난원공이라는 구조를 통해 우심방의 혈액이 좌심방으로 이동하지 않게 막아준다.
③ 폐동맥에 혈액이 도달하면 폐동맥과 대동맥이 연결되어 있는 동맥관으로 흐르며 동맥관은 부풀어지지 않은 폐로 혈액이 통과하지 않도록 해준다.
④ 노폐물이 들어있는 산소가 적은 혈액은 간을 통과한 후 배꼽동맥을 통해 태아에서 배출된다.

출제 키워드: 태아순환
기본서 다시보기: 응급처치학개론 p.508

해설 ② 태아의 심장의 난원공은 산소가 풍부한 혈액을 우심방에서 혼합하여 좌심방으로 가서 좌심실을 빠져나가 대동맥으로 향하게 해 폐를 우회하는 혈류에 도움을 준다. 이 난원공은 출산 후 심장에 나타난 압력의 변화로 닫히며 우심방에서 좌심방으로 가는 혈액공급이 차단된다.

핵심 개념 리마인드
▶ 열을 전달
▶ 산소 및 이산화탄소를 교환
▶ 영양소 전달
▶ 노폐물 배출
▶ 내분비선의 역할
▶ 태아를 보호하는 장벽 역할
▶ 태반은 탯줄에 의하여 태아와 연결되어 있으며, 탯줄은 두 개의 동맥과 한 개의 정맥으로 구성
▶ 탯줄 정맥은 산소가 풍부한 혈액을 태아에게 전달하고, 탯줄 동맥은 상대적으로 산소가 적은 혈액을 태반으로 돌려보냄

정답 ②

006

분만 2기 중 응급분만을 결정하는 징후로서 진통과 함께 회음부위가 불룩 튀어나와 있거나 태아의 일부분이 보이는 현상으로 옳은 것은?

① 배림　　② 발로
③ 이슬　　④ 양수파열

출제 키워드: 분만의 징후
기본서 다시보기: 응급처치학개론 p.511

해설 ① 수축 시 배림이 보이면 태아 만출이 다가왔다는 것이 출산을 의미하며 이를 제2기 만출기라 함
- 자궁경부의 완전한 확장 이후에서 태아 몸체가 만출되는 시기

핵심 개념 리마인드
- 배림(appearing) : 자궁수축 시 아기의 머리가 양음순 사이로 보였다가 수축이 멎으면 머리가 안 보이는 현상
- 발로(crowning) : 자궁수축 시 밀려나온 아기 머리가 수축이 없이도 안으로 들어가지 않고 양음순 사이로 노출되어 있는 상태 → 회음부 절개술이 필요하며 곧 출산이 임박한 상태임

정답 ①

007

분만 및 분만 응급처치에 관한 설명으로 옳지 않은 것은?

① 태아가 나온 후부터 태반 등이 나올 때까지의 시기를 분만 3기라 한다.
② APGAR 점수의 평가내용은 일반적인 외형, 맥박, 얼굴찡그림(반사흥분도), 근육의 강도, 호흡 항목으로 구성된다.
③ 제대가 태아의 목을 감고 있으면 태아의 목 뒤 제대 아래로 두 손가락을 넣어 제거시켜 주어야 한다.
④ APGAR 점수 3~7점은 심한 질식 상태로 CPR을 해야 한다.

008

신생아의 평가 및 처치에 대한 설명으로 옳지 않은 것은?

① 호흡 반응이 충분하지 않고, 맥박이 분당 60회 미만으로 감소한 경우 즉시 백밸브마스크를 사용하여 양압환기를 시작해야 한다.
② 백밸브마스크로 양압환기를 했음에도 호전이 없다면 기관내 삽관을 시행한다.
③ 자발적으로 호흡을 하지 못하는 아이의 경우 발바닥을 가볍게 두드리거나 등을 부드럽게 문질러서 자극을 주어야 한다.
④ 신생아에게 산소를 공급할 시 초기 산소투여 농도는 저농도(21 ~ 30%)로 공급할 것을 권장한다.

📋 출제 키워드   신생아소생술

📖 기본서 다시보기   응급처치학개론 p.525

해설 ④ 7 ~ 10점: 정상적인 상태로 기본적인 조치만 필요
4 ~ 6점: 경증의 질식 상태로 호흡보조와 자극 등이 필요
0 ~ 3점: 심한 질식 상태로 기관내 삽관의 시행과 심폐소생술이 필요

핵심 개념 리마인드

평가 내용	점수		
	0	1	2
외형(피부색)	전신 청색증	몸은 분홍, 손과 팔다리는 청색	전신 분홍색
맥박 수	없음	100회 미만	100회 이상
얼굴 찡그림	없음	자극 시 최소의 반응/ 얼굴을 찡그림	코 안쪽 자극에 울고 기침, 재채기 반응
활동성 (근육 강도)	축 늘어짐	팔과 다리에 약간의 굴곡 제한된 움직임	활발하게 움직임
호흡	없음	약함/느림/불규칙함	강하게 울음

정답 ④

📋 출제 키워드   신생아 평가 및 처치

📖 기본서 다시보기   응급처치학개론 p.525

해설 ① 맥박이 분당 60회 미만 → 100회 미만
심박수가 감소하여 분당 60회 미만이 된 경우 즉시 심폐소생술을 시행함

핵심 개념 리마인드

▶ 가슴압박 위치: 흉골 하부 1/3 부위, 두 손가락 또는 두 엄지손가락을 감싼 방법으로 가슴 압박
▶ 가슴압박 깊이: 흉곽 전후 직경의 1/3 이상 압박
▶ 가슴압박 대 인공호흡 비율 ⇨ 3 : 1 비율
 : 분당 120회의 속도로 90회의 압박과 30회의 환기 시행(각각의 행위는 0.5초로 시행)
 : 단, 심인성 심정지라면 15 : 2 비율로 심폐소생술 시행(2인 구조 시)
▶ 신생아의 경우 전문기도기가 삽입되더라도 3 : 1 비율로 심폐소생술을 진행
 : 심박 수가 분당 60회 이상으로 증가된 경우 가슴압박을 중단
 : 가슴압박이 시행되는 동안에는 산소 농도를 100%로 올려야 함

정답 ①

009

주취자가 있는 현장에 출동하였다. 환자는 폭력적이며 매우 흥분한 상태이다. 이러한 현장에서 주의해야 할 사항으로 옳지 않은 것은?

① 현장이 안전하지 않다면 절대 진입하지 않는다.
② 현장 진입에 앞서 경찰에 도움을 요청한다.
③ 처치 중 구급대원 등에게 폭력 가능성이 보이면 신속히 응급처치를 한 후 이송한다.
④ 부딪치거나 깨지는 소리 등 폭력 가능성을 나타내는 소리에 주의해야한다.

출제 키워드 적대적이고 공격적인 환자 처치
기본서 다시보기 응급처치학개론 p.485

해설 ③ 환자의 갑작스런 행동 변화에 유의해야 하며, 환자가 폭력을 행사할 가능성이 있는 경우 안전을 위해 대피하여야 한다.

핵심 개념 리마인드
구급대원은 법적으로 환자를 구속시킬 수 없기 때문에 경찰의 도움을 받아야 함
→ 구속이 필요하다면 경찰에 협조 요청
- 협력자를 다시 한 번 확인하고 구속 과정을 협력자들과 상의
- 행동을 미리 예측하고 계획: 환자의 팔·다리 행동반경을 미리 예측하고 그 밖에 위치해야 함
- 필요 시 팔·다리를 억제: 적어도 4명의 대원이 동시에 빠른 행동으로 팔다리에 접근해 행동 억제시킨 부분의 순환 상태를 계속 평가하고, 억제한 이유와 방법 등을 기록
- 환자가 고개를 들거나 내리게 함: 이 자세는 환자가 순순히 구속을 받는다는 의미와 호흡장애를 미리 예방 가능
- 환자가 대원에게 침을 뱉는다면 오심/구토, 호흡장애가 없는 것을 확인하고 마스크를 씌움

정답 ③

010

노인 환자에서 응급상황에 대한 설명으로 옳지 않은 것은?

① 노인 환자에게서는 전형적인 증상과 징후가 나타나지 않아 조기 발견이 어려운 경우가 있다.
② 일부 노인은 알츠하이머로 비정상적인 의식 상태를 보일 수 있기 때문에 환자의 의식 변화는 만성적인 것으로 판단한다.
③ 노인 환자는 급성 관상동맥증후군이 발생하였더라도 전형적인 증상을 호소하지 않을 수 있다.
④ 노인 환자를 평가할 때에는 정신적, 신체적 학대의 가능성에 대해서도 고려해야 한다.

출제 키워드 노인 응급
기본서 다시보기 응급처치학개론 p.532~534

해설 ② 일부 노인들은 알츠하이머로 비정상적인 의식 상태를 보일 수도 있다. 환자의 의식 변화가 만성적인 것인지, 최근에 발전된 것인지, 현재의 응급상황으로 유발된 것인지 구분하는 것이 중요하다. 이를 위하여 가족 또는 보호자로부터 병력을 청취하여 환자의 상태가 평소와 다른 점 등을 파악해야 한다.

핵심 개념 리마인드
▶ 노인들은 한 가지 이상의 질병을 가지고 있어 급성 손상이나 질병이 발생하였을 때 급성 문제를 좀 더 복잡하게 만들 수 있음
  만성적인 호흡 문제를 가진 환자가 교통사고로 인하여 가슴손상을 입었다면 손상으로 인한 호흡 곤란의 정도가 어느 정도인지 정확하게 평가하기 어려울 수 있음
  : 여러 질병을 진단받은 노인의 경우 하나 또는 그 이상의 처방약을 복용하고 있을 수 있으며, 처방 의사가 여러 명인 경우 혼란이 가중될 수 있음
  : 일부 노인들은 알츠하이머(Alzheimer's disease)로 비정상적인 의식 상태를 보일 수 있음
  : 환자의 의식 변화가 만성적인 것인지, 최근에 발전된 것인지, 현재의 응급상황으로 유발된 것인지 구분 필요
  : 필요 시 가족 또는 보호자에게 병력을 청취하여 환자의 상태가 평소랑 다른 점 등을 파악

정답 ②

011

4세 아이가 밤에 119에 실려가 병원에서 후두개염 진단을 받았다. 후두개염에 관하여 틀린 설명은?

① 상기도의 감염이다.
② 주로 바이러스성이다.
③ 가습화된 산소를 투여하는 것이다.
④ 갑작스럽게 발생한다.

📧 출제 키워드   후두개염

📁 기본서 다시보기   응급처치학개론 p.500

 해설 ② 후두개염에 대한 설명으로 이는 주로 세균에 의하여 감염된다.

핵심 개념 리마인드

입인두검사 절대 실시 금지: 점막으로 구성되어는 인두는 자극에 매우 민감함
→ 이미 부종이 있는 상태에서 후두경 및 설압자로 내진을 할 시 인두를 자극하여 기도 폐쇄 우려

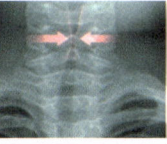

크룹	후두개염
상기도 바이러스, 상기도 염증	후두개 염증(급성 감염성 질환)
점진적으로 발병	급격한 발병
개가 짖는 듯한 기침	개가 짖는 듯한 기침은 없음
침흘림 없음	연하곤란(침을 삼키기가 어려워 침을 질질 흘림), 흡기성 협착음
정상 혹은 미열 차가운 산소 공급	고열

 정답 ②

012

다음 환자에게 의심되는 소견은 무엇인가?

> 이 환자는 1년 전에 건물 붕괴사고 현장에 출동한 소방대원이었고, 현장에서 동료가 사망하는 것을 목격했다. 그 후 불면증이 있고, 자주 악몽에 시달리며, 작은 소리에도 심하게 놀라는 등 예민하게 반응한다고 한다. 또한 사건 후 알코올에 의존도가 높아지는 경향이 있어 병원을 찾아 상담을 받았다고 한다.

① 소진
② 외상 후 스트레스 장애
③ 급성 스트레스
④ 우울증

📧 출제 키워드   행동응급의 종류

📁 기본서 다시보기   응급처치학개론 p.487

해설 ② 환자는 불안장애의 한 종류인 외상후 스트레스 장애에 노출되어 있는 것으로 판단된다.

핵심 개념 리마인드

불안장애	공황	반복적인, 극심한 감정적 고통으로 인한 극도의 불안감이 특징 – 단순한 지지요법 – 환자가 과다호흡상태가 나타난다면 환자의 호흡수를 감소시킬 수 있어야 함
	PTSD	정서적으로 부담스러운 상황(가까운 사람의 사고나 죽음)과 같은 생명을 위협하는 극도의 스트레스 요인에 대한 반응
기분장애	우울증	▸ 환자가 주관적으로 나타내거나 다른 사람에 의해 객관적으로 관찰되는 거의 매일 가장 우울한 기분이 드는 것 ▸ 거의 매일 모든 활동에 즐거움이 현저하게 결여된 상태 ▸ 뚜렷한 체중 감소(다이어트 없이) 또는 체중 증가로, 5% 체중 변화가 유의미함 ▸ 거의 매일 불면증에 시달리거나 과다수면을 함 ▸ 매일의 정신운동 초조 또는 지연(다른 사람에 의해 관찰되거나 환자의 주관적인 감정) ▸ 거의 매일의 무가치한 느낌 또는 과도하게 부적절한 죄책감(환상) ▸ 생각하거나 집중할 수 있는 능력 감소 또는 거의 매일 우유부단함 ▸ 죽음에 대한 반복적 생각(죽음에 대한 공포가 없음), 특별한 계획 없이 반복되는 자살 생각(자살 위험이 높음)

 정답 ②

013

다음 반드시 질출혈을 동반하는 산부인과 질병이 아닌 것은?

① 전치태반
② 태반조기박리
③ 자궁외 임신
④ 자연유산

014

임신 첫 1/2 기간 동안 원인 불명의 질 출혈이 동반되며 자궁경부는 약간 열려 있는 특징을 가진 유산은?

① 절박 유산
② 계류 유산
③ 습관성 유산
④ 불가피 유산

💬 출제 키워드   임신 중 질출혈

📖 기본서 다시보기   응급처치학개론 p.522

해설 ② 태반 조기박리는 출혈이 은닉되어 질출혈이 동반되지 않을 수 있다.

핵심 개념 리마인드

부분 박리 (은닉 출혈)   부분 박리 (외부에 나타나는 출혈)   완전 박리 (은닉 출혈)

정답 ②

💬 출제 키워드   특수응급

📖 기본서 다시보기   응급처치학개론 p.520

해설 ① 절박 유산: 임신 1/2 기간 동안 원인 불명의 질 출혈이 동반되며, 이때 자궁경부는 약간 열려 있으며 태아는 생존한 상태로 자궁에 있다. 절박 유산의 경우 간혹 태아가 생존할 수도 있다.

핵심 개념 리마인드

계류 유산: 태아의 사망 이후에도 태아의 몸체가 배출되지 않는 유산
→ 태아가 6주 이상 남아 있는 경우 산모의 생명에 위협이 될 수 있음
습관성 유산: 3회 이상 연속으로 자연 유산이 발생하는 것
불가피 유산: 잠재적 유산으로 극심한 정도의 조이는 듯한 복부 통증과 질 출혈을 수반하고 자궁경부가 확장되어 있는 상태
→ 태아는 아직 자궁을 빠져나가지 않았으나 생명을 구할 수는 없음

정답 ①

015

조현병 환자가 계단에서 뛰어내리라는 환청을 듣고, 계단에서 뛰어내렸다. 이 환자가 속하는 조현병의 유형은 무엇인가?

① 편집형
② 해체형
③ 긴장형
④ 미분화형

출제 키워드 : 조현병

기본서 다시보기 : 응급처치학개론 p.528

해설 ① 환청이나 섬망으로부터 고통받는다면 편집형 조현병이다.

핵심 개념 리마인드

조현병		
	형태	편집형: 학대감(박탈감)으로부터 마음을 빼앗기고 환청, 섬망 발생 해체형: 산만한 행동과 언어 긴장성: 긴장성 경직, 부동, 혼미, 이상한 수의적 행동 발생 미분화형: 위의 범주에 어느 하나에도 속해 있지 않음
	증상	망상(Delusion), 각각의 문화나 종교적 단체의 배경 내에 널리 수용하지 않는 고정되고 잘못된 신념, 환각(Hallucination), 현실에 근거가 없는 감각, 인지, 환청, 와해된 언어(Disorganized speech), 무질서한 언어 또는 빈번한 모순, 긴장증(Catatonia), 전체적으로 무질서한 행동, 감정 표현의 저하 또는 결여
	진단	두 개 또는 그 이상의 증상이 6개월 이상에 걸쳐 매달 의미 있게 나타나야 함

정답 ①

016

신생아 심정지 시 에피네프린의 투여 경로 및 용량으로 알맞은 것은?

① IV/IO 1:10,000 0.01~0.03mg/kg
② ET 1:10,000 0.01~0.03mg/kg
③ IV/IO 1:1,000 0.05~0.1mg/kg
④ IV 1mg

출제 키워드 : 영아전문소생술

기본서 다시보기 : 응급처치학개론 p.528

해설 ① IV/IO 1:10,000 0.01~0.03mg/kg
ET 1:1,000 0.05~0.1mg/kg

핵심 개념 리마인드

환기 및 산소화를 충분히 하고, 가슴압박을 적절히 수행했음에도 불구하고 심박동 수가 60회 미만이라면 수액과 약물의 투여가 필요
: 신생아의 정맥로로는 탯줄정맥이 가장 빠르게 사용

▶ 심폐소생술이 진행되는 신생아에게 에피네프린의 투여 고려
  - IV/IO ⇒ 1:10,000 에피네프린 0.01~0.03mg/kg
  - 기관내 ⇒ 1:1,000 에피네프린 0.05~0.1mg/kg

▶ 수액소생술이 필요한 경우는 생리 식염수 또는 젖산 링거액을 10mL/kg로 투여

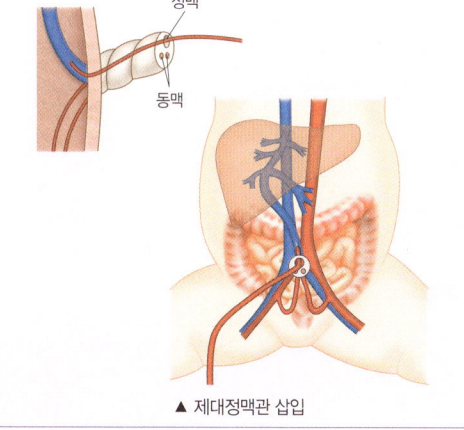

▲ 제대정맥관 삽입

정답 ①

017

뇌 탈출 증상과 징후로 옳지 않은 것은?

① 비대칭적인 동공
② 겉질 제거 자세
③ 대뇌 제거 자세
④ 저체온

> 출제 키워드: 뇌탈출 증상
> 기본서 다시보기: 응급처치학개론 p.504

해설 ④ 소아의 외상성 머리손상에서 뇌압 증가는 손상이 발생한 곳을 통해 뇌탈출로 이어질 수 있다. 뇌탈출의 증상과 징후는 비대칭적인 동공, 겉질 제거 자세, 대뇌 제거 자세가 있다.
또한 뇌탈출 발생 시 뇌압이 상승하여 혈압상승, 느린맥(서맥,) 불규칙한 호흡 상태, 영아의 경우 숫구멍 팽창 등이 발생할 수 있다.

핵심 개념 리마인드

제뇌자세: 뇌간 병소로 뇌교 상부의 손상으로 상부, 하부 모두 과신전
: 팔 다리 신전, 상지의 회내, 족저굴곡, 활모양 강직

제피질자세: 피질 척수로 차단된 자세
상지: 팔, 손목, 손가락 내회전 굴곡
하지: 족저굴곡

정답 ④

018

현장에서 질내 검진을 실시할 수 있는 경우는?

① 제대탈출
② 견갑난산
③ 전치태반
④ 태반조기박리

> 출제 키워드: 제대탈출
> 기본서 다시보기: 응급처치학개론 p.516

해설 ① 현장에서 질 내부 검사를 실시할 수 있는 경우는 제대탈출과 둔위분만이다. 이 두가지를 제외하고는 질내검진을 실시해서는 안 된다.

핵심 개념 리마인드

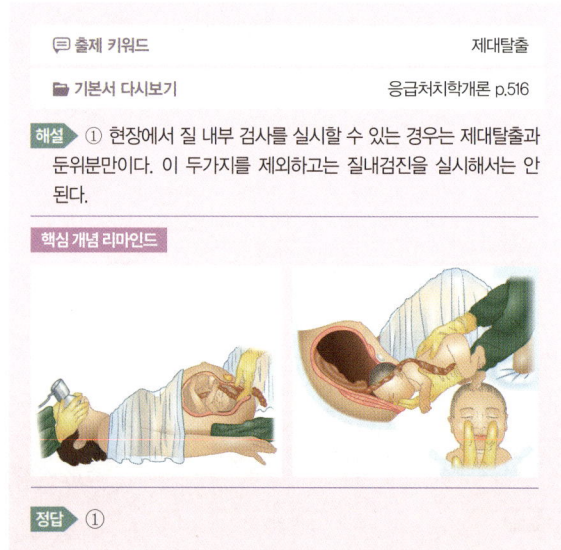

정답 ①

019

임산부의 당뇨병의 설명에 대하여 옳지 않은 것은?

① 혈당조절이 잘 되지 않는 당뇨가 있는 임산부의 경우 견갑난산이 발생할 경향이 있다.
② 임신 중 혈당 조절이 되지 않을 때 인슐린 투여를 받는다.
③ 모체의 혈당 수치를 120~140mg/dl 정도로 유지하는 것이 산모와 태아에게 안전하다.
④ 임신상태에서는 인슐린 요구량이 달라지기 때문에 임신과 함께 증상이 불안정해질 수 있다.

📃 출제 키워드 　　　　　　　　　　　　　　　임산부 당뇨

📂 기본서 다시보기 　　　　　　　　　　　　　요약집 p.140

해설 ③ 모체의 혈당 수치를 70~120mg/dl로 유지하는 것이 산모와 태아에게 가장 안전하다.

핵심 개념 리마인드

▶ 기존에 진단 받은 당뇨병은 환자의 임신 상태에 따른 인슐린 요구량이 달라지기 때문에 임신과 함께 증상이 불안정해질 수 있다. 당뇨병 환자들은 자간전증과 고혈압이 될 위험이 높다.
임신은 당뇨병의 혈관 질환 합병증을 악화시킬 수 있다. 또한 임신 중인 당뇨 환자들은 혈당수치 변동이 심하여 저혈당 또는 고혈당이 있는 경우가 흔하다. 많은 경우 임신 중에 당뇨병이 진행되기도 한다(임신성 당뇨병).
경구용 혈당강하제는 태반을 통과하여 태아에 영향을 줄 수 있어서 사용할 수 없다. 따라서 모든 임신 중인 당뇨 환자는 식단만으로 혈당 조절이 되지 않을 때 인슐린 투여를 받는다. 모체의 혈당 수치를 70~120mg/dL로 유지하는 것이 산모와 태아에게 가장 안전하다.
▶ 혈당 조절이 잘 되지 않는 당뇨가 있는 임부의 경우 태아가 커지는 경향이 있다. 이는 견갑난산 등 분만 합병증을 유발한다. 이런 신생아들은 출산 후 체온 유지에 문제가 있을 수 있고 저혈당이 될 수도 있다. 당뇨가 있는 임신부의 아기는 선천성 기형 발생 위험이 높다.

정답 ③

020

임신 6개월인 환자가 혈압이 160/120mmHg로 올라가 있고, 전신 부종과 함께 소변배설량이 감소되는 증상이 나타나 신고하였다. 이 환자에게 발생한 질병에 대한 특징으로 옳지 않은 것은?

① 고혈압
② 부종
③ 단백뇨
④ 발작

📃 출제 키워드 　　　　　　　　　　　　　　　자간전증

📂 기본서 다시보기 　　　　　　　　　　　응급처치학개론 p.523

해설 ④ 자간전증의 특징은 고혈압, 부종, 단백뇨이며 자간증은 임신성 고혈압질환 중 가장 심각한 질환으로 긴장간대발작(대간질 발작)이 발생한다.

핵심 개념 리마인드 **자간전증**

▶ **경증 자간전증** : 고혈압, 부종, 단백뇨의 특징
▶ **중증 자간전증** : 부종이 전신으로 진행되면서 소변 내 단백질의 양이 크게 증가 → 혈압도 160/110mmHg 이상으로 빠르게 상승함
▶ 두통, 시력장애, 신경계 과반사, 폐부종의 진행, 현저한 소변 배설량 감소 등이 흔히 관찰
▶ 심한 자간전증과 자간증 환자들은 뇌출혈, 폐색전, 태반조기박리, 파종혈관내응고(disseminated intravascular coagulopathy: DIC) 등의 위험, 콩팥기능상실로 발전
▶ **자간증** : 임신성 고혈압질환 중 가장 심각한 질환으로 긴장간대발작(대간질 발작)이 발생함 → 자간증이 진행되면 산모와 태아가 사망할 수 있고, 산모가 경련을 하면 태아 사망 위험도가 10% 증가하여 매우 위험

정답

021

임신기간 중의 생리적 변화에 대한 설명으로 올바른 것은?

① 임신 중 임부의 산소 요구량은 감소한다.
② 임신 중 콩팥으로 가는 혈액량은 감소한다.
③ 임부는 상대적으로 빈혈에 빠질 수 있다.
④ 하대정맥 압박으로 혈관 내 압력이 증가하여 임신성 고혈압이 발생한다.

출제 키워드 산과 응급
기본서 다시보기 응급처치학개론 p.509~510

해설
① 임신 중 산소 요구량이 증가하고 산소 소모량은 20% 증가한다.
② 임신 중 콩팥으로 가는 혈액량 또한 증가하며 빈뇨가 발생한다.
③ 임신 중 혈액양은 약 45%까지 증가한다. 그러나 적혈구보다 혈장의 증가가 상대적으로 많아 임신성 빈혈이 나타날 수 있다.
④ 비대해진 자궁과 척추 사이에 하대정맥이 눌려 심장으로 가는 혈류량을 감소시켜 저혈압이 발생하게 된다.

정답 ③

022

산모에게 발생하는 앙와위저혈압증후군에 대한 설명으로 틀린 내용은?

① 임신의 마지막 3개월(후기)동안에 발생한다.
② 트렌델렌버그 체위를 취한 상태로 이송한다.
③ 심장으로의 정맥 환류가 감소하여 혈압이 감소하게 된다.
④ 체위에 따른 하대정맥의 압박으로 인하여 발생한다.

출제 키워드 산과 응급
기본서 다시보기 응급처치학개론 p.510

해설 ② 앙와위저혈압증후군을 방지하기 위해서는 트렌델렌버그 자세가 아닌 좌측위 자세를 취해 주어 하대정맥이 눌리지 않도록 한다.

핵심 개념 리마인드 앙와위저혈압증후군
임신 20주 이상 경과한 산모의 경우 바로 누운 상태에서의 저혈압이 발생할 수 있다. 이를 체위성 저혈압 또는 앙와위저혈압증후군이라고 한다. 비대해진 자궁과 척추 사이에 하대정맥이 눌려 심장으로 가는 혈류량을 감소시켜 저혈압이 발생하게 된다. 20주 상의 산모는 좌측위 자세를 취해 주도록 한다.

정답 ②

023

탯줄(제대)에 대한 설명으로 올바른 것은?

① 탯줄을 잡아당기게 되면 혈액의 점도가 감소되며, 적혈구 감소증을 초래할 수 있다.
② 탯줄은 1개의 동맥과 2개의 정맥으로 구성된다.
③ 탯줄의 정맥은 신생아의 수액 투여를 위한 경로를 제공할 수 있다.
④ 출산 후 15초 이내에 탯줄을 결찰해 주는 것이 태아의 혈액량 증가에 도움이 된다.

📋 출제 키워드　　　　　　　　　　　　　산과 응급

📁 기본서 다시보기　　　　응급처치학개론 p.528, p.530

해설 ① 탯줄을 짜거나 잡아당기는 행위는 적혈구 증가증과 과빌리루빈혈증을 초래할 수 있으므로 주의한다.
② 태반은 탯줄에 의하여 태아와 연결되어 있으며 탯줄은 두 개의 동맥과 한 개의 정맥으로 구성되어 있다.
③ 신생아에게 약물 투여가 필요한 경우 탯줄 정맥이 가장 빠르게 사용될 수 있다.
④ 소생술이 필요한 신생아의 경우 즉시 탯줄을 결찰하고, 소생술이 필요하지 않은 경우는 출산 후 30초~45초 이내에 탯줄을 결찰 하고 절단한다.

핵심 개념 리마인드

▲ 제대정맥관 삽입

▲ 제대결찰 자르기

정답 ③

024

분만에 대한 설명으로 올바른 것은?

① 양막 파열 후 24시간 이내에 분만이 이루어져야 한다.
② 개구기는 진분만 수축이 일어나면 끝난다.
③ 만출기는 태아의 몸체가 만출되는 시기로 초산부일수록 만출기가 짧다.
④ 둔위분만이 태아의 정상분만 체위이다.

📋 출제 키워드　　　　　　　　　　　　　산과 응급

📁 기본서 다시보기　　　　응급처치학개론 p.509~511

해설 ① 양막 파수 후 24시간 이내의 분만이 진행되지 않으면 태아 감염의 위험이 있으므로 즉시 병원으로 이송한다.
② 개구기는 진분만 수축이 일어나면서 시작하게 되고 경산부의 경우 초산부보다 진행이 짧다.
③ 자궁경부의 완전한 확장 이후에 태아 몸체가 만출되는 시기를 만출기라고 한다.
④ 정상적으로 임신 말기에 태아가 회전을 하여 아래쪽으로 향하게 되어 얼굴을 밑으로 한 채 머리부터 나오는 두정위 분만이 정상분만 체위이다.

핵심 개념 리마인드

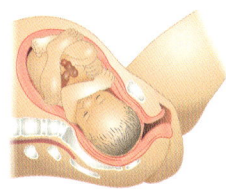 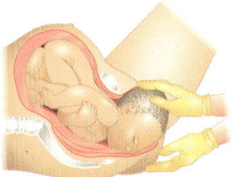

▲ 1기 개구기　　　▲ 2기 만출기

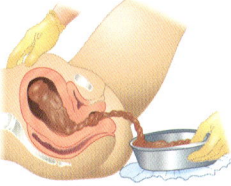

▲ 3기 분만 태반기

과정	단계
1기	규칙적인 자궁수축을 시작으로 자궁목이 얇아지고 점차적으로 확장되어 완전히 확장될 때까지(10cm)
2기	태아가 분만경로로 들어와 태어날 때까지
3기	태아가 나온 후 기타 적출물(태반, 제대, 양막 등)이 나올 때까지

정답 ①

025

제대탈출 시 응급처치의 내용으로 틀린 것은?

① 산모의 체위는 슬흉위를 취하도록 한다.
② 손가락을 질 안으로 넣어 탯줄이 눌리지 않도록 해준다.
③ 노출된 탯줄은 식염수를 적신 드레싱으로 덮어준다.
④ 탯줄을 질 안으로 정리해서 넣어준다.

출제 키워드 산과 응급
기본서 다시보기 응급처치학개론 p.516

해설 ① 제대탈출이 관찰되면 산모를 슬흉위(무릎가슴자세)를 취하게 하거나 바로 누운 자세에서 엉덩이 부분에 패드를 대어주어 엉덩이를 올려준 자세를 취하게 한다.
② 탯줄에 가해지는 압력 제거를 위해 처치자는 손가락을 넣어 태아의 머리로부터 탯줄이 떨어지도록 지지해준다.
③ 탯줄이 건조해지지 않도록 노출된 탯줄에 식염수를 적신 거즈를 대어 주어야 한다.
④ 제대탈출은 탯줄이 먼저 나오는 경우로 탯줄이, 태아와 분만 경로 사이에서 눌리게 되면 태아로 가는 산소 공급을 차단하기 때문에 매우 위험하다. 또한 탯줄을 다시 밀어 넣거나 당겨서는 안 된다.

핵심 개념 리마인드

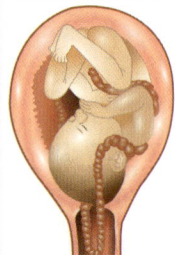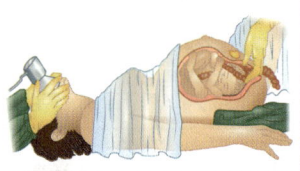

- 둔부를 올리고 산소를 공급하며, 보온을 유지
- 손가락을 넣어 아기 머리를 제대로부터 멀어지게 해야 함
- 제대를 안으로 밀어 넣지 않도록 함
- 제대를 소독된 젖은 거즈로 감싸주어야 함

정답 ④

026

신생아에게 즉시 양압환기를 실시해야 하는 적응증이 아닌 것은?

① 심박수 100회/분 미만
② 무호흡 상태
③ 지속적인 중심부 청색증
④ APGAR점수가 8점

출제 키워드 신생아 응급
기본서 다시보기 응급처치학개론 p.525~526 [표233]

해설 ④ APGAR 점수가 8점인 것은 정상으로 간주하며 기본적인 조치만 필요하다.

핵심 개념 리마인드 **신생아 평가**
7~10점: 정상적인 상태로 기본적인 조치만 필요
4~6점: 경증의 질식 상태로 호흡보조와 자극 등이 필요
0~3점: 심한 질식 상태로 기관내 삽관의 시행과 심폐소생술이 필요

정답 ④

027
다음 보기의 상태를 보이는 신생아의 APGAR 점수는?

> 아기의 맥박수는 110회/분이였으며, 호흡은 느리고 불규칙했다. 피부색은 손과 발에는 약간 청색증이 보이지만 중심부는 분홍빛을 보였다. 자극반응성 확인을 위해 코에 카테터를 살짝 넣었더니 얼굴을 찡그리는 반응을 보였으며 근육의 움직임은 사지의 일부를 구부리고 있는 상태를 유지하였다.

① 4점 ② 5점
③ 6점 ④ 8점

출제 키워드: 신생아 응급
기본서 다시보기: 응급처치학개론 p.525 [표233]

해설 신생아의 상태를 평가하기 위하여 아프가 점수를 활용한다. 아프가 점수는 출생 1분과 5분에 각각 측정하며 외형, 맥박, 얼굴 찡그림, 활동성, 호흡 5가지 항목을 평가한다.
③ 지문의 신생아는 맥박수 100회 이상으로 2점, 느리고 불규칙한 호흡으로 1점, 사지의 청색증 몸은 분홍색으로 1점, 자극 시 얼굴을 찡그림 1점, 사지의 굴곡 움직임 1점으로 총 6점이다.

핵심 개념 리마인드 아프가(APGAR) 점수

평가 내용	점수		
	0	1	2
외형(피부색)	전신 청색증	몸은 분홍, 손과 팔다리는 청색	전신 분홍색
맥박 수	없음	100회 미만	100회 이상
얼굴 찡그림	없음	자극 시 최소의 반응/얼굴을 찡그림	코 안쪽 자극에 울고 기침, 재채기 반응
활동성 (근육 강도)	축 늘어짐	팔과 다리에 약간의 굴곡, 제한된 움직임	활발하게 움직임
호흡	없음	약함/느림/불규칙함	강하게 울음

정답 ③

028
태변침착양수를 보이는 신생아의 평가와 처치로 올바른 내용은?

① 주로 조산아에서 태변침착양수가 호발한다.
② 완두콩스프처럼 알갱이가 진 태변이 보인다면 양압환기를 적용해 호흡이 빨리 회복되도록 해야 한다.
③ 태변이 조금이라도 관찰된다면 즉각적으로 벌브흡인을 시행한다.
④ 흡인 시 압력은 150 cmH₂O의 높은 압력으로 빠르게 시행한다.

출제 키워드: 신생아 응급
기본서 다시보기: 응급처치학개론 p.518

해설 ① 태변이 침착된 양수는 주로 분만일을 넘겼거나 지연분만이 되는 경우 발생하게 된다.
② 완두콩스프처럼 알갱이 진 태변으로 가득 찬 상태라면 신속하게 양압환기를 적용해 호흡이 빨리 회복되도록 해야 한다.
③ 태변은 양수를 녹색이나 갈색으로 착색시킨다. 태변의 양이 많지 않고 신생아가 활발하다면 특별한 응급처치를 필요로 하지 않는다.
④ 기도 내 태변 제거를 위해서는 100cm/H₂O나 더 낮게 흡인압력을 조절하여 흡인해 낸다.

핵심 개념 리마인드
신생아의 경우 기관삽관이 이루어져야 하는 경우
- 흉부압박을 실시
- 마스크 없이 호흡이 불가능한 상황(호흡이 부적절)
- 지속적 환기 필요
- 가로막 탈장

정답 ②

029

자궁외 임신에 대한 설명으로 올바른 것은?

① 임신 말기인 28주~30주째 자궁외 임신이 발견된다.
② 대부분 나팔관에 착상하여 파열되면서 통증이 발생한다.
③ 상복부에 찌르는 듯한 날카로운 통증이 발생하며 어깨로 통증이 방사된다.
④ 자궁내막에 수정란이 착상한 경우이다.

출제 키워드 　　　　　　　　　　　　부인과 응급
기본서 다시보기 　　　　　　　응급처치학개론 p.521

해설 ① 임신 초기에 증상이 발현되어 자궁외 임신 상태를 알게 되는 경우가 많다.
② 95%에서 나팔관의 팽대부에 착상하는 것으로 알려졌으며 나팔관 같은 제한된 공간에서 태아가 성장하다가 파열되면서 통증이 발생한다.
③ 증상은 한쪽 하복부에 찌르는 듯한 통증, 질 출혈, 무월경이 있다.
④ 자궁외 임신은 수정란이 자궁내막에 착상하지 않고 비정상적으로 자궁강 밖에 착상된 상태이다.

정답 ②

030

자궁외 임신이 가장 호발하는 장소는?

① 나팔관　　　② 자궁외막
③ 자궁경부　　④ 자궁강

출제 키워드 　　　　　　　　　　　　부인과 응급
기본서 다시보기 　　　　　　　응급처치학개론 p.521

해설 ① 자궁외 임신의 95%는 나팔관에 착상하는 것으로 알려져 있다.

핵심 개념 리마인드 　자궁외 임신
자궁외 임신은 수정란이 자궁내막에 착상하지 않고 비정상적으로 자궁강 밖에 착상된 상태이다 95%에서 나팔관의 팽대부에 착상하는 것으로 알려졌다.

정답 ①

031

무통성 선홍색의 질 출혈을 특징으로 하는 산과 응급상황은?

① 태반조기박리
② 자궁외 임신
③ 전치태반
④ 자간증

📝 출제 키워드 　　　　　　　　　　　　부인과 응급

📂 기본서 다시보기 　　　　　　　응급처치학개론 p.522

해설 ① 태반조기박리: 자궁벽에서 정상보다 빠르게 태반이 분리된 상태이다. 태반조기박리는 산모와 태아 모두를 사망하게 하는 위험한 상황이다. 박리가 발생하는 위치에 따라서 심각한 질 출혈이 나타날 수도 있으며 출혈이 은닉될 수도 있다. 완전 태반조기박리가 발생한 산모는 날카로운 복통과 모체 저혈압이 나타난다.
② 자궁외 임신: 수정란이 자궁내막에 착상하지 않고 비정상적으로 자궁강 밖에 착상된 상태이다. 95%에서 나팔관의 팽대부에 착상하는 것으로 알려졌다. 임신 초기에 증상이 발현되어 자궁외 임신 상태를 알게 되는 경우가 많다. 자궁외 임신의 증상과 징후로는 한쪽의 하복부에 찌르는 듯한 통증, 질 출혈, 무월경이 있다.
③ 전치태반: 자궁벽 아래쪽 1/2 부위에 비정상적으로 태반이 자리 잡은 경우로 임신 7개월 차에 들어서면 분만에 대비하여 자궁이 수축하며 태반이 자궁벽으로부터 떨어지면서 선홍색의 질 출혈이 야기된다. 특징적인 증상은 무통성 선홍색 질 출혈이다.
④ 자간증: 산모에게 경련이 발생하면 호흡이 원활하게 이루어지지 않아 태아에게 영향을 미치기 때문에 임신 중의 경련은 특히 위험하다. 임신 중 경련이 발생하는 상황의 가장 큰 원인은 임신중독증(자간증)이다.

핵심 개념 리마인드

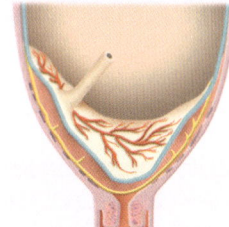
완전 전치태반

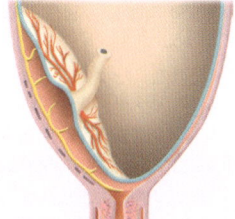
부분 전치태반

 ③

032

영아 및 소아 기도의 해부학적 특징으로 올바른 것은?

① 뼈가 유연하여 골절이 흔하다.
② 혀가 차지하는 비중이 커 기도 폐쇄의 가능성이 크다.
③ 기도가 좁기 때문에 기도 유지 시 과신전을 해주어야 한다.
④ 머리가 차지하는 비중이 크나 숫구멍이 개방되어있어 심각한 뇌손상은 발생하지 않는다.

📝 출제 키워드 　　　　　　　　　　　　소아 응급

📂 기본서 다시보기 　　　응급처치학개론 p.491 [표215]

해설 ① 뼈가 유연하여 골절이 흔하지 않으며 외부 충격이 그대로 전달되어 장기 손상을 일으킨다.
② 영아 및 소아는 입 안에서 혀가 차지하는 비율이 크기때문에 혀에 의한 기도 폐쇄가 발생할 수 있다.
③ 기도가 좁고 조직이 부드러워 기도 유지를 위해 과신전을 할 경우 오히려 기도가 폐쇄되기 때문에 중립자세를 취해주어야 한다.
④ 머리가 차지하는 비중이 커 머리 외상의 가능성이 높다.

핵심 개념 리마인드

			소아에서 주로 발생하는 골절 → 몸통부분의 일부분만이 손상 받는 불완전한 골절
생나무 골절			

	차이점	평가상황	특징
기도 및 호흡	▸혀가 차지하는 비중이 큼 ▸좁고 탄력적인 기도의 구조 ▸분비물이 많음 ▸유치(젖니) 존재	기도폐쇄 가능성 증가	적절한 크기 기도 유지기를 회전없이 바로 사용 - 너무 작은 경우: 입 안으로 들어가 기도폐쇄 유발 - 너무 클 경우: 기도 폐쇄 외상 유발
	▸신생아는 코로 숨을 쉼 (비강호흡)	코가 막힐 경우 호흡을 위하여 자동적으로 입을 열지 못할 수 있음	
	▸조직의 산소요구량은 높으나 기능적 잔기량은 적음	저산소증에 쉽게 빠짐	▸100% 산소공급을 통해 호전됨 ▸spo₂ 94% 이상 유지 ▸인공호흡시 3~5초(12~20회/분)
뼈대계	▸유연한 뼈	▸골절이 흔하지 않으며, 외부의 충격이 장기로 그대로 전달 되어 장기손상을 일으킴	▸약목골절이 주로 발생 ▸영·소아에게 심각한 손상기전 없이 가슴뼈 손상이나 동요가슴 발생 → 아동학대 의심
	▸성장판이 열려 있음	▸성장판 손상은 뼈 손상에 치명적일 수 있음	▸팔, 다리, 몸통, 머리순으로 신체 검진

 ②

033

영아 및 소아의 심혈관계에 대한 올바른 설명은?

① 6세 미만의 소아의 경우 모세혈관 재충혈의 평가가 중요하며 3초 이내가 정상이다.
② 영아 및 소아에서 서맥이 발생한 경우 저산소증과 심정지 임박의 신호이다.
③ 혈관이 효율적으로 수축하지 못하여 쇼크의 위험이 크다.
④ 성인보다 비율적으로 저혈량성 쇼크의 발생이 흔하다.

🗨 출제 키워드 　　　　　　　　　　　　　　소아 응급
📁 기본서 다시보기 　　　　　　　　응급처치학개론 p.490

해설 ① 6세 미만의 소아의 경우 모세혈관 재충혈의 평가는 관류 상태를 평가하는 데 확실한 방법이다. 2초 이내가 정상이다.
② 심박수를 확인할 때 서맥이 발생한 경우 곧 저산소증이 나타나며 이는 심장정지가 임박했다는 징후이다.
③ 영아 및 소아의 혈관은 탄력적으로 수축하기 때문에 쇼크 상태 임에도 정상혈압을 유지하고 비보상성 쇼크 단계를 넘어서야 저혈압이 나타나기 때문에 증상과 징후를 빠르게 인지하여 대처하는 것이 필요하다.
④ 저혈량성 쇼크의 주된 원인은 구토나 설사로 인한 탈수 상태, 외상으로 인한 실혈, 감염, 화상 등이 있다. 성인과 비교했을 때 영아 및 소아에게서 저혈량성 쇼크는 흔하지 않다.

핵심 개념 리마인드

	차이점	평가상황	특징
심혈관계	▶ 혈관이 탄력적으로 수축	▶ 쇼크 상태임에도 정상혈압을 나타냄	▶ 분당 60회 미만의 맥박, 저관류증상 발생 시 심폐소생술 시행

정답 ②

034

소아 환자에 대한 평가와 처치를 진행할 때 고려해야 하는 사항을 올바른 설명은?

① 소아는 작은 성인이다. 성인과 같은 방법으로 평가하고 접근한다.
② 소아 외상인 경우 보호자가 정신적으로 불안정한 상태를 나타낼 수 있으므로 보호자로부터 소아를 격리하여 평가하고 처치한다.
③ 통증이 따르는 처치를 해야 하는 경우 처치는 환아가 모르게 진행할 수 있도록 보호자와만 상의하고 진행한다.
④ 어린 아이의 경우 병력청취를 할 때 보호자에게 우선적으로 정보를 얻으며, 나이가 있는 아이인 경우 아이로부터 정보를 얻을 수 있다.

🗨 출제 키워드 　　　　　　　　　　　　　　소아 응급
📁 기본서 다시보기 　　　　　응급처치학개론 p.491 [표216]

해설 ① 영아 및 소아의 응급상황은 종종 성인에서의 응급상황과는 다른 대처가 요구되기도 하며, 환자뿐만 아니라 보호자의 중재가 필요한 경우도 있다.
② 부모와 격리 불안, 낯선 사람과의 신체접촉 등이 있을 수 있기때문에 처치, 평가 시 부모가 곁에 있도록 한다.
③ 자신에게 어떤 처치가 행해지고 있는지 아이들도 알 권리가 있다. 아이에게는 할 수 있는 한 정직해야 한다. IV 주사기 바늘과 같이 아이들이 아픔을 느낄만한 처치를 할 때엔 이야기를 한다.
④ 1세 미만의 영아와 같이 아직 어린 환아는 얻을 수 있는 정보가 한정적이기 때문에 보호자 또는 목격자를 통하여 정보를 수집하고, 나이가 있는 환아의 경우 본인에게 일어난 상황을 스스로 설명할 수 있으므로 아이들의 이야기를 차근차근 들어 주도록 한다.

정답 ④

035

영아 소아에서 기본 기도유지기의 사용에 대한 설명으로 올바른 것은?

① 구역반사가 있는 환아에게는 입인두기도기를 사용한다.
② 의식이 있는 환아에게는 코인두기도기를 사용한다.
③ 입인두기도기의 삽입으로 미주신경을 차단되어 빈맥을 유발할 수 있다.
④ 머리 외상이 있는 환아에게는 코인두기도기를 사용한다.

📝 출제 키워드   소아응급

📖 기본서 다시보기   응급처치학개론 p.493~494

해설 ② 입인두기도기는 구토 반사를 자극 해 기도 폐쇄를 초래할 수 있으므로 의식이 있는 환아에게는 코인두기도기를 적용한다.

핵심 개념 리마인드   기도유지기 사용

인공환기가 필요한 경우라면 기도유지기를 사용한다. 기도유지기의 사용은 연조직 손상, 미주신경 자극, 구토 등의 합병증을 초래할 수 있으므로 꼭 필요한 경우에만 사용한다. 너무 작은 경우에는 입 안으로 들어가 기도 폐쇄를 초래할 수 있으며, 너무 큰 경우에는 기도 폐쇄, 외상을 일으킬 수 있다.

(1) **입인두기도기**: 의식이 있는 환아에게 사용하면 구역 반사를 자극하여 구토와 서맥을 초래하므로 의식이 없는 환아에게만 사용한다. 입가장자리에서 귓불까지 길이를 측정하여 적절한 크기를 선택한다.

(2) **코인두기도기**: 의식이 있는 환아에게도 사용 가능하나 얼굴 또는 머리 손상의 의심되는 환아에게는 사용하면 안 된다. 콧구멍 크기는 환아의 새끼손가락 바깥지름과 비슷하다.

정답 ②

036

5세 아이가 고열과 침을 질질 흘리고 있으며, 청진상 흉부에서 흡기성 협착음이 들린다. 의심 가능한 상태는?

① 크룹   ② 천식
③ 후두개염   ④ 세기관지염

📝 출제 키워드   소아 응급

📖 기본서 다시보기   응급처치학개론 p.500

해설 ① 크룹은 상기도 바이러스 질환으로 성문하 부위를 포함한 상기도 염증이다. 특징적으로 개가 짖는 듯한 심한 기침(barking cough)을 하는 양상을 보인다.
② 천식은 하부기도의 만성 염증성 질환이다. 보통 일어나 앉거나 상체를 앞으로 숙이며, 빠른 호흡을 한다. 많은 경우 가래가 없는 기침을 수반하고 보조호흡근 사용이 눈에 띈다. 쌕쌕거림이 들릴 수 있다. 숨을 내쉴 때 쌕쌕거림이 나타나 임상적으로 천식과 비슷하다.
③ 후두개염은 후두개 염증이 일어나는 급성 감염이다. 후두개염 환아는 고열과 심각한 기침을 호소하며 침을 삼킬 때 고통스러워 침을 질질 흘린다. 인후통, 흡기성 협착음 등이 나타난다.
④ 세기관지염은 초기 아동기에 중간 크기의 기도-세기관지-에서 발생하는 호흡기 감염 질환이다. 세기관지염은 숨을 내쉴 때 쌕쌕거림이 나타나 임상적으로 천식과 비슷하다.

핵심 개념 리마인드

크룹	후두개염
상기도 바이러스, 상기도 염증	후두개 염증(급성 감염성 질환)
점진적으로 발병	급격한 발병
개가 짖는 듯한 기침	개가 짖는 듯한 기침은 없음
침흘림 없음	연하곤란(침을 삼키기가 어려워 침을 질질 흘림), 흡기성 협착음
정상 혹은 미열 차가운 산소 공급	고열

정답 ③

037

소아의 뇌수막염에 관한 설명으로 올바른 설명은?

① 성인보다는 뇌수막염의 발병율이 낮다.
② 선행되는 질병없이 증상이 바로 나타난다.
③ 다른 감염 질환과 다르게 발열 증상이 없어 발견이 힘들다.
④ 신생아와 어린 영아 중 일부 환아에게 뇌수막염 시 목의 뻣뻣함이 나타난다.

038

임신부에서 외상이 발생하였을 때 고려하는 사항으로 올바른 내용은?

① 자궁의 크기가 커지면서 복부 장기는 아래쪽으로 이동하므로 복부 손상의 가능성은 크지 않다.
② 임신 후반기의 임신부는 하대정맥의 압박으로 정맥환류가 감소하게 되며, 하대정맥 압박으로 인한 모체고혈압이 호발한다.
③ 임신주수가 30주라면 산모소생에만 집중해야 한다.
④ 임신부는 30~35%의 혈액소실이 있기 전까지 혈압과 맥박수의 변화가 동반되지 않을 수도 있기 때문에 조기에 적극적인 소생술이 필요하다.

📋 출제 키워드 　　　　　　　　　　　 소아 응급

📁 기본서 다시보기 　　　　　　　 응급처치학개론 p.501

해설 ① 뇌수막염은 성인보다 소아에게 더 많이 발생하는 것으로 알려져 있다.
② 주로 상기도 감염이 선행될 수 있다.
③ 증상과 징후로는 고열, 무기력함, 보챔, 심각한 두통, 목의 뻣뻣함 등이 있다.
④ 매우 어린 영아나 신생아의 경우 목 뻣뻣함의 증상이 나타나지 않을 수도 있으며 숫구멍이 팽창될 수 있다.

핵심 개념 리마인드

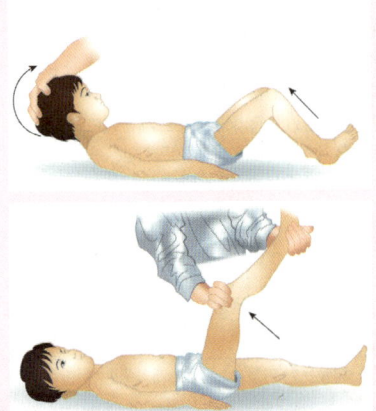

소아에게서 뇌수막염을 진단할 수 있는 평가 도구
- 브루진스키 징후 : 누운 상태에서 목을 구부리면 엉덩이와 무릎이 구부러짐
- 커니히 징후 : 앉거나 눕힌 상태에서 무릎을 완전히 뻗지 못함

정답 ④

📋 출제 키워드 　　　　　　　　　　　 산과 응급

📁 기본서 다시보기 　　　　　　　 응급처치학개론 p.521

해설 ① 자궁의 크기가 커지면서 가로막(횡격막)이 위로 올라간다.
② 20주 이상의 임신부는 비대해진 자궁과 척추 사이에 하대정맥이 눌려 심장으로 가는 혈류량을 감소시켜 저혈압이 발생하게 된다.
③ 심장정지 임산부에서 제왕절개를 시행한 몇 가지 연구에서 5분 이내에 성공적인 제왕절개를 수행한 경우 태아의 생존율이 높았다. 따라서 20주 이상의 임산부는 초기 4분 동안 심폐소생술을 시행했음에도 소생이 되지 않을 때는 5분 이내의 제왕절개 시행을 권고한다.
④ 임신부는 30~35%의 혈액소실이 있기 전까지 혈압과 맥박수의 변화가 동반되지 않을 수도 있기 때문에 조기에 적극적인 소생술이 필요하다.

정답 ④

039

소아 외상의 특징으로 올바른 내용은?

① 동요가슴(flail chest)은 매우 흔하다.
② 숫구멍이 열려 있는 영아의 경우 뇌탈출로 인한 뇌압의 상승이 현저하게 나타난다.
③ 약목골절과 같은 불완전 골절이 발생하는 경향이 있다.
④ 두개골이 부드러워 뇌손상은 흔치 않다.

출제 키워드 소아 응급

기본서 다시보기 응급처치학개론 p.504~505

해설 ① 늑골 또한 탄력적이고 약해 작은 충격에도 심각한 가슴 손상이 나타나지만 뼈의 골절없이 에너지가 그대로 내부로 전달되기 때문에 동요가슴은 흔하게 발생하지 않는다.
② 숫구멍이 아직 개방되어 있는 영아의 경우 뇌압에 잘 견딜 수 있어 징후가 늦게 나타난다.
③ 사지의 뼈도 유연하기 때문에 약목골절과 같은 불완전한 골절이 흔히 발생하는 경우가 있다.
④ 영아 및 소아는 머리의 크기가 상대적으로 크고 목의 근육이 많고 뇌조직이 얇고 부드러워 심각한 뇌손상의 가능성이 있다.

핵심 개념 리마인드

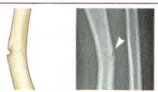
생나무 골절 — 소아에서 주로 발생하는 골절 → 몸통부분의 일부분만이 손상 받는 불완전한 골절

정답 ③

040

행동응급 환자를 처치함에 있어서 구급대원이 지켜야 하는 행동수칙으로 올바른 것은?

① 환자가 이상행동을 보일 시 격리조치를 시행하고 환자를 혼자 두도록 한다.
② 행동응급 환자는 의료기관으로의 이송이 불필요하다.
③ 환자가 시비조로 응답할 경우 논쟁을 한다.
④ 현재 가지고 있는 내과적 문제를 처치한다.

출제 키워드 정신질환과 행동응급

기본서 다시보기 응급처치학개론 p.484

해설 ④ 행동응급 환자는 내과적 문제로 인해 나타날 수 있기 때문에 내과적 문제를 처치할 수 있도록 한다.

핵심 개념 리마인드 비정상적 행동 원인
환자의 비정상적인 행동의 원인은 기질적 원인과 심리적 원인으로 나뉘며, 행동의 원인이 기질적 원인에 의한 것인가 정신질환에 의한 것인가를 파악하는 것이 중요하다.
▶ 저혈당, 산소결핍, 뇌졸중, 머리 외상, 약물 중독, 저체온증, 고체온증 같은 내과적 질환이 행동응급을 초래할 수 있다.

정답 ④

041

난폭한 환자가 발생한 현장에 도착하였다. 환자는 매우 흥분된 상태였다. 무기 소지 여부는 확인이 되지 않는다. 어떤 조치를 취해야 하는가?

① 구급차 도착 시 경광등을 키고 주변에서 대기한다.
② 언어적 제지보다 신체적 제지를 먼저 실시한다.
③ 경찰이 도착하기 전에 먼저 정확한 현장상황을 파악한다.
④ 경찰에게 연락 후 경찰이 도착하기를 기다린다.

042

소아에게서 학대의 증거로 흔하게 발견되는 골절은?

① 엉덩뼈   ② 갈비뼈
③ 어깨뼈   ④ 복장뼈

출제 키워드 : 정신질환과 행동응급

기본서 다시보기 : 응급처치학개론 p.484

해설 ④ 현장 안전 평가로 나 자신의 안전이 제일 중요하기 때문에 위험요소가 미상일 경우에는 경찰에 협조를 구해 경찰이 오기 전까지 안전한 위치에서 대기한다.

핵심 개념 리마인드 현장 도착 시 환자 평가
구급대원이 현장에 도착하게 되면 현장의 안전을 우선적으로 평가해야 하고 현장이 안전하지 않다면 현장에 들어가서는 안 된다.
현장의 안전을 확인하지 못하고 진입했다면 그곳으로부터 빠져 나와 경찰에 협조를 요청해야한다.

정답 ④

출제 키워드 : 소아 응급

기본서 다시보기 : 응급처치학개론 p.504

해설 ② 영아 및 소아의 늑골(갈비뼈)은 탄력적이기 때문에 뼈의 골절 없이 에너지가 그대로 내부에 전달된다. 영아 및 소아에게서 동요가슴(flail chest)은 흔히 발생하지 않는다. 심각한 손상기전 없이 가슴 손상이 발생하였다면 아동학대를 의심해야 한다.

정답 ②

043

영아돌연사증후군(SIDS)의 주된 원인은?

① 부정맥 ② 호흡 장애
③ 전해질 장애 ④ 전염병

📋 출제 키워드 　　　　　　　　　　소아 응급

📁 기본서 다시보기 　　　　　　응급처치학개론 p.503

해설 ② 영아의 뇌 호흡중추 미숙으로 인한 호흡정지 때문에 영아돌연사증후군이 일어난다.

핵심 개념 리마인드 **영아돌연사증후군**
원인불명의 질환으로 생후 1년 미만의 아이가 사망하는 경우를 영아돌연사증후군이라고 한다. 원인에 대하여 다양한 학설이 있지만, 많은 전문가들은 영아 뇌의 호흡중추의 미숙으로 인한 단순 호흡정지 때문이라고 생각하고 있다. 영아돌연사증후군이 발생한 경우 보호자에 대한 중재가 필요하다.

정답 ②

044

정상 분만에 대한 설명이다. 옳지 않은 것은?

① 제1기 분만은 자궁수축부터 자궁경부가 완전 개대될 때까지의 과정이다.
② 제2기 분만은 자궁경부의 완전한 확장부터 태아가 만출될 때까지의 과정이다.
③ 제3기 분만은 태아가 만출된 후 태반이 만출될 때까지의 과정이다.
④ 분만 소요시간은 초산부가 경산부에 비해 더 짧다.

📋 출제 키워드 　　　　　　　　　　산과 응급

📁 기본서 다시보기 　　　　응급처치학개론 p.510~511

해설 ④ 분만 소요시간은 경산부가 초산부에 비해 더 짧다.

핵심 개념 리마인드 **분만의 과정**
(1) **1기(개구기)** 진분만 수축이 일어나면서 시작하고 완전한 자궁목 확장과 자궁목 소실이 보이면 종료된다. 경산부의 경우 초산부보다 제1기의 진행이 짧다.
(2) **2기(만출기)** 자궁경부의 완전한 확장 이후에서 태아 몸체가 만출되는 시기까지이다.
(3) **3기(태반기)** 태아가 탄생한 직후에 태반이 만출되는 시기까지이다.

1. 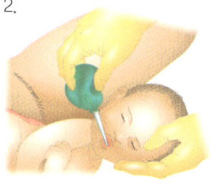　2.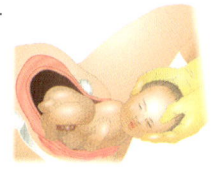

3. 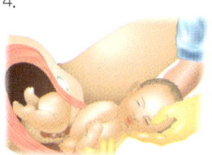　4.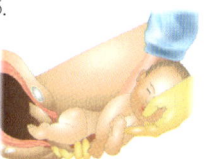

5. 　6.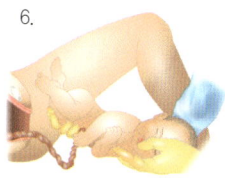

정답 ④

045

산모를 병원으로 이송 중 태아의 머리가 질로 돌출하는 배림이 관찰되었다. 이러한 상황에서 이송에 관한 설명으로 옳은 것은?

① 병원에 도착할 때까지 분만을 지연시킨다.
② 산모의 양쪽 하지를 붙여서 분만이 진행되는 것을 최대한 지연시키도록 한다.
③ 분만을 지연시키기 위하여 트렌델렌버그 자세를 취한다.
④ 구급차 내에서 분만을 유도하면서 분만에 필요한 준비를 시행한다.

출제 키워드 산과 응급
기본서 다시보기 응급처치학개론 p.512~513

해설 ④ 일반적으로 분만이 임박하지 않은 경우라면 산모에게 지지적인 환경을 제공하면서 병원으로 이송하는 것이 가장 좋다. 그러나 양막이 파열되고 머리출현이 관찰된다면 의료지시를 받으면서 현장에서 분만을 진행해야 한다.

핵심 개념 리마인드 분만 준비

분만이 임박한 상황이라면 분만 준비를 해야 한다. 이때 명심해야 할 점은 환자가 산모와 신생아 2명이라는 점이다. 필요하다면 추가 지원 요청을 해야 한다.

[분만 전 처치]
▶ 산모의 프라이버시 보호를 위해 꼭 필요한 사람 외에는 나가 있도록 한다.
▶ 분만 중 피와 체액으로부터 보호하기 위해 개인보호 장비를 착용한다.
▶ 산모를 침대나 견고한 장소에 눕히고 이불을 이용해 엉덩이를 높여주고 산모의 다리를 세워 벌리고 있게 한다.
▶ 분만 세트에서 소독포를 꺼내어 산모의 엉덩이와 회음부 아래 위치시킨다.
▶ 동료 대원이나 산모가 동의한 협조자는 산모의 머리맡에 위치한다.
▶ 분만세트는 탁자나 의자에 놓는다.
  : 모든 기구는 쉽게 잡을 수 있는 위치에 놓는다.

정답 ④

046

신생아가 다음과 같이 분만되었을 경우 아프가(APGAR) 점수는?

- 심장박동수가 110회/분이었다.
- 사지의 움직임은 활동적이었다.
- 울음소리가 구급차 밖까지 잘 들렸다.
- 피부색은 분홍빛을 띠었고, 사지는 엷은 푸른빛이었다.
- 코 안쪽 자극에 울음을 터트리고 재채기 반응을 보였다.

① 7점   ② 8점
③ 9점   ④ 10점

출제 키워드 신생아 응급
기본서 다시보기 응급처치학개론 p.525 [표233]

해설 ③ 심장박동수 100회 이상 2점,
활발한 사지의 움직임 2점,
강하게 울음 2점,
몸은 분홍, 사지는 청색 1점
자극에 울음을 터트리고 기침, 재채기 반응 2점
➡ 총 9점

핵심 개념 리마인드 아프가(APGAR) 점수

평가 내용	점수		
	0	1	2
외형(피부색)	전신 청색증	몸은 분홍, 손과 팔다리는 청색	전신 분홍색
맥박 수	없음	100회 미만	100회 이상
얼굴 찡그림	없음	자극 시 최소의 반응/얼굴을 찡그림	코 안쪽 자극에 울고 기침, 재채기 반응
활동성 (근육 강도)	축 늘어짐	팔과 다리에 약간의 굴곡, 제한된 움직임	활발하게 움직임
호흡	없음	약함/느림/불규칙함	강하게 울음

정답 ③

047

임산부를 이송할 때 혈압 유지에 도움이 되는 산모 자세는?

① 엎드린 자세
② 바르게 누운 자세
③ 상체를 세우고 앉은 자세
④ 좌측으로 돌아누운 자세

🗒 출제 키워드　　　　　　　　　　　　산과 응급

📂 기본서 다시보기　　　　　　　응급처치학개론 p.510

해설 ④ 임신 20주 이상 경과한 산모는 앙와위저혈압증후군이 유발될 수 있으므로 좌측으로 돌려 눕혀 눌린 하대정맥을 해소시켜 준다.

핵심 개념 리마인드　**앙와위저혈압증후군**

임신 20주 이상 경과한 산모의 경우 바로 누운 상태에서 저혈압이 발생할 수 있다. 이를 체위성 저혈압 또는 앙와위저혈압증후군이라고 한다. 비대해진 자궁과 척추 사이에 하대정맥이 눌려 심장으로 가는 혈류량을 감소시켜 저혈압이 발생하게 된다. 임신 20주 이상의 산모는 좌측위 자세를 취해 주도록 한다.

정답 ④

048

다음 임신성 고혈압 환자 중 자간전증 환자에 대한 설명으로 옳지 않은 것은?

① 비정상적 혈관경련으로 모체의 혈압이 증가할 수 있다.
② 6시간 간격으로 혈압을 적어도 2회 측정하여 수축기 혈압이 30mmHg 이상 혹은 이완기혈압이 15mmHg 이상 상승한 때 진단할 수 있다.
③ 10대 혹은 35세 이상인 경산부의 경우 높은 빈도를 보인다.
④ 고혈압, 부종, 단백뇨의 특징을 나타낸다.

🗒 출제 키워드　　　　　　　　　　　임신성고혈압

📂 기본서 다시보기　　　　　　응급처치학개론 p.523

해설 ③ 특히 10대 혹은 35세 이상인 초임신부의 경우 높은 빈도를 보이며, 임신 기간 중 마지막 10주 이내 또는 분만 직후 48시간 이내 가장 많이 발생할 수 있다.

핵심 개념 리마인드

㉮ 정의
: 자간전증은 임신의 가장 흔한 고혈압 질환으로 임신 기간 중 마지막 10주 이내 또는 분만 직후 48시간 이내 가장 많이 발생
: 특히 10대 혹은 35세 이상인 초임신부의 경우 높은 빈도를 보임
㉯ 진단
: 6시간 간격으로 혈압을 적어도 2회 측정하여 수축기 혈압이 30mmHg 이상 혹은 이완기혈압이 15mmHg 이상 상승한 때
㉰ 유발 원인
▸ 비정상적인 혈관경련으로 모체의 혈압이 증가하고, 혈압증가와 관련된 다른 증상이 나타남
　→ 혈관경련 ⇨ 태아성장 지체 태반관류 감소
　　: 태아의 만성 저산소증을 악화
▸ 다량의 체액이 제3의 공간으로 빠져나가 혈관 내 체액량이 감소
㉱ 위험인자 당뇨병, 자간전증의 과거병력, 다태임신 등
㉲ 증상
▸ 경증 자간전증: 고혈압, 부종, 단백뇨의 특징
▸ 중증 자간전증: 부종이 전신으로 진행되면서 소변 내 단백질의 양이 크게 증가 → 혈압도 160/110mmHg 이상으로 빠르게 상승함
▸ 두통, 시력장애, 신경계 과반사, 폐부종의 진행, 현저한 소변 배설량 감소 등이 흔히 관찰
▸ 심한 자간전증과 자간증 환자들은 뇌출혈, 폐색전, 태반조기박리, 파종혈관내응고(disseminated intravascular coagulopathy; DIC) 등의 위험, 콩팥기능상실로 발전

정답 ③

049

열이 있고 무기력한 2개월된 영아가 있다. 엄마 말에 의하면 2일 동안 상부 호흡기 감염을 앓았으며, 목이 경직되어 있고, 움직이려 하지 않는다. 아이는 잘 먹지 않고 매우 아파 보이고, 빠른 맥, 빈호흡, 4초의 모세혈관 재충혈을 보였다. 의심할 수 있는 환아의 질환은?

① 크룹
② 뇌수막염
③ 후두개염
④ 천식

출제 키워드 : 소아 응급
기본서 다시보기 : 응급처치학개론 p.501

해설 ② 2일 간 호흡기 감염이 있었으며 목이 경직되어 있는 증상을 보이므로 뇌수막염을 의심할 수 있다.

핵심 개념 리마인드 뇌수막염의 증상과 징후

- 뇌수막염은 뇌와 척수를 둘러싼 조직에 세균이나 바이러스의 감염으로 발생할 수 있다. 뇌수막염은 성인보다 소아에게 더 많이 발생하는 것으로 알려져 있다.
- 뇌수막염의 증상과 징후로는 며칠 동안 중이염, 호흡기 감염성 질환, 고열, 무기력함, 보챔, 심각한 두통, 목 뻣뻣함이 있다. 그러나 매우 어린 영아의 경우 목 뻣뻣함의 증상이 나타나지 않을 수도 있으며, 숫구멍이 팽창될 수 있다.

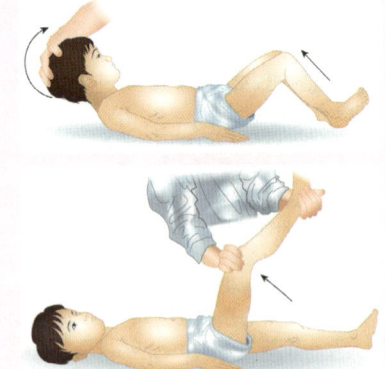

소아에게서 뇌수막염을 진단할 수 있는 평가 도구
- 브루진스키 징후 : 누운 상태에서 목을 구부리면 엉덩이와 무릎이 구부러짐
- 커니히 징후 : 앉거나 눕힌 상태에서 무릎을 완전히 뻗지 못함

정답 ②

050

4세 소아가 몸을 가누지 못하고, 의식이 혼미하며 큰소리에만 반응을 보인다. 아기 엄마 말에 의하면 2일 동안 설사를 했고 음식물을 섭취하지 못했다고 한다. 빠른 맥, 모세혈관 재충혈 시간은 4초로 지연되어 있다. 이 환아에게 의심할 수 있는 질환은?

① 호흡부전
② 탈수에 의한 쇼크
③ 뇌막염에 의한 의식 지하
④ 호흡기 감염

출제 키워드 : 소아 응급
기본서 다시보기 : 응급처치학개론 p.502

해설 ② 저혈량성 쇼크의 주된 원인은 구토나 설사로 인한 탈수 상태, 외상으로 인한 실혈, 감염, 화상 등이 있다.

핵심 개념 리마인드 영아 및 소아 쇼크의 증상과 징후

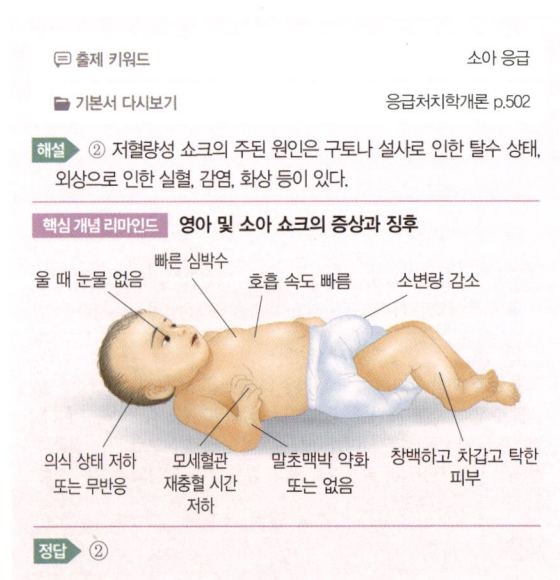

정답 ②

051

1세 소아 환자가 낮 동안에는 미열만 보이다가 밤에 개가 짖는 듯한 거친 기침 소리를 보이고 심한 호흡곤란과 청색증을 보이고 있다. 환아에게서 의심되는 질환은?

① 크룹
② 뇌수막염
③ 후두개염
④ 이물질에 의한 기도 폐쇄

📋 출제 키워드　　　　　　　　　　　　　　　소아 응급

📁 기본서 다시보기　　　　　　　　　응급처치학개론 p.500

해설 ① 크룹(croup, 후두기관 기관지염)과 후두개염은 영아 및 소아에게서 자주 관찰되는 상기도 폐쇄 응급질환이다. 크룹의 특징적인 징후는 개가 짖는 듯한 기침 소리이다.

핵심 개념 리마인드　상기도 폐쇄 응급질환 - 크룹, 후두개염

크룹	후두개염
상기도 바이러스, 상기도 염증	후두개 염증(급성 감염성 질환)
점진적으로 발병	급격한 발병
개가 짖는 듯한 기침	개가 짖는 듯한 기침은 없음
침흘림 없음	연하곤란(침을 삼키기가 어려워 침을 질질 흘림), 흡기성 협착음
정상 혹은 미열 차가운 산소 공급	고열

정답 ①

052

산후 출혈을 보이는 환자의 처치로 옳은 것은?

① 출혈이 있으면 무조건 산소를 공급한다.
② 한 개 또는 두 개의 큰 정맥로를 확보한다.
③ 자궁수축 시 출혈이 더 심해질 수 있기 때문에 더 이상 어떠한 처치도 하지 않는다.
④ 출혈의 흡수를 돕도록 질 내 거즈패킹을 한다.

📋 출제 키워드　　　　　　　　　　　　　　　산과 응급

📁 기본서 다시보기　　　　　　　　　응급처치학개론 p.515

해설 ① 저산소증을 보이는 경우 산소를 투여한다.
② 산후 출혈은 분만 후 500 cc 이상 출혈이 발생한 경우를 말한다.
③ 자궁수축을 돕기 위하여 자궁저부 마사지를 시행한다.
④ 질 입구에 패드를 대어주어 흡수될 수 있도록 한다. 단, 출혈을 막기 위하여 질 내로 팩킹을 시도하지 않는다.

핵심 개념 리마인드　산후출혈이 확인된 산모 처치

▸ 즉시 일차 평가를 시행
▸ 산모가 저산소증을 보이는 경우 산소를 투여
▸ 한 개 또는 두 개의 큰 정맥로를 확보하고 생리식염수를 주입
▸ 자궁수축을 돕기 위하여 자궁저부 마사지 시행
▸ 질 입구에 패드를 대어주어 출혈 흡수
　: 출혈을 막기 위하여 질 내로 팩킹을 시도하지 않음
　: 출혈을 흡수한 패드는 출혈량 확인을 위하여 오염되지 않게 따로 분리하여 병원에 전달
▸ 정서적인 지지를 해주면서 빠르게 병원으로 이송

정답 ②

053

영아 및 소아 환자들의 해부학 및 생리학적 특징에 대한 올바른 설명은?

① 신생아는 대부분 흉식호흡을 한다.
② 체중에 비해 체표면적이 넓어 효과적인 체온조절이 가능하다.
③ 복부 내에 간과 지라가 상대적으로 큰 자리를 차지한다.
④ 부드럽고 유연한 갈비뼈는 내부 장기를 효율적으로 보호한다.

> 출제 키워드 : 소아 응급
> 기본서 다시보기 : 응급처치학개론 p.490 [표215]

해설 ① 신생아는 코로 숨을 쉰다. (비강호흡)
② 체중에 비해 넓은 체표면적으로 저체온에 쉽게 빠진다.
③ 복부 내에 간과 지라가 상대적으로 큰 자리를 차지한다.
④ 뼈가 유연하기 때문에 골절이 흔하지 않으며 외부의 충격이 장기로 그대로 전달된다.

정답 ③

054

열성경련에 대한 설명 중 옳은 것은?

① 영아 및 소아 경련의 주된 원인은 저혈당이며 열성경련은 흔하지 않다.
② 현장에서 경련의 원인을 감별하고 이송하도록 한다.
③ 열성경련은 서서히 열이 올라 발생한다.
④ 경련 중이나 경련 후 기도 내의 약간의 분비물이 존재하므로 환자 상태를 평가한 후 필요하다면 흡인과 산소 공급을 시행한다.

> 출제 키워드 : 소아 응급
> 기본서 다시보기 : 응급처치학개론 p.501

해설 ① 영아 및 소아의 경련의 주된 원인은 발열과 관련된 열성경련이다.
② 현장에서 경련의 원인을 감별하는 것은 어려운 일이다. 경련의 원인을 감별하려고 하지 말고 환아 상태에 따른 적절한 처치를 시행하면서 병원으로 이송한다.
③ 소아에서 경련의 원인은 갑작스러운 고열로 발생한다.
④ 경련 중이나 경련 후 기도 내의 약간의 분비물이 존재하므로 환자 상태를 평가한 후 필요하다면 흡인과 산소 공급을 시행한다.

핵심 개념 리마인드

㉠ 영아 및 소아에게 발열은 주로 감염과 관련
  ▶ 고열이 발생할 경우 열성경련이 발생 : 발열이 발생한 환아의 응급처치는 미온수마사지와 처방에 따른 해열제 투여
㉡ 발열과 관련하여 특히 주의해야 할 질환: 뇌수막염(meningitis)
  ▶ 뇌수막염은 뇌와 척수를 둘러싼 조직에 세균이나 바이러스의 감염으로 발생
    : 뇌수막염은 성인보다 소아에게 더 많이 발생
  ▶ 뇌수막염의 증상과 징후
    : 고열, 무기력함, 보챔, 심각한 두통, 목 뻣뻣함
    : 매우 어린 영아의 경우 목 뻣뻣함의 증상이 나타나지 않을 수 있으며, 숫구멍이 팽창될 수 있음
  ▶ 뇌수막염의 현장 처치
    : 지지적 처치, 일차 평가를 신속하게 완료한 후 응급실로 환아를 이송

정답 ④

055

영/소아의 흡인에서 알맞은 것은?

① 영아에서는 120mmHg 이하로 흡인 압력을 줄인다.
② 저산소증의 가능성을 낮추기 위해 흡인 시간을 20초 이내로 한다.
③ 미주신경 자극으로 서맥이 유발될 수 있다.
④ 맥박이 느려지더라도 빠르게 흡인을 진행한다.

📖 출제 키워드   소아 기도처치
📂 기본서 다시보기   응급처치학개론 p.495

해설 ① 영아의 경우 낮은 압력(100mmHg이하)로 흡인 압력을 조절한다.
② 저산소증의 가능성을 낮추기 위하여 흡인 시간을 15초 이내로 시행한다.
④ 서맥이 나타나면 즉시 흡인을 중단하고 산소를 공급한다.

핵심 개념 리마인드
비강 및 구강 내 분비물 등 이물질의 존재는 기도를 위협
▶ 환아가 무의식 상태라면 기도를 유심히 관찰한 후 필요한 경우 적극적으로 흡인을 시행
  : 오랜 시간의 흡인은 저산소증 발생, 미주신경을 자극하여 서맥 초래
  : 저산소증을 방지하기 위하여 ==흡인 전에 전산소화(pre-oxygenation)==를 시행 → ==흡인은 가능한 15초 이내로 시행==

정답 ③

056

아동학대를 의심하게 하는 손상과 관계된 상황이 아닌 것은?

① 환아의 가슴과 배에서 담뱃불 자국을 발견했다.
② 각기 색이 다른 멍 자국이 이곳저곳에서 발견되었다.
③ 호흡곤란으로 신고되었으나 환아의 팔에서 골절이 의심되는 변형이 관찰되었다.
④ 환아가 울음을 멈추지 않고 있다.

📖 출제 키워드   영아 및 소아 외상
📂 기본서 다시보기   응급처치학개론 p.507

해설 ④ 환아가 우는 것은 일반적인 반응으로 아동학대로 의심할 근거로 충분하지 않다.

핵심 개념 리마인드   신체적 학대를 의심할 수 있는 상황
• 회복 단계가 각각 다른 여러 손상 부위
• 손상기전과 신체검진 소견의 불일치
• 선명한 화상 – 담배자국이나 손과 발 등 국소 화상인 경우
• 반복적인 구급 신고
• 부모나 보모의 부적절한 대답 및 회피 반응

정답 ④

057

자궁외 임신에 대한 설명으로 옳은 것은?

① 보통 자궁에 착상된 태아가 성장하며 원인불명으로 통증을 만들어낸다.
② 환자는 상복부의 통증과 압통을 보인다.
③ 출혈이 있으나 쇼크가 발생할 정도의 출혈량은 아니다.
④ 보통 나팔관에 착상된 태아가 팽창하면서 터지게 되어 통증을 유발한다.

🗨 출제 키워드   부인과 응급
📖 기본서 다시보기   응급처치학개론 p.521

해설 ① 보통 나팔관에 비정상적으로 착상된 태아가 성장하여 발생한다.
② 환자는 하복부 통증과 압통을 보인다.
③ 나팔관 파열 시 배 안에 출혈을 유발하며 즉시 출혈에 의한 쇼크가 발생한다.
④ 나팔관에 착상된 태아가 팽창하면서 터지게 되어 통증을 유발한다.

핵심 개념 리마인드   자궁외 임신

(1) 자궁외 임신은 난소에서 나온 난자가 나팔관을 통해 자궁까지 통과되는 중간에 임신되었을 때 발생한다. 만약 수정된 난자가 나팔관에서 착상되면, 나팔관은 약 6주 정도까지 태반과 태아의 성장을 견딜 수 있다. 그러나 태아가 점차 성장하면 나팔관은 팽창된 용적을 이기지 못하고 터져버리게 된다.
(2) 자궁외 임신 환자에서는 쇼크가 빠른 속도로 발생하므로 구급대원의 역할은 쇼크의 치료에서와 같다. 따라서 저체액성 쇼크를 방지하고 쇼크가 발생한 환자에서는 산소를 투여하며, 쇼크 자세를 취한 후 즉시 응급의료센터로 이송하여 응급수술을 받도록 하여야 한다.

정답 ④

058

임신 32주인 다산의 과거력이 있는 산모가 질 출혈이 있다는 신고를 받고 출동하였다. 활력징후는 정상이고 선홍색의 질 출혈이 계속되고 있었으나 산모는 전혀 배가 아프지 않다고 한다. 이 환자에게서 가장 의심되는 질환은?

① 전치태반   ② 태반 조기박리
③ 자궁외 임신   ④ 자연 유산

🗨 출제 키워드   부인과 응급
📖 기본서 다시보기   응급처치학개론 p.522

해설 ① 전치태반은 자궁벽 아래쪽 1/2 부위에 비정상적으로 태반이 자리 잡은 경우로, 태반이 자궁 경부 입구를 완전 또는 부분적으로 덮어버린다. 임신 7개월 차에 들어서면 분만에 대비하여 자궁이 수축하는데, 이때 질 출혈이 발생한다. 태반이 자궁벽으로부터 떨어지면서 선홍색의 출혈이 야기된다. 전치태반의 특징적인 증상은 무통성 선홍색 질 출혈이 발생한다는 것이다.

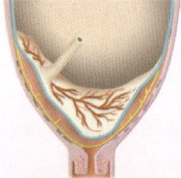 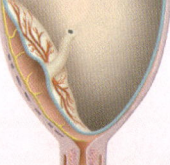

완전 전치태반   부분 전치태반

핵심 개념 리마인드   임신 중 응급상황

(1) **태반조기박리**: 태반조기박리는 자궁벽에서 정상보다 빠르게 태반이 분리된 상태이다. 태반조기박리는 산모와 태아 모두를 사망하게 하는 위험한 상황이다. 박리가 발생하는 위치에 따라서 심각한 질 출혈이 나타날 수도 있으며 출혈이 은닉될 수도 있다. 완전 태반조기박리가 발생한 산모는 날카로운 복통과 모체 저혈압이 나타난다.

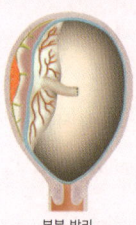 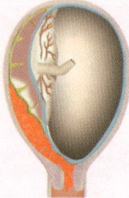 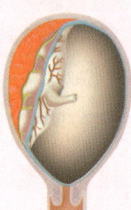

부분 박리   부분 박리   완전 박리
(은닉 출혈)   (외부에 나타나는 출혈)   (은닉 출혈)

(2) **자궁외 임신**: 수정란이 자궁내막에 착상하지 않고 비정상적으로 자궁강 밖에 착상된 상태이다. 95%에서 나팔관의 팽대부에 착상하는 것으로 알려졌다. 임신 초기에 증상이 발현되어 자궁외 임신 상태를 알게 되는 경우가 많다.
자궁외 임신의 증상과 징후로는 한쪽의 하복부에 찌르는 듯한 통증, 질 출혈, 무월경이 있다. 나팔관과 같은 제한된 공간에서 태아가 성장하다가 나팔관이 파열되면서 통증이 발생한다.
(3) **자연 유산**: 임신 기간 20주 이내에 유산된 경우를 유산이라고 하며, 20주 이후에 유산된 경우는 사산이라고 한다. 유산이 발생하면 태아와 자궁조직이 경부를 통해 질 밖으로 나온다. 산모는 복부의 경련이나 통증을 동반한 질 출혈을 호소한다.

정답 ①

059

신생아 소생술에 대한 설명으로 옳은 것은?

① 분만 직후 신생아는 습기 있는 수건으로 감싸준다.
② 산소를 공급할 때에는 차가운 산소를 공급한다.
③ 호흡 반응이 충분하지 않고 맥박수가 분당 100회 미만이면 양압환기를 실시한다.
④ 심폐소생술이 필요하면 가슴 압박과 인공호흡의 비율은 15 : 2로 실시한다.

출제 키워드 　　　　　　　　　신생아 응급

기본서 다시보기 　　　　응급처치학개론 p.526~528

해설 ① 분만 즉시 신생아를 건조시켜 열 손실을 최소화하여 따뜻하고 건조한 담요로 신생아를 감싸준다.
② 가능하면 따뜻하고 습기 있는 산소를 공급한다.
③ 호흡 반응이 충분하지 않고 맥박수가 분당 100회 미만이면 양압환기를 실시한다.
④ 심폐소생술 시 가슴 압박과 인공호흡 비율은 3:1 비율로 실시한다.

핵심 개념 리마인드
㉮ 1단계 – 초기 처치 보온 및 체온유지, 자세유지, 기도 이물질 제거, 물기 닦기, 자극 주기
㉯ 2단계 – 환기 및 산소화 1단계에서 2단계로의 진행 여부의 판단은 다음 2가지의 활력징후로 판단
　• 호흡 : 무호흡, 헐떡이는 호흡, 힘겨운 호흡
　• 맥박 수 : 분당 100회 미만
㉰ 3단계 – 가슴압박 환기 및 산소화를 했음에도 불구하고 맥박 수가 분당 60회 미만으로 감소한다면 가슴압박 실시
㉱ 4단계 – 약물 투여 탯줄 정맥을 활용하여 에피네프린을 투여

정답 ③

060

구급대원의 신생아 초기 처치 시 가장 먼저 해야 하는 것은?

① 체온 유지
② 흡인
③ 자세 유지
④ 자극 주기

출제 키워드 　　　　　　　　　신생아 응급

기본서 다시보기 　　　　응급처치학개론 p.526

해설 ① 신생아는 양수에 젖어 있던 상태로 분만 즉시 건조시켜 체온을 유지하도록 해 저체온증을 예방한다.

핵심 개념 리마인드 　**신생아 초기 처치**
신생아의 체온 유지, 보온, 자세 유지, 기도 이물질 제거, 물기 닦기, 자극 주기로부터 처치가 진행된다.
• 분만 즉시 신생아를 건조시켜 열 손실을 최소화하며, 따뜻하고 건조한 담요로 신생아를 감싸준다.
• 신생아의 체위는 목을 조금 신전시킨 자세(냄새 맡는 자세, sniffing position)를 취한다. 양수가 깨끗한 경우라면 흡인은 따로 시행하지 않는다.
• 자발적으로 호흡을 하지 못하는 아이의 경우 발바닥을 가볍게 두드리거나 등을 부드럽게 문질러서 자극을 준다.

정답 ①

061

27주 임산부가 어지럼증으로 신고하였다. 현장 도착 시 환자의 혈압은 80/50 mmHg로 측정되었다. 이송 시 적절한 자세는?

① 똑바로 눕힌 자세(앙와위)
② 왼쪽 옆으로 눕힌 자세(좌측위)
③ 오른쪽 옆으로 눕힌 자세(우측위)
④ 트렌델렌버그 자세(하지거상 자세)

062

임산부를 이송하는 중이다. 산모는 임신주수를 모른다고 하였고 구급대원이 촉진 시 자궁저부가 배꼽에서 만져진다. 예상되는 임신주수는?

① 12주 ② 16주
③ 20주 ④ 24주

📩 출제 키워드 — 산과 응급
📁 기본서 다시보기 — 응급처치학개론 p.510

해설 ② 20주 이상의 산모는 바로 누운 상태에서는 하대정맥이 눌려 혈류량이 감소해 저혈압을 유발할 수 있기에 왼쪽 옆으로 눕힌 자세를 취하게 해 눌린 하대정맥을 해소시켜 준다.

핵심 개념 리마인드 **앙와위저혈압증군**
임신 20주 이상 경과한 산모의 경우 바로 누운 상태에서 저혈압이 발생할 수 있다. 이를 체위성 저혈압 또는 앙와위저혈압증군이라고 한다. 비대해진 자궁과 척추 사이에 대정맥이 눌려 심장으로 가는 혈류량을 감소시켜 저혈압이 발생하게 된다. 임신 20주 이상의 산모는 좌측위 자세를 취해 주도록 한다.

정답 ②

📩 출제 키워드 — 산과 응급
📁 기본서 다시보기 — 응급처치학개론 p.509

해설 ③ 자궁 저부가 배꼽에서 만져질 정도는 임신 20주차 쯤 때이다.

핵심 개념 리마인드 **임신 단계별 증상**
임신 단계는 초기, 중기, 말기의 3단계로 나눈다.
• 초기: 두 개의 세포에서 두드러진 성장이 나타난다.
• 중기: 태아가 빠르게 성장하며, 5개월에는 자궁이 배꼽선에서 만져진다.
• 말기: 자궁이 윗배에서 만져진다.

정답 ③

063

3세 남아가 호흡곤란을 호소하여 신고되었다. 환아에게 제공할 처치로 옳은 것은?

① 환아가 마스크 착용에 계속해서 두려움을 나타내더라도 원활한 산소 공급을 위해 마스크를 안면에 밀착하여 씌워야 한다.
② 호흡 정지 또는 호흡부전이 발생할 때 인공호흡을 실시한다. 인공호흡은 6초마다 1회로 실시한다.
③ 환아가 두려움을 느끼면 호흡이 느려질 수 있다는 점을 기억하여 평가한다.
④ 적절한 산소 공급은 중요하지만 과하면 위험할 수 있다. 만약 호흡 장애나 쇼크 증상 및 징후가 나타난다면 고농도 산소를 공급한다.

📑 출제 키워드 　　　　　　　　　　　　소아 응급

📁 기본서 다시보기 　　　　　　　응급처치학개론 p.494

해설 ① 낯선 것에 대한 두려움이 있는 환아의 경우 마스크 착용을 거부할 수도 있다. 이런 경우에는 보호자에게 도움을 요청해 보호자가 마스크를 착용하는 모습을 보여주고 설명과 함께 정서적 지지를 한 후 환아에게 마스크를 착용시켜야 한다. 만약, 계속 거부감을 나타내면 기구를 코 근처에 가까이해서 공급해 주어야 한다.
② 영아 및 소아에서 인공호흡은 매 3~5초마다 1회(분당 12~20회)로 실시한다. 각 인공호흡은 1초 동안 환아의 가슴이 부풀어 오를 정도의 일회 호흡량을 유지하면서 불어넣는다.
③ 호흡음 평가 시 두려움으로 인하여 환아의 호흡이 증가할 수 있다는 점을 기억해야 하며, 호흡 곤란의 징후들을 잘 관찰하도록 한다.
④ 적절한 산소 공급은 중요하지만 과하면 위험할 수 있다. 만약 호흡 장애나 쇼크 증상 및 징후가 나타난다면 고농도 산소를 공급한다.

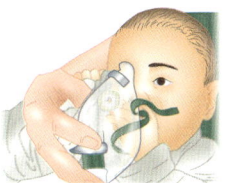

정답 ④

064

환아에게서 호흡부전의 가능성을 추측할 수 있는 증상과 징후로 옳지 않은 것은?

① 사지의 청색증
② 호흡 보조근 사용
③ 의식 소실
④ 호흡음 감소

📑 출제 키워드 　　　　　　　　　　　　소아 응급

📁 기본서 다시보기 　　응급처치학개론 p.499 [표221]

해설 ④ 호흡음 감소는 호흡부전의 증거라고 볼 수 없다.

핵심 개념 리마인드 　호흡기계 응급 상황

(1) 호흡곤란의 증상과 징후
　▸ 비익 확장　　　　　　▸ 목 근육 견인
　▸ 협착음(그렁거림)　　▸ 빗장뼈 위 부분 견인
　▸ 흉골 위 부분 견인　　▸ 끙끙거림(신음)
　▸ 늑간 견인　　　　　　▸ 쌔근거리는 소리
　▸ 늑골 아래 부분 견인
　▸ 시소 호흡(흉부와 복부가 각기 달리 움직임)

(2) 호흡부전의 증상과 징후
　▸ 호흡수가 10회/분 미만 또는 60회/분 이상
　▸ 말초 순환 저하　　　▸ 청색증
　▸ 의식 장애　　　　　　▸ 심한 호흡보조근 사용
　▸ 심하고 지속적인 그렁거림

정답 ④

065

노인 환자를 평가할 때 주의해야 할 점으로 옳은 것은?

① 환자는 뇌조직이 위축되어 있어 머리 손상 시 증상이 빠르게 나타난다.
② 노인에게 가장 흔한 낙상과 관련된 골절은 몸쪽 넙다리 골절 또는 엉덩이 골절이다.
③ 심혈관계에는 큰 변화가 없기 때문에 쇼크 시에는 빠른 맥이 나타난다.
④ 젊은 환자보다 정서적, 심리적, 사회적 요인에 무감각하다.

출제 키워드 　　　　　　　　　　　노인 응급

기본서 다시보기 　　　　응급처치학개론 p.532~533

해설 ① 노인 환자는 뇌 조직이 위축되어 있어 머리 손상 시 증상 발현이 지연된다.
② 노인에게 가장 흔한 낙상과 관련된 골절은 몸쪽 넙다리 골절 또는 엉덩이 골절이다.
③ 노인 환자는 만성 심질환 또는 빠른 맥 방지를 위해 약을 처방받고 복용하고 있을 수 있어 쇼크 초기 징후인 빈맥이 노인 환자에게 때때로 없을 수 있다.
④ 노인 환자에게 접근할 때는 신체적, 정서적, 심리적, 사회적으로 영향을 미치는 다양한 요인들을 이해하는 것이 매우 중요하다. 정서적, 심리적 상태가 불안함을 나타낼 수 있다.

핵심 개념 리마인드
▶ 노인들은 한 가지 이상의 질병을 가지고 있어 급성 손상이나 질병이 발생하였을 때 급성 문제를 좀 더 복잡하게 만들 수 있음
　ex 만성적인 호흡 문제를 가진 환자가 교통사고로 인하여 가슴손상을 입었다면 손상으로 인한 호흡 곤란의 정도가 어느 정도인지 정확하게 평가하기 어려울 수 있음
　: 여러 질병을 진단받은 노인의 경우 하나 또는 그 이상의 처방약을 복용하고 있을 수 있으며, 처방 의사가 여러 명인 경우 혼란이 가중될 수 있음
　: 일부 노인들은 알츠하이머(Alzheimer's disease)로 비정상적인 의식 상태를 보일 수 있음
　: 환자의 의식 변화가 만성적인 것인지, 최근에 발전된 것인지, 현재의 응급상황으로 유발된 것인지 구분 필요
　: 필요 시 가족 또는 보호자에게 병력을 청취하여 환자의 상태가 평소랑 다른 점 등을 파악

정답 ②

066

행동응급 환자에서 제지 및 구속이 필요한 환자를 대하는 방법으로 옳지 않은 것은?

① 환자를 제지하는 것은 구급대원뿐 아니라 환자 자신과 다른 사람의 안전을 위해서 필요하다.
② 호흡 장애를 미리 예방하기 위하여 고개를 들거나 내리게 한다.
③ 구속이 필요하다면 경찰에 협조 요청을 해야 한다.
④ 환자가 조금도 움직일 수 없도록 단단히 억제대를 적용한다.

출제 키워드 　　　　　　　　　　　행동응급

기본서 다시보기 　　　　　응급처치학개론 p.486

해설 ④ 환자가 다치지 않는 범위에서 제지하며 순환 상태를 계속해서 평가한다.

핵심 개념 리마인드 **행동응급 환자의 응급처치**
▶ 협력자를 다시 한 번 확인하고 구속 과정을 협력자들과 상의한다.
▶ 행동을 미리 예측하고 계획한다. 환자의 팔·다리 행동반경을 미리 예측하고 그 밖에 위치해 있는다.
▶ 필요시 팔·다리를 억제한다. 적어도 4명의 대원이 동시에 빠른 행동으로 팔다리에 접근해 행동한다. 억제시킨 부분의 순환 상태를 계속 평가하고, 억제한 이유와 방법 등을 기록한다.
▶ 환자가 고개를 들거나 내리게 한다. 이 자세는 환자가 순순히 구속을 받는다는 의미와 호흡 장애를 미리 예방할 수 있다.
▶ 환자가 대원에게 침을 뱉는다면 오심/구토, 호흡 장애가 없는 환자에게는 마스크를 씌운다.

정답 ④

067

태반의 역할로 옳지 않은 것은?

① 열 전달
② 산소 및 이산화탄소 교환
③ 노폐물 배출
④ 난자 방출

출제 키워드: 산과 응급
기본서 다시보기: 응급처치학개론 p.508 [표227]

해설 ④ 태반은 태아가 발육을 위한 생명선 역할을 한다.

핵심 개념 리마인드 태반의 역할
- 열 전달
- 산소 및 이산화탄소 교환
- 영양소 전달
- 노폐물 배출
- 내분비선 역할
- 태아 보호 장벽 역할

정답 ④

068

신생아에서 수액과 약물 투여로 가장 바람직한 경로는?

① 배꼽(탯줄) 정맥
② 위팔 정맥
③ 기관 내 삽관
④ 중심 정맥

출제 키워드: 신생아 소생술
기본서 다시보기: 응급처치학개론 p.528

해설 ① 수액 및 약물 투여를 위한 혈관 주입은 배꼽(탯줄) 정맥을 사용하여 가장 쉽게 실시될 수 있다. 배꼽(탯줄) 정맥 카테터를 삽입할 수 없는 경우에는 기관 내 튜브를 통해 약물을 투여한다.

핵심 개념 리마인드 정맥로 확보를 위한 단계
- 해부용 칼로 복부 1cm 위의 탯줄을 자른다. 추가 삽입이 필요한 경우를 대비하여 탯줄을 충분히 남긴다.
- 탯줄 카테터를 배꼽(탯줄) 정맥에 삽입한다. 카테터를 삼방향밸브에 연결하고 식염수로 채운다.
- 카테터 끝이 피부 바로 아래에 도달할 때까지 카테터를 삽입하고 혈류를 확인한다.(카테터가 너무 깊게 삽입되면 간에 닿아 기능하지 않을 수 있다.)
- 카테터가 제자리에 위치하면 테이프로 고정한다.

정답 ①

069

출생 직후 신생아 소생술 처치가 필요한 환아의 분류에 대한 설명으로 옳지 않은 것은?

① 아프가 점수가 4점인 신생아
② 35주에 태어난 신생아
③ 맥박이 58회인 신생아
④ 전신에 청색증을 보이며 호흡의 어려움을 보이는 신생아

출제 키워드: 신생아 심정지
기본서 다시보기: 응급처치학개론 p.525

해설 ① 아프가 점수가 4~6점인 신생아는 호흡보조와 자극이 필요하다.

핵심 개념 리마인드 아프가 점수
아프가 점수는 출생 1분과 5분에 각각 측정하며 외형(apperance), 맥박(pulse), 얼굴 찡그림(grimace), 활동성(activity), 호흡(respiration) 5가지 항목을 평가하며 각 항목당 최대 2점이다. 7~10점의 신생아는 정상적인 상태로 기본적인 조치만 필요하며, 4~6점의 신생아는 경증의 질식 상태로 호흡보조와 자극 등이 필요하다. 0~3점의 신생아는 심한 질식 상태로 기관내 삽관의 시행과 심폐소생술이 필요하다.

평가 내용	점수		
	0	1	2
외형(피부색)	전신 청색증	몸은 분홍, 손과 팔다리는 청색	전신 분홍색
맥박 수	없음	100회 미만	100회 이상
얼굴 찡그림	없음	자극 시 최소의 반응/얼굴을 찡그림	코 안쪽 자극에 울고 기침, 재채기 반응
활동성(근육 강도)	축 늘어짐	팔과 다리에 약간의 굴곡 제한된 움직임	활발하게 움직임
호흡	없음	약함/느림/불규칙함	강하게 울음

출생 직후 소생술이 필요한 신생아를 구별하기 위하여 아래 3가지의 질문을 해 본다.
▶ 만삭아인가?
▶ 근육의 긴장도는 좋은가?
▶ 울거나 숨을 잘 쉬는가?
3가지 질문 중 하나라도 "아니오"가 있다면 다음의 4단계 처치를 위하여 온열기로 신생아를 옮겨야 한다.
(1) 1단계-초기 처치
    보온 및 체온유지, 자세유지, 기도 이물질 제거, 물기 닦기, 자극 주기
(2) 2단계-환기 및 산소화
    ▶ 1단계에서 2단계로의 진행 여부의 판단은 다음 2가지의 활력징후로 판단한다.
    • 호흡: 무호흡, 헐떡이는 호흡, 힘겨운 호흡
    • 맥박 수: 분당 100회 미만
(3) 3단계-가슴압박
    ▶ 환기 및 산소화를 했음에도 불구하고 맥박 수가 분당 60회 미만으로 감소한다면 가슴압박을 실시한다.
(4) 4단계-약물 투여

정답 ①

070

소아에서 나타날 수 있는 내분비계 응급상황으로 옳은 설명은?

① 고혈당증은 삼투성 이뇨가 발생하여 탈수를 수반한 심각한 체액손실을 일으킨다.
② 고혈당증은 1형 당뇨가 있는 소아에서 인슐린 주사에 비해 음식을 적게 섭취했을 때 발생한다.
③ 호흡 시 달콤한 냄새가 나는 경우 저혈당을 의심할 수 있다.
④ 소아 저혈당증과 고혈당증은 주로 제2형 당뇨병과 관련하여 나타난다.

출제 키워드: 소아 응급
기본서 다시보기: 응급처치학개론 p.382~383

해설 ② 인슐린 주사량에 비해 음식을 과다 섭취하거나 인슐린 주사를 잊었을 경우 나타난다.
③ 고혈당증의 경우 지속적으로 케톤이 축적되어 달콤한 냄새를 만들어낸다.
④ 저혈당, 고혈당증은 제1형 당뇨병이 있는 환아에게 주로 발생한다. 제1형 당뇨병은 유년기에 주로 발생하는 당뇨병으로 소아형 당뇨병이라고도 한다.

정답 ①

071

영아 및 소아에게 발생할 수 있는 손상에 대한 내용으로 옳지 않은 것은?

① 영아 및 소아 외상과 관련하여 가장 중요한 것은 예방이다.
② 1세 미만의 영아는 무엇이든 입에 넣으려고 한다.
③ 영아 및 소아의 경우 심장정지의 주 원인은 호흡성 문제이다.
④ 영아 및 소아의 뼈는 유연성이 없기 때문에 완전 골절이 잘 발생하는 경향이 있다.

072

36주로 태어난 신생아가 울지 않으며 맥박이 80회/분, 입술의 청색증이 관찰된다. 이러한 상황에서 시행해야 하는 처치는?

① 심폐소생술
② 기관내삽관
③ 자극주기
④ 백-밸브 마스크를 이용한 양압환기

🗨 출제 키워드   영아 및 소아 손상

📖 기본서 다시보기   응급처치학개론 p.505

해설 ④ 영아 및 소아의 뼈는 유연하기 때문에 약목골절과 같은 불완전한 골절이 발생하는 경향이 있다.

핵심 개념 리마인드

생나무 골절(greenstick fracture): 소아에서 주로 발생하는 골절로서, 몸통 부분의 일부분만이 손상받는 불완전한 골절이다.

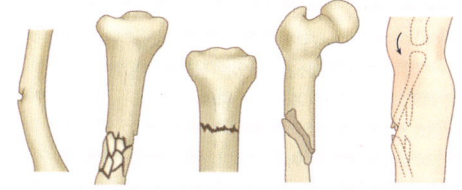

생나무 골절   분쇄 골절   가로 골절   나선형 골절   개방성 골절

정답 ④

🗨 출제 키워드   신생아 소생술

📖 기본서 다시보기   응급처치학개론 p.526

해설 ④ 심박수가 분당 100회 미만, 무호흡, 지속적인 중심부 청색증, 출생 후 예상 산소포화도 수치 이하와 같은 증상 중에 하나라도 나타나는 경우는 양압환기를 해야 한다.

핵심 개념 리마인드

신생아의 정상 호흡수는 분당 30~60회이다. 호흡 반응이 충분하지 않고, 맥박이 분당 100회 미만으로 감소한 경우 2단계 환기 및 산소화 단계로 넘어가서 즉시 백밸브마스크를 사용하여 양압환기를 시작한다.

㉮ 1단계 – 초기 처치: 보온 및 체온 유지, 자세 유지, 기도 이물질 제거, 물기 닦기, 자극 주기
㉯ 2단계 – 환기 및 산소화
▶ 1단계에서 2단계로의 진행 여부의 판단은 다음 2가지의 활력징후로 판단한다.
 • 호흡: 무호흡, 헐떡이는 호흡, 힘겨운 호흡
 • 맥박수: 분당 100회 미만
㉰ 3단계 – 가슴압박
▶ 환기 및 산소화를 했음에도 불구하고 맥박수가 분당 60회 미만으로 감소한다면 가슴압박을 실시한다.
㉱ 4단계 – 약물 투여

정답 ④

073

신생아에게 심폐소생술을 시행하기 위한 방법으로 옳지 않은 것은?

① 압박위치는 가슴뼈 아래 1/3을 압박
② 압박깊이를 흉부 전후경의 1/3 깊이로 압박
③ 흉부압박과 인공호흡의 비율을 3 : 1로 시행
④ 인공호흡보다는 흉부압박만 분당 100회 이상의 속도로 시행

출제 키워드 신생아 소생술

기본서 다시보기 응급처치학개론 p.527

해설 ④ 신생아는 호흡 문제로 인하여 심정지 가능성이 높기 때문에 심폐소생술에서는 인공호흡의 중요성이 강조된다.

핵심 개념 리마인드
2단계 환기와 산소화 처치에도 불구하고 심박수가 감소하여 분당 60회 미만이 된 경우 즉시 심폐소생술을 시행한다. 신생아의 심폐소생술 방법은 많은 차이점이 있다. 가슴압박의 위치는 흉골 하부 1/3 부위로 두 손가락 또는 두 엄지손가락을 감싼 방법으로 가슴을 압박한다. 가슴압박의 깊이는 흉곽 전후 직경의 1/3 이상 압박하도록 하고, 가슴압박과 인공호흡의 비율은 3 : 1 비율로 한다. 분당 120회의 속도로 90회의 압박과 30회의 환기를 시행한다(각각의 행위는 0.5초로 시행). 단, 심인성 심정지라면 15 : 2 비율로 심폐소생술을 한다. 신생아의 경우 전문기도기가 삽입되더라도 3 : 1 비율로 심폐소생술을 진행한다. 심박수가 분당 60회 이상으로 증가된 경우 가슴압박을 중단한다. 가슴압박이 시행되는 동안에는 산소 농도를 100%로 올려야 한다.

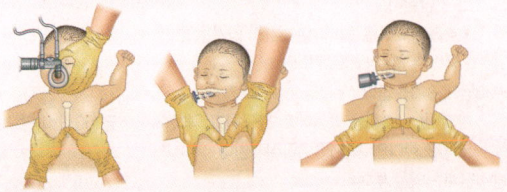

정답 ④

074

화상으로 내원한 환아에게서 스타킹을 입은 것과 같이 선명한 손상 범위가 구분이 된다. 이 환아에게 의심할 수 있는 것은?

① 2도 화상
② 아동 학대
③ 3도 화상
④ 체표면적 27%의 화상

출제 키워드 아동 학대

기본서 다시보기 응급처치학개론 p.507

해설 ② 독특하고 선명한 무늬가 있는 화상의 경우 아이를 뜨거운 물에 담그는 것과 같이 학대의 흔적으로 의심할 수 있다.

핵심 개념 리마인드
아동 학대는 손상을 초래하는 과격하거나 부적절한 행동을 의미하며, 방임은 충분한 주의나 보살핌을 주지 못하고 아이를 방치하는 것을 의미한다. 신체적 학대를 의심할 수 있는 상황은 다음과 같다.
▶ 회복 단계가 각각 다른 여러 손상 부위
▶ 손상기전과 신체검진 소견의 불일치
▶ 선명한 화상 – 담배자국이나 손과 발 등 국소 화상인 경우
▶ 반복적인 구급 신고
▶ 부모나 보모의 부적절한 대답 및 회피 반응

정답 ②

075

임신 중기 임산부로 아랫배에 날카로운 통증과 함께 저혈압을 보이고 있다. 이 환자에게 의심되는 진단은?

① 태반조기박리
② 전치태반
③ 자궁외 임신
④ 골반염

📨 출제 키워드　　　　　　　　　　　　임신 중 응급상황

📖 기본서 다시보기　　　　　　　　　응급처치학개론 p.522

해설　① 태반조기박리는 자궁벽에서 정상보다 빠르게 태반이 분리된 상태이다. 날카로운 복통과 실혈로 인한 저혈압이 나타날 수 있다.

핵심 개념 리마인드　정맥로 확보를 위한 단계

태반조기박리는 자궁벽에서 정상보다 빠르게 태반이 분리된 상태이다. 태반조기박리는 산모와 태아 모두를 사망하게 하는 위험한 상황이다. 박리가 발생하는 위치에 따라서 심각한 질 출혈이 나타날 수도 있으며 출혈이 은닉될 수도 있다. 완전 태반조기박리가 발생한 산모는 날카로운 복통과 모체 저혈압이 나타날 것이다. 태반조기박리는 생명을 위협하는 산과적 응급상황으로 즉각적으로 병원으로 이송해야 한다.

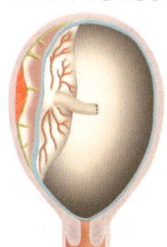
부분 박리
(은닉 출혈)

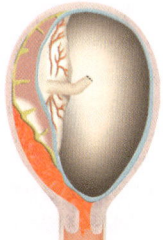
부분 박리
(외부에 나타나는 출혈)

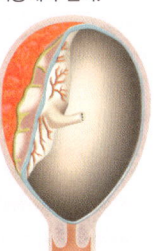
완전 박리
(은닉 출혈)

정답 ①

076

임신 37주 임신부가 지하철역에서 복통을 호소하며 변의를 느낀다고 한다. 자궁 수축은 2~3분 간격으로 규칙적이며 배림현상이 관찰된다. 이때 시행해야 할 처치는?

① 손가락으로 V자를 만들어 태아의 코 양쪽을 지지해준다.
② 진통제를 투여한다.
③ 엉덩이를 올리고 신속히 병원으로 이송한다.
④ 현장에서 분만을 준비한다.

📨 출제 키워드　　　　　　　　　　　　　　현장분만

📖 기본서 다시보기　　　　　　　　　응급처치학개론 p.512

해설　① 손가락으로 V자를 만들어 태아의 코 양쪽을 지지해준다. → 둔위분만 시 아이의 얼굴이 질벽에 눌렸을 때의 처치
④ 산모는 변의를 느끼고 질 입구에서 배림현상이 보이는 것은 분만이 임박했음을 알리는 것이다. 이때는 현장에서 분만을 준비해야 한다.

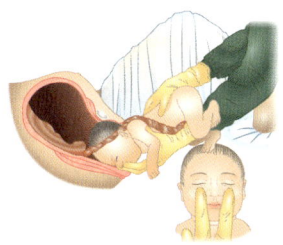

핵심 개념 리마인드

통증의 기간, 빈도, 주기 그리고 이슬이나 양수 혹은 출혈이 있는지 확인
: 자궁수축 주기가 2분 단위로 60초 정도 유지되면 분만이 임박한 신호임
▶ 혹시 대변을 보고 싶은지 확인
: 태아가 출산 경로로 이동하면서 직장 위 자궁벽을 눌러서 생기는 증상
▶ 배림 현상이 있는지 평가
: 배림 현상이 보이면 바로 현장 분만 준비
: 배림 확인을 위하여 질 부위를 노출하기 전에 산모에게 반드시 명확한 설명 필요(산모의 프라이버시를 보호)
▶ 분만이 가까워지면 빈도와 강도가 증가

정답 ④

077

4세 소아가 고열이 난다하여 현장에 출동하였다. 소아는 경련, 목 뻣뻣함 등의 증상을 보이고, 몸이 축 늘어져 있어 똑바로 누운 뒤 소아의 머리를 굽히니 엉덩이 관절과 무릎 관절이 자동으로 굽혀졌다. 이 소아에게 나타날 수 있는 징후로 옳은 것은 무엇인가?

① 액체가 떨어진 베개 또는 수건에 엷은 원으로 둘러싸인 암적색 원이 형성되는 징후가 나타남
② 앉거나 눕힌 상태에서 무릎을 완저히 뻗지 못하는 징후가 나타남
③ 오른쪽 윗배의 갈비뼈 아래 경계부위를 가볍게 누른 상태로 숨을 깊게 들이쉬면 급격한 통증 호소하는 징후가 나타남
④ 앙와위 자세 환자의 무릎을 약간 구부리고 다른 한손으로 발을 발등을 향해 구부리는 동작을 행했을 때 환자가 종아리나 무릎 뒤 오금쪽에 통증을 호소하는 징후를 나타냄

출제 키워드 : 소아 응급
기본서 다시보기 : 응급처치학개론 p.501

해설 ① 달무리징후: 머리바닥뼈 골절 의심 검사
② 고열, 경련, 목 뻣뻣함 등의 증상을 보이는 소아는 뇌수막염을 의심할 수 있고 브루진스키 징후와 커니히 징후를 통해 확인할 수 있다.
③ 양성 머피징후: 담낭염 의심 검사
④ 호만징후: 심부정맥혈전증 의심 검사

핵심 개념 리마인드 ─ 뇌수막염의 발병과 증상
(1) 뇌수막염은 뇌와 척수를 둘러싼 조직에 세균이나 바이러스의 감염으로 발생할 수 있다. 뇌수막염은 성인보다 소아에게 더 많이 발생하는 것으로 알려져 있다.
(2) 뇌수막염의 증상과 징후로는 하루에서 며칠 동안 중이염, 호흡기 감염성 질환, 고열, 무기력함, 보챔, 심각한 두통, 목 뻣뻣함이 있다. 그러나 매우 어린 영아의 경우 목 뻣뻣함의 증상이 나타나지 않을 수도 있으며, 숫구멍이 팽창될 수 있다.

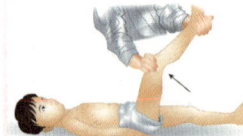

정답 ②

078

임신 28주된 초산부에게 다량의 선홍색 질 출혈이 발생하였다. 간헐적인 질 출혈이 있었으나 통증이나 자궁수축은 없었다고 하며, 혈압이 90/60 mmHg이다. 의심되는 소견은 무엇인가?

① 자간증
② 자궁파열
③ 전치태반
④ 자간전증

출제 키워드 : 산과 응급
기본서 다시보기 : 응급처치학개론 p.522

해설 ③ 전치태반은 자궁벽 아래쪽 1/2 부위에 비정상적으로 태반이 자리 잡은 경우로, 태반이 자궁 경부 입구를 완전 또는 부분적으로 덮어버린다. 임신 7개월 차에 들어서면 분만에 대비하여 자궁이 수축하는데, 이때 질 출혈이 발생한다. 태반이 자궁으로부터 떨어지면서 선홍색의 출혈이 야기된다. 전치태반의 특징적인 증상은 무통성 선홍색 질 출혈이 발생하는 것이다.

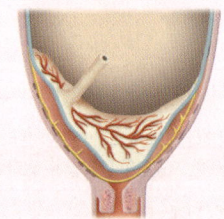

완전 전치태반 　　부분 전치태반

핵심 개념 리마인드
- **자간증**: 자간증은 임신성 고혈압 질환 중 가장 심각한 질환으로 긴장간 대발작(대간질)이 발생한다. 밝은 빛이나 조명에 대한 시력장애가 먼저 일어나고 시야에 암점이 생긴다. 또한 상복부(명치)나 오른쪽 상복 부로 통증이 진행되는 것은 발작이 임박했다는 뜻이다. 자간증 환자는 눈에 띄는 부종, 현저한 혈압 상승이 특징이며, 간질 환자는 이전의 발작 경력이 있고, 항경련성 약물을 복용하고 있다. 자간증이 진행되면 산모와 태아가 사망할 수 있다.
- **자간전증**: 자간전증은 임신의 가장 흔한 고혈압 질환이다. 위험인자는 당뇨병, 자간전증의 과거 병력, 다태임신 등이다. 자간전증은 진행성 장애이며, 경증 혹은 중증으로 구별된다. 간질증을 가장 흔히 볼 수 있는 기간은 임신 기간 중 마지막 10주 이내 또는 분만 직후 48시간 이내이다. 자간전증은 혈압을 6시간 간격으로 적어도 2회 측정한 경우 수축기 혈압이 30 mmHg 이상 혹은 이완기 혈압이 15 mmHg 이상 상승한 때로 정의된다.

정답 ③

079

다음과 같이 증상과 질병을 확인한 후 의심할 수 있는 여성질환은 무엇인가?

- 가임기 여성 인구에서 비 외상 복통의 흔한 원인
- 임질과 클라미디아 감염이 주 원인
- 걸을 때 통증이 더 심하게 느껴짐
- 패혈증으로 발전 또는 만성 골반통, 불임 빈도 증가

① 방광염
② 자궁내막증
③ 난소낭종 파열
④ 골반염증질환

출제 키워드   부인과 응급

기본서 다시보기   응급처치학개론 p.374

해설 ④ 골반염증질환은 비외상 복통의 가장 흔한 원인이다. 골반염증질환의 주 원인은 임질과 클라미디아이다. 다수의 성적 파트너, 골반염증질환 병력, 최근의 부인과 시술 또는 자궁내 장치 등이 유발 원인이 될 수 있다.

핵심 개념 리마인드
- **방광염**: 세균이 요도를 통해 침입하여 위쪽 방광과 요관으로 상행하여 염증 시 두덩결합 상부의 통증이 유발되며 빈뇨, 배뇨 시 작열감이나 통증, 배뇨곤란, 미열, 배뇨지연, 혈뇨를 볼 수도 있다.
- **자궁내막증**: 자궁내막 조직이 자궁 밖에서 발견되는 질환을 말한다. 복부와 골반에서 가장 흔히 발견되며, 주기적으로 출혈을 일으킨다. 증상은 월경과 관련된 둔한 골반의 산통 또는 성교통과 비정상적 자궁출혈이 있다.
- **자궁외 임신**: 자궁 밖에 태아가 착상된 것으로 흔히 난관에 착상된다. 난관 파열과 많은 양의 출혈을 일으킬 수 있으므로 외과적 응급상황이다. 한쪽의 심한 복통, 어깨까지 방사통, 생리지연, 질 출혈 등의 증상이 나타난다.
- **난소낭종 파열**: 등으로 방사되는 중등도 이상의 편측성 복통을 호소하게 되고 성교통, 불규칙한 출혈, 지연되는 월경 주기 등의 병력이 나타난다. 성교 또는 다른 신체 활동을 중단해야 할 만큼 심한 복부 통증을 유발하며, 질 출혈을 동반한다.

정답 ④

080

노인 학대에 관한 설명으로 옳은 것은?

① 노인 학대가 의심되는 정황이 발견되면 객관적으로 판단한 사실을 기록하고 필요 시 유관 기관에 협조 요청 후 이송 병원에 인계해야 한다.
② 손상경위와 임상증상이 일치한다.
③ 신체적·정신적 장애가 있는 노인들에게 덜 발생한다.
④ 가정 내 노인 학대의 경우 배우자나 자녀 등 가족이 가해자인 경우는 극히 드물다.

출제 키워드   노인 응급

기본서 다시보기   응급처치학개론 p.533

해설 ① 환자들은 학대 가해자들의 보살핌에 의존해야 하기 때문에 신고를 두려워하지만 노인 학대가 의심되는 정황이 발견되면 객관적으로 판단한 사실을 기록하고 필요 시 유관 기관에 협조 요청 후 이송 병원에 인계해야 한다.
② 노인 학대는 설명할 수 없는 외상이 일반적으로 우선하여 나타난다. 또한 노인 환자의 병력 및 가족력을 확인하여 불일치하는 부분이 있다면 주의 깊게 관찰한다.
③ 대다수의 노인 학대 피해자는 신체적·정신적 장애가 있다.
④ 노인 학대는 가족 구성원, 간병인, 다른 연장자에 의해서 발생할 수 있다.

정답 ①

081

척추손상이 의심되는 30주 이상인 임신부가 있는 교통사고 현장에 출동하였다. 이 환자를 긴척추고정판으로 이송 시 옳은 방법은?

① 앙와위 자세로 이송한다.
② 상체를 30° 앞으로 기울여 이송한다.
③ 트렌델렌부르크 자세로 이송한다.
④ 왼쪽으로 15~30° 기울여 이송한다.

출제 키워드   앙와위 저혈압증후군
기본서 다시보기   응급처치학개론 p.510

해설 ④ 임신 20주 이상 경과한 산모의 경우 바로 누운 상태에서 저혈압이 발생할 수 있는데 이를 체위성 저혈압 또는 앙와위저혈압증후군이라고 한다. 비대해진 자궁과 척추 사이에 하대정맥이 눌려 심장으로 가는 혈류량을 감소시키기 때문에 저혈압이 발생하게 된다. 이러한 경우 산모를 좌측위 자세로 취하게 해주는데, 긴척추고정판으로 이송 시에는 왼쪽으로 기울여 주면 된다.

정답 ④

082

둔위분만 시 다리와 몸통이 나온 후 태아의 얼굴이 질벽에 눌려 있을 때 옳은 처치는?

① 산모의 호흡에 맞추어 다리를 천천히 잡아당긴다.
② 태아의 입이 회음부 상부에서 보일 때까지 태아의 몸을 조심스럽게 아래로 당긴다.
③ 두 손가락으로 V자 모양을 만들어 태아의 코 양쪽을 지지한다.
④ 분만 도중 탯줄이 먼저 나오게 된 경우 분만 유도를 중지하고 탯줄을 강하게 당긴다.

출제 키워드   산과 응급
기본서 다시보기   응급처치학개론 p.517

해설 ① 태아 만출 때 아기의 다리를 잡아당기지 말고 단순히 받쳐주기만 해야 한다.
② 태아의 입이 회음부 상부에서 보일 때까지 태아의 몸을 조심스럽게 위로 당긴다.
④ 어떠한 상황이 되어도 탯줄을 강하게 잡아당겨선 안 된다.

핵심 개념 리마인드
둔위분만은 엉덩이나 양 다리가 먼저 나오는 분만의 형태로, 외상 및 탯줄 탈출의 위험이 높은 상태이다. 둔위분만 상태로 분만이 진행되다가 질벽에 아이의 얼굴이 눌리면 처치자는 장갑을 낀 후 두 손가락을 V 모양으로 만들어 태아의 코 옆부분 양쪽을 지지해 주어 태아의 얼굴이 질벽으로부터 떨어질 수 있게 해주어야 한다.

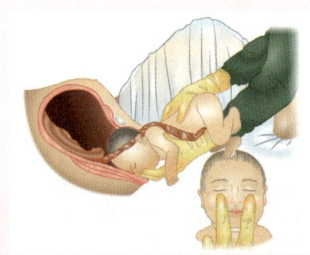

정답 ③

083

행동의 뚜렷한 변화와 현실과의 관계 상실과 같은 특징을 보이며 환각, 망상, 우울, 와해된 언어, 정서적 둔마, 긴장된 행동 등이 6개월 이상 지속되는 사고장애는?

① 조현병
② 외상 후 스트레스장애
③ 불안장애
④ 공황장애

💬 출제 키워드　　　　　　　　　　　　　　　　행동응급

📖 기본서 다시보기　　　　　응급처치학개론 p.487~488 [표214]

해설 ① 조현병의 특징은 행동의 뚜렷한 변화와 현실과의 관계 상실이다. 증상과 징후는 환각, 망상, 우울, 와해된 언어, 긴장, 정서적 둔마를 보인다.

핵심 개념 리마인드

(1) **공포증**: 일반적으로 격렬하고 비합리적인 두려움으로 간주되는 공포증은 동물이 혈액을 본 후(주사나 부상), 상황적 요인(엘리베이터, 폐쇄 공간) 또는 환경적 조건(높은 곳이나 물) 때문일 수 있다. 어떤 환자는 정상적인 일상생활 활동을 제한하거나 방해하는 극도의 공포를 경험한다. 대부분 환자의 공포는 심하지 않고 공포가 비합리적이라고 깨달으면 불안은 사라진다.

(2) **공황발작**: 공황발작은 반복적인, 극심한 감정적 고통으로 인한 극도의 불안감이 특징이다. 두근거림, 중압감, 심박동수의 증가, 떨림 또는 발한, 숨이 막힐 것 같거나 가쁜 호흡, 질식할 것 같은 느낌, 가슴 통증 또는 불편감, 욕지기(구역, 오심) 또는 복부긴장, 어지럼증, 현기증 또는 졸도, 비현실감 또는 비인격화, 죽음에 대한 공포, 미칠 것 같거나 조절하기 힘든 두려움, 오한이나 작열, 지각 이상(무감각 또는 꾹꾹 찌르는 듯한 느낌) 증상 중 네 가지 이상이 10분 이내로 갑작스럽게 발생하여 극도에 달할 경우이다.

(3) **외상 후 스트레스장애**: 자연재해, 희생(예: 성폭행)이나 다른 정서적으로 부담스러운 상황과 같은 생명을 위협하는 극도의 스트레스 요인에 대한 반응이다. 그것은 유사한 상황, 재빨리 끼어드는 생각, 우울증, 수면장애, 악몽, 증가된 각성이 계속되는 증상을 피하려고 하는 욕망이 특징이다.

정답 ①

084

5세 남아가 반복되는 구토와 설사 후 잘 먹지도 못한다는 신고를 받고 출동하였다. 환아는 심한 탈수 현상을 보여 수액을 투여하려고 한다. 소아 환자에게 처음으로 투여해야 할 수액과 투여량은 얼마인가? (단, 소아의 체중은 15 kg이다.)

① 생리식염수, 600 mL
② 알부민 용액, 300 mL
③ 락테이트 링거액, 300 mL
④ 10% D/W 용액, 600 mL

💬 출제 키워드　　　　　　　　　　　　　　　　소아 응급

📖 기본서 다시보기　　　　　　　　응급처치학개론 p.502

해설 ③ 소아 오심 및 구토의 처치는 주로 보존적 처치이다. 소아가 탈수를 보이고 타액을 삼키지 못하면 정맥 수액 치료가 필요할 수 있다. 모세혈관 재충혈 시간 지연으로 나타나는 심각한 탈수 시 젖산링거액 또는 0.9% 생리식염수 20 mL/kg을 일시 투여한다. 지문의 환아는 15 kg이므로 젖산링거액 또는 생리식염수 300 mL를 투여한다.

핵심 개념 리마인드　**저혈량성 쇼크의 응급처치**
▶ 기도개방을 유지하면서 고농도의 산소를 공급
▶ 정맥로를 확보하여 수액을 주입
　: 저혈량성 쇼크상태의 영아 및 소아에게는 생리 식염수 또는 젖산 링거액을 20mL/kg으로 투여
▶ 외부출혈이 있는 경우 지혈을 시행
▶ 척추손상이 의심되지 않다면 다리 거상하는 변형된 트렌델렌부르크 자세를 취함
▶ 보온을 유지하면서 신속하게 병원으로 이송

정답 ③

085

괴상한 소리를 지르며 벽에 거미들이 기어다닌다며 폭력적 행동을 하는 환자가 있는 곳에 출동하였다. 이 환자가 앓고 있는 질병의 특징으로 옳은 것은?

① 환청, 섬망 등의 증상이 6개월 이상에 걸쳐 매달 의미 있게 나타나야 진단이 가능하다.
② 극도의 불안감이 나타나는 것이 특징이다.
③ 일주일 이상 지속되고, 비정상적이고 계속적으로 고양되고 확대되는, 짜증나는 기분이 뚜렷히 나타난다.
④ 둘 또는 그 이상의 인격체계를 보여준다.

출제 키워드 조현병
기본서 다시보기 응급처치학개론 p.487

해설 ① 조현병에 대한 설명을 나타내며 환청, 섬망 등의 증상이 6개월 이상에 걸쳐 매달 의미있게 나타나야 조현병으로 진단할 수 있다.
② 극도의 불안감이 나타나는 것이 특징이다. → 공황장애
③ 일주일 이상 지속되고, 비정상적이고 계속적으로 고양되고 확대되는, 짜증나는 기분이 뚜렷히 나타난다. → 기분장애
④ 둘 또는 그 이상의 인격체계를 보여준다. → 다중인격장애

핵심 개념 리마인드

조현병	형태	• 편집형: 학대감(박탈감)으로부터 마음을 빼앗기고 환청, 섬망 발생 • 해체형: 산만한 행동과 언어 • 긴장성: 긴장성 경직, 부동, 혼미, 이상한 수의적 행동 발생 • 미분화형: 위의 범주에 어느 하나에도 속하지 않음
	증상	• 망상(Delusion), 각각의 문화나 종교적 단체의 배경내에 널리 수용하지 않는 고정되고 잘못된 신념, 환각(Hallucination), 현실에 근거가 없는 감각, 인지, 환청, 와해된 언어(Disorganized speech), 무질서한 언어 또는 빈번한 모순, 긴장증(Catatonia), 전체적으로 무질서한 행동, 감정 표현의 저하 또는 결여
	진단	• 조현병의 진단은 두 개 또는 그 이상의 증상이 6개월 이상에 걸쳐 매달 의미 있게 나타나야 함
불안장애	공황발작	• 반복적인, 극심한 감정적 고통으로 인한 극도의 불안감이 특징 • 단순한 지지요법, 환자가 과다호흡상태가 나타난다면 환자의 호흡수를 감소시킬 수 있어야 함
		네 가지 이상이 10분 이내로 갑작스럽게 발생하여 극도에 달할 경우 두근거림, 중압감, 심박동수의 증가/ 발한 / 떨림 또는 발한 / 숨이 막힐 것 같거나 가쁜 호흡 / 질식할 것 같은 느낌 / 가슴 통증 또는 불편감 / 욕지기(구역, 오심) 또는 복부긴장 / 어지러움증 / 현기증 또는 졸도 / 비현실감 또는 비인격화 / 죽음에 대한 공포 / 미칠 것 같거나 조절하기 힘든 두려움 / 오한이나 작열감 / 지각이상(무감각 또는 꾹꾹 찌르는 듯한 느낌)
기분장애	양극성	• 우울증상을 동반하거나 동반하지 않는 한 번 혹은 다수의 조증(manic)발현을 특징으로 하는 질환 • 조증에 대한 진단 기준은 적어도 일주일 이상 지속 비정상적이고 계속적으로 고양된, 확대된, 짜증 기분이 뚜렷하게 나타나는 기간을 요함
해리장애		• 다중인격장애(해리성 정체 장애): 둘 또는 그 이상의 완벽한 인격 체계를 보여줌, 서로 다른 종류의 스트레스에 반응을 나타냄

정답 ①

086

크룹(croup) 소아의 평가와 처치에 대한 올바른 설명은?

① 현장에서 입인두 검사를 시행해선 안 된다.
② 급격히 발병하며 고열을 나타낸다.
③ 하기도 바이러스 감염질환으로 전염성이 있다.
④ 따뜻한 공기를 들이마실 수 있게 한다.

출제 키워드 소아 응급
기본서 다시보기 응급처치학개론 p.500

해설 ① 크룹 환아는 절대로 입인두 검사를 실시하면 안 된다.
② 후두개염 환자는 고열과 심각한 기침을 호소한다. 후두개염은 침을 삼킬 때 통증이 심한 상기도 염증이다.
③ 크룹은 상기도 바이러스 질환으로 성문하 부위를 포함한 상기도 염증을 일으킨다.
④ 크룹이 의심되는 환아에게는 차가운 공기와 산소를 공급한다.

핵심 개념 리마인드

크룹	후두개염
상기도 바이러스, 상기도 염증	후두개 염증(급성 감염성 질환)
점진적으로 발병	급격한 발병
개가 짖는 듯한 기침	개가 짖는 듯한 기침은 없음
침흘림 없음	연하곤란(침을 삼키기가 어려워 침을 질질 흘림), 흡기성 협착음
정상 혹은 미열 차가운 산소 공급	고열

정답 ①

087

신생아에서 기관내 삽관이 이루어져야 하는 경우로 옳지 않은 것은?

① 맥박이 분당 90회 이하인 경우
② 마스크 없이 호흡할 수 없음
③ 가로막탈장
④ 기관내 흡인이 필요함

📧 출제 키워드 　　　　　　　　　　신생아 기관내 삽관

📖 기본서 다시보기 　　　　　　　　응급처치학개론 p.526

해설 ① 맥박이 분당 100회 이하라면 BVM으로 환기 및 산소화를 시행한다.
맥박이 분당 60회 미만으로 감소하여 심폐소생술을 실시하여야 할때 기관내 삽관을 실시 할 수 있다.
신생아의 경우 기관내 삽관 튜브는 커프가 없는 것을 사용하며, 후두경은 직선날 후두경을 사용한다.

핵심 개념 리마인드

신생아의 경우 기관삽관이 이루어져야 하는 경우
- 흉부압박을 실시
- 마스크 없이 호흡이 불가능한 상황(호흡이 부적절)
- 지속적 환기 필요
- 가로막 탈장
　: 가로막 탈장의 징후
　　1. 출생 시부터 미약하거나 심각한 질식 상태가 나타날 때
　　2. 환기에 반응하지 않는 호흡곤란증 및 청색증
　　3. 작고, 평평한 복부(서양배 모양의 복부)
　　4. 가슴에서 장음이 들릴 경우
　　5. 오른쪽에서 심음이 들리는 경우

정답 ①

088

[2023년 소방공무원 경력경쟁 채용시험 39번]

다음 환아에게 의심되는 질환으로 옳은 것은?

> 6세 남아는 고열(39℃)과 갑자기 시작된 심한 기침으로 힘들어한다. 흡기 시 협착음이 들리고 침을 흘리며 삼킬 때 고통스러워한다. 안전한 이송을 위해 아이를 눕히려 하였으나 앉아 있고 싶어 한다.

① 천식　　　　　　② 크룹
③ 후두개염　　　　④ 세기관지염

📧 출제 키워드 　　　　　　　　　　소아 호흡계통 응급

📖 기본서 다시보기 　　　　　　　　응급처치학개론 p.500

해설 ③ 고열과 함께 침을 흘리며 삼킴곤란이 있고, 흡기시 협착음이 들린다면 후두개염을 의심할 수 있다. 증상이 매우 빠르게 진행되며 완전 기도폐쇄의 가능성이 있기에 빠른 이송이 필요하다.

핵심 개념 리마인드

크룹	후두개염
상기도 바이러스, 상기도 염증	후두개 염증(급성 감염성 질환)
점진적으로 발병	급격한 발병
개가 짖는 듯한 기침	개가 짖는 듯한 기침은 없음
침흘림 없음	연하곤란(침을 삼키기가 어려워 침을 질질 흘림), 흡기성 협착음
정상 혹은 미열 차가운 산소 공급	고열

정답 ③

089 [2023년 소방공무원 경력경쟁 채용시험 24번]

체중 20kg인 7세 여아가 횡단보도를 건너는 중 신호위반 차량에 치여 대량 출혈이 발생했고 혈압저하 등 쇼크 증상이 나타나고 있다. 쇼크 관리를 위한 수액 소생술의 초기 용량[mL]은?

① 200
② 400
③ 600
④ 800

출제 키워드 소아수액소생술
기본서 다시보기 응급처치학개론 p.502

해설 ② 소아에게 저혈량성 쇼크 증상이 나타났으므로 정맥로를 확보하여 수액을 주입한다. 저혈량성 쇼크 상태의 영아 및 소아에게는 생리식염수 또는 젖산 링거액을 20mL/kg으로 투여한다.
⇒ 20mL × 20kg = 400mL

핵심 개념 리마인드 저혈량성 쇼크의 응급처치
▶ 기도개방을 유지하면서 고농도의 산소를 공급
▶ 정맥로를 확보하여 수액을 주입
  : 저혈량성 쇼크상태의 영아 및 소아에게는 생리 식염수 또는 젖산 링거액을 20mL/kg으로 투여
▶ 외부출혈이 있는 경우 지혈을 시행
▶ 척추손상이 의심되지 않다면 다리 거상하는 변형된 트렌델렌부르크 자세를 취함
▶ 보온을 유지하면서 신속하게 병원으로 이송

정답 ②

090 [2023년 소방공무원 경력경쟁 채용시험 40번]

분만이 시작된 산모에게 구급대원이 출동하였다. 처치로 옳은 것은?

① 이송을 위해 탯줄을 잡아당겨 태반이 만출되면 이송을 시작한다.
② 신생아가 탯줄과 함께 완전히 나온 직후 산모보다 높은 위치에 눕힌다.
③ 탯줄이 태아의 목을 단단히 감고 있을 경우 세게 잡아당겨 다시 밀어 넣어준다.
④ 탯줄을 멸균된 2개의 제대감자(clamp)로 결찰한 후 제대감자 사이의 탯줄을 멸균가위로 자른다.

출제 키워드 분만진행 중 평가
기본서 다시보기 응급처치학개론 p.514

해설 ① 어떠한 경우에도 탯줄을 잡아당기지 않는다.
② 신생아가 탯줄과 함께 완전히 나온 직후 산모와 수평이 되도록 유지한다.
③ 탯줄이 태아의 목을 단단히 감고 있을 경우 조심히 탯줄을 풀어주어야 하며 탯줄을 다시 밀어 넣지 않아야 한다.

핵심 개념 리마인드
▶ 태아가 매우 미끄러운 상태이기 때문에 떨어지지 않도록 손으로 잘 지지
  : 태아를 억지로 잡아당기지 않도록 해야 함
▶ 태아의 머리가 보이는데도 양막이 터지지 않았다면 손가락이나 분만세트 안에 있는 클램프로 양막을 터트려야 함
▶ 머리가 만출되었다면 탯줄이 아기의 목을 감고 있는지 확인
  : 탯줄이 아기의 목을 감고 있는 상황이라면 조심히 탯줄을 풀어주도록 하며, 아기의 기도를 확인
▶ 분만 시 적극적인 흡인을 시행하는 것은 더 이상 권장되지 않음
  → 태변침착양수 등 필요한 상황에만 흡인을 시행
▶ 태아는 머리를 아래로 하고 질 밖으로 나와서 왼쪽이나 오른쪽으로 머리를 돌림
▶ 만출된 태아는 산모의 심장과 같은 높이에 위치

정답 ④

MEMO

PART III

Field Manual
임재희 응급처치학개론

법령

CHAPTER 1   119구조·구급에 관한 법률

CHAPTER 2   응급의료에 관한 법률

CHAPTER 1 119구조·구급에 관한 법률

001

이 법은 화재, 재난·재해 및 테러, 그 밖의 위급한 상황에서 119 구조·구급의 효율적 운영에 관하여 필요한 사항을 규정한 법률이다. 설명하는 법률로 옳은 것은 무엇인가?

① 응급의료에 관한 법률
② 의료법
③ 테러방지법
④ 119구조·구급에 관한 법률

출제 키워드   제1조(목적)
기본서 다시보기   법령집 p.12

해설 ④ 119 구조·구급에 관한 법률은 화재, 재난·재해 및 테러, 그 밖의 위급한 상황에서 119 구조·구급의 효율적 운영에 관하여 필요한 사항을 규정함으로써 국가의 구조·구급 업무 역량을 강화하고 국민의 생명·신체 및 재산을 보호하며 삶의 질 향상에 이바지함을 목적으로 한다.

정답 ④

002

119 구조·구급에 관한 법률에서 정의하고 있는 용어의 뜻으로 옳지 않은 것은?

① "119구조대"란 탐색 및 구조활동에 필요한 장비를 갖추고 소방공무원으로 편성된 단위조직을 말한다.
② "구급차등"이란 항공기, 특수구급차, 일반구급차를 말한다.
③ "119항공대"란 항공기, 구조·구급 장비 및 119항공대원으로 구성된 단위조직을 말한다.
④ "119구급대"란 구급활동에 필요한 장비를 갖추고 소방공무원으로 편성된 단위조직을 말한다.

출제 키워드   제2조(정의)
기본서 다시보기   법령집 p.12

해설 ② 구급차등이란 응급환자의 이송 등 응급의료의 목적에 이용되는 자동차, 선박 및 항공기 등의 이송수단을 말한다.

정답 ②

003

구조·구급업무를 효과적으로 수행하기 위한 체계의 구축 및 구조·구급장비의 구비, 그 밖에 구조·구급활동에 필요한 기반을 마련해야 하는 주체는 어디인가?

① 보건복지부장관
② 행정안전부장관
③ 소방청
④ 국가와 지방자치단체

출제 키워드 제3조(국가 등의 책무)

기본서 다시보기 법령집 p.13

해설 ④ 국가와 지방자치단체는 구조·구급업무를 효과적으로 수행하기 위한 체계의 구축 및 구조·구급장비의 구비, 그 밖에 구조·구급활동에 필요한 기반을 마련하여야 한다.

정답 ④

004

119 구조·구급에 관한 법률에서 명시하고 있는 국민의 권리와 의무에 관한 내용으로 옳지 않은 것은?

① 응급환자일 경우 위급상황에 처했을 때는 국가와 지방자치단체로부터 신속한 구조와 구급을 통해 생활의 안전을 영위할 수 있다.
② 누구든지 위급상황에 처한 요구조자를 발견한 때에는 이를 지체 없이 소방기관 또는 관계 행정기관에 알려야 한다.
③ 구조·구급대가 도착할 때까지 요구조자를 구출하거나 부상 등이 악화되지 아니하도록 노력하여야 한다.
④ 구조·구급대원이 위급상황에서 구조·구급활동을 위하여 필요한 협조를 요청하는 경우에는 특별한 사유가 없으면 이에 협조하여야 한다.

출제 키워드 제4조(국민의 권리와 의무)

기본서 다시보기 법령집 p.13

해설 ① 응급환자만이 아닌 누구든지 위급상황에 처한 경우에는 국가와 지방자치단체로부터 신속한 구조와 구급을 통하여 생활의 안전을 영위할 권리를 가진다.

정답 ①

005

「119구조·구급에 관한 법률」상 내용이다. 다음 ( ) 안에 들어갈 내용으로 옳은 것은?

> 누구든지 위급상황에 처한 요구조자를 발견한 때에는 이를 지체 없이 소방기관 또는 관계 행정기관에 알려야 하며, (ㄱ)가 도착할 때까지 요구조자를 구출하거나 부상 등이 악화되지 아니하도록 노력하여야 한다. 위 사항을 위반하여 위급상황을 소방기관 또는 관계 행정기관에 거짓으로 알린 자에게는 (ㄴ)을/를 부과한다.

	(ㄱ)	(ㄴ)
①	119구조대·119구급대	500만원 이하 과태료
②	112경찰대	500만원 이하 벌금
③	119의용소방대	500만원 이하 벌금
④	119구조대·119구급대	200만원 이하 과태료

출제 키워드 제4조(국민의 권리와 의무), 제30조(과태료)

기본서 다시보기 법령집 p.13, p.105

해설 ① 누구든지 위급상황에 처한 요구조자를 발견한 때에는 이를 지체 없이 소방기관 또는 관계 행정 기관에 알려야 하며, 119구조대·119구급대·119항공대(이하 "구조·구급대"라 한다)가 도착할 때까지 요구조자를 구출하거나 부상 등이 악화되지 아니하도록 노력하여야 한다.
제4조제3항을 위반하여 위급상황을 소방기관 또는 관계 행정기관에 거짓으로 알린 자에게는 500만원 이하의 과태료를 부과한다.

정답 ①

006

구조·구급 기본계획을 수립·시행하여야 하는 주체로 옳은 것은?

① 보건복지부장관
② 행정안전부장관
③ 소방청장
④ 소방본부장

출제 키워드 제6조(구조·구급 기본계획 등의 수립·시행)

기본서 다시보기 법령집 p.20

해설 ③ 소방청장은 중앙행정기관의 장과 협의하여 대통령령으로 정하는 바에 따라 구조·구급 기본계획을 수립·시행하여야 한다.

정답 ③

007

소방청장은 기본계획에 따라 (　)년 구조 · 구급 집행계획을 수립 · 시행하여야 한다. (　)에 들어갈 내용은?

① 매년
② 3년
③ 5년
④ 6개월

출제 키워드　제6조(구조 · 구급 기본계획 등의 수립 · 시행)

기본서 다시보기　법령집 p.20

해설　① 소방청장은 기본계획에 따라 매년 연도별 구조 · 구급 집행계획을 수립 · 시행하여야 한다.

정답　①

008

기본계획에 포함되어야 할 내용으로 옳은 것은?

① 기본계획 및 집행계획에 대한 시 · 도의 세부 집행계획
② 구조 · 구급대원의 안전사고 방지, 감염 방지 및 건강관리를 위하여 필요한 사항
③ 기본계획 집행을 위하여 필요한 사항
④ 구조 · 구급의 교육과 홍보에 관한 사항

출제 키워드　제6조(구조 · 구급 기본계획 등의 수립 · 시행)

기본서 다시보기　법령집 p.20

해설　④ [기본계획에 포함되어야 할 사항]
1. 구조 · 구급서비스의 질 향상을 위한 정책의 기본방향에 관한 사항
2. 구조 · 구급에 필요한 체계의 구축, 기술의 연구개발 및 보급에 관한 사항
3. 구조 · 구급에 필요한 장비의 구비에 관한 사항
4. 구조 · 구급 전문인력 양성에 관한 사항
5. 구조 · 구급활동에 필요한 기반조성에 관한 사항
6. 구조 · 구급의 교육과 홍보에 관한 사항
7. 그 밖에 구조 · 구급업무의 효율적 수행을 위하여 필요한 사항

정답　④

009

시·도의 구조·구급 집행계획을 수립하는 기관은 어디인가?

① 시·도지사
② 소방본부장
③ 보건복지부장관
④ 소방청장

출제 키워드: 제7조(시·도 구조·구급집행계획의 수립·시행)
기본서 다시보기: 법령집 p.21

해설 ② 소방본부장은 기본계획 및 집행계획에 따라 관할 지역에서 신속하고 원활한 구조·구급활동을 위하여 매년 특별시·광역시·특별자치시·도·특별자치도(이하 "시·도"라 한다) 구조·구급 집행계획(이하 "시·도 집행계획"이라 한다)을 수립하여 소방청장에게 제출하여야 한다.

정답 ②

010

119 구조대의 편성과 운영에 관한 내용으로 옳지 않은 것은?

① 위급상황에서 요구조자의 생명 등을 신속하고 안전하게 구조하는 업무를 수행하기 위해 운영된다.
② 구조대의 종류, 구조대원의 자격기준, 그 밖에 필요한 사항은 소방청장이 정한다.
③ 구조대는 행정안전부령으로 정하는 장비를 구비하여야 한다.
④ 소방청장등이 119구조대를 편성하여 운영한다.

출제 키워드: 제8조(119구조대의 편성과 운영)
기본서 다시보기: 법령집 p.28

해설 ② 구조대의 종류, 구조대원의 자격기준, 그 밖에 필요한 사항은 대통령령으로 정한다.

정답 ②

011

대형·특수 재난사고의 구조, 현장 지휘 및 테러현장 등의 지원 등을 위하여 소방청 또는 시·도 소방본부에 설치하는 구조대는 무엇인가?

① 직할구조대
② 테러대응구조대
③ 화학구조대
④ 특수구조대

출제 키워드 　시행령 제5조(119구조대의 편성과 운영)

기본서 다시보기 　법령집 p.28

해설 ① 직할구조대는 대형·특수 재난사고의 구조, 현장 지휘 및 테러 현장 등의 지원 등을 위하여 소방청 또는 시·도 소방본부에 설치하되, 시·도 소방본부에 설치하는 경우에는 시·도의 규칙으로 정하는 바에 따른다.

정답 ①

012

「119구조·구급에 관한 법률」상 시·도의 규칙으로 정하는 바에 따라 지역을 관할하는 소방서에 설치할 수 있는 특수구조대로 옳은 것은?

① 화학구조대, 수난구조대, 테러대응구조대, 고속국도구조대
② 화학구조대, 테러대응구조대, 국제구조대, 항공구조구급대
③ 테러대응구조대, 국제구조대, 산악구조대, 지하철구조대
④ 수난구조대, 산악구조대, 고속국도구조대, 지하철구조대

출제 키워드 　시행령 제5조(119구조대의 편성과 운영)

기본서 다시보기 　법령집 p.28

해설 ④ 특수구조대: 소방대상물, 지역 특성, 재난 발생 유형 및 빈도 등을 고려하여 시·도의 규칙으로 정하는 바에 따라 다음 각 목의 구분에 따른 지역을 관할하는 소방서에 다음 각 목의 구분에 따라 설치한다. 다만, 라목에 따른 고속국도구조대는 제3호에 따라 설치되는 직할구조대에 설치 할 수 있다.
가. 화학구조대: 화학공장이 밀집한 지역
나. 수난구조대: 「내수면어업법」 제2조제1호에 따른 내수면지역
다. 산악구조대: 「자연공원법」 제2조제1호에 따른 자연공원 등 산악지역
라. 고속국도구조대: 「도로법」 제10조제1호에 따른 고속국도(이하 "고속국도"라 한다)
마. 지하철구조대: 「도시철도법」 제2조제3호가목에 따른 도시철도의 역사(驛舍) 및 역 시설

정답 ④

013

국제 구조대에서 갖추어야 하는 장비로 옳지 않은 것은?

① 구급장비
② 정보통신장비
③ 보호장비
④ 보조장비 중 기록보존장비 및 현장지휘소 운영장비

014

다음 국제 구급대 및 국제 구조대의 편성 및 운영에 관한 사항 중 옳지 않은 것은?

① 국제구급대는 안전평가, 상담, 응급처치, 응급이송, 진료, 시설관리, 공보연락 등의 임무를 수행한다.
② 장비의 구체적인 내용에 관하여 필요한 사항은 소방청장이 정한다.
③ 국제구조대 · 국제구급대의 파견 규모 및 기간은 재난유형과 파견지역의 피해 등을 종합적으로 고려하여 외교부장관과 협의하여 소방청장이 정한다.
④ 국제구조대 · 국제구급대의 편성 · 운영에 필요한 사항은 소방청장이 정한다.

출제 키워드 제6조(국제구조대 · 국제구급대에서 갖추어야 할 장비의 기준)

기본서 다시보기 법령집 p.31

해설 ④ 보조장비 중 기록보존장비 및 현장지휘소 운영장비는 국제구급대에서 필요한 장비이다.

[행정안전부령으로 정하는 장비]
1. 국제구조대
   가. 구조장비
   나. 구급장비
   다. 정보통신장비
   라. 측정장비 중 공통측정장비 및 화생방 등 측정장비
   마. 보호장비
   바. 보조장비
2. 국제구급대
   가. 구급장비
   나. 정보통신장비
   다. 보호장비
   라. 보조장비 중 기록보존장비 및 현장지휘소 운영장비

정답 ④

출제 키워드 시행령 제7조(국제구조대 · 국제구급대의 편성 및 운영)
시행규칙 제6조(국제구조대 · 국제구급대에서 갖추어야 할 장비의 기준)

기본서 다시보기 법령집 p.31

해설 ① 진료의 업무는 제외한다.
소방청장은 법 제9조제1항 및 제10조의4제1항에 따라 국제구조대 · 국제구급대를 편성 · 운영하는 경우 다음 각 호의 구분에 따른 임무를 수행할 수 있도록 구성해야 한다. 〈개정 2014. 11. 19., 2017. 7. 26.〉
1. 국제구조대: 인명 탐색 및 구조, 안전평가, 상담, 응급처치, 응급이송, 시설관리, 공보연락 등의 임무
2. 국제구급대: 안전평가, 상담, 응급처치, 응급이송, 시설관리, 공보연락 등의 임무

정답 ①

015

119 구급대의 편성과 운영에 대한 설명으로 옳지 않은 것은?

① 구급대의 종류, 구급대원의 자격기준, 이송대상자, 그 밖에 필요한 사항은 대통령령으로 정한다.
② 시·도의 규칙으로 정하는 바에 따라 소방서마다 1개 대 이상 일반구급대를 설치한다.
③ 행정안전부장관은 위급상황에서 발생한 응급환자를 응급처치하거나 의료기관에 긴급히 이송하는 등의 구급업무를 수행하기 위해 편성해 운영해야 한다.
④ 고속국도구급대는 교통사고 발생 빈도 등을 고려하여 소방청, 시·도 소방본부 또는 고속국도를 관할하는 소방서에 설치한다.

출제 키워드: 제10조(119구급대의 편성과 운영)
기본서 다시보기: 법령집 p.32

해설 ③ 소방청장등은 위급상황에서 발생한 응급환자를 응급처치하거나 의료기관에 긴급히 이송하는 등의 구급업무를 수행하기 위하여 대통령령으로 정하는 바에 따라 119구급대(이하 "구급대"라 한다)를 편성하여 운영하여야 한다.

정답 ③

016

구급상황센터의 업무가 아닌 것은?

① 119구급이송 관련 정보망의 설치 및 관리·운영
② 응급환자에 대한 평가
③ 감염병환자등의 이송 등 중요사항 보고 및 전파
④ 재외국민, 영해·공해상 선원 및 항공기 승무원·승객 등에 대한 의료상담 등 응급의료서비스 제공

출제 키워드: 제10조의2(119구급상황관리센터의 설치·운영 등)
기본서 다시보기: 법령집 p.34

해설 ② [구급상황센터의 업무]
1. 응급환자에 대한 안내·상담 및 지도
2. 응급환자를 이송 중인 사람에 대한 응급처치의 지도 및 이송병원 안내
3. 제1호 및 제2호와 관련된 정보의 활용 및 제공
4. 119구급이송 관련 정보망의 설치 및 관리·운영
5. 제23조의2제1항에 따른 감염병환자등의 이송 등 중요사항 보고 및 전파
6. 재외국민, 영해·공해상 선원 및 항공기 승무원·승객 등에 대한 의료상담 등 응급의료서비스 제공

정답 ②

017

119 구급차의 운용에 관한 내용으로 옳지 않은 것은?

① 응급의료 관계 법령에 규정된 내용을 초과하여 규정할 필요가 있는 사항은 행정안전부령으로 정한다.
② 119구급차 차량의 성능·특성, 표식 및 도장 등 표준규격에 관한 사항은 소방청장과 국토교통부의 공동부령으로 정한다.
③ 응급환자를 의료기관에 긴급히 이송하기 위하여 구급차를 운용하여야 한다.
④ 소방청장등이 운용하는 주체가 된다.

📋 출제 키워드   제10조의3(119구급차의 운용)
📖 기본서 다시보기   법령집 p.36

해설 ② 119구급차 차량의 성능·특성, 표식 및 도장 등 표준규격에 관한 사항은 소방청장이 정한다.

정답 ②

018

119구조·구급에 관한 법률에서 119구급차의 운용에 관한 설명으로 옳은 것은?

① 119안전센터 관할에서 관할 인구가 5만명이 되면 구급차 1대를 추가로 배치할 수 있다.
② 고층건물의 수나 산림면적 등에 따른 소방 수요 및 지역 특성을 고려하여 소방활동에 특히 필요하다고 인정하는 경우 구급차 1대를 추가로 배치할 수 있다.
③ 연간 500건 이상 증가할 때마다 구급대별로 1대 이상의 구급오토바이를 배치 할 수 있다.
④ 119안전센터 관할에서 관할 구급활동 건수가 연간 500건 이상 증가할 때마다 구급차 1대를 추가로 배치할 수 있다.

📋 출제 키워드   소방력 기준에 관한 규칙 [별표 1]
📖 기본서 다시보기   법령집 p.38

해설 ① 119안전센터 관할에서 관할 인구가 8만명이 되면 구급차 1대를 추가로 배치할 수 있다.
② 119 항공대 항공기 추가 배치 기준이다.
③ 구급오토바이: 구급활동을 원활하게 추진하기 위하여 필요한 경우 구급대별로 1대 이상의 구급오토바이를 배치 할 수 있다.

정답 ④

019

119 항공대의 업무로 옳지 않은 것은?

① 항공 수색 및 구조 활동
② 방역 또는 방재 업무 지원
③ 공중 소방 지휘통제 및 소방에 필요한 인력·장비 등의 운반
④ 재난현장 방문을 위한 이송

🔲 출제 키워드　　시행령 제16조(119항공대의 업무)

📁 기본서 다시보기　　법령집 p.40

해설 ④ [119항공대의 업무]
1. 인명구조 및 응급환자의 이송(의사가 동승한 응급환자의 병원 간 이송을 포함한다)
2. 화재 진압
3. 장기이식환자 및 장기의 이송
4. 항공 수색 및 구조 활동
5. 공중 소방 지휘통제 및 소방에 필요한 인력·장비 등의 운반
6. 방역 또는 방재 업무의 지원
7. 그 밖에 재난관리를 위하여 필요한 업무

정답 ④

020

구조·구급활동에 관한 내용으로 옳지 않은 것은?

① 누구든지 구조·구급활동을 방해하여서는 아니 된다.
② 소방청장등은 보건복지부령으로 정하는 위급하지 아니한 경우에는 구조·구급대를 출동시키지 아니할 수 있다.
③ 위급상황이 발생한 때에는 구조·구급대를 현장에 신속하게 출동시킨다.
④ 소방청장등은 인명구조, 응급처치 및 구급차등의 이송, 그 밖에 필요한 활동을 하게 하여야 한다.

🔲 출제 키워드　　제13조(구조·구급 활동)

📁 기본서 다시보기　　법령집 p.54

해설 ② 소방청장등은 대통령령으로 정하는 위급하지 아니한 경우에는 구조·구급대를 출동시키지 아니할 수 있다.

정답 ②

021

구조·구급 요청을 거절할 수 있는 경우로 옳지 않은 것은?

① 강한 자극에 반응이 없는 술에 취한 사람
② 혈압 등 생체징후가 안정된 타박상 환자
③ 구조·구급대원에게 폭력을 행사하는 경우
④ 동물의 단순 처리·포획·구조 요청을 받은 경우

출제 키워드 시행령 제20조(구조·구급 요청의 거절)
기본서 다시보기 법령집 p.54

해설 ① 술에 취한 사람은 구급출동 요청을 거절할 수 있지만 강한 자극에도 의식이 회복되지 아니하거나 외상이 있는 경우는 제외한다.

[구급출동요청을 거절할 수 있는 경우]
- 단순 치통환자
- 단순 감기환자. 다만, 섭씨 38도 이상의 고열 또는 호흡곤란이 있는 경우는 제외한다.
- 혈압 등 생체징후가 안정된 타박상 환자
- 술에 취한 사람. 다만, 강한 자극에도 의식이 회복되지 아니하거나 외상이 있는 경우는 제외한다.
- 만성질환자로서 검진 또는 입원 목적의 이송요청자
- 단순 열상(裂傷) 또는 찰과상(擦過傷)으로 지속적인 출혈이 없는 외상환자
- 병원 간 이송 또는 자택으로의 이송요청자. 다만, 의사가 동승한 응급환자의 병원 간 이송은 제외한다.

정답 ①

022

응급환자 등의 이송 거부 시 취해야 하는 행동으로 옳은 것은?

① 의료기관으로의 이송을 거부하는 경우에는 이송하지 않아야 한다.
② 응급환자를 이송하지 아니하는 경우 소방청장이 정하는 바에 따라 그 내용을 기록·관리하여야 한다.
③ 심신상의 중대한 위해를 입을 가능성이 있다고 인정할 만한 상당한 이유가 있는 경우에는 환자의 이송을 위하여 최대한 노력하여야 한다.
④ 의사를 확인할 수 있는 환자의 보호자가 이송을 거부하면 이송하지 않아도 된다.

출제 키워드 시행령 제21조(응급환자 등의 이송 거부)
기본서 다시보기 법령집 p.55

해설 ① 의료기관으로의 이송을 거부하는 경우 중대할 위해를 입을 가능성이 있다고 인정할 만한 상당한 이유가 있는 경우 환자의 이송을 위하여 최대한 노력해야 한다.
② 응급환자를 이송하지 아니하는 경우 행정안전부령으로 정하는 바에 따라 그 내용을 기록·관리하여야 한다.
④ 응급환자의 의사를 확인할 수 없는 경우만 응급환자 또는 그 보호자가 의료기관으로의 이송을 거부하는 경우에는 이송하지 아니할 수 있다.

정답 ③

023

구조 · 구급활동을 위해 다른 사람의 토지, 건물 등을 사용한 경우에 관한 내용으로 옳지 않은 것은?

① 다른 사람의 건물의 유리창을 깨 구조를 시도한 경우 행정안전부령으로 그 손실을 보상해야 한다.
② 손실보상에 관한 협의는 조치가 있는 날부터 60일 이내에 하여야 한다.
③ 손실을 보상할 때에는 손실을 입은 자와 먼저 협의하여야 한다.
④ 협의가 성립되지 않으면 토지수용위원회에 재결을 신청할 수 있다.

출제 키워드 시행령 제22조(손실보상)

기본서 다시보기 법령집 p.58

해설 ① 소방청장등은 구조 · 구급활동을 위한 긴급조치로 인하여 손실을 입은 자가 있는 경우에는 대통령령으로 정하는 바에 따라 그 손실을 보상하여야 한다.

정답 ①

024

구조 및 구급활동을 함에 있어 인력과 장비가 부족한 경우에 관한 내용으로 옳지 않은 것은?

① 시 · 도지사는 구조 · 구급에 필요한 인력 및 장비의 지원을 요청할 수 있다.
② 구조 · 구급과 관련된 기관 또는 단체에 대한 지원 요청에 관하여 필요한 사항은 관할 구역의 구조 · 구급과 관련된 기관 또는 단체의 장과 협의하여 소방본부장 또는 소방서장이 정한다.
③ 지원활동에 참여한 구급차등의 운용자는 소방청장등이 지정하는 의료기관으로 응급환자를 이송하여야 한다.
④ 구조 · 구급에 필요한 인력과 장비의 지원을 요청할 때에는 팩스 · 전화 등의 신속한 방법으로 하여야 한다.

출제 키워드 제20조(구조 · 구급활동을 위한 지원요청)

기본서 다시보기 법령집 p.61

해설 ① 소방청장등은 구조 · 구급활동을 함에 있어서 인력과 장비가 부족한 경우에는 대통령령으로 정하는 바에 따라 관할구역 안의 의료기관, 「응급의료에 관한 법률」 제44조에 따른 구급차등의 운용자 및 구조 · 구급과 관련된 기관 또는 단체(이하 이 조에서 "의료기관등"이라 한다)에 대하여 구조 · 구급에 필요한 인력 및 장비의 지원을 요청할 수 있다.

정답 ①

025

다음 감염병 환자 이송 등에 대한 설명 중 옳은 것은?

① 감염병환자등의 이송 범위, 방법, 그 밖에 필요한 사항은 행정안전부령으로 정한다.
② 질병관리청장 및 의료기관의 장은 구급대가 이송한 응급환자가 감염병환자등인 경우에는 그 사실을 소방청장에게 즉시 통보하여야 한다.
③ 감염병환자등에 대한 구체적인 통보대상, 통보 방법 및 절차, 제2항에 따른 조치 방법 등에 필요한 사항은 행정안전부령으로 정한다.
④ 소방청장등은 구조·구급대원의 감염 방지를 위하여 구조·구급대원이 소독을 할 수 있도록 소방서별로 119감염관리실을 1개소 이상 설치하여야 한다.

출제 키워드 제23조의2(감염병환자등의 이송 등), 제23조의3(감염병환자등의 통보 등)
기본서 다시보기 법령집 p.70

해설
① 행정안전부령 → 대통령령
② 소방청장 → 소방청장등
③ 행정안전부령 → 대통령령

정답 ④

026

다음 중 구조·구급활동을 증명하는 서류를 받을 수 없는 자는?

① 공공단체 또는 보험회사 등 환자이송과 관련된 기관이나 단체
② 응급의료체계를 연구하는 기관
③ 인명구조, 응급처치 등을 받은 사람
④ 구조·구급자의 보호자

출제 키워드 시행규칙 제19조(구조·구급증명서)
기본서 다시보기 법령집 p.67

해설 ② [구조·구급증명서를 발급받을 수 있는 사람]
1. 인명구조, 응급처치 등을 받은 사람(이하 "구조·구급자"라 한다)
2. 구조·구급자의 보호자
3. 공공단체 또는 보험회사 등 환자이송과 관련된 기관이나 단체
4. 제1호부터 제3호까지에 해당하는 자의 위임을 받은 자

정답 ②

027

구조 · 구급대원의 전문성 강화 등에 관한 내용으로 옳지 않은 것은?

① 새로운 지식과 전문기술의 습득 등을 위하여 행정안전부령으로 정하는 바에 따라 소방청장이 실시하는 교육훈련을 받아야 한다.
② 구급대원은 일일근무 중 구급장비 조작과 안전관리에 관한 내용을 포함한 일상교육훈련을 받아야 한다.
③ 구급대원은 6개월마다 40시간 이상의 특별교육훈련을 받아야 한다.
④ 소방청장은 구조 · 구급대원의 전문성을 향상시키기 위하여 필요한 경우에 따른 교육훈련을 국내외 교육기관 등에 위탁하여 실시할 수 있다.

출제 키워드 제25조(구조 · 구급대원의 전문성 강화 등)
기본서 다시보기 법령집 p.89

해설 ③ 구급대원은 연간 40시간 이상의 특별교육훈련을 받아야 한다.
정답 ③

028

구급지도의사에 관한 내용으로 옳은 내용은?

① 의료 전문 기관 · 단체의 추천을 받아 각 기관별 구급지도의사를 선임하거나 위촉할 수 있다.
② 구급지도의사에게 예산의 범위에서 수당을 지급할 수 없다.
③ 구급지도의사의 임기는 1년으로 한다.
④ 지도의사는 구급대원에 대한 교육 · 훈련과 구급활동에 대한 지도 · 평가 등을 수행하기 위하여 고용한다.

출제 키워드 제25조의2(구급지도의사)
기본서 다시보기 법령집 p.91

해설 ② 구급지도의사의 업무 실적에 따라 구급지도의사에게 예산의 범위에서 수당을 지급할 수 있다.
③ 구급지도의사의 임기는 2년으로 한다.
④ 구급대원에 대한 교육 · 훈련과 구급활동에 대한 지도 · 평가 등을 수행하기 위하여 지도의사를 선임하거나 위촉하여야 한다.
정답 ①

029

다음 중 구급지도의사의 업무가 아닌 것은?

① 구급대원에 대한 교육 및 훈련
② 접수된 구급신고에 대한 응급의료 상담
③ 재난 등으로 인한 현장출동 요청 시 현장 지원
④ 구급활동 평가에 관하여 응급의료 관계 법령에 규정된 내용을 초과하여 규정할 필요가 있다고 대통령령으로 판단하여 정하는 업무

030

구조·구급활동의 평가에 대한 내용으로 옳지 않은 것은?

① 소방청장은 시·도 소방본부의 구조·구급활동에 대하여 종합평가를 실시하고 그 결과를 시·도 소방본부장에게 통보하여야 한다.
② 시·도지사는 종합평가결과에 따라 시·도 소방본부에 대하여 행정적·재정적 지원을 할 수 있다.
③ 종합평가는 서면평가와 현장평가로 구분하되, 서면평가는 모든 시·도 소방본부를 대상으로 실시하고, 현장평가는 서면평가 결과에 따라 필요한 시·도 소방본부를 대상으로 실시한다.
④ 소방본부장은 종합평가를 위하여 시·도 집행계획의 시행 결과를 다음 해 2월 말일까지 소방청장에게 제출하여야 한다.

출제 키워드 시행령 제27조의4(구급지도의사의 선임 등)

기본서 다시보기 법령집 p.91

해설 ④ 응급의료 관계 법령에 규정된 내용을 초과하여 규정할 필요가 있는 사항은 소방청장이 판단한다.

③ 구급지도의사의 업무는 다음 각 호와 같다.
  1. 구급대원에 대한 교육 및 훈련
  2. 접수된 구급신고에 대한 응급의료 상담
  3. 응급환자 발생 현장에서의 구급대원에 대한 응급의료 지도
  4. 구급대원의 구급활동 등에 대한 평가
  5. 응급처치 방법·절차의 개발
  6. 재난 등으로 인한 현장출동 요청 시 현장 지원
  7. 그 밖에 구급대원에 대한 교육·훈련 및 구급활동에 대한 지도·평가와 관련하여 응급의료 관계 법령에 규정되어 있지 아니하거나 응급의료 관계 법령에 규정된 내용을 초과하여 규정할 필요가 있다고 소방청장이 판단하여 정하는 업무

⑦ 제1항부터 제6항까지에서 규정한 사항 외에 구급지도의사의 선임 또는 위촉 기준, 업무 및 실적 관리 등과 관련하여 필요한 세부적인 사항은 소방청장이 정한다.

제25조의 2 구급지도의사
구급지도의사의 배치기준, 업무, 선임방법 등 구급지도의사의 선임·위촉에 관하여 응급의료 관계 법령에 규정되어 있지 아니하거나 응급의료 관계 법령에 규정된 내용을 초과하여 규정할 필요가 있는 사항은 대통령령으로 정한다.

정답 ④

출제 키워드 시행령 제28조(구조·구급활동의 평가)

기본서 다시보기 법령집 p.92

해설 ② 소방청장은 종합평가결과에 따라 시·도 소방본부에 대하여 행정적·재정적 지원을 할 수 있다.

정답 ②

031

중앙 정책협의회의 운영에 관한 내용으로 옳지 않은 것은?

① 중앙 정책협의회의 정기회의는 연 2회 개최한다.
② 중앙 정책협의회의 회의는 재적위원 과반수의 출석으로 개의(開議)하고, 출석위원 과반수의 찬성으로 의결한다.
③ 중앙 정책협의회 위원장은 소방청장이 되고, 부위원장은 민간위원 중에서 호선(互選)한다.
④ 기본계획 및 집행계획의 수립·시행에 관한 사항에 관해 협의·조정한다.

출제 키워드   제27조(구조·구급정책협의회)
기본서 다시보기   법령집 p.93

해설 ① 중앙 정책협의회의 정기회의는 연 1회 개최한다.
정답 ①

032

정당한 사유 없이 제13조제2항을 위반하여 구조·구급활동을 방해한 자에게 처해지는 벌칙은?

① 1년 이하의 징역 또는 1천만원 이하의 벌금
② 3년 이하의 징역 또는 3천만원 이하의 벌금
③ 5년 이하의 징역 또는 5천만원 이하의 벌금
④ 500만원 이하의 과태료

출제 키워드   제28조(벌칙)
기본서 다시보기   법령집 p.105

해설 ③ 정당한 사유 없이 제13조제2항을 위반하여 구조·구급활동을 방해한 자는 5년 이하의 징역 또는 5천만원 이하의 벌금에 처한다.
정답 ③

033

「119구조·구급에 관한 법률」 및 같은 법 시행령, 시행규칙에서 정한 내용으로 옳은 것은?

① 특별자치도지사·시장·군수·구청장은 구조·구급과 관련하여 회수된 물건을 인계받은 경우 인계받은 날부터 10일 동안 해당 지방자치단체 게시판 및 인터넷 홈페이지에 공고하여야 한다.
② 소방청장등은 제1항에 따른 조치로 인하여 손실을 입은 자가 있는 경우에는 대통령령으로 정하는 바에 따라 그 손실을 30일 이내에 보상하여야 한다.
③ 구조대원은 근무 중 위험물·유독물 및 방사성물질에 노출되었을 때 그 사실을 안 때부터 72시간 이내에 소방청장 등에게 보고하여야 한다.
④ 구조요청을 거절한 구조대원은 구조거절확인서를 작성하여 소속 소방관서장에게 보고하고 소속 소방관서에서는 3년간 보관하여야 한다.

해설
① 10일 → 14일
② 30일 → 60일
③ 72시간 → 48시간

정답 ④

034

구조·구급대원의 건강검진과 예방접종 방법에 대한 설명으로 옳은 것은?

① 신규채용 시 건강검진을 받아 감염성 질환 여부와 감수성 여부를 확인하여 필요시 발령 전 적절한 예방접종을 받을 수 있도록 한다.
② 매년 1회씩 정기적으로 모든 구급대원을 대상으로 신체검진을 시행하고, 감염성 질환과 감염성 질병에 대한 감수성 여부를 확인한 후 필요에 따라 예방접종 및 치료를 한다.
③ B형 간염은 매년 예방접종하고, 파상풍은 매 5년마다 예방접종한다.
④ 예방접종 후 항체가 형성되고 나서 개인보호장비를 꼭 착용하지 않아도 된다.

해설
② 매년 1회씩 → 매년 2회씩
③ 파상풍은 매 5년마다 → 매 10년마다
④ 개인보호장비를 꼭 착용하여야 한다.

정답 ①

035

다음 운용의 주체가 바르게 짝지어지지 않은 것은?

① 119 구조견대의 편성과 운영 – 소방청장 또는 소방본부장
② 119항공기사고조사단 – 소방청장 또는 시·도지사
③ 119 항공대의 편성과 운영 – 소방청장 또는 소방본부장
④ 구조·구급대의 통합 편성과 운영 – 소방청장 등

해설 ① 소방청장 또는 소방본부장 → 소방청장과 소방본부장
소방청장과 소방본부장은 위급상황에서「소방기본법」제4조에 따른 소방활동의 보조 및 효율적 업무 수행을 위하여 119구조견대를 편성하여 운영한다.

정답 ①

036

[2024년 응급처치학개론 06번]

「119구조·구급에 관한 법률 시행령」상 대형·특수 재난사고의 구조, 현장 지휘 및 테러현장 등의 지원 등을 위하여 소방청 또는 시·도 소방본부에 설치하는 구조대로 옳은 것은?

① 일반구조대
② 직할구조대
③ 특수구조대
④ 테러대응구조대

출제 키워드 시행령 제5조(119구조대의 편성과 운영)
기본서 다시보기 법령집 p.28

해설 ② 직할구조대: 대형·특수 재난사고의 구조, 현장 지휘 및 테러현장 등의 지원 등을 위하여 소방청 또는 시·도 소방본부에 설치하되, 시·도 소방본부에 설치하는 경우에는 시·도의 규칙으로 정하는 바에 따른다.

정답 ②

037 [2024년 응급처치학개론 04번]

「119구조·구급에 관한 법률 시행령」상 감염관리대책에 관한 설명이다. (   )안에 들어갈 내용으로 옳은 것은?

> 구급대원은 근무 중 위험물·유독물 및 방사성물질에 노출되거나 감염성 질병에 걸린 응급환자와 접촉한 경우에는 그 사실을 안 때부터 (   ) 이내에 소방청장등에게 보고하여야 한다.

① 12시간
② 24시간
③ 48시간
④ 72시간

출제 키워드 시행령 제26조(감염관리대책)
기본서 다시보기 법령집 p.71
해설 ③ 구조·구급대원은 근무 중 위험물·유독물 및 방사성물질(이하 "유해물질등"이라 한다)에 노출되거나 감염성 질병에 걸린 요구조자 또는 응급환자와 접촉한 경우에는 그 사실을 안 때부터 48시간 이내에 소방청장등에게 보고하여야 한다.
정답 ③

038 [2023년 응급처치학개론 03번]

「119구조·구급에 관한 법률 시행규칙」상 응급환자 등의 이송 거부에 대한 내용으로 옳은 것은?

① 구급 거절·거부 확인서는 2년간 보관하여야 한다.
② 이송을 거부한 응급환자가 1회에 걸쳐 서명을 거부한 경우에는 구급 거절·거부 확인서에 의사의 서명을 받는다.
③ 구급 거절·거부 확인서를 작성하여 이송을 거부한 응급환자 또는 그 보호자에게 서명을 받아야 한다.
④ 이송을 거부한 응급환자가 구급 거절·거부 확인서에 따라 서명을 거부한 경우에는 관할지역 경찰서장의 성명과 연락처를 기재한 후 서명을 받는다.

출제 키워드 시행규칙 제12조(응급환자등의 이송거부)
기본서 다시보기 법령집 p.55
해설 ① 구급 거절·거부 확인서는 3년간 보관하여야 한다.
② 이송을 거부한 응급환자가 2회에 걸쳐 서명을 거부한 경우에는 구급 거절·거부 확인서에 목격자의 서명을 받는다.
④ 이송을 거부한 응급환자가 구급 거절·거부 확인서에 따라 서명을 거부한 경우에는 목격자의 성명과 연락처를 기재한 후 목격자에게 서명을 받아야 한다.
정답 ③

039 [2023년 응급처치학개론 05번]

구급활동일지에 관한 사항으로 옳지 않은 것은?

① 구급활동일지는 해당 관서에 최소 5년간 보관한다.
② 구급대원은 구급활동일지에 활동상황을 상세히 기록한다.
③ 의문점이 있거나 불명확한 경우는 의료지도를 통해 확인 작성해야 한다.
④ 구급대원이 응급환자를 의사에게 인계하는 경우에는 구급 활동일지에 인계받은 의사의 서명을 받는다.

출제 키워드: 제22조(구조·구급활동의 기록 관리)
기본서 다시보기: 법령집 p.64

해설 ① 구급활동일지는 해당 관서에 최소 3년간 보관한다.
정답 ①

CHAPTER 2 응급의료에 관한 법률

001
지역응급의료시행계획에 대한 내용으로 옳지 않은 것은?

① 시·도지사는 기본계획에 따라 매년 지역응급의료시행계획을 수립하여 시행하여야 한다.
② 보건복지부장관은 지역응급의료시행계획 및 그 시행결과를 평가할 수 있다.
③ 보건복지부장관은 지역응급의료시행계획 및 그 시행결과에 대하여 평가한 결과를 토대로 시·도지사에게 계획 및 사업의 변경 또는 시정을 요구할 수 있다.
④ 시·도지사는 다음 해의 지역응급의료시행계획을 매년 10월 31일까지, 지난 해의 지역응급 의료시행계획 시행결과를 매년 2월 말일까지 보건복지부장관에게 제출하여야 한다.

출제 키워드: 제13조(지역응급의료 시행계획)
기본서 다시보기: 법령집 p.143

해설 ④ 시·도지사 지역응급의료시행계획을 수립한 다음 해의 지역응급의료시행계획을 매년 12월 31일까지 보건 복지부장관에게 제출하여야 한다. 시·도지사는 지난 해의 지역응급의료시행계획 시행결과를 매년 2월 말일까지 보건복지부장관에게 제출하여야 한다.

정답 ④

002
양벌규정에 해당하지 않는 것은?

① 의사로부터 구체적인 지시를 받지 아니하고 응급처치를 한 응급구조사
② 구급차등을 다른 용도에 사용한 자
③ 다른 사람에게 자격증을 빌려주거나 빌린 자
④ 보수교육을 받지 아니한 경우

출제 키워드: 제61조(양벌규정)
기본서 다시보기: 법령집 p.383

해설 ④ 양벌규정에 해당하는 경우는 제60조 벌칙의 위반행위를 했을 때이며, 보수교육의 미이수는 행정처분 대상으로 양벌규정에 해당하지 않는다.

정답 ④

003

응급의료 등의 방해금지에 해당하는 내용으로 옳지 않은 것은?

① 구급차 등의 응급환자에 대한 구조·이송·응급처치 또는 진료를 폭행, 협박, 위계(僞計), 위력(威力)을 해서는 아니 된다.
② 의료기사와 간호조무사를 제외한 응급의료종사자에 대한 폭행, 협박, 위계(僞計), 위력(威力)을 해서는 아니 된다.
③ 의료기관 등의 응급의료를 위한 의료용 시설·기재(機材)·의약품 또는 그 밖의 기물(器物)을 파괴·손상하거나 점거하여서는 아니 된다.
④ 5년 이하의 징역 또는 5천만원 이하의 벌금에 처한다.

출제 키워드: 제12조(응급의료등의 방해 금지)
기본서 다시보기: 법령집 p.134

해설 ② 누구든지 응급의료종사자(「의료기사 등에 관한 법률」 제2조에 따른 의료기사와 「의료법」제80조에 따른 간호조무사를 포함한다)와 구급차등의 응급환자에 대한 구조·이송·응급처치 또는 진료를 폭행, 협박, 위계(僞計), 위력(威力), 그 밖의 방법으로 방해하거나 의료기관 등의 응급의료를 위한 의료용 시설·기재(機材)·의약품 또는 그 밖의 기물(器物)을 파괴·손상하거나 점거하여서는 아니 된다.

정답 ②

004

응급의료에 관한 법률에서 명시하고 있는 목적은 무엇인가?

① 국민의 건강을 증진하기 위함
② 국가와 지방자치단체의 의무, 응급의료제공자의 책임을 정하기 위함
③ 응급의료자원의 효율적 관리를 위함
④ 응급환자의 생명과 재산을 보호하고 국민의료를 적정하게 하기 위함

출제 키워드: 제1조(목적)
기본서 다시보기: 법령집 p.114

해설 ③ 응급의료에 관한 법률은 국민들이 응급상황에서 신속하고 적절한 응급의료를 받을 수 있도록 응급의료에 관한 국민의 권리와 의무, 국가·지방자치단체의 책임, 응급의료제공자의 책임과 권리를 정하고 응급의료 자원의 효율적 관리에 필요한 사항을 규정함으로써 응급환자의 생명과 건강을 보호하고 국민의료를 적정하게 함을 목적으로 한다.

정답 ③

005

응급의료기관등에 해당되지 않는 기관은 무엇인가?

① 권역응급의료센터
② 구급차등의 운용자
③ 중앙응급의료센터
④ 응급의료지원센터

📋 출제 키워드   제2조(정의)
📖 기본서 다시보기   법령집 p.115

해설 ③ 응급의료에 관한 법률에서 말하는 응급의료기관등은 응급의료기관(권역응급의료센터, 전문응급의료센터, 지역응급의료센터 및 지역응급의료기관), 구급차등의 운용자 및 응급의료지원센터이다.

정답 ③

006

[시행규칙] [별표 14] 응급구조사의 업무범위

1급 응급구조사가 의료지도를 받지 않고도 시행할 수 있는 처치로 옳지 않은 것은?

① 니트로글리세린의 설하 투여
② 구강 내 이물질의 제거
③ 기도기를 이용한 기도유지
④ 산소투여

📋 출제 키워드   시행규칙 [별표 14] 응급구조사의 업무범위
📖 기본서 다시보기   법령집 p.227

해설 ① 1급 응급구조사가 의사의 구체적인 지시를 받지 않고도 행할 수 있는 처치는 2급 응급구조사의 업무범위에 한 한다. 의료지도를 받아야 하는 업무는 1급 응급구조사의 업무범위에 해당한다.

[1급 응급구조사의 업무범위]
가. 심폐소생술의 시행을 위한 기도유지(기도기(airway)의 삽입, 기도삽관(intubation), 후두마스크 삽관 등을 포함한다)
나. 정맥로의 확보
다. 인공호흡기를 이용한 호흡의 유지
라. 약물투여: 저혈당성 혼수시 포도당의 주입, 흉통시 니트로글리세린의 혀아래(설하) 투여, 쇼크시 일정량의 수액투여, 천식발작시 기관지확장제 흡입
마. 제2호의 규정에 의한 2급 응급구조사의 업무

[2급 응급구조사의 업무범위]
가. 구강내 이물질의 제거
나. 기도기(airway)를 이용한 기도유지
다. 기본 심폐소생술
라. 산소투여
마. 부목 · 척추고정기 · 공기 등을 이용한 사지 및 척추 등의 고정
바. 외부출혈의 지혈 및 창상의 응급처치
사. 심박 · 체온 및 혈압 등의 측정
아. 쇼크방지용 하의 등을 이용한 혈압의 유지
자. 자동심장충격기를 이용한 규칙적 심박동의 유도
차. 흉통시 니트로글리세린의 혀아래(설하) 투여 및 천식발작시 기관지확장제 흡입(환자가 해당약물을 휴대하고 있는 경우에 한함)

정답 ①

007

심폐소생을 위한 응급장비의 구비의무가 있는 보건관리자를 두어야 하는 사업장의 규모는 어느 정도인가?

① 상시근로자가 100명 이상
② 상시근로자가 200명 이상
③ 상시근로자가 300명 이상
④ 상시근로자가 400명 이상

출제 키워드   제47조의2(심폐소생을 위한 응급장비의 구비 등의 의무)

기본서 다시보기   법령집 p.321

해설 ③ 보건관리자를 두어야 하는 사업장 중 상시근로자가 300명 이상인 사업장에서 심폐소생술을 위한 응급장비의 구비의무가 있다.

정답 ③

008

응급장비의 구비의무가 있는 공동주택 등에 대한 설명 중 옳지 않은 것은?

① 전문체육시설 중 총 관람석 수가 5천석 이상 인 운동장 및 종합운동장
② 중앙행정기관의 청사 중 보건복지부장관이 정하는 청사
③ 시·도의 청사 중 보건복지부장관이 정하는 청사
④ 여객자동차터미널의 대합실 중 연면적이 2천제곱미터 이상이거나 전년도 일일 평균이용객수가 1만명 이상인 대합실

출제 키워드   시행령 제26조의5(응급장비의 구비의무가 있는 공동주택 등)

기본서 다시보기   법령집 p.323

해설 ① 철도역사(「대도시권 광역교통 관리에 관한 특별법」 제2조제2호나목에 따른 광역철도 및 「도시철도법」 제2조제2호에 따른 도시철도 구간에 있는 철도역사는 제외한다)의 대합실 중 연면적이 2천제곱미터 이상이거나 전년도 일일 평균이용객수가 1만명 이상인 대합실
② 「여객자동차 운수사업법」 제2조제5호에 따른 여객자동차터미널의 대합실 중 연면적이 2천제곱미터 이상이거나 전년도 일일 평균이용객수가 3천명 이상인 대합실
③ 「항만법」 제2조제5호나목3)에 따른 대합실 중 연면적이 2천제곱미터 이상이거나 전년도 일일 평균이용객수가 1천명 이상인 대합실
④ 「관광진흥법」 제5조제1항에 따른 카지노 시설 중 영업장의 전용면적이 2천제곱미터 이상인 카지노 시설
⑤ 「한국마사회법」 제4조에 따른 경마장
⑥ 「경륜·경정법」 제5조제1항에 따른 경주장
⑦ 「형의 집행 및 수용자의 처우에 관한 법률」 제11조에 따른 교도소, 소년교도소 및 구치소, 「출입국관리법」 제2조제13호에 따른 외국인보호소, 「보호소년 등의 처우에 관한 법률」에 따른 소년원

정답 ④

009

응급의료지원센터에 대한 협조에 관한 사항 중 옳지 않은 설명은?

① 보건복지부장관은 응급의료기관의 장과 구급차등을 운용하는 자에게 응급의료에 관한 정보제공을 요청할 수 있다.
② 요청할 수 있는 응급의료에 관한 정보는 응급실 근무자, 당직응급의료종사자, 응급실의 사용가능 병상수가 있다.
③ 응급의료에 관한 정보 제공이나 필요한 조치를 요청받은 자는 특별한 사유가 없으면 이에 따라야 한다.
④ 응급의료지원센터의 장은 의료기관 및 구급차등을 운용하는 자에게 각종 정보를 제공하고 응급의료에 필요한 조치를 요청할 수 있다.

출제 키워드 제28조(응급의료지원센터에 대한 협조 등)

기본서 다시보기 법령집 p.207

해설 ① 응급의료지원센터의 장은 응급의료 관련 정보를 효과적으로 관리하기 위하여 응급의료정보 관리체계를 구축하여야 하며, 이를 위하여 응급의료기관의 장과 구급차등을 운용하는 자에게 응급의료에 관한 정보제공을 요청할 수 있다.

정답 ①

010

응급실에서 응급의료종사자를 폭행하여 상해에 이르게 한 사람에 대한 벌칙은?

① 10년 이하의 징역 또는 1천만원 이상 1억원 이하의 벌금
② 5년 이하의 징역 또는 5천만원 이하의 벌금
③ 3년 이하의 징역 또는 3천만원 이하의 벌금
④ 1년 이하의 징역 또는 1천만원 이하의 벌금

출제 키워드 제60조(벌칙)

기본서 다시보기 법령집 p.382

해설 ① 응급실에서 응급의료종사자를 폭행하여 상해에 이르게 한 사람에 대해서는 10년 이하의 징역 또는 1천만원 이상 1억원 이하의 벌금에 처한다.

정답 ①

011

응급구조사 양성대학 등 지정에 대한 설명 중 옳지 않은 것은?

① 보건복지부장관은 1급 응급구조사 양성대학 또는 2급 응급구조사 양성기관(이하 "응급구조사 양성대학등"이라 한다)을 지정한 때에는 대통령령으로 정하는 바에 따라 지정서를 발급하고 그 사실을 관보 또는 보건복지부 인터넷홈페이지에 공고하여야 한다.
② 보건복지부장관은 응급구조사 양성대학등의 지정 관련 업무를 대통령령으로 정하는 바에 따라 관련 전문기관 또는 단체에 위탁할 수 있다.
③ 응급구조사 양성대학등의 지정에 필요한 기준, 교육인력, 과목 등에 관한 사항은 대통령령으로 정한다.
④ 응급구조사 양성대학등의 지정 및 지정 취소의 절차, 방법 등에 필요한 사항은 보건복지부령으로 정한다.

출제 키워드 제36조의4(응급구조사 양성대학 등 지정)
기본서 다시보기 법령집 p.272

해설 ① 보건복지부장관은 1급 응급구조사 양성대학 또는 2급 응급구조사 양성기관(이하 "응급구조사 양성대학등"이라 한다)을 지정한 때에는 보건복지부령으로 정하는 바에 따라 지정서를 발급하고 그 사실을 관보 또는 보건복지부 인터넷홈페이지에 공고하여야 한다.

정답 ①

012

응급구조사 업무범위의 적절성에 대한 조사를 실시하고, 업무 범위 조정을 위한 필요한 조치를 할 수 있는 자는?

① 시장·군수·구청장
② 행정안전부장관
③ 시·도지사
④ 보건복지부장관

출제 키워드 제41조(응급구조사의 업무)
기본서 다시보기 법령집 p.276

해설 ④ 보건복지부장관은 5년마다 제1항에 따른 응급구조사 업무범위의 적절성에 대한 조사를 실시하고, 중앙위원회의 심의를 거쳐 응급구조사 업무범위 조정을 위하여 필요한 조치를 할 수 있다.

정답 ④

013

대학 또는 전문대학에서 응급구조학을 전공하는 학생의 응급구조 관련 실습에 대한 내용으로 옳지 않은 것은?

① 응급구조사의 복장 및 표시 등에 관한 사항을 지켜야 한다.
② 지시에 따라 상담·구조 및 이송 업무를 수행한다.
③ 지도교수의 구체적인 지시를 받아 응급처치를 할 수 있다.
④ 직무상 알게 된 비밀을 누설하거나 공개해서는 안 된다.

출제 키워드 제43조의2(응급구조학을 전공하는 학생의 응급처치 허용)

기본서 다시보기 법령집 p.280

해설 ③ 응급구조학을 전공하는 학생의 경우 보건복지부령으로 정하는 경우에 한하여 의사로부터 구체적인 지시를 받아 응급처치를 할 수 있다.

정답 ③

014

응급실에 내원한 응급환자가 아닌 사람에 대한 조치로 옳은 것은?

① 의료기구와 인력을 제공해야 한다.
② 응급환자진료의뢰서를 제공해야 한다.
③ 필요한 진료내용 및 진료과목 등을 추천하여야 한다.
④ 이송수단을 알선하거나 제공해야 한다.

출제 키워드 제7조(응급환자가 아닌 사람에 대한 조치)

기본서 다시보기 법령집 p.129

해설 ③ 의료인은 응급의료기관에 내원한 환자가 응급환자에 해당하지 아니하나 진료가 필요하다고 인정되는 경우에는 본인 또는 법정대리인의 동의를 얻어 환자가 응급환자에 해당하지 아니하는 이유를 설명하고, 그에 필요한 진료내용 및 진료과목 등을 추천하여야 한다.

정답 ③

015

응급의료에 관한 법률에서 사용하는 '용어'의 뜻으로 옳지 않은 것은?

① "응급환자이송업"이란 구급차등을 이용하여 응급환자 등을 이송하는 업을 말한다.
② "구급차등"이란 응급환자의 이송 등 응급의료의 목적에 이용되는 자동차, 선박 및 항공기 등의 이송수단을 말한다.
③ "응급의료기관등"이란 응급의료기관, 구급차등의 운용자 및 응급의료지원센터를 말한다.
④ "응급의료"란 응급환자의 기도를 확보하고 심장박동의 회복, 그 밖에 생명의 위험이나 증상의 현저한 악화를 방지하기 위하여 긴급히 필요로 하는 처치를 말한다.

🗨 출제 키워드　　　　　　　　　제2조(정의)
📁 기본서 다시보기　　　　　　　법령집 p.114

해설 ④ [용어의 정의]
1. "응급환자"란 질병, 분만, 각종 사고 및 재해로 인한 부상이나 그 밖의 위급한 상태로 인하여 즉시 필요한 응급처치를 받지 아니하면 생명을 보존할 수 없거나 심신에 중대한 위해(危害)가 발생할 가능성이 있는 환자 또는 이에 준하는 사람으로서 보건복지부령으로 정하는 사람을 말한다.
2. "응급의료"란 응급환자가 발생한 때부터 생명의 위험에서 회복되거나 심신상의 중대한 위해가 제거되기까지의 과정에서 응급환자를 위하여 하는 상담·구조(救助)·이송·응급처치 및 진료 등의 조치를 말한다.
3. "응급처치"란 응급의료행위의 하나로서 응급환자의 기도를 확보하고 심장박동의 회복, 그 밖에 생명의 위험이나 증상의 현저한 악화를 방지하기 위하여 긴급히 필요로 하는 처치를 말한다.
4. "응급의료종사자"란 관계 법령에서 정하는 바에 따라 취득한 면허 또는 자격의 범위에서 응급환자에 대한 응급의료를 제공하는 의료인과 응급구조사를 말한다.
5. "응급의료기관"이란 「의료법」 제3조에 따른 의료기관 중에서 이 법에 따라 지정된 권역응급의료센터, 전문응급의료센터, 지역응급의료센터 및 지역응급의료기관을 말한다.
6. "구급차등"이란 응급환자의 이송 등 응급의료의 목적에 이용되는 자동차, 선박 및 항공기 등의 이송수단을 말한다.
7. "응급의료기관등"이란 응급의료기관, 구급차등의 운용자 및 응급의료지원센터를 말한다.
8. "응급환자이송업"이란 구급차등을 이용하여 응급환자 등을 이송하는 업(業)을 말한다.

정답 ④

016

구급차의 형태, 표시, 내부장치 등에 관한 기준을 정하는 기관으로 바르게 짝지어 진 것은?

① 국토교통부 및 소방청
② 보건복지부 및 국토교통부
③ 행정안전부 및 국토교통부
④ 소방청 및 국토교통부

🗨 출제 키워드　　　　　　　　　제46조(구급차등의 기준)
📁 기본서 다시보기　　　　　　　법령집 p.309

해설 ② 구급차의 형태, 표시, 내부장치 등에 관한 기준은 보건복지부와 국토교통부의 공동 부령으로 한다.

정답 ②

017

응급구조사의 결격사유인 것은?

① 전문의가 응급구조사로 적합하다고 인정하는 정신질환자
② 한정치산자
③ 파산선고를 받고 복권되지 아니한 자
④ 향정신성의약품 중독자

📧 출제 키워드 　　　　　　　　　　제37조(결격사유)

📖 기본서 다시보기 　　　　　　　　　법령집 p.272

해설 ④ [응급구조사의 결격사유]
1. 「정신건강증진 및 정신질환자 복지서비스 지원에 관한 법률」 제3조제1호에 따른 정신질환자. 다만, 전문의가 응급구조사로서 적합하다고 인정하는 사람은 그러하지 아니하다.
2. 마약·대마 또는 향정신성의약품 중독자
3. 피성년후견인·피한정후견인
4. 금고 이상의 실형을 선고받고 그 집행이 끝나지 아니하거나 면제되지 아니한 사람

정답 ④

018

응급의료기금의 사용 용도로 옳지 않은 것은?

① 응급의료기관등의 육성·발전과 의료기관의 응급환자 진료를 위한 시설 등의 설치에 필요한 자금의 융자 또는 지원
② 기본계획 및 지역응급의료시행계획의 시행 지원
③ 응급의료기관의 홍보비 지원
④ 응급환자의 진료비 중 미수금의 대지급(代支給)

📧 출제 키워드 　　　　　　　　　　제21조(기금의 사용)

📖 기본서 다시보기 　　　　　　　　　법령집 p.177

해설 ③ [응급의료기금의 용도]
1. 응급환자의 진료비 중 제22조에 따른 미수금의 대지급(代支給)
2. 응급의료기관등의 육성·발전과 의료기관의 응급환자 진료를 위한 시설 등의 설치에 필요한 자금의 융자 또는 지원
3. 응급의료 제공체계의 원활한 운영을 위한 보조사업
4. 대통령령으로 정하는 재해 등이 발생하였을 때의 의료 지원
5. 구조 및 응급처치 요령 등 응급의료에 관한 교육·홍보 사업
6. 응급의료의 원활한 제공을 위한 자동심장충격기 등 응급장비의 구비 지원
7. 응급의료를 위한 조사·연구 사업
8. 기본계획 및 지역응급의료시행계획의 시행 지원
9. 응급의료종사자의 양성 등 지원

정답 ③

019

친고죄에 해당하는 경우는?

① 신분을 사칭하여 응급구조사 업무를 한 경우
② 기간 내에 응급구조사 실태 등의 신고를 하지 않은 경우
③ 응급구조사의 자격증을 다른 사람에게 빌려준 경우
④ 직무상 알게 된 비밀을 누설 또는 공개한 경우

출제 키워드   제40조(비밀 준수 의무)
기본서 다시보기   법령집 p.276

해설 ④ 검사가 공소를 제기하기 위한 요건으로서 피해자 그 밖에 일정한 자의 고소가 있어야 하는 범죄를 친고죄라고 한다. 직무상 알게 된 비밀을 누설하거나 공개한 경우는 친고죄에 해당하는 비밀 준수 의무를 위반한 것으로 피해자의 고소가 있어야 공소를 제기할 수 있다. 공소를 제기해 형이 확정된 경우 3년 이하의 징역 또는 3천만원 이하의 벌금에 행해진다.

정답 ④

020

응급의료정보통신망의 구축에 대한 설명으로 옳지 않은 것은?

① 국가 및 지방자치단체는 국민들에게 효과적인 응급의료를 제공하기 위하여 다음 각 호의 업무에 필요한 각종 자료 및 정보의 수집, 처리, 분석 및 제공 등을 수행하기 위한 정보통신망(이하 "응급의료정보통신망"이라 한다)을 구축하여야 한다.
② 응급의료정보통신망의 체계 및 운용비용 등에 관하여 필요한 사항은 대통령령으로 정한다.
③ 정보제공을 요청받은 관계 중앙행정기관의 장등은 특별한 사유가 없으면 이에 따라야 한다.
④ 보건복지부장관은 응급의료정보통신망의 구축·운영의 전 과정에서 개인정보 보호를 위하여 필요한 시책을 마련하여야 한다.

출제 키워드   제15조(응급의료정보통신망의 구축)
기본서 다시보기   법령집 p.153

해설 ② 응급의료정보통신망의 체계 및 운용비용 등에 관하여 필요한 사항은 보건복지부령으로 정한다.

정답 ②

021

비상대응 매뉴얼에 대한 설명 중 옳지 않은 것은?

① 국가와 지방자치단체는 「재난 및 안전관리 기본법」 제3조제1호 및 제2호의 재난 및 해외재난으로부터 국민과 주민의 생명을 보호하기 위하여 응급의료에 관한 기본적인 사항과 응급의료 지원 등에 관한 비상대응매뉴얼을 마련하고 응급의료종사자에게 이에 대한 교육을 실시하여야 한다.
② 제1항에 따른 비상대응매뉴얼의 내용, 교육의 대상·방법, 교육 참가자에 대한 비용지원 등에 필요한 사항은 대통령령으로 정한다.
③ 국가와 지방자치단체의 비상대응매뉴얼 교육은 재난 현장에서 응급의료와 그 지원에 필요한 기본 교육과 함께 응급의료 실습과정을 포함하여 실시하고, 교육시간은 매년 12시간 이상으로 한다.
④ 국가와 지방자치단체는 교육 참가자에게 예산의 범위에서 급식비·교통비 등 실비와 교육참가비를 지급할 수 있다. 이 경우 지급액의 산정방법 및 지급절차 등에 관하여 필요한 사항은 보건복지부장관이 정하여 고시한다.

출제 키워드 제15조의3(비상대응매뉴얼)
기본서 다시보기 법령집 p.154
해설 ① 국가와 지방자치단체는 「재난 및 안전관리 기본법」 제3조제1호 및 제2호의 재난 및 해외재난으로부터 국민과 주민의 생명을 보호하기 위하여 응급의료에 관한 기본적인 사항과 응급의료 지원 등에 관한 비상대응매뉴얼을 마련하고 의료인에게 이에 대한 교육을 실시하여야 한다.
시행령 제8조의3(비상대응매뉴얼의 교육 등) ① 법 제15조의2제2항에 따른 비상대응매뉴얼의 교육 대상은 응급의료기관의 응급의료종사자로 하고, 매년 보건복지부장관이 지방자치단체별·직종별로 교육 대상자의 인원수 등을 정하여 고시한다.
정답 ①

022

다수의 환자발생에 대한 조치계획 수립 시 반드시 포함되어야 할 사항은?

① 미수금의 대지급
② 응급의료활동훈련
③ 사고의 종류
④ 피해지역의 범위 설정

출제 키워드 시행령 제10조(다수의 환자발생에 대한 조치계획의 수립)
기본서 다시보기 법령집 p.157
해설 ② 다수의 환자발생에 대비하여 환자발생의 원인 및 규모에 따른 적정한 조치계획을 미리 수립하여야 한다. 조치계획에는 [1. 응급의료 인력·장비 및 시설의 편성과 활용 2. 관계기관의 협조체계 구축 3. 응급의료활동훈련]이 포함되어야 한다.
정답 ②

023

응급환자이송업 허가를 받은 자의 특수구급차에 응급구조사가 탑승하고 15 km를 이송한 경우 추가요금은?

① 1,300원
② 15,000원
③ 6,500원
④ 21,500원

📋 출제 키워드 응급의료에 관한 법률 시행규칙 [별표 3] 이송처치료의 기준

📁 기본서 다시보기   법령집 p.184

해설 ③ 특수구급차에 응급구조사가 탑승한 경우는 해당 사항이 없으며 10 km 초과시 1 km당 1,300원이 추가되기 때문에 총 6,500원의 추가요금이 따른다.

이송처치료의 기준(제11조 관련)

구분	요금의 종류	구급차의 운용자	
		법 제44조제1항 제1호부터 제4호까지에 따른 의료기관 등	법 제44조제1항 제5호에 따른 비영리법인
일반 구급차	기본요금 (이송거리 10 km 이내)	30,000원	20,000원
	추가요금 (이송거리 10 km 초과)	1,000원/1 km	800원/1 km
	부가요금 (의사, 간호사 또는 응급구조사가 탑승한 경우)	15,000원	10,000원
특수 구급차	기본요금 (이송거리 10 km 이내)	75,000원	50,000원
	추가요금 (이송거리 10 km 초과)	1,300원/1 km	1,000원/1 km
공통	할증요금 (00:00~04:00)	기본 및 추가요금에 각각 20% 가산	

정답 ③

024

'응급의료기관'에 해당하지 않는 것은?

① 중앙응급의료센터
② 권역응급의료센터
③ 전문응급의료센터
④ 지역응급의료센터

📋 출제 키워드   제2조(정의)

📁 기본서 다시보기   법령집 p.115

해설 ① 「응급의료에 관한 법률」상 '응급의료기관'은 권역응급의료센터, 전문응급의료센터, 지역응급의료센터 및 지역응급의료기관이 해당한다.

정답 ①

025

중앙응급의료센터의 업무가 아닌 것은?

① 응급의료수가 기준 결정
② 응급의료기관등에 대한 평가 및 질을 향상시키는 활동에 대한 지원
③ 응급의료 관련 연구
④ 응급의료종사자에 대한 교육훈련

출제 키워드 제25조(중앙응급의료센터)
기본서 다시보기 법령집 p.192

해설 [중앙응급의료센터의 업무]
1. 응급의료기관등에 대한 평가 및 질을 향상시키는 활동에 대한 지원
2. 응급의료종사자에 대한 교육훈련
3. 제26조에 따른 권역응급의료센터 간의 업무조정 및 지원
4. 응급의료 관련 연구
5. 국내외 재난 등의 발생 시 응급의료 관련 업무의 조정 및 그에 대한 지원
6. 응급의료 통신망 및 응급의료 전산망의 관리·운영과 그에 따른 업무
7. 응급처치 관련 교육 및 응급장비 관리에 관한 지원
8. 응급환자 이송체계 운영 및 관리에 관한 지원
9. 응급의료분야 의료취약지 관리 업무
10. 그 밖에 보건복지부장관이 정하는 응급의료 관련 업무
① 응급의료수가 기준 결정은 보건복지부장관이 한다.

정답 ①

026

다수의 환자발생에 대비하여 환자발생의 원인 및 규모에 따른 적정한 조치계획을 미리 수립하여야 하는 자로 옳은 것은?

① 시·도지사, 국토교통부장관
② 국립중앙의료원장, 보건복지부장관
③ 지역응급의료기관의 장, 시·도지사
④ 보건복지부장관, 시·도지사

출제 키워드 시행령 제10조(다수의 환자발생에 대한 조치계획의 수립)
기본서 다시보기 법령집 p.157

해설 ④ 보건복지부장관 또는 시·도지사는 다수의 환자발생에 대비하여 환자발생의 원인 및 규모에 따른 적정한 조치계획을 미리 수립하여야 한다.

정답 ④

027

응급환자 이송체계 운영 및 관리에 관한 지원 등 보건복지부령으로 정하는 업무를 하는 곳은?

① 권역응급의료센터
② 중앙응급의료센터
③ 전문응급의료센터
④ 지역응급의료센터

📋 출제 키워드   제25조(중앙응급의료센터)

📖 기본서 다시보기   법령집 p.192

해설 ② 중앙응급의료센터는 응급환자 이송체계 운영 및 관리에 관한 지원 등 보건복지부령으로 정하는 업무를 수행한다.

[중앙응급의료센터의 업무]
1. 응급의료기관등에 대한 평가 및 질을 향상시키는 활동에 대한 지원
2. 응급의료종사자에 대한 교육훈련
3. 제26조에 따른 권역응급의료센터 간의 업무조정 및 지원
4. 응급의료 관련 연구
5. 국내외 재난 등의 발생 시 응급의료 관련 업무의 조정 및 그에 대한 지원
6. 응급의료 통신망 및 응급의료 전산망의 관리·운영과 그에 따른 업무
7. 응급처치 관련 교육 및 응급장비 관리에 관한 지원
8. 응급환자 이송체계 운영 및 관리에 관한 지원
9. 응급의료분야 의료취약지 관리 업무
10. 그 밖에 보건복지부장관이 정하는 응급의료 관련 업무

정답 ②

028

자동심장충격기 등 심폐소생술을 할 수 있는 응급장비를 갖추어야 하는 시설로 옳지 않은 곳은?

① 대형마트
② 공항
③ 20톤 이상의 선박
④ 의료기관에서 운용 중인 구급차

📋 출제 키워드   제47조의2(심폐소생을 위한 응급장비의 구비 등의 의무)

📖 기본서 다시보기   법령집 p.321

해설 ① [심폐소생술을 할 수 있는 응급장비를 갖추어야 하는 시설]
1. 「공공보건의료에 관한 법률」 제2조제3호에 따른 공공보건의료기관
2. 「119구조·구급에 관한 법률」 제10조에 따른 구급대와 「의료법」 제3조에 따른 의료기관에서 운용 중인 구급차
3. 「항공안전법」 제2조제1호에 따른 항공기 중 항공운송사업에 사용되는 여객 항공기 및 「공항시설법」 제2조제3호에 따른 공항
4. 「철도산업발전 기본법」 제3조제4호에 따른 철도차량 중 객차
5. 「선박법」 제1조의2제1항제1호 및 제2호에 따른 선박 중 총톤수 20톤 이상인 선박
6. 대통령령으로 정하는 규모 이상의 「건축법」 제2조제2항제2호에 따른 공동주택
6의2. 「산업안전보건법」 제18조에 따라 보건관리자를 두어야 하는 사업장 중 상시근로자가 300명 이상인 사업장
7. 그 밖에 대통령령으로 정하는 다중이용시설

정답 ①

029

중앙응급의료위원회의 당연직 위원으로 옳지 않은 것은?

① 기획재정부차관
② 교육부차관
③ 보건복지부차관
④ 중앙응급의료센터의 장

030

응급구조사의 보수교육 면제와 관련한 사항으로 옳지 않은 것은?

① 군복무 중인 사람은 해당 연도의 보수교육을 면제할 수 있다.
② 군에서 근무 중인 사람은 해당 연도의 보수교육을 면제할 수 있다.
③ 해당 연도에 응급구조사 자격을 취득한 사람은 보수교육을 면제할 수 있다.
④ 보수교육을 면제받거나 유예받으려는 사람은 사유를 증명할 수 있는 서류를 보수교육을 실시하는 기관 또는 단체의 장에게 제출한다.

출제 키워드 제13조의5(중앙응급의료위원회)

기본서 다시보기 법령집 p.145

해설 ③ [당연직 위원]
1. 기획재정부차관
2. 교육부차관
3. 국토교통부차관
4. 소방청장
5. 제25조에 따른 중앙응급의료센터의 장

정답 ③

출제 키워드 시행규칙 제35조(응급구조사의 보수교육)

기본서 다시보기 법령집 p.279

해설 ② 군에서 근무 중인 사람은 군복무가 아니기에 보수교육을 면제할 수 없다.
[보수교육을 면제할 수 있는 경우]
1. 군복무 중인 사람(군에서 해당 업무에 종사하고 있는 사람은 제외한다)
2. 해당 연도에 응급구조사 자격을 취득한 사람

정답 ②

031

대통령령으로 정하는 대규모 행사를 개최하려고 할 때에 관한 내용으로 옳지 않은 것은?

① 응급환자의 발생 시 신속하고 적절한 응급의료를 제공해야 한다.
② 대통령령으로 정하는 대규모 행사의 규모는 5백명 이상이다.
③ 응급의료 인력 및 응급이송수단 등을 확보해야 한다.
④ 응급구조사, 의사 또는 간호사 1명, 구급차등 1대를 확보해야 한다.

출제 키워드 제54조의3(대규모 행사에서의 응급의료 인력 등 확보 의무)

기본서 다시보기   법령집 p.350

해설 ② 대통령령으로 정하는 대규모 행사의 규모는 1천명 이상이다.
정답 ②

032

응급환자를 위해 확보하여야 하는 예비병상과 관련한 내용으로 옳지 않은 것은?

① 허가받은 병상 수의 100분의 1 이상 예비병상을 확보해야 한다.
② 병·의원의 경우 10분의 1 이상 예비병상을 확보해야 한다.
③ 매일 오후 10시 이후 입원 등의 필요성이 더 많이 요구되는 환자의 순으로 예비병상을 사용하도록 할 수 있다.
④ 예비병상을 응급환자가 아닌 사람이 사용하게 하여서는 아니 된다.

출제 키워드   제33조(예비병상의 확보)

기본서 다시보기   법령집 p.237

해설 ② 병·의원의 경우에는 1병상 이상의 예비병상을 확보해야 한다.
정답 ②

033

야간·휴일 소아 진료기관의 지정에 대한 설명으로 옳은 것은?

① 보건복지부장관은 응급실 과밀화 해소 및 소아환자에 대한 의료 공백 방지를 위하여 「의료법」 제3조에 따른 의료기관 중에서 야간 또는 휴일에 소아환자를 진료하는 야간·휴일 소아 진료기관을 지정할 수 있다.
② 보건복지부장관은 야간·휴일 소아 진료기관에 대한 행정적·재정적 지원을 할 수 있다.
③ 야간·휴일 소아 진료기관의 지정 기준·방법·절차 및 업무 등에 관하여 필요한 사항은 대통령령으로 정한다.
④ 야간·휴일 소아 진료기관으로 지정받으려는 의료기관의 장은 다음 각 호의 사항을 고려하여 보건복지부장관이 정하는 기준을 충족해야 한다.

출제 키워드 제34조의2(야간·휴일 소아 진료기관의 지정)
기본서 다시보기 법령집 p.239

해설 ① 보건복지부장관 또는 시·도지사는 응급실 과밀화 해소 및 소아환자에 대한 의료 공백 방지를 위하여 「의료법」 제3조에 따른 의료기관 중에서 야간 또는 휴일에 소아환자를 진료하는 야간·휴일 소아 진료기관을 지정할 수 있다.
② 보건복지부장관, 시·도지사 또는 시장·군수·구청장은 야간·휴일 소아 진료기관에 대한 행정적·재정적 지원을 할 수 있다.
③ 야간·휴일 소아 진료기관의 지정 기준·방법·절차 및 업무 등에 관하여 필요한 사항은 보건복지부령으로 정한다.

정답 ④

034

의료기관과 구급차등을 운용하는 자가 응급환자에게 응급의료를 제공하고 비용을 받지 못하였을 때에 관한 내용으로 옳지 않은 것은?

① 기금관리기관의 장에게 대신 지급하여 줄 것을 청구할 수 있다.
② 기금관리기관의 장은 보건복지부령으로 정하는 기준에 따라 심사하여 그 미수금을 기금에서 대신 지급하여야 한다.
③ 미수금 대지급의 범위는 응급환자 본인이 부담하여야 하는 비용으로 한다.
④ 미수금은 기금관리기관에서 결손처리한다.

출제 키워드 제22조(미수금의 대지급)
기본서 다시보기 법령집 p.177

해설 ④ 미수금을 대신 지급한 경우에는 응급환자 본인과 그 배우자, 응급환자의 1촌의 직계혈족 및 그 배우자 또는 다른 법령에 따른 진료비 부담 의무자에게 그 대지급금(代支給金)을 구상(求償)할 수 있다.

정답 ④

035

특수구급차에 반드시 갖추어야 하는 의약품으로 옳지 않은 것은??

① 흡입용 기관지 확장제
② 리도카인
③ 니트로글리세린(설하용)
④ 아미오다론

📖 출제 키워드 응급의료에 관한 법률 시행규칙 [별표 16]

📁 기본서 다시보기 법령집 p.312

해설 ② [특수구급차에 반드시 갖추어야 하는 구급의약품]
가) 비닐 팩에 포장된 수액제제(생리식염수, 5%포도당용액, 하트만 용액 등)
나) 에피네프린(심폐소생술 사용용도로 한정한다)
다) 아미오다론(심폐소생술 사용용도로 한정한다)
라) 주사용 비마약성진통제
마) 주사용 항히스타민제
바) 니트로글리세린(설하용)
사) 흡입용 기관지 확장제

정답 ②

036

국가 및 지방자치단체의 의무가 아닌 것은?

① 응급환자의 보호
② 응급의료의 설명 · 동의
③ 응급의료종사자의 양성
④ 응급의료정보통신망의 구축

📖 출제 키워드 제13조(응급의료의 제공)

📁 기본서 다시보기 법령집 p.142

해설 ② 응급의료의 설명 · 동의는 응급의료종사자의 의무로 국가 및 지방자치단체의 의무가 아니다.

정답 ②

037

응급의료기관등의 평가방법에 관한 설명으로 옳지 않은 것은?

① 현지평가는 2년마다 모든 응급의료기관등을 대상으로 실시한다.
② 응급의료기관등에 대한 평가의 기준·방법 및 절차 등에 필요한 세부적인 사항은 보건복지부장관이 정한다.
③ 보건복지부장관은 응급의료기관등에 대한 평가 결과를 공표할 수 있다.
④ 보건복지부장관은 응급의료기관등에 대한 평가를 관계전문기관에 의뢰할 수 있다.

출제 키워드 제17조(응급의료기관에 대한 평가, 규칙) 제8조(응급의료기관등의 평가방법 및 평가주기 등)

기본서 다시보기 법령집 p.156

해설 ① 현지평가는 서면평가 결과의 확인이 필요하거나 응급의료기관등의 요구 등이 있는 경우에 실시한다.

정답 ①

038

( )에 들어갈 내용으로 옳은 것은?

> 의사결정능력이 없는 응급환자의 법정대리인으로부터 응급의료에 대해 동의를 얻지 못하였으나 응급환자에게 반드시 응급의료가 필요하다고 판단되는 때에는 의료인 ( ) 이상의 동의를 얻어 응급의료를 할 수 있다.

① 과반수
② 1
③ 2
④ 3

출제 키워드 시행규칙 제3조(응급의료에 관한 설명, 동의의 내용 및 절차)

기본서 다시보기 법령집 p.130

해설 ② 법정대리인으로부터 응급의료에 대해 동의를 받지 못해도 반드시 응급의료가 필요할 경우에는 의료인 1명 이상의 동의가 있으면 응급의료를 시행할 수 있다.

정답 ②

039

구급차등의 운용신고에 관한 사항 중 옳지 않은 것은?

① 국가 또는 지방단체가 구급차를 운용하고자 할 때는 시장·군수·구청장에게 통보해야 한다.
② 구급차를 등록한 후 10일 이내에 구급차 운용통보(신고)서를 시장·군수·구청장에게 제출해야 한다.
③ 통보 또는 신고를 받은 시장·군수·구청장은 기준에 적합한 경우 통보는 신고일로부터 7일 이내 조치 하여야 한다.
④ 시장·군수·구청장은 구급차등 운용신고등에 관한 사항을 관리대장에 기록·관리하고 매년 1월 30일까지 시·도지사를 거쳐 보건복지부장관에게 제출하여야 한다.

출제 키워드 제44조의2(구급차등의 운용신고 등)
기본서 다시보기 법령집 p.291

해설 ④ 시장·군수·구청장은 구급차등 운용신고등에 관한 사항을 관리대장에 기록·관리하고 매년 1월 31일까지 시·도지사를 거쳐 보건복지부장관에게 제출하여야 한다.

정답 ④

040

1급 응급구조사가 투여할 수 있는 약물은?

① 리도카인
② 에피네프린
③ 아트로핀
④ 아데노신

출제 키워드 응급의료에 관한 법률 시행규칙 [별표 14]
기본서 다시보기 법령집 p.277

해설 ② 지도의사의 의료지시에 따라 에피네프린을 투여할 수 있다.

정답 ②

041

지역응급의료시행계획의 수립 주기는?

① 1년
② 2년
③ 3년
④ 4년

출제 키워드 　　　제13조의3(지역응급의료시행계획)

기본서 다시보기 　　　법령집 p.143

해설 ① 시·도지사는 기본계획에 따라 매년 지역응급의료시행계획을 수립하여 시행하여야 한다.

정답 ①

042

응급의료종사자의 면허 또는 자격을 취소하거나 정지할 수 있는 사유가 아닌 것은?

① 결격사유에 해당된 때
② 정당한 사유 없이 응급의료를 중단한 때
③ 이송처치료를 과다하게 징수한 때
④ 비밀준수의 의무를 위반한 때

출제 키워드 　　　제55조(응급의료종사자의 면허·자격 정지 등)

기본서 다시보기 　　　법령집 p.367

해설 ② 응급의료의 중단은 면허 또는 자격을 취소하거나 정지할 수 있는 사유가 아니다.

정답 ②

043

운행연한 또는 운행거리를 초과하여 구급차를 운용한 자에 대한 처분은?

① 300만원 이하의 과태료
② 500만원 이하의 벌금
③ 1년 이하의 징역 또는 1천만원 이하의 벌금
④ 3년 이하의 징역 또는 3천만원 이하의 벌금

출제 키워드 　　　　　　　　　제62조(과태료)

기본서 다시보기 　　　　　　　법령집 p.383

해설 ① 운행연한 또는 운행거리를 초과하여 구급차를 운용한 경우 300만원 이하의 과태료에 처해진다.

정답 ①

044

응급환자 등을 이송할 때 수용능력 확인 등에 대한 내용으로 옳지 않은 것은?

① 응급환자 등을 이송하는 자는 현장 도착 예정 시각을 응급의료기관에게 통보하여야 한다.
② 응급의료기관의 장은 응급환자 수용능력 확인을 요청받은 경우 정당한 사유 없이 응급의료를 거부 또는 기피할 수 없다.
③ 응급환자 등을 이송하는 자는 이송하고자 하는 응급의료기관에 응급환자의 상태와 이송 중 응급처치의 내용 등을 미리 통보하여야 한다.
④ 응급의료기관으로의 응급환자 수용 능력 확인 및 통보는 이송을 시작한 즉시 하여야 한다.

출제 키워드 　　　　　제48조의2(수용능력 확인 등)

기본서 다시보기 　　　　　　　법령집 p.328

해설 ① 응급환자 등을 이송하는 자는 현장 도착 예정 시각이 아닌 응급의료기관 도착 예정 시각을 응급의료기관에게 통보하여야 한다.

정답 ①

045

응급의료의 설명·동의에 대한 설명으로 옳지 않은 것은?

① 응급의료종사자는 응급환자에게 응급의료에 관하여 설명하고 동의를 받아야 한다.
② 법정대리인이 동행하지 아니한 경우에는 응급의료종사자의 판단에 따라 응급진료를 할 수 있다.
③ 응급의료종사자는 응급환자가 의사결정능력이 없는 경우 법정대리인이 동행하였을 때에는 그 법정대리인에게 응급의료에 관하여 설명하고 그 동의를 받아야 한다.
④ 설명 및 동의 절차로 인하여 환자의 생명이 위험하여지거나 심신상의 중대한 장애를 가져오는 경우 응급환자에게 응급의료에 관하여 설명하고 그 동의를 받지 않아도 된다.

출제 키워드 제9조(응급의료의 설명·동의)
기본서 다시보기 법령집 p.130
해설 ② 응급의료종사자는 법정대리인이 동행하지 아니한 경우에는 동행한 사람에게 설명한 후 응급처치를 하고 의사의 의학적 판단에 따라 응급진료를 할 수 있다.
정답 ②

046

지역응급의료센터가 비상진료체계를 유지하기 위하여 두어야 하는 당직전문의의 진료과목이 아닌 것은?

① 마취통증의학과
② 산부인과
③ 소아청소년과
④ 정신건강의학과

출제 키워드 시행규칙 제19조(비상진료체계)
기본서 다시보기 법령집 p.237
해설 ④ 지역응급의료센터: 내과·외과·산부인과·소아청소년과 및 마취통증의학과 전문의 각 1명 이상
정답 ④

047
응급구조사의 보수교육 등에 관한 내용으로 옳지 않은 것은?

① 응급구조사의 자질향상을 위하여 필요한 보수교육을 매년 실시하여야 한다.
② 보수교육에 관한 업무를 관계 기관 또는 단체에 위탁할 수 있다.
③ 보수교육 업무를 위탁하는 경우 실효성을 확보하기 위해 3년에 한 번 정기적으로 평가 및 점검을 실시한다.
④ 평가 및 점검에 필요한 사항은 보건복지부령으로 정한다.

048
권역응급의료센터의 구급차 운영을 위해 구급차 1대당 필요한 응급구조사의 수는?

① 2명 이상
② 3명 이상
③ 4명 이상
④ 5명 이상

출제 키워드   제43조(응급구조사의 보수교육 등)
기본서 다시보기   법령집 p.279

해설 ③ 보건복지부장관은 제2항에 따라 보수교육에 관한 업무를 위탁하는 경우 보수교육의 실효성을 확보하기 위한 평가 및 점검을 매년 1회 이상 정기적으로 실시하여야 한다.

정답 ③

출제 키워드   응급의료에 관한 법률 시행규칙 [별표 5의2]
기본서 다시보기   법령집 p.198

해설 ① 권역응급의료센터 응급실 전담 인력기준에 따라 응급구조사는 구급차 운영을 위해 구급차 1대당 2명 이상이 있어야 한다. 5명 이상은 재난, 교육, 전원관리를 시행한다.

정답 ①

049

응급구조사의 의무가 아닌 것은?

① 응급환자를 항상 진료할 수 있도록 응급의료업무에 성실히 종사하여야 한다.
② 업무 중에 응급의료를 요청 받으면 즉시 응급의료를 하여야 한다.
③ 응급환자가 아닌 사람은 응급실이 아닌 의료시설에 진료를 의뢰해야 한다.
④ 응급환자에게 응급의료에 관하여 설명하고 그 동의를 받아야 한다.

출제 키워드 제7조(응급환자가 아닌 사람에 대한 조치)
기본서 다시보기 법령집 p.129
해설 ③ 응급구조사는 응급의료종사자로 응급환자가 아닌 사람에 대한 조치는 의료인이 해당한다.
정답 ③

050

응급의료기관 외의 의료기관에 대한 내용으로 옳지 않은 것은?

① 응급의료시설을 설치·운영하려면 보건복지부령으로 정하는 시설·인력 등을 갖추어야 한다.
② 응급의료시설을 설치·운영하려면 시장·군수·구청장에게 신고하여야 한다.
③ 종합병원의 경우 신고를 필수적으로 요한다.
④ 시장·군수·구청장은 신고를 받은 경우 그 내용을 검토하여 적합하면 신고를 수리하여야 한다.

출제 키워드 제35조의2(응급의료기관 외의 의료기관)
기본서 다시보기 법령집 p.240
해설 ③ 응급의료기관으로 지정받지 아니한 의료기관이 응급의료시설을 설치·운영하려면 보건복지부령으로 정하는 시설·인력 등을 갖추어 시장·군수·구청장에게 신고하여야 한다. 다만, 종합병원의 경우에는 신고를 생략할 수 있다.
정답 ③

051

응급의료종사자의 권리에 해당하는 것은?

① 응급의료 등의 방해 금지
② 응급의료의 설명·동의
③ 응급의료 중단의 금지
④ 응급환자의 이송

출제 키워드: 제12조(응급의료 등의 방해 금지)
기본서 다시보기: 법령집 p.134

해설 ① 응급의료종사자는 응급환자에 대한 구조·이송·응급처치 또는 진료를 폭행, 협박, 위계(僞計), 위력(威力), 그 밖의 방법으로 방해하거나 의료기관 등의 응급의료를 위한 의료용 시설·기재(機材)·의약품 또는 그 밖의 기물(器物)을 파괴·손상하거나 점거 당하지 않을 권리를 가진다.

정답 ①

052

이송업 허가를 받지 아니하고 이송업을 한 자에 대한 벌칙은?

① 300만원 이하의 과태료
② 1년 이하의 징역 또는 1천만원 이하의 벌금
③ 3년 이하의 징역 또는 3천만원 이하의 벌금
④ 5년 이하의 징역 또는 5천만원 이하의 벌금

출제 키워드: 제60조(벌칙)
기본서 다시보기: 법령집 p.382

해설 ④ 이송업 허가를 받지 아니하고 이송업을 한 자에 대한 벌칙은 5년 이하의 징역 또는 5천만원 이하의 벌금에 처한다.

정답 ④

053

1급 응급구조사가 의사로부터 구체적인 지시를 받지 않아도 시행할 수 있는 응급처치는?

① 후두마스크 삽관
② 인공호흡기를 이용한 호흡의 유지
③ 저혈당성 혼수시 포도당의 주입
④ 쇼크방지용 하의 등을 이용한 혈압의 유지

054

응급구조사의 보수교육 주기로 옳은 것은?

① 1년
② 2년
③ 3년
④ 4년

📧 **출제 키워드** 응급의료에 관한 법률 시행규칙 [별표 14]

📁 **기본서 다시보기** 법령집 p.277

해설 ④ 1급 응급구조사가 의사로부터 구체적인 지시를 받지 않아도 시행할 수 있는 응급처치는 2급 응급구조사의 업무범위에 한 한다.

[2급 응급구조사의 업무 범위]
가. 구강내 이물질의 제거
나. 기도기(airway)를 이용한 기도유지
다. 기본 심폐소생술
라. 산소투여
마. 부목·척추고정기·공기 등을 이용한 사지 및 척추 등의 고정
바. 외부출혈의 지혈 및 창상의 응급처치
사. 심박·체온 및 혈압 등의 측정
아. 쇼크방지용 하의 등을 이용한 혈압의 유지
자. 자동심장충격기를 이용한 규칙적 심박동의 유도
차. 흉통시 니트로글리세린의 혀아래(설하) 투여 및 천식발작시 기관지확장제 흡입(환자가 해당약물을 휴대하고 있는 경우에 한함)

정답 ④

📧 **출제 키워드** 제43조(응급구조사의 보수교육 등)

📁 **기본서 다시보기** 법령집 p.279

해설 ① 보건복지부장관은 응급구조사의 자질향상을 위하여 필요한 보수교육을 매년 실시하여야 한다.

정답

055

권역응급의료센터의 재난 대비 및 대응 업무(법 제26조제1항제2호) 중 옳지 않은 것은?

① 재난 의료 대응계획의 수립
② 재난 의료에 필요한 시설·장비 및 물품의 관리
③ 재난 의료 지원조직의 구성 및 출동체계 유지
④ 권역 내 일반인을 대상으로 한 재난 의료 교육 및 훈련

출제 키워드 시행규칙 제13조의2(권역응급의료센터의 재난 대비 및 대응 업무)

기본서 다시보기 법령집 p.195

해설 ④ 권역 내 의료기관을 대상으로 재난의료 교육 및 훈련을 실시한다.

정답 ④

056

구급차등의 운용을 할 수 있는 자가 아닌 것은?

① 국가 또는 지방단체
② 다른 법령에 따라 구급차등을 둘 수 있는 자
③ 의료기관
④ 응급환자 이송을 목적사업으로 행정안전부장관의 설립허가를 받은 비영리법인

출제 키워드 제44조(구급차등의 운용자)

기본서 다시보기 법령집 p.289

해설 ④ [구급차등을 운용할 수 있는 자]
1. 국가 또는 지방자치단체
2. 「의료법」 제3조에 따른 의료기관
3. 다른 법령에 따라 구급차등을 둘 수 있는 자
4. 이 법에 따라 응급환자이송업(이하 "이송업"이라 한다)의 허가를 받은 자
5. 응급환자의 이송을 목적사업으로 하여 보건복지부장관의 설립허가를 받은 비영리법인

정답 ④

057

주민의 생활권, 의료자원의 분포 등 불가피한 사유로 인하여 기준을 초과하여 지역응급의료센터의 지정이 필요한 경우에 대한 방법으로 옳은 것은?

① 보건복지부장관의 승인을 얻어 이를 지정할 수 있다.
② 중앙응급의료위원회의 심의를 거쳐 보건복지부장관의 승인을 얻어 지정할 수 있다.
③ 시·군·구별로 의료기관의 신청을 받아 지정할 수 있다.
④ 시·도 응급의료위원회의 심의를 거쳐 이를 지정할 수 있다.

출제 키워드: 제30조(지역응급의료센터의 지정)
기본서 다시보기: 법령집 p.217

해설 ④ 주민의 생활권, 의료자원의 분포 등 불가피한 사유로 기준을 초과하여 지역응급의료센터를 지정할 필요가 있는 경우에는 시·도응급의료위원회의 심의를 거쳐 이를 지정할 수 있다.

정답 ④

058 [2023년 응급처치학개론 01번]

「응급의료에 관한 법률」상 응급의료종사자의 권리와 의무로 옳은 것은?

① 응급환자를 발견하면 즉시 응급의료를 하여야 하며 이를 절대 거부할 수 없다.
② 누구든지 응급환자에 대한 구조, 이송, 응급처치 또는 진료를 방해할 수 없다.
③ 응급환자가 2명 이상이면 보호자의 판단에 따라 더 위급한 환자부터 응급의료를 실시하여야 한다.
④ 응급환자가 의사결정능력이 없는 경우 환자에게 응급의료에 관하여 설명하고 그 동의를 받아야 한다.

출제 키워드: 제3조(응급의료종사자의 권리와 의무)
기본서 다시보기: 법령집 p.129

해설 ① 응급의료종사자는 업무 중에 응급의료를 요청받거나 응급환자를 발견하면 즉시 응급의료를 하여야 하며 정당한 사유 없이 이를 거부하거나 기피하지 못한다.
③ 응급의료종사자는 응급환자가 2명 이상이면 의학적 판단에 따라 더 위급한 환자부터 응급의료를 실시하여야 한다.
④ 응급의료종사자는 다음 각 호의 어느 하나에 해당하는 경우를 제외하고는 응급환자에게 응급의료에 관하여 설명하고 그 동의를 받아야 한다.
  1. 응급환자가 의사결정능력이 없는 경우
  2. 설명 및 동의 절차로 인하여 응급의료가 지체되면 환자의 생명이 위험하여지거나 심신상의 중대한 장애를 가져오는 경우

정답 ②

059
[2023년 응급처치학개론 04번]

「응급의료에 관한 법률 시행규칙」상 예비병상 확보 및 유지에 관한 설명으로 옳은 것은?

① 병·의원의 경우에는 예비병상을 확보하지 않아도 된다.
② 예비병상 수는 병상 수의 300분의 1 이상 확보해야 한다.
③ 응급의료기관은 응급실을 전담하는 의사가 입원을 의뢰한 응급환자에 한하여 예비병상을 사용하게 해야 한다.
④ 매일 오후 6시 이후에는 응급실에 있는 응급환자 중 입원 등의 필요성이 더 많이 요구되는 환자 순으로 예비병상을 사용할 수 있다.

출제 키워드: 제33조(예비병상의 확보)
기본서 다시보기: 법령집 p.237

해설 ① 병·의원의 경우에는 1병상 이상 예비병상을 확보하여야 한다.
② 예비병상 수는 병상 수의 100분의 1 이상 확보해야 한다.
④ 매일 오후 10시 이후에는 응급실에 있는 응급환자 중 입원 등의 필요성이 더 많이 요구되는 환자 순으로 예비병상을 사용할 수 있다.

정답 ③

060
[2023년 응급처치학개론 08번]

「응급의료에 관한 법률 시행규칙」상 구급차의 관리방법으로 옳은 것은?

① 감염예방을 위하여 구급차는 월 1회 이상 소독하여야 한다.
② 사고를 대비한 책임보험 및 종합보험에 가입되어 있어야 한다.
③ 구급차등의 연료는 최대주입량의 5분의 1 이상인 상태로 유지해야 한다.
④ 구급차의 감염관리를 위한 세부사항은 소방본부장이 정하는 방법에 따른다.

출제 키워드: 구급차등에 갖추어야 하는 장비 등의 관리기준
기본서 다시보기: 법령집 p.316

해설 ① 감염예방을 위하여 구급차등은 주 1회 이상 소독하여야 한다.
③ 구급차등의 연료는 최대주입량의 4분의 1 이상인 상태로 유지해야 한다.
④ 구급차의 감염관리를 위한 세부사항은 소방청장이 정하는 방법에 따른다.

정답 ③

061 [2024년 응급처치학개론 05번]

「구급차의 기준 및 응급환자이송업의 시설 등 기준에 관한 규칙」상 구급차의 표시에 대한 설명으로 옳지 않은 것은?

① 특수구급차 띠의 색깔은 붉은색으로 표시한다.
② 일반구급차에는 붉은색 또는 녹색으로 '응급출동'이라 표시한다.
③ 구급차의 좌·우면 중 1면 이상에 구급차 운용 기관의 명칭 및 전화번호를 표시한다.
④ 구급자 전·후·좌·우면의 중앙 부위에는 너비 5cm 이상 10cm 이하의 띠를 가로로 표시하여야 한다.

출제 키워드   구급차의 기준 및 응급환자이송업의 시설 등 기준에 관한 규칙

기본서 다시보기   법령집 p.317

해설 ② 일반구급차는 붉은색 또는 녹색으로 "환자이송" 또는 "환자후송"이라는 표시를 할 수 있다. 다만, "응급출동"이라는 표시를 하여서는 아니 된다.

정답 ②

MEMO

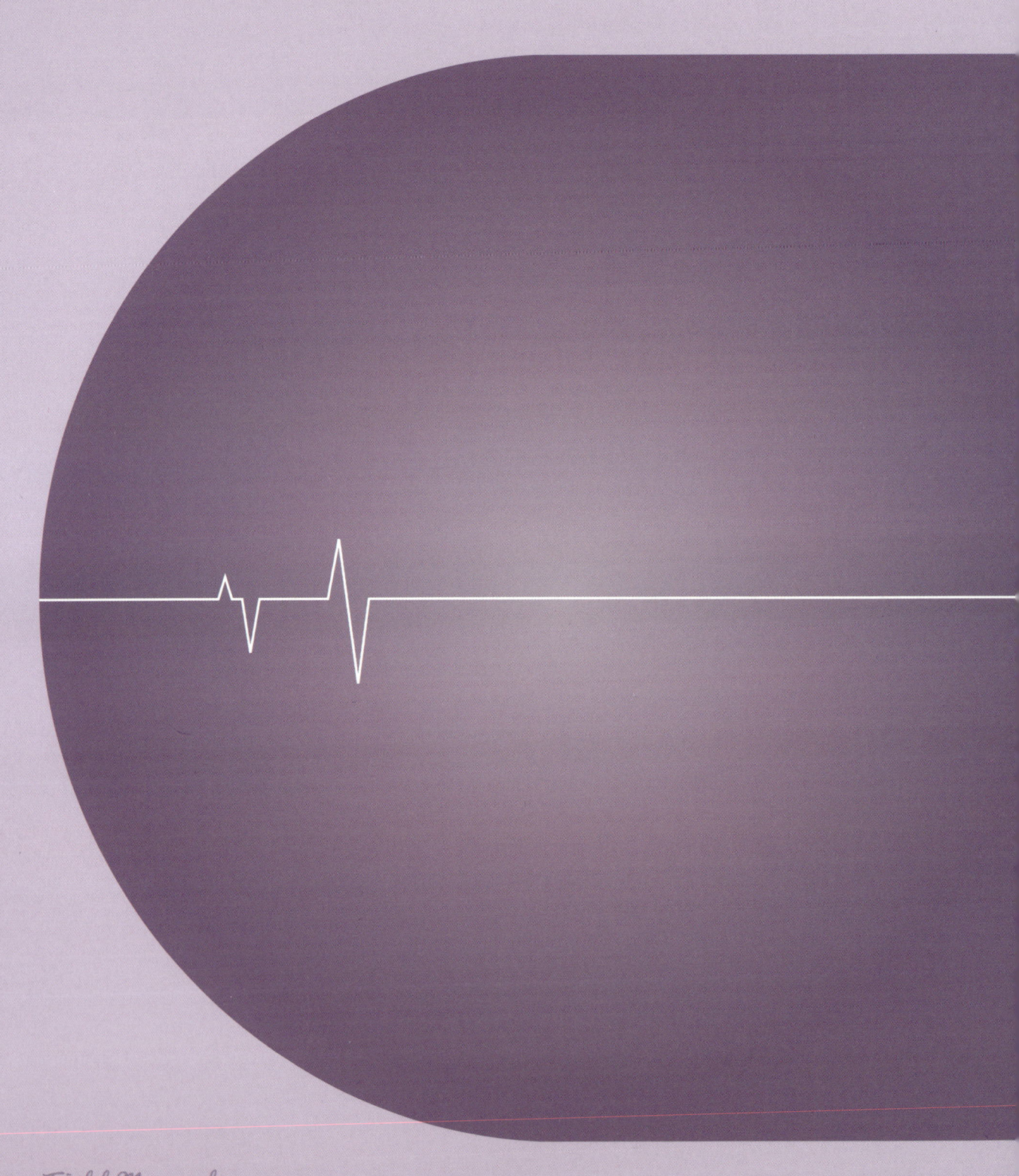

Field Manual
임재희 응급처치학개론

부록

계산 문제

부록 계산 문제

001
전기 작업 중 전기 화상 손상을 입은 60kg 환자에서 투여할 수 있는 수액량은?

003
전기 작업 중 전기 화상 손상을 입은 50kg 환자에서 투여 가능한 시간은?

002
전기 작업 중 30%의 전기 화상 손상을 입은 60kg 환자에서 투여할 수 있는 수액량은?

24시간:

8시간:

1시간:

004
화재현장에서 30%의 열 화상 손상을 입은 60kg 환자에서 투여할 수 있는 수액량은? (파크랜드 표물러로 계산)

24시간:

8시간:

1시간:

005

전기 작업 중 전기 화상 손상을 입은 환자에서 수액소생술 지침에 따라 한시간 30분동안 수액투여 구급지도의사의 의료지침을 받았다. 추정할 수 있는 환자의 몸무게는 얼마인가? (시간당 1,000ml의 속도로 투여 → 한시간에 1,000ml를 투여한다는 가정하에 몸무게 추정)

007

화재현장에서 30%의 열 화상 손상을 입은 60kg 환자에서 투여할 수 있는 수액량은? (최신 ATLS 지침 활용)

24시간:

8시간:

1시간:

006

전기 작업 중 전기 화상 손상을 입은 60kg 환자에서 투여 가능한 시간은?

008

전기 작업 중 전기 화상 손상을 입은 70kg 환자에서 투여할 수 있는 수액량은?

009

전기 작업 중 30%의 전기 화상 손상을 입은 70kg 환자에서 투여할 수 있는 수액량은?

24시간: _____

8시간: _____

1시간: _____

010

전기 작업 중 전기 화상 손상을 입은 70kg 환자에서 투여 가능한 시간은?

011

화재현장에서 30%의 열 화상 손상을 입은 70kg 환자에서 투여할 수 있는 수액량은?

24시간: _____

8시간: _____

1시간: _____

012

전기 작업 중 전기 화상 손상을 입은 환자에서 수액소생술 지침에 따라 구급지도의사에게 두 시간 동안 수액을 투여하라는 의료지침을 받았다. 추정할 수 있는 환자의 몸무게는 얼마인가? (시간당 1,000ml의 속도로 투여 → 한시간에 1,000ml를 투여한다는 가정하에 몸무게 추정)

5세 16kg 소아에게서 심정지가 발생하였다. 리듬은 다음과 같았다. (13~18)

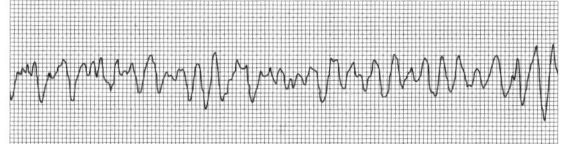

013
환자에게 제세동을 시행할 때 설정할 수 있는 에너지의 양은 얼마인가?

014
환자 리듬 돌아오지 않아 약물투여를 시행하고자 한다. 에피네프린 투여량은 얼마인가?

015
환아에게 두 번째 제세동을 시행하고자 할 때 에너지의 양은 얼마인가?

016
환아 3회 제세동 후에도 지속적으로 동리듬이 반복되었다. 이때 환아에게 투여할 수 있는 약물은 무엇이고 용량은 얼마인가?

017

5회 제세동 후에도 동리듬이 반복되고 있다. 이에 투여할 수 있는 약물의 용량은 무엇인가?

018

만약 환자의 몸무게를 확인할 수 없다면, 환자의 몸무게를 추정하는 방식은 무엇인가?

019

갓 태어난 3.2kg 신생아에게 심정지가 발생하였다. 에피네프린 투여량은 얼마인가?

020

부정맥이 나타난 소아에게 리도카인을 1mg/min으로 투여하라는 지침을 받았다. 구급차에는 5mL에 1g을 함유한 바이얼과 NS 500mL가 있다. 투여세트는 마이크로 드립세트로 50gtt/mL이다. 점적주입을 계산하시오.

021

부정맥이 발생한 환자에게 리도카인을 2mg/min 으로 투여하라는 지침을 받았다. 구급차에는 5mL에 1g을 함유한 바이얼과 NS 500mL가 있다. 투여세트는 마이크로 드립세트로 60gtt/mL이다. 점적주입을 계산하시오.

022

1,600psi 압력의 E형 산소통(산소통상수=0.28)으로 산소를 분당 15L 사용한다면 사용할 수 있는 시간은 얼마인가?

023

1,800psi 압력의 E형 산소통(산소통상수=0.26)으로 산소를 분당 12L 사용한다면 사용할 수 있는 시간은 얼마인가?

024

1,600psi 압력의 E형 산소통(산소통상수=0.24)으로 산소를 분당 13L 사용한다면 사용할 수 있는 시간은 얼마인가?

집안의 화재로 인하여 아빠(41세, 80kg)와 딸(8세, 20kg)이 화상을 입었다.

- 아빠 : 오른쪽 다리 전체 2도, 오른쪽 팔 3도, 복부전체 3도, 왼쪽 허벅지 앞면 1도
- 딸 : 복부 3도, 가슴 2도, 양쪽 다리 앞면 1도, 왼쪽 팔 2도

025-1
9의 법칙으로 화상의 범위를 구하시오.

〈아빠〉

〈딸〉

025-2
파크랜드 표뮬러 24시간 수액투여량, 8시간 수액투여량, 1시간 수액투여량을 계산하시오.

〈아빠〉
24시간:
8시간:
1시간:

〈딸〉
24시간:
8시간:
1시간:

025-3
개정된 ATLS 지침에 따른 24시간 수액투여량, 8시간 수액투여량, 1시간 수액투여량을 계산하시오.

〈아빠〉
24시간:
8시간:
1시간:

〈딸〉
24시간:
8시간:
1시간:

025-4
이 화상이 전기화상일 경우(주의사항 : 소변이 깨끗해질때까지 투여)를 계산하시오.

〈아빠〉
24시간:
8시간:
1시간:

〈딸〉
24시간:
8시간:
1시간:

100ml를 4시간동안 수액을 주입할 때

026-1
시간당 주입량을 계산하시오.

026-2
1분당 방울수를 계산하시오.

026-3
1방울 점적 시 소요시간을 계산하시오.

027
벌에 쏘인 30대 70kg 등산객에게 입주변 부종 발생한 환자에게 주입할수 있는 약물과 용량을 계산하시오.

028
소풍 갔다가 벌에 쏘인 8살 25kg 남아 입술 부종 발생한 환자에게 주입할 수 있는 약물과 용량을 계산하시오.

029
저혈량성, 신경성, 패혈성 쇼크 수액투여량을 계산하시오.

030
지속적 구토를 시행하며 음식물 섭취를 전혀 못하는 22kg 여아에게 최초 투여할 수액량은?

031
심장성쇼크 수액투여량을 계산하시오.

다음 환자가 지불해야 하는 이송처치료를 계산하시오. (32~36)

구분	요금의 종류	구급차의 운용자	
		법 제44조제1항제1호부터 제4호까지에 따른 의료기관 등	법 제44조제1항제5호에 따른 비영리법인
일반 구급차	기본요금 (이송거리 10km 이내)	30,000원	20,000원
	추가요금 (이송거리 10km 초과)	1,000원/km	800원/1km
	부가요금 (의사, 간호사 또는 응급구조사가 탑승한 경우)	15,000원	10,000원
특수 구급차	기본요금 (이송거리 10km 이내)	75,000원	50,000원
	추가요금 (이송거리 10km 초과)	1,300원/km	1,000원/km
공통	할증요금 (00:00~04:00)	기본 및 추가요금에 각각 20% 가산	

비고: (1) "이송거리"는 환자가 구급차에 실제로 탑승한 거리임.
(2) 응급환자가 선박 및 항공기에 탑승한 경우의 이송처치료의 기준은 보건복지부장관이 따로 정하여 고시함.

032
새벽 2시에 일반 구급차로 응급구조사 미탑승하여 14km 이송한 경우 이송비용은 얼마인가?

의료기관 등:

비영리법인:

033
특수구급차로 응급구조사 탑승하여 16km 이송 시 부가요금은?

034
특수구급차로 응급구조사가 탑승하여 12km 이송시 전체 요금은?

의료기관 등:

비영리법인:

035
일반 구급차로 응급구조사 탑승하여 15km 이송시 전체요금은 얼마인가?

의료기관 등:

비영리법인:

036
새벽 1시 특수구급차로 응급구조사 탑승 후 12km 이송 후 지불해야 하는 이송처치료를 계산하시오.

의료기관 등:

비영리법인:

037
최종 월경일이 2022년 2월 10일인 산모의 분만예정일은?

부록 정답 및 해설

001 전기화상의 경우 20mk/kg 수액을 시간당 1,000ml 속도로 투여할 수 있다.
환자는 60kg으로 60 × 20 = 1,200ml를 시간당 1,000ml 속도로 투여한다. 　　　　　　　　　　　정답 ▶ 1,200ml

002 4ml × TBSA% × 몸무게(kg)
정답 ▶ 24시간 : 4 × 30 × 60 = 7,200ml
8시간 : 7,200/2 = 3,600ml
1시간 : 3,600/8 = 450ml 또는 0.25 × 30 × 60 = 450ml

003 전기화상의 경우 20ml/kg 수액을 시간당 1,000ml 속도로 투여할 수 있다.
환자는 50kg으로 50 × 20 = 1,000ml를 시간당 1,000ml 속도로 투여하기에, 1시간이면 투여 가능 　정답 ▶ 1시간

004 4ml × TBSA% × 몸무게(kg)
정답 ▶ 24시간 : 4 × 30 × 60 = 7,200ml
8시간 : 7200/2 = 3,600ml
1시간 : 6,300/8 = 450ml 또는 0.25 × 30 × 60 = 450ml

005 전기화상의 경우 20ml/kg 수액을 시간당 1,000ml 속도로 투여
한시간 30분 투여 = 1,500ml
1,500ml/20 = 75
75kg추정할 수 있음 　　　　　　　　　　정답 ▶ 75kg

006 전기화상의 경우 20ml/kg 수액을 시간당 1,000ml 속도로 투여할 수 있다.
환자는 60kg으로 60 × 20 = 1,200ml를 시간당 1,000ml 속도로 투여하기에, 약 1시간 15분이면 투여가능 　정답 ▶ 약 1시간 15분

007 2ml × TBSA% × 몸무게(kg)
정답 ▶ 24시간 : 2 × 30 × 60 = 3,600ml
8시간 : 3,600/2 = 1,800ml
1시간 : 1,800/8 = 225ml 또는 0.125 × 30 × 60 = 225ml

008 전기화상의 경우 20ml/kg 수액을 시간당 1,000ml 속도로 투여할 수 있다.
환자는 70kg으로 70 × 20 = 1,400ml를 시간당 1,000ml 속도로 투여한다. 　　　　　　　　　정답 ▶ 1,000ml

009 4ml × TBSA% × 몸무게(kg)
정답 ▶ 24시간 : 4 × 30 × 70 = 8,400ml
8시간 : 8,400/2 = 4,200ml
1시간 : 4,200/8 = 525ml 또는 0.25 × 30 × 70 = 525ml

010 전기화상의 경우 20ml/kg 수액을 시간당 1,000ml 속도로 투여할 수 있다.
환자는 70kg으로 70 × 20 = 1,400ml를 시간당 1,000ml 속도로 투여하기에, 약 1시간 25분이면 투여 가능 　정답 ▶ 약 1시간 15분

011 2ml × TBSA% × 몸무게(kg)
정답 ▶ 24시간 : 2 × 30 × 70 = 4,200ml
8시간 : 4,200/2 = 2,100ml
1시간 : 2,100/8 = 262.5ml 또는 0.125 × 30 × 60 = 262.5ml

012 전기화상의 경우 20ml/kg 수액을 시간당 1,000ml 속도로 투여
두시간 투여 = 2,000ml
2,000ml/20 = 100
100kg추정할 수 있음 　　　　　　　　　정답 ▶ 100kg

013 처음 2J/kg, 이후 4J/kg 이상(최대 10J/kg 또는 성인 최대용량 이하)
16kg × 2J = 32J 　　　　　　　　　　정답 ▶ 32J

014 정답 ▶
| IV/IO 0.01mg/kg(1 : 10,000 용액 0.1mL/kg) |
| IV/IO 0.01 × 16 = 0.16 mg/kg |
| 0.1 × 16 = 1.6 mL/kg(1 : 10,000 희석) |
| 기관내 0.1mg/kg(1 : 1,000 용액 0.1mL/kg) |
| 기관내 0.1 × 16 = 1.6 mL/kg(1 : 1,000 희석) |
| 0.1 × 16 = 1.6 mg/kg |

015 16kg × 4J = 64J 　　　　　　　　　　정답 ▶ 64J

016 정답 ▶ 아미오다론 : 5mg × 16kg = 80mg
리도카인 : 1mg × 16kg = 16mg

017 아미오다론(2회 투여가능, 일 최대투여량 300mg) : 15mg × 16kg = 240mg이지만,
일 최대투여량이 300mg이므로 최초투여 300mg−80mg = 220mg
투여량은 220mg이다. 　　　　　　　　　정답 ▶ 220g

018 몸무게 추정을 위해 Broselow tape를 이용하거나 연령−체중 공식을 이용한다.
연령−체중 공식(1~10세) = (나이(년) + 4) × 2
(5+4) × 2 = 18kg 　　　　　　　　　　정답 ▶ 18kg

019 정답 ▶ IV 1:10,000 0.01−0.03mg/kg
3.2 × 0.01~0.03 = 0.032~0.096mg
기관내투여 1:1,000 0.05−0.1mg/kg
3.2 × 0.05~0.1 = 0.16~0.32mg

020 점적주입 계산 =
$$\frac{\text{가지고 있는 수액량} \times \text{분당점적수} \times \text{요구되는 약물 용량}}{\text{가지고 있는 약물의 양}}$$

분당 방울수 = 500ml(가지고 있는 수액량) × 50gtt/ml(분당 점적수) × 1mg(요구되는 약물용량) / 1,000mg(가지고 있는 약물량) = 25gtt/mL
정답 25gtt/mL

021 500ml(가지고 있는 수액량) × 60gtt/ml(분당 점적수) × 2mg(요구되는 약물용량) / 1,000mg(가지고 있는 약물량) = 60gtt/mL
정답 60gtt/mL

022 남아 있는 시간(분)=
$$\frac{(산소탱크내에\ 남아\ 있는\ 압력 - 200) × 산소통상수}{분당\ 투여하는\ 산소유량(L)}$$
(1600−200) × 0.28 / 15 = 26분
정답 26분

023 남아 있는 시간(분)=
$$\frac{(산소탱크내에\ 남아\ 있는\ 압력 - 200) × 산소통상수}{분당\ 투여하는\ 산소유량(L)}$$
(1800−200) × 0.26 / 12 = 약 34분
정답 34분

024 남아 있는 시간(분)=
$$\frac{(산소탱크내에\ 남아\ 있는\ 압력 - 200) × 산소통상수}{분당\ 투여하는\ 산소유량(L)}$$
(1600−200) × 0.24 / 13 = 약 25분
정답 25분

025-1 정답 아빠 : 오른쪽 다리 18 + 오른쪽 팔 9 + 복부전체 9 = 36%
딸 : 복부 9 + 가슴 9 + 왼쪽 팔 9 = 27%

025-2 정답 아빠 계산식 : 4ml × TBSA% × 몸무게(kg)
24시간 : 4 × 36 × 80 = 11,520
8시간 : 11,520 / 2 = 5,760
1시간 : 5,760 / 8 = 720 / 0.25 × 36 × 80 = 720
딸 계산식 : 4ml × TBSA% × 몸무게(kg)
24시간 : 4 × 27 × 20 = 2,160
8시간 : 2,160 / 2 = 1,080
1시간 : 1,080 / 8 = 135 / 0.25 × 27 × 20 = 135

025-3 정답 아빠 계산식 : 2ml × TBSA% × 몸무게(kg)
24시간 : 2 × 36 × 80 = 5,760
8시간 : 5,760 / 2 = 2,880
1시간 : 2,880 / 8 = 360
딸 계산식 : 3ml × TBSA% × 몸무게(kg) + (포도당 함유 수액 추가투여)
24시간 : 3 × 27 × 20 = 1,620
8시간 : 1,620 / 2 = 810
1시간 : 810 / 8 = 101.25

025-4 정답 아빠 계산식 : 4ml × TBSA% × 몸무게(kg)
24시간 : 4 × 36 × 80 = 11,520
8시간 : 11,520 / 2 = 5,760
1시간 : 5,760 / 8 = 720
딸 계산식 : 4ml × TBSA% × 몸무게(kg)
24시간 : 4 × 27 × 20 = 2,160
8시간 : 2,160 / 2 = 1,080
1시간 : 1,080 / 8 = 135

026-1 시간당 주입량(ml/hr) = $\frac{총주입량(ml)}{주입시간(hr)}$
100/4 = 25
정답 25ml/hr

026-2 1분당 방울수(gtt/min) = $\frac{시간당\ 주입량(ml/hr)*20gtt}{60(min)}$
25 × 20 / 60 = 8.33
정답 8.33gtt/min

026-3 1방울 점적 시 소요시간(gtt/sec) = $\frac{60sec}{1분당\ 방울수(gtt/min)}$
8.33 / 60 = 0.138
정답 0.138gtt/sec

027 정답 IM 1 : 1,000 0.3~0.5mg
IV 1 : 10,000 0.3~0.5mg
자동주입펜 0.3mg

028 정답 IM 1 : 1,000 0.3mg
IV 소아체중 kg당 0.01mg(0.01mg/kg) / 25 × 0.01 = 0.25mg
자동주입펜 0.15mg

029 정답 혈압, 맥박수, 의식 등이 정상 범위로 회복될 때까지 5분에서 10분마다 300mL(소아는 5mL/kg)의 생리식염수나 젖산 링거액 투여, 쇼크가 지속될 경우 1L(소아는 10mL/kg)

030 5mL/kg, 22 × 5 = 110
정답 110ml

031 원인이 심장기능부전이므로 폐부종이 없는 경우 생리식염수 250mL를 투여
정답 250ml

032 정답 의료기관 등 : (30,000 + 4,000) × 1.2 = 40,800원 / 추가요금은? 6,800원
비영리 : (20,000 + 3,200) × 1.2 = 27,840원 / 추가요금은? 4,640원

033 없음. 특수구급차에는 응급구조사가 필수로 탑승해야 하므로 부가요금이 없다.
정답 0원

034 정답 의료기관 등 : 75,000 + 2,600 = 77,600
비영리 : 50,000 + 2,000 = 52,000

035 정답 의료기관 등 : 30,000 + 5,000 + 15,000 = 50,000
비영리 : 20,000 + 4,000 + 10,000 = 34,000

036 정답 의료기관 등 : (75,000 + 2,600) × 1.2 = 93,120원
비영리 : (50,000 + 2,000) × 1.2 = 62,400

037 월경 시작일 첫 날(LMP)로부터 40주(280일)로 계산 2022년 2월 10일 + 280 = 2022년 11월 17일이다.
정답 11월 17일

MEMO